**2025年全国监理工程师(交通运输工程)职业资格考试参考用书**

Jiaotong Yunshu Gongcheng Jianli

# 交通运输工程监理

Xiangguan Fagui Wenjian Huibian

# 相关法规文件汇编

(Gonglu Gongcheng Zhuanye Pian)

## (公路工程专业篇)

交通运输部职业资格中心　**组织编写**

人民交通出版社

北　京

## 内 容 提 要

《交通运输工程监理相关法规文件汇编(公路工程专业篇)》为2025年全国监理工程师(交通运输工程)职业资格考试参考用书之一。本书共五个部分,主要汇编了建设工程的相关法律法规及重要文件,交通运输部颁发的公路工程管理规章、规范性文件、标准与标准招标文件等,特别是工程质量管理、安全生产管理和品质工程创建的法规文件。

本书可供参加全国监理工程师(交通运输工程)职业资格考试的人员复习参考,也可作为建设单位、施工单位、项目管理(监理咨询)单位和高等院校师生的学习参考书。

**图书在版编目(CIP)数据**

交通运输工程监理相关法规文件汇编. 公路工程专业篇 / 交通运输部职业资格中心组织编写. — 北京 : 人民交通出版社股份有限公司, 2025. 1. — ISBN 978-7-114-20127-1

Ⅰ. D922.296.9

中国国家版本馆CIP数据核字第2025AQ9205号

2025年全国监理工程师(交通运输工程)职业资格考试参考用书

**书　　名**: **交通运输工程监理相关法规文件汇编**(公路工程专业篇)
**著 作 者**: 交通运输部职业资格中心
**责任编辑**: 黎小东　王海南
**责任校对**: 赵媛媛
**责任印制**: 刘高彤
**出版发行**: 人民交通出版社
**地　　址**: (100011)北京市朝阳区安定门外外馆斜街3号
**网　　址**: http://www.ccpcl.com.cn
**销售电话**: (010)85285857
**总 经 销**: 人民交通出版社发行部
**经　　销**: 各地新华书店
**印　　刷**: 北京市密东印刷有限公司
**开　　本**: 787×1092　1/16
**印　　张**: 28
**字　　数**: 680千
**版　　次**: 2025年1月　第1版
**印　　次**: 2025年1月　第1次印刷
**书　　号**: ISBN 978-7-114-20127-1
**定　　价**: 115.00元

# 2025年全国监理工程师(交通运输工程)职业资格考试参考用书

# 《交通运输工程监理相关法规文件汇编(公路工程专业篇)》

## 编 写 人 员


**主　编**　章剑青

**副主编**　陈班雄

**成　员**　张瑞坤　娄忠应　何　琦　张　毅


## 审 定 人 员


**主　审**　李明华

**副主审**　荆　雷

**成　员**　罗　娜　王　婧　邢　波　徐建军　于　凯　习明星　韩道森　黄崇葵　张　毅

# 前言

为满足广大工程技术人员复习参加监理工程师（交通运输工程专业）职业资格考试的需求，交通运输部职业资格中心依据《全国监理工程师职业资格考试交通运输工程专业科目考试大纲（2024年修订版）》，组织有关院校和企事业单位的资深专家，编写了这套全国监理工程师（交通运输工程专业）职业资格考试参考用书。全书共六册，包括《交通运输工程目标控制（基础知识篇）》《交通运输工程目标控制（公路工程专业知识篇）》《交通运输工程目标控制（水运工程专业知识篇）》《交通运输工程监理案例分析（公路工程专业篇）》《交通运输工程监理案例分析（水运工程专业篇）》《交通运输工程监理相关法规文件汇编（公路工程专业篇）》。本套参考用书由章剑青（江苏华宁工程咨询有限公司总经理、教授）和周河（广西交航工程技术有限公司董事长、高级工程师）主编，由李明华（中国交通建设监理协会名誉理事长）主审，由陈班雄（交通运输部职业资格中心公路处副处长）统筹组织编写和审定。

《交通运输工程监理相关法规文件汇编（公路工程专业篇）》由章剑青主编，陈班雄副主编，张瑞坤、娄忠应、何琦、张毅参加编写。

本书审定时，李明华、荆雷、罗娜、王婧、邢波、徐建军、于凯、习明星、韩道森、黄崇葵、张毅等专家学者提出了宝贵意见和建议，在此表示感谢！

本书在修订过程中，虽经反复推敲，仍难免纰漏，敬请广大读者批评指正！

交通运输部职业资格中心

2025年1月

# 目录

## 第一部分　法律及重要文件



## 第二部分　法　　规

## 第三部分　部门规章



## 第四部分　规范性文件

## 第五部分　标准与标准招标文件

# 第一部分

# 法律及重要文件

# 1. 中华人民共和国建筑法

（1997年11月1日第八届全国人民代表大会常务委员会第二十八次会议通过。根据2011年4月22日第十一届全国人民代表大会常务委员会第二十次会议《关于修改〈中华人民共和国建筑法〉的决定》第一次修正。根据2019年4月23日第十三届全国人民代表大会常务委员会第十次会议《关于修改〈中华人民共和国建筑法〉等八部法律的决定》第二次修正）

## 第一章　总　　则

**第一条**　为了加强对建筑活动的监督管理，维护建筑市场秩序，保证建筑工程的质量和安全，促进建筑业健康发展，制定本法。

**第二条**　在中华人民共和国境内从事建筑活动，实施对建筑活动的监督管理，应当遵守本法。

本法所称建筑活动，是指各类房屋建筑及其附属设施的建造和与其配套的线路、管道、设备的安装活动。

**第三条**　建筑活动应当确保建筑工程质量和安全，符合国家的建筑工程安全标准。

**第四条**　国家扶持建筑业的发展，支持建筑科学技术研究，提高房屋建筑设计水平，鼓励节约能源和保护环境，提倡采用先进技术、先进设备、先进工艺、新型建筑材料和现代管理方式。

**第五条**　从事建筑活动应当遵守法律、法规，不得损害社会公共利益和他人的合法权益。

任何单位和个人都不得妨碍和阻挠依法进行的建筑活动。

**第六条**　国务院建设行政主管部门对全国的建筑活动实施统一监督管理。

## 第二章　建筑许可

### 第一节　建筑工程施工许可

**第七条**　建筑工程开工前，建设单位应当按照国家有关规定向工程所在地县级以上人民政府建设行政主管部门申请领取施工许可证；但是，国务院建设行政主管部门确定的限额以下的小型工程除外。

按照国务院规定的权限和程序批准开工报告的建筑工程，不再领取施工许可证。

**第八条**　申请领取施工许可证，应当具备下列条件：

（一）已经办理该建筑工程用地批准手续；

（二）依法应当办理建设工程规划许可证的，已经取得建设工程规划许可证；

（三）需要拆迁的，其拆迁进度符合施工要求；

（四）已经确定建筑施工企业；

（五）有满足施工需要的资金安排、施工图纸及技术资料；

（六）有保证工程质量和安全的具体措施。

建设行政主管部门应当自收到申请之日起七日内，对符合条件的申请颁发施工许可证。

**第九条** 建设单位应当自领取施工许可证之日起三个月内开工。因故不能按期开工的，应当向发证机关申请延期；延期以两次为限，每次不超过三个月。既不开工又不申请延期或者超过延期时限的，施工许可证自行废止。

**第十条** 在建的建筑工程因故中止施工的，建设单位应当自中止施工之日起一个月内，向发证机关报告，并按照规定做好建筑工程的维护管理工作。

建筑工程恢复施工时，应当向发证机关报告；中止施工满一年的工程恢复施工前，建设单位应当报发证机关核验施工许可证。

**第十一条** 按照国务院有关规定批准开工报告的建筑工程，因故不能按期开工或者中止施工的，应当及时向批准机关报告情况。因故不能按期开工超过六个月的，应当重新办理开工报告的批准手续。

### 第二节　从 业 资 格

**第十二条** 从事建筑活动的建筑施工企业、勘察单位、设计单位和工程监理单位，应当具备下列条件：

（一）有符合国家规定的注册资本；

（二）有与其从事的建筑活动相适应的具有法定执业资格的专业技术人员；

（三）有从事相关建筑活动所应有的技术装备；

（四）法律、行政法规规定的其他条件。

**第十三条** 从事建筑活动的建筑施工企业、勘察单位、设计单位和工程监理单位，按照其拥有的注册资本、专业技术人员、技术装备和已完成的建筑工程业绩等资质条件，划分为不同的资质等级，经资质审查合格，取得相应等级的资质证书后，方可在其资质等级许可的范围内从事建筑活动。

**第十四条** 从事建筑活动的专业技术人员，应当依法取得相应的执业资格证书，并在执业资格证书许可的范围内从事建筑活动。

## 第三章　建筑工程发包与承包

### 第一节　一 般 规 定

**第十五条** 建筑工程的发包单位与承包单位应当依法订立书面合同，明确双方的权利和义务。

发包单位和承包单位应当全面履行合同约定的义务。不按照合同约定履行义务的，依法承担违约责任。

**第十六条** 建筑工程发包与承包的招标投标活动，应当遵循公开、公正、平等竞争的原则，择优选择承包单位。

建筑工程的招标投标，本法没有规定的，适用有关招标投标法律的规定。

**第十七条**　发包单位及其工作人员在建筑工程发包中不得收受贿赂、回扣或者索取其他好处。

承包单位及其工作人员不得利用向发包单位及其工作人员行贿、提供回扣或者给予其他好处等不正当手段承揽工程。

**第十八条**　建筑工程造价应当按照国家有关规定，由发包单位与承包单位在合同中约定。公开招标发包的，其造价的约定，须遵守招标投标法律的规定。

发包单位应当按照合同的约定，及时拨付工程款项。

### 第二节　发　　包

**第十九条**　建筑工程依法实行招标发包，对不适于招标发包的可以直接发包。

**第二十条**　建筑工程实行公开招标的，发包单位应当依照法定程序和方式，发布招标公告，提供载有招标工程的主要技术要求、主要的合同条款、评标的标准和方法以及开标、评标、定标的程序等内容的招标文件。

开标应当在招标文件规定的时间、地点公开进行。开标后应当按照招标文件规定的评标标准和程序对标书进行评价、比较，在具备相应资质条件的投标者中，择优选定中标者。

**第二十一条**　建筑工程招标的开标、评标、定标由建设单位依法组织实施，并接受有关行政主管部门的监督。

**第二十二条**　建筑工程实行招标发包的，发包单位应当将建筑工程发包给依法中标的承包单位。建筑工程实行直接发包的，发包单位应当将建筑工程发包给具有相应资质条件的承包单位。

**第二十三条**　政府及其所属部门不得滥用行政权力，限定发包单位将招标发包的建筑工程发包给指定的承包单位。

**第二十四条**　提倡对建筑工程实行总承包，禁止将建筑工程肢解发包。

建筑工程的发包单位可以将建筑工程的勘察、设计、施工、设备采购一并发包给一个工程总承包单位，也可以将建筑工程勘察、设计、施工、设备采购的一项或者多项发包给一个工程总承包单位；但是，不得将应当由一个承包单位完成的建筑工程肢解成若干部分发包给几个承包单位。

**第二十五条**　按照合同约定，建筑材料、建筑构配件和设备由工程承包单位采购的，发包单位不得指定承包单位购入用于工程的建筑材料、建筑构配件和设备或者指定生产厂、供应商。

### 第三节　承　　包

**第二十六条**　承包建筑工程的单位应当持有依法取得的资质证书，并在其资质等级许可的业务范围内承揽工程。

禁止建筑施工企业超越本企业资质等级许可的业务范围或者以任何形式用其他建筑施工企业的名义承揽工程。禁止建筑施工企业以任何形式允许其他单位或者个人使用本企业的资质证书、营业执照，以本企业的名义承揽工程。

**第二十七条**　大型建筑工程或者结构复杂的建筑工程，可以由两个以上的承包单位联合共同承包。共同承包的各方对承包合同的履行承担连带责任。

两个以上不同资质等级的单位实行联合共同承包的，应当按照资质等级低的单位的业务许可范围承揽工程。

**第二十八条** 禁止承包单位将其承包的全部建筑工程转包给他人，禁止承包单位将其承包的全部建筑工程肢解以后以分包的名义分别转包给他人。

**第二十九条** 建筑工程总承包单位可以将承包工程中的部分工程发包给具有相应资质条件的分包单位；但是，除总承包合同中约定的分包外，必须经建设单位认可。施工总承包的，建筑工程主体结构的施工必须由总承包单位自行完成。

建筑工程总承包单位按照总承包合同的约定对建设单位负责；分包单位按照分包合同的约定对总承包单位负责。总承包单位和分包单位就分包工程对建设单位承担连带责任。

禁止总承包单位将工程分包给不具备相应资质条件的单位。禁止分包单位将其承包的工程再分包。

## 第四章　建筑工程监理

**第三十条** 国家推行建筑工程监理制度。

国务院可以规定实行强制监理的建筑工程的范围。

**第三十一条** 实行监理的建筑工程，由建设单位委托具有相应资质条件的工程监理单位监理。建设单位与其委托的工程监理单位应当订立书面委托监理合同。

**第三十二条** 建筑工程监理应当依照法律、行政法规及有关的技术标准、设计文件和建筑工程承包合同，对承包单位在施工质量、建设工期和建设资金使用等方面，代表建设单位实施监督。

工程监理人员认为工程施工不符合工程设计要求、施工技术标准和合同约定的，有权要求建筑施工企业改正。

工程监理人员发现工程设计不符合建筑工程质量标准或者合同约定的质量要求的，应当报告建设单位要求设计单位改正。

**第三十三条** 实施建筑工程监理前，建设单位应当将委托的工程监理单位、监理的内容及监理权限，书面通知被监理的建筑施工企业。

**第三十四条** 工程监理单位应当在其资质等级许可的监理范围内，承担工程监理业务。

工程监理单位应当根据建设单位的委托，客观、公正地执行监理任务。

工程监理单位与被监理工程的承包单位以及建筑材料、建筑构配件和设备供应单位不得有隶属关系或者其他利害关系。

工程监理单位不得转让工程监理业务。

**第三十五条** 工程监理单位不按照委托监理合同的约定履行监理义务，对应当监督检查的项目不检查或者不按照规定检查，给建设单位造成损失的，应当承担相应的赔偿责任。

工程监理单位与承包单位串通，为承包单位谋取非法利益，给建设单位造成损失的，应当与承包单位承担连带赔偿责任。

## 第五章 建筑安全生产管理

**第三十六条** 建筑工程安全生产管理必须坚持安全第一、预防为主的方针,建立健全安全生产的责任制度和群防群治制度。

**第三十七条** 建筑工程设计应当符合按照国家规定制定的建筑安全规程和技术规范,保证工程的安全性能。

**第三十八条** 建筑施工企业在编制施工组织设计时,应当根据建筑工程的特点制定相应的安全技术措施;对专业性较强的工程项目,应当编制专项安全施工组织设计,并采取安全技术措施。

**第三十九条** 建筑施工企业应当在施工现场采取维护安全、防范危险、预防火灾等措施;有条件的,应当对施工现场实行封闭管理。

施工现场对毗邻的建筑物、构筑物和特殊作业环境可能造成损害的,建筑施工企业应当采取安全防护措施。

**第四十条** 建设单位应当向建筑施工企业提供与施工现场相关的地下管线资料,建筑施工企业应当采取措施加以保护。

**第四十一条** 建筑施工企业应当遵守有关环境保护和安全生产的法律、法规的规定,采取控制和处理施工现场的各种粉尘、废气、废水、固体废物以及噪声、振动对环境的污染和危害的措施。

**第四十二条** 有下列情形之一的,建设单位应当按照国家有关规定办理申请批准手续:

(一)需要临时占用规划批准范围以外场地的;

(二)可能损坏道路、管线、电力、邮电通讯等公共设施的;

(三)需要临时停水、停电、中断道路交通的;

(四)需要进行爆破作业的;

(五)法律、法规规定需要办理报批手续的其他情形。

**第四十三条** 建设行政主管部门负责建筑安全生产的管理,并依法接受劳动行政主管部门对建筑安全生产的指导和监督。

**第四十四条** 建筑施工企业必须依法加强对建筑安全生产的管理,执行安全生产责任制度,采取有效措施,防止伤亡和其他安全生产事故的发生。

建筑施工企业的法定代表人对本企业的安全生产负责。

**第四十五条** 施工现场安全由建筑施工企业负责。实行施工总承包的,由总承包单位负责。分包单位向总承包单位负责,服从总承包单位对施工现场的安全生产管理。

**第四十六条** 建筑施工企业应当建立健全劳动安全生产教育培训制度,加强对职工安全生产的教育培训;未经安全生产教育培训的人员,不得上岗作业。

**第四十七条** 建筑施工企业和作业人员在施工过程中,应当遵守有关安全生产的法律、法规和建筑行业安全规章、规程,不得违章指挥或者违章作业。作业人员有权对影响人身健康的作业程序和作业条件提出改进意见,有权获得安全生产所需的防护用品。作业人员对危及生命安全和人身健康的行为有权提出批评、检举和控告。

**第四十八条** 建筑施工企业应当依法为职工参加工伤保险缴纳工伤保险费。鼓励企业为从事危险作业的职工办理意外伤害保险，支付保险费。

**第四十九条** 涉及建筑主体和承重结构变动的装修工程，建设单位应当在施工前委托原设计单位或者具有相应资质条件的设计单位提出设计方案；没有设计方案的，不得施工。

**第五十条** 房屋拆除应当由具备保证安全条件的建筑施工单位承担，由建筑施工单位负责人对安全负责。

**第五十一条** 施工中发生事故时，建筑施工企业应当采取紧急措施减少人员伤亡和事故损失，并按照国家有关规定及时向有关部门报告。

## 第六章 建筑工程质量管理

**第五十二条** 建筑工程勘察、设计、施工的质量必须符合国家有关建筑工程安全标准的要求，具体管理办法由国务院规定。

有关建筑工程安全的国家标准不能适应确保建筑安全的要求时，应当及时修订。

**第五十三条** 国家对从事建筑活动的单位推行质量体系认证制度。从事建筑活动的单位根据自愿原则可以向国务院产品质量监督管理部门或者国务院产品质量监督管理部门授权的部门认可的认证机构申请质量体系认证。经认证合格的，由认证机构颁发质量体系认证证书。

**第五十四条** 建设单位不得以任何理由，要求建筑设计单位或者建筑施工企业在工程设计或者施工作业中，违反法律、行政法规和建筑工程质量、安全标准，降低工程质量。

建筑设计单位和建筑施工企业对建设单位违反前款规定提出的降低工程质量的要求，应当予以拒绝。

**第五十五条** 建筑工程实行总承包的，工程质量由工程总承包单位负责，总承包单位将建筑工程分包给其他单位的，应当对分包工程的质量与分包单位承担连带责任。分包单位应当接受总承包单位的质量管理。

**第五十六条** 建筑工程的勘察、设计单位必须对其勘察、设计的质量负责。勘察、设计文件应当符合有关法律、行政法规的规定和建筑工程质量、安全标准、建筑工程勘察、设计技术规范以及合同的约定。设计文件选用的建筑材料、建筑构配件和设备，应当注明其规格、型号、性能等技术指标，其质量要求必须符合国家规定的标准。

**第五十七条** 建筑设计单位对设计文件选用的建筑材料、建筑构配件和设备，不得指定生产厂、供应商。

**第五十八条** 建筑施工企业对工程的施工质量负责。

建筑施工企业必须按照工程设计图纸和施工技术标准施工，不得偷工减料。工程设计的修改由原设计单位负责，建筑施工企业不得擅自修改工程设计。

**第五十九条** 建筑施工企业必须按照工程设计要求、施工技术标准和合同的约定，对建筑材料、建筑构配件和设备进行检验，不合格的不得使用。

**第六十条** 建筑物在合理使用寿命内，必须确保地基基础工程和主体结构的质量。

建筑工程竣工时，屋顶、墙面不得留有渗漏、开裂等质量缺陷；对已发现的质量缺陷，建筑施工企业应当修复。

**第六十一条** 交付竣工验收的建筑工程，必须符合规定的建筑工程质量标准，有完整的工程技术经济资料和经签署的工程保修书，并具备国家规定的其他竣工条件。

建筑工程竣工经验收合格后，方可交付使用；未经验收或者验收不合格的，不得交付使用。

**第六十二条**　建筑工程实行质量保修制度。

建筑工程的保修范围应当包括地基基础工程、主体结构工程、屋面防水工程和其他土建工程，以及电气管线、上下水管线的安装工程，供热、供冷系统工程等项目；保修的期限应当按照保证建筑物合理寿命年限内正常使用，维护使用者合法权益的原则确定。具体的保修范围和最低保修期限由国务院规定。

**第六十三条**　任何单位和个人对建筑工程的质量事故、质量缺陷都有权向建设行政主管部门或者其他有关部门进行检举、控告、投诉。

## 第七章　法律责任

**第六十四条**　违反本法规定，未取得施工许可证或者开工报告未经批准擅自施工的，责令改正，对不符合开工条件的责令停止施工，可以处以罚款。

**第六十五条**　发包单位将工程发包给不具有相应资质条件的承包单位的，或者违反本法规定将建筑工程肢解发包的，责令改正，处以罚款。

超越本单位资质等级承揽工程的，责令停止违法行为，处以罚款，可以责令停业整顿，降低资质等级；情节严重的，吊销资质证书；有违法所得的，予以没收。

未取得资质证书承揽工程的，予以取缔，并处罚款；有违法所得的，予以没收。

以欺骗手段取得资质证书的，吊销资质证书，处以罚款；构成犯罪的，依法追究刑事责任。

**第六十六条**　建筑施工企业转让、出借资质证书或者以其他方式允许他人以本企业的名义承揽工程的，责令改正，没收违法所得，并处罚款，可以责令停业整顿，降低资质等级；情节严重的，吊销资质证书。对因该项承揽工程不符合规定的质量标准造成的损失，建筑施工企业与使用本企业名义的单位或者个人承担连带赔偿责任。

**第六十七条**　承包单位将承包的工程转包的，或者违反本法规定进行分包的，责令改正，没收违法所得，并处罚款，可以责令停业整顿，降低资质等级；情节严重的，吊销资质证书。

承包单位有前款规定的违法行为的，对因转包工程或者违法分包的工程不符合规定的质量标准造成的损失，与接受转包或者分包的单位承担连带赔偿责任。

**第六十八条**　在工程发包与承包中索贿、受贿、行贿，构成犯罪的，依法追究刑事责任；不构成犯罪的，分别处以罚款，没收贿赂的财物，对直接负责的主管人员和其他直接责任人员给予处分。

对在工程承包中行贿的承包单位，除依照前款规定处罚外，可以责令停业整顿，降低资质等级或者吊销资质证书。

**第六十九条**　工程监理单位与建设单位或者建筑施工企业串通，弄虚作假、降低工程质量的，责令改正，处以罚款，降低资质等级或者吊销资质证书；有违法所得的，予以没收；造成损失的，承担连带赔偿责任；构成犯罪的，依法追究刑事责任。

工程监理单位转让监理业务的，责令改正，没收违法所得，可以责令停业整顿，降低资质等级；情节严重的，吊销资质证书。

**第七十条**　违反本法规定，涉及建筑主体或者承重结构变动的装修工程擅自施工的，责令改正，处以罚款；造成损失的，承担赔偿责任；构成犯罪的，依法追究刑事责任。

**第七十一条** 建筑施工企业违反本法规定，对建筑安全事故隐患不采取措施予以消除的，责令改正，可以处以罚款；情节严重的，责令停业整顿，降低资质等级或者吊销资质证书；构成犯罪的，依法追究刑事责任。

建筑施工企业的管理人员违章指挥、强令职工冒险作业，因而发生重大伤亡事故或者造成其他严重后果的，依法追究刑事责任。

**第七十二条** 建设单位违反本法规定，要求建筑设计单位或者建筑施工企业违反建筑工程质量、安全标准，降低工程质量的，责令改正，可以处以罚款；构成犯罪的，依法追究刑事责任。

**第七十三条** 建筑设计单位不按照建筑工程质量、安全标准进行设计的，责令改正，处以罚款；造成工程质量事故的，责令停业整顿，降低资质等级或者吊销资质证书，没收违法所得，并处罚款；造成损失的，承担赔偿责任；构成犯罪的，依法追究刑事责任。

**第七十四条** 建筑施工企业在施工中偷工减料的，使用不合格的建筑材料、建筑构配件和设备的，或者有其他不按照工程设计图纸或者施工技术标准施工的行为的，责令改正，处以罚款；情节严重的，责令停业整顿，降低资质等级或者吊销资质证书；造成建筑工程质量不符合规定的质量标准的，负责返工、修理，并赔偿因此造成的损失；构成犯罪的，依法追究刑事责任。

**第七十五条** 建筑施工企业违反本法规定，不履行保修义务或者拖延履行保修义务的，责令改正，可以处以罚款，并对在保修期内因屋顶、墙面渗漏、开裂等质量缺陷造成的损失，承担赔偿责任。

**第七十六条** 本法规定的责令停业整顿、降低资质等级和吊销资质证书的行政处罚，由颁发资质证书的机关决定；其他行政处罚，由建设行政主管部门或者有关部门依照法律和国务院规定的职权范围决定。

依照本法规定被吊销资质证书的，由工商行政管理部门吊销其营业执照。

**第七十七条** 违反本法规定，对不具备相应资质等级条件的单位颁发该等级资质证书的，由其上级机关责令收回所发的资质证书，对直接负责的主管人员和其他直接责任人员给予行政处分；构成犯罪的，依法追究刑事责任。

**第七十八条** 政府及其所属部门的工作人员违反本法规定，限定发包单位将招标发包的工程发包给指定的承包单位的，由上级机关责令改正；构成犯罪的，依法追究刑事责任。

**第七十九条** 负责颁发建筑工程施工许可证的部门及其工作人员对不符合施工条件的建筑工程颁发施工许可证的，负责工程质量监督检查或者竣工验收的部门及其工作人员对不合格的建筑工程出具质量合格文件或者按合格工程验收的，由上级机关责令改正，对责任人员给予行政处分；构成犯罪的，依法追究刑事责任；造成损失的，由该部门承担相应的赔偿责任。

**第八十条** 在建筑物的合理使用寿命内，因建筑工程质量不合格受到损害的，有权向责任者要求赔偿。

## 第八章 附 则

**第八十一条** 本法关于施工许可、建筑施工企业资质审查和建筑工程发包、承包、禁止转包，以及建筑工程监理、建筑工程安全和质量管理的规定，适用于其他专业建筑工程的建筑活动，具体办法由国务院规定。

**第八十二条**　建设行政主管部门和其他有关部门在对建筑活动实施监督管理中，除按照国务院有关规定收取费用外，不得收取其他费用。

**第八十三条**　省、自治区、直辖市人民政府确定的小型房屋建筑工程的建筑活动，参照本法执行。

依法核定作为文物保护的纪念建筑物和古建筑等的修缮，依照文物保护的有关法律规定执行。

抢险救灾及其他临时性房屋建筑和农民自建低层住宅的建筑活动，不适用本法。

**第八十四条**　军用房屋建筑工程建筑活动的具体管理办法，由国务院、中央军事委员会依据本法制定。

**第八十五条**　本法自1998年3月1日起施行。

# 2. 中华人民共和国公路法

（1997 年 7 月 3 日第八届全国人民代表大会常务委员会第二十六次会议通过。
根据 2017 年 11 月 4 日第十二届全国人民代表大会常务委员会第三十次会议
《关于修改〈中华人民共和国会计法〉等十一部法律的决定》第五次修正）

## 第一章　总　　则

**第一条**　为了加强公路的建设和管理，促进公路事业的发展，适应社会主义现代化建设和人民生活的需要，制定本法。

**第二条**　在中华人民共和国境内从事公路的规划、建设、养护、经营、使用和管理，适用本法。

本法所称公路，包括公路桥梁、公路隧道和公路渡口。

**第三条**　公路的发展应当遵循全面规划、合理布局、确保质量、保障畅通、保护环境、建设改造与养护并重的原则。

**第四条**　各级人民政府应当采取有力措施，扶持、促进公路建设。公路建设应当纳入国民经济和社会发展计划。

国家鼓励、引导国内外经济组织依法投资建设、经营公路。

**第五条**　国家帮助和扶持少数民族地区、边远地区和贫困地区发展公路建设。

**第六条**　公路按其在公路路网中的地位分为国道、省道、县道和乡道，并按技术等级分为高速公路、一级公路、二级公路、三级公路和四级公路。具体划分标准由国务院交通主管部门规定。

新建公路应当符合技术等级的要求。原有不符合最低技术等级要求的等外公路，应当采取措施，逐步改造为符合技术等级要求的公路。

**第七条**　公路受国家保护，任何单位和个人不得破坏、损坏或者非法占用公路、公路用地及公路附属设施。

任何单位和个人都有爱护公路、公路用地及公路附属设施的义务，有权检举和控告破坏、损坏公路、公路用地、公路附属设施和影响公路安全的行为。

**第八条**　国务院交通主管部门主管全国公路工作。

县级以上地方人民政府交通主管部门主管本行政区域内的公路工作；但是，县级以上地方人民政府交通主管部门对国道、省道的管理、监督职责，由省、自治区、直辖市人民政府确定。

乡、民族乡、镇人民政府负责本行政区域内的乡道的建设和养护工作。

县级以上地方人民政府交通主管部门可以决定由公路管理机构依照本法规定行使公路行政管理职责。

**第九条**　禁止任何单位和个人在公路上非法设卡、收费、罚款和拦截车辆。

**第十条**　国家鼓励公路工作方面的科学技术研究，对在公路科学技术研究和应用方面作出显著成绩的单位和个人给予奖励。

**第十一条**　本法对专用公路有规定的，适用于专用公路。

专用公路是指由企业或者其他单位建设、养护、管理，专为或者主要为本企业或者本单位提供运输服务的道路。

## 第二章　公路规划

**第十二条**　公路规划应当根据国民经济和社会发展以及国防建设的需要编制，与城市建设发展规划和其他方式的交通运输发展规划相协调。

**第十三条**　公路建设用地规划应当符合土地利用总体规划，当年建设用地应当纳入年度建设用地计划。

**第十四条**　国道规划由国务院交通主管部门会同国务院有关部门并商国道沿线省、自治区、直辖市人民政府编制，报国务院批准。

省道规划由省、自治区、直辖市人民政府交通主管部门会同同级有关部门并商省道沿线下一级人民政府编制，报省、自治区、直辖市人民政府批准，并报国务院交通主管部门备案。

县道规划由县级人民政府交通主管部门会同同级有关部门编制，经本级人民政府审定后，报上一级人民政府批准。

乡道规划由县级人民政府交通主管部门协助乡、民族乡、镇人民政府编制，报县级人民政府批准。

依照第三款、第四款规定批准的县道、乡道规划，应当报批准机关的上一级人民政府交通主管部门备案。

省道规划应当与国道规划相协调。县道规划应当与省道规划相协调。乡道规划应当与县道规划相协调。

**第十五条**　专用公路规划由专用公路的主管单位编制，经其上级主管部门审定后，报县级以上人民政府交通主管部门审核。

专用公路规划应当与公路规划相协调。县级以上人民政府交通主管部门发现专用公路规划与国道、省道、县道、乡道规划有不协调的地方，应当提出修改意见，专用公路主管部门和单位应当作出相应的修改。

**第十六条**　国道规划的局部调整由原编制机关决定。国道规划需要作重大修改的，由原编制机关提出修改方案，报国务院批准。

经批准的省道、县道、乡道公路规划需要修改的，由原编制机关提出修改方案，报原批准机关批准。

**第十七条**　国道的命名和编号，由国务院交通主管部门确定；省道、县道、乡道的命名和编号，由省、自治区、直辖市人民政府交通主管部门按照国务院交通主管部门的有关规定确定。

**第十八条**　规划和新建村镇、开发区，应当与公路保持规定的距离并避免在公路两侧对应进行，防止造成公路街道化，影响公路的运行安全与畅通。

**第十九条**　国家鼓励专用公路用于社会公共运输。专用公路主要用于社会公共运输时，由专用公路的主管单位申请，或者由有关方面申请，专用公路的主管单位同意，并经省、自治区、直辖市人民政府交通主管部门批准，可以改划为省道、县道或者乡道。

## 第三章 公路建设

**第二十条** 县级以上人民政府交通主管部门应当依据职责维护公路建设秩序，加强对公路建设的监督管理。

**第二十一条** 筹集公路建设资金，除各级人民政府的财政拨款，包括依法征税筹集的公路建设专项资金转为的财政拨款外，可以依法向国内外金融机构或者外国政府贷款。

国家鼓励国内外经济组织对公路建设进行投资。开发、经营公路的公司可以依照法律、行政法规的规定发行股票、公司债券筹集资金。

依照本法规定出让公路收费权的收入必须用于公路建设。

向企业和个人集资建设公路，必须根据需要与可能，坚持自愿原则，不得强行摊派，并符合国务院的有关规定。

公路建设资金还可以采取符合法律或者国务院规定的其他方式筹集。

**第二十二条** 公路建设应当按照国家规定的基本建设程序和有关规定进行。

**第二十三条** 公路建设项目应当按照国家有关规定实行法人负责制度、招标投标制度和工程监理制度。

**第二十四条** 公路建设单位应当根据公路建设工程的特点和技术要求，选择具有相应资格的勘察设计单位、施工单位和工程监理单位，并依照有关法律、法规、规章的规定和公路工程技术标准的要求，分别签订合同，明确双方的权利义务。

承担公路建设项目的可行性研究单位、勘察设计单位、施工单位和工程监理单位，必须持有国家规定的资质证书。

**第二十五条** 公路建设项目的施工，须按国务院交通主管部门的规定报请县级以上地方人民政府交通主管部门批准。

**第二十六条** 公路建设必须符合公路工程技术标准。

承担公路建设项目的设计单位、施工单位和工程监理单位，应当按照国家有关规定建立健全质量保证体系，落实岗位责任制，并依照有关法律、法规、规章以及公路工程技术标准的要求和合同约定进行设计、施工和监理，保证公路工程质量。

**第二十七条** 公路建设使用土地依照有关法律、行政法规的规定办理。

公路建设应当贯彻切实保护耕地、节约用地的原则。

**第二十八条** 公路建设需要使用国有荒山、荒地或者需要在国有荒山、荒地、河滩、滩涂上挖砂、采石、取土的，依照有关法律、行政法规的规定办理后，任何单位和个人不得阻挠或者非法收取费用。

**第二十九条** 地方各级人民政府对公路建设依法使用土地和搬迁居民，应当给予支持和协助。

**第三十条** 公路建设项目的设计和施工，应当符合依法保护环境、保护文物古迹和防止水土流失的要求。

公路规划中贯彻国防要求的公路建设项目，应当严格按照规划进行建设，以保证国防交通的需要。

**第三十一条**　因建设公路影响铁路、水利、电力、邮电设施和其他设施正常使用时，公路建设单位应当事先征得有关部门的同意；因公路建设对有关设施造成损坏的，公路建设单位应当按照不低于该设施原有的技术标准予以修复，或者给予相应的经济补偿。

**第三十二条**　改建公路时，施工单位应当在施工路段两端设置明显的施工标志、安全标志。需要车辆绕行的，应当在绕行路口设置标志；不能绕行的，必须修建临时道路，保证车辆和行人通行。

**第三十三条**　公路建设项目和公路修复项目竣工后，应当按照国家有关规定进行验收；未经验收或者验收不合格的，不得交付使用。

建成的公路，应当按照国务院交通主管部门的规定设置明显的标志、标线。

**第三十四条**　县级以上地方人民政府应当确定公路两侧边沟（截水沟、坡脚护坡道，下同）外缘起不少于一米的公路用地。

## 第四章　公路养护

**第三十五条**　公路管理机构应当按照国务院交通主管部门规定的技术规范和操作规程对公路进行养护，保证公路经常处于良好的技术状态。

**第三十六条**　国家采用依法征税的办法筹集公路养护资金，具体实施办法和步骤由国务院规定。

依法征税筹集的公路养护资金，必须专项用于公路的养护和改建。

**第三十七条**　县、乡级人民政府对公路养护需要的挖砂、采石、取土以及取水，应当给予支持和协助。

**第三十八条**　县、乡级人民政府应当在农村义务工的范围内，按照国家有关规定组织公路两侧的农村居民履行为公路建设和养护提供劳务的义务。

**第三十九条**　为保障公路养护人员的人身安全，公路养护人员进行养护作业时，应当穿着统一的安全标志服；利用车辆进行养护作业时，应当在公路作业车辆上设置明显的作业标志。

公路养护车辆进行作业时，在不影响过往车辆通行的前提下，其行驶路线和方向不受公路标志、标线限制；过往车辆对公路养护车辆和人员应当注意避让。

公路养护工程施工影响车辆、行人通行时，施工单位应当依照本法第三十二条的规定办理。

**第四十条**　因严重自然灾害致使国道、省道交通中断，公路管理机构应当及时修复；公路管理机构难以及时修复时，县级以上地方人民政府应当及时组织当地机关、团体、企业事业单位、城乡居民进行抢修，并可以请求当地驻军支援，尽快恢复交通。

**第四十一条**　公路用地范围内的山坡、荒地，由公路管理机构负责水土保持。

**第四十二条**　公路绿化工作，由公路管理机构按照公路工程技术标准组织实施。

公路用地上的树木，不得任意砍伐；需要更新砍伐的，应当经县级以上地方人民政府交通主管部门同意后，依照《中华人民共和国森林法》的规定办理审批手续，并完成更新补种任务。

## 第五章　路政管理

**第四十三条**　各级地方人民政府应当采取措施，加强对公路的保护。

县级以上地方人民政府交通主管部门应当认真履行职责，依法做好公路保护工作，并努力采用科学的管理方法和先进的技术手段，提高公路管理水平，逐步完善公路服务设施，保障公路的完好、安全和畅通。

**第四十四条**　任何单位和个人不得擅自占用、挖掘公路。

因修建铁路、机场、电站、通信设施、水利工程和进行其他建设工程需要占用、挖掘公路或者使公路改线的，建设单位应当事先征得有关交通主管部门的同意；影响交通安全的，还须征得有关公安机关的同意。占用、挖掘公路或者使公路改线的，建设单位应当按照不低于该段公路原有的技术标准予以修复、改建或者给予相应的经济补偿。

**第四十五条**　跨越、穿越公路修建桥梁、渡槽或者架设、埋设管线等设施的，以及在公路用地范围内架设、埋设管线、电缆等设施的，应当事先经有关交通主管部门同意，影响交通安全的，还须征得有关公安机关的同意；所修建、架设或者埋设的设施应当符合公路工程技术标准的要求。对公路造成损坏的，应当按照损坏程度给予补偿。

**第四十六条**　任何单位和个人不得在公路上及公路用地范围内摆摊设点、堆放物品、倾倒垃圾、设置障碍、挖沟引水、利用公路边沟排放污物或者进行其他损坏、污染公路和影响公路畅通的活动。

**第四十七条**　在大中型公路桥梁和渡口周围二百米、公路隧道上方和洞口外一百米范围内，以及在公路两侧一定距离内，不得挖砂、采石、取土、倾倒废弃物，不得进行爆破作业及其他危及公路、公路桥梁、公路隧道、公路渡口安全的活动。

在前款范围内因抢险、防汛需要修筑堤坝、压缩或者拓宽河床的，应当事先报经省、自治区、直辖市人民政府交通主管部门会同水行政主管部门批准，并采取有效的保护有关的公路、公路桥梁、公路隧道、公路渡口安全的措施。

**第四十八条**　铁轮车、履带车和其他可能损害公路路面的机具，不得在公路上行驶。

农业机械因当地田间作业需要在公路上短距离行驶或者军用车辆执行任务需要在公路上行驶的，可以不受前款限制，但是应当采取安全保护措施。对公路造成损坏的，应当按照损坏程度给予补偿。

**第四十九条**　在公路上行驶的车辆的轴载质量应当符合公路工程技术标准要求。

**第五十条**　超过公路、公路桥梁、公路隧道或者汽车渡船的限载、限高、限宽、限长标准的车辆，不得在有限定标准的公路、公路桥梁上或者公路隧道内行驶，不得使用汽车渡船。超过公路或者公路桥梁限载标准确需行驶的，必须经县级以上地方人民政府交通主管部门批准，并按要求采取有效的防护措施；运载不可解体的超限物品的，应当按照指定的时间、路线、时速行驶，并悬挂明显标志。

运输单位不能按照前款规定采取防护措施的，由交通主管部门帮助其采取防护措施，所需费用由运输单位承担。

**第五十一条**　机动车制造厂和其他单位不得将公路作为检验机动车制动性能的试车场地。

**第五十二条**　任何单位和个人不得损坏、擅自移动、涂改公路附属设施。

前款公路附属设施，是指为保护、养护公路和保障公路安全畅通所设置的公路防护、排水、养护、管理、服务、交通安全、渡运、监控、通信、收费等设施、设备以及专用建筑物、构筑物等。

**第五十三条** 造成公路损坏的，责任者应当及时报告公路管理机构，并接受公路管理机构的现场调查。

**第五十四条** 任何单位和个人未经县级以上地方人民政府交通主管部门批准，不得在公路用地范围内设置公路标志以外的其他标志。

**第五十五条** 在公路上增设平面交叉道口，必须按照国家有关规定经过批准，并按照国家规定的技术标准建设。

**第五十六条** 除公路防护、养护需要的以外，禁止在公路两侧的建筑控制区内修建建筑物和地面构筑物；需要在建筑控制区内埋设管线、电缆等设施的，应当事先经县级以上地方人民政府交通主管部门批准。

前款规定的建筑控制区的范围，由县级以上地方人民政府按照保障公路运行安全和节约用地的原则，依照国务院的规定划定。

建筑控制区范围经县级以上地方人民政府依照前款规定划定后，由县级以上地方人民政府交通主管部门设置标桩、界桩。任何单位和个人不得损坏、擅自挪动该标桩、界桩。

**第五十七条** 除本法第四十七条第二款的规定外，本章规定由交通主管部门行使的路政管理职责，可以依照本法第八条第四款的规定，由公路管理机构行使。

## 第六章 收费公路

**第五十八条** 国家允许依法设立收费公路，同时对收费公路的数量进行控制。

除本法第五十九条规定可以收取车辆通行费的公路外，禁止任何公路收取车辆通行费。

**第五十九条** 符合国务院交通主管部门规定的技术等级和规模的下列公路，可以依法收取车辆通行费：

（一）由县级以上地方人民政府交通主管部门利用贷款或者向企业、个人集资建成的公路；

（二）由国内外经济组织依法受让前项收费公路收费权的公路；

（三）由国内外经济组织依法投资建成的公路。

**第六十条** 县级以上地方人民政府交通主管部门利用贷款或者集资建成的收费公路的收费期限，按照收费偿还贷款、集资款的原则，由省、自治区、直辖市人民政府依照国务院交通主管部门的规定确定。

有偿转让公路收费权的公路，收费权转让后，由受让方收费经营。收费权的转让期限由出让、受让双方约定，最长不得超过国务院规定的年限。

国内外经济组织投资建设公路，必须按照国家有关规定办理审批手续；公路建成后，由投资者收费经营。收费经营期限按照收回投资并有合理回报的原则，由有关交通主管部门与投资者约定并按照国家有关规定办理审批手续，但最长不得超过国务院规定的年限。

**第六十一条** 本法第五十九条第一款第一项规定的公路中的国道收费权的转让，应当在转让协议签订之日起三十个工作日内报国务院交通主管部门备案；国道以外的其他公路收费权的转让，应当在转让协议签订之日起三十个工作日内报省、自治区、直辖市人民政府备案。

前款规定的公路收费权出让的最低成交价，以国有资产评估机构评估的价值为依据确定。

**第六十二条** 受让公路收费权和投资建设公路的国内外经济组织应当依法成立开发、经营公路的企业（以下简称公路经营企业）。

**第六十三条**　收费公路车辆通行费的收费标准，由公路收费单位提出方案，报省、自治区、直辖市人民政府交通主管部门会同同级物价行政主管部门审查批准。

**第六十四条**　收费公路设置车辆通行费的收费站，应当报经省、自治区、直辖市人民政府审查批准。跨省、自治区、直辖市的收费公路设置车辆通行费的收费站，由有关省、自治区、直辖市人民政府协商确定；协商不成的，由国务院交通主管部门决定。同一收费公路由不同的交通主管部门组织建设或者由不同的公路经营企业经营的，应当按照“统一收费、按比例分成”的原则，统筹规划，合理设置收费站。

两个收费站之间的距离，不得小于国务院交通主管部门规定的标准。

**第六十五条**　有偿转让公路收费权的公路，转让收费权合同约定的期限届满，收费权由出让方收回。

由国内外经济组织依照本法规定投资建成并经营的收费公路，约定的经营期限届满，该公路由国家无偿收回，由有关交通主管部门管理。

**第六十六条**　依照本法第五十九条规定受让收费权或者由国内外经济组织投资建成经营的公路的养护工作，由各该公路经营企业负责。各该公路经营企业在经营期间应当按照国务院交通主管部门规定的技术规范和操作规程做好对公路的养护工作。在受让收费权的期限届满，或者经营期限届满时，公路应当处于良好的技术状态。

前款规定的公路的绿化和公路用地范围内的水土保持工作，由各该公路经营企业负责。

第一款规定的公路的路政管理，适用本法第五章的规定。该公路路政管理的职责由县级以上地方人民政府交通主管部门或者公路管理机构的派出机构、人员行使。

**第六十七条**　在收费公路上从事本法第四十四条第二款、第四十五条、第四十八条、第五十条所列活动的，除依照各该条的规定办理外，给公路经营企业造成损失的，应当给予相应的补偿。

**第六十八条**　收费公路的具体管理办法，由国务院依照本法制定。

## 第七章　监督检查

**第六十九条**　交通主管部门、公路管理机构依法对有关公路的法律、法规执行情况进行监督检查。

**第七十条**　交通主管部门、公路管理机构负有管理和保护公路的责任，有权检查、制止各种侵占、损坏公路、公路用地、公路附属设施及其他违反本法规定的行为。

**第七十一条**　公路监督检查人员依法在公路、建筑控制区、车辆停放场所、车辆所属单位等进行监督检查时，任何单位和个人不得阻挠。

公路经营者、使用者和其他有关单位、个人，应当接受公路监督检查人员依法实施的监督检查，并为其提供方便。

公路监督检查人员执行公务，应当佩戴标志，持证上岗。

**第七十二条**　交通主管部门、公路管理机构应当加强对所属公路监督检查人员的管理和教育，要求公路监督检查人员熟悉国家有关法律和规定，公正廉洁，热情服务，秉公执法，对公路监督检查人员的执法行为应当加强监督检查，对其违法行为应当及时纠正，依法处理。

**第七十三条**　用于公路监督检查的专用车辆,应当设置统一的标志和示警灯。

## 第八章　法律责任

**第七十四条**　违反法律或者国务院有关规定,擅自在公路上设卡、收费的,由交通主管部门责令停止违法行为,没收违法所得,可以处违法所得三倍以下的罚款,没有违法所得的,可以处二万元以下的罚款;对负有直接责任的主管人员和其他直接责任人员,依法给予行政处分。

**第七十五条**　违反本法第二十五条规定,未经有关交通主管部门批准擅自施工的,交通主管部门可以责令停止施工,并可以处五万元以下的罚款。

**第七十六条**　有下列违法行为之一的,由交通主管部门责令停止违法行为,可以处三万元以下的罚款:

(一)违反本法第四十四条第一款规定,擅自占用、挖掘公路的;

(二)违反本法第四十五条规定,未经同意或者未按照公路工程技术标准的要求修建桥梁、渡槽或者架设、埋设管线、电缆等设施的;

(三)违反本法第四十七条规定,从事危及公路安全的作业的;

(四)违反本法第四十八条规定,铁轮车、履带车和其他可能损害路面的机具擅自在公路上行驶的;

(五)违反本法第五十条规定,车辆超限使用汽车渡船或者在公路上擅自超限行驶的;

(六)违反本法第五十二条、第五十六条规定,损坏、移动、涂改公路附属设施或者损坏、挪动建筑控制区的标桩、界桩,可能危及公路安全的。

**第七十七条**　违反本法第四十六条的规定,造成公路路面损坏、污染或者影响公路畅通的,或者违反本法第五十一条规定,将公路作为试车场地的,由交通主管部门责令停止违法行为,可以处五千元以下的罚款。

**第七十八条**　违反本法第五十三条规定,造成公路损坏、未报告的,由交通主管部门处一千元以下的罚款。

**第七十九条**　违反本法第五十四条规定,在公路用地范围内设置公路标志以外的其他标志的,由交通主管部门责令限期拆除,可以处二万元以下的罚款;逾期不拆除的,由交通主管部门拆除,有关费用由设置者负担。

**第八十条**　违反本法第五十五条规定,未经批准在公路上增设平面交叉道口的,由交通主管部门责令恢复原状,处五万元以下的罚款。

**第八十一条**　违反本法第五十六条规定,在公路建筑控制区内修建建筑物、地面构筑物或者擅自埋设管线、电缆等设施的,由交通主管部门责令限期拆除,并可以处五万元以下的罚款。逾期不拆除的,由交通主管部门拆除,有关费用由建筑者、构筑者承担。

**第八十二条**　除本法第七十四条、第七十五条的规定外,本章规定由交通主管部门行使的行政处罚权和行政措施,可以依照本法第八条第四款的规定由公路管理机构行使。

**第八十三条**　阻碍公路建设或者公路抢修,致使公路建设或者抢修不能正常进行,尚未造成严重损失的,依照《中华人民共和国治安管理处罚法》的规定处罚。

损毁公路或者擅自移动公路标志,可能影响交通安全,尚不够刑事处罚的,适用《中华人民共和国道路交通安全法》第九十九条的处罚规定。

拒绝、阻碍公路监督检查人员依法执行职务未使用暴力、威胁方法的,依照《中华人民共和国治安管理处罚法》的规定处罚。

**第八十四条**　违反本法有关规定,构成犯罪的,依法追究刑事责任。

**第八十五条**　违反本法有关规定,对公路造成损害的,应当依法承担民事责任。

对公路造成较大损害的车辆,必须立即停车,保护现场,报告公路管理机构,接受公路管理机构的调查、处理后方得驶离。

**第八十六条**　交通主管部门、公路管理机构的工作人员玩忽职守、徇私舞弊、滥用职权,构成犯罪的,依法追究刑事责任;尚不构成犯罪的,依法给予行政处分。

## 第九章　附　　则

**第八十七条**　本法自 1998 年 1 月 1 日起施行。

# 3. 中华人民共和国招标投标法

（1999年8月30日第九届全国人民代表大会常务委员会第十一次会议通过。根据2017年12月27日第十二届全国人民代表大会常务委员会第三十一次会议《关于修改〈中华人民共和国招标投标法〉、〈中华人民共和国计量法〉的决定》修正）

## 第一章　总　　则

**第一条**　为了规范招标投标活动，保护国家利益、社会公共利益和招标投标活动当事人的合法权益，提高经济效益，保证项目质量，制定本法。

**第二条**　在中华人民共和国境内进行招标投标活动，适用本法。

**第三条**　在中华人民共和国境内进行下列工程建设项目包括项目的勘察、设计、施工、监理以及与工程建设有关的重要设备、材料等的采购，必须进行招标：

（一）大型基础设施、公用事业等关系社会公共利益、公众安全的项目；

（二）全部或者部分使用国有资金投资或者国家融资的项目；

（三）使用国际组织或者外国政府贷款、援助资金的项目。

前款所列项目的具体范围和规模标准，由国务院发展计划部门会同国务院有关部门制订，报国务院批准。

法律或者国务院对必须进行招标的其他项目的范围有规定的，依照其规定。

**第四条**　任何单位和个人不得将依法必须进行招标的项目化整为零或者以其他任何方式规避招标。

**第五条**　招标投标活动应当遵循公开、公平、公正和诚实信用的原则。

**第六条**　依法必须进行招标的项目，其招标投标活动不受地区或者部门的限制。任何单位和个人不得违法限制或者排斥本地区、本系统以外的法人或者其他组织参加投标，不得以任何方式非法干涉招标投标活动。

**第七条**　招标投标活动及其当事人应当接受依法实施的监督。

有关行政监督部门依法对招标投标活动实施监督，依法查处招标投标活动中的违法行为。

对招标投标活动的行政监督及有关部门的具体职权划分，由国务院规定。

## 第二章　招　　标

**第八条**　招标人是依照本法规定提出招标项目、进行招标的法人或者其他组织。

**第九条**　招标项目按照国家有关规定需要履行项目审批手续的，应当先履行审批手续，取得批准。

招标人应当有进行招标项目的相应资金或者资金来源已经落实，并应当在招标文件中如实载明。

**第十条** 招标分为公开招标和邀请招标。

公开招标，是指招标人以招标公告的方式邀请不特定的法人或者其他组织投标。

邀请招标，是指招标人以投标邀请书的方式邀请特定的法人或者其他组织投标。

**第十一条** 国务院发展计划部门确定的国家重点项目和省、自治区、直辖市人民政府确定的地方重点项目不适宜公开招标的，经国务院发展计划部门或者省、自治区、直辖市人民政府批准，可以进行邀请招标。

**第十二条** 招标人有权自行选择招标代理机构，委托其办理招标事宜。任何单位和个人不得以任何方式为招标人指定招标代理机构。

招标人具有编制招标文件和组织评标能力的，可以自行办理招标事宜。任何单位和个人不得强制其委托招标代理机构办理招标事宜。

依法必须进行招标的项目，招标人自行办理招标事宜的，应当向有关行政监督部门备案。

**第十三条** 招标代理机构是依法设立、从事招标代理业务并提供相关服务的社会中介组织。

招标代理机构应当具备下列条件：

（一）有从事招标代理业务的营业场所和相应资金；

（二）有能够编制招标文件和组织评标的相应专业力量。

**第十四条** 招标代理机构与行政机关和其他国家机关不得存在隶属关系或者其他利益关系。

**第十五条** 招标代理机构应当在招标人委托的范围内办理招标事宜，并遵守本法关于招标人的规定。

**第十六条** 招标人采用公开招标方式的，应当发布招标公告。依法必须进行招标的项目的招标公告，应当通过国家指定的报刊、信息网络或者其他媒介发布。

招标公告应当载明招标人的名称和地址、招标项目的性质、数量、实施地点和时间以及获取招标文件的办法等事项。

**第十七条** 招标人采用邀请招标方式的，应当向三个以上具备承担招标项目的能力、资信良好的特定的法人或者其他组织发出投标邀请书。

投标邀请书应当载明本法第十六条第二款规定的事项。

**第十八条** 招标人可以根据招标项目本身的要求，在招标公告或者投标邀请书中，要求潜在投标人提供有关资质证明文件和业绩情况，并对潜在投标人进行资格审查；国家对投标人的资格条件有规定的，依照其规定。

招标人不得以不合理的条件限制或者排斥潜在投标人，不得对潜在投标人实行歧视待遇。

**第十九条** 招标人应当根据招标项目的特点和需要编制招标文件。招标文件应当包括招标项目的技术要求、对投标人资格审查的标准、投标报价要求和评标标准等所有实质性要求和条件以及拟签订合同的主要条款。

国家对招标项目的技术、标准有规定的，招标人应当按照其规定在招标文件中提出相应要求。

招标项目需要划分标段、确定工期的，招标人应当合理划分标段、确定工期，并在招标文件中载明。

**第二十条**　招标文件不得要求或者标明特定的生产供应者以及含有倾向或者排斥潜在投标人的其他内容。

**第二十一条**　招标人根据招标项目的具体情况,可以组织潜在投标人踏勘项目现场。

**第二十二条**　招标人不得向他人透露已获取招标文件的潜在投标人的名称、数量以及可能影响公平竞争的有关招标投标的其他情况。

招标人设有标底的,标底必须保密。

**第二十三条**　招标人对已发出的招标文件进行必要的澄清或者修改的,应当在招标文件要求提交投标文件截止时间至少十五日前,以书面形式通知所有招标文件收受人。该澄清或者修改的内容为招标文件的组成部分。

**第二十四条**　招标人应当确定投标人编制投标文件所需要的合理时间;但是,依法必须进行招标的项目,自招标文件开始发出之日起至投标人提交投标文件截止之日止,最短不得少于二十日。

## 第三章　投　　标

**第二十五条**　投标人是响应招标、参加投标竞争的法人或者其他组织。

依法招标的科研项目允许个人参加投标的,投标的个人适用本法有关投标人的规定。

**第二十六条**　投标人应当具备承担招标项目的能力;国家有关规定对投标人资格条件或者招标文件对投标人资格条件有规定的,投标人应当具备规定的资格条件。

**第二十七条**　投标人应当按照招标文件的要求编制投标文件。投标文件应当对招标文件提出的实质性要求和条件作出响应。

招标项目属于建设施工的,投标文件的内容应当包括拟派出的项目负责人与主要技术人员的简历、业绩和拟用于完成招标项目的机械设备等。

**第二十八条**　投标人应当在招标文件要求提交投标文件的截止时间前,将投标文件送达投标地点。招标人收到投标文件后,应当签收保存,不得开启。投标人少于三个的,招标人应当依照本法重新招标。

在招标文件要求提交投标文件的截止时间后送达的投标文件,招标人应当拒收。

**第二十九条**　投标人在招标文件要求提交投标文件的截止时间前,可以补充、修改或者撤回已提交的投标文件,并书面通知招标人。补充、修改的内容为投标文件的组成部分。

**第三十条**　投标人根据招标文件载明的项目实际情况,拟在中标后将中标项目的部分非主体、非关键性工作进行分包的,应当在投标文件中载明。

**第三十一条**　两个以上法人或者其他组织可以组成一个联合体,以一个投标人的身份共同投标。

联合体各方均应当具备承担招标项目的相应能力;国家有关规定或者招标文件对投标人资格条件有规定的,联合体各方均应当具备规定的相应资格条件。由同一专业的单位组成的联合体,按照资质等级较低的单位确定资质等级。

联合体各方应当签订共同投标协议,明确约定各方拟承担的工作和责任,并将共同投标协议连同投标文件一并提交招标人。联合体中标的,联合体各方应当共同与招标人签订合同,就中标项目向招标人承担连带责任。

招标人不得强制投标人组成联合体共同投标,不得限制投标人之间的竞争。

**第三十二条** 投标人不得相互串通投标报价,不得排挤其他投标人的公平竞争,损害招标人或者其他投标人的合法权益。

投标人不得与招标人串通投标,损害国家利益、社会公共利益或者他人的合法权益。

禁止投标人以向招标人或者评标委员会成员行贿的手段谋取中标。

**第三十三条** 投标人不得以低于成本的报价竞标,也不得以他人名义投标或者以其他方式弄虚作假,骗取中标。

## 第四章 开标、评标和中标

**第三十四条** 开标应当在招标文件确定的提交投标文件截止时间的同一时间公开进行;开标地点应当为招标文件中预先确定的地点。

**第三十五条** 开标由招标人主持,邀请所有投标人参加。

**第三十六条** 开标时,由投标人或者其推选的代表检查投标文件的密封情况,也可以由招标人委托的公证机构检查并公证;经确认无误后,由工作人员当众拆封,宣读投标人名称、投标价格和投标文件的其他主要内容。

招标人在招标文件要求提交投标文件的截止时间前收到的所有投标文件,开标时都应当当众予以拆封、宣读。

开标过程应当记录,并存档备查。

**第三十七条** 评标由招标人依法组建的评标委员会负责。

依法必须进行招标的项目,其评标委员会由招标人的代表和有关技术、经济等方面的专家组成,成员人数为五人以上单数,其中技术、经济等方面的专家不得少于成员总数的三分之二。

前款专家应当从事相关领域工作满八年并具有高级职称或者具有同等专业水平,由招标人从国务院有关部门或者省、自治区、直辖市人民政府有关部门提供的专家名册或者招标代理机构的专家库内的相关专业的专家名单中确定;一般招标项目可以采取随机抽取方式,特殊招标项目可以由招标人直接确定。

与投标人有利害关系的人不得进入相关项目的评标委员会;已经进入的应当更换。

评标委员会成员的名单在中标结果确定前应当保密。

**第三十八条** 招标人应当采取必要的措施,保证评标在严格保密的情况下进行。

任何单位和个人不得非法干预、影响评标的过程和结果。

**第三十九条** 评标委员会可以要求投标人对投标文件中含义不明确的内容作必要的澄清或者说明,但是澄清或者说明不得超出投标文件的范围或者改变投标文件的实质性内容。

**第四十条** 评标委员会应当按照招标文件确定的评标标准和方法,对投标文件进行评审和比较;设有标底的,应当参考标底。评标委员会完成评标后,应当向招标人提出书面评标报告,并推荐合格的中标候选人。

招标人根据评标委员会提出的书面评标报告和推荐的中标候选人确定中标人。招标人也可以授权评标委员会直接确定中标人。

国务院对特定招标项目的评标有特别规定的,从其规定。

**第四十一条**　中标人的投标应当符合下列条件之一:

(一)能够最大限度地满足招标文件中规定的各项综合评价标准;

(二)能够满足招标文件的实质性要求,并且经评审的投标价格最低;但是投标价格低于成本的除外。

**第四十二条**　评标委员会经评审,认为所有投标都不符合招标文件要求的,可以否决所有投标。

依法必须进行招标的项目的所有投标被否决的,招标人应当依照本法重新招标。

**第四十三条**　在确定中标人前,招标人不得与投标人就投标价格、投标方案等实质性内容进行谈判。

**第四十四条**　评标委员会成员应当客观、公正地履行职务,遵守职业道德,对所提出的评审意见承担个人责任。

评标委员会成员不得私下接触投标人,不得收受投标人的财物或者其他好处。

评标委员会成员和参与评标的有关工作人员不得透露对投标文件的评审和比较、中标候选人的推荐情况以及与评标有关的其他情况。

**第四十五条**　中标人确定后,招标人应当向中标人发出中标通知书,并同时将中标结果通知所有未中标的投标人。

中标通知书对招标人和中标人具有法律效力。中标通知书发出后,招标人改变中标结果的,或者中标人放弃中标项目的,应当依法承担法律责任。

**第四十六条**　招标人和中标人应当自中标通知书发出之日起三十日内,按照招标文件和中标人的投标文件订立书面合同。招标人和中标人不得再行订立背离合同实质性内容的其他协议。

招标文件要求中标人提交履约保证金的,中标人应当提交。

**第四十七条**　依法必须进行招标的项目,招标人应当自确定中标人之日起十五日内,向有关行政监督部门提交招标投标情况的书面报告。

**第四十八条**　中标人应当按照合同约定履行义务,完成中标项目。中标人不得向他人转让中标项目,也不得将中标项目肢解后分别向他人转让。

中标人按照合同约定或者经招标人同意,可以将中标项目的部分非主体、非关键性工作分包给他人完成。接受分包的人应当具备相应的资格条件,并不得再次分包。

中标人应当就分包项目向招标人负责,接受分包的人就分包项目承担连带责任。

## 第五章　法律责任

**第四十九条**　违反本法规定,必须进行招标的项目而不招标的,将必须进行招标的项目化整为零或者以其他任何方式规避招标的,责令限期改正,可以处项目合同金额千分之五以上千分之十以下的罚款;对全部或者部分使用国有资金的项目,可以暂停项目执行或者暂停资金拨付;对单位直接负责的主管人员和其他直接责任人员依法给予处分。

**第五十条**　招标代理机构违反本法规定,泄露应当保密的与招标投标活动有关的情况和资料的,或者与招标人、投标人串通损害国家利益、社会公共利益或者他人合法权益的,处五万元以上二十五万元以下的罚款，对单位直接负责的主管人员和其他直接责任人员处单位罚款数额百分之五以上百分之十以下的罚款；有违法所得的，并处没收违法所得；情节严重的，禁止其一年至二年内代理依法必须进行招标的项目并予以公告，直至由工商行政管理机关吊销营业执照；构成犯罪的，依法追究刑事责任。给他人造成损失的，依法承担赔偿责任。

前款所列行为影响中标结果的，中标无效。

**第五十一条** 招标人以不合理的条件限制或者排斥潜在投标人的，对潜在投标人实行歧视待遇的，强制要求投标人组成联合体共同投标的，或者限制投标人之间竞争的，责令改正，可以处一万元以上五万元以下的罚款。

**第五十二条** 依法必须进行招标的项目的招标人向他人透露已获取招标文件的潜在投标人的名称、数量或者可能影响公平竞争的有关招标投标的其他情况的，或者泄露标底的，给予警告，可以并处一万元以上十万元以下的罚款；对单位直接负责的主管人员和其他直接责任人员依法给予处分；构成犯罪的，依法追究刑事责任。

前款所列行为影响中标结果的，中标无效。

**第五十三条** 投标人相互串通投标或者与招标人串通投标的，投标人以向招标人或者评标委员会成员行贿的手段谋取中标的，中标无效，处中标项目金额千分之五以上千分之十以下的罚款，对单位直接负责的主管人员和其他直接责任人员处单位罚款数额百分之五以上百分之十以下的罚款；有违法所得的，并处没收违法所得；情节严重的，取消其一年至二年内参加依法必须进行招标的项目的投标资格并予以公告，直至由工商行政管理机关吊销营业执照；构成犯罪的，依法追究刑事责任。给他人造成损失的，依法承担赔偿责任。

**第五十四条** 投标人以他人名义投标或者以其他方式弄虚作假，骗取中标的，中标无效，给招标人造成损失的，依法承担赔偿责任；构成犯罪的，依法追究刑事责任。

依法必须进行招标的项目的投标人有前款所列行为尚未构成犯罪的，处中标项目金额千分之五以上千分之十以下的罚款，对单位直接负责的主管人员和其他直接责任人员处单位罚款数额百分之五以上百分之十以下的罚款；有违法所得的，并处没收违法所得；情节严重的，取消其一年至三年内参加依法必须进行招标的项目的投标资格并予以公告，直至由工商行政管理机关吊销营业执照。

**第五十五条** 依法必须进行招标的项目，招标人违反本法规定，与投标人就投标价格、投标方案等实质性内容进行谈判的，给予警告，对单位直接负责的主管人员和其他直接责任人员依法给予处分。

前款所列行为影响中标结果的，中标无效。

**第五十六条** 评标委员会成员收受投标人的财物或者其他好处的，评标委员会成员或者参加评标的有关工作人员向他人透露对投标文件的评审和比较、中标候选人的推荐以及与评标有关的其他情况的，给予警告，没收收受的财物，可以并处三千元以上五万元以下的罚款，对有所列违法行为的评标委员会成员取消担任评标委员会成员的资格，不得再参加任何依法必须进行招标的项目的评标；构成犯罪的，依法追究刑事责任。

**第五十七条** 招标人在评标委员会依法推荐的中标候选人以外确定中标人的，依法必须进行招标的项目在所有投标被评标委员会否决后自行确定中标人的，中标无效。责令改正，可以处中标项目金额千分之五以上千分之十以下的罚款；对单位直接负责的主管人员和其他直接责任人员依法给予处分。

**第五十八条** 中标人将中标项目转让给他人的,将中标项目肢解后分别转让给他人的,违反本法规定将中标项目的部分主体、关键性工作分包给他人的,或者分包人再次分包的,转让、分包无效,处转让、分包项目金额千分之五以上千分之十以下的罚款;有违法所得的,并处没收违法所得;可以责令停业整顿;情节严重的,由工商行政管理机关吊销营业执照。

**第五十九条** 招标人与中标人不按照招标文件和中标人的投标文件订立合同的,或者招标人、中标人订立背离合同实质性内容的协议的,责令改正;可以处中标项目金额千分之五以上千分之十以下的罚款。

**第六十条** 中标人不履行与招标人订立的合同的,履约保证金不予退还,给招标人造成的损失超过履约保证金数额的,还应当对超过部分予以赔偿;没有提交履约保证金的,应当对招标人的损失承担赔偿责任。

中标人不按照与招标人订立的合同履行义务,情节严重的,取消其二年至五年内参加依法必须进行招标的项目的投标资格并予以公告,直至由工商行政管理机关吊销营业执照。

因不可抗力不能履行合同的,不适用前两款规定。

**第六十一条** 本章规定的行政处罚,由国务院规定的有关行政监督部门决定。本法已对实施行政处罚的机关作出规定的除外。

**第六十二条** 任何单位违反本法规定,限制或者排斥本地区、本系统以外的法人或者其他组织参加投标的,为招标人指定招标代理机构的,强制招标人委托招标代理机构办理招标事宜的,或者以其他方式干涉招标投标活动的,责令改正;对单位直接负责的主管人员和其他直接责任人员依法给予警告、记过、记大过的处分,情节较重的,依法给予降级、撤职、开除的处分。

个人利用职权进行前款违法行为的,依照前款规定追究责任。

**第六十三条** 对招标投标活动依法负有行政监督职责的国家机关工作人员徇私舞弊、滥用职权或者玩忽职守,构成犯罪的,依法追究刑事责任;不构成犯罪的,依法给予行政处分。

**第六十四条** 依法必须进行招标的项目违反本法规定,中标无效的,应当依照本法规定的中标条件从其余投标人中重新确定中标人或者依照本法重新进行招标。

## 第六章 附 则

**第六十五条** 投标人和其他利害关系人认为招标投标活动不符合本法有关规定的,有权向招标人提出异议或者依法向有关行政监督部门投诉。

**第六十六条** 涉及国家安全、国家秘密、抢险救灾或者属于利用扶贫资金实行以工代赈、需要使用农民工等特殊情况,不适宜进行招标的项目,按照国家有关规定可以不进行招标。

**第六十七条** 使用国际组织或者外国政府贷款、援助资金的项目进行招标,贷款方、资金提供方对招标投标的具体条件和程序有不同规定的,可以适用其规定,但违背中华人民共和国的社会公共利益的除外。

**第六十八条** 本法自 2000 年 1 月 1 日起施行。

# 4. 中华人民共和国民法典

（2020年5月28第十三届全国人民代表大会第三次会议通过）

## 第三编　合　　同

### 第一分编　通　　则

#### 第一章　一般规定

**第四百六十三条**　【合同编的调整范围】本编调整因合同产生的民事关系。

**第四百六十四条**　【合同的定义和身份关系协议的法律适用】合同是民事主体之间设立、变更、终止民事法律关系的协议。

婚姻、收养、监护等有关身份关系的协议，适用有关该身份关系的法律规定；没有规定的，可以根据其性质参照适用本编规定。

**第四百六十五条**　【依法成立的合同效力】依法成立的合同，受法律保护。

依法成立的合同，仅对当事人具有法律约束力，但是法律另有规定的除外。

**第四百六十六条**　【合同条款的解释】当事人对合同条款的理解有争议的，应当依据本法第一百四十二条第一款的规定，确定争议条款的含义。

合同文本采用两种以上文字订立并约定具有同等效力的，对各文本使用的词句推定具有相同含义。各文本使用的词句不一致的，应当根据合同的相关条款、性质、目的以及诚信原则等予以解释。

**第四百六十七条**　【无名合同及涉外合同的法律适用】本法或者其他法律没有明文规定的合同，适用本编通则的规定，并可以参照适用本编或者其他法律最相类似合同的规定。

在中华人民共和国境内履行的中外合资经营企业合同、中外合作经营企业合同、中外合作勘探开发自然资源合同，适用中华人民共和国法律。

**第四百六十八条**　【非因合同产生的债权债务关系的法律适用】非因合同产生的债权债务关系，适用有关该债权债务关系的法律规定；没有规定的，适用本编通则的有关规定，但是根据其性质不能适用的除外。

#### 第二章　合同的订立

**第四百六十九条**　【合同订立形式】当事人订立合同，可以采用书面形式、口头形式或者其他形式。

书面形式是合同书、信件、电报、电传、传真等可以有形地表现所载内容的形式。

以电子数据交换、电子邮件等方式能够有形地表现所载内容，并可以随时调取查用的数据电文，视为书面形式。

**第四百七十条**　【合同主要条款与示范文本】合同的内容由当事人约定，一般包括下列条款：

（一）当事人的姓名或者名称和住所；

（二）标的；

（三）数量；

（四）质量；

（五）价款或者报酬；

（六）履行期限、地点和方式；

（七）违约责任；

（八）解决争议的方法。

当事人可以参照各类合同的示范文本订立合同。

**第四百七十一条**　【合同订立方式】当事人订立合同，可以采取要约、承诺方式或者其他方式。

**第四百七十二条**　【要约的定义及构成要件】要约是希望与他人订立合同的意思表示，该意思表示应当符合下列条件：

（一）内容具体确定；

（二）表明经受要约人承诺，要约人即受该意思表示约束。

**第四百七十三条**　【要约邀请】要约邀请是希望他人向自己发出要约的表示。拍卖公告、招标公告、招股说明书、债券募集办法、基金招募说明书、商业广告和宣传、寄送的价目表等为要约邀请。

商业广告和宣传的内容符合要约条件的，构成要约。

**第四百七十四条**　【要约生效时间】要约生效的时间适用本法第一百三十七条的规定。

**第四百七十五条**　【要约撤回】要约可以撤回。要约的撤回适用本法第一百四十一条的规定。

**第四百七十六条**　【要约不得撤销情形】要约可以撤销，但是有下列情形之一的除外：

（一）要约人以确定承诺期限或者其他形式明示要约不可撤销；

（二）受要约人有理由认为要约是不可撤销的，并已经为履行合同做了合理准备工作。

**第四百七十七条**　【要约撤销】撤销要约的意思表示以对话方式作出的，该意思表示的内容应当在受要约人作出承诺之前为受要约人所知道；撤销要约的意思表示以非对话方式作出的，应当在受要约人作出承诺之前到达受要约人。

**第四百七十八条**　【要约失效】有下列情形之一的，要约失效：

（一）要约被拒绝；

（二）要约被依法撤销；

（三）承诺期限届满，受要约人未作出承诺；

（四）受要约人对要约的内容作出实质性变更。

**第四百七十九条**　【承诺的定义】承诺是受要约人同意要约的意思表示。

**第四百八十条**　【承诺的方式】承诺应当以通知的方式作出；但是，根据交易习惯或者要约表明可以通过行为作出承诺的除外。

**第四百八十一条** 【承诺的期限】承诺应当在要约确定的期限内到达要约人。

要约没有确定承诺期限的，承诺应当依照下列规定到达：

（一）要约以对话方式作出的，应当即时作出承诺；

（二）要约以非对话方式作出的，承诺应当在合理期限内到达。

**第四百八十二条** 【以信件或者电报等作出的要约的承诺期限计算方法】要约以信件或者电报作出的，承诺期限自信件载明的日期或者电报交发之日开始计算。信件未载明日期的，自投寄该信件的邮戳日期开始计算。要约以电话、传真、电子邮件等快速通讯方式作出的，承诺期限自要约到达受要约人时开始计算。

**第四百八十三条** 【合同成立时间】承诺生效时合同成立，但是法律另有规定或者当事人另有约定的除外。

**第四百八十四条** 【承诺生效时间】以通知方式作出的承诺，生效的时间适用本法第一百三十七条的规定。

承诺不需要通知的，根据交易习惯或者要约的要求作出承诺的行为时生效。

**第四百八十五条** 【承诺的撤回】承诺可以撤回。承诺的撤回适用本法第一百四十一条的规定。

**第四百八十六条** 【迟延承诺】受要约人超过承诺期限发出承诺，或者在承诺期限内发出承诺，按照通常情形不能及时到达要约人的，为新要约；但是，要约人及时通知受要约人该承诺有效的除外。

**第四百八十七条** 【未迟发而迟到的承诺】受要约人在承诺期限内发出承诺，按照通常情形能够及时到达要约人，但是因其他原因致使承诺到达要约人时超过承诺期限的，除要约人及时通知受要约人因承诺超过期限不接受该承诺外，该承诺有效。

**第四百八十八条** 【承诺对要约内容的实质性变更】承诺的内容应当与要约的内容一致。受要约人对要约的内容作出实质性变更的，为新要约。有关合同标的、数量、质量、价款或者报酬、履行期限、履行地点和方式、违约责任和解决争议方法等的变更，是对要约内容的实质性变更。

**第四百八十九条** 【承诺对要约内容的非实质性变更】承诺对要约的内容作出非实质性变更的，除要约人及时表示反对或者要约表明承诺不得对要约的内容作出任何变更外，该承诺有效，合同的内容以承诺的内容为准。

**第四百九十条** 【合同成立时间】当事人采用合同书形式订立合同的，自当事人均签名、盖章或者按指印时合同成立。在签名、盖章或者按指印之前，当事人一方已经履行主要义务，对方接受时，该合同成立。

法律、行政法规规定或者当事人约定合同应当采用书面形式订立，当事人未采用书面形式但是一方已经履行主要义务，对方接受时，该合同成立。

**第四百九十一条** 【信件、数据电文形式合同和网络合同成立时间】当事人采用信件、数据电文等形式订立合同要求签订确认书的，签订确认书时合同成立。

当事人一方通过互联网等信息网络发布的商品或者服务信息符合要约条件的，对方选择该商品或者服务并提交订单成功时合同成立，但是当事人另有约定的除外。

**第四百九十二条** 【合同成立地点】承诺生效的地点为合同成立的地点。

采用数据电文形式订立合同的,收件人的主营业地为合同成立的地点;没有主营业地的,其住所地为合同成立的地点。当事人另有约定的,按照其约定。

**第四百九十三条** 【书面合同成立地点】当事人采用合同书形式订立合同的,最后签名、盖章或者按指印的地点为合同成立的地点,但是当事人另有约定的除外。

**第四百九十四条** 【依国家订货任务、指令性任务订立合同及强制要约、强制承诺】国家根据抢险救灾、疫情防控或者其他需要下达国家订货任务、指令性任务的,有关民事主体之间应当依照有关法律、行政法规规定的权利和义务订立合同。

依照法律、行政法规的规定负有发出要约义务的当事人,应当及时发出合理的要约。

依照法律、行政法规的规定负有作出承诺义务的当事人,不得拒绝对方合理的订立合同要求。

**第四百九十五条** 【预约合同】当事人约定在将来一定期限内订立合同的认购书、订购书、预订书等,构成预约合同。

当事人一方不履行预约合同约定的订立合同义务的,对方可以请求其承担预约合同的违约责任。

**第四百九十六条** 【格式条款】格式条款是当事人为了重复使用而预先拟定,并在订立合同时未与对方协商的条款。

采用格式条款订立合同的,提供格式条款的一方应当遵循公平原则确定当事人之间的权利和义务,并采取合理的方式提示对方注意免除或者减轻其责任等与对方有重大利害关系的条款,按照对方的要求,对该条款予以说明。提供格式条款的一方未履行提示或者说明义务,致使对方没有注意或者理解与其有重大利害关系的条款的,对方可以主张该条款不成为合同的内容。

**第四百九十七条** 【格式条款无效的情形】有下列情形之一的,该格式条款无效:

(一)具有本法第一编第六章第三节和本法第五百零六条规定的无效情形;

(二)提供格式条款一方不合理地免除或者减轻其责任、加重对方责任、限制对方主要权利;

(三)提供格式条款一方排除对方主要权利。

**第四百九十八条** 【格式条款的解释】对格式条款的理解发生争议的,应当按照通常理解予以解释。对格式条款有两种以上解释的,应当作出不利于提供格式条款一方的解释。格式条款和非格式条款不一致的,应当采用非格式条款。

**第四百九十九条** 【悬赏广告】悬赏人以公开方式声明对完成特定行为的人支付报酬的,完成该行为的人可以请求其支付。

**第五百条** 【缔约过失责任】当事人在订立合同过程中有下列情形之一,造成对方损失的,应当承担赔偿责任:

(一)假借订立合同,恶意进行磋商;

(二)故意隐瞒与订立合同有关的重要事实或者提供虚假情况;

(三)有其他违背诚信原则的行为。

**第五百零一条** 【当事人保密义务】当事人在订立合同过程中知悉的商业秘密或者其他

应当保密的信息，无论合同是否成立，不得泄露或者不正当地使用；泄露、不正当地使用该商业秘密或者信息，造成对方损失的，应当承担赔偿责任。

## 第三章　合同的效力

**第五百零二条**　【合同生效时间】依法成立的合同，自成立时生效，但是法律另有规定或者当事人另有约定的除外。

依照法律、行政法规的规定，合同应当办理批准等手续的，依照其规定。未办理批准等手续影响合同生效的，不影响合同中履行报批等义务条款以及相关条款的效力。应当办理申请批准等手续的当事人未履行义务的，对方可以请求其承担违反该义务的责任。

依照法律、行政法规的规定，合同的变更、转让、解除等情形应当办理批准等手续的，适用前款规定。

**第五百零三条**　【被代理人对无权代理合同的追认】无权代理人以被代理人的名义订立合同，被代理人已经开始履行合同义务或者接受相对人履行的，视为对合同的追认。

**第五百零四条**　【越权订立的合同效力】法人的法定代表人或者非法人组织的负责人超越权限订立的合同，除相对人知道或者应当知道其超越权限外，该代表行为有效，订立的合同对法人或者非法人组织发生效力。

**第五百零五条**　【超越经营范围订立的合同效力】当事人超越经营范围订立的合同的效力，应当依照本法第一编第六章第三节和本编的有关规定确定，不得仅以超越经营范围确认合同无效。

**第五百零六条**　【免责条款效力】合同中的下列免责条款无效：

（一）造成对方人身损害的；

（二）因故意或者重大过失造成对方财产损失的。

**第五百零七条**　【争议解决条款效力】合同不生效、无效、被撤销或者终止的，不影响合同中有关解决争议方法的条款的效力。

**第五百零八条**　【合同效力援引规定】本编对合同的效力没有规定的，适用本法第一编第六章的有关规定。

## 第四章　合同的履行

**第五百零九条**　【合同履行的原则】当事人应当按照约定全面履行自己的义务。

当事人应当遵循诚信原则，根据合同的性质、目的和交易习惯履行通知、协助、保密等义务。

当事人在履行合同过程中，应当避免浪费资源、污染环境和破坏生态。

**第五百一十条**　【合同没有约定或者约定不明的补救措施】合同生效后，当事人就质量、价款或者报酬、履行地点等内容没有约定或者约定不明确的，可以协议补充；不能达成补充协议的，按照合同相关条款或者交易习惯确定。

**第五百一十一条**　【合同约定不明确时的履行】当事人就有关合同内容约定不明确，依据前条规定仍不能确定的，适用下列规定：

(一)质量要求不明确的,按照强制性国家标准履行;没有强制性国家标准的,按照推荐性国家标准履行;没有推荐性国家标准的,按照行业标准履行;没有国家标准、行业标准的,按照通常标准或者符合合同目的的特定标准履行。

(二)价款或者报酬不明确的,按照订立合同时履行地的市场价格履行;依法应当执行政府定价或者政府指导价的,依照规定履行。

(三)履行地点不明确,给付货币的,在接受货币一方所在地履行;交付不动产的,在不动产所在地履行;其他标的,在履行义务一方所在地履行。

(四)履行期限不明确的,债务人可以随时履行,债权人也可以随时请求履行,但是应当给对方必要的准备时间。

(五)履行方式不明确的,按照有利于实现合同目的的方式履行。

(六)履行费用的负担不明确的,由履行义务一方负担;因债权人原因增加的履行费用,由债权人负担。

**第五百一十二条** 【电子合同标的交付时间】通过互联网等信息网络订立的电子合同的标的为交付商品并采用快递物流方式交付的,收货人的签收时间为交付时间。电子合同的标的为提供服务的,生成的电子凭证或者实物凭证中载明的时间为提供服务时间;前述凭证没有载明时间或者载明时间与实际提供服务时间不一致的,以实际提供服务的时间为准。

电子合同的标的物为采用在线传输方式交付的,合同标的物进入对方当事人指定的特定系统且能够检索识别的时间为交付时间。

电子合同当事人对交付商品或者提供服务的方式、时间另有约定的,按照其约定。

**第五百一十三条** 【政府定价、政府指导价】执行政府定价或者政府指导价的,在合同约定的交付期限内政府价格调整时,按照交付时的价格计价。逾期交付标的物的,遇价格上涨时,按照原价格执行;价格下降时,按照新价格执行。逾期提取标的物或者逾期付款的,遇价格上涨时,按照新价格执行;价格下降时,按照原价格执行。

**第五百一十四条** 【金钱之债中对于履行币种约定不明时的处理】以支付金钱为内容的债,除法律另有规定或者当事人另有约定外,债权人可以请求债务人以实际履行地的法定货币履行。

**第五百一十五条** 【选择之债中选择权归属与移转】标的有多项而债务人只需履行其中一项的,债务人享有选择权;但是,法律另有规定、当事人另有约定或者另有交易习惯的除外。

享有选择权的当事人在约定期限内或者履行期限届满未作选择,经催告后在合理期限内仍未选择的,选择权转移至对方。

**第五百一十六条** 【选择权的行使方式】当事人行使选择权应当及时通知对方,通知到达对方时,标的确定。标的确定后不得变更,但是经对方同意的除外。

可选择的标的发生不能履行情形的,享有选择权的当事人不得选择不能履行的标的,但是该不能履行的情形是由对方造成的除外。

**第五百一十七条** 【按份之债】债权人为二人以上,标的可分,按照份额各自享有债权的,为按份债权;债务人为二人以上,标的可分,按照份额各自负担债务的,为按份债务。

按份债权人或者按份债务人的份额难以确定的,视为份额相同。

**第五百一十八条** 【连带之债】债权人为二人以上,部分或者全部债权人均可以请求债务人履行债务的,为连带债权;债务人为二人以上,债权人可以请求部分或者全部债务人履行全部债务的，为连带债务。

连带债权或者连带债务，由法律规定或者当事人约定。

**第五百一十九条** 【连带债务人的份额确定及追偿权】连带债务人之间的份额难以确定的，视为份额相同。

实际承担债务超过自己份额的连带债务人，有权就超出部分在其他连带债务人未履行的份额范围内向其追偿，并相应地享有债权人的权利，但是不得损害债权人的利益。其他连带债务人对债权人的抗辩，可以向该债务人主张。

被追偿的连带债务人不能履行其应分担份额的，其他连带债务人应当在相应范围内按比例分担。

**第五百二十条** 【连带债务涉他效力】部分连带债务人履行、抵销债务或者提存标的物的，其他债务人对债权人的债务在相应范围内消灭；该债务人可以依据前条规定向其他债务人追偿。

部分连带债务人的债务被债权人免除的，在该连带债务人应当承担的份额范围内，其他债务人对债权人的债务消灭。

部分连带债务人的债务与债权人的债权同归于一人的，在扣除该债务人应当承担的份额后，债权人对其他债务人的债权继续存在。

债权人对部分连带债务人的给付受领迟延的，对其他连带债务人发生效力。

**第五百二十一条** 【连带债权的内部关系及法律适用】连带债权人之间的份额难以确定的，视为份额相同。

实际受领债权的连带债权人，应当按比例向其他连带债权人返还。

连带债权参照适用本章连带债务的有关规定。

**第五百二十二条** 【向第三人履行的合同】当事人约定由债务人向第三人履行债务，债务人未向第三人履行债务或者履行债务不符合约定的，应当向债权人承担违约责任。

法律规定或者当事人约定第三人可以直接请求债务人向其履行债务，第三人未在合理期限内明确拒绝，债务人未向第三人履行债务或者履行债务不符合约定的，第三人可以请求债务人承担违约责任；债务人对债权人的抗辩，可以向第三人主张。

**第五百二十三条** 【由第三人履行的合同】当事人约定由第三人向债权人履行债务，第三人不履行债务或者履行债务不符合约定的，债务人应当向债权人承担违约责任。

**第五百二十四条** 【第三人清偿规则】债务人不履行债务，第三人对履行该债务具有合法利益的，第三人有权向债权人代为履行；但是，根据债务性质、按照当事人约定或者依照法律规定只能由债务人履行的除外。

债权人接受第三人履行后，其对债务人的债权转让给第三人，但是债务人和第三人另有约定的除外。

**第五百二十五条** 【同时履行抗辩权】当事人互负债务，没有先后履行顺序的，应当同时履行。一方在对方履行之前有权拒绝其履行请求。一方在对方履行债务不符合约定时，有权拒绝其相应的履行请求。

**第五百二十六条** 【先履行抗辩权】当事人互负债务，有先后履行顺序，应当先履行债务一方未履行的，后履行一方有权拒绝其履行请求。先履行一方履行债务不符合约定的，后履行一方有权拒绝其相应的履行请求。

**第五百二十七条**　【不安抗辩权】应当先履行债务的当事人，有确切证据证明对方有下列情形之一的，可以中止履行：

（一）经营状况严重恶化；

（二）转移财产、抽逃资金，以逃避债务；

（三）丧失商业信誉；

（四）有丧失或者可能丧失履行债务能力的其他情形。

当事人没有确切证据中止履行的，应当承担违约责任。

**第五百二十八条**　【行使不安抗辩权】当事人依据前条规定中止履行的，应当及时通知对方。对方提供适当担保的，应当恢复履行。中止履行后，对方在合理期限内未恢复履行能力且未提供适当担保的，视为以自己的行为表明不履行主要债务，中止履行的一方可以解除合同并可以请求对方承担违约责任。

**第五百二十九条**　【因债权人原因致债务履行困难时的处理】债权人分立、合并或者变更住所没有通知债务人，致使履行债务发生困难的，债务人可以中止履行或者将标的物提存。

**第五百三十条**　【债务人提前履行债务】债权人可以拒绝债务人提前履行债务，但是提前履行不损害债权人利益的除外。

债务人提前履行债务给债权人增加的费用，由债务人负担。

**第五百三十一条**　【债务人部分履行债务】债权人可以拒绝债务人部分履行债务，但是部分履行不损害债权人利益的除外。

债务人部分履行债务给债权人增加的费用，由债务人负担。

**第五百三十二条**　【当事人变化对合同履行的影响】合同生效后，当事人不得因姓名、名称的变更或者法定代表人、负责人、承办人的变动而不履行合同义务。

**第五百三十三条**　【情势变更】合同成立后，合同的基础条件发生了当事人在订立合同时无法预见的、不属于商业风险的重大变化，继续履行合同对于当事人一方明显不公平的，受不利影响的当事人可以与对方重新协商；在合理期限内协商不成的，当事人可以请求人民法院或者仲裁机构变更或者解除合同。

人民法院或者仲裁机构应当结合案件的实际情况，根据公平原则变更或者解除合同。

**第五百三十四条**　【合同监管】对当事人利用合同实施危害国家利益、社会公共利益行为的，市场监督管理和其他有关行政主管部门依照法律、行政法规的规定负责监督处理。

## 第五章　合同的保全

**第五百三十五条**　【债权人代位权】因债务人怠于行使其债权或者与该债权有关的从权利，影响债权人的到期债权实现的，债权人可以向人民法院请求以自己的名义代位行使债务人对相对人的权利，但是该权利专属于债务人自身的除外。

代位权的行使范围以债权人的到期债权为限。债权人行使代位权的必要费用，由债务人负担。

相对人对债务人的抗辩，可以向债权人主张。

**第五百三十六条**　【债权人代位权的提前行使】债权人的债权到期前，债务人的债权或者与该债权有关的从权利存在诉讼时效期间即将届满或者未及时申报破产债权等情形，影响债权人的债权实现的，债权人可以代位向债务人的相对人请求其向债务人履行、向破产管理人申报或者作出其他必要的行为。

**第五百三十七条** 【债权人代位权行使效果】人民法院认定代位权成立的，由债务人的相对人向债权人履行义务，债权人接受履行后，债权人与债务人、债务人与相对人之间相应的权利义务终止。债务人对相对人的债权或者与该债权有关的从权利被采取保全、执行措施，或者债务人破产的，依照相关法律的规定处理。

**第五百三十八条** 【无偿处分时的债权人撤销权行使】债务人以放弃其债权、放弃债权担保、无偿转让财产等方式无偿处分财产权益，或者恶意延长其到期债权的履行期限，影响债权人的债权实现的，债权人可以请求人民法院撤销债务人的行为。

**第五百三十九条** 【不合理价格交易时的债权人撤销权行使】债务人以明显不合理的低价转让财产、以明显不合理的高价受让他人财产或者为他人的债务提供担保，影响债权人的债权实现，债务人的相对人知道或者应当知道该情形的，债权人可以请求人民法院撤销债务人的行为。

**第五百四十条** 【债权人撤销权行使范围以及必要费用承担】撤销权的行使范围以债权人的债权为限。债权人行使撤销权的必要费用，由债务人负担。

**第五百四十一条** 【债权人撤销权除斥期间】撤销权自债权人知道或者应当知道撤销事由之日起一年内行使。自债务人的行为发生之日起五年内没有行使撤销权的，该撤销权消灭。

**第五百四十二条** 【债权人撤销权行使效果】债务人影响债权人的债权实现的行为被撤销的，自始没有法律约束力。

## 第六章　合同的变更和转让

**第五百四十三条** 【协议变更合同】当事人协商一致，可以变更合同。

**第五百四十四条** 【变更不明确推定为未变更】当事人对合同变更的内容约定不明确的，推定为未变更。

**第五百四十五条** 【债权转让】债权人可以将债权的全部或者部分转让给第三人，但是有下列情形之一的除外：

（一）根据债权性质不得转让；

（二）按照当事人约定不得转让；

（三）依照法律规定不得转让。

当事人约定非金钱债权不得转让的，不得对抗善意第三人。当事人约定金钱债权不得转让的，不得对抗第三人。

**第五百四十六条** 【债权转让通知】债权人转让债权，未通知债务人的，该转让对债务人不发生效力。

债权转让的通知不得撤销，但是经受让人同意的除外。

**第五百四十七条** 【债权转让时从权利一并变动】债权人转让债权的，受让人取得与债权有关的从权利，但是该从权利专属于债权人自身的除外。

受让人取得从权利不因该从权利未办理转移登记手续或者未转移占有而受到影响。

**第五百四十八条** 【债权转让时债务人抗辩权】债务人接到债权转让通知后,债务人对让与人的抗辩,可以向受让人主张。

**第五百四十九条** 【债权转让时债务人抵销权】有下列情形之一的,债务人可以向受让人主张抵销:

(一)债务人接到债权转让通知时,债务人对让与人享有债权,且债务人的债权先于转让的债权到期或者同时到期;

(二)债务人的债权与转让的债权是基于同一合同产生。

**第五百五十条** 【债权转让增加的履行费用的负担】因债权转让增加的履行费用,由让与人负担。

**第五百五十一条** 【债务转移】债务人将债务的全部或者部分转移给第三人的,应当经债权人同意。

债务人或者第三人可以催告债权人在合理期限内予以同意,债权人未作表示的,视为不同意。

**第五百五十二条** 【并存的债务承担】第三人与债务人约定加入债务并通知债权人,或者第三人向债权人表示愿意加入债务,债权人未在合理期限内明确拒绝的,债权人可以请求第三人在其愿意承担的债务范围内和债务人承担连带债务。

**第五百五十三条** 【债务转移时新债务人抗辩权】债务人转移债务的,新债务人可以主张原债务人对债权人的抗辩;原债务人对债权人享有债权的,新债务人不得向债权人主张抵销。

**第五百五十四条** 【债务转移时从债务一并转移】债务人转移债务的,新债务人应当承担与主债务有关的从债务,但是该从债务专属于原债务人自身的除外。

**第五百五十五条** 【合同权利义务一并转让】当事人一方经对方同意,可以将自己在合同中的权利和义务一并转让给第三人。

**第五百五十六条** 【合同权利义务一并转让的法律适用】合同的权利和义务一并转让的,适用债权转让、债务转移的有关规定。

## 第七章 合同的权利义务终止

**第五百五十七条** 【债权债务终止情形】有下列情形之一的,债权债务终止:

(一)债务已经履行;

(二)债务相互抵销;

(三)债务人依法将标的物提存;

(四)债权人免除债务;

(五)债权债务同归于一人;

(六)法律规定或者当事人约定终止的其他情形。

合同解除的,该合同的权利义务关系终止。

**第五百五十八条** 【债权债务终止后的义务】债权债务终止后,当事人应当遵循诚信等原则,根据交易习惯履行通知、协助、保密、旧物回收等义务。

**第五百五十九条** 【债权的从权利消灭】债权债务终止时,债权的从权利同时消灭,但是法律另有规定或者当事人另有约定的除外。

**第五百六十条** 【债的清偿抵充顺序】债务人对同一债权人负担的数项债务种类相同，债务人的给付不足以清偿全部债务的，除当事人另有约定外，由债务人在清偿时指定其履行的债务。

债务人未作指定的，应当优先履行已经到期的债务；数项债务均到期的，优先履行对债权人缺乏担保或者担保最少的债务；均无担保或者担保相等的，优先履行债务人负担较重的债务；负担相同的，按照债务到期的先后顺序履行；到期时间相同的，按照债务比例履行。

**第五百六十一条** 【费用、利息和主债务的抵充顺序】债务人在履行主债务外还应当支付利息和实现债权的有关费用，其给付不足以清偿全部债务的，除当事人另有约定外，应当按照下列顺序履行：

（一）实现债权的有关费用；

（二）利息；

（三）主债务。

**第五百六十二条** 【合同约定解除】当事人协商一致，可以解除合同。

当事人可以约定一方解除合同的事由。解除合同的事由发生时，解除权人可以解除合同。

**第五百六十三条** 【合同法定解除】有下列情形之一的，当事人可以解除合同：

（一）因不可抗力致使不能实现合同目的；

（二）在履行期限届满前，当事人一方明确表示或者以自己的行为表明不履行主要债务；

（三）当事人一方迟延履行主要债务，经催告后在合理期限内仍未履行；

（四）当事人一方迟延履行债务或者有其他违约行为致使不能实现合同目的；

（五）法律规定的其他情形。

以持续履行的债务为内容的不定期合同，当事人可以随时解除合同，但是应当在合理期限之前通知对方。

**第五百六十四条** 【解除权行使期限】法律规定或者当事人约定解除权行使期限，期限届满当事人不行使的，该权利消灭。

法律没有规定或者当事人没有约定解除权行使期限，自解除权人知道或者应当知道解除事由之日起一年内不行使，或者经对方催告后在合理期限内不行使的，该权利消灭。

**第五百六十五条** 【合同解除程序】当事人一方依法主张解除合同的，应当通知对方。合同自通知到达对方时解除；通知载明债务人在一定期限内不履行债务则合同自动解除，债务人在该期限内未履行债务的，合同自通知载明的期限届满时解除。对方对解除合同有异议的，任何一方当事人均可以请求人民法院或者仲裁机构确认解除行为的效力。

当事人一方未通知对方，直接以提起诉讼或者申请仲裁的方式依法主张解除合同，人民法院或者仲裁机构确认该主张的，合同自起诉状副本或者仲裁申请书副本送达对方时解除。

**第五百六十六条** 【合同解除的效力】合同解除后，尚未履行的，终止履行；已经履行的，根据履行情况和合同性质，当事人可以请求恢复原状或者采取其他补救措施，并有权请求赔偿损失。

合同因违约解除的，解除权人可以请求违约方承担违约责任，但是当事人另有约定的除外。

主合同解除后，担保人对债务人应当承担的民事责任仍应当承担担保责任，但是担保合同另有约定的除外。

**第五百六十七条** 【合同终止后有关结算和清理条款效力】合同的权利义务关系终止，不影响合同中结算和清理条款的效力。

**第五百六十八条** 【债务法定抵销】当事人互负债务，该债务的标的物种类、品质相同的，任何一方可以将自己的债务与对方的到期债务抵销；但是，根据债务性质、按照当事人约定或者依照法律规定不得抵销的除外。

当事人主张抵销的，应当通知对方。通知自到达对方时生效。抵销不得附条件或者附期限。

**第五百六十九条** 【债务约定抵销】当事人互负债务，标的物种类、品质不相同的，经协商一致，也可以抵销。

**第五百七十条** 【标的物提存的条件】有下列情形之一，难以履行债务的，债务人可以将标的物提存：

（一）债权人无正当理由拒绝受领；

（二）债权人下落不明；

（三）债权人死亡未确定继承人、遗产管理人，或者丧失民事行为能力未确定监护人；

（四）法律规定的其他情形。

标的物不适于提存或者提存费用过高的，债务人依法可以拍卖或者变卖标的物，提存所得的价款。

**第五百七十一条** 【提存成立及提存对债务人效力】债务人将标的物或者将标的物依法拍卖、变卖所得价款交付提存部门时，提存成立。

提存成立的，视为债务人在其提存范围内已经交付标的物。

**第五百七十二条** 【提存通知】标的物提存后，债务人应当及时通知债权人或者债权人的继承人、遗产管理人、监护人、财产代管人。

**第五百七十三条** 【提存对债权人效力】标的物提存后，毁损、灭失的风险由债权人承担。提存期间，标的物的孳息归债权人所有。提存费用由债权人负担。

**第五百七十四条** 【提存物的受领及受领权消灭】债权人可以随时领取提存物。但是，债权人对债务人负有到期债务的，在债权人未履行债务或者提供担保之前，提存部门根据债务人的要求应当拒绝其领取提存物。

债权人领取提存物的权利，自提存之日起五年内不行使而消灭，提存物扣除提存费用后归国家所有。但是，债权人未履行对债务人的到期债务，或者债权人向提存部门书面表示放弃领取提存物权利的，债务人负担提存费用后有权取回提存物。

**第五百七十五条** 【债务免除】债权人免除债务人部分或者全部债务的，债权债务部分或者全部终止，但是债务人在合理期限内拒绝的除外。

**第五百七十六条** 【债权债务混同】债权和债务同归于一人的，债权债务终止，但是损害第三人利益的除外。

## 第八章 违约责任

**第五百七十七条** 【违约责任】当事人一方不履行合同义务或者履行合同义务不符合约

定的，应当承担继续履行、采取补救措施或者赔偿损失等违约责任。

**第五百七十八条** 【预期违约责任】当事人一方明确表示或者以自己的行为表明不履行合同义务的，对方可以在履行期限届满前请求其承担违约责任。

**第五百七十九条** 【金钱债务实际履行责任】当事人一方未支付价款、报酬、租金、利息，或者不履行其他金钱债务的，对方可以请求其支付。

**第五百八十条** 【非金钱债务实际履行责任及违约责任】当事人一方不履行非金钱债务或者履行非金钱债务不符合约定的，对方可以请求履行，但是有下列情形之一的除外：

（一）法律上或者事实上不能履行；

（二）债务的标的不适于强制履行或者履行费用过高；

（三）债权人在合理期限内未请求履行。

有前款规定的除外情形之一，致使不能实现合同目的的，人民法院或者仲裁机构可以根据当事人的请求终止合同权利义务关系，但是不影响违约责任的承担。

**第五百八十一条** 【替代履行】当事人一方不履行债务或者履行债务不符合约定，根据债务的性质不得强制履行的，对方可以请求其负担由第三人替代履行的费用。

**第五百八十二条** 【瑕疵履行违约责任】履行不符合约定的，应当按照当事人的约定承担违约责任。对违约责任没有约定或者约定不明确，依据本法第五百一十条的规定仍不能确定的，受损害方根据标的的性质以及损失的大小，可以合理选择请求对方承担修理、重作、更换、退货、减少价款或者报酬等违约责任。

**第五百八十三条** 【违约损害赔偿责任】当事人一方不履行合同义务或者履行合同义务不符合约定的，在履行义务或者采取补救措施后，对方还有其他损失的，应当赔偿损失。

**第五百八十四条** 【损害赔偿范围】当事人一方不履行合同义务或者履行合同义务不符合约定，造成对方损失的，损失赔偿额应当相当于因违约所造成的损失，包括合同履行后可以获得的利益；但是，不得超过违约一方订立合同时预见到或者应当预见到的因违约可能造成的损失。

**第五百八十五条** 【违约金】当事人可以约定一方违约时应当根据违约情况向对方支付一定数额的违约金，也可以约定因违约产生的损失赔偿额的计算方法。

约定的违约金低于造成的损失的，人民法院或者仲裁机构可以根据当事人的请求予以增加；约定的违约金过分高于造成的损失的，人民法院或者仲裁机构可以根据当事人的请求予以适当减少。

当事人就迟延履行约定违约金的，违约方支付违约金后，还应当履行债务。

**第五百八十六条** 【定金担保】当事人可以约定一方向对方给付定金作为债权的担保。定金合同自实际交付定金时成立。

定金的数额由当事人约定；但是，不得超过主合同标的额的百分之二十，超过部分不产生定金的效力。实际交付的定金数额多于或者少于约定数额的，视为变更约定的定金数额。

**第五百八十七条** 【定金罚则】债务人履行债务的，定金应当抵作价款或者收回。给付定金的一方不履行债务或者履行债务不符合约定，致使不能实现合同目的的，无权请求返还定金；收受定金的一方不履行债务或者履行债务不符合约定，致使不能实现合同目的的，应当双倍返还定金。

**第五百八十八条**　【违约金与定金竞合时的责任】当事人既约定违约金，又约定定金的，一方违约时，对方可以选择适用违约金或者定金条款。

定金不足以弥补一方违约造成的损失的，对方可以请求赔偿超过定金数额的损失。

**第五百八十九条**　【拒绝受领和受领迟延】债务人按照约定履行债务，债权人无正当理由拒绝受领的，债务人可以请求债权人赔偿增加的费用。

在债权人受领迟延期间，债务人无须支付利息。

**第五百九十条**　【不可抗力】当事人一方因不可抗力不能履行合同的，根据不可抗力的影响，部分或者全部免除责任，但是法律另有规定的除外。因不可抗力不能履行合同的，应当及时通知对方，以减轻可能给对方造成的损失，并应当在合理期限内提供证明。

当事人迟延履行后发生不可抗力的，不免除其违约责任。

**第五百九十一条**　【减损规则】当事人一方违约后，对方应当采取适当措施防止损失的扩大；没有采取适当措施致使损失扩大的，不得就扩大的损失请求赔偿。

当事人因防止损失扩大而支出的合理费用，由违约方负担。

**第五百九十二条**　【双方违约和与有过失】当事人都违反合同的，应当各自承担相应的责任。

当事人一方违约造成对方损失，对方对损失的发生有过错的，可以减少相应的损失赔偿额。

**第五百九十三条**　【第三人原因造成违约时违约责任承担】当事人一方因第三人的原因造成违约的，应当依法向对方承担违约责任。当事人一方和第三人之间的纠纷，依照法律规定或者按照约定处理。

**第五百九十四条**　【国际贸易合同诉讼时效和仲裁时效】因国际货物买卖合同和技术进出口合同争议提起诉讼或者申请仲裁的时效期间为四年。

## 第二分编　典型合同

### 第九章　买卖合同

**第五百九十五条**　【买卖合同定义】买卖合同是出卖人转移标的物的所有权于买受人，买受人支付价款的合同。

**第五百九十六条**　【买卖合同条款】买卖合同的内容一般包括标的物的名称、数量、质量、价款、履行期限、履行地点和方式、包装方式、检验标准和方法、结算方式、合同使用的文字及其效力等条款。

**第五百九十七条**　【无权处分效力】因出卖人未取得处分权致使标的物所有权不能转移的，买受人可以解除合同并请求出卖人承担违约责任。

法律、行政法规禁止或者限制转让的标的物，依照其规定。

**第五百九十八条**　【出卖人基本义务】出卖人应当履行向买受人交付标的物或者交付提取标的物的单证，并转移标的物所有权的义务。

**第五百九十九条**　【出卖人交付有关单证和资料义务】出卖人应当按照约定或者交易习

惯向买受人交付提取标的物单证以外的有关单证和资料。

**第六百条**　【知识产权归属】出卖具有知识产权的标的物的，除法律另有规定或者当事人另有约定外，该标的物的知识产权不属于买受人。

**第六百零一条**　【标的物交付期限】出卖人应当按照约定的时间交付标的物。约定交付期限的，出卖人可以在该交付期限内的任何时间交付。

**第六百零二条**　【标的物交付期限不明时的处理】当事人没有约定标的物的交付期限或者约定不明确的，适用本法第五百一十条、第五百一十一条第四项的规定。

**第六百零三条**　【标的物交付地点】出卖人应当按照约定的地点交付标的物。

当事人没有约定交付地点或者约定不明确，依据本法第五百一十条的规定仍不能确定的，适用下列规定：

（一）标的物需要运输的，出卖人应当将标的物交付给第一承运人以运交给买受人；

（二）标的物不需要运输，出卖人和买受人订立合同时知道标的物在某一地点的，出卖人应当在该地点交付标的物；不知道标的物在某一地点的，应当在出卖人订立合同时的营业地交付标的物。

**第六百零四条**　【标的物毁损、灭失风险负担的基本规则】标的物毁损、灭失的风险，在标的物交付之前由出卖人承担，交付之后由买受人承担，但是法律另有规定或者当事人另有约定的除外。

**第六百零五条**　【迟延交付标的物的风险负担】因买受人的原因致使标的物未按照约定的期限交付的，买受人应当自违反约定时起承担标的物毁损、灭失的风险。

**第六百零六条**　【路货买卖中的标的物风险负担】出卖人出卖交由承运人运输的在途标的物，除当事人另有约定外，毁损、灭失的风险自合同成立时起由买受人承担。

**第六百零七条**　【需要运输的标的物风险负担】出卖人按照约定将标的物运送至买受人指定地点并交付给承运人后，标的物毁损、灭失的风险由买受人承担。

当事人没有约定交付地点或者约定不明确，依据本法第六百零三条第二款第一项的规定标的物需要运输的，出卖人将标的物交付给第一承运人后，标的物毁损、灭失的风险由买受人承担。

**第六百零八条**　【买受人不收取标的物的风险负担】出卖人按照约定或者依据本法第六百零三条第二款第二项的规定将标的物置于交付地点，买受人违反约定没有收取的，标的物毁损、灭失的风险自违反约定时起由买受人承担。

**第六百零九条**　【未交付单证、资料不影响风险转移】出卖人按照约定未交付有关标的物的单证和资料的，不影响标的物毁损、灭失风险的转移。

**第六百一十条**　【出卖人根本违约的风险负担】因标的物不符合质量要求，致使不能实现合同目的的，买受人可以拒绝接受标的物或者解除合同。买受人拒绝接受标的物或者解除合同的，标的物毁损、灭失的风险由出卖人承担。

**第六百一十一条**　【买受人承担风险与出卖人违约责任关系】标的物毁损、灭失的风险由买受人承担的，不影响因出卖人履行义务不符合约定，买受人请求其承担违约责任的权利。

**第六百一十二条**　【出卖人权利瑕疵担保义务】出卖人就交付的标的物，负有保证第三人对该标的物不享有任何权利的义务，但是法律另有规定的除外。

**第六百一十三条**　【出卖人权利瑕疵担保义务免除】买受人订立合同时知道或者应当知道第三人对买卖的标的物享有权利的，出卖人不承担前条规定的义务。

**第六百一十四条**　【买受人的中止支付价款权】买受人有确切证据证明第三人对标的物享有权利的，可以中止支付相应的价款，但是出卖人提供适当担保的除外。

**第六百一十五条**　【标的物的质量要求】出卖人应当按照约定的质量要求交付标的物。出卖人提供有关标的物质量说明的，交付的标的物应当符合该说明的质量要求。

**第六百一十六条**　【标的物质量要求不明时的处理】当事人对标的物的质量要求没有约定或者约定不明确，依据本法第五百一十条的规定仍不能确定的，适用本法第五百一十一条第一项的规定。

**第六百一十七条**　【质量瑕疵担保责任】出卖人交付的标的物不符合质量要求的，买受人可以依据本法第五百八十二条至第五百八十四条的规定请求承担违约责任。

**第六百一十八条**　【减轻或者免除瑕疵担保责任的例外】当事人约定减轻或者免除出卖人对标的物瑕疵承担的责任，因出卖人故意或者重大过失不告知买受人标的物瑕疵的，出卖人无权主张减轻或者免除责任。

**第六百一十九条**　【标的物包装方式】出卖人应当按照约定的包装方式交付标的物。对包装方式没有约定或者约定不明确，依据本法第五百一十条的规定仍不能确定的，应当按照通用的方式包装；没有通用方式的，应当采取足以保护标的物且有利于节约资源、保护生态环境的包装方式。

**第六百二十条**　【买受人的检验义务】买受人收到标的物时应当在约定的检验期限内检验。没有约定检验期限的，应当及时检验。

**第六百二十一条**　【买受人的通知义务】当事人约定检验期限的，买受人应当在检验期限内将标的物的数量或者质量不符合约定的情形通知出卖人。买受人怠于通知的，视为标的物的数量或者质量符合约定。

当事人没有约定检验期限的，买受人应当在发现或者应当发现标的物的数量或者质量不符合约定的合理期限内通知出卖人。买受人在合理期限内未通知或者自收到标的物之日起二年内未通知出卖人的，视为标的物的数量或者质量符合约定；但是，对标的物有质量保证期的，适用质量保证期，不适用该二年的规定。

出卖人知道或者应当知道提供的标的物不符合约定的，买受人不受前两款规定的通知时间的限制。

**第六百二十二条**　【检验期限过短时的处理】当事人约定的检验期限过短，根据标的物的性质和交易习惯，买受人在检验期限内难以完成全面检验的，该期限仅视为买受人对标的物的外观瑕疵提出异议的期限。

约定的检验期限或者质量保证期短于法律、行政法规规定期限的，应当以法律、行政法规规定的期限为准。

**第六百二十三条**　【检验期限未约定时的处理】当事人对检验期限未作约定，买受人签收的送货单、确认单等载明标的物数量、型号、规格的，推定买受人已经对数量和外观瑕疵进行检验，但是有相关证据足以推翻的除外。

**第六百二十四条**　【向第三人履行情形下的检验标准】出卖人依照买受人的指示向第三

人交付标的物，出卖人和买受人约定的检验标准与买受人和第三人约定的检验标准不一致的，以出卖人和买受人约定的检验标准为准。

**第六百二十五条** 【出卖人回收义务】依照法律、行政法规的规定或者按照当事人的约定，标的物在有效使用年限届满后应予回收的，出卖人负有自行或者委托第三人对标的物予以回收的义务。

**第六百二十六条** 【买受人支付价款的数额和方式】买受人应当按照约定的数额和支付方式支付价款。对价款的数额和支付方式没有约定或者约定不明确的，适用本法第五百一十条、第五百一十一条第二项和第五项的规定。

**第六百二十七条** 【买受人支付价款的地点】买受人应当按照约定的地点支付价款。对支付地点没有约定或者约定不明确，依据本法第五百一十条的规定仍不能确定的，买受人应当在出卖人的营业地支付；但是，约定支付价款以交付标的物或者交付提取标的物单证为条件的，在交付标的物或者交付提取标的物单证的所在地支付。

**第六百二十八条** 【买受人支付价款的时间】买受人应当按照约定的时间支付价款。对支付时间没有约定或者约定不明确，依据本法第五百一十条的规定仍不能确定的，买受人应当在收到标的物或者提取标的物单证的同时支付。

**第六百二十九条** 【出卖人多交标的物的处理】出卖人多交标的物的，买受人可以接收或者拒绝接收多交的部分。买受人接收多交部分的，按照约定的价格支付价款；买受人拒绝接收多交部分的，应当及时通知出卖人。

**第六百三十条** 【标的物孳息的归属】标的物在交付之前产生的孳息，归出卖人所有；交付之后产生的孳息，归买受人所有。但是，当事人另有约定的除外。

**第六百三十一条** 【从物与合同解除】因标的物的主物不符合约定而解除合同的，解除合同的效力及于从物。因标的物的从物不符合约定被解除的，解除的效力不及于主物。

**第六百三十二条** 【数物同时出卖时的合同解除】标的物为数物，其中一物不符合约定的，买受人可以就该物解除。但是，该物与他物分离使标的物的价值显受损害的，买受人可以就数物解除合同。

**第六百三十三条** 【分批交付标的物的合同解除】出卖人分批交付标的物的，出卖人对其中一批标的物不交付或者交付不符合约定，致使该批标的物不能实现合同目的的，买受人可以就该批标的物解除。

出卖人不交付其中一批标的物或者交付不符合约定，致使之后其他各批标的物的交付不能实现合同目的的，买受人可以就该批以及之后其他各批标的物解除。

买受人如果就其中一批标的物解除，该批标的物与其他各批标的物相互依存的，可以就已经交付和未交付的各批标的物解除。

**第六百三十四条** 【分期付款买卖合同】分期付款的买受人未支付到期价款的数额达到全部价款的五分之一，经催告后在合理期限内仍未支付到期价款的，出卖人可以请求买受人支付全部价款或者解除合同。

出卖人解除合同的，可以向买受人请求支付该标的物的使用费。

**第六百三十五条** 【凭样品买卖合同】凭样品买卖的当事人应当封存样品，并可以对样品质量予以说明。出卖人交付的标的物应当与样品及其说明的质量相同。

**第六百三十六条**　【凭样品买卖合同的隐蔽瑕疵处理】凭样品买卖的买受人不知道样品有隐蔽瑕疵的，即使交付的标的物与样品相同，出卖人交付的标的物的质量仍然应当符合同种物的通常标准。

**第六百三十七条**　【试用买卖的试用期限】试用买卖的当事人可以约定标的物的试用期限。对试用期限没有约定或者约定不明确，依据本法第五百一十条的规定仍不能确定的，由出卖人确定。

**第六百三十八条**　【试用买卖的效力】试用买卖的买受人在试用期内可以购买标的物，也可以拒绝购买。试用期限届满，买受人对是否购买标的物未作表示的，视为购买。

试用买卖的买受人在试用期内已经支付部分价款或者对标的物实施出卖、出租、设立担保物权等行为的，视为同意购买。

**第六百三十九条**　【试用买卖使用费的负担】试用买卖的当事人对标的物使用费没有约定或者约定不明确的，出卖人无权请求买受人支付。

**第六百四十条**　【试用期间标的物灭失风险的承担】标的物在试用期内毁损、灭失的风险由出卖人承担。

**第六百四十一条**　【所有权保留】当事人可以在买卖合同中约定买受人未履行支付价款或者其他义务的，标的物的所有权属于出卖人。

出卖人对标的物保留的所有权，未经登记，不得对抗善意第三人。

**第六百四十二条**　【出卖人的取回权】当事人约定出卖人保留合同标的物的所有权，在标的物所有权转移前，买受人有下列情形之一，造成出卖人损害的，除当事人另有约定外，出卖人有权取回标的物：

（一）未按照约定支付价款，经催告后在合理期限内仍未支付；

（二）未按照约定完成特定条件；

（三）将标的物出卖、出质或者作出其他不当处分。

出卖人可以与买受人协商取回标的物；协商不成的，可以参照适用担保物权的实现程序。

**第六百四十三条**　【买受人的回赎权】出卖人依据前条第一款的规定取回标的物后，买受人在双方约定或者出卖人指定的合理回赎期限内，消除出卖人取回标的物的事由的，可以请求回赎标的物。

买受人在回赎期限内没有回赎标的物，出卖人可以以合理价格将标的物出卖给第三人，出卖所得价款扣除买受人未支付的价款以及必要费用后仍有剩余的，应当返还买受人；不足部分由买受人清偿。

**第六百四十四条**　【招标投标买卖】招标投标买卖的当事人的权利和义务以及招标投标程序等，依照有关法律、行政法规的规定。

**第六百四十五条**　【拍卖】拍卖的当事人的权利和义务以及拍卖程序等，依照有关法律、行政法规的规定。

**第六百四十六条**　【买卖合同准用于有偿合同】法律对其他有偿合同有规定的，依照其规定；没有规定的，参照适用买卖合同的有关规定。

**第六百四十七条**　【互易合同】当事人约定易货交易，转移标的物的所有权的，参照适用买卖合同的有关规定。

## 第十章　供用电、水、气、热力合同

**第六百四十八条**　【供用电合同定义及强制缔约义务】供用电合同是供电人向用电人供电，用电人支付电费的合同。

向社会公众供电的供电人，不得拒绝用电人合理的订立合同要求。

**第六百四十九条**　【供用电合同内容】供用电合同的内容一般包括供电的方式、质量、时间，用电容量、地址、性质，计量方式，电价、电费的结算方式，供用电设施的维护责任等条款。

**第六百五十条**　【供用电合同履行地】供用电合同的履行地点，按照当事人约定；当事人没有约定或者约定不明确的，供电设施的产权分界处为履行地点。

**第六百五十一条**　【供电人的安全供电义务】供电人应当按照国家规定的供电质量标准和约定安全供电。供电人未按照国家规定的供电质量标准和约定安全供电，造成用电人损失的，应当承担赔偿责任。

**第六百五十二条**　【供电人中断供电时的通知义务】供电人因供电设施计划检修、临时检修、依法限电或者用电人违法用电等原因，需要中断供电时，应当按照国家有关规定事先通知用电人；未事先通知用电人中断供电，造成用电人损失的，应当承担赔偿责任。

**第六百五十三条**　【供电人的抢修义务】因自然灾害等原因断电，供电人应当按照国家有关规定及时抢修；未及时抢修，造成用电人损失的，应当承担赔偿责任。

**第六百五十四条**　【用电人的交付电费义务】用电人应当按照国家有关规定和当事人的约定及时支付电费。用电人逾期不支付电费的，应当按照约定支付违约金。经催告用电人在合理期限内仍不支付电费和违约金的，供电人可以按照国家规定的程序中止供电。

供电人依据前款规定中止供电的，应当事先通知用电人。

**第六百五十五条**　【用电人的安全用电义务】用电人应当按照国家有关规定和当事人的约定安全、节约和计划用电。用电人未按照国家有关规定和当事人的约定用电，造成供电人损失的，应当承担赔偿责任。

**第六百五十六条**　【供用水、供用气、供用热力合同的参照适用】供用水、供用气、供用热力合同，参照适用供用电合同的有关规定。

## 第十一章　赠与合同

**第六百五十七条**　【赠与合同定义】赠与合同是赠与人将自己的财产无偿给予受赠人，受赠人表示接受赠与的合同。

**第六百五十八条**　【赠与人任意撤销权及其限制】赠与人在赠与财产的权利转移之前可以撤销赠与。

经过公证的赠与合同或者依法不得撤销的具有救灾、扶贫、助残等公益、道德义务性质的赠与合同，不适用前款规定。

**第六百五十九条**　【赠与财产办理有关法律手续】赠与的财产依法需要办理登记或者其他手续的，应当办理有关手续。

**第六百六十条**　【受赠人的交付请求权以及赠与人的赔偿责任】经过公证的赠与合同或

者依法不得撤销的具有救灾、扶贫、助残等公益、道德义务性质的赠与合同，赠与人不交付赠与财产的，受赠人可以请求交付。

依据前款规定应当交付的赠与财产因赠与人故意或者重大过失致使毁损、灭失的，赠与人应当承担赔偿责任。

**第六百六十一条**　【附义务赠与合同】赠与可以附义务。

赠与附义务的，受赠人应当按照约定履行义务。

**第六百六十二条**　【赠与人瑕疵担保责任】赠与的财产有瑕疵的，赠与人不承担责任。附义务的赠与，赠与的财产有瑕疵的，赠与人在附义务的限度内承担与出卖人相同的责任。

赠与人故意不告知瑕疵或者保证无瑕疵，造成受赠人损失的，应当承担赔偿责任。

**第六百六十三条**　【赠与人的法定撤销权及其行使期间】受赠人有下列情形之一的，赠与人可以撤销赠与：

（一）严重侵害赠与人或者赠与人近亲属的合法权益；

（二）对赠与人有扶养义务而不履行；

（三）不履行赠与合同约定的义务。

赠与人的撤销权，自知道或者应当知道撤销事由之日起一年内行使。

**第六百六十四条**　【赠与人继承人或者法定代理人的撤销权】因受赠人的违法行为致使赠与人死亡或者丧失民事行为能力的，赠与人的继承人或者法定代理人可以撤销赠与。

赠与人的继承人或者法定代理人的撤销权，自知道或者应当知道撤销事由之日起六个月内行使。

**第六百六十五条**　【撤销赠与的法律后果】撤销权人撤销赠与的，可以向受赠人请求返还赠与的财产。

**第六百六十六条**　【赠与人穷困抗辩】赠与人的经济状况显著恶化，严重影响其生产经营或者家庭生活的，可以不再履行赠与义务。

## 第十二章　借款合同

**第六百六十七条**　【借款合同定义】借款合同是借款人向贷款人借款，到期返还借款并支付利息的合同。

**第六百六十八条**　【借款合同形式和内容】借款合同应当采用书面形式，但是自然人之间借款另有约定的除外。

借款合同的内容一般包括借款种类、币种、用途、数额、利率、期限和还款方式等条款。

**第六百六十九条**　【借款人应当提供真实情况义务】订立借款合同，借款人应当按照贷款人的要求提供与借款有关的业务活动和财务状况的真实情况。

**第六百七十条**　【借款利息不得预先扣除】借款的利息不得预先在本金中扣除。利息预先在本金中扣除的，应当按照实际借款数额返还借款并计算利息。

**第六百七十一条**　【贷款人未按照约定提供借款以及借款人未按照约定收取借款的后果】贷款人未按照约定的日期、数额提供借款，造成借款人损失的，应当赔偿损失。

借款人未按照约定的日期、数额收取借款的，应当按照约定的日期、数额支付利息。

**第六百七十二条**　【贷款人的监督、检查权】贷款人按照约定可以检查、监督借款的使用情况。借款人应当按照约定向贷款人定期提供有关财务会计报表或者其他资料。

**第六百七十三条** 【借款人未按照约定用途使用借款的责任】借款人未按照约定的借款用途使用借款的，贷款人可以停止发放借款、提前收回借款或者解除合同。

**第六百七十四条** 【借款人支付利息的期限】借款人应当按照约定的期限支付利息。对支付利息的期限没有约定或者约定不明确，依据本法第五百一十条的规定仍不能确定，借款期间不满一年的，应当在返还借款时一并支付；借款期间一年以上的，应当在每届满一年时支付，剩余期间不满一年的，应当在返还借款时一并支付。

**第六百七十五条** 【借款人返还借款的期限】借款人应当按照约定的期限返还借款。对借款期限没有约定或者约定不明确，依据本法第五百一十条的规定仍不能确定的，借款人可以随时返还；贷款人可以催告借款人在合理期限内返还。

**第六百七十六条** 【借款人逾期返还借款的责任】借款人未按照约定的期限返还借款的，应当按照约定或者国家有关规定支付逾期利息。

**第六百七十七条** 【借款人提前返还借款】借款人提前返还借款的，除当事人另有约定外，应当按照实际借款的期间计算利息。

**第六百七十八条** 【借款展期】借款人可以在还款期限届满前向贷款人申请展期；贷款人同意的，可以展期。

**第六百七十九条** 【自然人之间借款合同的成立时间】自然人之间的借款合同，自贷款人提供借款时成立。

**第六百八十条** 【禁止高利放贷以及对借款利息的确定】禁止高利放贷，借款的利率不得违反国家有关规定。

借款合同对支付利息没有约定的，视为没有利息。

借款合同对支付利息约定不明确，当事人不能达成补充协议的，按照当地或者当事人的交易方式、交易习惯、市场利率等因素确定利息；自然人之间借款的，视为没有利息。

## 第十三章 保证合同

### 第一节 一般规定

**第六百八十一条** 【保证合同定义】保证合同是为保障债权的实现，保证人和债权人约定，当债务人不履行到期债务或者发生当事人约定的情形时，保证人履行债务或者承担责任的合同。

**第六百八十二条** 【保证合同的从属性及保证合同无效的法律后果】保证合同是主债权债务合同的从合同。主债权债务合同无效的，保证合同无效，但是法律另有规定的除外。

保证合同被确认无效后，债务人、保证人、债权人有过错的，应当根据其过错各自承担相应的民事责任。

**第六百八十三条** 【不得担任保证人的主体范围】机关法人不得为保证人，但是经国务院批准为使用外国政府或者国际经济组织贷款进行转贷的除外。

以公益为目的的非营利法人、非法人组织不得为保证人。

**第六百八十四条** 【保证合同内容】保证合同的内容一般包括被保证的主债权的种类、数额，债务人履行债务的期限，保证的方式、范围和期间等条款。

**第六百八十五条**　【保证合同形式】保证合同可以是单独订立的书面合同，也可以是主债权债务合同中的保证条款。

第三人单方以书面形式向债权人作出保证，债权人接收且未提出异议的，保证合同成立。

**第六百八十六条**　【保证方式】保证的方式包括一般保证和连带责任保证。

当事人在保证合同中对保证方式没有约定或者约定不明确的，按照一般保证承担保证责任。

**第六百八十七条**　【一般保证人先诉抗辩权】当事人在保证合同中约定，债务人不能履行债务时，由保证人承担保证责任的，为一般保证。

一般保证的保证人在主合同纠纷未经审判或者仲裁，并就债务人财产依法强制执行仍不能履行债务前，有权拒绝向债权人承担保证责任，但是有下列情形之一的除外：

（一）债务人下落不明，且无财产可供执行；

（二）人民法院已经受理债务人破产案件；

（三）债权人有证据证明债务人的财产不足以履行全部债务或者丧失履行债务能力；

（四）保证人书面表示放弃本款规定的权利。

**第六百八十八条**　【连带责任保证】当事人在保证合同中约定保证人和债务人对债务承担连带责任的，为连带责任保证。

连带责任保证的债务人不履行到期债务或者发生当事人约定的情形时，债权人可以请求债务人履行债务，也可以请求保证人在其保证范围内承担保证责任。

**第六百八十九条**　【反担保】保证人可以要求债务人提供反担保。

**第六百九十条**　【最高额保证合同】保证人与债权人可以协商订立最高额保证的合同，约定在最高债权额限度内就一定期间连续发生的债权提供保证。

最高额保证除适用本章规定外，参照适用本法第二编最高额抵押权的有关规定。

### 第二节　保 证 责 任

**第六百九十一条**　【保证范围】保证的范围包括主债权及其利息、违约金、损害赔偿金和实现债权的费用。当事人另有约定的，按照其约定。

**第六百九十二条**　【保证期间】保证期间是确定保证人承担保证责任的期间，不发生中止、中断和延长。

债权人与保证人可以约定保证期间，但是约定的保证期间早于主债务履行期限或者与主债务履行期限同时届满的，视为没有约定；没有约定或者约定不明确的，保证期间为主债务履行期限届满之日起六个月。

债权人与债务人对主债务履行期限没有约定或者约定不明确的，保证期间自债权人请求债务人履行债务的宽限期届满之日起计算。

**第六百九十三条**　【保证责任免除】一般保证的债权人未在保证期间对债务人提起诉讼或者申请仲裁的，保证人不再承担保证责任。

连带责任保证的债权人未在保证期间请求保证人承担保证责任的，保证人不再承担保证责任。

**第六百九十四条** 【保证债务诉讼时效】一般保证的债权人在保证期间届满前对债务人提起诉讼或者申请仲裁的,从保证人拒绝承担保证责任的权利消灭之日起,开始计算保证债务的诉讼时效。

连带责任保证的债权人在保证期间届满前请求保证人承担保证责任的,从债权人请求保证人承担保证责任之日起,开始计算保证债务的诉讼时效。

**第六百九十五条** 【主合同变更对保证责任影响】债权人和债务人未经保证人书面同意,协商变更主债权债务合同内容,减轻债务的,保证人仍对变更后的债务承担保证责任;加重债务的,保证人对加重的部分不承担保证责任。

债权人和债务人变更主债权债务合同的履行期限,未经保证人书面同意的,保证期间不受影响。

**第六百九十六条** 【债权转让对保证责任影响】债权人转让全部或者部分债权,未通知保证人的,该转让对保证人不发生效力。

保证人与债权人约定禁止债权转让,债权人未经保证人书面同意转让债权的,保证人对受让人不再承担保证责任。

**第六百九十七条** 【债务承担对保证责任影响】债权人未经保证人书面同意,允许债务人转移全部或者部分债务,保证人对未经其同意转移的债务不再承担保证责任,但是债权人和保证人另有约定的除外。

第三人加入债务的,保证人的保证责任不受影响。

**第六百九十八条** 【一般保证人保证责任免除】一般保证的保证人在主债务履行期限届满后,向债权人提供债务人可供执行财产的真实情况,债权人放弃或者怠于行使权利致使该财产不能被执行的,保证人在其提供可供执行财产的价值范围内不再承担保证责任。

**第六百九十九条** 【共同保证】同一债务有两个以上保证人的,保证人应当按照保证合同约定的保证份额,承担保证责任;没有约定保证份额的,债权人可以请求任何一个保证人在其保证范围内承担保证责任。

**第七百条** 【保证人追偿权】保证人承担保证责任后,除当事人另有约定外,有权在其承担保证责任的范围内向债务人追偿,享有债权人对债务人的权利,但是不得损害债权人的利益。

**第七百零一条** 【保证人抗辩权】保证人可以主张债务人对债权人的抗辩。债务人放弃抗辩的,保证人仍有权向债权人主张抗辩。

**第七百零二条** 【保证人拒绝履行权】债务人对债权人享有抵销权或者撤销权的,保证人可以在相应范围内拒绝承担保证责任。

## 第十四章 租赁合同

**第七百零三条** 【租赁合同定义】租赁合同是出租人将租赁物交付承租人使用、收益,承租人支付租金的合同。

**第七百零四条** 【租赁合同主要内容】租赁合同的内容一般包括租赁物的名称、数量、用途、租赁期限、租金及其支付期限和方式、租赁物维修等条款。

**第七百零五条** 【租赁最长期限】租赁期限不得超过二十年。超过二十年的,超过部分无效。

租赁期限届满，当事人可以续订租赁合同；但是，约定的租赁期限自续订之日起不得超过二十年。

**第七百零六条**　【租赁合同的登记备案手续对合同效力影响】当事人未依照法律、行政法规规定办理租赁合同登记备案手续的，不影响合同的效力。

**第七百零七条**　【租赁合同形式】租赁期限六个月以上的，应当采用书面形式。当事人未采用书面形式，无法确定租赁期限的，视为不定期租赁。

**第七百零八条**　【出租人交付租赁物义务和适租义务】出租人应当按照约定将租赁物交付承租人，并在租赁期限内保持租赁物符合约定的用途。

**第七百零九条**　【承租人按约定使用租赁物的义务】承租人应当按照约定的方法使用租赁物。对租赁物的使用方法没有约定或者约定不明确，依据本法第五百一十条的规定仍不能确定的，应当根据租赁物的性质使用。

**第七百一十条**　【承租人按约定使用租赁物的免责义务】承租人按照约定的方法或者根据租赁物的性质使用租赁物，致使租赁物受到损耗的，不承担赔偿责任。

**第七百一十一条**　【租赁人未按约定使用租赁物的责任】承租人未按照约定的方法或者未根据租赁物的性质使用租赁物，致使租赁物受到损失的，出租人可以解除合同并请求赔偿损失。

**第七百一十二条**　【出租人维修义务】出租人应当履行租赁物的维修义务，但是当事人另有约定的除外。

**第七百一十三条**　【出租人不履行维修义务的法律后果】承租人在租赁物需要维修时可以请求出租人在合理期限内维修。出租人未履行维修义务的，承租人可以自行维修，维修费用由出租人负担。因维修租赁物影响承租人使用的，应当相应减少租金或者延长租期。

因承租人的过错致使租赁物需要维修的，出租人不承担前款规定的维修义务。

**第七百一十四条**　【承租人妥善保管租赁物义务】承租人应当妥善保管租赁物，因保管不善造成租赁物毁损、灭失的，应当承担赔偿责任。

**第七百一十五条**　【承租人对租赁物进行改善或增设他物】承租人经出租人同意，可以对租赁物进行改善或者增设他物。

承租人未经出租人同意，对租赁物进行改善或者增设他物的，出租人可以请求承租人恢复原状或者赔偿损失。

**第七百一十六条**　【承租人对租赁物转租】承租人经出租人同意，可以将租赁物转租给第三人。承租人转租的，承租人与出租人之间的租赁合同继续有效；第三人造成租赁物损失的，承租人应当赔偿损失。

承租人未经出租人同意转租的，出租人可以解除合同。

**第七百一十七条**　【超过承租人剩余租赁期限的转租期间效力】承租人经出租人同意将租赁物转租给第三人，转租期限超过承租人剩余租赁期限的，超过部分的约定对出租人不具有法律约束力，但是出租人与承租人另有约定的除外。

**第七百一十八条**　【推定出租人同意转租】出租人知道或者应当知道承租人转租，但是在六个月内未提出异议的，视为出租人同意转租。

**第七百一十九条** 【次承租人代位求偿权】承租人拖欠租金的，次承租人可以代承租人支付其欠付的租金和违约金，但是转租合同对出租人不具有法律约束力的除外。

次承租人代为支付的租金和违约金，可以充抵次承租人应当向承租人支付的租金；超出其应付的租金数额的，可以向承租人追偿。

**第七百二十条** 【租赁物收益归属】在租赁期限内因占有、使用租赁物获得的收益，归承租人所有，但是当事人另有约定的除外。

**第七百二十一条** 【租金支付期限】承租人应当按照约定的期限支付租金。对支付租金的期限没有约定或者约定不明确，依据本法第五百一十条的规定仍不能确定，租赁期限不满一年的，应当在租赁期限届满时支付；租赁期限一年以上的，应当在每届满一年时支付，剩余期限不满一年的，应当在租赁期限届满时支付。

**第七百二十二条** 【承租人违反支付租金义务的法律后果】承租人无正当理由未支付或者迟延支付租金的，出租人可以请求承租人在合理期限内支付；承租人逾期不支付的，出租人可以解除合同。

**第七百二十三条** 【出租人权利瑕疵担保责任】因第三人主张权利，致使承租人不能对租赁物使用、收益的，承租人可以请求减少租金或者不支付租金。

第三人主张权利的，承租人应当及时通知出租人。

**第七百二十四条** 【非承租人构成根本性违约承租人可以解除合同】有下列情形之一，非因承租人原因致使租赁物无法使用的，承租人可以解除合同：

（一）租赁物被司法机关或者行政机关依法查封、扣押；

（二）租赁物权属有争议；

（三）租赁物具有违反法律、行政法规关于使用条件的强制性规定情形。

**第七百二十五条** 【所有权变动不破租赁】租赁物在承租人按照租赁合同占有期限内发生所有权变动的，不影响租赁合同的效力。

**第七百二十六条** 【房屋承租人优先购买权】出租人出卖租赁房屋的，应当在出卖之前的合理期限内通知承租人，承租人享有以同等条件优先购买的权利；但是，房屋按份共有人行使优先购买权或者出租人将房屋出卖给近亲属的除外。

出租人履行通知义务后，承租人在十五日内未明确表示购买的，视为承租人放弃优先购买权。

**第七百二十七条** 【委托拍卖情况下房屋承租人优先购买权】出租人委托拍卖人拍卖租赁房屋的，应当在拍卖五日前通知承租人。承租人未参加拍卖的，视为放弃优先购买权。

**第七百二十八条** 【房屋承租人优先购买权受到侵害的法律后果】出租人未通知承租人或者有其他妨害承租人行使优先购买权情形的，承租人可以请求出租人承担赔偿责任。但是，出租人与第三人订立的房屋买卖合同的效力不受影响。

**第七百二十九条** 【不可归责于承租人的租赁物毁损、灭失的法律后果】因不可归责于承租人的事由，致使租赁物部分或者全部毁损、灭失的，承租人可以请求减少租金或者不支付租金；因租赁物部分或者全部毁损、灭失，致使不能实现合同目的的，承租人可以解除合同。

**第七百三十条** 【租赁期限没有约定或约定不明确时的法律后果】当事人对租赁期限没有约定或者约定不明确，依据本法第五百一十条的规定仍不能确定的，视为不定期租赁；当事人可以随时解除合同，但是应当在合理期限之前通知对方。

**第七百三十一条**　【租赁物质量不合格时承租人解除权】租赁物危及承租人的安全或者健康的，即使承租人订立合同时明知该租赁物质量不合格，承租人仍然可以随时解除合同。

**第七百三十二条**　【房屋承租人死亡的租赁关系的处理】承租人在房屋租赁期限内死亡的，与其生前共同居住的人或者共同经营人可以按照原租赁合同租赁该房屋。

**第七百三十三条**　【租赁期限届满承租人返还租赁物】租赁期限届满，承租人应当返还租赁物。返还的租赁物应当符合按照约定或者根据租赁物的性质使用后的状态。

**第七百三十四条**　【租赁期限届满承租人继续使用租赁物及房屋承租人的优先承租权】租赁期限届满，承租人继续使用租赁物，出租人没有提出异议的，原租赁合同继续有效，但是租赁期限为不定期。

租赁期限届满，房屋承租人享有以同等条件优先承租的权利。

## 第十五章　融资租赁合同

**第七百三十五条**　【融资租赁合同定义】融资租赁合同是出租人根据承租人对出卖人、租赁物的选择，向出卖人购买租赁物，提供给承租人使用，承租人支付租金的合同。

**第七百三十六条**　【融资租赁合同内容和形式】融资租赁合同的内容一般包括租赁物的名称、数量、规格、技术性能、检验方法，租赁期限，租金构成及其支付期限和方式、币种，租赁期限届满租赁物的归属等条款。

融资租赁合同应当采用书面形式。

**第七百三十七条**　【融资租赁合同无效】当事人以虚构租赁物方式订立的融资租赁合同无效。

**第七百三十八条**　【租赁物经营许可对合同效力影响】依照法律、行政法规的规定，对于租赁物的经营使用应当取得行政许可的，出租人未取得行政许可不影响融资租赁合同的效力。

**第七百三十九条**　【融资租赁标的物交付】出租人根据承租人对出卖人、租赁物的选择订立的买卖合同，出卖人应当按照约定向承租人交付标的物，承租人享有与受领标的物有关的买受人的权利。

**第七百四十条**　【承租人拒绝受领标的物的条件】出卖人违反向承租人交付标的物的义务，有下列情形之一的，承租人可以拒绝受领出卖人向其交付的标的物：

（一）标的物严重不符合约定；

（二）未按照约定交付标的物，经承租人或者出租人催告后在合理期限内仍未交付。

承租人拒绝受领标的物的，应当及时通知出租人。

**第七百四十一条**　【承租人行使索赔权】出租人、出卖人、承租人可以约定，出卖人不履行买卖合同义务的，由承租人行使索赔的权利。承租人行使索赔权利的，出租人应当协助。

**第七百四十二条**　【承租人行使索赔权不影响支付租金义务】承租人对出卖人行使索赔权利，不影响其履行支付租金的义务。但是，承租人依赖出租人的技能确定租赁物或者出租人干预选择租赁物的，承租人可以请求减免相应租金。

**第七百四十三条**　【索赔失败的责任承担】出租人有下列情形之一，致使承租人对出卖人行使索赔权利失败的，承租人有权请求出租人承担相应的责任：

（一）明知租赁物有质量瑕疵而不告知承租人；

（二）承租人行使索赔权利时，未及时提供必要协助。

出租人怠于行使只能由其对出卖人行使的索赔权利，造成承租人损失的，承租人有权请求出租人承担赔偿责任。

**第七百四十四条** 【出租人不得擅自变更买卖合同内容】出租人根据承租人对出卖人、租赁物的选择订立的买卖合同，未经承租人同意，出租人不得变更与承租人有关的合同内容。

**第七百四十五条** 【租赁物的所有权】出租人对租赁物享有的所有权，未经登记，不得对抗善意第三人。

**第七百四十六条** 【融资租赁合同租金的确定】融资租赁合同的租金，除当事人另有约定外，应当根据购买租赁物的大部分或者全部成本以及出租人的合理利润确定。

**第七百四十七条** 【租赁物质量瑕疵担保责任】租赁物不符合约定或者不符合使用目的的，出租人不承担责任。但是，承租人依赖出租人的技能确定租赁物或者出租人干预选择租赁物的除外。

**第七百四十八条** 【出租人保证承租人占有和使用租赁物】出租人应当保证承租人对租赁物的占有和使用。

出租人有下列情形之一的，承租人有权请求其赔偿损失：

（一）无正当理由收回租赁物；

（二）无正当理由妨碍、干扰承租人对租赁物的占有和使用；

（三）因出租人的原因致使第三人对租赁物主张权利；

（四）不当影响承租人对租赁物占有和使用的其他情形。

**第七百四十九条** 【租赁物致人损害的责任承担】承租人占有租赁物期间，租赁物造成第三人人身损害或者财产损失的，出租人不承担责任。

**第七百五十条** 【承租人对租赁物的保管、使用和维修义务】承租人应当妥善保管、使用租赁物。

承租人应当履行占有租赁物期间的维修义务。

**第七百五十一条** 【租赁物毁损、灭失对租金给付义务的影响】承租人占有租赁物期间，租赁物毁损、灭失的，出租人有权请求承租人继续支付租金，但是法律另有规定或者当事人另有约定的除外。

**第七百五十二条** 【承租人支付租金义务】承租人应当按照约定支付租金。承租人经催告后在合理期限内仍不支付租金的，出租人可以请求支付全部租金；也可以解除合同，收回租赁物。

**第七百五十三条** 【出租人解除融资租赁合同】承租人未经出租人同意，将租赁物转让、抵押、质押、投资入股或者以其他方式处分的，出租人可以解除融资租赁合同。

**第七百五十四条** 【出租人或承租人解除融资租赁合同】有下列情形之一的，出租人或者承租人可以解除融资租赁合同：

（一）出租人与出卖人订立的买卖合同解除、被确认无效或者被撤销，且未能重新订立买卖合同；

（二）租赁物因不可归责于当事人的原因毁损、灭失，且不能修复或者确定替代物；

（三）因出卖人的原因致使融资租赁合同的目的不能实现。

**第七百五十五条**　【承租人承担赔偿责任】融资租赁合同因买卖合同解除、被确认无效或者被撤销而解除，出卖人、租赁物系由承租人选择的，出租人有权请求承租人赔偿相应损失；但是，因出租人原因致使买卖合同解除、被确认无效或者被撤销的除外。

出租人的损失已经在买卖合同解除、被确认无效或者被撤销时获得赔偿的，承租人不再承担相应的赔偿责任。

**第七百五十六条**　【租赁物意外毁损灭失】融资租赁合同因租赁物交付承租人后意外毁损、灭失等不可归责于当事人的原因解除的，出租人可以请求承租人按照租赁物折旧情况给予补偿。

**第七百五十七条**　【租赁期限届满租赁物归属】出租人和承租人可以约定租赁期限届满租赁物的归属；对租赁物的归属没有约定或者约定不明确，依据本法第五百一十条的规定仍不能确定的，租赁物的所有权归出租人。

**第七百五十八条**　【租赁物价值返还及租赁物无法返还】当事人约定租赁期限届满租赁物归承租人所有，承租人已经支付大部分租金，但是无力支付剩余租金，出租人因此解除合同收回租赁物，收回的租赁物的价值超过承租人欠付的租金以及其他费用的，承租人可以请求相应返还。

当事人约定租赁期限届满租赁物归出租人所有，因租赁物毁损、灭失或者附合、混合于他物致使承租人不能返还的，出租人有权请求承租人给予合理补偿。

**第七百五十九条**　【支付象征性价款后租赁物归属】当事人约定租赁期限届满，承租人仅需向出租人支付象征性价款的，视为约定的租金义务履行完毕后租赁物的所有权归承租人。

**第七百六十条**　【融资租赁合同无效租赁物归属】融资租赁合同无效，当事人就该情形下租赁物的归属有约定的，按照其约定；没有约定或者约定不明确的，租赁物应当返还出租人。但是，因承租人原因致使合同无效，出租人不请求返还或者返还后会显著降低租赁物效用的，租赁物的所有权归承租人，由承租人给予出租人合理补偿。

## 第十六章　保理合同

**第七百六十一条**　【保理合同定义】保理合同是应收账款债权人将现有的或者将有的应收账款转让给保理人，保理人提供资金融通、应收账款管理或者催收、应收账款债务人付款担保等服务的合同。

**第七百六十二条**　【保理合同内容和形式】保理合同的内容一般包括业务类型、服务范围、服务期限、基础交易合同情况、应收账款信息、保理融资款或者服务报酬及其支付方式等条款。

保理合同应当采用书面形式。

**第七百六十三条**　【虚构应收账款的法律后果】应收账款债权人与债务人虚构应收账款作为转让标的，与保理人订立保理合同的，应收账款债务人不得以应收账款不存在为由对抗保理人，但是保理人明知虚构的除外。

**第七百六十四条**　【保理人表明身份义务】保理人向应收账款债务人发出应收账款转让通知的，应当表明保理人身份并附有必要凭证。

**第七百六十五条** 【无正当理由变更或者终止基础交易合同行为对保理人的效力】应收账款债务人接到应收账款转让通知后，应收账款债权人与债务人无正当理由协商变更或者终止基础交易合同，对保理人产生不利影响的，对保理人不发生效力。

**第七百六十六条** 【有追索权保理】当事人约定有追索权保理的，保理人可以向应收账款债权人主张返还保理融资款本息或者回购应收账款债权，也可以向应收账款债务人主张应收账款债权。保理人向应收账款债务人主张应收账款债权，在扣除保理融资款本息和相关费用后有剩余的，剩余部分应当返还给应收账款债权人。

**第七百六十七条** 【无追索权保理】当事人约定无追索权保理的，保理人应当向应收账款债务人主张应收账款债权，保理人取得超过保理融资款本息和相关费用的部分，无需向应收账款债权人返还。

**第七百六十八条** 【多重保理的清偿顺序】应收账款债权人就同一应收账款订立多个保理合同，致使多个保理人主张权利的，已经登记的先于未登记的取得应收账款；均已经登记的，按照登记时间的先后顺序取得应收账款；均未登记的，由最先到达应收账款债务人的转让通知中载明的保理人取得应收账款；既未登记也未通知的，按照保理融资款或者服务报酬的比例取得应收账款。

**第七百六十九条** 【适用债权转让规定】本章没有规定的，适用本编第六章债权转让的有关规定。

## 第十七章 承揽合同

**第七百七十条** 【承揽合同定义和承揽主要类型】承揽合同是承揽人按照定作人的要求完成工作，交付工作成果，定作人支付报酬的合同。

承揽包括加工、定作、修理、复制、测试、检验等工作。

**第七百七十一条** 【承揽合同主要内容】承揽合同的内容一般包括承揽的标的、数量、质量、报酬，承揽方式，材料的提供，履行期限，验收标准和方法等条款。

**第七百七十二条** 【承揽工作主要完成人】承揽人应当以自己的设备、技术和劳力，完成主要工作，但是当事人另有约定的除外。

承揽人将其承揽的主要工作交由第三人完成的，应当就该第三人完成的工作成果向定作人负责；未经定作人同意的，定作人也可以解除合同。

**第七百七十三条** 【承揽辅助工作转交】承揽人可以将其承揽的辅助工作交由第三人完成。承揽人将其承揽的辅助工作交由第三人完成的，应当就该第三人完成的工作成果向定作人负责。

**第七百七十四条** 【承揽人提供材料时的义务】承揽人提供材料的，应当按照约定选用材料，并接受定作人检验。

**第七百七十五条** 【定作人提供材料时双方当事人的义务】定作人提供材料的，应当按照约定提供材料。承揽人对定作人提供的材料应当及时检验，发现不符合约定时，应当及时通知定作人更换、补齐或者采取其他补救措施。

承揽人不得擅自更换定作人提供的材料，不得更换不需要修理的零部件。

**第七百七十六条** 【定作人要求不合理时双方当事人的义务】承揽人发现定作人提供的

图纸或者技术要求不合理的,应当及时通知定作人。因定作人怠于答复等原因造成承揽人损失的,应当赔偿损失。

**第七百七十七条**　【定作人变更工作要求的法律后果】定作人中途变更承揽工作的要求,造成承揽人损失的,应当赔偿损失。

**第七百七十八条**　【定作人协助义务】承揽工作需要定作人协助的,定作人有协助的义务。定作人不履行协助义务致使承揽工作不能完成的,承揽人可以催告定作人在合理期限内履行义务,并可以顺延履行期限;定作人逾期不履行的,承揽人可以解除合同。

**第七百七十九条**　【定作人监督检验】承揽人在工作期间,应当接受定作人必要的监督检验。定作人不得因监督检验妨碍承揽人的正常工作。

**第七百八十条**　【承揽人工作成果交付】承揽人完成工作的,应当向定作人交付工作成果,并提交必要的技术资料和有关质量证明。定作人应当验收该工作成果。

**第七百八十一条**　【工作成果不符合质量要求时的违约责任】承揽人交付的工作成果不符合质量要求的,定作人可以合理选择请求承揽人承担修理、重作、减少报酬、赔偿损失等违约责任。

**第七百八十二条**　【定作人支付报酬的期限】定作人应当按照约定的期限支付报酬。对支付报酬的期限没有约定或者约定不明确,依据本法第五百一十条的规定仍不能确定的,定作人应当在承揽人交付工作成果时支付;工作成果部分交付的,定作人应当相应支付。

**第七百八十三条**　【定作人未履行付款义务时承揽人权利】定作人未向承揽人支付报酬或者材料费等价款的,承揽人对完成的工作成果享有留置权或者有权拒绝交付,但是当事人另有约定的除外。

**第七百八十四条**　【承揽人保管义务】承揽人应当妥善保管定作人提供的材料以及完成的工作成果,因保管不善造成毁损、灭失的,应当承担赔偿责任。

**第七百八十五条**　【承揽人保密义务】承揽人应当按照定作人的要求保守秘密,未经定作人许可,不得留存复制品或者技术资料。

**第七百八十六条**　【共同承揽人连带责任】共同承揽人对定作人承担连带责任,但是当事人另有约定的除外。

**第七百八十七条**　【定作人任意解除权】定作人在承揽人完成工作前可以随时解除合同,造成承揽人损失的,应当赔偿损失。

## 第十八章　建设工程合同

**第七百八十八条**　【建设工程合同定义和种类】建设工程合同是承包人进行工程建设,发包人支付价款的合同。

建设工程合同包括工程勘察、设计、施工合同。

**第七百八十九条**　【建设工程合同的形式】建设工程合同应当采用书面形式。

**第七百九十条**　【建设工程招投标活动的原则】建设工程的招标投标活动,应当依照有关法律的规定公开、公平、公正进行。

**第七百九十一条**　【建设工程的发包、承包、分包】发包人可以与总承包人订立建设工程合同,也可以分别与勘察人、设计人、施工人订立勘察、设计、施工承包合同。发包人不得将应当由一个承包人完成的建设工程支解成若干部分发包给数个承包人。

总承包人或者勘察、设计、施工承包人经发包人同意，可以将自己承包的部分工作交由第三人完成。第三人就其完成的工作成果与总承包人或者勘察、设计、施工承包人向发包人承担连带责任。承包人不得将其承包的全部建设工程转包给第三人或者将其承包的全部建设工程支解以后以分包的名义分别转包给第三人。

禁止承包人将工程分包给不具备相应资质条件的单位。禁止分包单位将其承包的工程再分包。建设工程主体结构的施工必须由承包人自行完成。

**第七百九十二条** 【订立国家重大建设工程合同】国家重大建设工程合同，应当按照国家规定的程序和国家批准的投资计划、可行性研究报告等文件订立。

**第七百九十三条** 【建设工程合同无效、验收不合格的处理】建设工程施工合同无效，但是建设工程经验收合格的，可以参照合同关于工程价款的约定折价补偿承包人。

建设工程施工合同无效，且建设工程经验收不合格的，按照以下情形处理：

（一）修复后的建设工程经验收合格的，发包人可以请求承包人承担修复费用；

（二）修复后的建设工程经验收不合格的，承包人无权请求参照合同关于工程价款的约定折价补偿。

发包人对因建设工程不合格造成的损失有过错的，应当承担相应的责任。

**第七百九十四条** 【勘察、设计合同的内容】勘察、设计合同的内容一般包括提交有关基础资料和概预算等文件的期限、质量要求、费用以及其他协作条件等条款。

**第七百九十五条** 【施工合同的内容】施工合同的内容一般包括工程范围、建设工期、中间交工工程的开工和竣工时间、工程质量、工程造价、技术资料交付时间、材料和设备供应责任、拨款和结算、竣工验收、质量保修范围和质量保证期、相互协作等条款。

**第七百九十六条** 【建设工程监理】建设工程实行监理的，发包人应当与监理人采用书面形式订立委托监理合同。发包人与监理人的权利和义务以及法律责任，应当依照本编委托合同以及其他有关法律、行政法规的规定。

**第七百九十七条** 【发包人的检查权】发包人在不妨碍承包人正常作业的情况下，可以随时对作业进度、质量进行检查。

**第七百九十八条** 【隐蔽工程】隐蔽工程在隐蔽以前，承包人应当通知发包人检查。发包人没有及时检查的，承包人可以顺延工程日期，并有权请求赔偿停工、窝工等损失。

**第七百九十九条** 【建设工程的竣工验收】建设工程竣工后，发包人应当根据施工图纸及说明书、国家颁发的施工验收规范和质量检验标准及时进行验收。验收合格的，发包人应当按照约定支付价款，并接收该建设工程。

建设工程竣工经验收合格后，方可交付使用；未经验收或者验收不合格的，不得交付使用。

**第八百条** 【勘察人、设计人对勘察、设计的责任】勘察、设计的质量不符合要求或者未按照期限提交勘察、设计文件拖延工期，造成发包人损失的，勘察人、设计人应当继续完善勘察、设计，减收或者免收勘察、设计费并赔偿损失。

**第八百零一条** 【施工人对建设工程质量承担的民事责任】因施工人的原因致使建设工程质量不符合约定的，发包人有权请求施工人在合理期限内无偿修理或者返工、改建。经过修理或者返工、改建后，造成逾期交付的，施工人应当承担违约责任。

**第八百零二条**　【合理使用期限内质量保证责任】因承包人的原因致使建设工程在合理使用期限内造成人身损害和财产损失的，承包人应当承担赔偿责任。

**第八百零三条**　【发包人未按约定的时间和要求提供相关物资的违约责任】发包人未按照约定的时间和要求提供原材料、设备、场地、资金、技术资料的，承包人可以顺延工程日期，并有权请求赔偿停工、窝工等损失。

**第八百零四条**　【因发包人原因造成工程停建、缓建所应承担责任】因发包人的原因致使工程中途停建、缓建的，发包人应当采取措施弥补或者减少损失，赔偿承包人因此造成的停工、窝工、倒运、机械设备调迁、材料和构件积压等损失和实际费用。

**第八百零五条**　【因发包人原因造成勘察、设计的返工、停工或者修改设计所应承担责任】因发包人变更计划，提供的资料不准确，或者未按照期限提供必需的勘察、设计工作条件而造成勘察、设计的返工、停工或者修改设计，发包人应当按照勘察人、设计人实际消耗的工作量增付费用。

**第八百零六条**　【合同解除及后果处理的规定】承包人将建设工程转包、违法分包的，发包人可以解除合同。

发包人提供的主要建筑材料、建筑构配件和设备不符合强制性标准或者不履行协助义务，致使承包人无法施工，经催告后在合理期限内仍未履行相应义务的，承包人可以解除合同。

合同解除后，已经完成的建设工程质量合格的，发包人应当按照约定支付相应的工程价款；已经完成的建设工程质量不合格的，参照本法第七百九十三条的规定处理。

**第八百零七条**　【发包人未支付工程价款的责任】发包人未按照约定支付价款的，承包人可以催告发包人在合理期限内支付价款。发包人逾期不支付的，除根据建设工程的性质不宜折价、拍卖外，承包人可以与发包人协议将该工程折价，也可以请求人民法院将该工程依法拍卖。建设工程的价款就该工程折价或者拍卖的价款优先受偿。

**第八百零八条**　【适用承揽合同】本章没有规定的，适用承揽合同的有关规定。

## 第十九章　运输合同

### 第一节　一般规定

**第八百零九条**　【运输合同定义】运输合同是承运人将旅客或者货物从起运地点运输到约定地点，旅客、托运人或者收货人支付票款或者运输费用的合同。

**第八百一十条**　【承运人强制缔约义务】从事公共运输的承运人不得拒绝旅客、托运人通常、合理的运输要求。

**第八百一十一条**　【承运人安全运输义务】承运人应当在约定期限或者合理期限内将旅客、货物安全运输到约定地点。

**第八百一十二条**　【承运人合理运输义务】承运人应当按照约定的或者通常的运输路线将旅客、货物运输到约定地点。

**第八百一十三条**　【支付票款或者运输费用】旅客、托运人或者收货人应当支付票款或者运输费用。承运人未按照约定路线或者通常路线运输增加票款或者运输费用的，旅客、托运人或者收货人可以拒绝支付增加部分的票款或者运输费用。

## 第二节　客运合同

**第八百一十四条**　【客运合同成立时间】客运合同自承运人向旅客出具客票时成立,但是当事人另有约定或者另有交易习惯的除外。

**第八百一十五条**　【旅客乘运义务的一般规定】旅客应当按照有效客票记载的时间、班次和座位号乘坐。旅客无票乘坐、超程乘坐、越级乘坐或者持不符合减价条件的优惠客票乘坐的,应当补交票款,承运人可以按照规定加收票款;旅客不支付票款的,承运人可以拒绝运输。

实名制客运合同的旅客丢失客票的,可以请求承运人挂失补办,承运人不得再次收取票款和其他不合理费用。

**第八百一十六条**　【旅客办理退票或者变更乘运手续】旅客因自己的原因不能按照客票记载的时间乘坐的,应当在约定的期限内办理退票或者变更手续;逾期办理的,承运人可以不退票款,并不再承担运输义务。

**第八百一十七条**　【行李携带及托运要求】旅客随身携带行李应当符合约定的限量和品类要求;超过限量或者违反品类要求携带行李的,应当办理托运手续。

**第八百一十八条**　【禁止旅客携带危险物品、违禁物品】旅客不得随身携带或者在行李中夹带易燃、易爆、有毒、有腐蚀性、有放射性以及可能危及运输工具上人身和财产安全的危险物品或者违禁物品。

旅客违反前款规定的,承运人可以将危险物品或者违禁物品卸下、销毁或者送交有关部门。旅客坚持携带或者夹带危险物品或者违禁物品的,承运人应当拒绝运输。

**第八百一十九条**　【承运人的告知义务和旅客的协助义务】承运人应当严格履行安全运输义务,及时告知旅客安全运输应当注意的事项。旅客对承运人为安全运输所作的合理安排应当积极协助和配合。

**第八百二十条**　【承运人按照约定运输的义务】承运人应当按照有效客票记载的时间、班次和座位号运输旅客。承运人迟延运输或者有其他不能正常运输情形的,应当及时告知和提醒旅客,采取必要的安置措施,并根据旅客的要求安排改乘其他班次或者退票;由此造成旅客损失的,承运人应当承担赔偿责任,但是不可归责于承运人的除外。

**第八百二十一条**　【承运人擅自降低或者提高服务标准的后果】承运人擅自降低服务标准的,应当根据旅客的请求退票或者减收票款;提高服务标准的,不得加收票款。

**第八百二十二条**　【承运人救助义务】承运人在运输过程中,应当尽力救助患有急病、分娩、遇险的旅客。

**第八百二十三条**　【旅客人身伤亡责任】承运人应当对运输过程中旅客的伤亡承担赔偿责任;但是,伤亡是旅客自身健康原因造成的或者承运人证明伤亡是旅客故意、重大过失造成的除外。

前款规定适用于按照规定免票、持优待票或者经承运人许可搭乘的无票旅客。

**第八百二十四条**　【旅客随身携带物品毁损、灭失的责任承担】在运输过程中旅客随身携带物品毁损、灭失,承运人有过错的,应当承担赔偿责任。

旅客托运的行李毁损、灭失的,适用货物运输的有关规定。

## 第三节　货 运 合 同

**第八百二十五条**　【托运人如实申报义务】托运人办理货物运输，应当向承运人准确表明收货人的姓名、名称或者凭指示的收货人，货物的名称、性质、重量、数量，收货地点等有关货物运输的必要情况。

因托运人申报不实或者遗漏重要情况，造成承运人损失的，托运人应当承担赔偿责任。

**第八百二十六条**　【托运人提交有关文件义务】货物运输需要办理审批、检验等手续的，托运人应当将办理完有关手续的文件提交承运人。

**第八百二十七条**　【托运人货物包装义务】托运人应当按照约定的方式包装货物。对包装方式没有约定或者约定不明确的，适用本法第六百一十九条的规定。

托运人违反前款规定的，承运人可以拒绝运输。

**第八百二十八条**　【运输危险货物】托运人托运易燃、易爆、有毒、有腐蚀性、有放射性等危险物品的，应当按照国家有关危险物品运输的规定对危险物品妥善包装，做出危险物品标志和标签，并将有关危险物品的名称、性质和防范措施的书面材料提交承运人。

托运人违反前款规定的，承运人可以拒绝运输，也可以采取相应措施以避免损失的发生，因此产生的费用由托运人负担。

**第八百二十九条**　【托运人变更或者解除运输合同权利】在承运人将货物交付收货人之前，托运人可以要求承运人中止运输、返还货物、变更到达地或者将货物交给其他收货人，但是应当赔偿承运人因此受到的损失。

**第八百三十条**　【提货】货物运输到达后，承运人知道收货人的，应当及时通知收货人，收货人应当及时提货。收货人逾期提货的，应当向承运人支付保管费等费用。

**第八百三十一条**　【收货人检验货物】收货人提货时应当按照约定的期限检验货物。对检验货物的期限没有约定或者约定不明确，依据本法第五百一十条的规定仍不能确定的，应当在合理期限内检验货物。收货人在约定的期限或者合理期限内对货物的数量、毁损等未提出异议的，视为承运人已经按照运输单证的记载交付的初步证据。

**第八百三十二条**　【运输过程中货物毁损、灭失的责任承担】承运人对运输过程中货物的毁损、灭失承担赔偿责任。但是，承运人证明货物的毁损、灭失是因不可抗力、货物本身的自然性质或者合理损耗以及托运人、收货人的过错造成的，不承担赔偿责任。

**第八百三十三条**　【确定货物赔偿额】货物的毁损、灭失的赔偿额，当事人有约定的，按照其约定；没有约定或者约定不明确，依据本法第五百一十条的规定仍不能确定的，按照交付或者应当交付时货物到达地的市场价格计算。法律、行政法规对赔偿额的计算方法和赔偿限额另有规定的，依照其规定。

**第八百三十四条**　【相继运输】两个以上承运人以同一运输方式联运的，与托运人订立合同的承运人应当对全程运输承担责任；损失发生在某一运输区段的，与托运人订立合同的承运人和该区段的承运人承担连带责任。

**第八百三十五条**　【货物因不可抗力灭失的运费处理】货物在运输过程中因不可抗力灭失，未收取运费的，承运人不得请求支付运费；已经收取运费的，托运人可以请求返还。法律另有规定的，依照其规定。

**第八百三十六条** 【承运人留置权】托运人或者收货人不支付运费、保管费或者其他费用的,承运人对相应的运输货物享有留置权,但是当事人另有约定的除外。

**第八百三十七条** 【承运人提存货物】收货人不明或者收货人无正当理由拒绝受领货物的,承运人依法可以提存货物。

### 第四节 多式联运合同

**第八百三十八条** 【多式联运经营人应当负责履行或者组织履行合同】多式联运经营人负责履行或者组织履行多式联运合同,对全程运输享有承运人的权利,承担承运人的义务。

**第八百三十九条** 【多式联运合同责任制度】多式联运经营人可以与参加多式联运的各区段承运人就多式联运合同的各区段运输约定相互之间的责任;但是,该约定不影响多式联运经营人对全程运输承担的义务。

**第八百四十条** 【多式联运单据】多式联运经营人收到托运人交付的货物时,应当签发多式联运单据。按照托运人的要求,多式联运单据可以是可转让单据,也可以是不可转让单据。

**第八百四十一条** 【托运人承担过错责任】因托运人托运货物时的过错造成多式联运经营人损失的,即使托运人已经转让多式联运单据,托运人仍然应当承担赔偿责任。

**第八百四十二条** 【多式联运经营人赔偿责任的法律适用】货物的毁损、灭失发生于多式联运的某一运输区段的,多式联运经营人的赔偿责任和责任限额,适用调整该区段运输方式的有关法律规定;货物毁损、灭失发生的运输区段不能确定的,依照本章规定承担赔偿责任。

## 第二十章 技术合同

### 第一节 一般规定

**第八百四十三条** 【技术合同定义】技术合同是当事人就技术开发、转让、许可、咨询或者服务订立的确立相互之间权利和义务的合同。

**第八百四十四条** 【技术合同订立的目的】订立技术合同,应当有利于知识产权的保护和科学技术的进步,促进科学技术成果的研发、转化、应用和推广。

**第八百四十五条** 【技术合同主要条款】技术合同的内容一般包括项目的名称,标的的内容、范围和要求,履行的计划、地点和方式,技术信息和资料的保密,技术成果的归属和收益的分配办法,验收标准和方法,名词和术语的解释等条款。

与履行合同有关的技术背景资料、可行性论证和技术评价报告、项目任务书和计划书、技术标准、技术规范、原始设计和工艺文件,以及其他技术文档,按照当事人的约定可以作为合同的组成部分。

技术合同涉及专利的,应当注明发明创造的名称、专利申请人和专利权人、申请日期、申请号、专利号以及专利权的有效期限。

**第八百四十六条** 【技术合同价款、报酬及使用费】技术合同价款、报酬或者使用费的支付方式由当事人约定,可以采取一次总算、一次总付或者一次总算、分期支付,也可以采取提成支付或者提成支付附加预付入门费的方式。

约定提成支付的,可以按照产品价格、实施专利和使用技术秘密后新增的产值、利润或者产品销售额的一定比例提成，也可以按照约定的其他方式计算。提成支付的比例可以采取固定比例、逐年递增比例或者逐年递减比例。

约定提成支付的，当事人可以约定查阅有关会计账目的办法。

**第八百四十七条**　【职务技术成果的财产权权属】职务技术成果的使用权、转让权属于法人或者非法人组织的，法人或者非法人组织可以就该项职务技术成果订立技术合同。法人或者非法人组织订立技术合同转让职务技术成果时，职务技术成果的完成人享有以同等条件优先受让的权利。

职务技术成果是执行法人或者非法人组织的工作任务，或者主要是利用法人或者非法人组织的物质技术条件所完成的技术成果。

**第八百四十八条**　【非职务技术成果的财产权权属】非职务技术成果的使用权、转让权属于完成技术成果的个人，完成技术成果的个人可以就该项非职务技术成果订立技术合同。

**第八百四十九条**　【技术成果的人身权归属】完成技术成果的个人享有在有关技术成果文件上写明自己是技术成果完成者的权利和取得荣誉证书、奖励的权利。

**第八百五十条**　【技术合同无效】非法垄断技术或者侵害他人技术成果的技术合同无效。

### 第二节　技术开发合同

**第八百五十一条**　【技术开发合同定义及合同形式】技术开发合同是当事人之间就新技术、新产品、新工艺、新品种或者新材料及其系统的研究开发所订立的合同。

技术开发合同包括委托开发合同和合作开发合同。

技术开发合同应当采用书面形式。

当事人之间就具有实用价值的科技成果实施转化订立的合同，参照适用技术开发合同的有关规定。

**第八百五十二条**　【委托开发合同的委托人义务】委托开发合同的委托人应当按照约定支付研究开发经费和报酬，提供技术资料，提出研究开发要求，完成协作事项，接受研究开发成果。

**第八百五十三条**　【委托开发合同的研究开发人义务】委托开发合同的研究开发人应当按照约定制定和实施研究开发计划，合理使用研究开发经费，按期完成研究开发工作，交付研究开发成果，提供有关的技术资料和必要的技术指导，帮助委托人掌握研究开发成果。

**第八百五十四条**　【委托开发合同的违约责任】委托开发合同的当事人违反约定造成研究开发工作停滞、延误或者失败的，应当承担违约责任。

**第八百五十五条**　【合作开发合同的当事人主要义务】合作开发合同的当事人应当按照约定进行投资，包括以技术进行投资，分工参与研究开发工作，协作配合研究开发工作。

**第八百五十六条**　【合作开发合同的违约责任】合作开发合同的当事人违反约定造成研究开发工作停滞、延误或者失败的，应当承担违约责任。

**第八百五十七条**　【技术开发合同解除】作为技术开发合同标的的技术已经由他人公开，致使技术开发合同的履行没有意义的，当事人可以解除合同。

**第八百五十八条**　【技术开发合同风险负担及通知义务】技术开发合同履行过程中，因出现无法克服的技术困难，致使研究开发失败或者部分失败的，该风险由当事人约定；没有约定或者约定不明确，依据本法第五百一十条的规定仍不能确定的，风险由当事人合理分担。

当事人一方发现前款规定的可能致使研究开发失败或者部分失败的情形时，应当及时通知另一方并采取适当措施减少损失；没有及时通知并采取适当措施，致使损失扩大的，应当就扩大的损失承担责任。

**第八百五十九条** 【委托开发合同的技术成果归属】委托开发完成的发明创造，除法律另有规定或者当事人另有约定外，申请专利的权利属于研究开发人。研究开发人取得专利权的，委托人可以依法实施该专利。

研究开发人转让专利申请权的，委托人享有以同等条件优先受让的权利。

**第八百六十条** 【合作开发合同的技术成果归属】合作开发完成的发明创造，申请专利的权利属于合作开发的当事人共有；当事人一方转让其共有的专利申请权的，其他各方享有以同等条件优先受让的权利。但是，当事人另有约定的除外。

合作开发的当事人一方声明放弃其共有的专利申请权的，除当事人另有约定外，可以由另一方单独申请或者由其他各方共同申请。申请人取得专利权的，放弃专利申请权的一方可以免费实施该专利。

合作开发的当事人一方不同意申请专利的，另一方或者其他各方不得申请专利。

**第八百六十一条** 【技术秘密成果归属与分享】委托开发或者合作开发完成的技术秘密成果的使用权、转让权以及收益的分配办法，由当事人约定；没有约定或者约定不明确，依据本法第五百一十条的规定仍不能确定的，在没有相同技术方案被授予专利权前，当事人均有使用和转让的权利。但是，委托开发的研究开发人不得在向委托人交付研究开发成果之前，将研究开发成果转让给第三人。

## 第三节　技术转让合同和技术许可合同

**第八百六十二条** 【技术转让合同和技术许可合同定义】技术转让合同是合法拥有技术的权利人，将现有特定的专利、专利申请、技术秘密的相关权利让与他人所订立的合同。

技术许可合同是合法拥有技术的权利人，将现有特定的专利、技术秘密的相关权利许可他人实施、使用所订立的合同。

技术转让合同和技术许可合同中关于提供实施技术的专用设备、原材料或者提供有关的技术咨询、技术服务的约定，属于合同的组成部分。

**第八百六十三条** 【技术转让合同和技术许可合同类型和形式】技术转让合同包括专利权转让、专利申请权转让、技术秘密转让等合同。

技术许可合同包括专利实施许可、技术秘密使用许可等合同。

技术转让合同和技术许可合同应当采用书面形式。

**第八百六十四条** 【技术转让合同和技术许可合同的限制性条款】技术转让合同和技术许可合同可以约定实施专利或者使用技术秘密的范围，但是不得限制技术竞争和技术发展。

**第八百六十五条** 【专利实施许可合同限制】专利实施许可合同仅在该专利权的存续期限内有效。专利权有效期限届满或者专利权被宣告无效的，专利权人不得就该专利与他人订立专利实施许可合同。

**第八百六十六条** 【专利实施许可合同许可人主要义务】专利实施许可合同的许可人应当按照约定许可被许可人实施专利，交付实施专利有关的技术资料，提供必要的技术指导。

**第八百六十七条**　【专利实施许可合同被许可人主要义务】专利实施许可合同的被许可人应当按照约定实施专利，不得许可约定以外的第三人实施该专利，并按照约定支付使用费。

**第八百六十八条**　【技术秘密让与人和许可人主要义务】技术秘密转让合同的让与人和技术秘密使用许可合同的许可人应当按照约定提供技术资料，进行技术指导，保证技术的实用性、可靠性，承担保密义务。

前款规定的保密义务，不限制许可人申请专利，但是当事人另有约定的除外。

**第八百六十九条**　【技术秘密受让人和被许可人主要义务】技术秘密转让合同的受让人和技术秘密使用许可合同的被许可人应当按照约定使用技术，支付转让费、使用费，承担保密义务。

**第八百七十条**　【技术转让合同让与人和技术许可合同许可人保证义务】技术转让合同的让与人和技术许可合同的许可人应当保证自己是所提供的技术的合法拥有者，并保证所提供的技术完整、无误、有效，能够达到约定的目标。

**第八百七十一条**　【技术转让合同受让人和技术许可合同被许可人保密义务】技术转让合同的受让人和技术许可合同的被许可人应当按照约定的范围和期限，对让与人、许可人提供的技术中尚未公开的秘密部分，承担保密义务。

**第八百七十二条**　【许可人和让与人违约责任】许可人未按照约定许可技术的，应当返还部分或者全部使用费，并应当承担违约责任；实施专利或者使用技术秘密超越约定的范围的，违反约定擅自许可第三人实施该项专利或者使用该项技术秘密的，应当停止违约行为，承担违约责任；违反约定的保密义务的，应当承担违约责任。

让与人承担违约责任，参照适用前款规定。

**第八百七十三条**　【被许可人和受让人违约责任】被许可人未按照约定支付使用费的，应当补交使用费并按照约定支付违约金；不补交使用费或者支付违约金的，应当停止实施专利或者使用技术秘密，交还技术资料，承担违约责任；实施专利或者使用技术秘密超越约定的范围的，未经许可人同意擅自许可第三人实施该专利或者使用该技术秘密的，应当停止违约行为，承担违约责任；违反约定的保密义务的，应当承担违约责任。

受让人承担违约责任，参照适用前款规定。

**第八百七十四条**　【受让人和被许可人侵权责任】受让人或者被许可人按照约定实施专利、使用技术秘密侵害他人合法权益的，由让与人或者许可人承担责任，但是当事人另有约定的除外。

**第八百七十五条**　【后续技术成果的归属与分享】当事人可以按照互利的原则，在合同中约定实施专利、使用技术秘密后续改进的技术成果的分享办法；没有约定或者约定不明确，依据本法第五百一十条的规定仍不能确定的，一方后续改进的技术成果，其他各方无权分享。

**第八百七十六条**　【其他知识产权的转让和许可】集成电路布图设计专有权、植物新品种权、计算机软件著作权等其他知识产权的转让和许可，参照适用本节的有关规定。

**第八百七十七条**　【技术进出口合同或者专利、专利申请合同法律适用】法律、行政法规对技术进出口合同或者专利、专利申请合同另有规定的，依照其规定。

## 第四节　技术咨询合同和技术服务合同

**第八百七十八条**　【技术咨询合同和技术服务合同定义】技术咨询合同是当事人一方以

技术知识为对方就特定技术项目提供可行性论证、技术预测、专题技术调查、分析评价报告等所订立的合同。

技术服务合同是当事人一方以技术知识为对方解决特定技术问题所订立的合同，不包括承揽合同和建设工程合同。

**第八百七十九条** 【技术咨询合同委托人义务】技术咨询合同的委托人应当按照约定阐明咨询的问题，提供技术背景材料及有关技术资料，接受受托人的工作成果，支付报酬。

**第八百八十条** 【技术咨询合同受托人义务】技术咨询合同的受托人应当按照约定的期限完成咨询报告或者解答问题，提出的咨询报告应当达到约定的要求。

**第八百八十一条** 【技术咨询合同的违约责任】技术咨询合同的委托人未按照约定提供必要的资料，影响工作进度和质量，不接受或者逾期接受工作成果的，支付的报酬不得追回，未支付的报酬应当支付。

技术咨询合同的受托人未按期提出咨询报告或者提出的咨询报告不符合约定的，应当承担减收或者免收报酬等违约责任。

技术咨询合同的委托人按照受托人符合约定要求的咨询报告和意见作出决策所造成的损失，由委托人承担，但是当事人另有约定的除外。

**第八百八十二条** 【技术服务合同委托人义务】技术服务合同的委托人应当按照约定提供工作条件，完成配合事项，接受工作成果并支付报酬。

**第八百八十三条** 【技术服务合同受托人义务】技术服务合同的受托人应当按照约定完成服务项目，解决技术问题，保证工作质量，并传授解决技术问题的知识。

**第八百八十四条** 【技术服务合同的违约责任】技术服务合同的委托人不履行合同义务或者履行合同义务不符合约定，影响工作进度和质量，不接受或者逾期接受工作成果的，支付的报酬不得追回，未支付的报酬应当支付。

技术服务合同的受托人未按照约定完成服务工作的，应当承担免收报酬等违约责任。

**第八百八十五条** 【创新技术成果归属】技术咨询合同、技术服务合同履行过程中，受托人利用委托人提供的技术资料和工作条件完成的新的技术成果，属于受托人。委托人利用受托人的工作成果完成的新的技术成果，属于委托人。当事人另有约定的，按照其约定。

**第八百八十六条** 【工作费用的负担】技术咨询合同和技术服务合同对受托人正常开展工作所需费用的负担没有约定或者约定不明确的，由受托人负担。

**第八百八十七条** 【技术中介合同和技术培训合同法律适用】法律、行政法规对技术中介合同、技术培训合同另有规定的，依照其规定。

## 第二十一章　保管合同

**第八百八十八条** 【保管合同定义】保管合同是保管人保管寄存人交付的保管物，并返还该物的合同。

寄存人到保管人处从事购物、就餐、住宿等活动，将物品存放在指定场所的，视为保管，但是当事人另有约定或者另有交易习惯的除外。

**第八百八十九条** 【保管费】寄存人应当按照约定向保管人支付保管费。

当事人对保管费没有约定或者约定不明确，依据本法第五百一十条的规定仍不能确定的，视为无偿保管。

**第八百九十条**　【保管合同成立时间】保管合同自保管物交付时成立，但是当事人另有约定的除外。

**第八百九十一条**　【保管人出具保管凭证义务】寄存人向保管人交付保管物的，保管人应当出具保管凭证，但是另有交易习惯的除外。

**第八百九十二条**　【保管人妥善保管义务】保管人应当妥善保管保管物。

当事人可以约定保管场所或者方法。除紧急情况或者为维护寄存人利益外，不得擅自改变保管场所或者方法。

**第八百九十三条**　【寄存人告知义务】寄存人交付的保管物有瑕疵或者根据保管物的性质需要采取特殊保管措施的，寄存人应当将有关情况告知保管人。寄存人未告知，致使保管物受损失的，保管人不承担赔偿责任；保管人因此受损失的，除保管人知道或者应当知道且未采取补救措施外，寄存人应当承担赔偿责任。

**第八百九十四条**　【保管人亲自保管保管物义务】保管人不得将保管物转交第三人保管，但是当事人另有约定的除外。

保管人违反前款规定，将保管物转交第三人保管，造成保管物损失的，应当承担赔偿责任。

**第八百九十五条**　【保管人不得使用或者许可他人使用保管物的义务】保管人不得使用或者许可第三人使用保管物，但是当事人另有约定的除外。

**第八百九十六条**　【保管人返还保管物及通知寄存人的义务】第三人对保管物主张权利的，除依法对保管物采取保全或者执行措施外，保管人应当履行向寄存人返还保管物的义务。

第三人对保管人提起诉讼或者对保管物申请扣押的，保管人应当及时通知寄存人。

**第八百九十七条**　【保管人赔偿责任】保管期内，因保管人保管不善造成保管物毁损、灭失的，保管人应当承担赔偿责任。但是，无偿保管人证明自己没有故意或者重大过失的，不承担赔偿责任。

**第八百九十八条**　【寄存人声明义务】寄存人寄存货币、有价证券或者其他贵重物品的，应当向保管人声明，由保管人验收或者封存；寄存人未声明的，该物品毁损、灭失后，保管人可以按照一般物品予以赔偿。

**第八百九十九条**　【领取保管物】寄存人可以随时领取保管物。

当事人对保管期限没有约定或者约定不明确的，保管人可以随时请求寄存人领取保管物；约定保管期限的，保管人无特别事由，不得请求寄存人提前领取保管物。

**第九百条**　【返还保管物及其孳息】保管期限届满或者寄存人提前领取保管物的，保管人应当将原物及其孳息归还寄存人。

**第九百零一条**　【消费保管合同】保管人保管货币的，可以返还相同种类、数量的货币；保管其他可替代物的，可以按照约定返还相同种类、品质、数量的物品。

**第九百零二条**　【保管费支付期限】有偿的保管合同，寄存人应当按照约定的期限向保管人支付保管费。

当事人对支付期限没有约定或者约定不明确，依据本法第五百一十条的规定仍不能确定的，应当在领取保管物的同时支付。

**第九百零三条**　【保管人留置权】寄存人未按照约定支付保管费或者其他费用的，保管人对保管物享有留置权，但是当事人另有约定的除外。

## 第二十二章 仓储合同

**第九百零四条** 【仓储合同定义】仓储合同是保管人储存存货人交付的仓储物，存货人支付仓储费的合同。

**第九百零五条** 【仓储合同成立时间】仓储合同自保管人和存货人意思表示一致时成立。

**第九百零六条** 【危险物品和易变质物品的储存】储存易燃、易爆、有毒、有腐蚀性、有放射性等危险物品或者易变质物品的，存货人应当说明该物品的性质，提供有关资料。

存货人违反前款规定的，保管人可以拒收仓储物，也可以采取相应措施以避免损失的发生，因此产生的费用由存货人负担。

保管人储存易燃、易爆、有毒、有腐蚀性、有放射性等危险物品的，应当具备相应的保管条件。

**第九百零七条** 【保管人验收义务以及损害赔偿】保管人应当按照约定对入库仓储物进行验收。保管人验收时发现入库仓储物与约定不符合的，应当及时通知存货人。保管人验收后，发生仓储物的品种、数量、质量不符合约定的，保管人应当承担赔偿责任。

**第九百零八条** 【保管人出具仓单、入库单义务】存货人交付仓储物的，保管人应当出具仓单、入库单等凭证。

**第九百零九条** 【仓单】保管人应当在仓单上签名或者盖章。仓单包括下列事项：

（一）存货人的姓名或者名称和住所；

（二）仓储物的品种、数量、质量、包装及其件数和标记；

（三）仓储物的损耗标准；

（四）储存场所；

（五）储存期限；

（六）仓储费；

（七）仓储物已经办理保险的，其保险金额、期间以及保险人的名称；

（八）填发人、填发地和填发日期。

**第九百一十条** 【仓单性质和转让】仓单是提取仓储物的凭证。存货人或者仓单持有人在仓单上背书并经保管人签名或者盖章的，可以转让提取仓储物的权利。

**第九百一十一条** 【存货人或者仓单持有人有权检查仓储物或者提取样品】保管人根据存货人或者仓单持有人的要求，应当同意其检查仓储物或者提取样品。

**第九百一十二条** 【保管人危险通知义务】保管人发现入库仓储物有变质或者其他损坏的，应当及时通知存货人或者仓单持有人。

**第九百一十三条** 【保管人危险催告义务和紧急处置权】保管人发现入库仓储物有变质或者其他损坏，危及其他仓储物的安全和正常保管的，应当催告存货人或者仓单持有人作出必要的处置。因情况紧急，保管人可以作出必要的处置；但是，事后应当将该情况及时通知存货人或者仓单持有人。

**第九百一十四条** 【储存期限不明确时仓储物提取】当事人对储存期限没有约定或者约定不明确的，存货人或者仓单持有人可以随时提取仓储物，保管人也可以随时请求存货人或者仓单持有人提取仓储物,但是应当给予必要的准备时间。

**第九百一十五条**　【储存期限届满仓储物提取】储存期限届满,存货人或者仓单持有人应当凭仓单、入库单等提取仓储物。存货人或者仓单持有人逾期提取的,应当加收仓储费;提前提取的,不减收仓储费。

**第九百一十六条**　【逾期提取仓储物】储存期限届满,存货人或者仓单持有人不提取仓储物的,保管人可以催告其在合理期限内提取;逾期不提取的,保管人可以提存仓储物。

**第九百一十七条**　【保管人的损害赔偿责任】储存期内,因保管不善造成仓储物毁损、灭失的,保管人应当承担赔偿责任。因仓储物本身的自然性质、包装不符合约定或者超过有效储存期造成仓储物变质、损坏的,保管人不承担赔偿责任。

**第九百一十八条**　【适用保管合同】本章没有规定的,适用保管合同的有关规定。

## 第二十三章　委托合同

**第九百一十九条**　【委托合同定义】委托合同是委托人和受托人约定,由受托人处理委托人事务的合同。

**第九百二十条**　【委托权限】委托人可以特别委托受托人处理一项或者数项事务,也可以概括委托受托人处理一切事务。

**第九百二十一条**　【委托费用的预付和垫付】委托人应当预付处理委托事务的费用。受托人为处理委托事务垫付的必要费用,委托人应当偿还该费用并支付利息。

**第九百二十二条**　【受托人应当按照委托人的指示处理委托事务】受托人应当按照委托人的指示处理委托事务。需要变更委托人指示的,应当经委托人同意;因情况紧急,难以和委托人取得联系的,受托人应当妥善处理委托事务,但是事后应当将该情况及时报告委托人。

**第九百二十三条**　【受托人亲自处理委托事务】受托人应当亲自处理委托事务。经委托人同意,受托人可以转委托。转委托经同意或者追认的,委托人可以就委托事务直接指示转委托的第三人,受托人仅就第三人的选任及其对第三人的指示承担责任。转委托未经同意或者追认的,受托人应当对转委托的第三人的行为承担责任;但是,在紧急情况下受托人为了维护委托人的利益需要转委托第三人的除外。

**第九百二十四条**　【受托人的报告义务】受托人应当按照委托人的要求,报告委托事务的处理情况。委托合同终止时,受托人应当报告委托事务的结果。

**第九百二十五条**　【委托人介入权】受托人以自己的名义,在委托人的授权范围内与第三人订立的合同,第三人在订立合同时知道受托人与委托人之间的代理关系的,该合同直接约束委托人和第三人;但是,有确切证据证明该合同只约束受托人和第三人的除外。

**第九百二十六条**　【委托人对第三人的权利和第三人选择权】受托人以自己的名义与第三人订立合同时,第三人不知道受托人与委托人之间的代理关系的,受托人因第三人的原因对委托人不履行义务,受托人应当向委托人披露第三人,委托人因此可以行使受托人对第三人的权利。但是,第三人与受托人订立合同时如果知道该委托人就不会订立合同的除外。

受托人因委托人的原因对第三人不履行义务,受托人应当向第三人披露委托人,第三人因此可以选择受托人或者委托人作为相对人主张其权利,但是第三人不得变更选定的相对人。

委托人行使受托人对第三人的权利的,第三人可以向委托人主张其对受托人的抗辩。第三人选定委托人作为其相对人的，委托人可以向第三人主张其对受托人的抗辩以及受托人对第三人的抗辩。

**第九百二十七条** 【受托人转移利益】受托人处理委托事务取得的财产，应当转交给委托人。

**第九百二十八条** 【委托人支付报酬】受托人完成委托事务的，委托人应当按照约定向其支付报酬。

因不可归责于受托人的事由，委托合同解除或者委托事务不能完成的，委托人应当向受托人支付相应的报酬。当事人另有约定的，按照其约定。

**第九百二十九条** 【受托人的赔偿责任】有偿的委托合同，因受托人的过错造成委托人损失的，委托人可以请求赔偿损失。无偿的委托合同，因受托人的故意或者重大过失造成委托人损失的，委托人可以请求赔偿损失。

受托人超越权限造成委托人损失的，应当赔偿损失。

**第九百三十条** 【委托人的赔偿责任】受托人处理委托事务时，因不可归责于自己的事由受到损失的，可以向委托人请求赔偿损失。

**第九百三十一条** 【委托人另行委托他人处理事务】委托人经受托人同意，可以在受托人之外委托第三人处理委托事务。因此造成受托人损失的，受托人可以向委托人请求赔偿损失。

**第九百三十二条** 【共同委托】两个以上的受托人共同处理委托事务的，对委托人承担连带责任。

**第九百三十三条** 【委托合同解除】委托人或者受托人可以随时解除委托合同。因解除合同造成对方损失的，除不可归责于该当事人的事由外，无偿委托合同的解除方应当赔偿因解除时间不当造成的直接损失，有偿委托合同的解除方应当赔偿对方的直接损失和合同履行后可以获得的利益。

**第九百三十四条** 【委托合同终止】委托人死亡、终止或者受托人死亡、丧失民事行为能力、终止的，委托合同终止；但是，当事人另有约定或者根据委托事务的性质不宜终止的除外。

**第九百三十五条** 【受托人继续处理委托事务】因委托人死亡或者被宣告破产、解散，致使委托合同终止将损害委托人利益的，在委托人的继承人、遗产管理人或者清算人承受委托事务之前，受托人应当继续处理委托事务。

**第九百三十六条** 【受托人的继承人等的义务】因受托人死亡、丧失民事行为能力或者被宣告破产、解散，致使委托合同终止的，受托人的继承人、遗产管理人、法定代理人或者清算人应当及时通知委托人。因委托合同终止将损害委托人利益的，在委托人作出善后处理之前，受托人的继承人、遗产管理人、法定代理人或者清算人应当采取必要措施。

## 第二十四章　物业服务合同

**第九百三十七条** 【物业服务合同定义】物业服务合同是物业服务人在物业服务区域内，为业主提供建筑物及其附属设施的维修养护、环境卫生和相关秩序的管理维护等物业服务，业主支付物业费的合同。

物业服务人包括物业服务企业和其他管理人。

**第九百三十八条**　【物业服务合同内容和形式】物业服务合同的内容一般包括服务事项、服务质量、服务费用的标准和收取办法、维修资金的使用、服务用房的管理和使用、服务期限、服务交接等条款。

物业服务人公开作出的有利于业主的服务承诺，为物业服务合同的组成部分。

物业服务合同应当采用书面形式。

**第九百三十九条**　【物业服务合同的效力】建设单位依法与物业服务人订立的前期物业服务合同，以及业主委员会与业主大会依法选聘的物业服务人订立的物业服务合同，对业主具有法律约束力。

**第九百四十条**　【前期物业服务合同法定终止条件】建设单位依法与物业服务人订立的前期物业服务合同约定的服务期限届满前，业主委员会或者业主与新物业服务人订立的物业服务合同生效的，前期物业服务合同终止。

**第九百四十一条**　【物业服务转委托的条件和限制性条款】物业服务人将物业服务区域内的部分专项服务事项委托给专业性服务组织或者其他第三人的，应当就该部分专项服务事项向业主负责。

物业服务人不得将其应当提供的全部物业服务转委托给第三人，或者将全部物业服务支解后分别转委托给第三人。

**第九百四十二条**　【物业服务人的一般义务】物业服务人应当按照约定和物业的使用性质，妥善维修、养护、清洁、绿化和经营管理物业服务区域内的业主共有部分，维护物业服务区域内的基本秩序，采取合理措施保护业主的人身、财产安全。

对物业服务区域内违反有关治安、环保、消防等法律法规的行为，物业服务人应当及时采取合理措施制止、向有关行政主管部门报告并协助处理。

**第九百四十三条**　【物业服务人信息公开义务】物业服务人应当定期将服务的事项、负责人员、质量要求、收费项目、收费标准、履行情况，以及维修资金使用情况、业主共有部分的经营与收益情况等以合理方式向业主公开并向业主大会、业主委员会报告。

**第九百四十四条**　【业主支付物业费义务】业主应当按照约定向物业服务人支付物业费。物业服务人已经按照约定和有关规定提供服务的，业主不得以未接受或者无需接受相关物业服务为由拒绝支付物业费。

业主违反约定逾期不支付物业费的，物业服务人可以催告其在合理期限内支付；合理期限届满仍不支付的，物业服务人可以提起诉讼或者申请仲裁。

物业服务人不得采取停止供电、供水、供热、供燃气等方式催交物业费。

**第九百四十五条**　【业主告知、协助义务】业主装饰装修房屋的，应当事先告知物业服务人，遵守物业服务人提示的合理注意事项，并配合其进行必要的现场检查。

业主转让、出租物业专有部分、设立居住权或者依法改变共有部分用途的，应当及时将相关情况告知物业服务人。

**第九百四十六条**　【业主合同任意解除权】业主依照法定程序共同决定解聘物业服务人的，可以解除物业服务合同。决定解聘的，应当提前六十日书面通知物业服务人，但是合同对通知期限另有约定的除外。

依据前款规定解除合同造成物业服务人损失的，除不可归责于业主的事由外，业主应当赔偿损失。

**第九百四十七条** 【物业服务合同的续订】物业服务期限届满前，业主依法共同决定续聘的，应当与原物业服务人在合同期限届满前续订物业服务合同。

物业服务期限届满前，物业服务人不同意续聘的，应当在合同期限届满前九十日书面通知业主或者业主委员会，但是合同对通知期限另有约定的除外。

**第九百四十八条** 【不定期物业服务合同】物业服务期限届满后，业主没有依法作出续聘或者另聘物业服务人的决定，物业服务人继续提供物业服务的，原物业服务合同继续有效，但是服务期限为不定期。

当事人可以随时解除不定期物业服务合同，但是应当提前六十日书面通知对方。

**第九百四十九条** 【物业服务人的移交义务及法律责任】物业服务合同终止的，原物业服务人应当在约定期限或者合理期限内退出物业服务区域，将物业服务用房、相关设施、物业服务所必需的相关资料等交还给业主委员会、决定自行管理的业主或者其指定的人，配合新物业服务人做好交接工作，并如实告知物业的使用和管理状况。

原物业服务人违反前款规定的，不得请求业主支付物业服务合同终止后的物业费；造成业主损失的，应当赔偿损失。

**第九百五十条** 【物业服务人的后合同义务】物业服务合同终止后，在业主或者业主大会选聘的新物业服务人或者决定自行管理的业主接管之前，原物业服务人应当继续处理物业服务事项，并可以请求业主支付该期间的物业费。

## 第二十五章　行纪合同

**第九百五十一条** 【行纪合同定义】行纪合同是行纪人以自己的名义为委托人从事贸易活动，委托人支付报酬的合同。

**第九百五十二条** 【行纪人承担费用的义务】行纪人处理委托事务支出的费用，由行纪人负担，但是当事人另有约定的除外。

**第九百五十三条** 【行纪人的保管义务】行纪人占有委托物的，应当妥善保管委托物。

**第九百五十四条** 【行纪人处置委托物的义务】委托物交付给行纪人时有瑕疵或者容易腐烂、变质的，经委托人同意，行纪人可以处分该物；不能与委托人及时取得联系的，行纪人可以合理处分。

**第九百五十五条** 【行纪人依照委托人指定价格买卖的义务】行纪人低于委托人指定的价格卖出或者高于委托人指定的价格买入的，应当经委托人同意；未经委托人同意，行纪人补偿其差额的，该买卖对委托人发生效力。

行纪人高于委托人指定的价格卖出或者低于委托人指定的价格买入的，可以按照约定增加报酬；没有约定或者约定不明确，依据本法第五百一十条的规定仍不能确定的，该利益属于委托人。

委托人对价格有特别指示的，行纪人不得违背该指示卖出或者买入。

**第九百五十六条** 【行纪人的介入权】行纪人卖出或者买入具有市场定价的商品，除委托人有相反的意思表示外，行纪人自己可以作为买受人或者出卖人。

行纪人有前款规定情形的，仍然可以请求委托人支付报酬。

**第九百五十七条**　【委托人及时受领、取回和处分委托物及行纪人提存委托物】行纪人按照约定买入委托物，委托人应当及时受领。经行纪人催告，委托人无正当理由拒绝受领的，行纪人依法可以提存委托物。

委托物不能卖出或者委托人撤回出卖，经行纪人催告，委托人不取回或者不处分该物的，行纪人依法可以提存委托物。

**第九百五十八条**　【行纪人的直接履行义务】行纪人与第三人订立合同的，行纪人对该合同直接享有权利、承担义务。

第三人不履行义务致使委托人受到损害的，行纪人应当承担赔偿责任，但是行纪人与委托人另有约定的除外。

**第九百五十九条**　【行纪人的报酬请求权及留置权】行纪人完成或者部分完成委托事务的，委托人应当向其支付相应的报酬。委托人逾期不支付报酬的，行纪人对委托物享有留置权，但是当事人另有约定的除外。

**第九百六十条**　【参照适用委托合同】本章没有规定的，参照适用委托合同的有关规定。

## 第二十六章　中介合同

**第九百六十一条**　【中介合同定义】中介合同是中介人向委托人报告订立合同的机会或者提供订立合同的媒介服务，委托人支付报酬的合同。

**第九百六十二条**　【中介人报告义务】中介人应当就有关订立合同的事项向委托人如实报告。

中介人故意隐瞒与订立合同有关的重要事实或者提供虚假情况，损害委托人利益的，不得请求支付报酬并应当承担赔偿责任。

**第九百六十三条**　【中介人报酬请求权】中介人促成合同成立的，委托人应当按照约定支付报酬。对中介人的报酬没有约定或者约定不明确，依据本法第五百一十条的规定仍不能确定的，根据中介人的劳务合理确定。因中介人提供订立合同的媒介服务而促成合同成立的，由该合同的当事人平均负担中介人的报酬。

中介人促成合同成立的，中介活动的费用，由中介人负担。

**第九百六十四条**　【中介人必要费用请求权】中介人未促成合同成立的，不得请求支付报酬；但是，可以按照约定请求委托人支付从事中介活动支出的必要费用。

**第九百六十五条**　【委托人私下与第三人订立合同后果】委托人在接受中介人的服务后，利用中介人提供的交易机会或者媒介服务，绕开中介人直接订立合同的，应当向中介人支付报酬。

**第九百六十六条**　【参照适用委托合同】本章没有规定的，参照适用委托合同的有关规定。

## 第二十七章　合伙合同

**第九百六十七条**　【合伙合同定义】合伙合同是两个以上合伙人为了共同的事业目的，订立的共享利益、共担风险的协议。

**第九百六十八条** 【合伙人履行出资义务】合伙人应当按照约定的出资方式、数额和缴付期限，履行出资义务。

**第九百六十九条** 【合伙财产】合伙人的出资、因合伙事务依法取得的收益和其他财产，属于合伙财产。

合伙合同终止前，合伙人不得请求分割合伙财产。

**第九百七十条** 【合伙事务的执行】合伙人就合伙事务作出决定的，除合伙合同另有约定外，应当经全体合伙人一致同意。

合伙事务由全体合伙人共同执行。按照合伙合同的约定或者全体合伙人的决定，可以委托一个或者数个合伙人执行合伙事务；其他合伙人不再执行合伙事务，但是有权监督执行情况。

合伙人分别执行合伙事务的，执行事务合伙人可以对其他合伙人执行的事务提出异议；提出异议后，其他合伙人应当暂停该项事务的执行。

**第九百七十一条** 【执行合伙事务报酬】合伙人不得因执行合伙事务而请求支付报酬，但是合伙合同另有约定的除外。

**第九百七十二条** 【合伙的利润分配与亏损分担】合伙的利润分配和亏损分担，按照合伙合同的约定办理；合伙合同没有约定或者约定不明确的，由合伙人协商决定；协商不成的，由合伙人按照实缴出资比例分配、分担；无法确定出资比例的，由合伙人平均分配、分担。

**第九百七十三条** 【合伙人的连带责任及追偿权】合伙人对合伙债务承担连带责任。清偿合伙债务超过自己应当承担份额的合伙人，有权向其他合伙人追偿。

**第九百七十四条** 【合伙人转让其财产份额】除合伙合同另有约定外，合伙人向合伙人以外的人转让其全部或者部分财产份额的，须经其他合伙人一致同意。

**第九百七十五条** 【合伙人权利代位】合伙人的债权人不得代位行使合伙人依照本章规定和合伙合同享有的权利，但是合伙人享有的利益分配请求权除外。

**第九百七十六条** 【合伙期限】合伙人对合伙期限没有约定或者约定不明确，依据本法第五百一十条的规定仍不能确定的，视为不定期合伙。

合伙期限届满，合伙人继续执行合伙事务，其他合伙人没有提出异议的，原合伙合同继续有效，但是合伙期限为不定期。

合伙人可以随时解除不定期合伙合同，但是应当在合理期限之前通知其他合伙人。

**第九百七十七条** 【合伙合同终止】合伙人死亡、丧失民事行为能力或者终止的，合伙合同终止；但是，合伙合同另有约定或者根据合伙事务的性质不宜终止的除外。

**第九百七十八条** 【合伙剩余财产分配顺序】合伙合同终止后，合伙财产在支付因终止而产生的费用以及清偿合伙债务后有剩余的，依据本法第九百七十二条的规定进行分配。

## 第三分编 准 合 同

### 第二十八章 无 因 管 理

**第九百七十九条** 【无因管理定义】管理人没有法定的或者约定的义务，为避免他人利益受损失而管理他人事务的,可以请求受益人偿还因管理事务而支出的必要费用;管理人因管理事务受到损失的,可以请求受益人给予适当补偿。

管理事务不符合受益人真实意思的,管理人不享有前款规定的权利;但是,受益人的真实意思违反法律或者违背公序良俗的除外。

**第九百八十条**　【受益人享有管理利益时的法律适用】管理人管理事务不属于前条规定的情形,但是受益人享有管理利益的,受益人应当在其获得的利益范围内向管理人承担前条第一款规定的义务。

**第九百八十一条**　【管理人适当管理义务】管理人管理他人事务,应当采取有利于受益人的方法。中断管理对受益人不利的,无正当理由不得中断。

**第九百八十二条**　【管理人通知义务】管理人管理他人事务,能够通知受益人的,应当及时通知受益人。管理的事务不需要紧急处理的,应当等待受益人的指示。

**第九百八十三条**　【管理人报告和交付义务】管理结束后,管理人应当向受益人报告管理事务的情况。管理人管理事务取得的财产,应当及时转交给受益人。

**第九百八十四条**　【受益人追认的法律效果】管理人管理事务经受益人事后追认的,从管理事务开始时起,适用委托合同的有关规定,但是管理人另有意思表示的除外。

## 第二十九章　不当得利

**第九百八十五条**　【不当得利定义】得利人没有法律根据取得不当利益的,受损失的人可以请求得利人返还取得的利益,但是有下列情形之一的除外:

(一)为履行道德义务进行的给付;

(二)债务到期之前的清偿;

(三)明知无给付义务而进行的债务清偿。

**第九百八十六条**　【善意得利人返还义务免除】得利人不知道且不应当知道取得的利益没有法律根据,取得的利益已经不存在的,不承担返还该利益的义务。

**第九百八十七条**　【恶意得利人返还义务】得利人知道或者应当知道取得的利益没有法律根据的,受损失的人可以请求得利人返还其取得的利益并依法赔偿损失。

**第九百八十八条**　【第三人返还义务】得利人已经将取得的利益无偿转让给第三人的,受损失的人可以请求第三人在相应范围内承担返还义务。

# 5. 中华人民共和国安全生产法

（2002 年 6 月 29 日第九届全国人民代表大会常务委员会第二十八次会议通过。根据 2021 年 6 月 10 日第十三届全国人民代表大会常务委员会第二十九次会议第三次修正）

## 第一章　总　　则

**第一条**　为了加强安全生产工作，防止和减少生产安全事故，保障人民群众生命和财产安全，促进经济社会持续健康发展，制定本法。

**第二条**　在中华人民共和国领域内从事生产经营活动的单位（以下统称生产经营单位）的安全生产，适用本法；有关法律、行政法规对消防安全和道路交通安全、铁路交通安全、水上交通安全、民用航空安全以及核与辐射安全、特种设备安全另有规定的，适用其规定。

**第三条**　安全生产工作坚持中国共产党的领导。

安全生产工作应当以人为本，坚持人民至上、生命至上，把保护人民生命安全摆在首位，树牢安全发展理念，坚持安全第一、预防为主、综合治理的方针，从源头上防范化解重大安全风险。

安全生产工作实行管行业必须管安全、管业务必须管安全、管生产经营必须管安全，强化和落实生产经营单位主体责任与政府监管责任，建立生产经营单位负责、职工参与、政府监管、行业自律和社会监督的机制。

**第四条**　生产经营单位必须遵守本法和其他有关安全生产的法律、法规，加强安全生产管理，建立健全全员安全生产责任制和安全生产规章制度，加大对安全生产资金、物资、技术、人员的投入保障力度，改善安全生产条件，加强安全生产标准化、信息化建设，构建安全风险分级管控和隐患排查治理双重预防机制，健全风险防范化解机制，提高安全生产水平，确保安全生产。

平台经济等新兴行业、领域的生产经营单位应当根据本行业、领域的特点，建立健全并落实全员安全生产责任制，加强从业人员安全生产教育和培训，履行本法和其他法律、法规规定的有关安全生产义务。

**第五条**　生产经营单位的主要负责人是本单位安全生产第一责任人，对本单位的安全生产工作全面负责。其他负责人对职责范围内的安全生产工作负责。

**第六条**　生产经营单位的从业人员有依法获得安全生产保障的权利，并应当依法履行安全生产方面的义务。

**第七条**　工会依法对安全生产工作进行监督。

生产经营单位的工会依法组织职工参加本单位安全生产工作的民主管理和民主监督，维护职工在安全生产方面的合法权益。生产经营单位制定或者修改有关安全生产的规章制度，应当听取工会的意见。

**第八条**　国务院和县级以上地方各级人民政府应当根据国民经济和社会发展规划制定安全生产规划,并组织实施。安全生产规划应当与国土空间规划等相关规划相衔接。

各级人民政府应当加强安全生产基础设施建设和安全生产监管能力建设,所需经费列入本级预算。

县级以上地方各级人民政府应当组织有关部门建立完善安全风险评估与论证机制,按照安全风险管控要求,进行产业规划和空间布局,并对位置相邻、行业相近、业态相似的生产经营单位实施重大安全风险联防联控。

**第九条**　国务院和县级以上地方各级人民政府应当加强对安全生产工作的领导,建立健全安全生产工作协调机制,支持、督促各有关部门依法履行安全生产监督管理职责,及时协调、解决安全生产监督管理中存在的重大问题。

乡镇人民政府和街道办事处,以及开发区、工业园区、港区、风景区等应当明确负责安全生产监督管理的有关工作机构及其职责,加强安全生产监管力量建设,按照职责对本行政区域或者管理区域内生产经营单位安全生产状况进行监督检查,协助人民政府有关部门或者按照授权依法履行安全生产监督管理职责。

**第十条**　国务院应急管理部门依照本法,对全国安全生产工作实施综合监督管理;县级以上地方各级人民政府应急管理部门依照本法,对本行政区域内安全生产工作实施综合监督管理。

国务院交通运输、住房和城乡建设、水利、民航等有关部门依照本法和其他有关法律、行政法规的规定,在各自的职责范围内对有关行业、领域的安全生产工作实施监督管理;县级以上地方各级人民政府有关部门依照本法和其他有关法律、法规的规定,在各自的职责范围内对有关行业、领域的安全生产工作实施监督管理。对新兴行业、领域的安全生产监督管理职责不明确的,由县级以上地方各级人民政府按照业务相近的原则确定监督管理部门。

应急管理部门和对有关行业、领域的安全生产工作实施监督管理的部门,统称负有安全生产监督管理职责的部门。负有安全生产监督管理职责的部门应当相互配合、齐抓共管、信息共享、资源共用,依法加强安全生产监督管理工作。

**第十一条**　国务院有关部门应当按照保障安全生产的要求,依法及时制定有关的国家标准或者行业标准,并根据科技进步和经济发展适时修订。

生产经营单位必须执行依法制定的保障安全生产的国家标准或者行业标准。

**第十二条**　国务院有关部门按照职责分工负责安全生产强制性国家标准的项目提出、组织起草、征求意见、技术审查。国务院应急管理部门统筹提出安全生产强制性国家标准的立项计划。国务院标准化行政主管部门负责安全生产强制性国家标准的立项、编号、对外通报和授权批准发布工作。国务院标准化行政主管部门、有关部门依据法定职责对安全生产强制性国家标准的实施进行监督检查。

**第十三条**　各级人民政府及其有关部门应当采取多种形式,加强对有关安全生产的法律、法规和安全生产知识的宣传,增强全社会的安全生产意识。

**第十四条**　有关协会组织依照法律、行政法规和章程,为生产经营单位提供安全生产方面的信息、培训等服务,发挥自律作用,促进生产经营单位加强安全生产管理。

**第十五条**　依法设立的为安全生产提供技术、管理服务的机构,依照法律、行政法规和执业准则，接受生产经营单位的委托为其安全生产工作提供技术、管理服务。

生产经营单位委托前款规定的机构提供安全生产技术、管理服务的，保证安全生产的责任仍由本单位负责。

**第十六条** 国家实行生产安全事故责任追究制度，依照本法和有关法律、法规的规定，追究生产安全事故责任单位和责任人员的法律责任。

**第十七条** 县级以上各级人民政府应当组织负有安全生产监督管理职责的部门依法编制安全生产权力和责任清单，公开并接受社会监督。

**第十八条** 国家鼓励和支持安全生产科学技术研究和安全生产先进技术的推广应用，提高安全生产水平。

**第十九条** 国家对在改善安全生产条件、防止生产安全事故、参加抢险救护等方面取得显著成绩的单位和个人，给予奖励。

## 第二章 生产经营单位的安全生产保障

**第二十条** 生产经营单位应当具备本法和有关法律、行政法规和国家标准或者行业标准规定的安全生产条件；不具备安全生产条件的，不得从事生产经营活动。

**第二十一条** 生产经营单位的主要负责人对本单位安全生产工作负有下列职责：

（一）建立健全并落实本单位全员安全生产责任制，加强安全生产标准化建设；

（二）组织制定并实施本单位安全生产规章制度和操作规程；

（三）组织制定并实施本单位安全生产教育和培训计划；

（四）保证本单位安全生产投入的有效实施；

（五）组织建立并落实安全风险分级管控和隐患排查治理双重预防工作机制，督促、检查本单位的安全生产工作，及时消除生产安全事故隐患；

（六）组织制定并实施本单位的生产安全事故应急救援预案；

（七）及时、如实报告生产安全事故。

**第二十二条** 生产经营单位的全员安全生产责任制应当明确各岗位的责任人员、责任范围和考核标准等内容。

生产经营单位应当建立相应的机制，加强对全员安全生产责任制落实情况的监督考核，保证全员安全生产责任制的落实。

**第二十三条** 生产经营单位应当具备的安全生产条件所必需的资金投入，由生产经营单位的决策机构、主要负责人或者个人经营的投资人予以保证，并对由于安全生产所必需的资金投入不足导致的后果承担责任。

有关生产经营单位应当按照规定提取和使用安全生产费用，专门用于改善安全生产条件。安全生产费用在成本中据实列支。安全生产费用提取、使用和监督管理的具体办法由国务院财政部门会同国务院应急管理部门征求国务院有关部门意见后制定。

**第二十四条** 矿山、金属冶炼、建筑施工、运输单位和危险物品的生产、经营、储存、装卸单位，应当设置安全生产管理机构或者配备专职安全生产管理人员。

前款规定以外的其他生产经营单位，从业人员超过一百人的，应当设置安全生产管理机构或者配备专职安全生产管理人员；从业人员在一百人以下的，应当配备专职或者兼职的安全生产管理人员。

**第二十五条**　生产经营单位的安全生产管理机构以及安全生产管理人员履行下列职责：

（一）组织或者参与拟订本单位安全生产规章制度、操作规程和生产安全事故应急救援预案；

（二）组织或者参与本单位安全生产教育和培训，如实记录安全生产教育和培训情况；

（三）组织开展危险源辨识和评估，督促落实本单位重大危险源的安全管理措施；

（四）组织或者参与本单位应急救援演练；

（五）检查本单位的安全生产状况，及时排查生产安全事故隐患，提出改进安全生产管理的建议；

（六）制止和纠正违章指挥、强令冒险作业、违反操作规程的行为；

（七）督促落实本单位安全生产整改措施。

生产经营单位可以设置专职安全生产分管负责人，协助本单位主要负责人履行安全生产管理职责。

**第二十六条**　生产经营单位的安全生产管理机构以及安全生产管理人员应当恪尽职守，依法履行职责。

生产经营单位作出涉及安全生产的经营决策，应当听取安全生产管理机构以及安全生产管理人员的意见。

生产经营单位不得因安全生产管理人员依法履行职责而降低其工资、福利等待遇或者解除与其订立的劳动合同。

危险物品的生产、储存单位以及矿山、金属冶炼单位的安全生产管理人员的任免，应当告知主管的负有安全生产监督管理职责的部门。

**第二十七条**　生产经营单位的主要负责人和安全生产管理人员必须具备与本单位所从事的生产经营活动相应的安全生产知识和管理能力。

危险物品的生产、经营、储存、装卸单位以及矿山、金属冶炼、建筑施工、运输单位的主要负责人和安全生产管理人员，应当由主管的负有安全生产监督管理职责的部门对其安全生产知识和管理能力考核合格。考核不得收费。

危险物品的生产、储存、装卸单位以及矿山、金属冶炼单位应当有注册安全工程师从事安全生产管理工作。鼓励其他生产经营单位聘用注册安全工程师从事安全生产管理工作。注册安全工程师按专业分类管理，具体办法由国务院人力资源和社会保障部门、国务院应急管理部门会同国务院有关部门制定。

**第二十八条**　生产经营单位应当对从业人员进行安全生产教育和培训，保证从业人员具备必要的安全生产知识，熟悉有关的安全生产规章制度和安全操作规程，掌握本岗位的安全操作技能，了解事故应急处理措施，知悉自身在安全生产方面的权利和义务。未经安全生产教育和培训合格的从业人员，不得上岗作业。

生产经营单位使用被派遣劳动者的，应当将被派遣劳动者纳入本单位从业人员统一管理，对被派遣劳动者进行岗位安全操作规程和安全操作技能的教育和培训。劳务派遣单位应当对被派遣劳动者进行必要的安全生产教育和培训。

生产经营单位接收中等职业学校、高等学校学生实习的，应当对实习学生进行相应的安全生产教育和培训，提供必要的劳动防护用品。学校应当协助生产经营单位对实习学生进行安全生产教育和培训。

生产经营单位应当建立安全生产教育和培训档案，如实记录安全生产教育和培训的时间、内容、参加人员以及考核结果等情况。

**第二十九条** 生产经营单位采用新工艺、新技术、新材料或者使用新设备，必须了解、掌握其安全技术特性，采取有效的安全防护措施，并对从业人员进行专门的安全生产教育和培训。

**第三十条** 生产经营单位的特种作业人员必须按照国家有关规定经专门的安全作业培训，取得相应资格，方可上岗作业。

特种作业人员的范围由国务院应急管理部门会同国务院有关部门确定。

**第三十一条** 生产经营单位新建、改建、扩建工程项目（以下统称建设项目）的安全设施，必须与主体工程同时设计、同时施工、同时投入生产和使用。安全设施投资应当纳入建设项目概算。

**第三十二条** 矿山、金属冶炼建设项目和用于生产、储存、装卸危险物品的建设项目，应当按照国家有关规定进行安全评价。

**第三十三条** 建设项目安全设施的设计人、设计单位应当对安全设施设计负责。

矿山、金属冶炼建设项目和用于生产、储存、装卸危险物品的建设项目的安全设施设计应当按照国家有关规定报经有关部门审查，审查部门及其负责审查的人员对审查结果负责。

**第三十四条** 矿山、金属冶炼建设项目和用于生产、储存、装卸危险物品的建设项目的施工单位必须按照批准的安全设施设计施工，并对安全设施的工程质量负责。

矿山、金属冶炼建设项目和用于生产、储存、装卸危险物品的建设项目竣工投入生产或者使用前，应当由建设单位负责组织对安全设施进行验收；验收合格后，方可投入生产和使用。负有安全生产监督管理职责的部门应当加强对建设单位验收活动和验收结果的监督核查。

**第三十五条** 生产经营单位应当在有较大危险因素的生产经营场所和有关设施、设备上，设置明显的安全警示标志。

**第三十六条** 安全设备的设计、制造、安装、使用、检测、维修、改造和报废，应当符合国家标准或者行业标准。

生产经营单位必须对安全设备进行经常性维护、保养，并定期检测，保证正常运转。维护、保养、检测应当作好记录，并由有关人员签字。

生产经营单位不得关闭、破坏直接关系生产安全的监控、报警、防护、救生设备、设施，或者篡改、隐瞒、销毁其相关数据、信息。

餐饮等行业的生产经营单位使用燃气的，应当安装可燃气体报警装置，并保障其正常使用。

**第三十七条** 生产经营单位使用的危险物品的容器、运输工具，以及涉及人身安全、危险性较大的海洋石油开采特种设备和矿山井下特种设备，必须按照国家有关规定，由专业生产单位生产，并经具有专业资质的检测、检验机构检测、检验合格，取得安全使用证或者安全标志，方可投入使用。检测、检验机构对检测、检验结果负责。

**第三十八条** 国家对严重危及生产安全的工艺、设备实行淘汰制度，具体目录由国务院应急管理部门会同国务院有关部门制定并公布。法律、行政法规对目录的制定另有规定的，适用其规定。

省、自治区、直辖市人民政府可以根据本地区实际情况制定并公布具体目录，对前款规定以外的危及生产安全的工艺、设备予以淘汰。

生产经营单位不得使用应当淘汰的危及生产安全的工艺、设备。

**第三十九条**　生产、经营、运输、储存、使用危险物品或者处置废弃危险物品的，由有关主管部门依照有关法律、法规的规定和国家标准或者行业标准审批并实施监督管理。

生产经营单位生产、经营、运输、储存、使用危险物品或者处置废弃危险物品，必须执行有关法律、法规和国家标准或者行业标准，建立专门的安全管理制度，采取可靠的安全措施，接受有关主管部门依法实施的监督管理。

**第四十条**　生产经营单位对重大危险源应当登记建档，进行定期检测、评估、监控，并制定应急预案，告知从业人员和相关人员在紧急情况下应当采取的应急措施。

生产经营单位应当按照国家有关规定将本单位重大危险源及有关安全措施、应急措施报有关地方人民政府应急管理部门和有关部门备案。有关地方人民政府应急管理部门和有关部门应当通过相关信息系统实现信息共享。

**第四十一条**　生产经营单位应当建立安全风险分级管控制度，按照安全风险分级采取相应的管控措施。

生产经营单位应当建立健全并落实生产安全事故隐患排查治理制度，采取技术、管理措施，及时发现并消除事故隐患。事故隐患排查治理情况应当如实记录，并通过职工大会或者职工代表大会、信息公示栏等方式向从业人员通报。其中，重大事故隐患排查治理情况应当及时向负有安全生产监督管理职责的部门和职工大会或者职工代表大会报告。

县级以上地方各级人民政府负有安全生产监督管理职责的部门应当将重大事故隐患纳入相关信息系统，建立健全重大事故隐患治理督办制度，督促生产经营单位消除重大事故隐患。

**第四十二条**　生产、经营、储存、使用危险物品的车间、商店、仓库不得与员工宿舍在同一座建筑物内，并应当与员工宿舍保持安全距离。

生产经营场所和员工宿舍应当设有符合紧急疏散要求、标志明显、保持畅通的出口、疏散通道。禁止占用、锁闭、封堵生产经营场所或者员工宿舍的出口、疏散通道。

**第四十三条**　生产经营单位进行爆破、吊装、动火、临时用电以及国务院应急管理部门会同国务院有关部门规定的其他危险作业，应当安排专门人员进行现场安全管理，确保操作规程的遵守和安全措施的落实。

**第四十四条**　生产经营单位应当教育和督促从业人员严格执行本单位的安全生产规章制度和安全操作规程；并向从业人员如实告知作业场所和工作岗位存在的危险因素、防范措施以及事故应急措施。

生产经营单位应当关注从业人员的身体、心理状况和行为习惯，加强对从业人员的心理疏导、精神慰藉，严格落实岗位安全生产责任，防范从业人员行为异常导致事故发生。

**第四十五条**　生产经营单位必须为从业人员提供符合国家标准或者行业标准的劳动防护用品，并监督、教育从业人员按照使用规则佩戴、使用。

**第四十六条**　生产经营单位的安全生产管理人员应当根据本单位的生产经营特点，对安全生产状况进行经常性检查；对检查中发现的安全问题，应当立即处理；不能处理的，应当及时报告本单位有关负责人，有关负责人应当及时处理。检查及处理情况应当如实记录在案。

生产经营单位的安全生产管理人员在检查中发现重大事故隐患，依照前款规定向本单位有关负责人报告，有关负责人不及时处理的，安全生产管理人员可以向主管的负有安全生产监督管理职责的部门报告，接到报告的部门应当依法及时处理。

**第四十七条** 生产经营单位应当安排用于配备劳动防护用品、进行安全生产培训的经费。

**第四十八条** 两个以上生产经营单位在同一作业区域内进行生产经营活动，可能危及对方生产安全的，应当签订安全生产管理协议，明确各自的安全生产管理职责和应当采取的安全措施，并指定专职安全生产管理人员进行安全检查与协调。

**第四十九条** 生产经营单位不得将生产经营项目、场所、设备发包或者出租给不具备安全生产条件或者相应资质的单位或者个人。

生产经营项目、场所发包或者出租给其他单位的，生产经营单位应当与承包单位、承租单位签订专门的安全生产管理协议，或者在承包合同、租赁合同中约定各自的安全生产管理职责；生产经营单位对承包单位、承租单位的安全生产工作统一协调、管理，定期进行安全检查，发现安全问题的，应当及时督促整改。

矿山、金属冶炼建设项目和用于生产、储存、装卸危险物品的建设项目的施工单位应当加强对施工项目的安全管理，不得倒卖、出租、出借、挂靠或者以其他形式非法转让施工资质，不得将其承包的全部建设工程转包给第三人或者将其承包的全部建设工程支解以后以分包的名义分别转包给第三人，不得将工程分包给不具备相应资质条件的单位。

**第五十条** 生产经营单位发生生产安全事故时，单位的主要负责人应当立即组织抢救，并不得在事故调查处理期间擅离职守。

**第五十一条** 生产经营单位必须依法参加工伤保险，为从业人员缴纳保险费。

国家鼓励生产经营单位投保安全生产责任保险；属于国家规定的高危行业、领域的生产经营单位，应当投保安全生产责任保险。具体范围和实施办法由国务院应急管理部门会同国务院财政部门、国务院保险监督管理机构和相关行业主管部门制定。

## 第三章　从业人员的安全生产权利义务

**第五十二条** 生产经营单位与从业人员订立的劳动合同，应当载明有关保障从业人员劳动安全、防止职业危害的事项，以及依法为从业人员办理工伤保险的事项。

生产经营单位不得以任何形式与从业人员订立协议，免除或者减轻其对从业人员因生产安全事故伤亡依法应承担的责任。

**第五十三条** 生产经营单位的从业人员有权了解其作业场所和工作岗位存在的危险因素、防范措施及事故应急措施，有权对本单位的安全生产工作提出建议。

**第五十四条** 从业人员有权对本单位安全生产工作中存在的问题提出批评、检举、控告；有权拒绝违章指挥和强令冒险作业。

生产经营单位不得因从业人员对本单位安全生产工作提出批评、检举、控告或者拒绝违章指挥、强令冒险作业而降低其工资、福利等待遇或者解除与其订立的劳动合同。

**第五十五条** 从业人员发现直接危及人身安全的紧急情况时，有权停止作业或者在采取可能的应急措施后撤离作业场所。

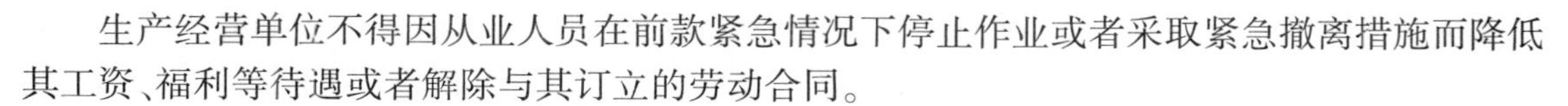

生产经营单位不得因从业人员在前款紧急情况下停止作业或者采取紧急撤离措施而降低其工资、福利等待遇或者解除与其订立的劳动合同。

**第五十六条** 生产经营单位发生生产安全事故后,应当及时采取措施救治有关人员。

因生产安全事故受到损害的从业人员,除依法享有工伤保险外,依照有关民事法律尚有获得赔偿的权利的,有权提出赔偿要求。

**第五十七条** 从业人员在作业过程中,应当严格落实岗位安全责任,遵守本单位的安全生产规章制度和操作规程,服从管理,正确佩戴和使用劳动防护用品。

**第五十八条** 从业人员应当接受安全生产教育和培训,掌握本职工作所需的安全生产知识,提高安全生产技能,增强事故预防和应急处理能力。

**第五十九条** 从业人员发现事故隐患或者其他不安全因素,应当立即向现场安全生产管理人员或者本单位负责人报告;接到报告的人员应当及时予以处理。

**第六十条** 工会有权对建设项目的安全设施与主体工程同时设计、同时施工、同时投入生产和使用进行监督,提出意见。

工会对生产经营单位违反安全生产法律、法规,侵犯从业人员合法权益的行为,有权要求纠正;发现生产经营单位违章指挥、强令冒险作业或者发现事故隐患时,有权提出解决的建议,生产经营单位应当及时研究答复;发现危及从业人员生命安全的情况时,有权向生产经营单位建议组织从业人员撤离危险场所,生产经营单位必须立即作出处理。

工会有权依法参加事故调查,向有关部门提出处理意见,并要求追究有关人员的责任。

**第六十一条** 生产经营单位使用被派遣劳动者的,被派遣劳动者享有本法规定的从业人员的权利,并应当履行本法规定的从业人员的义务。

## 第四章 安全生产的监督管理

**第六十二条** 县级以上地方各级人民政府应当根据本行政区域内的安全生产状况,组织有关部门按照职责分工,对本行政区域内容易发生重大生产安全事故的生产经营单位进行严格检查。

应急管理部门应当按照分类分级监督管理的要求,制定安全生产年度监督检查计划,并按照年度监督检查计划进行监督检查,发现事故隐患,应当及时处理。

**第六十三条** 负有安全生产监督管理职责的部门依照有关法律、法规的规定,对涉及安全生产的事项需要审查批准(包括批准、核准、许可、注册、认证、颁发证照等,下同)或者验收的,必须严格依照有关法律、法规和国家标准或者行业标准规定的安全生产条件和程序进行审查;不符合有关法律、法规和国家标准或者行业标准规定的安全生产条件的,不得批准或者验收通过。对未依法取得批准或者验收合格的单位擅自从事有关活动的,负责行政审批的部门发现或者接到举报后应当立即予以取缔,并依法予以处理。对已经依法取得批准的单位,负责行政审批的部门发现其不再具备安全生产条件的,应当撤销原批准。

**第六十四条** 负有安全生产监督管理职责的部门对涉及安全生产的事项进行审查、验收,不得收取费用;不得要求接受审查、验收的单位购买其指定品牌或者指定生产、销售单位的安全设备、器材或者其他产品。

**第六十五条** 应急管理部门和其他负有安全生产监督管理职责的部门依法开展安全生产

行政执法工作，对生产经营单位执行有关安全生产的法律、法规和国家标准或者行业标准的情况进行监督检查，行使以下职权：

（一）进入生产经营单位进行检查，调阅有关资料，向有关单位和人员了解情况；

（二）对检查中发现的安全生产违法行为，当场予以纠正或者要求限期改正；对依法应当给予行政处罚的行为，依照本法和其他有关法律、行政法规的规定作出行政处罚决定；

（三）对检查中发现的事故隐患，应当责令立即排除；重大事故隐患排除前或者排除过程中无法保证安全的，应当责令从危险区域内撤出作业人员，责令暂时停产停业或者停止使用相关设施、设备；重大事故隐患排除后，经审查同意，方可恢复生产经营和使用；

（四）对有根据认为不符合保障安全生产的国家标准或者行业标准的设施、设备、器材以及违法生产、储存、使用、经营、运输的危险物品予以查封或者扣押，对违法生产、储存、使用、经营危险物品的作业场所予以查封，并依法作出处理决定。

监督检查不得影响被检查单位的正常生产经营活动。

**第六十六条** 生产经营单位对负有安全生产监督管理职责的部门的监督检查人员（以下统称安全生产监督检查人员）依法履行监督检查职责，应当予以配合，不得拒绝、阻挠。

**第六十七条** 安全生产监督检查人员应当忠于职守，坚持原则，秉公执法。

安全生产监督检查人员执行监督检查任务时，必须出示有效的行政执法证件；对涉及被检查单位的技术秘密和业务秘密，应当为其保密。

**第六十八条** 安全生产监督检查人员应当将检查的时间、地点、内容、发现的问题及其处理情况，作出书面记录，并由检查人员和被检查单位的负责人签字；被检查单位的负责人拒绝签字的，检查人员应当将情况记录在案，并向负有安全生产监督管理职责的部门报告。

**第六十九条** 负有安全生产监督管理职责的部门在监督检查中，应当互相配合，实行联合检查；确需分别进行检查的，应当互通情况，发现存在的安全问题应当由其他有关部门进行处理的，应当及时移送其他有关部门并形成记录备查，接受移送的部门应当及时进行处理。

**第七十条** 负有安全生产监督管理职责的部门依法对存在重大事故隐患的生产经营单位作出停产停业、停止施工、停止使用相关设施或者设备的决定，生产经营单位应当依法执行，及时消除事故隐患。生产经营单位拒不执行，有发生生产安全事故的现实危险的，在保证安全的前提下，经本部门主要负责人批准，负有安全生产监督管理职责的部门可以采取通知有关单位停止供电、停止供应民用爆炸物品等措施，强制生产经营单位履行决定。通知应当采用书面形式，有关单位应当予以配合。

负有安全生产监督管理职责的部门依照前款规定采取停止供电措施，除有危及生产安全的紧急情形外，应当提前二十四小时通知生产经营单位。生产经营单位依法履行行政决定、采取相应措施消除事故隐患的，负有安全生产监督管理职责的部门应当及时解除前款规定的措施。

**第七十一条** 监察机关依照监察法的规定，对负有安全生产监督管理职责的部门及其工作人员履行安全生产监督管理职责实施监察。

**第七十二条** 承担安全评价、认证、检测、检验职责的机构应当具备国家规定的资质条件，并对其作出的安全评价、认证、检测、检验结果的合法性、真实性负责。资质条件由国务院应急管理部门会同国务院有关部门制定。

承担安全评价、认证、检测、检验职责的机构应当建立并实施服务公开和报告公开制度，不得租借资质、挂靠、出具虚假报告。

**第七十三条**　负有安全生产监督管理职责的部门应当建立举报制度，公开举报电话、信箱或者电子邮件地址等网络举报平台，受理有关安全生产的举报；受理的举报事项经调查核实后，应当形成书面材料；需要落实整改措施的，报经有关负责人签字并督促落实。对不属于本部门职责，需要由其他有关部门进行调查处理的，转交其他有关部门处理。

涉及人员死亡的举报事项，应当由县级以上人民政府组织核查处理。

**第七十四条**　任何单位或者个人对事故隐患或者安全生产违法行为，均有权向负有安全生产监督管理职责的部门报告或者举报。

因安全生产违法行为造成重大事故隐患或者导致重大事故，致使国家利益或者社会公共利益受到侵害的，人民检察院可以根据民事诉讼法、行政诉讼法的相关规定提起公益诉讼。

**第七十五条**　居民委员会、村民委员会发现其所在区域内的生产经营单位存在事故隐患或者安全生产违法行为时，应当向当地人民政府或者有关部门报告。

**第七十六条**　县级以上各级人民政府及其有关部门对报告重大事故隐患或者举报安全生产违法行为的有功人员，给予奖励。具体奖励办法由国务院应急管理部门会同国务院财政部门制定。

**第七十七条**　新闻、出版、广播、电影、电视等单位有进行安全生产公益宣传教育的义务，有对违反安全生产法律、法规的行为进行舆论监督的权利。

**第七十八条**　负有安全生产监督管理职责的部门应当建立安全生产违法行为信息库，如实记录生产经营单位及其有关从业人员的安全生产违法行为信息；对违法行为情节严重的生产经营单位及其有关从业人员，应当及时向社会公告，并通报行业主管部门、投资主管部门、自然资源主管部门、生态环境主管部门、证券监督管理机构以及有关金融机构。有关部门和机构应当对存在失信行为的生产经营单位及其有关从业人员采取加大执法检查频次、暂停项目审批、上调有关保险费率、行业或者职业禁入等联合惩戒措施，并向社会公示。

负有安全生产监督管理职责的部门应当加强对生产经营单位行政处罚信息的及时归集、共享、应用和公开，对生产经营单位作出处罚决定后七个工作日内在监督管理部门公示系统予以公开曝光，强化对违法失信生产经营单位及其有关从业人员的社会监督，提高全社会安全生产诚信水平。

## 第五章　生产安全事故的应急救援与调查处理

**第七十九条**　国家加强生产安全事故应急能力建设，在重点行业、领域建立应急救援基地和应急救援队伍，并由国家安全生产应急救援机构统一协调指挥；鼓励生产经营单位和其他社会力量建立应急救援队伍，配备相应的应急救援装备和物资，提高应急救援的专业化水平。

国务院应急管理部门牵头建立全国统一的生产安全事故应急救援信息系统，国务院交通运输、住房和城乡建设、水利、民航等有关部门和县级以上地方人民政府建立健全相关行业、领域、地区的生产安全事故应急救援信息系统，实现互联互通、信息共享，通过推行网上安全信息采集、安全监管和监测预警，提升监管的精准化、智能化水平。

**第八十条**　县级以上地方各级人民政府应当组织有关部门制定本行政区域内生产安全事

故应急救援预案，建立应急救援体系。

乡镇人民政府和街道办事处，以及开发区、工业园区、港区、风景区等应当制定相应的生产安全事故应急救援预案，协助人民政府有关部门或者按照授权依法履行生产安全事故应急救援工作职责。

**第八十一条** 生产经营单位应当制定本单位生产安全事故应急救援预案，与所在地县级以上地方人民政府组织制定的生产安全事故应急救援预案相衔接，并定期组织演练。

**第八十二条** 危险物品的生产、经营、储存单位以及矿山、金属冶炼、城市轨道交通运营、建筑施工单位应当建立应急救援组织；生产经营规模较小的，可以不建立应急救援组织，但应当指定兼职的应急救援人员。

危险物品的生产、经营、储存、运输单位以及矿山、金属冶炼、城市轨道交通运营、建筑施工单位应当配备必要的应急救援器材、设备和物资，并进行经常性维护、保养，保证正常运转。

**第八十三条** 生产经营单位发生生产安全事故后，事故现场有关人员应当立即报告本单位负责人。

单位负责人接到事故报告后，应当迅速采取有效措施，组织抢救，防止事故扩大，减少人员伤亡和财产损失，并按照国家有关规定立即如实报告当地负有安全生产监督管理职责的部门，不得隐瞒不报、谎报或者迟报，不得故意破坏事故现场、毁灭有关证据。

**第八十四条** 负有安全生产监督管理职责的部门接到事故报告后，应当立即按照国家有关规定上报事故情况。负有安全生产监督管理职责的部门和有关地方人民政府对事故情况不得隐瞒不报、谎报或者迟报。

**第八十五条** 有关地方人民政府和负有安全生产监督管理职责的部门的负责人接到生产安全事故报告后，应当按照生产安全事故应急救援预案的要求立即赶到事故现场，组织事故抢救。

参与事故抢救的部门和单位应当服从统一指挥，加强协同联动，采取有效的应急救援措施，并根据事故救援的需要采取警戒、疏散等措施，防止事故扩大和次生灾害的发生，减少人员伤亡和财产损失。

事故抢救过程中应当采取必要措施，避免或者减少对环境造成的危害。

任何单位和个人都应当支持、配合事故抢救，并提供一切便利条件。

**第八十六条** 事故调查处理应当按照科学严谨、依法依规、实事求是、注重实效的原则，及时、准确地查清事故原因，查明事故性质和责任，评估应急处置工作，总结事故教训，提出整改措施，并对事故责任单位和人员提出处理建议。事故调查报告应当依法及时向社会公布。事故调查和处理的具体办法由国务院制定。

事故发生单位应当及时全面落实整改措施，负有安全生产监督管理职责的部门应当加强监督检查。

负责事故调查处理的国务院有关部门和地方人民政府应当在批复事故调查报告后一年内，组织有关部门对事故整改和防范措施落实情况进行评估，并及时向社会公开评估结果；对不履行职责导致事故整改和防范措施没有落实的有关单位和人员，应当按照有关规定追究责任。

**第八十七条** 生产经营单位发生生产安全事故，经调查确定为责任事故的，除了应当查明

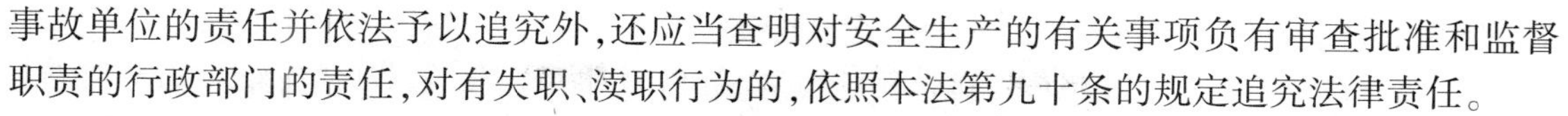

事故单位的责任并依法予以追究外，还应当查明对安全生产的有关事项负有审查批准和监督职责的行政部门的责任，对有失职、渎职行为的，依照本法第九十条的规定追究法律责任。

**第八十八条**　任何单位和个人不得阻挠和干涉对事故的依法调查处理。

**第八十九条**　县级以上地方各级人民政府应急管理部门应当定期统计分析本行政区域内发生生产安全事故的情况，并定期向社会公布。

## 第六章　法律责任

**第九十条**　负有安全生产监督管理职责的部门的工作人员，有下列行为之一的，给予降级或者撤职的处分；构成犯罪的，依照刑法有关规定追究刑事责任：

（一）对不符合法定安全生产条件的涉及安全生产的事项予以批准或者验收通过的；

（二）发现未依法取得批准、验收的单位擅自从事有关活动或者接到举报后不予取缔或者不依法予以处理的；

（三）对已经依法取得批准的单位不履行监督管理职责，发现其不再具备安全生产条件而不撤销原批准或者发现安全生产违法行为不予查处的；

（四）在监督检查中发现重大事故隐患，不依法及时处理的。

负有安全生产监督管理职责的部门的工作人员有前款规定以外的滥用职权、玩忽职守、徇私舞弊行为的，依法给予处分；构成犯罪的，依照刑法有关规定追究刑事责任。

**第九十一条**　负有安全生产监督管理职责的部门，要求被审查、验收的单位购买其指定的安全设备、器材或者其他产品的，在对安全生产事项的审查、验收中收取费用的，由其上级机关或者监察机关责令改正，责令退还收取的费用；情节严重的，对直接负责的主管人员和其他直接责任人员依法给予处分。

**第九十二条**　承担安全评价、认证、检测、检验职责的机构出具失实报告的，责令停业整顿，并处三万元以上十万元以下的罚款；给他人造成损害的，依法承担赔偿责任。

承担安全评价、认证、检测、检验职责的机构租借资质、挂靠、出具虚假报告的，没收违法所得；违法所得在十万元以上的，并处违法所得二倍以上五倍以下的罚款，没有违法所得或者违法所得不足十万元的，单处或者并处十万元以上二十万元以下的罚款；对其直接负责的主管人员和其他直接责任人员处五万元以上十万元以下的罚款；给他人造成损害的，与生产经营单位承担连带赔偿责任；构成犯罪的，依照刑法有关规定追究刑事责任。

对有前款违法行为的机构及其直接责任人员，吊销其相应资质和资格，五年内不得从事安全评价、认证、检测、检验等工作；情节严重的，实行终身行业和职业禁入。

**第九十三条**　生产经营单位的决策机构、主要负责人或者个人经营的投资人不依照本法规定保证安全生产所必需的资金投入，致使生产经营单位不具备安全生产条件的，责令限期改正，提供必需的资金；逾期未改正的，责令生产经营单位停产停业整顿。

有前款违法行为，导致发生生产安全事故的，对生产经营单位的主要负责人给予撤职处分，对个人经营的投资人处二万元以上二十万元以下的罚款；构成犯罪的，依照刑法有关规定追究刑事责任。

**第九十四条**　生产经营单位的主要负责人未履行本法规定的安全生产管理职责的，责令限期改正，处二万元以上五万元以下的罚款；逾期未改正的，处五万元以上十万元以下的罚款，责令生产经营单位停产停业整顿。

生产经营单位的主要负责人有前款违法行为，导致发生生产安全事故的，给予撤职处分；构成犯罪的，依照刑法有关规定追究刑事责任。

生产经营单位的主要负责人依照前款规定受刑事处罚或者撤职处分的，自刑罚执行完毕或者受处分之日起，五年内不得担任任何生产经营单位的主要负责人；对重大、特别重大生产安全事故负有责任的，终身不得担任本行业生产经营单位的主要负责人。

**第九十五条** 生产经营单位的主要负责人未履行本法规定的安全生产管理职责，导致发生生产安全事故的，由应急管理部门依照下列规定处以罚款：

（一）发生一般事故的，处上一年年收入百分之四十的罚款；

（二）发生较大事故的，处上一年年收入百分之六十的罚款；

（三）发生重大事故的，处上一年年收入百分之八十的罚款；

（四）发生特别重大事故的，处上一年年收入百分之一百的罚款。

**第九十六条** 生产经营单位的其他负责人和安全生产管理人员未履行本法规定的安全生产管理职责的，责令限期改正，处一万元以上三万元以下的罚款；导致发生生产安全事故的，暂停或者吊销其与安全生产有关的资格，并处上一年年收入百分之二十以上百分之五十以下的罚款；构成犯罪的，依照刑法有关规定追究刑事责任。

**第九十七条** 生产经营单位有下列行为之一的，责令限期改正，处十万元以下的罚款；逾期未改正的，责令停产停业整顿，并处十万元以上二十万元以下的罚款，对其直接负责的主管人员和其他直接责任人员处二万元以上五万元以下的罚款：

（一）未按照规定设置安全生产管理机构或者配备安全生产管理人员、注册安全工程师的；

（二）危险物品的生产、经营、储存、装卸单位以及矿山、金属冶炼、建筑施工、运输单位的主要负责人和安全生产管理人员未按照规定经考核合格的；

（三）未按照规定对从业人员、被派遣劳动者、实习学生进行安全生产教育和培训，或者未按照规定如实告知有关的安全生产事项的；

（四）未如实记录安全生产教育和培训情况的；

（五）未将事故隐患排查治理情况如实记录或者未向从业人员通报的；

（六）未按照规定制定生产安全事故应急救援预案或者未定期组织演练的；

（七）特种作业人员未按照规定经专门的安全作业培训并取得相应资格，上岗作业的。

**第九十八条** 生产经营单位有下列行为之一的，责令停止建设或者停产停业整顿，限期改正，并处十万元以上五十万元以下的罚款，对其直接负责的主管人员和其他直接责任人员处二万元以上五万元以下的罚款；逾期未改正的，处五十万元以上一百万元以下的罚款，对其直接负责的主管人员和其他直接责任人员处五万元以上十万元以下的罚款；构成犯罪的，依照刑法有关规定追究刑事责任：

（一）未按照规定对矿山、金属冶炼建设项目或者用于生产、储存、装卸危险物品的建设项目进行安全评价的；

（二）矿山、金属冶炼建设项目或者用于生产、储存、装卸危险物品的建设项目没有安全设施设计或者安全设施设计未按照规定报经有关部门审查同意的；

（三）矿山、金属冶炼建设项目或者用于生产、储存、装卸危险物品的建设项目的施工单位未按照批准的安全设施设计施工的；

（四）矿山、金属冶炼建设项目或者用于生产、储存、装卸危险物品的建设项目竣工投入生产或者使用前，安全设施未经验收合格的。

**第九十九条** 生产经营单位有下列行为之一的，责令限期改正，处五万元以下的罚款；逾期未改正的，处五万元以上二十万元以下的罚款，对其直接负责的主管人员和其他直接责任人员处一万元以上二万元以下的罚款；情节严重的，责令停产停业整顿；构成犯罪的，依照刑法有关规定追究刑事责任：

（一）未在有较大危险因素的生产经营场所和有关设施、设备上设置明显的安全警示标志的；

（二）安全设备的安装、使用、检测、改造和报废不符合国家标准或者行业标准的；

（三）未对安全设备进行经常性维护、保养和定期检测的；

（四）关闭、破坏直接关系生产安全的监控、报警、防护、救生设备、设施，或者篡改、隐瞒、销毁其相关数据、信息的；

（五）未为从业人员提供符合国家标准或者行业标准的劳动防护用品的；

（六）危险物品的容器、运输工具，以及涉及人身安全、危险性较大的海洋石油开采特种设备和矿山井下特种设备未经具有专业资质的机构检测、检验合格，取得安全使用证或者安全标志，投入使用的；

（七）使用应当淘汰的危及生产安全的工艺、设备的；

（八）餐饮等行业的生产经营单位使用燃气未安装可燃气体报警装置的。

**第一百条** 未经依法批准，擅自生产、经营、运输、储存、使用危险物品或者处置废弃危险物品的，依照有关危险物品安全管理的法律、行政法规的规定予以处罚；构成犯罪的，依照刑法有关规定追究刑事责任。

**第一百零一条** 生产经营单位有下列行为之一的，责令限期改正，处十万元以下的罚款；逾期未改正的，责令停产停业整顿，并处十万元以上二十万元以下的罚款，对其直接负责的主管人员和其他直接责任人员处二万元以上五万元以下的罚款；构成犯罪的，依照刑法有关规定追究刑事责任：

（一）生产、经营、运输、储存、使用危险物品或者处置废弃危险物品，未建立专门安全管理制度、未采取可靠的安全措施的；

（二）对重大危险源未登记建档，未进行定期检测、评估、监控，未制定应急预案，或者未告知应急措施的；

（三）进行爆破、吊装、动火、临时用电以及国务院应急管理部门会同国务院有关部门规定的其他危险作业，未安排专门人员进行现场安全管理的；

（四）未建立安全风险分级管控制度或者未按照安全风险分级采取相应管控措施的；

（五）未建立事故隐患排查治理制度，或者重大事故隐患排查治理情况未按照规定报告的。

**第一百零二条** 生产经营单位未采取措施消除事故隐患的，责令立即消除或者限期消除，处五万元以下的罚款；生产经营单位拒不执行的，责令停产停业整顿，对其直接负责的主管人员和其他直接责任人员处五万元以上十万元以下的罚款;构成犯罪的,依照刑法有关规定追究刑事责任。

**第一百零三条** 生产经营单位将生产经营项目、场所、设备发包或者出租给不具备安全生产条件或者相应资质的单位或者个人的,责令限期改正,没收违法所得;违法所得十万元以上的,并处违法所得二倍以上五倍以下的罚款;没有违法所得或者违法所得不足十万元的,单处或者并处十万元以上二十万元以下的罚款;对其直接负责的主管人员和其他直接责任人员处一万元以上二万元以下的罚款;导致发生生产安全事故给他人造成损害的,与承包方、承租方承担连带赔偿责任。

生产经营单位未与承包单位、承租单位签订专门的安全生产管理协议或者未在承包合同、租赁合同中明确各自的安全生产管理职责,或者未对承包单位、承租单位的安全生产统一协调、管理的,责令限期改正,处五万元以下的罚款,对其直接负责的主管人员和其他直接责任人员处一万元以下的罚款;逾期未改正的,责令停产停业整顿。

矿山、金属冶炼建设项目和用于生产、储存、装卸危险物品的建设项目的施工单位未按照规定对施工项目进行安全管理的,责令限期改正,处十万元以下的罚款,对其直接负责的主管人员和其他直接责任人员处二万元以下的罚款;逾期未改正的,责令停产停业整顿。以上施工单位倒卖、出租、出借、挂靠或者以其他形式非法转让施工资质的,责令停产停业整顿,吊销资质证书,没收违法所得;违法所得十万元以上的,并处违法所得二倍以上五倍以下的罚款,没有违法所得或者违法所得不足十万元的,单处或者并处十万元以上二十万元以下的罚款;对其直接负责的主管人员和其他直接责任人员处五万元以上十万元以下的罚款;构成犯罪的,依照刑法有关规定追究刑事责任。

**第一百零四条** 两个以上生产经营单位在同一作业区域内进行可能危及对方安全生产的生产经营活动,未签订安全生产管理协议或者未指定专职安全生产管理人员进行安全检查与协调的,责令限期改正,处五万元以下的罚款,对其直接负责的主管人员和其他直接责任人员处一万元以下的罚款;逾期未改正的,责令停产停业。

**第一百零五条** 生产经营单位有下列行为之一的,责令限期改正,处五万元以下的罚款,对其直接负责的主管人员和其他直接责任人员处一万元以下的罚款;逾期未改正的,责令停产停业整顿;构成犯罪的,依照刑法有关规定追究刑事责任:

(一)生产、经营、储存、使用危险物品的车间、商店、仓库与员工宿舍在同一座建筑内,或者与员工宿舍的距离不符合安全要求的;

(二)生产经营场所和员工宿舍未设有符合紧急疏散需要、标志明显、保持畅通的出口、疏散通道,或者占用、锁闭、封堵生产经营场所或者员工宿舍出口、疏散通道的。

**第一百零六条** 生产经营单位与从业人员订立协议,免除或者减轻其对从业人员因生产安全事故伤亡依法应承担的责任的,该协议无效;对生产经营单位的主要负责人、个人经营的投资人处二万元以上十万元以下的罚款。

**第一百零七条** 生产经营单位的从业人员不落实岗位安全责任,不服从管理,违反安全生产规章制度或者操作规程的,由生产经营单位给予批评教育,依照有关规章制度给予处分;构成犯罪的,依照刑法有关规定追究刑事责任。

**第一百零八条** 违反本法规定,生产经营单位拒绝、阻碍负有安全生产监督管理职责的部门依法实施监督检查的，责令改正；拒不改正的，处二万元以上二十万元以下的罚款；对其直接负责的主管人员和其他直接责任人员处一万元以上二万元以下的罚款；构成犯罪的，依照刑法有关规定追究刑事责任。

**第一百零九条** 高危行业、领域的生产经营单位未按照国家规定投保安全生产责任保险的，责令限期改正，处五万元以上十万元以下的罚款；逾期未改正的，处十万元以上二十万元以下的罚款。

**第一百一十条** 生产经营单位的主要负责人在本单位发生生产安全事故时，不立即组织抢救或者在事故调查处理期间擅离职守或者逃匿的，给予降级、撤职的处分，并由应急管理部门处上一年年收入百分之六十至百分之一百的罚款；对逃匿的处十五日以下拘留；构成犯罪的，依照刑法有关规定追究刑事责任。

生产经营单位的主要负责人对生产安全事故隐瞒不报、谎报或者迟报的，依照前款规定处罚。

**第一百一十一条** 有关地方人民政府、负有安全生产监督管理职责的部门，对生产安全事故隐瞒不报、谎报或者迟报的，对直接负责的主管人员和其他直接责任人员依法给予处分；构成犯罪的，依照刑法有关规定追究刑事责任。

**第一百一十二条** 生产经营单位违反本法规定，被责令改正且受到罚款处罚，拒不改正的，负有安全生产监督管理职责的部门可以自作出责令改正之日的次日起，按照原处罚数额按日连续处罚。

**第一百一十三条** 生产经营单位存在下列情形之一的，负有安全生产监督管理职责的部门应当提请地方人民政府予以关闭，有关部门应当依法吊销其有关证照。生产经营单位主要负责人五年内不得担任任何生产经营单位的主要负责人；情节严重的，终身不得担任本行业生产经营单位的主要负责人：

（一）存在重大事故隐患，一百八十日内三次或者一年内四次受到本法规定的行政处罚的；

（二）经停产停业整顿，仍不具备法律、行政法规和国家标准或者行业标准规定的安全生产条件的；

（三）不具备法律、行政法规和国家标准或者行业标准规定的安全生产条件，导致发生重大、特别重大生产安全事故的；

（四）拒不执行负有安全生产监督管理职责的部门作出的停产停业整顿决定的。

**第一百一十四条** 发生生产安全事故，对负有责任的生产经营单位除要求其依法承担相应的赔偿等责任外，由应急管理部门依照下列规定处以罚款：

（一）发生一般事故的，处三十万元以上一百万元以下的罚款；

（二）发生较大事故的，处一百万元以上二百万元以下的罚款；

（三）发生重大事故的，处二百万元以上一千万元以下的罚款；

（四）发生特别重大事故的，处一千万元以上二千万元以下的罚款。

发生生产安全事故，情节特别严重、影响特别恶劣的，应急管理部门可以按照前款罚款数额的二倍以上五倍以下对负有责任的生产经营单位处以罚款。

**第一百一十五条** 本法规定的行政处罚，由应急管理部门和其他负有安全生产监督管理职责的部门按照职责分工决定；其中，根据本法第九十五条、第一百一十条、第一百一十四条的规定应当给予民航、铁路、电力行业的生产经营单位及其主要负责人行政处罚的，也可以由主管的负有安全生产监督管理职责的部门进行处罚。予以关闭的行政处罚，由负有安全生产监督管理职责的部门报请县级以上人民政府按照国务院规定的权限决定；给予拘留的行政处罚，由公安机关依照治安管理处罚的规定决定。

**第一百一十六条** 生产经营单位发生生产安全事故造成人员伤亡、他人财产损失的，应当依法承担赔偿责任；拒不承担或者其负责人逃匿的，由人民法院依法强制执行。

生产安全事故的责任人未依法承担赔偿责任，经人民法院依法采取执行措施后，仍不能对受害人给予足额赔偿的，应当继续履行赔偿义务；受害人发现责任人有其他财产的，可以随时请求人民法院执行。

## 第七章 附 则

**第一百一十七条** 本法下列用语的含义：

危险物品，是指易燃易爆物品、危险化学品、放射性物品等能够危及人身安全和财产安全的物品。

重大危险源，是指长期地或者临时地生产、搬运、使用或者储存危险物品，且危险物品的数量等于或者超过临界量的单元（包括场所和设施）。

**第一百一十八条** 本法规定的生产安全一般事故、较大事故、重大事故、特别重大事故的划分标准由国务院规定。

国务院应急管理部门和其他负有安全生产监督管理职责的部门应当根据各自的职责分工，制定相关行业、领域重大危险源的辨识标准和重大事故隐患的判定标准。

**第一百一十九条** 本法自2002年11月1日起施行。

# 6. 中华人民共和国消防法

(1998年4月29日第九届全国人民代表大会常务委员会第二次会议通过。
2008年10月28日第十一届全国人民代表大会常务委员会第五次会议修订。
根据2019年4月23日第十三届全国人民代表大会常务委员会第十次会议
《关于修改〈中华人民共和国建筑法〉等八部法律的决定》第一次修正。
根据2021年4月29日第十三届全国人民代表大会常务委员会第二十八次会议
《关于修改〈中华人民共和国道路交通安全法〉等八部法律的决定》第二次修正)

## 第一章　总　　则

**第一条**　为了预防火灾和减少火灾危害,加强应急救援工作,保护人身、财产安全,维护公共安全,制定本法。

**第二条**　消防工作贯彻预防为主、防消结合的方针,按照政府统一领导、部门依法监管、单位全面负责、公民积极参与的原则,实行消防安全责任制,建立健全社会化的消防工作网络。

**第三条**　国务院领导全国的消防工作。地方各级人民政府负责本行政区域内的消防工作。

各级人民政府应当将消防工作纳入国民经济和社会发展计划,保障消防工作与经济社会发展相适应。

**第四条**　国务院应急管理部门对全国的消防工作实施监督管理。县级以上地方人民政府应急管理部门对本行政区域内的消防工作实施监督管理,并由本级人民政府消防救援机构负责实施。军事设施的消防工作,由其主管单位监督管理,消防救援机构协助;矿井地下部分、核电厂、海上石油天然气设施的消防工作,由其主管单位监督管理。

县级以上人民政府其他有关部门在各自的职责范围内,依照本法和其他相关法律、法规的规定做好消防工作。

法律、行政法规对森林、草原的消防工作另有规定的,从其规定。

**第五条**　任何单位和个人都有维护消防安全、保护消防设施、预防火灾、报告火警的义务。任何单位和成年人都有参加有组织的灭火工作的义务。

**第六条**　各级人民政府应当组织开展经常性的消防宣传教育,提高公民的消防安全意识。

机关、团体、企业、事业等单位,应当加强对本单位人员的消防宣传教育。

应急管理部门及消防救援机构应当加强消防法律、法规的宣传,并督促、指导、协助有关单位做好消防宣传教育工作。

教育、人力资源行政主管部门和学校、有关职业培训机构应当将消防知识纳入教育、教学、培训的内容。

新闻、广播、电视等有关单位,应当有针对性地面向社会进行消防宣传教育。

工会、共产主义青年团、妇女联合会等团体应当结合各自工作对象的特点，组织开展消防宣传教育。

村民委员会、居民委员会应当协助人民政府以及公安机关、应急管理等部门，加强消防宣传教育。

**第七条** 国家鼓励、支持消防科学研究和技术创新，推广使用先进的消防和应急救援技术、设备；鼓励、支持社会力量开展消防公益活动。

对在消防工作中有突出贡献的单位和个人，应当按照国家有关规定给予表彰和奖励。

## 第二章 火灾预防

**第八条** 地方各级人民政府应当将包括消防安全布局、消防站、消防供水、消防通信、消防车通道、消防装备等内容的消防规划纳入城乡规划，并负责组织实施。

城乡消防安全布局不符合消防安全要求的，应当调整、完善；公共消防设施、消防装备不足或者不适应实际需要的，应当增建、改建、配置或者进行技术改造。

**第九条** 建设工程的消防设计、施工必须符合国家工程建设消防技术标准。建设、设计、施工、工程监理等单位依法对建设工程的消防设计、施工质量负责。

**第十条** 对按照国家工程建设消防技术标准需要进行消防设计的建设工程，实行建设工程消防设计审查验收制度。

**第十一条** 国务院住房和城乡建设主管部门规定的特殊建设工程，建设单位应当将消防设计文件报送住房和城乡建设主管部门审查，住房和城乡建设主管部门依法对审查的结果负责。

前款规定以外的其他建设工程，建设单位申请领取施工许可证或者申请批准开工报告时应当提供满足施工需要的消防设计图纸及技术资料。

**第十二条** 特殊建设工程未经消防设计审查或者审查不合格的，建设单位、施工单位不得施工；其他建设工程，建设单位未提供满足施工需要的消防设计图纸及技术资料的，有关部门不得发放施工许可证或者批准开工报告。

**第十三条** 国务院住房和城乡建设主管部门规定应当申请消防验收的建设工程竣工，建设单位应当向住房和城乡建设主管部门申请消防验收。

前款规定以外的其他建设工程，建设单位在验收后应当报住房和城乡建设主管部门备案，住房和城乡建设主管部门应当进行抽查。

依法应当进行消防验收的建设工程，未经消防验收或者消防验收不合格的，禁止投入使用；其他建设工程经依法抽查不合格的，应当停止使用。

**第十四条** 建设工程消防设计审查、消防验收、备案和抽查的具体办法，由国务院住房和城乡建设主管部门规定。

**第十五条** 公众聚集场所投入使用、营业前消防安全检查实行告知承诺管理。公众聚集场所在投入使用、营业前，建设单位或者使用单位应当向场所所在地的县级以上地方人民政府消防救援机构申请消防安全检查，作出场所符合消防技术标准和管理规定的承诺，提交规定的材料，并对其承诺和材料的真实性负责。

消防救援机构对申请人提交的材料进行审查；申请材料齐全、符合法定形式的，应当予以许可。消防救援机构应当根据消防技术标准和管理规定，及时对作出承诺的公众聚集场所进行核查。

申请人选择不采用告知承诺方式办理的，消防救援机构应当自受理申请之日起十个工作日内，根据消防技术标准和管理规定，对该场所进行检查。经检查符合消防安全要求的，应当予以许可。

公众聚集场所未经消防救援机构许可的，不得投入使用、营业。消防安全检查的具体办法，由国务院应急管理部门制定。

**第十六条**　机关、团体、企业、事业等单位应当履行下列消防安全职责：

（一）落实消防安全责任制，制定本单位的消防安全制度、消防安全操作规程，制定灭火和应急疏散预案；

（二）按照国家标准、行业标准配置消防设施、器材，设置消防安全标志，并定期组织检验、维修，确保完好有效；

（三）对建筑消防设施每年至少进行一次全面检测，确保完好有效，检测记录应当完整准确，存档备查；

（四）保障疏散通道、安全出口、消防车通道畅通，保证防火防烟分区、防火间距符合消防技术标准；

（五）组织防火检查，及时消除火灾隐患；

（六）组织进行有针对性的消防演练；

（七）法律、法规规定的其他消防安全职责。

单位的主要负责人是本单位的消防安全责任人。

**第十七条**　县级以上地方人民政府消防救援机构应当将发生火灾可能性较大以及发生火灾可能造成重大的人身伤亡或者财产损失的单位，确定为本行政区域内的消防安全重点单位，并由应急管理部门报本级人民政府备案。

消防安全重点单位除应当履行本法第十六条规定的职责外，还应当履行下列消防安全职责：

（一）确定消防安全管理人，组织实施本单位的消防安全管理工作；

（二）建立消防档案，确定消防安全重点部位，设置防火标志，实行严格管理；

（三）实行每日防火巡查，并建立巡查记录；

（四）对职工进行岗前消防安全培训，定期组织消防安全培训和消防演练。

**第十八条**　同一建筑物由两个以上单位管理或者使用的，应当明确各方的消防安全责任，并确定责任人对共用的疏散通道、安全出口、建筑消防设施和消防车通道进行统一管理。

住宅区的物业服务企业应当对管理区域内的共用消防设施进行维护管理，提供消防安全防范服务。

**第十九条**　生产、储存、经营易燃易爆危险品的场所不得与居住场所设置在同一建筑物内，并应当与居住场所保持安全距离。

生产、储存、经营其他物品的场所与居住场所设置在同一建筑物内的，应当符合国家工程建设消防技术标准。

**第二十条**　举办大型群众性活动，承办人应当依法向公安机关申请安全许可，制定灭火和应急疏散预案并组织演练，明确消防安全责任分工，确定消防安全管理人员，保持消防设施和消防器材配置齐全、完好有效，保证疏散通道、安全出口、疏散指示标志、应急照明和消防车通道符合消防技术标准和管理规定。

**第二十一条** 禁止在具有火灾、爆炸危险的场所吸烟、使用明火。因施工等特殊情况需要使用明火作业的，应当按照规定事先办理审批手续，采取相应的消防安全措施；作业人员应当遵守消防安全规定。

进行电焊、气焊等具有火灾危险作业的人员和自动消防系统的操作人员，必须持证上岗，并遵守消防安全操作规程。

**第二十二条** 生产、储存、装卸易燃易爆危险品的工厂、仓库和专用车站、码头的设置，应当符合消防技术标准。易燃易爆气体和液体的充装站、供应站、调压站，应当设置在符合消防安全要求的位置，并符合防火防爆要求。

已经设置的生产、储存、装卸易燃易爆危险品的工厂、仓库和专用车站、码头，易燃易爆气体和液体的充装站、供应站、调压站，不再符合前款规定的，地方人民政府应当组织、协调有关部门、单位限期解决，消除安全隐患。

**第二十三条** 生产、储存、运输、销售、使用、销毁易燃易爆危险品，必须执行消防技术标准和管理规定。

进入生产、储存易燃易爆危险品的场所，必须执行消防安全规定。禁止非法携带易燃易爆危险品进入公共场所或者乘坐公共交通工具。

储存可燃物资仓库的管理，必须执行消防技术标准和管理规定。

**第二十四条** 消防产品必须符合国家标准；没有国家标准的，必须符合行业标准。禁止生产、销售或者使用不合格的消防产品以及国家明令淘汰的消防产品。

依法实行强制性产品认证的消防产品，由具有法定资质的认证机构按照国家标准、行业标准的强制性要求认证合格后，方可生产、销售、使用。实行强制性产品认证的消防产品目录，由国务院产品质量监督部门会同国务院应急管理部门制定并公布。

新研制的尚未制定国家标准、行业标准的消防产品，应当按照国务院产品质量监督部门会同国务院应急管理部门规定的办法，经技术鉴定符合消防安全要求的，方可生产、销售、使用。

依照本条规定经强制性产品认证合格或者技术鉴定合格的消防产品，国务院应急管理部门应当予以公布。

**第二十五条** 产品质量监督部门、工商行政管理部门、消防救援机构应当按照各自职责加强对消防产品质量的监督检查。

**第二十六条** 建筑构件、建筑材料和室内装修、装饰材料的防火性能必须符合国家标准；没有国家标准的，必须符合行业标准。

人员密集场所室内装修、装饰，应当按照消防技术标准的要求，使用不燃、难燃材料。

**第二十七条** 电器产品、燃气用具的产品标准，应当符合消防安全的要求。

电器产品、燃气用具的安装、使用及其线路、管路的设计、敷设、维护保养、检测，必须符合消防技术标准和管理规定。

**第二十八条** 任何单位、个人不得损坏、挪用或者擅自拆除、停用消防设施、器材，不得埋压、圈占、遮挡消火栓或者占用防火间距，不得占用、堵塞、封闭疏散通道、安全出口、消防车通道。人员密集场所的门窗不得设置影响逃生和灭火救援的障碍物。

**第二十九条**　负责公共消防设施维护管理的单位，应当保持消防供水、消防通信、消防车通道等公共消防设施的完好有效。在修建道路以及停电、停水、截断通信线路时有可能影响消防队灭火救援的，有关单位必须事先通知当地消防救援机构。

**第三十条**　地方各级人民政府应当加强对农村消防工作的领导，采取措施加强公共消防设施建设，组织建立和督促落实消防安全责任制。

**第三十一条**　在农业收获季节、森林和草原防火期间、重大节假日期间以及火灾多发季节，地方各级人民政府应当组织开展有针对性的消防宣传教育，采取防火措施，进行消防安全检查。

**第三十二条**　乡镇人民政府、城市街道办事处应当指导、支持和帮助村民委员会、居民委员会开展群众性的消防工作。村民委员会、居民委员会应当确定消防安全管理人，组织制定防火安全公约，进行防火安全检查。

**第三十三条**　国家鼓励、引导公众聚集场所和生产、储存、运输、销售易燃易爆危险品的企业投保火灾公众责任保险；鼓励保险公司承保火灾公众责任保险。

**第三十四条**　消防设施维护保养检测、消防安全评估等消防技术服务机构应当符合从业条件，执业人员应当依法获得相应的资格；依照法律、行政法规、国家标准、行业标准和执业准则，接受委托提供消防技术服务，并对服务质量负责。

## 第三章　消防组织

**第三十五条**　各级人民政府应当加强消防组织建设，根据经济社会发展的需要，建立多种形式的消防组织，加强消防技术人才培养，增强火灾预防、扑救和应急救援的能力。

**第三十六条**　县级以上地方人民政府应当按照国家规定建立国家综合性消防救援队、专职消防队，并按照国家标准配备消防装备，承担火灾扑救工作。

乡镇人民政府应当根据当地经济发展和消防工作的需要，建立专职消防队、志愿消防队，承担火灾扑救工作。

**第三十七条**　国家综合性消防救援队、专职消防队按照国家规定承担重大灾害事故和其他以抢救人员生命为主的应急救援工作。

**第三十八条**　国家综合性消防救援队、专职消防队应当充分发挥火灾扑救和应急救援专业力量的骨干作用；按照国家规定，组织实施专业技能训练，配备并维护保养装备器材，提高火灾扑救和应急救援的能力。

**第三十九条**　下列单位应当建立单位专职消防队，承担本单位的火灾扑救工作：

（一）大型核设施单位、大型发电厂、民用机场、主要港口；

（二）生产、储存易燃易爆危险品的大型企业；

（三）储备可燃的重要物资的大型仓库、基地；

（四）第一项、第二项、第三项规定以外的火灾危险性较大、距离国家综合性消防救援队较远的其他大型企业；

（五）距离国家综合性消防救援队较远、被列为全国重点文物保护单位的古建筑群的管理单位。

**第四十条** 专职消防队的建立，应当符合国家有关规定，并报当地消防救援机构验收。

专职消防队的队员依法享受社会保险和福利待遇。

**第四十一条** 机关、团体、企业、事业等单位以及村民委员会、居民委员会根据需要，建立志愿消防队等多种形式的消防组织，开展群众性自防自救工作。

**第四十二条** 消防救援机构应当对专职消防队、志愿消防队等消防组织进行业务指导；根据扑救火灾的需要，可以调动指挥专职消防队参加火灾扑救工作。

## 第四章 灭火救援

**第四十三条** 县级以上地方人民政府应当组织有关部门针对本行政区域内的火灾特点制定应急预案，建立应急反应和处置机制，为火灾扑救和应急救援工作提供人员、装备等保障。

**第四十四条** 任何人发现火灾都应当立即报警。任何单位、个人都应当无偿为报警提供便利，不得阻拦报警。严禁谎报火警。

人员密集场所发生火灾，该场所的现场工作人员应当立即组织、引导在场人员疏散。

任何单位发生火灾，必须立即组织力量扑救。邻近单位应当给予支援。

消防队接到火警，必须立即赶赴火灾现场，救助遇险人员，排除险情，扑灭火灾。

**第四十五条** 消防救援机构统一组织和指挥火灾现场扑救，应当优先保障遇险人员的生命安全。

火灾现场总指挥根据扑救火灾的需要，有权决定下列事项：

（一）使用各种水源；

（二）截断电力、可燃气体和可燃液体的输送，限制用火用电；

（三）划定警戒区，实行局部交通管制；

（四）利用临近建筑物和有关设施；

（五）为了抢救人员和重要物资，防止火势蔓延，拆除或者破损毗邻火灾现场的建筑物、构筑物或者设施等；

（六）调动供水、供电、供气、通信、医疗救护、交通运输、环境保护等有关单位协助灭火救援。

根据扑救火灾的紧急需要，有关地方人民政府应当组织人员、调集所需物资支援灭火。

**第四十六条** 国家综合性消防救援队、专职消防队参加火灾以外的其他重大灾害事故的应急救援工作，由县级以上人民政府统一领导。

**第四十七条** 消防车、消防艇前往执行火灾扑救或者应急救援任务，在确保安全的前提下，不受行驶速度、行驶路线、行驶方向和指挥信号的限制，其他车辆、船舶以及行人应当让行，不得穿插超越；收费公路、桥梁免收车辆通行费。交通管理指挥人员应当保证消防车、消防艇迅速通行。

赶赴火灾现场或者应急救援现场的消防人员和调集的消防装备、物资，需要铁路、水路或者航空运输的，有关单位应当优先运输。

**第四十八条** 消防车、消防艇以及消防器材、装备和设施，不得用于与消防和应急救援工作无关的事项。

**第四十九条** 国家综合性消防救援队、专职消防队扑救火灾、应急救援，不得收取任何费用。

单位专职消防队、志愿消防队参加扑救外单位火灾所损耗的燃料、灭火剂和器材、装备等，由火灾发生地的人民政府给予补偿。

**第五十条**　对因参加扑救火灾或者应急救援受伤、致残或者死亡的人员，按照国家有关规定给予医疗、抚恤。

**第五十一条**　消防救援机构有权根据需要封闭火灾现场，负责调查火灾原因，统计火灾损失。

火灾扑灭后，发生火灾的单位和相关人员应当按照消防救援机构的要求保护现场，接受事故调查，如实提供与火灾有关的情况。

消防救援机构根据火灾现场勘验、调查情况和有关的检验、鉴定意见，及时制作火灾事故认定书，作为处理火灾事故的证据。

## 第五章　监督检查

**第五十二条**　地方各级人民政府应当落实消防工作责任制，对本级人民政府有关部门履行消防安全职责的情况进行监督检查。

县级以上地方人民政府有关部门应当根据本系统的特点，有针对性地开展消防安全检查，及时督促整改火灾隐患。

**第五十三条**　消防救援机构应当对机关、团体、企业、事业等单位遵守消防法律、法规的情况依法进行监督检查。公安派出所可以负责日常消防监督检查、开展消防宣传教育，具体办法由国务院公安部门规定。

消防救援机构、公安派出所的工作人员进行消防监督检查，应当出示证件。

**第五十四条**　消防救援机构在消防监督检查中发现火灾隐患的，应当通知有关单位或者个人立即采取措施消除隐患；不及时消除隐患可能严重威胁公共安全的，消防救援机构应当依照规定对危险部位或者场所采取临时查封措施。

**第五十五条**　消防救援机构在消防监督检查中发现城乡消防安全布局、公共消防设施不符合消防安全要求，或者发现本地区存在影响公共安全的重大火灾隐患的，应当由应急管理部门书面报告本级人民政府。

接到报告的人民政府应当及时核实情况，组织或者责成有关部门、单位采取措施，予以整改。

**第五十六条**　住房和城乡建设主管部门、消防救援机构及其工作人员应当按照法定的职权和程序进行消防设计审查、消防验收、备案抽查和消防安全检查，做到公正、严格、文明、高效。

住房和城乡建设主管部门、消防救援机构及其工作人员进行消防设计审查、消防验收、备案抽查和消防安全检查等，不得收取费用，不得利用职务谋取利益；不得利用职务为用户、建设单位指定或者变相指定消防产品的品牌、销售单位或者消防技术服务机构、消防设施施工单位。

**第五十七条**　住房和城乡建设主管部门、消防救援机构及其工作人员执行职务，应当自觉接受社会和公民的监督。

任何单位和个人都有权对住房和城乡建设主管部门、消防救援机构及其工作人员在执法中的违法行为进行检举、控告。收到检举、控告的机关，应当按照职责及时查处。

## 第六章 法律责任

**第五十八条** 违反本法规定，有下列行为之一的，由住房和城乡建设主管部门、消防救援机构按照各自职权责令停止施工、停止使用或者停产停业，并处三万元以上三十万元以下罚款：

（一）依法应当进行消防设计审查的建设工程，未经依法审查或者审查不合格，擅自施工的；

（二）依法应当进行消防验收的建设工程，未经消防验收或者消防验收不合格，擅自投入使用的；

（三）本法第十三条规定的其他建设工程验收后经依法抽查不合格，不停止使用的；

（四）公众聚集场所未经消防救援机构许可，擅自投入使用、营业的，或者经核查发现场所使用、营业情况与承诺内容不符的。

核查发现公众聚集场所使用、营业情况与承诺内容不符，经责令限期改正，逾期不整改或者整改后仍达不到要求的，依法撤销相应许可。

建设单位未依照本法规定在验收后报住房和城乡建设主管部门备案的，由住房和城乡建设主管部门责令改正，处五千元以下罚款。

**第五十九条** 违反本法规定，有下列行为之一的，由住房和城乡建设主管部门责令改正或者停止施工，并处一万元以上十万元以下罚款：

（一）建设单位要求建筑设计单位或者建筑施工企业降低消防技术标准设计、施工的；

（二）建筑设计单位不按照消防技术标准强制性要求进行消防设计的；

（三）建筑施工企业不按照消防设计文件和消防技术标准施工，降低消防施工质量的；

（四）工程监理单位与建设单位或者建筑施工企业串通，弄虚作假，降低消防施工质量的。

**第六十条** 单位违反本法规定，有下列行为之一的，责令改正，处五千元以上五万元以下罚款：

（一）消防设施、器材或者消防安全标志的配置、设置不符合国家标准、行业标准，或者未保持完好有效的；

（二）损坏、挪用或者擅自拆除、停用消防设施、器材的；

（三）占用、堵塞、封闭疏散通道、安全出口或者有其他妨碍安全疏散行为的；

（四）埋压、圈占、遮挡消火栓或者占用防火间距的；

（五）占用、堵塞、封闭消防车通道，妨碍消防车通行的；

（六）人员密集场所在门窗上设置影响逃生和灭火救援的障碍物的；

（七）对火灾隐患经消防救援机构通知后不及时采取措施消除的。

个人有前款第二项、第三项、第四项、第五项行为之一的，处警告或者五百元以下罚款。

有本条第一款第三项、第四项、第五项、第六项行为，经责令改正拒不改正的，强制执行，所需费用由违法行为人承担。

**第六十一条** 生产、储存、经营易燃易爆危险品的场所与居住场所设置在同一建筑物内，或者未与居住场所保持安全距离的，责令停产停业，并处五千元以上五万元以下罚款。

生产、储存、经营其他物品的场所与居住场所设置在同一建筑物内，不符合消防技术标准的，依照前款规定处罚。

**第六十二条**　有下列行为之一的，依照《中华人民共和国治安管理处罚法》的规定处罚：

（一）违反有关消防技术标准和管理规定生产、储存、运输、销售、使用、销毁易燃易爆危险品的；

（二）非法携带易燃易爆危险品进入公共场所或者乘坐公共交通工具的；

（三）谎报火警的；

（四）阻碍消防车、消防艇执行任务的；

（五）阻碍消防救援机构的工作人员依法执行职务的。

**第六十三条**　违反本法规定，有下列行为之一的，处警告或者五百元以下罚款；情节严重的，处五日以下拘留：

（一）违反消防安全规定进入生产、储存易燃易爆危险品场所的；

（二）违反规定使用明火作业或者在具有火灾、爆炸危险的场所吸烟、使用明火的。

**第六十四条**　违反本法规定，有下列行为之一，尚不构成犯罪的，处十日以上十五日以下拘留，可以并处五百元以下罚款；情节较轻的，处警告或者五百元以下罚款：

（一）指使或者强令他人违反消防安全规定，冒险作业的；

（二）过失引起火灾的；

（三）在火灾发生后阻拦报警，或者负有报告职责的人员不及时报警的；

（四）扰乱火灾现场秩序，或者拒不执行火灾现场指挥员指挥，影响灭火救援的；

（五）故意破坏或者伪造火灾现场的；

（六）擅自拆封或者使用被消防救援机构查封的场所、部位的。

**第六十五条**　违反本法规定，生产、销售不合格的消防产品或者国家明令淘汰的消防产品的，由产品质量监督部门或者工商行政管理部门依照《中华人民共和国产品质量法》的规定从重处罚。

人员密集场所使用不合格的消防产品或者国家明令淘汰的消防产品的，责令限期改正；逾期不改正的，处五千元以上五万元以下罚款，并对其直接负责的主管人员和其他直接责任人员处五百元以上二千元以下罚款；情节严重的，责令停产停业。

消防救援机构对于本条第二款规定的情形，除依法对使用者予以处罚外，应当将发现不合格的消防产品和国家明令淘汰的消防产品的情况通报产品质量监督部门、工商行政管理部门。产品质量监督部门、工商行政管理部门应当对生产者、销售者依法及时查处。

**第六十六条**　电器产品、燃气用具的安装、使用及其线路、管路的设计、敷设、维护保养、检测不符合消防技术标准和管理规定的，责令限期改正；逾期不改正的，责令停止使用，可以并处一千元以上五千元以下罚款。

**第六十七条**　机关、团体、企业、事业等单位违反本法第十六条、第十七条、第十八条、第二十一条第二款规定的，责令限期改正；逾期不改正的，对其直接负责的主管人员和其他直接责任人员依法给予处分或者给予警告处罚。

**第六十八条**　人员密集场所发生火灾，该场所的现场工作人员不履行组织、引导在场人员疏散的义务，情节严重，尚不构成犯罪的，处五日以上十日以下拘留。

**第六十九条** 消防设施维护保养检测、消防安全评估等消防技术服务机构，不具备从业条件从事消防技术服务活动或者出具虚假文件的，由消防救援机构责令改正，处五万元以上十万元以下罚款，并对直接负责的主管人员和其他直接责任人员处一万元以上五万元以下罚款；不按照国家标准、行业标准开展消防技术服务活动的，责令改正，处五万元以下罚款，并对直接负责的主管人员和其他直接责任人员处一万元以下罚款；有违法所得的，并处没收违法所得；给他人造成损失的，依法承担赔偿责任；情节严重的，依法责令停止执业或者吊销相应资格；造成重大损失的，由相关部门吊销营业执照，并对有关责任人员采取终身市场禁入措施。

前款规定的机构出具失实文件，给他人造成损失的，依法承担赔偿责任；造成重大损失的，由消防救援机构依法责令停止执业或者吊销相应资格，由相关部门吊销营业执照，并对有关责任人员采取终身市场禁入措施。

**第七十条** 本法规定的行政处罚，除应当由公安机关依照《中华人民共和国治安管理处罚法》的有关规定决定的外，由住房和城乡建设主管部门、消防救援机构按照各自职权决定。

被责令停止施工、停止使用、停产停业的，应当在整改后向作出决定的部门或者机构报告，经检查合格，方可恢复施工、使用、生产、经营。

当事人逾期不执行停产停业、停止使用、停止施工决定的，由作出决定的部门或者机构强制执行。

责令停产停业，对经济和社会生活影响较大的，由住房和城乡建设主管部门或者应急管理部门报请本级人民政府依法决定。

**第七十一条** 住房和城乡建设主管部门、消防救援机构的工作人员滥用职权、玩忽职守、徇私舞弊，有下列行为之一，尚不构成犯罪的，依法给予处分：

（一）对不符合消防安全要求的消防设计文件、建设工程、场所准予审查合格、消防验收合格、消防安全检查合格的；

（二）无故拖延消防设计审查、消防验收、消防安全检查，不在法定期限内履行职责的；

（三）发现火灾隐患不及时通知有关单位或者个人整改的；

（四）利用职务为用户、建设单位指定或者变相指定消防产品的品牌、销售单位或者消防技术服务机构、消防设施施工单位的；

（五）将消防车、消防艇以及消防器材、装备和设施用于与消防和应急救援无关的事项的；

（六）其他滥用职权、玩忽职守、徇私舞弊的行为。

产品质量监督、工商行政管理等其他有关行政主管部门的工作人员在消防工作中滥用职权、玩忽职守、徇私舞弊，尚不构成犯罪的，依法给予处分。

**第七十二条** 违反本法规定，构成犯罪的，依法追究刑事责任。

## 第七章 附 则

**第七十三条** 本法下列用语的含义：

（一）消防设施，是指火灾自动报警系统、自动灭火系统、消火栓系统、防烟排烟系统以及应急广播和应急照明、安全疏散设施等。

（二）消防产品，是指专门用于火灾预防、灭火救援和火灾防护、避难、逃生的产品。

（三）公众聚集场所，是指宾馆、饭店、商场、集贸市场、客运车站候车室、客运码头候船厅、民用机场航站楼、体育场馆、会堂以及公共娱乐场所等。

（四）人员密集场所，是指公众聚集场所，医院的门诊楼、病房楼，学校的教学楼、图书馆、食堂和集体宿舍，养老院，福利院，托儿所，幼儿园，公共图书馆的阅览室，公共展览馆、博物馆的展示厅，劳动密集型企业的生产加工车间和员工集体宿舍，旅游、宗教活动场所等。

**第七十四条**　本法自2009年5月1日起施行。

# 7. 中华人民共和国特种设备安全法

（2013年6月29日第十二届全国人民代表大会常务委员会第三次会议通过）

## 第一章 总 则

**第一条** 为了加强特种设备安全工作，预防特种设备事故，保障人身和财产安全，促进经济社会发展，制定本法。

**第二条** 特种设备的生产（包括设计、制造、安装、改造、修理）、经营、使用、检验、检测和特种设备安全的监督管理，适用本法。

本法所称特种设备，是指对人身和财产安全有较大危险性的锅炉、压力容器（含气瓶）、压力管道、电梯、起重机械、客运索道、大型游乐设施、场（厂）内专用机动车辆，以及法律、行政法规规定适用本法的其他特种设备。

国家对特种设备实行目录管理。特种设备目录由国务院负责特种设备安全监督管理的部门制定，报国务院批准后执行。

**第三条** 特种设备安全工作应当坚持安全第一、预防为主、节能环保、综合治理的原则。

**第四条** 国家对特种设备的生产、经营、使用，实施分类的、全过程的安全监督管理。

**第五条** 国务院负责特种设备安全监督管理的部门对全国特种设备安全实施监督管理。县级以上地方各级人民政府负责特种设备安全监督管理的部门对本行政区域内特种设备安全实施监督管理。

**第六条** 国务院和地方各级人民政府应当加强对特种设备安全工作的领导，督促各有关部门依法履行监督管理职责。

县级以上地方各级人民政府应当建立协调机制，及时协调、解决特种设备安全监督管理中存在的问题。

**第七条** 特种设备生产、经营、使用单位应当遵守本法和其他有关法律、法规，建立、健全特种设备安全和节能责任制度，加强特种设备安全和节能管理，确保特种设备生产、经营、使用安全，符合节能要求。

**第八条** 特种设备生产、经营、使用、检验、检测应当遵守有关特种设备安全技术规范及相关标准。

特种设备安全技术规范由国务院负责特种设备安全监督管理的部门制定。

**第九条** 特种设备行业协会应当加强行业自律，推进行业诚信体系建设，提高特种设备安全管理水平。

**第十条** 国家支持有关特种设备安全的科学技术研究，鼓励先进技术和先进管理方法的推广应用，对做出突出贡献的单位和个人给予奖励。

**第十一条** 负责特种设备安全监督管理的部门应当加强特种设备安全宣传教育，普及特种设备安全知识，增强社会公众的特种设备安全意识。

**第十二条**　任何单位和个人有权向负责特种设备安全监督管理的部门和有关部门举报涉及特种设备安全的违法行为，接到举报的部门应当及时处理。

## 第二章　生产、经营、使用

### 第一节　一般规定

**第十三条**　特种设备生产、经营、使用单位及其主要负责人对其生产、经营、使用的特种设备安全负责。

特种设备生产、经营、使用单位应当按照国家有关规定配备特种设备安全管理人员、检测人员和作业人员，并对其进行必要的安全教育和技能培训。

**第十四条**　特种设备安全管理人员、检测人员和作业人员应当按照国家有关规定取得相应资格，方可从事相关工作。特种设备安全管理人员、检测人员和作业人员应当严格执行安全技术规范和管理制度，保证特种设备安全。

**第十五条**　特种设备生产、经营、使用单位对其生产、经营、使用的特种设备应当进行自行检测和维护保养，对国家规定实行检验的特种设备应当及时申报并接受检验。

**第十六条**　特种设备采用新材料、新技术、新工艺，与安全技术规范的要求不一致，或者安全技术规范未作要求、可能对安全性能有重大影响的，应当向国务院负责特种设备安全监督管理的部门申报，由国务院负责特种设备安全监督管理的部门及时委托安全技术咨询机构或者相关专业机构进行技术评审，评审结果经国务院负责特种设备安全监督管理的部门批准，方可投入生产、使用。

国务院负责特种设备安全监督管理的部门应当将允许使用的新材料、新技术、新工艺的有关技术要求，及时纳入安全技术规范。

**第十七条**　国家鼓励投保特种设备安全责任保险。

### 第二节　生　　产

**第十八条**　国家按照分类监督管理的原则对特种设备生产实行许可制度。特种设备生产单位应当具备下列条件，并经负责特种设备安全监督管理的部门许可，方可从事生产活动：

（一）有与生产相适应的专业技术人员；

（二）有与生产相适应的设备、设施和工作场所；

（三）有健全的质量保证、安全管理和岗位责任等制度。

**第十九条**　特种设备生产单位应当保证特种设备生产符合安全技术规范及相关标准的要求，对其生产的特种设备的安全性能负责。不得生产不符合安全性能要求和能效指标以及国家明令淘汰的特种设备。

**第二十条**　锅炉、气瓶、氧舱、客运索道、大型游乐设施的设计文件，应当经负责特种设备安全监督管理的部门核准的检验机构鉴定，方可用于制造。

特种设备产品、部件或者试制的特种设备新产品、新部件以及特种设备采用的新材料，按照安全技术规范的要求需要通过型式试验进行安全性验证的，应当经负责特种设备安全监督管理的部门核准的检验机构进行型式试验。

**第二十一条** 特种设备出厂时，应当随附安全技术规范要求的设计文件、产品质量合格证明、安装及使用维护保养说明、监督检验证明等相关技术资料和文件，并在特种设备显著位置设置产品铭牌、安全警示标志及其说明。

**第二十二条** 电梯的安装、改造、修理，必须由电梯制造单位或者其委托的依照本法取得相应许可的单位进行。电梯制造单位委托其他单位进行电梯安装、改造、修理的，应当对其安装、改造、修理进行安全指导和监控，并按照安全技术规范的要求进行校验和调试。电梯制造单位对电梯安全性能负责。

**第二十三条** 特种设备安装、改造、修理的施工单位应当在施工前将拟进行的特种设备安装、改造、修理情况书面告知直辖市或者设区的市级人民政府负责特种设备安全监督管理的部门。

**第二十四条** 特种设备安装、改造、修理竣工后，安装、改造、修理的施工单位应当在验收后三十日内将相关技术资料和文件移交特种设备使用单位。特种设备使用单位应当将其存入该特种设备的安全技术档案。

**第二十五条** 锅炉、压力容器、压力管道元件等特种设备的制造过程和锅炉、压力容器、压力管道、电梯、起重机械、客运索道、大型游乐设施的安装、改造、重大修理过程，应当经特种设备检验机构按照安全技术规范的要求进行监督检验；未经监督检验或者监督检验不合格的，不得出厂或者交付使用。

**第二十六条** 国家建立缺陷特种设备召回制度。因生产原因造成特种设备存在危及安全的同一性缺陷的，特种设备生产单位应当立即停止生产，主动召回。

国务院负责特种设备安全监督管理的部门发现特种设备存在应当召回而未召回的情形时，应当责令特种设备生产单位召回。

### 第三节 经 营

**第二十七条** 特种设备销售单位销售的特种设备，应当符合安全技术规范及相关标准的要求，其设计文件、产品质量合格证明、安装及使用维护保养说明、监督检验证明等相关技术资料和文件应当齐全。

特种设备销售单位应当建立特种设备检查验收和销售记录制度。

禁止销售未取得许可生产的特种设备，未经检验和检验不合格的特种设备，或者国家明令淘汰和已经报废的特种设备。

**第二十八条** 特种设备出租单位不得出租未取得许可生产的特种设备或者国家明令淘汰和已经报废的特种设备，以及未按照安全技术规范的要求进行维护保养和未经检验或者检验不合格的特种设备。

**第二十九条** 特种设备在出租期间的使用管理和维护保养义务由特种设备出租单位承担，法律另有规定或者当事人另有约定的除外。

**第三十条** 进口的特种设备应当符合我国安全技术规范的要求，并经检验合格；需要取得我国特种设备生产许可的，应当取得许可。

进口特种设备随附的技术资料和文件应当符合本法第二十一条的规定，其安装及使用维护保养说明、产品铭牌、安全警示标志及其说明应当采用中文。

特种设备的进出口检验，应当遵守有关进出口商品检验的法律、行政法规。

**第三十一条**　进口特种设备，应当向进口地负责特种设备安全监督管理的部门履行提前告知义务。

## 第四节　使　　用

**第三十二条**　特种设备使用单位应当使用取得许可生产并经检验合格的特种设备。

禁止使用国家明令淘汰和已经报废的特种设备。

**第三十三条**　特种设备使用单位应当在特种设备投入使用前或者投入使用后三十日内，向负责特种设备安全监督管理的部门办理使用登记，取得使用登记证书。登记标志应当置于该特种设备的显著位置。

**第三十四条**　特种设备使用单位应当建立岗位责任、隐患治理、应急救援等安全管理制度，制定操作规程，保证特种设备安全运行。

**第三十五条**　特种设备使用单位应当建立特种设备安全技术档案。安全技术档案应当包括以下内容：

（一）特种设备的设计文件、产品质量合格证明、安装及使用维护保养说明、监督检验证明等相关技术资料和文件；

（二）特种设备的定期检验和定期自行检查记录；

（三）特种设备的日常使用状况记录；

（四）特种设备及其附属仪器仪表的维护保养记录；

（五）特种设备的运行故障和事故记录。

**第三十六条**　电梯、客运索道、大型游乐设施等为公众提供服务的特种设备的运营使用单位，应当对特种设备的使用安全负责，设置特种设备安全管理机构或者配备专职的特种设备安全管理人员；其他特种设备使用单位，应当根据情况设置特种设备安全管理机构或者配备专职、兼职的特种设备安全管理人员。

**第三十七条**　特种设备的使用应当具有规定的安全距离、安全防护措施。

与特种设备安全相关的建筑物、附属设施，应当符合有关法律、行政法规的规定。

**第三十八条**　特种设备属于共有的，共有人可以委托物业服务单位或者其他管理人管理特种设备，受托人履行本法规定的特种设备使用单位的义务，承担相应责任。共有人未委托的，由共有人或者实际管理人履行管理义务，承担相应责任。

**第三十九条**　特种设备使用单位应当对其使用的特种设备进行经常性维护保养和定期自行检查，并作出记录。

特种设备使用单位应当对其使用的特种设备的安全附件、安全保护装置进行定期校验、检修，并作出记录。

**第四十条**　特种设备使用单位应当按照安全技术规范的要求，在检验合格有效期届满前一个月向特种设备检验机构提出定期检验要求。

特种设备检验机构接到定期检验要求后，应当按照安全技术规范的要求及时进行安全性能检验。特种设备使用单位应当将定期检验标志置于该特种设备的显著位置。

未经定期检验或者检验不合格的特种设备，不得继续使用。

**第四十一条**　特种设备安全管理人员应当对特种设备使用状况进行经常性检查，发现问题应当立即处理；情况紧急时，可以决定停止使用特种设备并及时报告本单位有关负责人。

特种设备作业人员在作业过程中发现事故隐患或者其他不安全因素，应当立即向特种设备安全管理人员和单位有关负责人报告；特种设备运行不正常时，特种设备作业人员应当按照操作规程采取有效措施保证安全。

**第四十二条**　特种设备出现故障或者发生异常情况，特种设备使用单位应当对其进行全面检查，消除事故隐患，方可继续使用。

**第四十三条**　客运索道、大型游乐设施在每日投入使用前，其运营使用单位应当进行试运行和例行安全检查，并对安全附件和安全保护装置进行检查确认。

电梯、客运索道、大型游乐设施的运营使用单位应当将电梯、客运索道、大型游乐设施的安全使用说明、安全注意事项和警示标志置于易于为乘客注意的显著位置。

公众乘坐或者操作电梯、客运索道、大型游乐设施，应当遵守安全使用说明和安全注意事项的要求，服从有关工作人员的管理和指挥；遇有运行不正常时，应当按照安全指引，有序撤离。

**第四十四条**　锅炉使用单位应当按照安全技术规范的要求进行锅炉水（介）质处理，并接受特种设备检验机构的定期检验。

从事锅炉清洗，应当按照安全技术规范的要求进行，并接受特种设备检验机构的监督检验。

**第四十五条**　电梯的维护保养应当由电梯制造单位或者依照本法取得许可的安装、改造、修理单位进行。

电梯的维护保养单位应当在维护保养中严格执行安全技术规范的要求，保证其维护保养的电梯的安全性能，并负责落实现场安全防护措施，保证施工安全。

电梯的维护保养单位应当对其维护保养的电梯的安全性能负责；接到故障通知后，应当立即赶赴现场，并采取必要的应急救援措施。

**第四十六条**　电梯投入使用后，电梯制造单位应当对其制造的电梯的安全运行情况进行跟踪调查和了解，对电梯的维护保养单位或者使用单位在维护保养和安全运行方面存在的问题，提出改进建议，并提供必要的技术帮助；发现电梯存在严重事故隐患时，应当及时告知电梯使用单位，并向负责特种设备安全监督管理的部门报告。电梯制造单位对调查和了解的情况，应当作出记录。

**第四十七条**　特种设备进行改造、修理，按照规定需要变更使用登记的，应当办理变更登记，方可继续使用。

**第四十八条**　特种设备存在严重事故隐患，无改造、修理价值，或者达到安全技术规范规定的其他报废条件的，特种设备使用单位应当依法履行报废义务，采取必要措施消除该特种设备的使用功能，并向原登记的负责特种设备安全监督管理的部门办理使用登记证书注销手续。

前款规定报废条件以外的特种设备，达到设计使用年限可以继续使用的，应当按照安全技术规范的要求通过检验或者安全评估，并办理使用登记证书变更，方可继续使用。允许继续使用的，应当采取加强检验、检测和维护保养等措施，确保使用安全。

**第四十九条**　移动式压力容器、气瓶充装单位，应当具备下列条件，并经负责特种设备安全监督管理的部门许可，方可从事充装活动：

（一）有与充装和管理相适应的管理人员和技术人员；

（二）有与充装和管理相适应的充装设备、检测手段、场地厂房、器具、安全设施；

（三）有健全的充装管理制度、责任制度、处理措施。

充装单位应当建立充装前后的检查、记录制度，禁止对不符合安全技术规范要求的移动式压力容器和气瓶进行充装。

气瓶充装单位应当向气体使用者提供符合安全技术规范要求的气瓶，对气体使用者进行气瓶安全使用指导，并按照安全技术规范的要求办理气瓶使用登记，及时申报定期检验。

## 第三章　检验、检测

**第五十条**　从事本法规定的监督检验、定期检验的特种设备检验机构，以及为特种设备生产、经营、使用提供检测服务的特种设备检测机构，应当具备下列条件，并经负责特种设备安全监督管理的部门核准，方可从事检验、检测工作：

（一）有与检验、检测工作相适应的检验、检测人员；

（二）有与检验、检测工作相适应的检验、检测仪器和设备；

（三）有健全的检验、检测管理制度和责任制度。

**第五十一条**　特种设备检验、检测机构的检验、检测人员应当经考核，取得检验、检测人员资格，方可从事检验、检测工作。

特种设备检验、检测机构的检验、检测人员不得同时在两个以上检验、检测机构中执业；变更执业机构的，应当依法办理变更手续。

**第五十二条**　特种设备检验、检测工作应当遵守法律、行政法规的规定，并按照安全技术规范的要求进行。

特种设备检验、检测机构及其检验、检测人员应当依法为特种设备生产、经营、使用单位提供安全、可靠、便捷、诚信的检验、检测服务。

**第五十三条**　特种设备检验、检测机构及其检验、检测人员应当客观、公正、及时地出具检验、检测报告，并对检验、检测结果和鉴定结论负责。

特种设备检验、检测机构及其检验、检测人员在检验、检测中发现特种设备存在严重事故隐患时，应当及时告知相关单位，并立即向负责特种设备安全监督管理的部门报告。

负责特种设备安全监督管理的部门应当组织对特种设备检验、检测机构的检验、检测结果和鉴定结论进行监督抽查，但应当防止重复抽查。监督抽查结果应当向社会公布。

**第五十四条**　特种设备生产、经营、使用单位应当按照安全技术规范的要求向特种设备检验、检测机构及其检验、检测人员提供特种设备相关资料和必要的检验、检测条件，并对资料的真实性负责。

**第五十五条**　特种设备检验、检测机构及其检验、检测人员对检验、检测过程中知悉的商业秘密，负有保密义务。

特种设备检验、检测机构及其检验、检测人员不得从事有关特种设备的生产、经营活动，不得推荐或者监制、监销特种设备。

**第五十六条**　特种设备检验机构及其检验人员利用检验工作故意刁难特种设备生产、经营、使用单位的，特种设备生产、经营、使用单位有权向负责特种设备安全监督管理的部门投诉，接到投诉的部门应当及时进行调查处理。

## 第四章 监督管理

**第五十七条** 负责特种设备安全监督管理的部门依照本法规定，对特种设备生产、经营、使用单位和检验、检测机构实施监督检查。

负责特种设备安全监督管理的部门应当对学校、幼儿园以及医院、车站、客运码头、商场、体育场馆、展览馆、公园等公众聚集场所的特种设备，实施重点安全监督检查。

**第五十八条** 负责特种设备安全监督管理的部门实施本法规定的许可工作，应当依照本法和其他有关法律、行政法规规定的条件和程序以及安全技术规范的要求进行审查；不符合规定的，不得许可。

**第五十九条** 负责特种设备安全监督管理的部门在办理本法规定的许可时，其受理、审查、许可的程序必须公开，并应当自受理申请之日起三十日内，作出许可或者不予许可的决定；不予许可的，应当书面向申请人说明理由。

**第六十条** 负责特种设备安全监督管理的部门对依法办理使用登记的特种设备应当建立完整的监督管理档案和信息查询系统；对达到报废条件的特种设备，应当及时督促特种设备使用单位依法履行报废义务。

**第六十一条** 负责特种设备安全监督管理的部门在依法履行监督检查职责时，可以行使下列职权：

（一）进入现场进行检查，向特种设备生产、经营、使用单位和检验、检测机构的主要负责人和其他有关人员调查、了解有关情况；

（二）根据举报或者取得的涉嫌违法证据，查阅、复制特种设备生产、经营、使用单位和检验、检测机构的有关合同、发票、账簿以及其他有关资料；

（三）对有证据表明不符合安全技术规范要求或者存在严重事故隐患的特种设备实施查封、扣押；

（四）对流入市场的达到报废条件或者已经报废的特种设备实施查封、扣押；

（五）对违反本法规定的行为作出行政处罚决定。

**第六十二条** 负责特种设备安全监督管理的部门在依法履行职责过程中，发现违反本法规定和安全技术规范要求的行为或者特种设备存在事故隐患时，应当以书面形式发出特种设备安全监察指令，责令有关单位及时采取措施予以改正或者消除事故隐患。紧急情况下要求有关单位采取紧急处置措施的，应当随后补发特种设备安全监察指令。

**第六十三条** 负责特种设备安全监督管理的部门在依法履行职责过程中，发现重大违法行为或者特种设备存在严重事故隐患时，应当责令有关单位立即停止违法行为、采取措施消除事故隐患，并及时向上级负责特种设备安全监督管理的部门报告。接到报告的负责特种设备安全监督管理的部门应当采取必要措施，及时予以处理。

对违法行为、严重事故隐患的处理需要当地人民政府和有关部门的支持、配合时，负责特种设备安全监督管理的部门应当报告当地人民政府，并通知其他有关部门。当地人民政府和其他有关部门应当采取必要措施，及时予以处理。

**第六十四条** 地方各级人民政府负责特种设备安全监督管理的部门不得要求已经依照本法规定在其他地方取得许可的特种设备生产单位重复取得许可，不得要求对已经依照本法规定在其他地方检验合格的特种设备重复进行检验。

**第六十五条**　负责特种设备安全监督管理的部门的安全监察人员应当熟悉相关法律、法规，具有相应的专业知识和工作经验，取得特种设备安全行政执法证件。

特种设备安全监察人员应当忠于职守、坚持原则、秉公执法。

负责特种设备安全监督管理的部门实施安全监督检查时，应当有二名以上特种设备安全监察人员参加，并出示有效的特种设备安全行政执法证件。

**第六十六条**　负责特种设备安全监督管理的部门对特种设备生产、经营、使用单位和检验、检测机构实施监督检查，应当对每次监督检查的内容、发现的问题及处理情况作出记录，并由参加监督检查的特种设备安全监察人员和被检查单位的有关负责人签字后归档。被检查单位的有关负责人拒绝签字的，特种设备安全监察人员应当将情况记录在案。

**第六十七条**　负责特种设备安全监督管理的部门及其工作人员不得推荐或者监制、监销特种设备；对履行职责过程中知悉的商业秘密负有保密义务。

**第六十八条**　国务院负责特种设备安全监督管理的部门和省、自治区、直辖市人民政府负责特种设备安全监督管理的部门应当定期向社会公布特种设备安全总体状况。

## 第五章　事故应急救援与调查处理

**第六十九条**　国务院负责特种设备安全监督管理的部门应当依法组织制定特种设备重特大事故应急预案，报国务院批准后纳入国家突发事件应急预案体系。

县级以上地方各级人民政府及其负责特种设备安全监督管理的部门应当依法组织制定本行政区域内特种设备事故应急预案，建立或者纳入相应的应急处置与救援体系。

特种设备使用单位应当制定特种设备事故应急专项预案，并定期进行应急演练。

**第七十条**　特种设备发生事故后，事故发生单位应当按照应急预案采取措施，组织抢救，防止事故扩大，减少人员伤亡和财产损失，保护事故现场和有关证据，并及时向事故发生地县级以上人民政府负责特种设备安全监督管理的部门和有关部门报告。

县级以上人民政府负责特种设备安全监督管理的部门接到事故报告，应当尽快核实情况，立即向本级人民政府报告，并按照规定逐级上报。必要时，负责特种设备安全监督管理的部门可以越级上报事故情况。对特别重大事故、重大事故，国务院负责特种设备安全监督管理的部门应当立即报告国务院并通报国务院安全生产监督管理部门等有关部门。

与事故相关的单位和人员不得迟报、谎报或者瞒报事故情况，不得隐匿、毁灭有关证据或者故意破坏事故现场。

**第七十一条**　事故发生地人民政府接到事故报告，应当依法启动应急预案，采取应急处置措施，组织应急救援。

**第七十二条**　特种设备发生特别重大事故，由国务院或者国务院授权有关部门组织事故调查组进行调查。

发生重大事故，由国务院负责特种设备安全监督管理的部门会同有关部门组织事故调查组进行调查。

发生较大事故，由省、自治区、直辖市人民政府负责特种设备安全监督管理的部门会同有关部门组织事故调查组进行调查。

发生一般事故，由设区的市级人民政府负责特种设备安全监督管理的部门会同有关部门组织事故调查组进行调查。

事故调查组应当依法、独立、公正开展调查，提出事故调查报告。

**第七十三条** 组织事故调查的部门应当将事故调查报告报本级人民政府，并报上一级人民政府负责特种设备安全监督管理的部门备案。有关部门和单位应当依照法律、行政法规的规定，追究事故责任单位和人员的责任。

事故责任单位应当依法落实整改措施，预防同类事故发生。事故造成损害的，事故责任单位应当依法承担赔偿责任。

## 第六章 法律责任

**第七十四条** 违反本法规定，未经许可从事特种设备生产活动的，责令停止生产，没收违法制造的特种设备，处十万元以上五十万元以下罚款；有违法所得的，没收违法所得；已经实施安装、改造、修理的，责令恢复原状或者责令限期由取得许可的单位重新安装、改造、修理。

**第七十五条** 违反本法规定，特种设备的设计文件未经鉴定，擅自用于制造的，责令改正，没收违法制造的特种设备，处五万元以上五十万元以下罚款。

**第七十六条** 违反本法规定，未进行型式试验的，责令限期改正；逾期未改正的，处三万元以上三十万元以下罚款。

**第七十七条** 违反本法规定，特种设备出厂时，未按照安全技术规范的要求随附相关技术资料和文件的，责令限期改正；逾期未改正的，责令停止制造、销售，处二万元以上二十万元以下罚款；有违法所得的，没收违法所得。

**第七十八条** 违反本法规定，特种设备安装、改造、修理的施工单位在施工前未书面告知负责特种设备安全监督管理的部门即行施工的，或者在验收后三十日内未将相关技术资料和文件移交特种设备使用单位的，责令限期改正；逾期未改正的，处一万元以上十万元以下罚款。

**第七十九条** 违反本法规定，特种设备的制造、安装、改造、重大修理以及锅炉清洗过程，未经监督检验的，责令限期改正；逾期未改正的，处五万元以上二十万元以下罚款；有违法所得的，没收违法所得；情节严重的，吊销生产许可证。

**第八十条** 违反本法规定，电梯制造单位有下列情形之一的，责令限期改正；逾期未改正的，处一万元以上十万元以下罚款：

（一）未按照安全技术规范的要求对电梯进行校验、调试的；

（二）对电梯的安全运行情况进行跟踪调查和了解时，发现存在严重事故隐患，未及时告知电梯使用单位并向负责特种设备安全监督管理的部门报告的。

**第八十一条** 违反本法规定，特种设备生产单位有下列行为之一的，责令限期改正；逾期未改正的，责令停止生产，处五万元以上五十万元以下罚款；情节严重的，吊销生产许可证：

（一）不再具备生产条件、生产许可证已经过期或者超出许可范围生产的；

（二）明知特种设备存在同一性缺陷，未立即停止生产并召回的。

违反本法规定，特种设备生产单位生产、销售、交付国家明令淘汰的特种设备的，责令停止生产、销售，没收违法生产、销售、交付的特种设备，处三万元以上三十万元以下罚款；有违法所得的，没收违法所得。

特种设备生产单位涂改、倒卖、出租、出借生产许可证的，责令停止生产，处五万元以上五十万元以下罚款；情节严重的，吊销生产许可证。

**第八十二条**　违反本法规定，特种设备经营单位有下列行为之一的，责令停止经营，没收违法经营的特种设备，处三万元以上三十万元以下罚款；有违法所得的，没收违法所得：

（一）销售、出租未取得许可生产，未经检验或者检验不合格的特种设备的；

（二）销售、出租国家明令淘汰、已经报废的特种设备，或者未按照安全技术规范的要求进行维护保养的特种设备的。

违反本法规定，特种设备销售单位未建立检查验收和销售记录制度，或者进口特种设备未履行提前告知义务的，责令改正，处一万元以上十万元以下罚款。

特种设备生产单位销售、交付未经检验或者检验不合格的特种设备的，依照本条第一款规定处罚；情节严重的，吊销生产许可证。

**第八十三条**　违反本法规定，特种设备使用单位有下列行为之一的，责令限期改正；逾期未改正的，责令停止使用有关特种设备，处一万元以上十万元以下罚款：

（一）使用特种设备未按照规定办理使用登记的；

（二）未建立特种设备安全技术档案或者安全技术档案不符合规定要求，或者未依法设置使用登记标志、定期检验标志的；

（三）未对其使用的特种设备进行经常性维护保养和定期自行检查，或者未对其使用的特种设备的安全附件、安全保护装置进行定期校验、检修，并作出记录的；

（四）未按照安全技术规范的要求及时申报并接受检验的；

（五）未按照安全技术规范的要求进行锅炉水（介）质处理的；

（六）未制定特种设备事故应急专项预案的。

**第八十四条**　违反本法规定，特种设备使用单位有下列行为之一的，责令停止使用有关特种设备，处三万元以上三十万元以下罚款：

（一）使用未取得许可生产，未经检验或者检验不合格的特种设备，或者国家明令淘汰、已经报废的特种设备的；

（二）特种设备出现故障或者发生异常情况，未对其进行全面检查、消除事故隐患，继续使用的；

（三）特种设备存在严重事故隐患，无改造、修理价值，或者达到安全技术规范规定的其他报废条件，未依法履行报废义务，并办理使用登记证书注销手续的。

**第八十五条**　违反本法规定，移动式压力容器、气瓶充装单位有下列行为之一的，责令改正，处二万元以上二十万元以下罚款；情节严重的，吊销充装许可证：

（一）未按照规定实施充装前后的检查、记录制度的；

（二）对不符合安全技术规范要求的移动式压力容器和气瓶进行充装的。

违反本法规定，未经许可，擅自从事移动式压力容器或者气瓶充装活动的，予以取缔，没收违法充装的气瓶，处十万元以上五十万元以下罚款；有违法所得的，没收违法所得。

**第八十六条**　违反本法规定，特种设备生产、经营、使用单位有下列情形之一的，责令限期改正；逾期未改正的，责令停止使用有关特种设备或者停产停业整顿，处一万元以上五万元以下罚款：

（一）未配备具有相应资格的特种设备安全管理人员、检测人员和作业人员的；

（二）使用未取得相应资格的人员从事特种设备安全管理、检测和作业的；

（三）未对特种设备安全管理人员、检测人员和作业人员进行安全教育和技能培训的。

**第八十七条** 违反本法规定，电梯、客运索道、大型游乐设施的运营使用单位有下列情形之一的，责令限期改正；逾期未改正的，责令停止使用有关特种设备或者停产停业整顿，处二万元以上十万元以下罚款：

（一）未设置特种设备安全管理机构或者配备专职的特种设备安全管理人员的；

（二）客运索道、大型游乐设施每日投入使用前，未进行试运行和例行安全检查，未对安全附件和安全保护装置进行检查确认的；

（三）未将电梯、客运索道、大型游乐设施的安全使用说明、安全注意事项和警示标志置于易于为乘客注意的显著位置的。

**第八十八条** 违反本法规定，未经许可，擅自从事电梯维护保养的，责令停止违法行为，处一万元以上十万元以下罚款；有违法所得的，没收违法所得。

电梯的维护保养单位未按照本法规定以及安全技术规范的要求，进行电梯维护保养的，依照前款规定处罚。

**第八十九条** 发生特种设备事故，有下列情形之一的，对单位处五万元以上二十万元以下罚款；对主要负责人处一万元以上五万元以下罚款；主要负责人属于国家工作人员的，并依法给予处分：

（一）发生特种设备事故时，不立即组织抢救或者在事故调查处理期间擅离职守或者逃匿的；

（二）对特种设备事故迟报、谎报或者瞒报的。

**第九十条** 发生事故，对负有责任的单位除要求其依法承担相应的赔偿等责任外，依照下列规定处以罚款：

（一）发生一般事故，处十万元以上二十万元以下罚款；

（二）发生较大事故，处二十万元以上五十万元以下罚款；

（三）发生重大事故，处五十万元以上二百万元以下罚款。

**第九十一条** 对事故发生负有责任的单位的主要负责人未依法履行职责或者负有领导责任的，依照下列规定处以罚款；属于国家工作人员的，并依法给予处分：

（一）发生一般事故，处上一年年收入百分之三十的罚款；

（二）发生较大事故，处上一年年收入百分之四十的罚款；

（三）发生重大事故，处上一年年收入百分之六十的罚款。

**第九十二条** 违反本法规定，特种设备安全管理人员、检测人员和作业人员不履行岗位职责，违反操作规程和有关安全规章制度，造成事故的，吊销相关人员的资格。

**第九十三条** 违反本法规定，特种设备检验、检测机构及其检验、检测人员有下列行为之一的，责令改正，对机构处五万元以上二十万元以下罚款，对直接负责的主管人员和其他直接责任人员处五千元以上五万元以下罚款；情节严重的，吊销机构资质和有关人员的资格：

（一）未经核准或者超出核准范围、使用未取得相应资格的人员从事检验、检测的；

（二）未按照安全技术规范的要求进行检验、检测的；

（三）出具虚假的检验、检测结果和鉴定结论或者检验、检测结果和鉴定结论严重失实的；

（四）发现特种设备存在严重事故隐患，未及时告知相关单位，并立即向负责特种设备安全监督管理的部门报告的；

（五）泄露检验、检测过程中知悉的商业秘密的；

（六）从事有关特种设备的生产、经营活动的；

（七）推荐或者监制、监销特种设备的；

（八）利用检验工作故意刁难相关单位的。

违反本法规定，特种设备检验、检测机构的检验、检测人员同时在两个以上检验、检测机构中执业的，处五千元以上五万元以下罚款；情节严重的，吊销其资格。

**第九十四条**　违反本法规定，负责特种设备安全监督管理的部门及其工作人员有下列行为之一的，由上级机关责令改正；对直接负责的主管人员和其他直接责任人员，依法给予处分：

（一）未依照法律、行政法规规定的条件、程序实施许可的；

（二）发现未经许可擅自从事特种设备的生产、使用或者检验、检测活动不予取缔或者不依法予以处理的；

（三）发现特种设备生产单位不再具备本法规定的条件而不吊销其许可证，或者发现特种设备生产、经营、使用违法行为不予查处的；

（四）发现特种设备检验、检测机构不再具备本法规定的条件而不撤销其核准，或者对其出具虚假的检验、检测结果和鉴定结论或者检验、检测结果和鉴定结论严重失实的行为不予查处的；

（五）发现违反本法规定和安全技术规范要求的行为或者特种设备存在事故隐患，不立即处理的；

（六）发现重大违法行为或者特种设备存在严重事故隐患，未及时向上级负责特种设备安全监督管理的部门报告，或者接到报告的负责特种设备安全监督管理的部门不立即处理的；

（七）要求已经依照本法规定在其他地方取得许可的特种设备生产单位重复取得许可，或者要求对已经依照本法规定在其他地方检验合格的特种设备重复进行检验的；

（八）推荐或者监制、监销特种设备的；

（九）泄露履行职责过程中知悉的商业秘密的；

（十）接到特种设备事故报告未立即向本级人民政府报告，并按照规定上报的；

（十一）迟报、漏报、谎报或者瞒报事故的；

（十二）妨碍事故救援或者事故调查处理的；

（十三）其他滥用职权、玩忽职守、徇私舞弊的行为。

**第九十五条**　违反本法规定，特种设备生产、经营、使用单位或者检验、检测机构拒不接受负责特种设备安全监督管理的部门依法实施的监督检查的，责令限期改正；逾期未改正的，责令停产停业整顿，处二万元以上二十万元以下罚款。

特种设备生产、经营、使用单位擅自动用、调换、转移、损毁被查封、扣押的特种设备或者其主要部件的，责令改正，处五万元以上二十万元以下罚款；情节严重的，吊销生产许可证，注销特种设备使用登记证书。

**第九十六条**　违反本法规定，被依法吊销许可证的，自吊销许可证之日起三年内，负责特种设备安全监督管理的部门不予受理其新的许可申请。

**第九十七条** 违反本法规定，造成人身、财产损害的，依法承担民事责任。

违反本法规定，应当承担民事赔偿责任和缴纳罚款、罚金，其财产不足以同时支付时，先承担民事赔偿责任。

**第九十八条** 违反本法规定，构成违反治安管理行为的，依法给予治安管理处罚；构成犯罪的，依法追究刑事责任。

## 第七章 附 则

**第九十九条** 特种设备行政许可、检验的收费，依照法律、行政法规的规定执行。

**第一百条** 军事装备、核设施、航空航天器使用的特种设备安全的监督管理不适用本法。

铁路机车、海上设施和船舶、矿山井下使用的特种设备以及民用机场专用设备安全的监督管理，房屋建筑工地、市政工程工地用起重机械和场（厂）内专用机动车辆的安装、使用的监督管理，由有关部门依照本法和其他有关法律的规定实施。

**第一百零一条** 本法自2014年1月1日起施行。

# 8. 中华人民共和国环境保护法

(1989 年 12 月 26 日第七届全国人民代表大会常务委员会第十一次会议通过。
2014 年 4 月 24 日第十二届全国人民代表大会常务委员会第八次会议修订)

## 第一章　总　　则

**第一条**　为保护和改善环境,防治污染和其他公害,保障公众健康,推进生态文明建设,促进经济社会可持续发展,制定本法。

**第二条**　本法所称环境,是指影响人类生存和发展的各种天然的和经过人工改造的自然因素的总体,包括大气、水、海洋、土地、矿藏、森林、草原、湿地、野生生物、自然遗迹、人文遗迹、自然保护区、风景名胜区、城市和乡村等。

**第三条**　本法适用于中华人民共和国领域和中华人民共和国管辖的其他海域。

**第四条**　保护环境是国家的基本国策。

国家采取有利于节约和循环利用资源、保护和改善环境、促进人与自然和谐的经济、技术政策和措施,使经济社会发展与环境保护相协调。

**第五条**　环境保护坚持保护优先、预防为主、综合治理、公众参与、损害担责的原则。

**第六条**　一切单位和个人都有保护环境的义务。

地方各级人民政府应当对本行政区域的环境质量负责。

企业事业单位和其他生产经营者应当防止、减少环境污染和生态破坏,对所造成的损害依法承担责任。

公民应当增强环境保护意识,采取低碳、节俭的生活方式,自觉履行环境保护义务。

**第七条**　国家支持环境保护科学技术研究、开发和应用,鼓励环境保护产业发展,促进环境保护信息化建设,提高环境保护科学技术水平。

**第八条**　各级人民政府应当加大保护和改善环境、防治污染和其他公害的财政投入,提高财政资金的使用效益。

**第九条**　各级人民政府应当加强环境保护宣传和普及工作,鼓励基层群众性自治组织、社会组织、环境保护志愿者开展环境保护法律法规和环境保护知识的宣传,营造保护环境的良好风气。

教育行政部门、学校应当将环境保护知识纳入学校教育内容,培养学生的环境保护意识。

新闻媒体应当开展环境保护法律法规和环境保护知识的宣传,对环境违法行为进行舆论监督。

**第十条**　国务院环境保护主管部门,对全国环境保护工作实施统一监督管理;县级以上地方人民政府环境保护主管部门,对本行政区域环境保护工作实施统一监督管理。

县级以上人民政府有关部门和军队环境保护部门,依照有关法律的规定对资源保护和污染防治等环境保护工作实施监督管理。

**第十一条** 对保护和改善环境有显著成绩的单位和个人，由人民政府给予奖励。

**第十二条** 每年6月5日为环境日。

## 第二章 监督管理

**第十三条** 县级以上人民政府应当将环境保护工作纳入国民经济和社会发展规划。

国务院环境保护主管部门会同有关部门，根据国民经济和社会发展规划编制国家环境保护规划，报国务院批准并公布实施。

县级以上地方人民政府环境保护主管部门会同有关部门，根据国家环境保护规划的要求，编制本行政区域的环境保护规划，报同级人民政府批准并公布实施。

环境保护规划的内容应当包括生态保护和污染防治的目标、任务、保障措施等，并与主体功能区规划、土地利用总体规划和城乡规划等相衔接。

**第十四条** 国务院有关部门和省、自治区、直辖市人民政府组织制定经济、技术政策，应当充分考虑对环境的影响，听取有关方面和专家的意见。

**第十五条** 国务院环境保护主管部门制定国家环境质量标准。

省、自治区、直辖市人民政府对国家环境质量标准中未作规定的项目，可以制定地方环境质量标准；对国家环境质量标准中已作规定的项目，可以制定严于国家环境质量标准的地方环境质量标准。地方环境质量标准应当报国务院环境保护主管部门备案。

国家鼓励开展环境基准研究。

**第十六条** 国务院环境保护主管部门根据国家环境质量标准和国家经济、技术条件，制定国家污染物排放标准。

省、自治区、直辖市人民政府对国家污染物排放标准中未作规定的项目，可以制定地方污染物排放标准；对国家污染物排放标准中已作规定的项目，可以制定严于国家污染物排放标准的地方污染物排放标准。地方污染物排放标准应当报国务院环境保护主管部门备案。

**第十七条** 国家建立、健全环境监测制度。国务院环境保护主管部门制定监测规范，会同有关部门组织监测网络，统一规划国家环境质量监测站（点）的设置，建立监测数据共享机制，加强对环境监测的管理。

有关行业、专业等各类环境质量监测站（点）的设置应当符合法律法规规定和监测规范的要求。

监测机构应当使用符合国家标准的监测设备，遵守监测规范。监测机构及其负责人对监测数据的真实性和准确性负责。

**第十八条** 省级以上人民政府应当组织有关部门或者委托专业机构，对环境状况进行调查、评价，建立环境资源承载能力监测预警机制。

**第十九条** 编制有关开发利用规划，建设对环境有影响的项目，应当依法进行环境影响评价。

未依法进行环境影响评价的开发利用规划，不得组织实施；未依法进行环境影响评价的建设项目，不得开工建设。

**第二十条** 国家建立跨行政区域的重点区域、流域环境污染和生态破坏联合防治协调机制，实行统一规划、统一标准、统一监测、统一的防治措施。

前款规定以外的跨行政区域的环境污染和生态破坏的防治，由上级人民政府协调解决，或者由有关地方人民政府协商解决。

**第二十一条** 国家采取财政、税收、价格、政府采购等方面的政策和措施，鼓励和支持环境保护技术装备、资源综合利用和环境服务等环境保护产业的发展。

**第二十二条** 企业事业单位和其他生产经营者，在污染物排放符合法定要求的基础上，进一步减少污染物排放的，人民政府应当依法采取财政、税收、价格、政府采购等方面的政策和措施予以鼓励和支持。

**第二十三条** 企业事业单位和其他生产经营者，为改善环境，依照有关规定转产、搬迁、关闭的，人民政府应当予以支持。

**第二十四条** 县级以上人民政府环境保护主管部门及其委托的环境监察机构和其他负有环境保护监督管理职责的部门，有权对排放污染物的企业事业单位和其他生产经营者进行现场检查。被检查者应当如实反映情况，提供必要的资料。实施现场检查的部门、机构及其工作人员应当为被检查者保守商业秘密。

**第二十五条** 企业事业单位和其他生产经营者违反法律法规规定排放污染物，造成或者可能造成严重污染的，县级以上人民政府环境保护主管部门和其他负有环境保护监督管理职责的部门，可以查封、扣押造成污染物排放的设施、设备。

**第二十六条** 国家实行环境保护目标责任制和考核评价制度。县级以上人民政府应当将环境保护目标完成情况纳入对本级人民政府负有环境保护监督管理职责的部门及其负责人和下级人民政府及其负责人的考核内容，作为对其考核评价的重要依据。考核结果应当向社会公开。

**第二十七条** 县级以上人民政府应当每年向本级人民代表大会或者人民代表大会常务委员会报告环境状况和环境保护目标完成情况，对发生的重大环境事件应当及时向本级人民代表大会常务委员会报告，依法接受监督。

## 第三章 保护和改善环境

**第二十八条** 地方各级人民政府应当根据环境保护目标和治理任务，采取有效措施，改善环境质量。

未达到国家环境质量标准的重点区域、流域的有关地方人民政府，应当制定限期达标规划，并采取措施按期达标。

**第二十九条** 国家在重点生态功能区、生态环境敏感区和脆弱区等区域划定生态保护红线，实行严格保护。

各级人民政府对具有代表性的各种类型的自然生态系统区域，珍稀、濒危的野生动植物自然分布区域，重要的水源涵养区域，具有重大科学文化价值的地质构造、著名溶洞和化石分布区、冰川、火山、温泉等自然遗迹，以及人文遗迹、古树名木，应当采取措施予以保护，严禁破坏。

**第三十条** 开发利用自然资源，应当合理开发，保护生物多样性，保障生态安全，依法制定有关生态保护和恢复治理方案并予以实施。

引进外来物种以及研究、开发和利用生物技术，应当采取措施，防止对生物多样性的破坏。

**第三十一条** 国家建立、健全生态保护补偿制度。

国家加大对生态保护地区的财政转移支付力度。有关地方人民政府应当落实生态保护补偿资金，确保其用于生态保护补偿。

国家指导受益地区和生态保护地区人民政府通过协商或者按照市场规则进行生态保护补偿。

**第三十二条** 国家加强对大气、水、土壤等的保护，建立和完善相应的调查、监测、评估和修复制度。

**第三十三条** 各级人民政府应当加强对农业环境的保护，促进农业环境保护新技术的使用，加强对农业污染源的监测预警，统筹有关部门采取措施，防治土壤污染和土地沙化、盐渍化、贫瘠化、石漠化、地面沉降以及防治植被破坏、水土流失、水体富营养化、水源枯竭、种源灭绝等生态失调现象，推广植物病虫害的综合防治。

县级、乡级人民政府应当提高农村环境保护公共服务水平，推动农村环境综合整治。

**第三十四条** 国务院和沿海地方各级人民政府应当加强对海洋环境的保护。向海洋排放污染物、倾倒废弃物，进行海岸工程和海洋工程建设，应当符合法律法规规定和有关标准，防止和减少对海洋环境的污染损害。

**第三十五条** 城乡建设应当结合当地自然环境的特点，保护植被、水域和自然景观，加强城市园林、绿地和风景名胜区的建设与管理。

**第三十六条** 国家鼓励和引导公民、法人和其他组织使用有利于保护环境的产品和再生产品，减少废弃物的产生。

国家机关和使用财政资金的其他组织应当优先采购和使用节能、节水、节材等有利于保护环境的产品、设备和设施。

**第三十七条** 地方各级人民政府应当采取措施，组织对生活废弃物的分类处置、回收利用。

**第三十八条** 公民应当遵守环境保护法律法规，配合实施环境保护措施，按照规定对生活废弃物进行分类放置，减少日常生活对环境造成的损害。

**第三十九条** 国家建立、健全环境与健康监测、调查和风险评估制度；鼓励和组织开展环境质量对公众健康影响的研究，采取措施预防和控制与环境污染有关的疾病。

## 第四章　防治污染和其他公害

**第四十条** 国家促进清洁生产和资源循环利用。

国务院有关部门和地方各级人民政府应当采取措施，推广清洁能源的生产和使用。

企业应当优先使用清洁能源，采用资源利用率高、污染物排放量少的工艺、设备以及废弃物综合利用技术和污染物无害化处理技术，减少污染物的产生。

**第四十一条** 建设项目中防治污染的设施，应当与主体工程同时设计、同时施工、同时投产使用。防治污染的设施应当符合经批准的环境影响评价文件的要求，不得擅自拆除或者闲置。

**第四十二条** 排放污染物的企业事业单位和其他生产经营者，应当采取措施，防治在生产建设或者其他活动中产生的废气、废水、废渣、医疗废物、粉尘、恶臭气体、放射性物质以及噪声、振动、光辐射、电磁辐射等对环境的污染和危害。

排放污染物的企业事业单位，应当建立环境保护责任制度，明确单位负责人和相关人员的责任。

重点排污单位应当按照国家有关规定和监测规范安装使用监测设备，保证监测设备正常运行，保存原始监测记录。

严禁通过暗管、渗井、渗坑、灌注或者篡改、伪造监测数据，或者不正常运行防治污染设施等逃避监管的方式违法排放污染物。

**第四十三条**　排放污染物的企业事业单位和其他生产经营者，应当按照国家有关规定缴纳排污费。排污费应当全部专项用于环境污染防治，任何单位和个人不得截留、挤占或者挪作他用。

依照法律规定征收环境保护税的，不再征收排污费。

**第四十四条**　国家实行重点污染物排放总量控制制度。重点污染物排放总量控制指标由国务院下达，省、自治区、直辖市人民政府分解落实。企业事业单位在执行国家和地方污染物排放标准的同时，应当遵守分解落实到本单位的重点污染物排放总量控制指标。

对超过国家重点污染物排放总量控制指标或者未完成国家确定的环境质量目标的地区，省级以上人民政府环境保护主管部门应当暂停审批其新增重点污染物排放总量的建设项目环境影响评价文件。

**第四十五条**　国家依照法律规定实行排污许可管理制度。

实行排污许可管理的企业事业单位和其他生产经营者应当按照排污许可证的要求排放污染物；未取得排污许可证的，不得排放污染物。

**第四十六条**　国家对严重污染环境的工艺、设备和产品实行淘汰制度。任何单位和个人不得生产、销售或者转移、使用严重污染环境的工艺、设备和产品。

禁止引进不符合我国环境保护规定的技术、设备、材料和产品。

**第四十七条**　各级人民政府及其有关部门和企业事业单位，应当依照《中华人民共和国突发事件应对法》的规定，做好突发环境事件的风险控制、应急准备、应急处置和事后恢复等工作。

县级以上人民政府应当建立环境污染公共监测预警机制，组织制定预警方案；环境受到污染，可能影响公众健康和环境安全时，依法及时公布预警信息，启动应急措施。

企业事业单位应当按照国家有关规定制定突发环境事件应急预案，报环境保护主管部门和有关部门备案。在发生或者可能发生突发环境事件时，企业事业单位应当立即采取措施处理，及时通报可能受到危害的单位和居民，并向环境保护主管部门和有关部门报告。

突发环境事件应急处置工作结束后，有关人民政府应当立即组织评估事件造成的环境影响和损失，并及时将评估结果向社会公布。

**第四十八条**　生产、储存、运输、销售、使用、处置化学物品和含有放射性物质的物品，应当遵守国家有关规定，防止污染环境。

**第四十九条**　各级人民政府及其农业等有关部门和机构应当指导农业生产经营者科学种植和养殖，科学合理施用农药、化肥等农业投入品，科学处置农用薄膜、农作物秸秆等农业废弃物，防止农业面源污染。

禁止将不符合农用标准和环境保护标准的固体废物、废水施入农田。施用农药、化肥等农业投入品及进行灌溉，应当采取措施，防止重金属和其他有毒有害物质污染环境。

畜禽养殖场、养殖小区、定点屠宰企业等的选址、建设和管理应当符合有关法律法规规定。从事畜禽养殖和屠宰的单位和个人应当采取措施，对畜禽粪便、尸体和污水等废弃物进行科学处置，防止污染环境。

县级人民政府负责组织农村生活废弃物的处置工作。

**第五十条** 各级人民政府应当在财政预算中安排资金，支持农村饮用水水源地保护、生活污水和其他废弃物处理、畜禽养殖和屠宰污染防治、土壤污染防治和农村工矿污染治理等环境保护工作。

**第五十一条** 各级人民政府应当统筹城乡建设污水处理设施及配套管网，固体废物的收集、运输和处置等环境卫生设施，危险废物集中处置设施、场所以及其他环境保护公共设施，并保障其正常运行。

**第五十二条** 国家鼓励投保环境污染责任保险。

## 第五章 信息公开和公众参与

**第五十三条** 公民、法人和其他组织依法享有获取环境信息、参与和监督环境保护的权利。

各级人民政府环境保护主管部门和其他负有环境保护监督管理职责的部门，应当依法公开环境信息、完善公众参与程序，为公民、法人和其他组织参与和监督环境保护提供便利。

**第五十四条** 国务院环境保护主管部门统一发布国家环境质量、重点污染源监测信息及其他重大环境信息。省级以上人民政府环境保护主管部门定期发布环境状况公报。

县级以上人民政府环境保护主管部门和其他负有环境保护监督管理职责的部门，应当依法公开环境质量、环境监测、突发环境事件以及环境行政许可、行政处罚、排污费的征收和使用情况等信息。

县级以上地方人民政府环境保护主管部门和其他负有环境保护监督管理职责的部门，应当将企业事业单位和其他生产经营者的环境违法信息记入社会诚信档案，及时向社会公布违法者名单。

**第五十五条** 重点排污单位应当如实向社会公开其主要污染物的名称、排放方式、排放浓度和总量、超标排放情况，以及防治污染设施的建设和运行情况，接受社会监督。

**第五十六条** 对依法应当编制环境影响报告书的建设项目，建设单位应当在编制时向可能受影响的公众说明情况，充分征求意见。

负责审批建设项目环境影响评价文件的部门在收到建设项目环境影响报告书后，除涉及国家秘密和商业秘密的事项外，应当全文公开；发现建设项目未充分征求公众意见的，应当责成建设单位征求公众意见。

**第五十七条** 公民、法人和其他组织发现任何单位和个人有污染环境和破坏生态行为的，有权向环境保护主管部门或者其他负有环境保护监督管理职责的部门举报。

公民、法人和其他组织发现地方各级人民政府、县级以上人民政府环境保护主管部门和其他负有环境保护监督管理职责的部门不依法履行职责的，有权向其上级机关或者监察机关举报。

接受举报的机关应当对举报人的相关信息予以保密,保护举报人的合法权益。

**第五十八条**　对污染环境、破坏生态,损害社会公共利益的行为,符合下列条件的社会组织可以向人民法院提起诉讼:

(一)依法在设区的市级以上人民政府民政部门登记;

(二)专门从事环境保护公益活动连续五年以上且无违法记录。

符合前款规定的社会组织向人民法院提起诉讼,人民法院应当依法受理。

提起诉讼的社会组织不得通过诉讼牟取经济利益。

## 第六章　法律责任

**第五十九条**　企业事业单位和其他生产经营者违法排放污染物,受到罚款处罚,被责令改正,拒不改正的,依法作出处罚决定的行政机关可以自责令改正之日的次日起,按照原处罚数额按日连续处罚。

前款规定的罚款处罚,依照有关法律法规按照防治污染设施的运行成本、违法行为造成的直接损失或者违法所得等因素确定的规定执行。

地方性法规可以根据环境保护的实际需要,增加第一款规定的按日连续处罚的违法行为的种类。

**第六十条**　企业事业单位和其他生产经营者超过污染物排放标准或者超过重点污染物排放总量控制指标排放污染物的,县级以上人民政府环境保护主管部门可以责令其采取限制生产、停产整治等措施;情节严重的,报经有批准权的人民政府批准,责令停业、关闭。

**第六十一条**　建设单位未依法提交建设项目环境影响评价文件或者环境影响评价文件未经批准,擅自开工建设的,由负有环境保护监督管理职责的部门责令停止建设,处以罚款,并可以责令恢复原状。

**第六十二条**　违反本法规定,重点排污单位不公开或者不如实公开环境信息的,由县级以上地方人民政府环境保护主管部门责令公开,处以罚款,并予以公告。

**第六十三条**　企业事业单位和其他生产经营者有下列行为之一,尚不构成犯罪的,除依照有关法律法规规定予以处罚外,由县级以上人民政府环境保护主管部门或者其他有关部门将案件移送公安机关,对其直接负责的主管人员和其他直接责任人员,处十日以上十五日以下拘留;情节较轻的,处五日以上十日以下拘留:

(一)建设项目未依法进行环境影响评价,被责令停止建设,拒不执行的;

(二)违反法律规定,未取得排污许可证排放污染物,被责令停止排污,拒不执行的;

(三)通过暗管、渗井、渗坑、灌注或者篡改、伪造监测数据,或者不正常运行防治污染设施等逃避监管的方式违法排放污染物的;

(四)生产、使用国家明令禁止生产、使用的农药,被责令改正,拒不改正的。

**第六十四条**　因污染环境和破坏生态造成损害的,应当依照《中华人民共和国侵权责任法》的有关规定承担侵权责任。

**第六十五条**　环境影响评价机构、环境监测机构以及从事环境监测设备和防治污染设施维护、运营的机构,在有关环境服务活动中弄虚作假,对造成的环境污染和生态破坏负有责任的,除依照有关法律法规规定予以处罚外,还应当与造成环境污染和生态破坏的其他责任者承担连带责任。

**第六十六条** 提起环境损害赔偿诉讼的时效期间为三年,从当事人知道或者应当知道其受到损害时起计算。

**第六十七条** 上级人民政府及其环境保护主管部门应当加强对下级人民政府及其有关部门环境保护工作的监督。发现有关工作人员有违法行为,依法应当给予处分的,应当向其任免机关或者监察机关提出处分建议。

依法应当给予行政处罚,而有关环境保护主管部门不给予行政处罚的,上级人民政府环境保护主管部门可以直接作出行政处罚的决定。

**第六十八条** 地方各级人民政府、县级以上人民政府环境保护主管部门和其他负有环境保护监督管理职责的部门有下列行为之一的,对直接负责的主管人员和其他直接责任人员给予记过、记大过或者降级处分;造成严重后果的,给予撤职或者开除处分,其主要负责人应当引咎辞职:

(一)不符合行政许可条件准予行政许可的;

(二)对环境违法行为进行包庇的;

(三)依法应当作出责令停业、关闭的决定而未作出的;

(四)对超标排放污染物、采用逃避监管的方式排放污染物、造成环境事故以及不落实生态保护措施造成生态破坏等行为,发现或者接到举报未及时查处的;

(五)违反本法规定,查封、扣押企业事业单位和其他生产经营者的设施、设备的;

(六)篡改、伪造或者指使篡改、伪造监测数据的;

(七)应当依法公开环境信息而未公开的;

(八)将征收的排污费截留、挤占或者挪作他用的;

(九)法律法规规定的其他违法行为。

**第六十九条** 违反本法规定,构成犯罪的,依法追究刑事责任。

## 第七章 附 则

**第七十条** 本法自2015年1月1日起施行。

# 9. 中华人民共和国水土保持法

(1991 年 6 月 29 日第七届全国人民代表大会常务委员会第二十次会议通过。
2010 年 12 月 25 日第十一届全国人民代表大会常务委员会第十八次会议修订)

## 第一章　总　　则

**第一条**　为了预防和治理水土流失,保护和合理利用水土资源,减轻水、旱、风沙灾害,改善生态环境,保障经济社会可持续发展,制定本法。

**第二条**　在中华人民共和国境内从事水土保持活动,应当遵守本法。

本法所称水土保持,是指对自然因素和人为活动造成水土流失所采取的预防和治理措施。

**第三条**　水土保持工作实行预防为主、保护优先、全面规划、综合治理、因地制宜、突出重点、科学管理、注重效益的方针。

**第四条**　县级以上人民政府应当加强对水土保持工作的统一领导,将水土保持工作纳入本级国民经济和社会发展规划,对水土保持规划确定的任务,安排专项资金,并组织实施。

国家在水土流失重点预防区和重点治理区,实行地方各级人民政府水土保持目标责任制和考核奖惩制度。

**第五条**　国务院水行政主管部门主管全国的水土保持工作。

国务院水行政主管部门在国家确定的重要江河、湖泊设立的流域管理机构(以下简称流域管理机构),在所管辖范围内依法承担水土保持监督管理职责。

县级以上地方人民政府水行政主管部门主管本行政区域的水土保持工作。

县级以上人民政府林业、农业、国土资源等有关部门按照各自职责,做好有关的水土流失预防和治理工作。

**第六条**　各级人民政府及其有关部门应当加强水土保持宣传和教育工作,普及水土保持科学知识,增强公众的水土保持意识。

**第七条**　国家鼓励和支持水土保持科学技术研究,提高水土保持科学技术水平,推广先进的水土保持技术,培养水土保持科学技术人才。

**第八条**　任何单位和个人都有保护水土资源、预防和治理水土流失的义务,并有权对破坏水土资源、造成水土流失的行为进行举报。

**第九条**　国家鼓励和支持社会力量参与水土保持工作。

对水土保持工作中成绩显著的单位和个人,由县级以上人民政府给予表彰和奖励。

## 第二章　规　　划

**第十条**　水土保持规划应当在水土流失调查结果及水土流失重点预防区和重点治理区划

定的基础上，遵循统筹协调、分类指导的原则编制。

**第十一条** 国务院水行政主管部门应当定期组织全国水土流失调查并公告调查结果。

省、自治区、直辖市人民政府水行政主管部门负责本行政区域的水土流失调查并公告调查结果，公告前应当将调查结果报国务院水行政主管部门备案。

**第十二条** 县级以上人民政府应当依据水土流失调查结果划定并公告水土流失重点预防区和重点治理区。

对水土流失潜在危险较大的区域，应当划定为水土流失重点预防区；对水土流失严重的区域，应当划定为水土流失重点治理区。

**第十三条** 水土保持规划的内容应当包括水土流失状况、水土流失类型区划分、水土流失防治目标、任务和措施等。

水土保持规划包括对流域或者区域预防和治理水土流失、保护和合理利用水土资源作出的整体部署，以及根据整体部署对水土保持专项工作或者特定区域预防和治理水土流失作出的专项部署。

水土保持规划应当与土地利用总体规划、水资源规划、城乡规划和环境保护规划等相协调。

编制水土保持规划，应当征求专家和公众的意见。

**第十四条** 县级以上人民政府水行政主管部门会同同级人民政府有关部门编制水土保持规划，报本级人民政府或者其授权的部门批准后，由水行政主管部门组织实施。

水土保持规划一经批准，应当严格执行；经批准的规划根据实际情况需要修改的，应当按照规划编制程序报原批准机关批准。

**第十五条** 有关基础设施建设、矿产资源开发、城镇建设、公共服务设施建设等方面的规划，在实施过程中可能造成水土流失的，规划的组织编制机关应当在规划中提出水土流失预防和治理的对策和措施，并在规划报请审批前征求本级人民政府水行政主管部门的意见。

## 第三章 预　　防

**第十六条** 地方各级人民政府应当按照水土保持规划，采取封育保护、自然修复等措施，组织单位和个人植树种草，扩大林草覆盖面积，涵养水源，预防和减轻水土流失。

**第十七条** 地方各级人民政府应当加强对取土、挖砂、采石等活动的管理，预防和减轻水土流失。

禁止在崩塌、滑坡危险区和泥石流易发区从事取土、挖砂、采石等可能造成水土流失的活动。崩塌、滑坡危险区和泥石流易发区的范围，由县级以上地方人民政府划定并公告。崩塌、滑坡危险区和泥石流易发区的划定，应当与地质灾害防治规划确定的地质灾害易发区、重点防治区相衔接。

**第十八条** 水土流失严重、生态脆弱的地区，应当限制或者禁止可能造成水土流失的生产建设活动，严格保护植物、沙壳、结皮、地衣等。

在侵蚀沟的沟坡和沟岸、河流的两岸以及湖泊和水库的周边，土地所有权人、使用权人或者有关管理单位应当营造植物保护带。禁止开垦、开发植物保护带。

**第十九条** 水土保持设施的所有权人或者使用权人应当加强对水土保持设施的管理与维

护，落实管护责任，保障其功能正常发挥。

**第二十条**　禁止在二十五度以上陡坡地开垦种植农作物。在二十五度以上陡坡地种植经济林的，应当科学选择树种，合理确定规模，采取水土保持措施，防止造成水土流失。

省、自治区、直辖市根据本行政区域的实际情况，可以规定小于二十五度的禁止开垦坡度。禁止开垦的陡坡地的范围由当地县级人民政府划定并公告。

**第二十一条**　禁止毁林、毁草开垦和采集发菜。禁止在水土流失重点预防区和重点治理区铲草皮、挖树兜或者滥挖虫草、甘草、麻黄等。

**第二十二条**　林木采伐应当采用合理方式，严格控制皆伐；对水源涵养林、水土保持林、防风固沙林等防护林只能进行抚育和更新性质的采伐；对采伐区和集材道应当采取防止水土流失的措施，并在采伐后及时更新造林。

在林区采伐林木的，采伐方案中应当有水土保持措施。采伐方案经林业主管部门批准后，由林业主管部门和水行政主管部门监督实施。

**第二十三条**　在五度以上坡地植树造林、抚育幼林、种植中药材等，应当采取水土保持措施。

在禁止开垦坡度以下、五度以上的荒坡地开垦种植农作物，应当采取水土保持措施。具体办法由省、自治区、直辖市根据本行政区域的实际情况规定。

**第二十四条**　生产建设项目选址、选线应当避让水土流失重点预防区和重点治理区；无法避让的，应当提高防治标准，优化施工工艺，减少地表扰动和植被损坏范围，有效控制可能造成的水土流失。

**第二十五条**　在山区、丘陵区、风沙区以及水土保持规划确定的容易发生水土流失的其他区域开办可能造成水土流失的生产建设项目，生产建设单位应当编制水土保持方案，报县级以上人民政府水行政主管部门审批，并按照经批准的水土保持方案，采取水土流失预防和治理措施。没有能力编制水土保持方案的，应当委托具备相应技术条件的机构编制。

水土保持方案应当包括水土流失预防和治理的范围、目标、措施和投资等内容。

水土保持方案经批准后，生产建设项目的地点、规模发生重大变化的，应当补充或者修改水土保持方案并报原审批机关批准。水土保持方案实施过程中，水土保持措施需要作出重大变更的，应当经原审批机关批准。

生产建设项目水土保持方案的编制和审批办法，由国务院水行政主管部门制定。

**第二十六条**　依法应当编制水土保持方案的生产建设项目，生产建设单位未编制水土保持方案或者水土保持方案未经水行政主管部门批准的，生产建设项目不得开工建设。

**第二十七条**　依法应当编制水土保持方案的生产建设项目中的水土保持设施，应当与主体工程同时设计、同时施工、同时投产使用；生产建设项目竣工验收，应当验收水土保持设施；水土保持设施未经验收或者验收不合格的，生产建设项目不得投产使用。

**第二十八条**　依法应当编制水土保持方案的生产建设项目，其生产建设活动中排弃的砂、石、土、矸石、尾矿、废渣等应当综合利用；不能综合利用，确需废弃的，应当堆放在水土保持方案确定的专门存放地，并采取措施保证不产生新的危害。

**第二十九条**　县级以上人民政府水行政主管部门、流域管理机构，应当对生产建设项目水土保持方案的实施情况进行跟踪检查，发现问题及时处理。

## 第四章　治　　理

**第三十条**　国家加强水土流失重点预防区和重点治理区的坡耕地改梯田、淤地坝等水土保持重点工程建设，加大生态修复力度。

县级以上人民政府水行政主管部门应当加强对水土保持重点工程的建设管理，建立和完善运行管护制度。

**第三十一条**　国家加强江河源头区、饮用水水源保护区和水源涵养区水土流失的预防和治理工作，多渠道筹集资金，将水土保持生态效益补偿纳入国家建立的生态效益补偿制度。

**第三十二条**　开办生产建设项目或者从事其他生产建设活动造成水土流失的，应当进行治理。

在山区、丘陵区、风沙区以及水土保持规划确定的容易发生水土流失的其他区域开办生产建设项目或者从事其他生产建设活动，损坏水土保持设施、地貌植被，不能恢复原有水土保持功能的，应当缴纳水土保持补偿费，专项用于水土流失预防和治理。专项水土流失预防和治理由水行政主管部门负责组织实施。水土保持补偿费的收取使用管理办法由国务院财政部门、国务院价格主管部门会同国务院水行政主管部门制定。

生产建设项目在建设过程中和生产过程中发生的水土保持费用，按照国家统一的财务会计制度处理。

**第三十三条**　国家鼓励单位和个人按照水土保持规划参与水土流失治理，并在资金、技术、税收等方面予以扶持。

**第三十四条**　国家鼓励和支持承包治理荒山、荒沟、荒丘、荒滩，防治水土流失，保护和改善生态环境，促进土地资源的合理开发和可持续利用，并依法保护土地承包合同当事人的合法权益。

承包治理荒山、荒沟、荒丘、荒滩和承包水土流失严重地区农村土地的，在依法签订的土地承包合同中应当包括预防和治理水土流失责任的内容。

**第三十五条**　在水力侵蚀地区，地方各级人民政府及其有关部门应当组织单位和个人，以天然沟壑及其两侧山坡地形成的小流域为单元，因地制宜地采取工程措施、植物措施和保护性耕作等措施，进行坡耕地和沟道水土流失综合治理。

在风力侵蚀地区，地方各级人民政府及其有关部门应当组织单位和个人，因地制宜地采取轮封轮牧、植树种草、设置人工沙障和网格林带等措施，建立防风固沙防护体系。

在重力侵蚀地区，地方各级人民政府及其有关部门应当组织单位和个人，采取监测、径流排导、削坡减载、支挡固坡、修建拦挡工程等措施，建立监测、预报、预警体系。

**第三十六条**　在饮用水水源保护区，地方各级人民政府及其有关部门应当组织单位和个人，采取预防保护、自然修复和综合治理措施，配套建设植物过滤带，积极推广沼气，开展清洁小流域建设，严格控制化肥和农药的使用，减少水土流失引起的面源污染，保护饮用水水源。

**第三十七条**　已在禁止开垦的陡坡地上开垦种植农作物的，应当按照国家有关规定退耕，植树种草；耕地短缺、退耕确有困难的，应当修建梯田或者采取其他水土保持措施。

在禁止开垦坡度以下的坡耕地上开垦种植农作物的，应当根据不同情况，采取修建梯田、坡面水系整治、蓄水保土耕作或者退耕等措施。

**第三十八条**　对生产建设活动所占用土地的地表土应当进行分层剥离、保存和利用，做到土石方挖填平衡，减少地表扰动范围；对废弃的砂、石、土、矸石、尾矿、废渣等存放地，应当采取拦挡、坡面防护、防洪排导等措施。生产建设活动结束后，应当及时在取土场、开挖面和存放地的裸露土地上植树种草、恢复植被，对闭库的尾矿库进行复垦。

在干旱缺水地区从事生产建设活动，应当采取防止风力侵蚀措施，设置降水蓄渗设施，充分利用降水资源。

**第三十九条**　国家鼓励和支持在山区、丘陵区、风沙区以及容易发生水土流失的其他区域，采取下列有利于水土保持的措施：

（一）免耕、等高耕作、轮耕轮作、草田轮作、间作套种等；

（二）封禁抚育、轮封轮牧、舍饲圈养；

（三）发展沼气、节柴灶，利用太阳能、风能和水能，以煤、电、气代替薪柴等；

（四）从生态脆弱地区向外移民；

（五）其他有利于水土保持的措施。

## 第五章　监测和监督

**第四十条**　县级以上人民政府水行政主管部门应当加强水土保持监测工作，发挥水土保持监测工作在政府决策、经济社会发展和社会公众服务中的作用。县级以上人民政府应当保障水土保持监测工作经费。

国务院水行政主管部门应当完善全国水土保持监测网络，对全国水土流失进行动态监测。

**第四十一条**　对可能造成严重水土流失的大中型生产建设项目，生产建设单位应当自行或者委托具备水土保持监测资质的机构，对生产建设活动造成的水土流失进行监测，并将监测情况定期上报当地水行政主管部门。

从事水土保持监测活动应当遵守国家有关技术标准、规范和规程，保证监测质量。

**第四十二条**　国务院水行政主管部门和省、自治区、直辖市人民政府水行政主管部门应当根据水土保持监测情况，定期对下列事项进行公告：

（一）水土流失类型、面积、强度、分布状况和变化趋势；

（二）水土流失造成的危害；

（三）水土流失预防和治理情况。

**第四十三条**　县级以上人民政府水行政主管部门负责对水土保持情况进行监督检查。流域管理机构在其管辖范围内可以行使国务院水行政主管部门的监督检查职权。

**第四十四条**　水政监督检查人员依法履行监督检查职责时，有权采取下列措施：

（一）要求被检查单位或者个人提供有关文件、证照、资料；

（二）要求被检查单位或者个人就预防和治理水土流失的有关情况作出说明；

（三）进入现场进行调查、取证。

被检查单位或者个人拒不停止违法行为，造成严重水土流失的，报经水行政主管部门批准，可以查封、扣押实施违法行为的工具及施工机械、设备等。

**第四十五条**　水政监督检查人员依法履行监督检查职责时，应当出示执法证件。被检查单位或者个人对水土保持监督检查工作应当给予配合，如实报告情况，提供有关文件、证照、资料;不得拒绝或者阻碍水政监督检查人员依法执行公务。

**第四十六条** 不同行政区域之间发生水土流失纠纷应当协商解决;协商不成的,由共同的上一级人民政府裁决。

## 第六章 法律责任

**第四十七条** 水行政主管部门或者其他依照本法规定行使监督管理权的部门,不依法作出行政许可决定或者办理批准文件的,发现违法行为或者接到对违法行为的举报不予查处的,或者有其他未依照本法规定履行职责的行为的,对直接负责的主管人员和其他直接责任人员依法给予处分。

**第四十八条** 违反本法规定,在崩塌、滑坡危险区或者泥石流易发区从事取土、挖砂、采石等可能造成水土流失的活动的,由县级以上地方人民政府水行政主管部门责令停止违法行为,没收违法所得,对个人处一千元以上一万元以下的罚款,对单位处二万元以上二十万元以下的罚款。

**第四十九条** 违反本法规定,在禁止开垦坡度以上陡坡地开垦种植农作物,或者在禁止开垦、开发的植物保护带内开垦、开发的,由县级以上地方人民政府水行政主管部门责令停止违法行为,采取退耕、恢复植被等补救措施;按照开垦或者开发面积,可以对个人处每平方米二元以下的罚款、对单位处每平方米十元以下的罚款。

**第五十条** 违反本法规定,毁林、毁草开垦的,依照《中华人民共和国森林法》、《中华人民共和国草原法》的有关规定处罚。

**第五十一条** 违反本法规定,采集发菜,或者在水土流失重点预防区和重点治理区铲草皮、挖树兜、滥挖虫草、甘草、麻黄等的,由县级以上地方人民政府水行政主管部门责令停止违法行为,采取补救措施,没收违法所得,并处违法所得一倍以上五倍以下的罚款;没有违法所得的,可以处五万元以下的罚款。

在草原地区有前款规定违法行为的,依照《中华人民共和国草原法》的有关规定处罚。

**第五十二条** 在林区采伐林木不依法采取防止水土流失措施的,由县级以上地方人民政府林业主管部门、水行政主管部门责令限期改正,采取补救措施;造成水土流失的,由水行政主管部门按照造成水土流失的面积处每平方米二元以上十元以下的罚款。

**第五十三条** 违反本法规定,有下列行为之一的,由县级以上人民政府水行政主管部门责令停止违法行为,限期补办手续;逾期不补办手续的,处五万元以上五十万元以下的罚款;对生产建设单位直接负责的主管人员和其他直接责任人员依法给予处分:

(一)依法应当编制水土保持方案的生产建设项目,未编制水土保持方案或者编制的水土保持方案未经批准而开工建设的;

(二)生产建设项目的地点、规模发生重大变化,未补充、修改水土保持方案或者补充、修改的水土保持方案未经原审批机关批准的;

(三)水土保持方案实施过程中,未经原审批机关批准,对水土保持措施作出重大变更的。

**第五十四条** 违反本法规定,水土保持设施未经验收或者验收不合格将生产建设项目投产使用的,由县级以上人民政府水行政主管部门责令停止生产或者使用,直至验收合格,并处五万元以上五十万元以下的罚款。

**第五十五条**　违反本法规定，在水土保持方案确定的专门存放地以外的区域倾倒砂、石、土、矸石、尾矿、废渣等的，由县级以上地方人民政府水行政主管部门责令停止违法行为，限期清理，按照倾倒数量处每立方米十元以上二十元以下的罚款；逾期仍不清理的，县级以上地方人民政府水行政主管部门可以指定有清理能力的单位代为清理，所需费用由违法行为人承担。

**第五十六条**　违反本法规定，开办生产建设项目或者从事其他生产建设活动造成水土流失，不进行治理的，由县级以上人民政府水行政主管部门责令限期治理；逾期仍不治理的，县级以上人民政府水行政主管部门可以指定有治理能力的单位代为治理，所需费用由违法行为人承担。

**第五十七条**　违反本法规定，拒不缴纳水土保持补偿费的，由县级以上人民政府水行政主管部门责令限期缴纳；逾期不缴纳的，自滞纳之日起按日加收滞纳部分万分之五的滞纳金，可以处应缴水土保持补偿费三倍以下的罚款。

**第五十八条**　违反本法规定，造成水土流失危害的，依法承担民事责任；构成违反治安管理行为的，由公安机关依法给予治安管理处罚；构成犯罪的，依法追究刑事责任。

## 第七章　附　　则

**第五十九条**　县级以上地方人民政府根据当地实际情况确定的负责水土保持工作的机构，行使本法规定的水行政主管部门水土保持工作的职责。

**第六十条**　本法自 2011 年 3 月 1 日起施行。

# 10. 中共中央　国务院印发《交通强国建设纲要》

（2019年9月）

近日，中共中央、国务院印发了《交通强国建设纲要》，并发出通知，要求各地区各部门结合实际认真贯彻落实。

《交通强国建设纲要》全文如下。

建设交通强国是以习近平同志为核心的党中央立足国情、着眼全局、面向未来作出的重大战略决策，是建设现代化经济体系的先行领域，是全面建成社会主义现代化强国的重要支撑，是新时代做好交通工作的总抓手。为统筹推进交通强国建设，制定本纲要。

## 一、总体要求

（一）指导思想。以习近平新时代中国特色社会主义思想为指导，深入贯彻党的十九大精神，紧紧围绕统筹推进“五位一体”总体布局和协调推进“四个全面”战略布局，坚持稳中求进工作总基调，坚持新发展理念，坚持推动高质量发展，坚持以供给侧结构性改革为主线，坚持以人民为中心的发展思想，牢牢把握交通“先行官”定位，适度超前，进一步解放思想、开拓进取，推动交通发展由追求速度规模向更加注重质量效益转变，由各种交通方式相对独立发展向更加注重一体化融合发展转变，由依靠传统要素驱动向更加注重创新驱动转变，构建安全、便捷、高效、绿色、经济的现代化综合交通体系，打造一流设施、一流技术、一流管理、一流服务，建成人民满意、保障有力、世界前列的交通强国，为全面建成社会主义现代化强国、实现中华民族伟大复兴中国梦提供坚强支撑。

（二）发展目标

到2020年，完成决胜全面建成小康社会交通建设任务和“十三五”现代综合交通运输体系发展规划各项任务，为交通强国建设奠定坚实基础。

从2021年到本世纪中叶，分两个阶段推进交通强国建设。

到2035年，基本建成交通强国。现代化综合交通体系基本形成，人民满意度明显提高，支撑国家现代化建设能力显著增强；拥有发达的快速网、完善的干线网、广泛的基础网，城乡区域交通协调发展达到新高度；基本形成“全国123出行交通圈”（都市区1小时通勤、城市群2小时通达、全国主要城市3小时覆盖）和“全球123快货物流圈”（国内1天送达、周边国家2天送达、全球主要城市3天送达），旅客联程运输便捷顺畅，货物多式联运高效经济；智能、平安、绿色、共享交通发展水平明显提高，城市交通拥堵基本缓解，无障碍出行服务体系基本完善；交通科技创新体系基本建成，交通关键装备先进安全，人才队伍精良，市场环境优良；基本实现交通治理体系和治理能力现代化；交通国际竞争力和影响力显著提升。

到本世纪中叶，全面建成人民满意、保障有力、世界前列的交通强国。基础设施规模质量、技术装备、科技创新能力、智能化与绿色化水平位居世界前列,交通安全水平、治理能力、文明程度、国际竞争力及影响力达到国际先进水平,全面服务和保障社会主义现代化强国建设,人民享有美好交通服务。

## 二、基础设施布局完善、立体互联

(一)建设现代化高质量综合立体交通网络。以国家发展规划为依据,发挥国土空间规划的指导和约束作用,统筹铁路、公路、水运、民航、管道、邮政等基础设施规划建设,以多中心、网络化为主形态,完善多层次网络布局,优化存量资源配置,扩大优质增量供给,实现立体互联,增强系统弹性。强化西部地区补短板,推进东北地区提质改造,推动中部地区大通道大枢纽建设,加速东部地区优化升级,形成区域交通协调发展新格局。

(二)构建便捷顺畅的城市(群)交通网。建设城市群一体化交通网,推进干线铁路、城际铁路、市域(郊)铁路、城市轨道交通融合发展,完善城市群快速公路网络,加强公路与城市道路衔接。尊重城市发展规律,立足促进城市的整体性、系统性、生长性,统筹安排城市功能和用地布局,科学制定和实施城市综合交通体系规划。推进城市公共交通设施建设,强化城市轨道交通与其他交通方式衔接,完善快速路、主次干路、支路级配和结构合理的城市道路网,打通道路微循环,提高道路通达性,完善城市步行和非机动车交通系统,提升步行、自行车等出行品质,完善无障碍设施。科学规划建设城市停车设施,加强充电、加氢、加气和公交站点等设施建设。全面提升城市交通基础设施智能化水平。

(三)形成广覆盖的农村交通基础设施网。全面推进"四好农村路"建设,加快实施通村组硬化路建设,建立规范化可持续管护机制。促进交通建设与农村地区资源开发、产业发展有机融合,加强特色农产品优势区与旅游资源富集区交通建设。大力推进革命老区、民族地区、边疆地区、贫困地区、垦区林区交通发展,实现以交通便利带动脱贫减贫,深度贫困地区交通建设项目尽量向进村入户倾斜。推动资源丰富和人口相对密集贫困地区开发性铁路建设,在有条件的地区推进具备旅游、农业作业、应急救援等功能的通用机场建设,加强农村邮政等基础设施建设。

(四)构筑多层级、一体化的综合交通枢纽体系。依托京津冀、长三角、粤港澳大湾区等世界级城市群,打造具有全球竞争力的国际海港枢纽、航空枢纽和邮政快递核心枢纽,建设一批全国性、区域性交通枢纽,推进综合交通枢纽一体化规划建设,提高换乘换装水平,完善集疏运体系。大力发展枢纽经济。

## 三、交通装备先进适用、完备可控

(一)加强新型载运工具研发。实现3万吨级重载列车、时速250公里级高速轮轨货运列车等方面的重大突破。加强智能网联汽车(智能汽车、自动驾驶、车路协同)研发,形成自主可控完整的产业链。强化大中型邮轮、大型液化天然气船、极地航行船舶、智能船舶、新能源船舶等自主设计建造能力。完善民用飞机产品谱系,在大型民用飞机、重型直升机、通用航空器等方面取得显著进展。

(二)加强特种装备研发。推进隧道工程、整跨吊运安装设备等工程机械装备研发。研发水下机器人、深潜水装备、大型溢油回收船、大型深远海多功能救助船等新型装备。

（三）推进装备技术升级。推广新能源、清洁能源、智能化、数字化、轻量化、环保型交通装备及成套技术装备。广泛应用智能高铁、智能道路、智能航运、自动化码头、数字管网、智能仓储和分拣系统等新型装备设施，开发新一代智能交通管理系统。提升国产飞机和发动机技术水平，加强民用航空器、发动机研发制造和适航审定体系建设。推广应用交通装备的智能检测监测和运维技术。加速淘汰落后技术和高耗低效交通装备。

## 四、运输服务便捷舒适、经济高效

（一）推进出行服务快速化、便捷化。构筑以高铁、航空为主体的大容量、高效率区际快速客运服务，提升主要通道旅客运输能力。完善航空服务网络，逐步加密机场网建设，大力发展支线航空，推进干支有效衔接，提高航空服务能力和品质。提高城市群内轨道交通通勤化水平，推广城际道路客运公交化运行模式，打造旅客联程运输系统。加强城市交通拥堵综合治理，优先发展城市公共交通，鼓励引导绿色公交出行，合理引导个体机动化出行。推进城乡客运服务一体化，提升公共服务均等化水平，保障城乡居民行有所乘。

（二）打造绿色高效的现代物流系统。优化运输结构，加快推进港口集疏运铁路、物流园区及大型工矿企业铁路专用线等“公转铁”重点项目建设，推进大宗货物及中长距离货物运输向铁路和水运有序转移。推动铁水、公铁、公水、空陆等联运发展，推广跨方式快速换装转运标准化设施设备，形成统一的多式联运标准和规则。发挥公路货运“门到门”优势。完善航空物流网络，提升航空货运效率。推进电商物流、冷链物流、大件运输、危险品物流等专业化物流发展，促进城际干线运输和城市末端配送有机衔接，鼓励发展集约化配送模式。综合利用多种资源，完善农村配送网络，促进城乡双向流通。落实减税降费政策，优化物流组织模式，提高物流效率，降低物流成本。

（三）加速新业态新模式发展。深化交通运输与旅游融合发展，推动旅游专列、旅游风景道、旅游航道、自驾车房车营地、游艇旅游、低空飞行旅游等发展，完善客运枢纽、高速公路服务区等交通设施旅游服务功能。大力发展共享交通，打造基于移动智能终端技术的服务系统，实现出行即服务。发展“互联网＋”高效物流，创新智慧物流营运模式。培育充满活力的通用航空及市域（郊）铁路市场，完善政府购买服务政策，稳步扩大短途运输、公益服务、航空消费等市场规模。建立通达全球的寄递服务体系，推动邮政普遍服务升级换代。加快快递扩容增效和数字化转型，壮大供应链服务、冷链快递、即时直递等新业态新模式，推进智能收投终端和末端公共服务平台建设。积极发展无人机（车）物流递送、城市地下物流配送等。

## 五、科技创新富有活力、智慧引领

（一）强化前沿关键科技研发。瞄准新一代信息技术、人工智能、智能制造、新材料、新能源等世界科技前沿，加强对可能引发交通产业变革的前瞻性、颠覆性技术研究。强化汽车、民用飞行器、船舶等装备动力传动系统研发，突破高效率、大推力/大功率发动机装备设备关键技术。加强区域综合交通网络协调运营与服务技术、城市综合交通协同管控技术、基于船岸协同的内河航运安全管控与应急搜救技术等研发。合理统筹安排时速 600 公里级高速磁悬浮系统、时速400公里级高速轮轨(含可变轨距)客运列车系统、低真空管(隧)道高速列车等技术储备研发。

(二)大力发展智慧交通。推动大数据、互联网、人工智能、区块链、超级计算等新技术与交通行业深度融合。推进数据资源赋能交通发展,加速交通基础设施网、运输服务网、能源网与信息网络融合发展,构建泛在先进的交通信息基础设施。构建综合交通大数据中心体系,深化交通公共服务和电子政务发展。推进北斗卫星导航系统应用。

(三)完善科技创新机制。建立以企业为主体、产学研用深度融合的技术创新机制,鼓励交通行业各类创新主体建立创新联盟,建立关键核心技术攻关机制。建设一批具有国际影响力的实验室、试验基地、技术创新中心等创新平台,加大资源开放共享力度,优化科研资金投入机制。构建适应交通高质量发展的标准体系,加强重点领域标准有效供给。

## 六、安全保障完善可靠、反应快速

(一)提升本质安全水平。完善交通基础设施安全技术标准规范,持续加大基础设施安全防护投入,提升关键基础设施安全防护能力。构建现代化工程建设质量管理体系,推进精品建造和精细管理。强化交通基础设施养护,加强基础设施运行监测检测,提高养护专业化、信息化水平,增强设施耐久性和可靠性。强化载运工具质量治理,保障运输装备安全。

(二)完善交通安全生产体系。完善依法治理体系,健全交通安全生产法规制度和标准规范。完善安全责任体系,强化企业主体责任,明确部门监管责任。完善预防控制体系,有效防控系统性风险,建立交通装备、工程第三方认证制度。强化安全生产事故调查评估。完善网络安全保障体系,增强科技兴安能力,加强交通信息基础设施安全保护。完善支撑保障体系,加强安全设施建设。建立自然灾害交通防治体系,提高交通防灾抗灾能力。加强交通安全综合治理,切实提高交通安全水平。

(三)强化交通应急救援能力。建立健全综合交通应急管理体制机制、法规制度和预案体系,加强应急救援专业装备、设施、队伍建设,积极参与国际应急救援合作。强化应急救援社会协同能力,完善征用补偿机制。

## 七、绿色发展节约集约、低碳环保

(一)促进资源节约集约利用。加强土地、海域、无居民海岛、岸线、空域等资源节约集约利用,提升用地用海用岛效率。加强老旧设施更新利用,推广施工材料、废旧材料再生和综合利用,推进邮件快件包装绿色化、减量化,提高资源再利用和循环利用水平,推进交通资源循环利用产业发展。

(二)强化节能减排和污染防治。优化交通能源结构,推进新能源、清洁能源应用,促进公路货运节能减排,推动城市公共交通工具和城市物流配送车辆全部实现电动化、新能源化和清洁化。打好柴油货车污染治理攻坚战,统筹油、路、车治理,有效防治公路运输大气污染。严格执行国家和地方污染物控制标准及船舶排放区要求,推进船舶、港口污染防治。降低交通沿线噪声、振动,妥善处理好大型机场噪声影响。开展绿色出行行动,倡导绿色低碳出行理念。

(三)强化交通生态环境保护修复。严守生态保护红线,严格落实生态保护和水土保持措施，严格实施生态修复、地质环境治理恢复与土地复垦，将生态环保理念贯穿交通基础设施规划、建设、运营和养护全过程。推进生态选线选址，强化生态环保设计，避让耕地、林地、湿地等具有重要生态功能的国土空间。建设绿色交通廊道。

## 八、开放合作面向全球、互利共赢

（一）构建互联互通、面向全球的交通网络。以丝绸之路经济带六大国际经济合作走廊为主体，推进与周边国家铁路、公路、航道、油气管道等基础设施互联互通。提高海运、民航的全球连接度，建设世界一流的国际航运中心，推进21世纪海上丝绸之路建设。拓展国际航运物流，发展铁路国际班列，推进跨境道路运输便利化，大力发展航空物流枢纽，构建国际寄递物流供应链体系，打造陆海新通道。维护国际海运重要通道安全与畅通。

（二）加大对外开放力度。吸引外资进入交通领域，全面落实准入前国民待遇加负面清单管理制度。协同推进自由贸易试验区、中国特色自由贸易港建设。鼓励国内交通企业积极参与“一带一路”沿线交通基础设施建设和国际运输市场合作，打造世界一流交通企业。

（三）深化交通国际合作。提升国际合作深度与广度，形成国家、社会、企业多层次合作渠道。拓展国际合作平台，积极打造交通新平台，吸引重要交通国际组织来华落驻。积极推动全球交通治理体系建设与变革，促进交通运输政策、规则、制度、技术、标准“引进来”和“走出去”，积极参与交通国际组织事务框架下规则、标准制定修订。提升交通国际话语权和影响力。

## 九、人才队伍精良专业、创新奉献

（一）培育高水平交通科技人才。坚持高精尖缺导向，培养一批具有国际水平的战略科技人才、科技领军人才、青年科技人才和创新团队，培养交通一线创新人才，支持各领域各学科人才进入交通相关产业行业。推进交通高端智库建设，完善专家工作体系。

（二）打造素质优良的交通劳动者大军。弘扬劳模精神和工匠精神，造就一支素质优良的知识型、技能型、创新型劳动者大军。大力培养支撑中国制造、中国创造的交通技术技能人才队伍，构建适应交通发展需要的现代职业教育体系。

（三）建设高素质专业化交通干部队伍。落实建设高素质专业化干部队伍要求，打造一支忠诚干净担当的高素质干部队伍。注重专业能力培养，增强干部队伍适应现代综合交通运输发展要求的能力。加强优秀年轻干部队伍建设，加强国际交通组织人才培养。

## 十、完善治理体系，提升治理能力

（一）深化行业改革。坚持法治引领，完善综合交通法规体系，推动重点领域法律法规制定修订。不断深化铁路、公路、航道、空域管理体制改革，建立健全适应综合交通一体化发展的体制机制。推动国家铁路企业股份制改造、邮政企业混合所有制改革，支持民营企业健康发展。统筹制定交通发展战略、规划和政策，加快建设现代化综合交通体系。强化规划协同，实现“多规合一”“多规融合”。

（二）优化营商环境。健全市场治理规则，深入推进简政放权，破除区域壁垒，防止市场垄

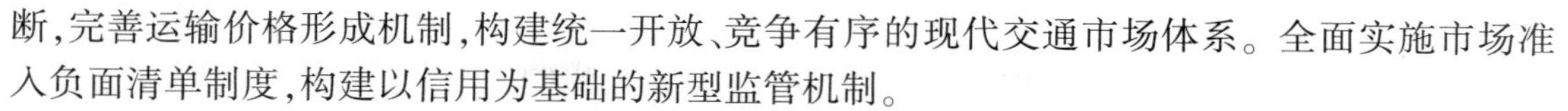

断，完善运输价格形成机制，构建统一开放、竞争有序的现代交通市场体系。全面实施市场准入负面清单制度，构建以信用为基础的新型监管机制。

（三）扩大社会参与。健全公共决策机制，实行依法决策、民主决策。鼓励交通行业组织积极参与行业治理，引导社会组织依法自治、规范自律，拓宽公众参与交通治理渠道。推动政府信息公开，建立健全公共监督机制。

（四）培育交通文明。推进优秀交通文化传承创新，加强重要交通遗迹遗存、现代交通重大工程的保护利用和精神挖掘，讲好中国交通故事。弘扬以“两路”精神、青藏铁路精神、民航英雄机组等为代表的交通精神，增强行业凝聚力和战斗力。全方位提升交通参与者文明素养，引导文明出行，营造文明交通环境，推动全社会交通文明程度大幅提升。

## 十一、保障措施

（一）加强党的领导。坚持党的全面领导，充分发挥党总揽全局、协调各方的作用。建立统筹协调的交通强国建设实施工作机制，强化部门协同、上下联动、军地互动，整体有序推进交通强国建设工作。

（二）加强资金保障。深化交通投融资改革，增强可持续发展能力，完善政府主导、分级负责、多元筹资、风险可控的资金保障和运行管理体制。建立健全中央和地方各级财政投入保障制度，鼓励采用多元化市场融资方式拓宽融资渠道，积极引导社会资本参与交通强国建设，强化风险防控机制建设。

（三）加强实施管理。各地区各部门要提高对交通强国建设重大意义的认识，科学制定配套政策和配置公共资源，促进自然资源、环保、财税、金融、投资、产业、贸易等政策与交通强国建设相关政策协同，部署若干重大工程、重大项目，合理规划交通强国建设进程。鼓励有条件的地方和企业在交通强国建设中先行先试。交通运输部要会同有关部门加强跟踪分析和督促指导，建立交通强国评价指标体系，重大事项及时向党中央、国务院报告。

# 11. 中共中央　国务院印发《质量强国建设纲要》

（2023年2月6日）

建设质量强国是推动高质量发展、促进我国经济由大向强转变的重要举措，是满足人民美好生活需要的重要途径。为统筹推进质量强国建设，全面提高我国质量总体水平，制定本纲要。

## 一、形势背景

质量是人类生产生活的重要保障。党的十八大以来，在以习近平同志为核心的党中央坚强领导下，我国质量事业实现跨越式发展，质量强国建设取得历史性成效。全民质量意识显著提高，质量管理和品牌发展能力明显增强，产品、工程、服务质量总体水平稳步提升，质量安全更有保障，一批重大技术装备、重大工程、重要消费品、新兴领域高技术产品的质量达到国际先进水平，商贸、旅游、金融、物流等服务质量明显改善；产业和区域质量竞争力持续提升，质量基础设施效能逐步彰显，质量对提高全要素生产率和促进经济发展的贡献更加突出，人民群众质量获得感显著增强。

当今世界正经历百年未有之大变局，新一轮科技革命和产业变革深入发展，引发质量理念、机制、实践的深刻变革。质量作为繁荣国际贸易、促进产业发展、增进民生福祉的关键要素，越来越成为经济、贸易、科技、文化等领域的焦点。当前，我国质量水平的提高仍然滞后于经济社会发展，质量发展基础还不够坚实。

面对新形势新要求，必须把推动发展的立足点转到提高质量和效益上来，培育以技术、标准、品牌、质量、服务等为核心的经济发展新优势，推动中国制造向中国创造转变、中国速度向中国质量转变、中国产品向中国品牌转变，坚定不移推进质量强国建设。

## 二、总体要求

（一）指导思想。以习近平新时代中国特色社会主义思想为指导，立足新发展阶段，完整、准确、全面贯彻新发展理念，构建新发展格局，统筹发展和安全，以推动高质量发展为主题，以提高供给质量为主攻方向，以改革创新为根本动力，以满足人民日益增长的美好生活需要为根本目的，深入实施质量强国战略，牢固树立质量第一意识，健全质量政策，加强全面质量管理，促进质量变革创新，着力提升产品、工程、服务质量，着力推动品牌建设，着力增强产业质量竞争力，着力提高经济发展质量效益，着力提高全民质量素养，积极对接国际先进技术、规则、标准，全方位建设质量强国，为全面建设社会主义现代化国家、实现中华民族伟大复兴的中国梦提供质量支撑。

（二）主要目标

到2025年，质量整体水平进一步全面提高，中国品牌影响力稳步提升，人民群众质量获得感、满意度明显增强，质量推动经济社会发展的作用更加突出，质量强国建设取得阶段性成效。

——经济发展质量效益明显提升。经济结构更加优化，创新能力显著提升，现代化经济体系建设取得重大进展，单位GDP资源能源消耗不断下降，经济发展新动能和质量新优势显著增强。

——产业质量竞争力持续增强。制约产业发展的质量瓶颈不断突破，产业链供应链整体现代化水平显著提高，一二三产业质量效益稳步提高，农业标准化生产普及率稳步提升，制造业质量竞争力指数达到86，服务业供给有效满足产业转型升级和居民消费升级需要，质量竞争型产业规模显著扩大，建成一批具有引领力的质量卓越产业集群。

——产品、工程、服务质量水平显著提升。质量供给和需求更加适配，农产品质量安全例行监测合格率和食品抽检合格率均达到98%以上，制造业产品质量合格率达到94%，工程质量抽查符合率不断提高，消费品质量合格率有效支撑高品质生活需要，服务质量满意度全面提升。

——品牌建设取得更大进展。品牌培育、发展、壮大的促进机制和支持制度更加健全，品牌建设水平显著提高，企业争创品牌、大众信赖品牌的社会氛围更加浓厚，品质卓越、特色鲜明的品牌领军企业持续涌现，形成一大批质量过硬、优势明显的中国品牌。

——质量基础设施更加现代高效。质量基础设施管理体制机制更加健全、布局更加合理，计量、标准、认证认可、检验检测等实现更高水平协同发展，建成若干国家级质量标准实验室，打造一批高效实用的质量基础设施集成服务基地。

——质量治理体系更加完善。质量政策法规更加健全，质量监管体系更趋完备，重大质量安全风险防控机制更加有效，质量管理水平普遍提高，质量人才队伍持续壮大，质量专业技术人员结构和数量更好适配现代质量管理需要，全民质量素养不断增强，质量发展环境更加优化。

到2035年，质量强国建设基础更加牢固，先进质量文化蔚然成风，质量和品牌综合实力达到更高水平。

## 三、推动经济质量效益型发展

（三）增强质量发展创新动能。建立政产学研用深度融合的质量创新体系，协同开展质量领域技术、管理、制度创新。加强质量领域基础性、原创性研究，集中实施一批产业链供应链质量攻关项目，突破一批重大标志性质量技术和装备。开展质量管理数字化赋能行动，推动质量策划、质量控制、质量保证、质量改进等全流程信息化、网络化、智能化转型。加强专利、商标、版权、地理标志、植物新品种、集成电路布图设计等知识产权保护，提升知识产权公共服务能力。建立质量专业化服务体系，协同推进技术研发、标准研制、产业应用，打通质量创新成果转化应用渠道。

（四）树立质量发展绿色导向。开展重点行业和重点产品资源效率对标提升行动，加快低碳零碳负碳关键核心技术攻关，推动高耗能行业低碳转型。全面推行绿色设计、绿色制造、绿色建造，健全统一的绿色产品标准、认证、标识体系，大力发展绿色供应链。优化资源循环利用技术标准，实现资源绿色、高效再利用。建立健全碳达峰、碳中和标准计量体系，推动建立国际互认的碳计量基标准、碳监测及效果评估机制。建立实施国土空间生态修复标准体系。建立绿色产品消费促进制度,推广绿色生活方式。

(五)强化质量发展利民惠民。开展质量惠民行动,顺应消费升级趋势,推动企业加快产品创新、服务升级、质量改进,促进定制、体验、智能、时尚等新型消费提质扩容,满足多样化、多层级消费需求。开展放心消费创建活动,推动经营者诚信自律,营造安全消费环境,加强售后服务保障。完善质量多元救济机制,鼓励企业投保产品、工程、服务质量相关保险,健全质量保证金制度,推行消费争议先行赔付,开展消费投诉信息公示,加强消费者权益保护,让人民群众买得放心、吃得安心、用得舒心。

## 四、增强产业质量竞争力

(六)强化产业基础质量支撑。聚焦产业基础质量短板,分行业实施产业基础质量提升工程,加强重点领域产业基础质量攻关,实现工程化突破和产业化应用。开展材料质量提升关键共性技术研发和应用验证,提高材料质量稳定性、一致性、适用性水平。改进基础零部件与元器件性能指标,提升可靠性、耐久性、先进性。推进基础制造工艺与质量管理、数字智能、网络技术深度融合,提高生产制造敏捷度和精益性。支持通用基础软件、工业软件、平台软件、应用软件工程化开发,实现工业质量分析与控制软件关键技术突破。加强技术创新、标准研制、计量测试、合格评定、知识产权、工业数据等产业技术基础能力建设,加快产业基础高级化进程。

(七)提高产业质量竞争水平。推动产业质量升级,加强产业链全面质量管理,着力提升关键环节、关键领域质量管控水平。开展对标达标提升行动,以先进标准助推传统产业提质增效和新兴产业高起点发展。推进农业品种培优、品质提升、品牌打造和标准化生产,全面提升农业生产质量效益。加快传统制造业技术迭代和质量升级,强化战略性新兴产业技术、质量、管理协同创新,培育壮大质量竞争型产业,推动制造业高端化、智能化、绿色化发展,大力发展服务型制造。加快培育服务业新业态新模式,以质量创新促进服务场景再造、业务再造、管理再造,推动生产性服务业向专业化和价值链高端延伸,推动生活性服务业向高品质和多样化升级。完善服务业质量标准,加强服务业质量监测,优化服务业市场环境。加快大数据、网络、人工智能等新技术的深度应用,促进现代服务业与先进制造业、现代农业融合发展。

(八)提升产业集群质量引领力。支持先导性、支柱性产业集群加强先进技术应用、质量创新、质量基础设施升级,培育形成一批技术质量优势突出、产业链融通发展的产业集群。深化产业集群质量管理机制创新,构建质量管理协同、质量资源共享、企业分工协作的质量发展良好生态。组建一批产业集群质量标准创新合作平台,加强创新技术研发,开展先进标准研制,推广卓越质量管理实践。依托国家级新区、国家高新技术产业开发区、自由贸易试验区等,打造技术、质量、管理创新策源地,培育形成具有引领力的质量卓越产业集群。

(九)打造区域质量发展新优势。加强质量政策引导,推动区域质量发展与生产力布局、区位优势、环境承载能力及社会发展需求对接融合。推动东部地区发挥质量变革创新的引领带动作用,增强质量竞争新优势,实现整体质量提升。引导中西部地区因地制宜发展特色产业,促进区域内支柱产业质量升级,培育形成质量发展比较优势。推动东北地区优化质量发展

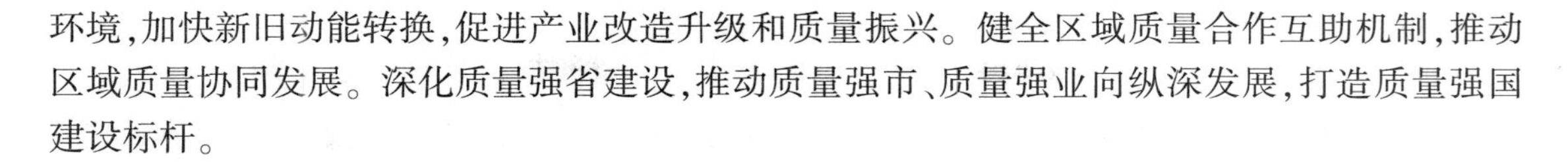

环境，加快新旧动能转换，促进产业改造升级和质量振兴。健全区域质量合作互助机制，推动区域质量协同发展。深化质量强省建设，推动质量强市、质量强业向纵深发展，打造质量强国建设标杆。

**专栏1　区域质量发展示范工程**

——建设国家质量创新先导区。在质量治理理念先进、质量变革创新活跃、产业质量优势显著、城乡质量发展均衡的区域，依托中心城市、城市群开展质量协同发展试点，建设国家质量创新先导区，探索构建新型质量治理体制机制和现代质量政策体系，率先探索有特色的质量效益型发展路径。

——打造质量强国标杆城市。推动不同类型城市立足自身定位和资源要素优势，制定实施城市质量发展战略，支持城市导入全面质量管理方法，运用数字技术和标准手段推动城市管理理念、方法、模式创新，推动城市建设与质量发展融合共进，促进城市精细化、品质化、智能化发展。

——创建质量品牌提升示范区。鼓励产业园区、产业集聚区等创造性开展质量提升行动，制定和实施先进质量标准，通过质量人才培养、质量品牌建设、质量基础设施服务，培育一批产业集群商标和区域品牌，提升产业质量效益。

## 五、加快产品质量提档升级

（十）提高农产品食品药品质量安全水平。严格落实食品安全“四个最严”要求，实行全主体、全品种、全链条监管，确保人民群众“舌尖上的安全”。强化农产品质量安全保障，制定农产品质量监测追溯互联互通标准，加大监测力度，依法依规严厉打击违法违规使用禁限用药物行为，严格管控直接上市农产品农兽药残留超标问题，加强优质农产品基地建设，推行承诺达标合格证制度，推进绿色食品、有机农产品、良好农业规范的认证管理，深入实施地理标志农产品保护工程，推进现代农业全产业链标准化试点。深入实施食品安全战略，推进食品安全放心工程。调整优化食品产业布局，加快产业技术改造升级。完善食品安全标准体系，推动食品生产企业建立实施危害分析和关键控制点体系，加强生产经营过程质量安全控制。加快构建全程覆盖、运行高效的农产品食品安全监管体系，强化信用和智慧赋能质量安全监管，提升农产品食品全链条质量安全水平。加强药品和疫苗全生命周期管理，推动临床急需和罕见病治疗药品、医疗器械审评审批提速，提高药品检验检测和生物制品（疫苗）批签发能力，优化中药审评机制，加速推进化学原料药、中药技术研发和质量标准升级，提升仿制药与原研药、专利药的质量和疗效一致性。加强农产品食品药品冷链物流设施建设，完善信息化追溯体系，实现重点类别产品全过程可追溯。

（十一）优化消费品供给品类。实施消费品质量提升行动，加快升级消费品质量标准，提高研发设计与生产质量，推动消费品质量从生产端符合型向消费端适配型转变，促进增品种、提品质、创品牌。加快传统消费品迭代创新，推广个性化定制、柔性化生产，推动基于材料选配、工艺美学、用户体验的产品质量变革。加强产品前瞻性功能研发，扩大优质新型消费品供给，推行高端品质认证，以创新供给引领消费需求。强化农产品营养品质评价和分等分级。增加老年人、儿童、残疾人等特殊群体的消费品供给，强化安全要求、功能适配、使用便利。对标国际先进标准，推进内外贸产品同线同标同质。鼓励优质消费品进口，提高出口商品品质和单位价值，实现优进优出。制定消费品质量安全监管目录，对质量问题突出、涉及人民群众身体健康和生命财产安全的重要消费品，严格质量安全监管。

（十二）推动工业品质量迈向中高端。发挥工业设计对质量提升的牵引作用，大力发展优质制造，强化研发设计、生产制造、售后服务全过程质量控制。加强应用基础研究和前沿技术研发，强化复杂系统的功能、性能及可靠性一体化设计，提升重大技术装备制造能力和质量水平。建立首台（套）重大技术装备检测评定制度，加强检测评定能力建设，促进原创性技术和成套装备产业化。完善重大工程设备监理制度，保障重大设备质量安全与投资效益。加快传统装备智能化改造，大力发展高质量通用智能装备。实施质量可靠性提升计划，提高机械、电子、汽车等产品及其基础零部件、元器件可靠性水平，促进品质升级。

| 专栏2　重点产品质量阶梯攀登工程 |
| --- |
| ——关键基础材料。推进特种材料、功能材料、复合材料等设计制造技术研发和质量精确控制技术攻关。加强新材料的质量性能研发。运用质量工程技术，缩短研发、工程化、产业化周期，提升制造质量水平。<br>——基础零部件及元器件。强化通用型基础零部件质量攻关，加快发展核心元器件，依靠技术进步、管理创新、标准完善，提升零部件及元器件精确性、耐久性、通用性。<br>——重点消费品。加强创新创意设计，加快新技术研发应用，推动纺织品、快速消费品、家电家居用品等升级迭代和品牌化发展。加大健身器材和运动用品优质供给，提升移动终端、可穿戴设备、新能源汽车与智能网联汽车等新型消费产品用户体验和质量安全水平。强化玩具、文具等儿童和学生用品益智性、舒适性、安全性，加强养老产品、康复辅助器具等特殊消费品的研发和质量设计。针对家电、家具、可穿戴设备等产品，推广人体工效学设计，加强人体工效基础研究与产品标准研制。<br>——重大技术装备。加快基础共性技术和增材制造、智能制造等前沿技术研究，推动品质性能升级和新产品规模化应用。提升轨道交通装备、工程机械等质量可靠性。加强仪器仪表、农机装备等领域关键部件及整机装备的技术研发和质量攻关，保障产业链供应链安全稳定。开展关键承压类特种设备技术攻关，提升机电类特种设备安全可靠性。 |

## 六、提升建设工程品质

（十三）强化工程质量保障。全面落实各方主体的工程质量责任，强化建设单位工程质量首要责任和勘察、设计、施工、监理单位主体责任。严格执行工程质量终身责任书面承诺制、永久性标牌制、质量信息档案等制度，强化质量责任追溯追究。落实建设项目法人责任制，保证合理工期、造价和质量。推进工程质量管理标准化，实施工程施工岗位责任制，严格进场设备和材料、施工工序、项目验收的全过程质量管控。完善建设工程质量保修制度，加强运营维护管理。强化工程建设全链条质量监管，完善日常检查和抽查抽测相结合的质量监督检查制度，加强工程质量监督队伍建设，探索推行政府购买服务方式委托社会力量辅助工程质量监督检查。完善工程建设招标投标制度，将企业工程质量情况纳入招标投标评审，加强标后合同履约监管。

（十四）提高建筑材料质量水平。加快高强度高耐久、可循环利用、绿色环保等新型建材研发与应用，推动钢材、玻璃、陶瓷等传统建材升级换代，提升建材性能和品质。大力发展绿色建材，完善绿色建材产品标准和认证评价体系，倡导选用绿色建材。鼓励企业建立装配式建筑部品部件生产、施工、安装全生命周期质量控制体系，推行装配式建筑部品部件驻厂监造。落实建材生产和供应单位终身责任，严格建材使用单位质量责任，强化影响结构强度和安全性、耐久性的关键建材全过程质量管理。加强建材质量监管，加大对外墙保温材料、水泥、电线电缆等重点建材产品质量监督抽查力度，实施缺陷建材响应处理和质量追溯。开展住宅、公共建筑等重点领域建材专项整治，促进从生产到施工全链条的建材行业质量提升。

（十五）打造中国建造升级版。坚持百年大计、质量第一，树立全生命周期建设发展理念，构建现代工程建设质量管理体系，打造中国建造品牌。完善勘察、设计、监理、造价等工程咨询服务技术标准，鼓励发展全过程工程咨询和专业化服务。完善工程设计方案审查论证机制，突出地域特征、民族特点、时代风貌，提供质量优良、安全耐久、环境协调、社会认可的工程设计产品。加大先进建造技术前瞻性研究力度和研发投入，加快建筑信息模型等数字化技术研发和集成应用，创新开展工程建设工法研发、评审、推广。加强先进质量管理模式和方法高水平应用，打造品质工程标杆。推广先进建造设备和智能建造方式，提升建设工程的质量和安全性能。大力发展绿色建筑，深入推进可再生能源、资源建筑应用，实现工程建设全过程低碳环保、节能减排。

| 专栏3 建设工程质量管理升级工程 |
| --- |
| ——推进建设工程质量管理标准化。加强对工程参建各方主体的质量行为和工程实体质量控制的标准化管理，制定质量管理标准化手册，明确企业和现场项目管理机构的质量责任和义务，规范重点分项工程、关键工序做法及管理要求。大力推广信息技术应用，打造基于信息化技术、覆盖施工全过程的质量管理标准体系。建立基于质量行为标准化和工程实体质量控制标准化为核心内容的指标体系和评价制度，及时总结具有推广价值的质量管理标准化成果。<br>——严格质量追溯。明确工程项目及关键部位、关键环节的质量责任，建立施工过程质量责任标识制度，严格施工过程质量控制。加强施工记录和验收资料管理，推行工程建设数字化成果交付、审查、存档，保证工程质量的可追溯性。推进工程建设领域质量信用信息归集共享，对违法违规的市场主体实施联合惩戒。健全建设工程质量指标体系和评价制度。<br>——实施样板示范。以现场示范操作、视频影像、实物展示等形式展示关键部位与工序的技术、施工要求，引导施工人员熟练掌握质量标准和具体工艺。积极实施质量管理标准化示范工程，发挥示范带动作用，推动工程建设领域优质化、品牌化发展。推动精品建造和精细管理，建设品质工程。 |

## 七、增加优质服务供给

（十六）提高生产服务专业化水平。大力发展农业社会化服务，开展农技推广、生产托管、代耕代种等专业服务。发展智能化解决方案、系统性集成、流程再造等服务，提升工业设计、检验检测、知识产权、质量咨询等科技服务水平，推动产业链与创新链、价值链精准对接、深度融合。统筹推进普惠金融、绿色金融、科创金融、供应链金融发展，提高服务实体经济质量升级的精准性和可及性。积极发展多式联运、智慧物流、供应链物流，提升冷链物流服务质量，优化国际物流通道，提高口岸通关便利化程度。规范发展网上销售、直播电商等新业态新模式。加快发展海外仓等外贸新业态。提高现代物流、生产控制、信息数据等服务能力，增强产业链集成优势。加强重大装备、特种设备、耐用消费品的售后服务能力建设，提升安装、维修、保养质量水平。

（十七）促进生活服务品质升级。大力发展大众餐饮服务，提高质量安全水平。创新丰富家政服务，培育优质服务品牌。促进物业管理、房屋租赁服务专业化、规范化发展。提升旅游管理和服务水平，规范旅游市场秩序，改善旅游消费体验，打造乡村旅游、康养旅游、红色旅游等精品项目。提升面向居家生活、户外旅游等的应急救援服务能力。大力发展公共交通，引导网约出租车、定制公交等个性化出行服务规范发展。推动航空公司和机场全面建立旅客服务质量管理体系，提高航空服务能力和品质。积极培育体育赛事活动、社区健身等服务项目，提升公共体育场馆开放服务品质。促进网络购物、移动支付等新模式规范有序发展，鼓励超市、电商平台等零售业态多元化融合发展。支持有条件的地方建设新型消费体验中心，开展多样化体验活动。加强生活服务质量监管，保障人民群众享有高品质生活。

（十八）提升公共服务质量效率。围绕城乡居民生活便利化、品质化需要，加强便民服务设施建设，提升卫生、文化等公共设施服务质量。推动政务服务事项集成化办理、一窗通办、网上办理、跨省通办，提高服务便利度。建设高质量教育体系，推动基本公共教育、职业技术教育、高等教育等提质扩容。大力推动图书馆、博物馆等公共文化场馆数字化发展，加快线上线下服务融合。加强基层公共就业创业服务平台建设，强化职业技能培训、用工指导等公共就业服务。加强养老服务质量标准与评价体系建设，扩大日间照料、失能照护、助餐助行等养老服务有效供给，积极发展互助性养老服务。健全医疗质量管理体系，完善城乡医疗服务网络，逐步扩大城乡家庭医生签约服务覆盖范围。完善突发公共卫生事件监测预警处置机制，加强实验室检测网络建设，强化科技标准支撑和物资质量保障。持续推进口岸公共卫生核心能力建设，进一步提升防控传染病跨境传播能力。加强公共配套设施适老化、适儿化、无障碍改造。

| 专栏4　服务品质提升工程 |
| --- |
| ——开展优质服务标准建设行动。健全服务质量标准体系，推行优质服务承诺、认证、标识制度，推动服务行业诚信化、标准化、职业化发展，培育一批金牌服务市场主体和现代服务企业。大力发展标准认证、检验检测等高技术服务业。<br>——推行服务质量监测评价。加强服务质量监测评价能力建设，构建评价指标体系，培育市场化、专业化第三方监测评价机构，逐步扩大服务质量监测覆盖面。应用人工智能、大数据、自动语音识别调查等方式，开展服务质量监测评价，定期发布监测评价结果，改善群众服务消费体验。<br>——实施服务品质升级计划。在物流、商务咨询、检验检测等生产性服务领域，开展质量标杆企业创建行动。在健康、养老、文化、旅游、体育等生活性服务领域，开展质量满意度提升行动。加快工业设计、建筑设计、服务设计、文化创意协同发展，打造高端设计服务企业和品牌。 |

## 八、增强企业质量和品牌发展能力

（十九）加快质量技术创新应用。强化企业创新主体地位，引导企业加大质量技术创新投入，推动新技术、新工艺、新材料应用，促进品种开发和品质升级。鼓励企业加强质量技术创新中心建设，推进质量设计、试验检测、可靠性工程等先进质量技术的研发应用。支持企业牵头组建质量技术创新联合体，实施重大质量改进项目，协同开展产业链供应链质量共性技术攻关。鼓励支持中小微企业实施技术改造、质量改进、品牌建设，提升中小微企业质量技术创新能力。

（二十）提升全面质量管理水平。鼓励企业制定实施以质取胜生产经营战略，创新质量管理理念、方法、工具，推动全员、全要素、全过程、全数据的新型质量管理体系应用，加快质量管理成熟度跃升。强化新一代信息技术应用和企业质量保证能力建设，构建数字化、智能化质量管控模式，实施供应商质量控制能力考核评价，推动质量形成过程的显性化、可视化。引导企业开展质量管理数字化升级、质量标杆经验交流、质量管理体系认证、质量标准制定等，加强全员质量教育培训，健全企业首席质量官制度，重视质量经理、质量工程师、质量技术能手队伍建设。

（二十一）争创国内国际知名品牌。完善品牌培育发展机制，开展中国品牌创建行动，打造中国精品和“百年老店”。鼓励企业实施质量品牌战略，建立品牌培育管理体系，深化品牌设计、市场推广、品牌维护等能力建设，提高品牌全生命周期管理运营能力。开展品牌理论、价值评价研究，完善品牌价值评价标准，推动品牌价值评价和结果应用。统筹开展中华老字号和地方老字号认定，完善老字号名录体系。持续办好“中国品牌日”系列活动。支持企业加强品牌保护和维权，依法严厉打击品牌仿冒、商标侵权等违法行为，为优质品牌企业发展创造良好环境。

| 专栏5　中国品牌建设工程 |
| --- |
| ——实施中国精品培育行动。建立中国精品质量标准体系和标识认证制度，培育一批设计精良、生产精细、服务精心的高端品牌。推广实施智能制造、绿色制造、优质制造。在金融、商贸、物流、文旅、体育等领域，推动标准化、专业化、品牌化发展，培育一批专业度高、覆盖面广、影响力大、放心安全的服务精品。<br>——提升品牌建设软实力。鼓励企业加强产品设计、文化创意、技术创新与品牌建设融合，建设品牌专业化服务平台，发展品牌建设中介服务机构，引导高等学校、科研院所、行业协会等加强品牌发展与传播理论研究，支持高等学校开设品牌相关课程，加大品牌专业人才队伍建设力度，支撑品牌创建、运营及管理。积极参与品牌评价国际标准制定。<br>——办好“中国品牌日”系列活动。定期举办中国品牌博览会，全方位展示品牌发展最新成果。举办中国品牌发展国际论坛，拓展质量品牌交流互鉴平台。鼓励地方开展特色品牌创建活动，不断提高本地品牌知名度。加强中国品牌宣传推广和传播，讲好中国品牌故事。 |

## 九、构建高水平质量基础设施

（二十二）优化质量基础设施管理。建立高效权威的国家质量基础设施管理体制，推进质量基础设施分级分类管理。深化计量技术机构改革创新，推进国家现代先进测量体系建设，完善国家依法管理的量值传递体系和市场需求导向的量值溯源体系，规范和引导计量技术服务市场发展。深入推进标准化运行机制创新，优化政府颁布标准与市场自主制定标准二元结构，不断提升标准供给质量和效率，推动国内国际标准化协同发展。深化检验检测机构市场化改革，加强公益性机构功能性定位、专业化建设，推进经营性机构集约化运营、产业化发展。深化检验检测认证机构资质审批制度改革，全面实施告知承诺和优化审批服务，优化规范检验检测机构资质认定程序。加强检验检测认证机构监管，落实主体责任，规范从业行为。开展质量基础设施运行监测和综合评价，提高质量技术服务机构管理水平。

（二十三）加强质量基础设施能力建设。合理布局国家、区域、产业质量技术服务机构，建设系统完备、结构优化、高效实用的质量基础设施。实施质量基础设施能力提升行动，突破量子化计量及扁平化量值传递关键技术，构建标准数字化平台，发展新型标准化服务工具和模式，加强检验检测技术与装备研发，加快认证认可技术研究由单一要素向系统性、集成化方向发展。加快建设国家级质量标准实验室，开展先进质量标准、检验检测方法、高端计量仪器、检验检测设备设施的研制验证。完善检验检测认证行业品牌培育、发展、保护机制,推动形成检验检测认证知名品牌。加大质量基础设施能力建设,逐步增加计量检定校准、标准研制与实施、检验检测认证等无形资产投资,鼓励社会各方共同参与质量基础设施建设。

(二十四)提升质量基础设施服务效能。开展质量基础设施助力行动,围绕科技创新、优质制造、乡村振兴、生态环保等重点领域,大力开展计量、标准化、合格评定等技术服务,推动数据、仪器、设备等资源开放共享,更好服务市场需求。深入实施"标准化+"行动,促进全域标准化深度发展。实施质量基础设施拓展伙伴计划,构建协同服务网络,打造质量基础设施集成服务基地,为产业集群、产业链质量升级提供"一站式"服务。支持区域内计量、标准、认证认可、检验检测等要素集成融合,鼓励跨区域要素融通互补、协同发展。建设技术性贸易措施公共服务体系,加强对技术性贸易壁垒和动植物卫生检疫措施的跟踪、研判、预警、评议、应对。加强质量标准、检验检疫、认证认可等国内国际衔接,促进内外贸一体化发展。

| 专栏6 质量基础设施升级增效工程 |
| --- |
| ——打造质量技术机构能力升级版。加强计量、标准化、检验检疫、合格评定等基础理论、应用技术研究,推动专业技术能力升级和研究领域拓展,加快国家产业计量测试中心、国家产品质量检验检测中心规划建设,加快重大科研装备和实验室设施更新改造,强化从业人员专业化、职业化水平,实现计量、标准化、认证认可、检验检测、特种设备等质量技术机构的科研实力、装备水平、管理效能、人员素质全面提升。<br>——建设国家级质量标准实验室。依托高等学校、科研院所、质检中心、技术标准创新基地、国家级标准验证点和专业技术创新中心等,建设一批高水平国家级质量标准实验室,承担质量标准基础科学与应用研究,加强关键性、前瞻性、战略性质量共性技术攻关,研究解决质量创新、安全风险管控、质量治理重要问题,培养质量标准领军人才,加快质量科研成果转化。<br>——创建质量基础设施集成服务基地。以产业园区、头部企业、国家质检中心为骨干,以优化服务、提高效率、辐射带动为导向,健全质量基础设施运行机制,加强计量、标准、认证认可、检验检测等要素统筹建设与协同服务,推进技术、信息、人才、设备等向社会开放共享,支撑中小微企业质量升级,推动产业集群、特色优势产业链质量联动提升。<br>——完善技术性贸易措施公共服务。推动国内外规制协调、标准协同以及合格评定结果互认,参与技术性贸易措施国际规则制定。完善技术性贸易措施通报、评议、研究及预警应对工作机制,强化部际协调、基层技术支撑和专家队伍建设。优化国家技术性贸易措施公共信息和技术服务,加强通报咨询中心和研究评议基地建设。 |

## 十、推进质量治理现代化

(二十五)加强质量法治建设。健全质量法律法规,修订完善产品质量法,推动产品安全、产品责任、质量基础设施等领域法律法规建设。依法依规严厉打击制售假冒伪劣商品、侵犯知识产权、工程质量违法违规等行为,推动跨行业跨区域监管执法合作,推进行政执法与刑事司法衔接。支持开展质量公益诉讼和集体诉讼,有效执行商品质量惩罚性赔偿制度。健全产品和服务质量担保与争议处理机制,推行第三方质量争议仲裁。加强质量法治宣传教育,普及质量法律知识。

(二十六)健全质量政策制度。完善质量统计指标体系,开展质量统计分析。完善多元化、多层级的质量激励机制,健全国家质量奖励制度,鼓励地方按有关规定对质量管理先进、成绩显著的组织和个人实施激励。建立质量分级标准规则,实施产品和服务质量分级,引导优质优价，促进精准监管。建立健全强制性与自愿性相结合的质量披露制度，鼓励企业实施质量承诺和标准自我声明公开。完善政府采购政策和招投标制度，健全符合采购需求特点、质量标准、市场交易习惯的交易规则，加强采购需求管理，推动形成需求引领、优质优价的采购制度。健全覆盖质量、标准、品牌、专利等要素的融资增信体系，强化对质量改进、技术改造、设备更新的金融服务供给，加大对中小微企业质量创新的金融扶持力度。将质量内容纳入中小学义务教育，支持高等学校加强质量相关学科建设和专业设置，完善质量专业技术技能人才职业培训制度和职称制度，实现职称制度与职业资格制度有效衔接，着力培养质量专业技能型人才、科研人才、经营管理人才。建立质量政策评估制度，强化结果反馈和跟踪改进。

(二十七)优化质量监管效能。健全以“双随机、一公开”监管和“互联网 + 监管”为基本手段、以重点监管为补充、以信用监管为基础的新型监管机制。创新质量监管方式，完善市场准入制度，深化工业产品生产许可证和强制性认证制度改革，分类放宽一般工业产品和服务业准入限制，强化事前事中事后全链条监管。对涉及人民群众身体健康和生命财产安全、公共安全、生态环境安全的产品以及重点服务领域，依法实施严格监管。完善产品质量监督抽查制度，加强工业品和消费品质量监督检查，推动实现生产流通、线上线下一体化抽查，探索建立全国联动抽查机制，对重点产品实施全国企业抽查全覆盖，强化监督抽查结果处理。建立健全产品质量安全风险监控机制，完善产品伤害监测体系，开展质量安全风险识别、评估和处置。建立健全产品质量安全事故强制报告制度，开展重大质量安全事故调查与处理。健全产品召回管理体制机制，加强召回技术支撑，强化缺陷产品召回管理。构建重点产品质量安全追溯体系，完善质量安全追溯标准，加强数据开放共享，形成来源可查、去向可追、责任可究的质量安全追溯链条。加强产品防伪监督管理。建立质量安全“沙盒监管”制度，为新产品新业态发展提供容错纠错空间。加强市场秩序综合治理，营造公平竞争的市场环境，促进质量竞争、优胜劣汰。严格进出口商品质量安全检验监管，持续完善进出口商品质量安全风险预警和快速反应监管机制。加大对城乡结合部、农村等重点区域假冒伪劣的打击力度。强化网络平台销售商品质量监管，健全跨地区跨行业监管协调联动机制，推进线上线下一体化监管。

(二十八)推动质量社会共治。创新质量治理模式，健全以法治为基础、政府为主导、社会各方参与的多元治理机制，强化基层治理、企业主责和行业自律。深入实施质量提升行动，动员各行业、各地区及广大企业全面加强质量管理，全方位推动质量升级。支持群团组织、一线班组开展质量改进、质量创新、劳动技能竞赛等群众性质量活动。发挥行业协会商会、学会及消费者组织等的桥梁纽带作用，开展标准制定、品牌建设、质量管理等技术服务，推进行业质量诚信自律。引导消费者树立绿色健康安全消费理念，主动参与质量促进、社会监督等活动。发挥新闻媒体宣传引导作用，传播先进质量理念和最佳实践，曝光制售假冒伪劣等违法行为。引导社会力量参与质量文化建设，鼓励创作体现质量文化特色的影视和文学作品。以全国“质量月”等活动为载体，深入开展全民质量行动，弘扬企业家精神和工匠精神，营造政府重视质量、企业追求质量、社会崇尚质量、人人关心质量的良好氛围。

(二十九)加强质量国际合作。深入开展双多边质量合作交流，加强与国际组织、区域组织和有关国家的质量对话与磋商，开展质量教育培训、文化交流、人才培养等合作。围绕区域全面经济伙伴关系协定实施等，建设跨区域计量技术转移平台和标准信息平台，推进质量基础设施互联互通。健全贸易质量争端预警和协调机制，积极参与技术性贸易措施相关规则和标准制定。参与建立跨国（境）消费争议处理和执法监管合作机制，开展质量监管执法和消费维权双多边合作。定期举办中国质量大会，积极参加和承办国际性质量会议。

| 专栏7　质量安全监管筑堤工程 |
| --- |
| ——完善产品质量监督抽查制度。加大消费投诉集中产品、质量问题多发产品的抽查力度，聚焦网络交易平台、农村和城乡结合部消费市场，强化流通领域产品质量监督抽查。推行“即抽、即检、即报告、即处置”工作模式，及时发现、精准处理质量安全问题。开展国家与地方联动抽查、地方跨区域联动抽查。推动产品质量监督抽查全国一体化建设，实现全国监督抽查数据有效整合、信息共享。推动实施快速检验机制，大力发展快检技术和装备。实行产品质量责任生产流通双向追查，严查不合格产品流向。开展监督抽查不合格结果处理督导检查。<br>——加强产品伤害监测。健全全国统一产品伤害监测系统，合理布局产品伤害哨点监测医院，拓宽学校、社区等伤害监测渠道，实时监测产品安全状况。建立健全国家产品伤害数据库，加强产品伤害统计分析与经济社会损失评估。<br>——完善重点产品事故报告与调查制度。实施汽车、电动自行车、电子电器、儿童和学生用品等产品事故强制报告制度。健全产品事故调查机制，组建专家队伍，开展重大事故深度调查。在全国布局一批产品质量安全事故调查站点，建立统一的质量安全事故基础数据库。<br>——开展产品质量安全风险评估。建立全国统一的产品质量安全风险监测平台，完善产品危害识别和试验验证体系，加强产品缺陷与失效分析、事故复现与场景重构等能力建设，开展损伤机理、有毒有害物质慢性危害研究评估。制定产品质量安全风险评估技术规则，建立风险评估模型，强化风险信息研判，综合评定伤害程度、影响、风险等级，分类实施预警、下架、召回等措施。 |

## 十一、组织保障

（三十）加强党的领导。坚持党对质量工作的全面领导，把党的领导贯彻到质量工作的各领域各方面各环节，确保党中央决策部署落到实处。建立质量强国建设统筹协调工作机制，健全质量监督管理体制，强化部门协同、上下联动，整体有序推进质量强国战略实施。

（三十一）狠抓工作落实。各级党委和政府要将质量强国建设列入重要议事日程，纳入国民经济和社会发展规划、专项规划、区域规划。各地区各有关部门要结合实际，将纲要主要任务与国民经济和社会发展规划有效衔接、同步推进，促进产业、财政、金融、科技、贸易、环境、人才等方面政策与质量政策协同，确保各项任务落地见效。

（三十二）开展督察评估。加强中央质量督察工作，形成有效的督促检查和整改落实机制。深化质量工作考核，将考核结果纳入各级党政领导班子和领导干部政绩考核内容。对纲要实施中作出突出贡献的单位和个人，按照国家有关规定予以表彰。建立纲要实施评估机制，市场监管总局会同有关部门加强跟踪分析和督促指导，重大事项及时向党中央、国务院请示报告。

# 12. 中共中央　国务院关于推进安全生产领域改革发展的意见

（2016 年 12 月 9 日）

安全生产是关系人民群众生命财产安全的大事，是经济社会协调健康发展的标志，是党和政府对人民利益高度负责的要求。党中央、国务院历来高度重视安全生产工作，党的十八大以来作出一系列重大决策部署，推动全国安全生产工作取得积极进展。同时也要看到，当前我国正处在工业化、城镇化持续推进过程中，生产经营规模不断扩大，传统和新型生产经营方式并存，各类事故隐患和安全风险交织叠加，安全生产基础薄弱、监管体制机制和法律制度不完善、企业主体责任落实不力等问题依然突出，生产安全事故易发多发，尤其是重特大安全事故频发势头尚未得到有效遏制，一些事故发生呈现由高危行业领域向其他行业领域蔓延趋势，直接危及生产安全和公共安全。为进一步加强安全生产工作，现就推进安全生产领域改革发展提出如下意见。

## 一、总体要求

（一）指导思想。全面贯彻党的十八大和十八届三中、四中、五中、六中全会精神，以邓小平理论、“三个代表”重要思想、科学发展观为指导，深入贯彻习近平总书记系列重要讲话精神和治国理政新理念新思想新战略，进一步增强“四个意识”，紧紧围绕统筹推进“五位一体”总体布局和协调推进“四个全面”战略布局，牢固树立新发展理念，坚持安全发展，坚守发展决不能以牺牲安全为代价这条不可逾越的红线，以防范遏制重特大生产安全事故为重点，坚持安全第一、预防为主、综合治理的方针，加强领导、改革创新，协调联动、齐抓共管，着力强化企业安全生产主体责任，着力堵塞监督管理漏洞，着力解决不遵守法律法规的问题，依靠严密的责任体系、严格的法治措施、有效的体制机制、有力的基础保障和完善的系统治理，切实增强安全防范治理能力，大力提升我国安全生产整体水平，确保人民群众安康幸福、共享改革发展和社会文明进步成果。

（二）基本原则

——坚持安全发展。贯彻以人民为中心的发展思想，始终把人的生命安全放在首位，正确处理安全与发展的关系，大力实施安全发展战略，为经济社会发展提供强有力的安全保障。

——坚持改革创新。不断推进安全生产理论创新、制度创新、体制机制创新、科技创新和文化创新，增强企业内生动力，激发全社会创新活力，破解安全生产难题，推动安全生产与经济社会协调发展。

——坚持依法监管。大力弘扬社会主义法治精神，运用法治思维和法治方式，深化安全生产监管执法体制改革，完善安全生产法律法规和标准体系，严格规范公正文明执法，增强监管执法效能，提高安全生产法治化水平。

——坚持源头防范。严格安全生产市场准入，经济社会发展要以安全为前提，把安全生产贯穿城乡规划布局、设计、建设、管理和企业生产经营活动全过程。构建风险分级管控和隐患排查治理双重预防工作机制，严防风险演变、隐患升级导致生产安全事故发生。

——坚持系统治理。严密层级治理和行业治理、政府治理、社会治理相结合的安全生产治理体系，组织动员各方面力量实施社会共治。综合运用法律、行政、经济、市场等手段，落实人防、技防、物防措施，提升全社会安全生产治理能力。

（三）目标任务。到2020年，安全生产监管体制机制基本成熟，法律制度基本完善，全国生产安全事故总量明显减少，职业病危害防治取得积极进展，重特大生产安全事故频发势头得到有效遏制，安全生产整体水平与全面建成小康社会目标相适应。到2030年，实现安全生产治理体系和治理能力现代化，全民安全文明素质全面提升，安全生产保障能力显著增强，为实现中华民族伟大复兴的中国梦奠定稳固可靠的安全生产基础。

## 二、健全落实安全生产责任制

（四）明确地方党委和政府领导责任。坚持党政同责、一岗双责、齐抓共管、失职追责，完善安全生产责任体系。地方各级党委和政府要始终把安全生产摆在重要位置，加强组织领导。党政主要负责人是本地区安全生产第一责任人，班子其他成员对分管范围内的安全生产工作负领导责任。地方各级安全生产委员会主任由政府主要负责人担任，成员由同级党委和政府及相关部门负责人组成。

地方各级党委要认真贯彻执行党的安全生产方针，在统揽本地区经济社会发展全局中同步推进安全生产工作，定期研究决定安全生产重大问题。加强安全生产监管机构领导班子、干部队伍建设。严格安全生产履职绩效考核和失职责任追究。强化安全生产宣传教育和舆论引导。发挥人大对安全生产工作的监督促进作用、政协对安全生产工作的民主监督作用。推动组织、宣传、政法、机构编制等单位支持保障安全生产工作。动员社会各界积极参与、支持、监督安全生产工作。

地方各级政府要把安全生产纳入经济社会发展总体规划，制定实施安全生产专项规划，健全安全投入保障制度。及时研究部署安全生产工作，严格落实属地监管责任。充分发挥安全生产委员会作用，实施安全生产责任目标管理。建立安全生产巡查制度，督促各部门和下级政府履职尽责。加强安全生产监管执法能力建设，推进安全科技创新，提升信息化管理水平。严格安全准入标准，指导管控安全风险，督促整治重大隐患，强化源头治理。加强应急管理，完善安全生产应急救援体系。依法依规开展事故调查处理，督促落实问题整改。

（五）明确部门监管责任。按照管行业必须管安全、管业务必须管安全、管生产经营必须管安全和谁主管谁负责的原则，厘清安全生产综合监管与行业监管的关系，明确各有关部门安全生产和职业健康工作职责，并落实到部门工作职责规定中。安全生产监督管理部门负责安全生产法规标准和政策规划制定修订、执法监督、事故调查处理、应急救援管理、统计分析、宣传教育培训等综合性工作，承担职责范围内行业领域安全生产和职业健康监管执法职责。负有安全生产监督管理职责的有关部门依法依规履行相关行业领域安全生产和职业健康监管职责，强化监管执法，严厉查处违法违规行为。其他行业领域主管部门负有安全生产管理责任，要将安全生产工作作为行业领域管理的重要内容，从行业规划、产业政策、法规标准、行政许可等方面加强行业安全生产工作，指导督促企事业单位加强安全管理。党委和政府其他有关部门要在职责范围内为安全生产工作提供支持保障，共同推进安全发展。

（六）严格落实企业主体责任。企业对本单位安全生产和职业健康工作负全面责任，要严格履行安全生产法定责任，建立健全自我约束、持续改进的内生机制。企业实行全员安全生产责任制度，法定代表人和实际控制人同为安全生产第一责任人，主要技术负责人负有安全生产技术决策和指挥权，强化部门安全生产职责，落实一岗双责。完善落实混合所有制企业以及跨地区、多层级和境外中资企业投资主体的安全生产责任。建立企业全过程安全生产和职业健康管理制度，做到安全责任、管理、投入、培训和应急救援“五到位”。国有企业要发挥安全生产工作示范带头作用，自觉接受属地监管。

（七）健全责任考核机制。建立与全面建成小康社会相适应和体现安全发展水平的考核评价体系。完善考核制度，统筹整合、科学设定安全生产考核指标，加大安全生产在社会治安综合治理、精神文明建设等考核中的权重。各级政府要对同级安全生产委员会成员单位和下级政府实施严格的安全生产工作责任考核，实行过程考核与结果考核相结合。各地区各单位要建立安全生产绩效与履职评定、职务晋升、奖励惩处挂钩制度，严格落实安全生产“一票否决”制度。

（八）严格责任追究制度。实行党政领导干部任期安全生产责任制，日常工作依责尽职、发生事故依责追究。依法依规制定各有关部门安全生产权力和责任清单，尽职照单免责、失职照单问责。建立企业生产经营全过程安全责任追溯制度。严肃查处安全生产领域项目审批、行政许可、监管执法中的失职渎职和权钱交易等腐败行为。严格事故直报制度，对瞒报、谎报、漏报、迟报事故的单位和个人依法依规追责。对被追究刑事责任的生产经营者依法实施相应的职业禁入，对事故发生负有重大责任的社会服务机构和人员依法严肃追究法律责任，并依法实施相应的行业禁入。

## 三、改革安全监管监察体制

（九）完善监督管理体制。加强各级安全生产委员会组织领导，充分发挥其统筹协调作用，切实解决突出矛盾和问题。各级安全生产监督管理部门承担本级安全生产委员会日常工作，负责指导协调、监督检查、巡查考核本级政府有关部门和下级政府安全生产工作，履行综合监管职责。负有安全生产监督管理职责的部门，依照有关法律法规和部门职责，健全安全生产监管体制，严格落实监管职责。相关部门按照各自职责建立完善安全生产工作机制，形成齐抓共管格局。坚持管安全生产必须管职业健康，建立安全生产和职业健康一体化监管执法体制。

（十）改革重点行业领域安全监管监察体制。依托国家煤矿安全监察体制，加强非煤矿山安全生产监管监察，优化安全监察机构布局，将国家煤矿安全监察机构负责的安全生产行政许可事项移交给地方政府承担。着重加强危险化学品安全监管体制改革和力量建设，明确和落实危险化学品建设项目立项、规划、设计、施工及生产、储存、使用、销售、运输、废弃处置等环节的法定安全监管责任，建立有力的协调联动机制，消除监管空白。完善海洋石油安全生产监督管理体制机制，实行政企分开。理顺民航、铁路、电力等行业跨区域监管体制，明确行业监管、区域监管与地方监管职责。

（十一）进一步完善地方监管执法体制。地方各级党委和政府要将安全生产监督管理部门作为政府工作部门和行政执法机构，加强安全生产执法队伍建设，强化行政执法职能。统筹加强安全监管力量，重点充实市、县两级安全生产监管执法人员，强化乡镇（街道）安全生产监管力量建设。完善各类开发区、工业园区、港区、风景区等功能区安全生产监管体制，明确负责安全生产监督管理的机构，以及港区安全生产地方监管和部门监管责任。

（十二）健全应急救援管理体制。按照政事分开原则，推进安全生产应急救援管理体制改革，强化行政管理职能，提高组织协调能力和现场救援时效。健全省、市、县三级安全生产应急救援管理工作机制，建设联动互通的应急救援指挥平台。依托公安消防、大型企业、工业园区等应急救援力量，加强矿山和危险化学品等应急救援基地和队伍建设，实行区域化应急救援资源共享。

## 四、大力推进依法治理

（十三）健全法律法规体系。建立健全安全生产法律法规立改废释工作协调机制。加强涉及安全生产相关法规一致性审查，增强安全生产法制建设的系统性、可操作性。制定安全生产中长期立法规划，加快制定修订安全生产法配套法规。加强安全生产和职业健康法律法规衔接融合。研究修改刑法有关条款，将生产经营过程中极易导致重大生产安全事故的违法行为列入刑法调整范围。制定完善高危行业领域安全规程。设区的市根据立法法的立法精神，加强安全生产地方性法规建设，解决区域性安全生产突出问题。

（十四）完善标准体系。加快安全生产标准制定修订和整合，建立以强制性国家标准为主体的安全生产标准体系。鼓励依法成立的社会团体和企业制定更加严格规范的安全生产标准，结合国情积极借鉴实施国际先进标准。国务院安全生产监督管理部门负责生产经营单位职业危害预防治理国家标准制定发布工作；统筹提出安全生产强制性国家标准立项计划，有关部门按照职责分工组织起草、审查、实施和监督执行，国务院标准化行政主管部门负责及时立项、编号、对外通报、批准并发布。

（十五）严格安全准入制度。严格高危行业领域安全准入条件。按照强化监管与便民服务相结合原则，科学设置安全生产行政许可事项和办理程序，优化工作流程，简化办事环节，实施网上公开办理，接受社会监督。对与人民群众生命财产安全直接相关的行政许可事项，依法严格管理。对取消、下放、移交的行政许可事项，要加强事中事后安全监管。

（十六）规范监管执法行为。完善安全生产监管执法制度，明确每个生产经营单位安全生产监督和管理主体，制定实施执法计划，完善执法程序规定，依法严格查处各类违法违规行为。建立行政执法和刑事司法衔接制度，负有安全生产监督管理职责的部门要加强与公安、检察院、法院等协调配合，完善安全生产违法线索通报、案件移送与协查机制。对违法行为当事人拒不执行安全生产行政执法决定的，负有安全生产监督管理职责的部门应依法申请司法机关强制执行。完善司法机关参与事故调查机制，严肃查处违法犯罪行为。研究建立安全生产民事和行政公益诉讼制度。

（十七）完善执法监督机制。各级人大常委会要定期检查安全生产法律法规实施情况，开展专题询问。各级政协要围绕安全生产突出问题开展民主监督和协商调研。建立执法行为审议制度和重大行政执法决策机制，评估执法效果，防止滥用职权。健全领导干部非法干预安全生产监管执法的记录、通报和责任追究制度。完善安全生产执法纠错和执法信息公开制度，加强社会监督和舆论监督，保证执法严明、有错必纠。

（十八）健全监管执法保障体系。制定安全生产监管监察能力建设规划，明确监管执法装备及现场执法和应急救援用车配备标准，加强监管执法技术支撑体系建设，保障监管执法需要。建立完善负有安全生产监督管理职责的部门监管执法经费保障机制，将监管执法经费纳入同级财政全额保障范围。加强监管执法制度化、标准化、信息化建设，确保规范高效监管执法。建立安全生产监管执法人员依法履行法定职责制度，激励保证监管执法人员忠于职守、履职尽责。严格监管执法人员资格管理，制定安全生产监管执法人员录用标准，提高专业监管执法人员比例。建立健全安全生产监管执法人员凡进必考、入职培训、持证上岗和定期轮训制度。统一安全生产执法标志标识和制式服装。

（十九）完善事故调查处理机制。坚持问责与整改并重，充分发挥事故查处对加强和改进安全生产工作的促进作用。完善生产安全事故调查组组长负责制。健全典型事故提级调查、跨地区协同调查和工作督导机制。建立事故调查分析技术支撑体系，所有事故调查报告要设立技术和管理问题专篇，详细分析原因并全文发布，做好解读，回应公众关切。对事故调查发现有漏洞、缺陷的有关法律法规和标准制度，及时启动制定修订工作。建立事故暴露问题整改督办制度，事故结案后一年内，负责事故调查的地方政府和国务院有关部门要组织开展评估，及时向社会公开，对履职不力、整改措施不落实的，依法依规严肃追究有关单位和人员责任。

## 五、建立安全预防控制体系

（二十）加强安全风险管控。地方各级政府要建立完善安全风险评估与论证机制，科学合理确定企业选址和基础设施建设、居民生活区空间布局。高危项目审批必须把安全生产作为前置条件，城乡规划布局、设计、建设、管理等各项工作必须以安全为前提，实行重大安全风险“一票否决”。加强新材料、新工艺、新业态安全风险评估和管控。紧密结合供给侧结构性改革，推动高危产业转型升级。位置相邻、行业相近、业态相似的地区和行业要建立完善重大安全风险联防联控机制。构建国家、省、市、县四级重大危险源信息管理体系，对重点行业、重点区域、重点企业实行风险预警控制，有效防范重特大生产安全事故。

（二十一）强化企业预防措施。企业要定期开展风险评估和危害辨识。针对高危工艺、设备、物品、场所和岗位，建立分级管控制度，制定落实安全操作规程。树立隐患就是事故的观念，建立健全隐患排查治理制度、重大隐患治理情况向负有安全生产监督管理职责的部门和企业职代会“双报告”制度，实行自查自改自报闭环管理。严格执行安全生产和职业健康“三同时”制度。大力推进企业安全生产标准化建设，实现安全管理、操作行为、设备设施和作业环境的标准化。开展经常性的应急演练和人员避险自救培训，着力提升现场应急处置能力。

（二十二）建立隐患治理监督机制。制定生产安全事故隐患分级和排查治理标准。负有安全生产监督管理职责的部门要建立与企业隐患排查治理系统联网的信息平台，完善线上线下配套监管制度。强化隐患排查治理监督执法，对重大隐患整改不到位的企业依法采取停产停业、停止施工、停止供电和查封扣押等强制措施，按规定给予上限经济处罚，对构成犯罪的要移交司法机关依法追究刑事责任。严格重大隐患挂牌督办制度，对整改和督办不力的纳入政府核查问责范围，实行约谈告诫、公开曝光，情节严重的依法依规追究相关人员责任。

（二十三）强化城市运行安全保障。定期排查区域内安全风险点、危险源，落实管控措施，构建系统性、现代化的城市安全保障体系，推进安全发展示范城市建设。提高基础设施安全配置标准，重点加强对城市高层建筑、大型综合体、隧道桥梁、管线管廊、轨道交通、燃气、电力设施及电梯、游乐设施等的检测维护。完善大型群众性活动安全管理制度，加强人员密集场所安全监管。加强公安、民政、国土资源、住房城乡建设、交通运输、水利、农业、安全监管、气象、地震等相关部门的协调联动，严防自然灾害引发事故。

（二十四）加强重点领域工程治理。深入推进对煤矿瓦斯、水害等重大灾害以及矿山采空区、尾矿库的工程治理。加快实施人口密集区域的危险化学品和化工企业生产、仓储场所安全搬迁工程。深化油气开采、输送、炼化、码头接卸等领域安全整治。实施高速公路、乡村公路和急弯陡坡、临水临崖危险路段公路安全生命防护工程建设。加强高速铁路、跨海大桥、海底隧道、铁路浮桥、航运枢纽、港口等防灾监测、安全检测及防护系统建设。完善长途客运车辆、旅游客车、危险物品运输车辆和船舶生产制造标准，提高安全性能，强制安装智能视频监控报警、防碰撞和整车整船安全运行监管技术装备，对已运行的要加快安全技术装备改造升级。

（二十五）建立完善职业病防治体系。将职业病防治纳入各级政府民生工程及安全生产工作考核体系，制定职业病防治中长期规划，实施职业健康促进计划。加快职业病危害严重企业技术改造、转型升级和淘汰退出，加强高危粉尘、高毒物品等职业病危害源头治理。健全职业健康监管支撑保障体系，加强职业健康技术服务机构、职业病诊断鉴定机构和职业健康体检机构建设，强化职业病危害基础研究、预防控制、诊断鉴定、综合治疗能力。完善相关规定，扩大职业病患者救治范围，将职业病失能人员纳入社会保障范围，对符合条件的职业病患者落实医疗与生活救助措施。加强企业职业健康监管执法，督促落实职业病危害告知、日常监测、定期报告、防护保障和职业健康体检等制度措施，落实职业病防治主体责任。

## 六、加强安全基础保障能力建设

（二十六）完善安全投入长效机制。加强中央和地方财政安全生产预防及应急相关资金使用管理，加大安全生产与职业健康投入，强化审计监督。加强安全生产经济政策研究，完善安全生产专用设备企业所得税优惠目录。落实企业安全生产费用提取管理使用制度，建立企业增加安全投入的激励约束机制。健全投融资服务体系，引导企业集聚发展灾害防治、预测预警、检测监控、个体防护、应急处置、安全文化等技术、装备和服务产业。

（二十七）建立安全科技支撑体系。优化整合国家科技计划，统筹支持安全生产和职业健康领域科研项目，加强研发基地和博士后科研工作站建设。开展事故预防理论研究和关键技术装备研发，加快成果转化和推广应用。推动工业机器人、智能装备在危险工序和环节广泛应用。提升现代信息技术与安全生产融合度，统一标准规范，加快安全生产信息化建设，构建安全生产与职业健康信息化全国“一张网”。加强安全生产理论和政策研究，运用大数据技术开展安全生产规律性、关联性特征分析，提高安全生产决策科学化水平。

（二十八）健全社会化服务体系。将安全生产专业技术服务纳入现代服务业发展规划，培育多元化服务主体。建立政府购买安全生产服务制度。支持发展安全生产专业化行业组织，强化自治自律。完善注册安全工程师制度。改革完善安全生产和职业健康技术服务机构资质管理办法。支持相关机构开展安全生产和职业健康一体化评价等技术服务，严格实施评价公开制度，进一步激活和规范专业技术服务市场。鼓励中小微企业订单式、协作式购买运用安全生产管理和技术服务。建立安全生产和职业健康技术服务机构公示制度和由第三方实施的信用评定制度，严肃查处租借资质、违法挂靠、弄虚作假、垄断收费等各类违法违规行为。

（二十九）发挥市场机制推动作用。取消安全生产风险抵押金制度，建立健全安全生产责任保险制度，在矿山、危险化学品、烟花爆竹、交通运输、建筑施工、民用爆炸物品、金属冶炼、渔业生产等高危行业领域强制实施，切实发挥保险机构参与风险评估管控和事故预防功能。完善工伤保险制度，加快制定工伤预防费用的提取比例、使用和管理具体办法。积极推进安全生产诚信体系建设，完善企业安全生产不良记录“黑名单”制度，建立失信惩戒和守信激励机制。

（三十）健全安全宣传教育体系。将安全生产监督管理纳入各级党政领导干部培训内容。把安全知识普及纳入国民教育，建立完善中小学安全教育和高危行业职业安全教育体系。把安全生产纳入农民工技能培训内容。严格落实企业安全教育培训制度，切实做到先培训、后上岗。推进安全文化建设，加强警示教育，强化全民安全意识和法治意识。发挥工会、共青团、妇联等群团组织作用，依法维护职工群众的知情权、参与权与监督权。加强安全生产公益宣传和舆论监督。建立安全生产“12350”专线与社会公共管理平台统一接报、分类处置的举报投诉机制。鼓励开展安全生产志愿服务和慈善事业。加强安全生产国际交流合作，学习借鉴国外安全生产与职业健康先进经验。

各地区各部门要加强组织领导，严格实行领导干部安全生产工作责任制，根据本意见提出的任务和要求，结合实际认真研究制定实施办法，抓紧出台推进安全生产领域改革发展的具体政策措施，明确责任分工和时间进度要求，确保各项改革举措和工作要求落实到位。贯彻落实情况要及时向党中央、国务院报告，同时抄送国务院安全生产委员会办公室。中央全面深化改革领导小组办公室将适时牵头组织开展专项监督检查。

# 第二部分

# 法规

# 13. 中华人民共和国招标投标法实施条例

(2011年12月20日国务院令第613号公布。根据2019年3月2日国务院令第709号《国务院关于修改部分行政法规的决定》第三次修订)

## 第一章　总　　则

**第一条**　为了规范招标投标活动,根据《中华人民共和国招标投标法》(以下简称招标投标法),制定本条例。

**第二条**　招标投标法第三条所称工程建设项目,是指工程以及与工程建设有关的货物、服务。

前款所称工程,是指建设工程,包括建筑物和构筑物的新建、改建、扩建及其相关的装修、拆除、修缮等;所称与工程建设有关的货物,是指构成工程不可分割的组成部分,且为实现工程基本功能所必需的设备、材料等;所称与工程建设有关的服务,是指为完成工程所需的勘察、设计、监理等服务。

**第三条**　依法必须进行招标的工程建设项目的具体范围和规模标准,由国务院发展改革部门会同国务院有关部门制订,报国务院批准后公布施行。

**第四条**　国务院发展改革部门指导和协调全国招标投标工作,对国家重大建设项目的工程招标投标活动实施监督检查。国务院工业和信息化、住房城乡建设、交通运输、铁道、水利、商务等部门,按照规定的职责分工对有关招标投标活动实施监督。

县级以上地方人民政府发展改革部门指导和协调本行政区域的招标投标工作。县级以上地方人民政府有关部门按照规定的职责分工,对招标投标活动实施监督,依法查处招标投标活动中的违法行为。县级以上地方人民政府对其所属部门有关招标投标活动的监督职责分工另有规定的,从其规定。

财政部门依法对实行招标投标的政府采购工程建设项目的政府采购政策执行情况实施监督。

监察机关依法对与招标投标活动有关的监察对象实施监察。

**第五条**　设区的市级以上地方人民政府可以根据实际需要,建立统一规范的招标投标交易场所,为招标投标活动提供服务。招标投标交易场所不得与行政监督部门存在隶属关系,不得以营利为目的。

国家鼓励利用信息网络进行电子招标投标。

**第六条**　禁止国家工作人员以任何方式非法干涉招标投标活动。

## 第二章　招　　标

**第七条**　按照国家有关规定需要履行项目审批、核准手续的依法必须进行招标的项目,其招标范围、招标方式、招标组织形式应当报项目审批、核准部门审批、核准。项目审批、核准部门应当及时将审批、核准确定的招标范围、招标方式、招标组织形式通报有关行政监督部门。

**第八条** 国有资金占控股或者主导地位的依法必须进行招标的项目，应当公开招标；但有下列情形之一的，可以邀请招标：

（一）技术复杂、有特殊要求或者受自然环境限制，只有少量潜在投标人可供选择；

（二）采用公开招标方式的费用占项目合同金额的比例过大。

有前款第二项所列情形，属于本条例第七条规定的项目，由项目审批、核准部门在审批、核准项目时作出认定；其他项目由招标人申请有关行政监督部门作出认定。

**第九条** 除招标投标法第六十六条规定的可以不进行招标的特殊情况外，有下列情形之一的，可以不进行招标：

（一）需要采用不可替代的专利或者专有技术；

（二）采购人依法能够自行建设、生产或者提供；

（三）已通过招标方式选定的特许经营项目投资人依法能够自行建设、生产或者提供；

（四）需要向原中标人采购工程、货物或者服务，否则将影响施工或者功能配套要求；

（五）国家规定的其他特殊情形。

招标人为适用前款规定弄虚作假的，属于招标投标法第四条规定的规避招标。

**第十条** 招标投标法第十二条第二款规定的招标人具有编制招标文件和组织评标能力，是指招标人具有与招标项目规模和复杂程度相适应的技术、经济等方面的专业人员。

**第十一条** 国务院住房城乡建设、商务、发展改革、工业和信息化等部门，按照规定的职责分工对招标代理机构依法实施监督管理。

**第十二条** 招标代理机构应当拥有一定数量的具备编制招标文件、组织评标等相应能力的专业人员。

**第十三条** 招标代理机构在招标人委托的范围内开展招标代理业务，任何单位和个人不得非法干涉。

招标代理机构代理招标业务，应当遵守招标投标法和本条例关于招标人的规定。招标代理机构不得在所代理的招标项目中投标或者代理投标，也不得为所代理的招标项目的投标人提供咨询。

**第十四条** 招标人应当与被委托的招标代理机构签订书面委托合同，合同约定的收费标准应当符合国家有关规定。

**第十五条** 公开招标的项目，应当依照招标投标法和本条例的规定发布招标公告、编制招标文件。

招标人采用资格预审办法对潜在投标人进行资格审查的，应当发布资格预审公告、编制资格预审文件。

依法必须进行招标的项目的资格预审公告和招标公告，应当在国务院发展改革部门依法指定的媒介发布。在不同媒介发布的同一招标项目的资格预审公告或者招标公告的内容应当一致。指定媒介发布依法必须进行招标的项目的境内资格预审公告、招标公告，不得收取费用。

编制依法必须进行招标的项目的资格预审文件和招标文件，应当使用国务院发展改革部门会同有关行政监督部门制定的标准文本。

**第十六条** 招标人应当按照资格预审公告、招标公告或者投标邀请书规定的时间、地点发售资格预审文件或者招标文件。资格预审文件或者招标文件的发售期不得少于5日。

招标人发售资格预审文件、招标文件收取的费用应当限于补偿印刷、邮寄的成本支出，不得以营利为目的。

**第十七条** 招标人应当合理确定提交资格预审申请文件的时间。依法必须进行招标的项目提交资格预审申请文件的时间，自资格预审文件停止发售之日起不得少于5日。

**第十八条** 资格预审应当按照资格预审文件载明的标准和方法进行。

国有资金占控股或者主导地位的依法必须进行招标的项目，招标人应当组建资格审查委员会审查资格预审申请文件。资格审查委员会及其成员应当遵守招标投标法和本条例有关评标委员会及其成员的规定。

**第十九条** 资格预审结束后，招标人应当及时向资格预审申请人发出资格预审结果通知书。未通过资格预审的申请人不具有投标资格。

通过资格预审的申请人少于3个的，应当重新招标。

**第二十条** 招标人采用资格后审办法对投标人进行资格审查的，应当在开标后由评标委员会按照招标文件规定的标准和方法对投标人的资格进行审查。

**第二十一条** 招标人可以对已发出的资格预审文件或者招标文件进行必要的澄清或者修改。澄清或者修改的内容可能影响资格预审申请文件或者投标文件编制的，招标人应当在提交资格预审申请文件截止时间至少3日前，或者投标截止时间至少15日前，以书面形式通知所有获取资格预审文件或者招标文件的潜在投标人；不足3日或者15日的，招标人应当顺延提交资格预审申请文件或者投标文件的截止时间。

**第二十二条** 潜在投标人或者其他利害关系人对资格预审文件有异议的，应当在提交资格预审申请文件截止时间2日前提出；对招标文件有异议的，应当在投标截止时间10日前提出。招标人应当自收到异议之日起3日内作出答复；作出答复前，应当暂停招标投标活动。

**第二十三条** 招标人编制的资格预审文件、招标文件的内容违反法律、行政法规的强制性规定，违反公开、公平、公正和诚实信用原则，影响资格预审结果或者潜在投标人投标的，依法必须进行招标的项目的招标人应当在修改资格预审文件或者招标文件后重新招标。

**第二十四条** 招标人对招标项目划分标段的，应当遵守招标投标法的有关规定，不得利用划分标段限制或者排斥潜在投标人。依法必须进行招标的项目的招标人不得利用划分标段规避招标。

**第二十五条** 招标人应当在招标文件中载明投标有效期。投标有效期从提交投标文件的截止之日起算。

**第二十六条** 招标人在招标文件中要求投标人提交投标保证金的，投标保证金不得超过招标项目估算价的2%。投标保证金有效期应当与投标有效期一致。

依法必须进行招标的项目的境内投标单位，以现金或者支票形式提交的投标保证金应当从其基本账户转出。

招标人不得挪用投标保证金。

**第二十七条** 招标人可以自行决定是否编制标底。一个招标项目只能有一个标底。标底必须保密。

接受委托编制标底的中介机构不得参加受托编制标底项目的投标，也不得为该项目的投标人编制投标文件或者提供咨询。

招标人设有最高投标限价的，应当在招标文件中明确最高投标限价或者最高投标限价的计算方法。招标人不得规定最低投标限价。

**第二十八条** 招标人不得组织单个或者部分潜在投标人踏勘项目现场。

**第二十九条** 招标人可以依法对工程以及与工程建设有关的货物、服务全部或者部分实行总承包招标。以暂估价形式包括在总承包范围内的工程、货物、服务属于依法必须进行招标的项目范围且达到国家规定规模标准的，应当依法进行招标。

前款所称暂估价，是指总承包招标时不能确定价格而由招标人在招标文件中暂时估定的工程、货物、服务的金额。

**第三十条** 对技术复杂或者无法精确拟定技术规格的项目，招标人可以分两阶段进行招标。

第一阶段，投标人按照招标公告或者投标邀请书的要求提交不带报价的技术建议，招标人根据投标人提交的技术建议确定技术标准和要求，编制招标文件。

第二阶段，招标人向在第一阶段提交技术建议的投标人提供招标文件，投标人按照招标文件的要求提交包括最终技术方案和投标报价的投标文件。

招标人要求投标人提交投标保证金的，应当在第二阶段提出。

**第三十一条** 招标人终止招标的，应当及时发布公告，或者以书面形式通知被邀请的或者已经获取资格预审文件、招标文件的潜在投标人。已经发售资格预审文件、招标文件或者已经收取投标保证金的，招标人应当及时退还所收取的资格预审文件、招标文件的费用，以及所收取的投标保证金及银行同期存款利息。

**第三十二条** 招标人不得以不合理的条件限制、排斥潜在投标人或者投标人。

招标人有下列行为之一的，属于以不合理条件限制、排斥潜在投标人或者投标人：

（一）就同一招标项目向潜在投标人或者投标人提供有差别的项目信息；

（二）设定的资格、技术、商务条件与招标项目的具体特点和实际需要不相适应或者与合同履行无关；

（三）依法必须进行招标的项目以特定行政区域或者特定行业的业绩、奖项作为加分条件或者中标条件；

（四）对潜在投标人或者投标人采取不同的资格审查或者评标标准；

（五）限定或者指定特定的专利、商标、品牌、原产地或者供应商；

（六）依法必须进行招标的项目非法限定潜在投标人或者投标人的所有制形式或者组织形式；

（七）以其他不合理条件限制、排斥潜在投标人或者投标人。

## 第三章　投　　标

**第三十三条** 投标人参加依法必须进行招标的项目的投标，不受地区或者部门的限制，任何单位和个人不得非法干涉。

**第三十四条**　与招标人存在利害关系可能影响招标公正性的法人、其他组织或者个人，不得参加投标。

单位负责人为同一人或者存在控股、管理关系的不同单位，不得参加同一标段投标或者未划分标段的同一招标项目投标。

违反前两款规定的，相关投标均无效。

**第三十五条**　投标人撤回已提交的投标文件，应当在投标截止时间前书面通知招标人。招标人已收取投标保证金的，应当自收到投标人书面撤回通知之日起5日内退还。

投标截止后投标人撤销投标文件的，招标人可以不退还投标保证金。

**第三十六条**　未通过资格预审的申请人提交的投标文件，以及逾期送达或者不按照招标文件要求密封的投标文件，招标人应当拒收。

招标人应当如实记载投标文件的送达时间和密封情况，并存档备查。

**第三十七条**　招标人应当在资格预审公告、招标公告或者投标邀请书中载明是否接受联合体投标。

招标人接受联合体投标并进行资格预审的，联合体应当在提交资格预审申请文件前组成。资格预审后联合体增减、更换成员的，其投标无效。

联合体各方在同一招标项目中以自己名义单独投标或者参加其他联合体投标的，相关投标均无效。

**第三十八条**　投标人发生合并、分立、破产等重大变化的，应当及时书面告知招标人。投标人不再具备资格预审文件、招标文件规定的资格条件或者其投标影响招标公正性的，其投标无效。

**第三十九条**　禁止投标人相互串通投标。

有下列情形之一的，属于投标人相互串通投标：

（一）投标人之间协商投标报价等投标文件的实质性内容；

（二）投标人之间约定中标人；

（三）投标人之间约定部分投标人放弃投标或者中标；

（四）属于同一集团、协会、商会等组织成员的投标人按照该组织要求协同投标；

（五）投标人之间为谋取中标或者排斥特定投标人而采取的其他联合行动。

**第四十条**　有下列情形之一的，视为投标人相互串通投标：

（一）不同投标人的投标文件由同一单位或者个人编制；

（二）不同投标人委托同一单位或者个人办理投标事宜；

（三）不同投标人的投标文件载明的项目管理成员为同一人；

（四）不同投标人的投标文件异常一致或者投标报价呈规律性差异；

（五）不同投标人的投标文件相互混装；

（六）不同投标人的投标保证金从同一单位或者个人的账户转出。

**第四十一条**　禁止招标人与投标人串通投标。

有下列情形之一的，属于招标人与投标人串通投标：

（一）招标人在开标前开启投标文件并将有关信息泄露给其他投标人；

（二）招标人直接或者间接向投标人泄露标底、评标委员会成员等信息；

（三）招标人明示或者暗示投标人压低或者抬高投标报价；

（四）招标人授意投标人撤换、修改投标文件；

（五）招标人明示或者暗示投标人为特定投标人中标提供方便；

（六）招标人与投标人为谋求特定投标人中标而采取的其他串通行为。

**第四十二条** 使用通过受让或者租借等方式获取的资格、资质证书投标的，属于招标投标法第三十三条规定的以他人名义投标。

投标人有下列情形之一的，属于招标投标法第三十三条规定的以其他方式弄虚作假的行为：

（一）使用伪造、变造的许可证件；

（二）提供虚假的财务状况或者业绩；

（三）提供虚假的项目负责人或者主要技术人员简历、劳动关系证明；

（四）提供虚假的信用状况；

（五）其他弄虚作假的行为。

**第四十三条** 提交资格预审申请文件的申请人应当遵守招标投标法和本条例有关投标人的规定。

## 第四章 开标、评标和中标

**第四十四条** 招标人应当按照招标文件规定的时间、地点开标。

投标人少于3个的，不得开标；招标人应当重新招标。

投标人对开标有异议的，应当在开标现场提出，招标人应当当场作出答复，并制作记录。

**第四十五条** 国家实行统一的评标专家专业分类标准和管理办法。具体标准和办法由国务院发展改革部门会同国务院有关部门制定。

省级人民政府和国务院有关部门应当组建综合评标专家库。

**第四十六条** 除招标投标法第三十七条第三款规定的特殊招标项目外，依法必须进行招标的项目，其评标委员会的专家成员应当从评标专家库内相关专业的专家名单中以随机抽取方式确定。任何单位和个人不得以明示、暗示等任何方式指定或者变相指定参加评标委员会的专家成员。

依法必须进行招标的项目的招标人非因招标投标法和本条例规定的事由，不得更换依法确定的评标委员会成员。更换评标委员会的专家成员应当依照前款规定进行。

评标委员会成员与投标人有利害关系的，应当主动回避。

有关行政监督部门应当按照规定的职责分工，对评标委员会成员的确定方式、评标专家的抽取和评标活动进行监督。行政监督部门的工作人员不得担任本部门负责监督项目的评标委员会成员。

**第四十七条** 招标投标法第三十七条第三款所称特殊招标项目，是指技术复杂、专业性强或者国家有特殊要求，采取随机抽取方式确定的专家难以保证胜任评标工作的项目。

**第四十八条** 招标人应当向评标委员会提供评标所必需的信息，但不得明示或者暗示其倾向或者排斥特定投标人。

招标人应当根据项目规模和技术复杂程度等因素合理确定评标时间。超过三分之一的评标委员会成员认为评标时间不够的，招标人应当适当延长。

评标过程中，评标委员会成员有回避事由、擅离职守或者因健康等原因不能继续评标的，应当及时更换。被更换的评标委员会成员作出的评审结论无效，由更换后的评标委员会成员重新进行评审。

**第四十九条** 评标委员会成员应当依照招标投标法和本条例的规定，按照招标文件规定的评标标准和方法，客观、公正地对投标文件提出评审意见。招标文件没有规定的评标标准和方法不得作为评标的依据。

评标委员会成员不得私下接触投标人，不得收受投标人给予的财物或者其他好处，不得向招标人征询确定中标人的意向，不得接受任何单位或者个人明示或者暗示提出的倾向或者排斥特定投标人的要求，不得有其他不客观、不公正履行职务的行为。

**第五十条** 招标项目设有标底的，招标人应当在开标时公布。标底只能作为评标的参考，不得以投标报价是否接近标底作为中标条件，也不得以投标报价超过标底上下浮动范围作为否决投标的条件。

**第五十一条** 有下列情形之一的，评标委员会应当否决其投标：

（一）投标文件未经投标单位盖章和单位负责人签字；

（二）投标联合体没有提交共同投标协议；

（三）投标人不符合国家或者招标文件规定的资格条件；

（四）同一投标人提交两个以上不同的投标文件或者投标报价，但招标文件要求提交备选投标的除外；

（五）投标报价低于成本或者高于招标文件设定的最高投标限价；

（六）投标文件没有对招标文件的实质性要求和条件作出响应；

（七）投标人有串通投标、弄虚作假、行贿等违法行为。

**第五十二条** 投标文件中有含义不明确的内容、明显文字或者计算错误，评标委员会认为需要投标人作出必要澄清、说明的，应当书面通知该投标人。投标人的澄清、说明应当采用书面形式，并不得超出投标文件的范围或者改变投标文件的实质性内容。

评标委员会不得暗示或者诱导投标人作出澄清、说明，不得接受投标人主动提出的澄清、说明。

**第五十三条** 评标完成后，评标委员会应当向招标人提交书面评标报告和中标候选人名单。中标候选人应当不超过3个，并标明排序。

评标报告应当由评标委员会全体成员签字。对评标结果有不同意见的评标委员会成员应当以书面形式说明其不同意见和理由，评标报告应当注明该不同意见。评标委员会成员拒绝在评标报告上签字又不书面说明其不同意见和理由的，视为同意评标结果。

**第五十四条** 依法必须进行招标的项目，招标人应当自收到评标报告之日起3日内公示中标候选人，公示期不得少于3日。

投标人或者其他利害关系人对依法必须进行招标的项目的评标结果有异议的，应当在中标候选人公示期间提出。招标人应当自收到异议之日起3日内作出答复；作出答复前，应当暂停招标投标活动。

**第五十五条** 国有资金占控股或者主导地位的依法必须进行招标的项目，招标人应当确定排名第一的中标候选人为中标人。排名第一的中标候选人放弃中标、因不可抗力不能履行合同、不按照招标文件要求提交履约保证金，或者被查实存在影响中标结果的违法行为等情形，不符合中标条件的，招标人可以按照评标委员会提出的中标候选人名单排序依次确定其他中标候选人为中标人，也可以重新招标。

**第五十六条** 中标候选人的经营、财务状况发生较大变化或者存在违法行为，招标人认为可能影响其履约能力的，应当在发出中标通知书前由原评标委员会按照招标文件规定的标准和方法审查确认。

**第五十七条** 招标人和中标人应当依照招标投标法和本条例的规定签订书面合同，合同的标的、价款、质量、履行期限等主要条款应当与招标文件和中标人的投标文件的内容一致。招标人和中标人不得再行订立背离合同实质性内容的其他协议。

招标人最迟应当在书面合同签订后5日内向中标人和未中标的投标人退还投标保证金及银行同期存款利息。

**第五十八条** 招标文件要求中标人提交履约保证金的，中标人应当按照招标文件的要求提交。履约保证金不得超过中标合同金额的10%。

**第五十九条** 中标人应当按照合同约定履行义务，完成中标项目。中标人不得向他人转让中标项目，也不得将中标项目肢解后分别向他人转让。

中标人按照合同约定或者经招标人同意，可以将中标项目的部分非主体、非关键性工作分包给他人完成。接受分包的人应当具备相应的资格条件，并不得再次分包。

中标人应当就分包项目向招标人负责，接受分包的人就分包项目承担连带责任。

## 第五章 投诉与处理

**第六十条** 投标人或者其他利害关系人认为招标投标活动不符合法律、行政法规规定的，可以自知道或者应当知道之日起10日内向有关行政监督部门投诉。投诉应当有明确的请求和必要的证明材料。

就本条例第二十二条、第四十四条、第五十四条规定事项投诉的，应当先向招标人提出异议，异议答复期间不计算在前款规定的期限内。

**第六十一条** 投诉人就同一事项向两个以上有权受理的行政监督部门投诉的，由最先收到投诉的行政监督部门负责处理。

行政监督部门应当自收到投诉之日起3个工作日内决定是否受理投诉，并自受理投诉之日起30个工作日内作出书面处理决定；需要检验、检测、鉴定、专家评审的，所需时间不计算在内。

投诉人捏造事实、伪造材料或者以非法手段取得证明材料进行投诉的，行政监督部门应当予以驳回。

**第六十二条** 行政监督部门处理投诉，有权查阅、复制有关文件、资料，调查有关情况，相关单位和人员应当予以配合。必要时，行政监督部门可以责令暂停招标投标活动。

行政监督部门的工作人员对监督检查过程中知悉的国家秘密、商业秘密，应当依法予以保密。

## 第六章　法律责任

**第六十三条**　招标人有下列限制或者排斥潜在投标人行为之一的，由有关行政监督部门依照招标投标法第五十一条的规定处罚：

（一）依法应当公开招标的项目不按照规定在指定媒介发布资格预审公告或者招标公告；

（二）在不同媒介发布的同一招标项目的资格预审公告或者招标公告的内容不一致，影响潜在投标人申请资格预审或者投标。

依法必须进行招标的项目的招标人不按照规定发布资格预审公告或者招标公告，构成规避招标的，依照招标投标法第四十九条的规定处罚。

**第六十四条**　招标人有下列情形之一的，由有关行政监督部门责令改正，可以处10万元以下的罚款：

（一）依法应当公开招标而采用邀请招标；

（二）招标文件、资格预审文件的发售、澄清、修改的时限，或者确定的提交资格预审申请文件、投标文件的时限不符合招标投标法和本条例规定；

（三）接受未通过资格预审的单位或者个人参加投标；

（四）接受应当拒收的投标文件。

招标人有前款第一项、第三项、第四项所列行为之一的，对单位直接负责的主管人员和其他直接责任人员依法给予处分。

**第六十五条**　招标代理机构在所代理的招标项目中投标、代理投标或者向该项目投标人提供咨询的，接受委托编制标底的中介机构参加受托编制标底项目的投标或者为该项目的投标人编制投标文件、提供咨询的，依照招标投标法第五十条的规定追究法律责任。

**第六十六条**　招标人超过本条例规定的比例收取投标保证金、履约保证金或者不按照规定退还投标保证金及银行同期存款利息的，由有关行政监督部门责令改正，可以处5万元以下的罚款；给他人造成损失的，依法承担赔偿责任。

**第六十七条**　投标人相互串通投标或者与招标人串通投标的，投标人向招标人或者评标委员会成员行贿谋取中标的，中标无效；构成犯罪的，依法追究刑事责任；尚不构成犯罪的，依照招标投标法第五十三条的规定处罚。投标人未中标的，对单位的罚款金额按照招标项目合同金额依照招标投标法规定的比例计算。

投标人有下列行为之一的，属于招标投标法第五十三条规定的情节严重行为，由有关行政监督部门取消其1年至2年内参加依法必须进行招标的项目的投标资格：

（一）以行贿谋取中标；

（二）3年内2次以上串通投标；

（三）串通投标行为损害招标人、其他投标人或者国家、集体、公民的合法利益，造成直接经济损失30万元以上；

（四）其他串通投标情节严重的行为。

投标人自本条第二款规定的处罚执行期限届满之日起3年内又有该款所列违法行为之一的，或者串通投标、以行贿谋取中标情节特别严重的，由工商行政管理机关吊销营业执照。

法律、行政法规对串通投标报价行为的处罚另有规定的，从其规定。

**第六十八条** 投标人以他人名义投标或者以其他方式弄虚作假骗取中标的,中标无效;构成犯罪的,依法追究刑事责任;尚不构成犯罪的,依照招标投标法第五十四条的规定处罚。依法必须进行招标的项目的投标人未中标的,对单位的罚款金额按照招标项目合同金额依照招标投标法规定的比例计算。

投标人有下列行为之一的,属于招标投标法第五十四条规定的情节严重行为,由有关行政监督部门取消其1年至3年内参加依法必须进行招标的项目的投标资格:

(一)伪造、变造资格、资质证书或者其他许可证件骗取中标;

(二)3年内2次以上使用他人名义投标;

(三)弄虚作假骗取中标给招标人造成直接经济损失30万元以上;

(四)其他弄虚作假骗取中标情节严重的行为。

投标人自本条第二款规定的处罚执行期限届满之日起3年内又有该款所列违法行为之一的,或者弄虚作假骗取中标情节特别严重的,由工商行政管理机关吊销营业执照。

**第六十九条** 出让或者出租资格、资质证书供他人投标的,依照法律、行政法规的规定给予行政处罚;构成犯罪的,依法追究刑事责任。

**第七十条** 依法必须进行招标的项目的招标人不按照规定组建评标委员会,或者确定、更换评标委员会成员违反招标投标法和本条例规定的,由有关行政监督部门责令改正,可以处10万元以下的罚款,对单位直接负责的主管人员和其他直接责任人员依法给予处分;违法确定或者更换的评标委员会成员作出的评审结论无效,依法重新进行评审。

国家工作人员以任何方式非法干涉选取评标委员会成员的,依照本条例第八十一条的规定追究法律责任。

**第七十一条** 评标委员会成员有下列行为之一的,由有关行政监督部门责令改正;情节严重的,禁止其在一定期限内参加依法必须进行招标的项目的评标;情节特别严重的,取消其担任评标委员会成员的资格:

(一)应当回避而不回避;

(二)擅离职守;

(三)不按照招标文件规定的评标标准和方法评标;

(四)私下接触投标人;

(五)向招标人征询确定中标人的意向或者接受任何单位或者个人明示或者暗示提出的倾向或者排斥特定投标人的要求;

(六)对依法应当否决的投标不提出否决意见;

(七)暗示或者诱导投标人作出澄清、说明或者接受投标人主动提出的澄清、说明;

(八)其他不客观、不公正履行职务的行为。

**第七十二条** 评标委员会成员收受投标人的财物或者其他好处的,没收收受的财物,处3000元以上5万元以下的罚款,取消担任评标委员会成员的资格,不得再参加依法必须进行招标的项目的评标;构成犯罪的,依法追究刑事责任。

**第七十三条** 依法必须进行招标的项目的招标人有下列情形之一的,由有关行政监督部门责令改正,可以处中标项目金额10‰以下的罚款;给他人造成损失的,依法承担赔偿责任;对单位直接负责的主管人员和其他直接责任人员依法给予处分:

（一）无正当理由不发出中标通知书；

（二）不按照规定确定中标人；

（三）中标通知书发出后无正当理由改变中标结果；

（四）无正当理由不与中标人订立合同；

（五）在订立合同时向中标人提出附加条件。

**第七十四条**　中标人无正当理由不与招标人订立合同，在签订合同时向招标人提出附加条件，或者不按照招标文件要求提交履约保证金的，取消其中标资格，投标保证金不予退还。对依法必须进行招标的项目的中标人，由有关行政监督部门责令改正，可以处中标项目金额10‰以下的罚款。

**第七十五条**　招标人和中标人不按照招标文件和中标人的投标文件订立合同，合同的主要条款与招标文件、中标人的投标文件的内容不一致，或者招标人、中标人订立背离合同实质性内容的协议的，由有关行政监督部门责令改正，可以处中标项目金额5‰以上10‰以下的罚款。

**第七十六条**　中标人将中标项目转让给他人的，将中标项目肢解后分别转让给他人的，违反招标投标法和本条例规定将中标项目的部分主体、关键性工作分包给他人的，或者分包人再次分包的，转让、分包无效，处转让、分包项目金额5‰以上10‰以下的罚款；有违法所得的，并处没收违法所得；可以责令停业整顿；情节严重的，由工商行政管理机关吊销营业执照。

**第七十七条**　投标人或者其他利害关系人捏造事实、伪造材料或者以非法手段取得证明材料进行投诉，给他人造成损失的，依法承担赔偿责任。

招标人不按照规定对异议作出答复，继续进行招标投标活动的，由有关行政监督部门责令改正，拒不改正或者不能改正并影响中标结果的，依照本条例第八十二条的规定处理。

**第七十八条**　国家建立招标投标信用制度。有关行政监督部门应当依法公告对招标人、招标代理机构、投标人、评标委员会成员等当事人违法行为的行政处理决定。

**第七十九条**　项目审批、核准部门不依法审批、核准项目招标范围、招标方式、招标组织形式的，对单位直接负责的主管人员和其他直接责任人员依法给予处分。

有关行政监督部门不依法履行职责，对违反招标投标法和本条例规定的行为不依法查处，或者不按照规定处理投诉、不依法公告对招标投标当事人违法行为的行政处理决定的，对直接负责的主管人员和其他直接责任人员依法给予处分。

项目审批、核准部门和有关行政监督部门的工作人员徇私舞弊、滥用职权、玩忽职守，构成犯罪的，依法追究刑事责任。

**第八十条**　国家工作人员利用职务便利，以直接或者间接、明示或者暗示等任何方式非法干涉招标投标活动，有下列情形之一的，依法给予记过或者记大过处分；情节严重的，依法给予降级或者撤职处分；情节特别严重的，依法给予开除处分；构成犯罪的，依法追究刑事责任：

（一）要求对依法必须进行招标的项目不招标，或者要求对依法应当公开招标的项目不公开招标；

（二）要求评标委员会成员或者招标人以其指定的投标人作为中标候选人或者中标人，或者以其他方式非法干涉评标活动，影响中标结果；

（三）以其他方式非法干涉招标投标活动。

**第八十一条** 依法必须进行招标的项目的招标投标活动违反招标投标法和本条例的规定,对中标结果造成实质性影响,且不能采取补救措施予以纠正的,招标、投标、中标无效,应当依法重新招标或者评标。

## 第七章 附 则

**第八十二条** 招标投标协会按照依法制定的章程开展活动,加强行业自律和服务。

**第八十三条** 政府采购的法律、行政法规对政府采购货物、服务的招标投标另有规定的,从其规定。

**第八十四条** 本条例自2012年2月1日起施行。

# 14. 建设工程质量管理条例

（2000 年 1 月 30 日国务院令第 279 号发布。根据 2019 年 4 月 23 日国务院令第 714 号《国务院关于修改部分行政法规的决定》修正）

## 第一章 总 则

**第一条** 为了加强对建设工程质量的管理，保证建设工程质量，保护人民生命和财产安全，根据《中华人民共和国建筑法》，制定本条例。

**第二条** 凡在中华人民共和国境内从事建设工程的新建、扩建、改建等有关活动及实施对建设工程质量监督管理的，必须遵守本条例。本条例所称建设工程，是指土木工程、建筑工程、线路管道和设备安装工程及装修工程。

**第三条** 建设单位、勘察单位、设计单位、施工单位、工程监理单位依法对建设工程质量负责。

**第四条** 县级以上人民政府建设行政主管部门和其他有关部门应当加强对建设工程质量的监督管理。

**第五条** 从事建设工程活动，必须严格执行基本建设程序，坚持先勘察、后设计、再施工的原则。

县级以上人民政府及其有关部门不得超越权限审批建设项目或者擅自简化基本建设程序。

**第六条** 国家鼓励采用先进的科学技术和管理方法，提高建设工程质量。

## 第二章 建设单位的质量责任和义务

**第七条** 建设单位应当将工程发包给具有相应资质等级的单位。

建设单位不得将建设工程肢解发包。

**第八条** 建设单位应当依法对工程建设项目的勘察、设计、施工、监理以及与工程建设有关的重要设备、材料等的采购进行招标。

**第九条** 建设单位必须向有关的勘察、设计、施工、工程监理等单位提供与建设工程有关的原始资料。

原始资料必须真实、准确、齐全。

**第十条** 建设工程发包单位不得迫使承包方以低于成本的价格竞标，不得任意压缩合理工期。

建设单位不得明示或者暗示设计单位或者施工单位违反工程建设强制性标准，降低建设工程质量。

**第十一条** 施工图设计文件审查的具体办法，由国务院建设行政主管部门、国务院其他有关部门制定。

施工图设计文件未经审查批准的，不得使用。

**第十二条** 实行监理的建设工程，建设单位应当委托具有相应资质等级的工程监理单位进行监理，也可以委托具有工程监理相应资质等级并与被监理工程的施工承包单位没有隶属关系或者其他利害关系的该工程的设计单位进行监理。

下列建设工程必须实行监理：

（一）国家重点建设工程；

（二）大中型公用事业工程；

（三）成片开发建设的住宅小区工程；

（四）利用外国政府或者国际组织贷款、援助资金的工程；

（五）国家规定必须实行监理的其他工程。

**第十三条** 建设单位在开工前，应当按照国家有关规定办理工程质量监督手续，工程质量监督手续可以与施工许可证或者开工报告合并办理。

**第十四条** 按照合同约定，由建设单位采购建筑材料、建筑构配件和设备的，建设单位应当保证建筑材料、建筑构配件和设备符合设计文件和合同要求。

建设单位不得明示或者暗示施工单位使用不合格的建筑材料、建筑构配件和设备。

**第十五条** 涉及建筑主体和承重结构变动的装修工程，建设单位应当在施工前委托原设计单位或者具有相应资质等级的设计单位提出设计方案；没有设计方案的，不得施工。

房屋建筑使用者在装修过程中，不得擅自变动房屋建筑主体和承重结构。

**第十六条** 建设单位收到建设工程竣工报告后，应当组织设计、施工、工程监理等有关单位进行竣工验收。

建设工程竣工验收应当具备下列条件：

（一）完成建设工程设计和合同约定的各项内容；

（二）有完整的技术档案和施工管理资料；

（三）有工程使用的主要建筑材料、建筑构配件和设备的进场试验报告；

（四）有勘察、设计、施工、工程监理等单位分别签署的质量合格文件；

（五）有施工单位签署的工程保修书。

建设工程经验收合格的，方可交付使用。

**第十七条** 建设单位应当严格按照国家有关档案管理的规定，及时收集、整理建设项目各环节的文件资料，建立、健全建设项目档案，并在建设工程竣工验收后，及时向建设行政主管部门或者其他有关部门移交建设项目档案。

## 第三章 勘察、设计单位的质量责任和义务

**第十八条** 从事建设工程勘察、设计的单位应当依法取得相应等级的资质证书，并在其资质等级许可的范围内承揽工程。

禁止勘察、设计单位超越其资质等级许可的范围或者以其他勘察、设计单位的名义承揽工程。禁止勘察、设计单位允许其他单位或者个人以本单位的名义承揽工程。

勘察、设计单位不得转包或者违法分包所承揽的工程。

**第十九条**　勘察、设计单位必须按照工程建设强制性标准进行勘察、设计，并对其勘察、设计的质量负责。

注册建筑师、注册结构工程师等注册执业人员应当在设计文件上签字，对设计文件负责。

**第二十条**　勘察单位提供的地质、测量、水文等勘察成果必须真实、准确。

**第二十一条**　设计单位应当根据勘察成果文件进行建设工程设计。

设计文件应当符合国家规定的设计深度要求，注明工程合理使用年限。

**第二十二条**　设计单位在设计文件中选用的建筑材料、建筑构配件和设备，应当注明规格、型号、性能等技术指标，其质量要求必须符合国家规定的标准。

除有特殊要求的建筑材料、专用设备、工艺生产线等外，设计单位不得指定生产厂、供应商。

**第二十三条**　设计单位应当就审查合格的施工图设计文件向施工单位作出详细说明。

**第二十四条**　设计单位应当参与建设工程质量事故分析，并对因设计造成的质量事故，提出相应的技术处理方案。

## 第四章　施工单位的质量责任和义务

**第二十五条**　施工单位应当依法取得相应等级的资质证书，并在其资质等级许可的范围内承揽工程。

禁止施工单位超越本单位资质等级许可的业务范围或者以其他施工单位的名义承揽工程。禁止施工单位允许其他单位或者个人以本单位的名义承揽工程。

施工单位不得转包或者违法分包工程。

**第二十六条**　施工单位对建设工程的施工质量负责。

施工单位应当建立质量责任制，确定工程项目的项目经理、技术负责人和施工管理负责人。

建设工程实行总承包的，总承包单位应当对全部建设工程质量负责；建设工程勘察、设计、施工、设备采购的一项或者多项实行总承包的，总承包单位应当对其承包的建设工程或者采购的设备的质量负责。

**第二十七条**　总承包单位依法将建设工程分包给其他单位的，分包单位应当按照分包合同的约定对其分包工程的质量向总承包单位负责，总承包单位与分包单位对分包工程的质量承担连带责任。

**第二十八条**　施工单位必须按照工程设计图纸和施工技术标准施工，不得擅自修改工程设计，不得偷工减料。

施工单位在施工过程中发现设计文件和图纸有差错的，应当及时提出意见和建议。

**第二十九条**　施工单位必须按照工程设计要求、施工技术标准和合同约定，对建筑材料、建筑构配件、设备和商品混凝土进行检验，检验应当有书面记录和专人签字；未经检验或者检验不合格的，不得使用。

**第三十条**　施工单位必须建立、健全施工质量的检验制度，严格工序管理，作好隐蔽工程的质量检查和记录。隐蔽工程在隐蔽前，施工单位应当通知建设单位和建设工程质量监督机构。

**第三十一条** 施工人员对涉及结构安全的试块、试件以及有关材料，应当在建设单位或者工程监理单位监督下现场取样，并送具有相应资质等级的质量检测单位进行检测。

**第三十二条** 施工单位对施工中出现质量问题的建设工程或者竣工验收不合格的建设工程，应当负责返修。

**第三十三条** 施工单位应当建立、健全教育培训制度，加强对职工的教育培训；未经教育培训或者考核不合格的人员，不得上岗作业。

## 第五章 工程监理单位的质量责任和义务

**第三十四条** 工程监理单位应当依法取得相应等级的资质证书，并在其资质等级许可的范围内承担工程监理业务。

禁止工程监理单位超越本单位资质等级许可的范围或者以其他工程监理单位的名义承担工程监理业务。禁止工程监理单位允许其他单位或者个人以本单位的名义承担工程监理业务。

工程监理单位不得转让工程监理业务。

**第三十五条** 工程监理单位与被监理工程的施工承包单位以及建筑材料、建筑构配件和设备供应单位有隶属关系或者其他利害关系的，不得承担该项建设工程的监理业务。

**第三十六条** 工程监理单位应当依照法律、法规以及有关技术标准、设计文件和建设工程承包合同，代表建设单位对施工质量实施监理，并对施工质量承担监理责任。

**第三十七条** 工程监理单位应当选派具备相应资格的总监理工程师和监理工程师进驻施工现场。

未经监理工程师签字，建筑材料、建筑构配件和设备不得在工程上使用或者安装，施工单位不得进行下一道工序的施工。未经总监理工程师签字，建设单位不拨付工程款，不进行竣工验收。

**第三十八条** 监理工程师应当按照工程监理规范的要求，采取旁站、巡视和平行检验等形式，对建设工程实施监理。

## 第六章 建设工程质量保修

**第三十九条** 建设工程实行质量保修制度。

建设工程承包单位在向建设单位提交工程竣工验收报告时，应当向建设单位出具质量保修书。质量保修书中应当明确建设工程的保修范围、保修期限和保修责任等。

**第四十条** 在正常使用条件下，建设工程的最低保修期限为：

（一）基础设施工程、房屋建筑的地基基础工程和主体结构工程，为设计文件规定的该工程的合理使用年限；

（二）屋面防水工程、有防水要求的卫生间、房间和外墙面的防渗漏，为 5 年；

（三）供热与供冷系统，为 2 个采暖期、供冷期；

（四）电气管线、给排水管道、设备安装和装修工程，为 2 年。

其他项目的保修期限由发包方与承包方约定。

建设工程的保修期,自竣工验收合格之日起计算。

**第四十一条**　建设工程在保修范围和保修期限内发生质量问题的,施工单位应当履行保修义务,并对造成的损失承担赔偿责任。

**第四十二条**　建设工程在超过合理使用年限后需要继续使用的,产权所有人应当委托具有相应资质等级的勘察、设计单位鉴定,并根据鉴定结果采取加固、维修等措施,重新界定使用期。

## 第七章　监督管理

**第四十三条**　国家实行建设工程质量监督管理制度。

国务院建设行政主管部门对全国的建设工程质量实施统一监督管理。国务院铁路、交通、水利等有关部门按照国务院规定的职责分工,负责对全国的有关专业建设工程质量的监督管理。

县级以上地方人民政府建设行政主管部门对本行政区域内的建设工程质量实施监督管理。县级以上地方人民政府交通、水利等有关部门在各自的职责范围内,负责对本行政区域内的专业建设工程质量的监督管理。

**第四十四条**　国务院建设行政主管部门和国务院铁路、交通、水利等有关部门应当加强对有关建设工程质量的法律、法规和强制性标准执行情况的监督检查。

**第四十五条**　国务院发展计划部门按照国务院规定的职责,组织稽查特派员,对国家出资的重大建设项目实施监督检查。

国务院经济贸易主管部门按照国务院规定的职责,对国家重大技术改造项目实施监督检查。

**第四十六条**　建设工程质量监督管理,可以由建设行政主管部门或者其他有关部门委托的建设工程质量监督机构具体实施。

从事房屋建筑工程和市政基础设施工程质量监督的机构,必须按照国家有关规定经国务院建设行政主管部门或者省、自治区、直辖市人民政府建设行政主管部门考核;从事专业建设工程质量监督的机构,必须按照国家有关规定经国务院有关部门或者省、自治区、直辖市人民政府有关部门考核。经考核合格后,方可实施质量监督。

**第四十七条**　县级以上地方人民政府建设行政主管部门和其他有关部门应当加强对有关建设工程质量的法律、法规和强制性标准执行情况的监督检查。

**第四十八条**　县级以上人民政府建设行政主管部门和其他有关部门履行监督检查职责时,有权采取下列措施:

(一)要求被检查的单位提供有关工程质量的文件和资料;

(二)进入被检查单位的施工现场进行检查;

(三)发现有影响工程质量的问题时,责令改正。

**第四十九条**　建设单位应当自建设工程竣工验收合格之日起15日内,将建设工程竣工验收报告和规划、公安消防、环保等部门出具的认可文件或者准许使用文件报建设行政主管部门或者其他有关部门备案。

建设行政主管部门或者其他有关部门发现建设单位在竣工验收过程中有违反国家有关建设工程质量管理规定行为的，责令停止使用，重新组织竣工验收。

**第五十条** 有关单位和个人对县级以上人民政府建设行政主管部门和其他有关部门进行的监督检查应当支持与配合，不得拒绝或者阻碍建设工程质量监督检查人员依法执行职务。

**第五十一条** 供水、供电、供气、公安消防等部门或者单位不得明示或者暗示建设单位、施工单位购买其指定的生产供应单位的建筑材料、建筑构配件和设备。

**第五十二条** 建设工程发生质量事故，有关单位应当在24小时内向当地建设行政主管部门和其他有关部门报告。对重大质量事故，事故发生地的建设行政主管部门和其他有关部门应当按照事故类别和等级向当地人民政府和上级建设行政主管部门和其他有关部门报告。

特别重大质量事故的调查程序按照国务院有关规定办理。

**第五十三条** 任何单位和个人对建设工程的质量事故、质量缺陷都有权检举、控告、投诉。

## 第八章 罚　　则

**第五十四条** 违反本条例规定，建设单位将建设工程发包给不具有相应资质等级的勘察、设计、施工单位或者委托给不具有相应资质等级的工程监理单位的，责令改正，处50万元以上100万元以下的罚款。

**第五十五条** 违反本条例规定，建设单位将建设工程肢解发包的，责令改正，处工程合同价款百分之零点五以上百分之一以下的罚款；对全部或者部分使用国有资金的项目，并可以暂停项目执行或者暂停资金拨付。

**第五十六条** 违反本条例规定，建设单位有下列行为之一的，责令改正，处20万元以上50万元以下的罚款：

（一）迫使承包方以低于成本的价格竞标的；

（二）任意压缩合理工期的；

（三）明示或者暗示设计单位或者施工单位违反工程建设强制性标准，降低工程质量的；

（四）施工图设计文件未经审查或者审查不合格，擅自施工的；

（五）建设项目必须实行工程监理而未实行工程监理的；

（六）未按照国家规定办理工程质量监督手续的；

（七）明示或者暗示施工单位使用不合格的建筑材料、建筑构配件和设备的；

（八）未按照国家规定将竣工验收报告、有关认可文件或者准许使用文件报送备案的。

**第五十七条** 违反本条例规定，建设单位未取得施工许可证或者开工报告未经批准，擅自施工的，责令停止施工，限期改正，处工程合同价款百分之一以上百分之二以下的罚款。

**第五十八条** 违反本条例规定，建设单位有下列行为之一的，责令改正，处工程合同价款百分之二以上百分之四以下的罚款；造成损失的，依法承担赔偿责任；

（一）未组织竣工验收，擅自交付使用的；

（二）验收不合格，擅自交付使用的；

（三）对不合格的建设工程按照合格工程验收的。

**第五十九条** 违反本条例规定，建设工程竣工验收后，建设单位未向建设行政主管部门或者其他有关部门移交建设项目档案的，责令改正，处1万元以上10万元以下的罚款。

**第六十条**　违反本条例规定，勘察、设计、施工、工程监理单位超越本单位资质等级承揽工程的，责令停止违法行为，对勘察、设计单位或者工程监理单位处合同约定的勘察费、设计费或者监理酬金1倍以上2倍以下的罚款；对施工单位处工程合同价款百分之二以上百分之四以下的罚款，可以责令停业整顿，降低资质等级；情节严重的，吊销资质证书；有违法所得的，予以没收。

未取得资质证书承揽工程的，予以取缔，依照前款规定处以罚款；有违法所得的，予以没收。

以欺骗手段取得资质证书承揽工程的，吊销资质证书，依照本条第一款规定处以罚款；有违法所得的，予以没收。

**第六十一条**　违反本条例规定，勘察、设计、施工、工程监理单位允许其他单位或者个人以本单位名义承揽工程的，责令改正，没收违法所得，对勘察、设计单位和工程监理单位处合同约定的勘察费、设计费和监理酬金1倍以上2倍以下的罚款；对施工单位处工程合同价款百分之二以上百分之四以下的罚款；可以责令停业整顿，降低资质等级；情节严重的，吊销资质证书。

**第六十二条**　违反本条例规定，承包单位将承包的工程转包或者违法分包的，责令改正，没收违法所得，对勘察、设计单位处合同约定的勘察费、设计费百分之二十五以上百分之五十以下的罚款；对施工单位处工程合同价款百分之零点五以上百分之一以下的罚款；可以责令停业整顿，降低资质等级；情节严重的，吊销资质证书。

工程监理单位转让工程监理业务的，责令改正，没收违法所得，处合同约定的监理酬金百分之二十五以上百分之五十以下的罚款；可以责令停业整顿，降低资质等级；情节严重的，吊销资质证书。

**第六十三条**　违反本条例规定，有下列行为之一的，责令改正，处10万元以上30万元以下的罚款：

（一）勘察单位未按照工程建设强制性标准进行勘察的；

（二）设计单位未根据勘察成果文件进行工程设计的；

（三）设计单位指定建筑材料、建筑构配件的生产厂、供应商的；

（四）设计单位未按照工程建设强制性标准进行设计的。

有前款所列行为，造成工程质量事故的，责令停业整顿，降低资质等级；情节严重的，吊销资质证书；造成损失的，依法承担赔偿责任。

**第六十四条**　违反本条例规定，施工单位在施工中偷工减料的，使用不合格的建筑材料、建筑构配件和设备的，或者有不按照工程设计图纸或者施工技术标准施工的其他行为的，责令改正，处工程合同价款百分之二以上百分之四以下的罚款；造成建设工程质量不符合规定的质量标准的，负责返工、修理，并赔偿因此造成的损失；情节严重的，责令停业整顿，降低资质等级或者吊销资质证书。

**第六十五条**　违反本条例规定，施工单位未对建筑材料、建筑构配件、设备和商品混凝土进行检验，或者未对涉及结构安全的试块、试件以及有关材料取样检测的，责令改正，处10万元以上20万元以下的罚款；情节严重的，责令停业整顿，降低资质等级或者吊销资质证书；造成损失的，依法承担赔偿责任。

**第六十六条**　违反本条例规定，施工单位不履行保修义务或者拖延履行保修义务的，责令改正，处10万元以上20万元以下的罚款，并对在保修期内因质量缺陷造成的损失承担赔偿责任。

**第六十七条** 工程监理单位有下列行为之一的，责令改正，处50万元以上100万元以下的罚款，降低资质等级或者吊销资质证书；有违法所得的，予以没收；造成损失的，承担连带赔偿责任：

（一）与建设单位或者施工单位串通，弄虚作假、降低工程质量的；

（二）将不合格的建设工程、建筑材料、建筑构配件和设备按照合格签字的。

**第六十八条** 违反本条例规定，工程监理单位与被监理工程的施工承包单位以及建筑材料、建筑构配件和设备供应单位有隶属关系或者其他利害关系承担该项建设工程的监理业务的，责令改正，处5万元以上10万元以下的罚款，降低资质等级或者吊销资质证书；有违法所得的，予以没收。

**第六十九条** 违反本条例规定，涉及建筑主体或者承重结构变动的装修工程，没有设计方案擅自施工的，责令改正，处50万元以上100万元以下的罚款；房屋建筑使用者在装修过程中擅自变动房屋建筑主体和承重结构的，责令改正，处5万元以上10万元以下的罚款。

有前款所列行为，造成损失的，依法承担赔偿责任。

**第七十条** 发生重大工程质量事故隐瞒不报、谎报或者拖延报告期限的，对直接负责的主管人员和其他责任人员依法给予行政处分。

**第七十一条** 违反本条例规定，供水、供电、供气、公安消防等部门或者单位明示或者暗示建设单位或者施工单位购买其指定的生产供应单位的建筑材料、建筑构配件和设备的，责令改正。

**第七十二条** 违反本条例规定，注册建筑师、注册结构工程师、监理工程师等注册执业人员因过错造成质量事故的，责令停止执业1年；造成重大质量事故的，吊销执业资格证书，5年以内不予注册；情节特别恶劣的，终身不予注册。

**第七十三条** 依照本条例规定，给予单位罚款处罚的，对单位直接负责的主管人员和其他直接责任人员处单位罚款数额百分之五以上百分之十以下的罚款。

**第七十四条** 建设单位、设计单位、施工单位、工程监理单位违反国家规定，降低工程质量标准，造成重大安全事故，构成犯罪的，对直接责任人员依法追究刑事责任。

**第七十五条** 本条例规定的责令停业整顿，降低资质等级和吊销资质证书的行政处罚，由颁发资质证书的机关决定；其他行政处罚，由建设行政主管部门或者其他有关部门依照法定职权决定。

依照本条例规定被吊销资质证书的，由工商行政管理部门吊销其营业执照。

**第七十六条** 国家机关工作人员在建设工程质量监督管理工作中玩忽职守、滥用职权、徇私舞弊，构成犯罪的，依法追究刑事责任；尚不构成犯罪的，依法给予行政处分。

**第七十七条** 建设、勘察、设计、施工、工程监理单位的工作人员因调动工作、退休等原因离开该单位后，被发现在该单位工作期间违反国家有关建设工程质量管理规定，造成重大工程质量事故的，仍应当依法追究法律责任。

## 第九章　附　　则

**第七十八条**　本条例所称肢解发包,是指建设单位将应当由一个承包单位完成的建设工程分解成若干部分发包给不同的承包单位的行为。

本条例所称违法分包,是指下列行为:

(一)总承包单位将建设工程分包给不具备相应资质条件的单位的;

(二)建设工程总承包合同中未有约定,又未经建设单位认可,承包单位将其承包的部分建设工程交由其他单位完成的;

(三)施工总承包单位将建设工程主体结构的施工分包给其他单位的;

(四)分包单位将其承包的建设工程再分包的。

本条例所称转包,是指承包单位承包建设工程后,不履行合同约定的责任和义务,将其承包的全部建设工程转给他人或者将其承包的全部建设工程肢解以后以分包的名义分别转给其他单位承包的行为。

**第七十九条**　本条例规定的罚款和没收的违法所得,必须全部上缴国库。

**第八十条**　抢险救灾及其他临时性房屋建筑和农民自建低层住宅的建设活动,不适用本条例。

**第八十一条**　军事建设工程的管理,按照中央军事委员会的有关规定执行。

**第八十二条**　本条例自发布之日起施行。

**附刑法有关条款　第一百三十七条**　建设单位、设计单位、施工单位、工程监理单位违反国家规定,降低工程质量标准,造成重大安全事故的,对直接责任人员处五年以下有期徒刑或者拘役,并处罚金;后果特别严重的,处五年以上十年以下有期徒刑,并处罚金。

# 15. 建设工程安全生产管理条例

（2003 年 11 月 24 日　国务院令第 393 号）

## 第一章　总　　则

**第一条**　为了加强建设工程安全生产监督管理，保障人民群众生命和财产安全，根据《中华人民共和国建筑法》、《中华人民共和国安全生产法》，制定本条例。

**第二条**　在中华人民共和国境内从事建设工程的新建、扩建、改建和拆除等有关活动及实施对建设工程安全生产的监督管理，必须遵守本条例。

本条例所称建设工程，是指土木工程、建筑工程、线路管道和设备安装工程及装修工程。

**第三条**　建设工程安全生产管理，坚持安全第一、预防为主的方针。

**第四条**　建设单位、勘察单位、设计单位、施工单位、工程监理单位及其他与建设工程安全生产有关的单位，必须遵守安全生产法律、法规的规定，保证建设工程安全生产，依法承担建设工程安全生产责任。

**第五条**　国家鼓励建设工程安全生产的科学技术研究和先进技术的推广应用，推进建设工程安全生产的科学管理。

## 第二章　建设单位的安全责任

**第六条**　建设单位应当向施工单位提供施工现场及毗邻区域内供水、排水、供电、供气、供热、通信、广播电视等地下管线资料，气象和水文观测资料，相邻建筑物和构筑物、地下工程的有关资料，并保证资料的真实、准确、完整。

建设单位因建设工程需要，向有关部门或者单位查询前款规定的资料时，有关部门或者单位应当及时提供。

**第七条**　建设单位不得对勘察、设计、施工、工程监理等单位提出不符合建设工程安全生产法律、法规和强制性标准规定的要求，不得压缩合同约定的工期。

**第八条**　建设单位在编制工程概算时，应当确定建设工程安全作业环境及安全施工措施所需费用。

**第九条**　建设单位不得明示或者暗示施工单位购买、租赁、使用不符合安全施工要求的安全防护用具、机械设备、施工机具及配件、消防设施和器材。

**第十条**　建设单位在申请领取施工许可证时，应当提供建设工程有关安全施工措施的资料。

依法批准开工报告的建设工程，建设单位应当自开工报告批准之日起 15 日内，将保证安全施工的措施报送建设工程所在地的县级以上地方人民政府建设行政主管部门或者其他有关部门备案。

**第十一条**　建设单位应当将拆除工程发包给具有相应资质等级的施工单位。

建设单位应当在拆除工程施工15日前,将下列资料报送建设工程所在地的县级以上地方人民政府建设行政主管部门或者其他有关部门备案:

(一)施工单位资质等级证明;

(二)拟拆除建筑物、构筑物及可能危及毗邻建筑的说明;

(三)拆除施工组织方案;

(四)堆放、清除废弃物的措施。

实施爆破作业的,应当遵守国家有关民用爆炸物品管理的规定。

## 第三章　勘察、设计、工程监理及其他有关单位的安全责任

**第十二条**　勘察单位应当按照法律、法规和工程建设强制性标准进行勘察,提供的勘察文件应当真实、准确,满足建设工程安全生产的需要。

勘察单位在勘察作业时,应当严格执行操作规程,采取措施保证各类管线、设施和周边建筑物、构筑物的安全。

**第十三条**　设计单位应当按照法律、法规和工程建设强制性标准进行设计,防止因设计不合理导致生产安全事故的发生。

设计单位应当考虑施工安全操作和防护的需要,对涉及施工安全的重点部位和环节在设计文件中注明,并对防范生产安全事故提出指导意见。

采用新结构、新材料、新工艺的建设工程和特殊结构的建设工程,设计单位应当在设计中提出保障施工作业人员安全和预防生产安全事故的措施建议。

设计单位和注册建筑师等注册执业人员应当对其设计负责。

**第十四条**　工程监理单位应当审查施工组织设计中的安全技术措施或者专项施工方案是否符合工程建设强制性标准。

工程监理单位在实施监理过程中,发现存在安全事故隐患的,应当要求施工单位整改;情况严重的,应当要求施工单位暂时停止施工,并及时报告建设单位。施工单位拒不整改或者不停止施工的,工程监理单位应当及时向有关主管部门报告。

工程监理单位和监理工程师应当按照法律、法规和工程建设强制性标准实施监理,并对建设工程安全生产承担监理责任。

**第十五条**　为建设工程提供机械设备和配件的单位,应当按照安全施工的要求配备齐全有效的保险、限位等安全设施和装置。

**第十六条**　出租的机械设备和施工机具及配件,应当具有生产(制造)许可证、产品合格证。

出租单位应当对出租的机械设备和施工机具及配件的安全性能进行检测,在签订租赁协议时,应当出具检测合格证明。

禁止出租检测不合格的机械设备和施工机具及配件。

**第十七条**　在施工现场安装、拆卸施工起重机械和整体提升脚手架、模板等自升式架设设施,必须由具有相应资质的单位承担。

安装、拆卸施工起重机械和整体提升脚手架、模板等自升式架设设施,应当编制拆装方案、制定安全施工措施,并由专业技术人员现场监督。

施工起重机械和整体提升脚手架、模板等自升式架设设施安装完毕后,安装单位应当自检,出具自检合格证明,并向施工单位进行安全使用说明,办理验收手续并签字。

**第十八条** 施工起重机械和整体提升脚手架、模板等自升式架设设施的使用达到国家规定的检验检测期限的,必须经具有专业资质的检验检测机构检测。经检测不合格的,不得继续使用。

**第十九条** 检验检测机构对检测合格的施工起重机械和整体提升脚手架、模板等自升式架设设施,应当出具安全合格证明文件,并对检测结果负责。

## 第四章 施工单位的安全责任

**第二十条** 施工单位从事建设工程的新建、扩建、改建和拆除等活动,应当具备国家规定的注册资本、专业技术人员、技术装备和安全生产等条件,依法取得相应等级的资质证书,并在其资质等级许可的范围内承揽工程。

**第二十一条** 施工单位主要负责人依法对本单位的安全生产工作全面负责。施工单位应当建立健全安全生产责任制度和安全生产教育培训制度,制定安全生产规章制度和操作规程,保证本单位安全生产条件所需资金的投入,对所承担的建设工程进行定期和专项安全检查,并做好安全检查记录。

施工单位的项目负责人应当由取得相应执业资格的人员担任,对建设工程项目的安全施工负责,落实安全生产责任制度、安全生产规章制度和操作规程,确保安全生产费用的有效使用,并根据工程的特点组织制定安全施工措施,消除安全事故隐患,及时、如实报告生产安全事故。

**第二十二条** 施工单位对列入建设工程概算的安全作业环境及安全施工措施所需费用,应当用于施工安全防护用具及设施的采购和更新、安全施工措施的落实、安全生产条件的改善,不得挪作他用。

**第二十三条** 施工单位应当设立安全生产管理机构,配备专职安全生产管理人员。

专职安全生产管理人员负责对安全生产进行现场监督检查。发现安全事故隐患,应当及时向项目负责人和安全生产管理机构报告;对违章指挥、违章操作的,应当立即制止。

专职安全生产管理人员的配备办法由国务院建设行政主管部门会同国务院其他有关部门制定。

**第二十四条** 建设工程实行施工总承包的,由总承包单位对施工现场的安全生产负总责。

总承包单位应当自行完成建设工程主体结构的施工。

总承包单位依法将建设工程分包给其他单位的,分包合同中应当明确各自的安全生产方面的权利、义务。总承包单位和分包单位对分包工程的安全生产承担连带责任。

分包单位应当服从总承包单位的安全生产管理,分包单位不服从管理导致生产安全事故的,由分包单位承担主要责任。

**第二十五条** 垂直运输机械作业人员、安装拆卸工、爆破作业人员、起重信号工、登高架设作业人员等特种作业人员,必须按照国家有关规定经过专门的安全作业培训,并取得特种作业操作资格证书后,方可上岗作业。

**第二十六条** 施工单位应当在施工组织设计中编制安全技术措施和施工现场临时用电方案,对下列达到一定规模的危险性较大的分部分项工程编制专项施工方案,并附具安全验算结果,经施工单位技术负责人、总监理工程师签字后实施,由专职安全生产管理人员进行现场监督:

(一)基坑支护与降水工程;

(二)土方开挖工程;

(三)模板工程;

(四)起重吊装工程;

(五)脚手架工程;

(六)拆除、爆破工程;

(七)国务院建设行政主管部门或者其他有关部门规定的其他危险性较大的工程。

对前款所列工程中涉及深基坑、地下暗挖工程、高大模板工程的专项施工方案,施工单位还应当组织专家进行论证、审查。

本条第一款规定的达到一定规模的危险性较大工程的标准,由国务院建设行政主管部门会同国务院其他有关部门制定。

**第二十七条** 建设工程施工前,施工单位负责项目管理的技术人员应当对有关安全施工的技术要求向施工作业班组、作业人员作出详细说明,并由双方签字确认。

**第二十八条** 施工单位应当在施工现场入口处、施工起重机械、临时用电设施、脚手架、出入通道口、楼梯口、电梯井口、孔洞口、桥梁口、隧道口、基坑边沿、爆破物及有害危险气体和液体存放处等危险部位,设置明显的安全警示标志。安全警示标志必须符合国家标准。

施工单位应当根据不同施工阶段和周围环境及季节、气候的变化,在施工现场采取相应的安全施工措施。施工现场暂时停止施工的,施工单位应当做好现场防护,所需费用由责任方承担,或者按照合同约定执行。

**第二十九条** 施工单位应当将施工现场的办公、生活区与作业区分开设置,并保持安全距离;办公、生活区的选址应当符合安全性要求。职工的膳食、饮水、休息场所等应当符合卫生标准。施工单位不得在尚未竣工的建筑物内设置员工集体宿舍。

施工现场临时搭建的建筑物应当符合安全使用要求。施工现场使用的装配式活动房屋应当具有产品合格证。

**第三十条** 施工单位对因建设工程施工可能造成损害的毗邻建筑物、构筑物和地下管线等,应当采取专项防护措施。

施工单位应当遵守有关环境保护法律、法规的规定,在施工现场采取措施,防止或者减少粉尘、废气、废水、固体废物、噪声、振动和施工照明对人和环境的危害和污染。

在城市市区内的建设工程,施工单位应当对施工现场实行封闭围挡。

**第三十一条** 施工单位应当在施工现场建立消防安全责任制度,确定消防安全责任人,制定用火、用电、使用易燃易爆材料等各项消防安全管理制度和操作规程,设置消防通道、消防水源,配备消防设施和灭火器材,并在施工现场入口处设置明显标志。

**第三十二条** 施工单位应当向作业人员提供安全防护用具和安全防护服装,并书面告知危险岗位的操作规程和违章操作的危害。

作业人员有权对施工现场的作业条件、作业程序和作业方式中存在的安全问题提出批评、检举和控告，有权拒绝违章指挥和强令冒险作业。

在施工中发生危及人身安全的紧急情况时，作业人员有权立即停止作业或者在采取必要的应急措施后撤离危险区域。

**第三十三条** 作业人员应当遵守安全施工的强制性标准、规章制度和操作规程，正确使用安全防护用具、机械设备等。

**第三十四条** 施工单位采购、租赁的安全防护用具、机械设备、施工机具及配件，应当具有生产（制造）许可证、产品合格证，并在进入施工现场前进行查验。

施工现场的安全防护用具、机械设备、施工机具及配件必须由专人管理，定期进行检查、维修和保养，建立相应的资料档案，并按照国家有关规定及时报废。

**第三十五条** 施工单位在使用施工起重机械和整体提升脚手架、模板等自升式架设设施前，应当组织有关单位进行验收，也可以委托具有相应资质的检验检测机构进行验收；使用承租的机械设备和施工机具及配件的，由施工总承包单位、分包单位、出租单位和安装单位共同进行验收。验收合格的方可使用。

《特种设备安全监察条例》规定的施工起重机械，在验收前应当经有相应资质的检验检测机构监督检验合格。

施工单位应当自施工起重机械和整体提升脚手架、模板等自升式架设设施验收合格之日起30日内，向建设行政主管部门或者其他有关部门登记。登记标志应当置于或者附着于该设备的显著位置。

**第三十六条** 施工单位的主要负责人、项目负责人、专职安全生产管理人员应当经建设行政主管部门或者其他有关部门考核合格后方可任职。

施工单位应当对管理人员和作业人员每年至少进行一次安全生产教育培训，其教育培训情况记入个人工作档案。安全生产教育培训考核不合格的人员，不得上岗。

**第三十七条** 作业人员进入新的岗位或者新的施工现场前，应当接受安全生产教育培训。未经教育培训或者教育培训考核不合格的人员，不得上岗作业。

施工单位在采用新技术、新工艺、新设备、新材料时，应当对作业人员进行相应的安全生产教育培训。

**第三十八条** 施工单位应当为施工现场从事危险作业的人员办理意外伤害保险。

意外伤害保险费由施工单位支付。实行施工总承包的，由总承包单位支付意外伤害保险费。意外伤害保险期限自建设工程开工之日起至竣工验收合格止。

## 第五章 监督管理

**第三十九条** 国务院负责安全生产监督管理的部门依照《中华人民共和国安全生产法》的规定，对全国建设工程安全生产工作实施综合监督管理。

县级以上地方人民政府负责安全生产监督管理的部门依照《中华人民共和国安全生产法》的规定，对本行政区域内建设工程安全生产工作实施综合监督管理。

**第四十条** 国务院建设行政主管部门对全国的建设工程安全生产实施监督管理。国务院铁路、交通、水利等有关部门按照国务院规定的职责分工，负责有关专业建设工程安全生产的监督管理。

县级以上地方人民政府建设行政主管部门对本行政区域内的建设工程安全生产实施监督管理。县级以上地方人民政府交通、水利等有关部门在各自的职责范围内，负责本行政区域内的专业建设工程安全生产的监督管理。

**第四十一条**　建设行政主管部门和其他有关部门应当将本条例第十条、第十一条规定的有关资料的主要内容抄送同级负责安全生产监督管理的部门。

**第四十二条**　建设行政主管部门在审核发放施工许可证时，应当对建设工程是否有安全施工措施进行审查，对没有安全施工措施的，不得颁发施工许可证。

建设行政主管部门或者其他有关部门对建设工程是否有安全施工措施进行审查时，不得收取费用。

**第四十三条**　县级以上人民政府负有建设工程安全生产监督管理职责的部门在各自的职责范围内履行安全监督检查职责时，有权采取下列措施：

（一）要求被检查单位提供有关建设工程安全生产的文件和资料；

（二）进入被检查单位施工现场进行检查；

（三）纠正施工中违反安全生产要求的行为；

（四）对检查中发现的安全事故隐患，责令立即排除；重大安全事故隐患排除前或者排除过程中无法保证安全的，责令从危险区域内撤出作业人员或者暂时停止施工。

**第四十四条**　建设行政主管部门或者其他有关部门可以将施工现场的监督检查委托给建设工程安全监督机构具体实施。

**第四十五条**　国家对严重危及施工安全的工艺、设备、材料实行淘汰制度。具体目录由国务院建设行政主管部门会同国务院其他有关部门制定并公布。

**第四十六条**　县级以上人民政府建设行政主管部门和其他有关部门应当及时受理对建设工程生产安全事故及安全事故隐患的检举、控告和投诉。

## 第六章　生产安全事故的应急救援和调查处理

**第四十七条**　县级以上地方人民政府建设行政主管部门应当根据本级人民政府的要求，制定本行政区域内建设工程特大生产安全事故应急救援预案。

**第四十八条**　施工单位应当制定本单位生产安全事故应急救援预案，建立应急救援组织或者配备应急救援人员，配备必要的应急救援器材、设备，并定期组织演练。

**第四十九条**　施工单位应当根据建设工程施工的特点、范围，对施工现场易发生重大事故的部位、环节进行监控，制定施工现场生产安全事故应急救援预案。实行施工总承包的，由总承包单位统一组织编制建设工程生产安全事故应急救援预案，工程总承包单位和分包单位按照应急救援预案，各自建立应急救援组织或者配备应急救援人员，配备救援器材、设备，并定期组织演练。

**第五十条**　施工单位发生生产安全事故，应当按照国家有关伤亡事故报告和调查处理的规定，及时、如实地向负责安全生产监督管理的部门、建设行政主管部门或者其他有关部门报告；特种设备发生事故的，还应当同时向特种设备安全监督管理部门报告。接到报告的部门应当按照国家有关规定，如实上报。

实行施工总承包的建设工程，由总承包单位负责上报事故。

**第五十一条**　发生生产安全事故后，施工单位应当采取措施防止事故扩大，保护事故现场。需要移动现场物品时，应当做出标记和书面记录，妥善保管有关证物。

**第五十二条**　建设工程生产安全事故的调查、对事故责任单位和责任人的处罚与处理，按照有关法律、法规的规定执行。

## 第七章　法律责任

**第五十三条**　违反本条例的规定，县级以上人民政府建设行政主管部门或者其他有关行政管理部门的工作人员，有下列行为之一的，给予降级或者撤职的行政处分；构成犯罪的，依照刑法有关规定追究刑事责任：

（一）对不具备安全生产条件的施工单位颁发资质证书的；

（二）对没有安全施工措施的建设工程颁发施工许可证的；

（三）发现违法行为不予查处的；

（四）不依法履行监督管理职责的其他行为。

**第五十四条**　违反本条例的规定，建设单位未提供建设工程安全生产作业环境及安全施工措施所需费用的，责令限期改正；逾期未改正的，责令该建设工程停止施工。

建设单位未将保证安全施工的措施或者拆除工程的有关资料报送有关部门备案的，责令限期改正，给予警告。

**第五十五条**　违反本条例的规定，建设单位有下列行为之一的，责令限期改正，处20万元以上50万元以下的罚款；造成重大安全事故，构成犯罪的，对直接责任人员，依照刑法有关规定追究刑事责任；造成损失的，依法承担赔偿责任：

（一）对勘察、设计、施工、工程监理等单位提出不符合安全生产法律、法规和强制性标准规定的要求的；

（二）要求施工单位压缩合同约定的工期的；

（三）将拆除工程发包给不具有相应资质等级的施工单位的。

**第五十六条**　违反本条例的规定，勘察单位、设计单位有下列行为之一的，责令限期改正，处10万元以上30万元以下的罚款；情节严重的，责令停业整顿，降低资质等级，直至吊销资质证书；造成重大安全事故，构成犯罪的，对直接责任人员，依照刑法有关规定追究刑事责任；造成损失的，依法承担赔偿责任：

（一）未按照法律、法规和工程建设强制性标准进行勘察、设计的；

（二）采用新结构、新材料、新工艺的建设工程和特殊结构的建设工程，设计单位未在设计中提出保障施工作业人员安全和预防生产安全事故的措施建议的。

**第五十七条**　违反本条例的规定，工程监理单位有下列行为之一的，责令限期改正；逾期未改正的，责令停业整顿，并处10万元以上30万元以下的罚款；情节严重的，降低资质等级，直至吊销资质证书；造成重大安全事故，构成犯罪的，对直接责任人员，依照刑法有关规定追究刑事责任；造成损失的，依法承担赔偿责任：

（一）未对施工组织设计中的安全技术措施或者专项施工方案进行审查的；

（二）发现安全事故隐患未及时要求施工单位整改或者暂时停止施工的；

（三）施工单位拒不整改或者不停止施工，未及时向有关主管部门报告的；

（四）未依照法律、法规和工程建设强制性标准实施监理的。

**第五十八条**　注册执业人员未执行法律、法规和工程建设强制性标准的，责令停止执业3个月以上1年以下；情节严重的，吊销执业资格证书，5年内不予注册；造成重大安全事故的，终身不予注册；构成犯罪的，依照刑法有关规定追究刑事责任。

**第五十九条**　违反本条例的规定，为建设工程提供机械设备和配件的单位，未按照安全施工的要求配备齐全有效的保险、限位等安全设施和装置的，责令限期改正，处合同价款1倍以上3倍以下的罚款；造成损失的，依法承担赔偿责任。

**第六十条**　违反本条例的规定，出租单位出租未经安全性能检测或者经检测不合格的机械设备和施工机具及配件的，责令停业整顿，并处5万元以上10万元以下的罚款；造成损失的，依法承担赔偿责任。

**第六十一条**　违反本条例的规定，施工起重机械和整体提升脚手架、模板等自升式架设设施安装、拆卸单位有下列行为之一的，责令限期改正，处5万元以上10万元以下的罚款；情节严重的，责令停业整顿，降低资质等级，直至吊销资质证书；造成损失的，依法承担赔偿责任：

（一）未编制拆装方案、制定安全施工措施的；

（二）未由专业技术人员现场监督的；

（三）未出具自检合格证明或者出具虚假证明的；

（四）未向施工单位进行安全使用说明，办理移交手续的。

施工起重机械和整体提升脚手架、模板等自升式架设设施安装、拆卸单位有前款规定的第（一）项、第（三）项行为，经有关部门或者单位职工提出后，对事故隐患仍不采取措施，因而发生重大伤亡事故或者造成其他严重后果，构成犯罪的，对直接责任人员，依照刑法有关规定追究刑事责任。

**第六十二条**　违反本条例的规定，施工单位有下列行为之一的，责令限期改正；逾期未改正的，责令停业整顿，依照《中华人民共和国安全生产法》的有关规定处以罚款；造成重大安全事故，构成犯罪的，对直接责任人员，依照刑法有关规定追究刑事责任：

（一）未设立安全生产管理机构、配备专职安全生产管理人员或者分部分项工程施工时无专职安全生产管理人员现场监督的；

（二）施工单位的主要负责人、项目负责人、专职安全生产管理人员、作业人员或者特种作业人员，未经安全教育培训或者经考核不合格即从事相关工作的；

（三）未在施工现场的危险部位设置明显的安全警示标志，或者未按照国家有关规定在施工现场设置消防通道、消防水源、配备消防设施和灭火器材的；

（四）未向作业人员提供安全防护用具和安全防护服装的；

（五）未按照规定在施工起重机械和整体提升脚手架、模板等自升式架设设施验收合格后登记的；

（六）使用国家明令淘汰、禁止使用的危及施工安全的工艺、设备、材料的。

**第六十三条**　违反本条例的规定，施工单位挪用列入建设工程概算的安全生产作业环境及安全施工措施所需费用的，责令限期改正，处挪用费用20%以上50%以下的罚款；造成损失的，依法承担赔偿责任。

**第六十四条** 违反本条例的规定，施工单位有下列行为之一的，责令限期改正；逾期未改正的，责令停业整顿，并处5万元以上10万元以下的罚款；造成重大安全事故，构成犯罪的，对直接责任人员，依照刑法有关规定追究刑事责任：

（一）施工前未对有关安全施工的技术要求作出详细说明的；

（二）未根据不同施工阶段和周围环境及季节、气候的变化，在施工现场采取相应的安全施工措施，或者在城市市区内的建设工程的施工现场未实行封闭围挡的；

（三）在尚未竣工的建筑物内设置员工集体宿舍的；

（四）施工现场临时搭建的建筑物不符合安全使用要求的；

（五）未对因建设工程施工可能造成损害的毗邻建筑物、构筑物和地下管线等采取专项防护措施的。

施工单位有前款规定第（四）项、第（五）项行为，造成损失的，依法承担赔偿责任。

**第六十五条** 违反本条例的规定，施工单位有下列行为之一的，责令限期改正；逾期未改正的，责令停业整顿，并处10万元以上30万元以下的罚款；情节严重的，降低资质等级，直至吊销资质证书；造成重大安全事故，构成犯罪的，对直接责任人员，依照刑法有关规定追究刑事责任；造成损失的，依法承担赔偿责任：

（一）安全防护用具、机械设备、施工机具及配件在进入施工现场前未经查验或者查验不合格即投入使用的；

（二）使用未经验收或者验收不合格的施工起重机械和整体提升脚手架、模板等自升式架设设施的；

（三）委托不具有相应资质的单位承担施工现场安装、拆卸施工起重机械和整体提升脚手架、模板等自升式架设设施的；

（四）在施工组织设计中未编制安全技术措施、施工现场临时用电方案或者专项施工方案的。

**第六十六条** 违反本条例的规定，施工单位的主要负责人、项目负责人未履行安全生产管理职责的，责令限期改正；逾期未改正的，责令施工单位停业整顿；造成重大安全事故、重大伤亡事故或者其他严重后果，构成犯罪的，依照刑法有关规定追究刑事责任。

作业人员不服管理、违反规章制度和操作规程冒险作业造成重大伤亡事故或者其他严重后果，构成犯罪的，依照刑法有关规定追究刑事责任。

施工单位的主要负责人、项目负责人有前款违法行为，尚不够刑事处罚的，处2万元以上20万元以下的罚款或者按照管理权限给予撤职处分；自刑罚执行完毕或者受处分之日起，5年内不得担任任何施工单位的主要负责人、项目负责人。

**第六十七条** 施工单位取得资质证书后，降低安全生产条件的，责令限期改正；经整改仍未达到与其资质等级相适应的安全生产条件的，责令停业整顿，降低其资质等级直至吊销资质证书。

**第六十八条** 本条例规定的行政处罚，由建设行政主管部门或者其他有关部门依照法定职权决定。

违反消防安全管理规定的行为，由公安消防机构依法处罚。

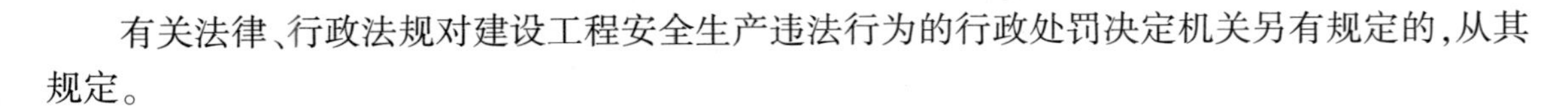

有关法律、行政法规对建设工程安全生产违法行为的行政处罚决定机关另有规定的，从其规定。

## 第八章 附 则

**第六十九条** 抢险救灾和农民自建低层住宅的安全生产管理，不适用本条例。

**第七十条** 军事建设工程的安全生产管理，按照中央军事委员会的有关规定执行。

**第七十一条** 本条例自2004年2月1日起施行。

# 16. 生产安全事故报告和调查处理条例

(2007 年 4 月 9 日　国务院令第 493 号)

## 第一章　总　　则

**第一条**　为了规范生产安全事故的报告和调查处理,落实生产安全事故责任追究制度,防止和减少生产安全事故,根据《中华人民共和国安全生产法》和有关法律,制定本条例。

**第二条**　生产经营活动中发生的造成人身伤亡或者直接经济损失的生产安全事故的报告和调查处理,适用本条例;环境污染事故、核设施事故、国防科研生产事故的报告和调查处理不适用本条例。

**第三条**　根据生产安全事故(以下简称事故)造成的人员伤亡或者直接经济损失,事故一般分为以下等级:

(一)特别重大事故,是指造成 30 人以上死亡,或者 100 人以上重伤(包括急性工业中毒,下同),或者 1 亿元以上直接经济损失的事故;

(二)重大事故,是指造成 10 人以上 30 人以下死亡,或者 50 人以上 100 人以下重伤,或者 5000 万元以上 1 亿元以下直接经济损失的事故;

(三)较大事故,是指造成 3 人以上 10 人以下死亡,或者 10 人以上 50 人以下重伤,或者 1000 万元以上 5000 万元以下直接经济损失的事故;

(四)一般事故,是指造成 3 人以下死亡,或者 10 人以下重伤,或者 1000 万元以下直接经济损失的事故。

国务院安全生产监督管理部门可以会同国务院有关部门,制定事故等级划分的补充性规定。

本条第一款所称的"以上"包括本数,所称的"以下"不包括本数。

**第四条**　事故报告应当及时、准确、完整,任何单位和个人对事故不得迟报、漏报、谎报或者瞒报。

事故调查处理应当坚持实事求是、尊重科学的原则,及时、准确地查清事故经过、事故原因和事故损失,查明事故性质,认定事故责任,总结事故教训,提出整改措施,并对事故责任者依法追究责任。

**第五条**　县级以上人民政府应当依照本条例的规定,严格履行职责,及时、准确地完成事故调查处理工作。

事故发生地有关地方人民政府应当支持、配合上级人民政府或者有关部门的事故调查处理工作,并提供必要的便利条件。

参加事故调查处理的部门和单位应当互相配合,提高事故调查处理工作的效率。

**第六条**　工会依法参加事故调查处理,有权向有关部门提出处理意见。

**第七条** 任何单位和个人不得阻挠和干涉对事故的报告和依法调查处理。

**第八条** 对事故报告和调查处理中的违法行为,任何单位和个人有权向安全生产监督管理部门、监察机关或者其他有关部门举报,接到举报的部门应当依法及时处理。

## 第二章 事故报告

**第九条** 事故发生后,事故现场有关人员应当立即向本单位负责人报告;单位负责人接到报告后,应当于1小时内向事故发生地县级以上人民政府安全生产监督管理部门和负有安全生产监督管理职责的有关部门报告。

情况紧急时,事故现场有关人员可以直接向事故发生地县级以上人民政府安全生产监督管理部门和负有安全生产监督管理职责的有关部门报告。

**第十条** 安全生产监督管理部门和负有安全生产监督管理职责的有关部门接到事故报告后,应当依照下列规定上报事故情况,并通知公安机关、劳动保障行政部门、工会和人民检察院:

(一)特别重大事故、重大事故逐级上报至国务院安全生产监督管理部门和负有安全生产监督管理职责的有关部门;

(二)较大事故逐级上报至省、自治区、直辖市人民政府安全生产监督管理部门和负有安全生产监督管理职责的有关部门;

(三)一般事故上报至设区的市级人民政府安全生产监督管理部门和负有安全生产监督管理职责的有关部门。

安全生产监督管理部门和负有安全生产监督管理职责的有关部门依照前款规定上报事故情况,应当同时报告本级人民政府。国务院安全生产监督管理部门和负有安全生产监督管理职责的有关部门以及省级人民政府接到发生特别重大事故、重大事故的报告后,应当立即报告国务院。

必要时,安全生产监督管理部门和负有安全生产监督管理职责的有关部门可以越级上报事故情况。

**第十一条** 安全生产监督管理部门和负有安全生产监督管理职责的有关部门逐级上报事故情况,每级上报的时间不得超过2小时。

**第十二条** 报告事故应当包括下列内容:

(一)事故发生单位概况;

(二)事故发生的时间、地点以及事故现场情况;

(三)事故的简要经过;

(四)事故已经造成或者可能造成的伤亡人数(包括下落不明的人数)和初步估计的直接经济损失;

(五)已经采取的措施;

(六)其他应当报告的情况。

**第十三条** 事故报告后出现新情况的,应当及时补报。

自事故发生之日起30日内,事故造成的伤亡人数发生变化的,应当及时补报。道路交通事故、火灾事故自发生之日起7日内,事故造成的伤亡人数发生变化的,应当及时补报。

**第十四条** 事故发生单位负责人接到事故报告后,应当立即启动事故相应应急预案,或者采取有效措施,组织抢救,防止事故扩大,减少人员伤亡和财产损失。

**第十五条** 事故发生地有关地方人民政府、安全生产监督管理部门和负有安全生产监督管理职责的有关部门接到事故报告后,其负责人应当立即赶赴事故现场,组织事故救援。

**第十六条** 事故发生后,有关单位和人员应当妥善保护事故现场以及相关证据,任何单位和个人不得破坏事故现场、毁灭相关证据。

因抢救人员、防止事故扩大以及疏通交通等原因,需要移动事故现场物件的,应当做出标志,绘制现场简图并做出书面记录,妥善保存现场重要痕迹、物证。

**第十七条** 事故发生地公安机关根据事故的情况,对涉嫌犯罪的,应当依法立案侦查,采取强制措施和侦查措施。犯罪嫌疑人逃匿的,公安机关应当迅速追捕归案。

**第十八条** 安全生产监督管理部门和负有安全生产监督管理职责的有关部门应当建立值班制度,并向社会公布值班电话,受理事故报告和举报。

## 第三章 事故调查

**第十九条** 特别重大事故由国务院或者国务院授权有关部门组织事故调查组进行调查。

重大事故、较大事故、一般事故分别由事故发生地省级人民政府、设区的市级人民政府、县级人民政府负责调查。省级人民政府、设区的市级人民政府、县级人民政府可以直接组织事故调查组进行调查,也可以授权或者委托有关部门组织事故调查组进行调查。

未造成人员伤亡的一般事故,县级人民政府也可以委托事故发生单位组织事故调查组进行调查。

**第二十条** 上级人民政府认为必要时,可以调查由下级人民政府负责调查的事故。

自事故发生之日起30日内(道路交通事故、火灾事故自发生之日起7日内),因事故伤亡人数变化导致事故等级发生变化,依照本条例规定应当由上级人民政府负责调查的,上级人民政府可以另行组织事故调查组进行调查。

**第二十一条** 特别重大事故以下等级事故,事故发生地与事故发生单位不在同一个县级以上行政区域的,由事故发生地人民政府负责调查,事故发生单位所在地人民政府应当派人参加。

**第二十二条** 事故调查组的组成应当遵循精简、效能的原则。

根据事故的具体情况,事故调查组由有关人民政府、安全生产监督管理部门、负有安全生产监督管理职责的有关部门、监察机关、公安机关以及工会派人组成,并应当邀请人民检察院派人参加。

事故调查组可以聘请有关专家参与调查。

**第二十三条** 事故调查组成员应当具有事故调查所需要的知识和专长,并与所调查的事故没有直接利害关系。

**第二十四条** 事故调查组组长由负责事故调查的人民政府指定。事故调查组组长主持事故调查组的工作。

**第二十五条** 事故调查组履行下列职责:

(一)查明事故发生的经过、原因、人员伤亡情况及直接经济损失;

（二）认定事故的性质和事故责任；

（三）提出对事故责任者的处理建议；

（四）总结事故教训，提出防范和整改措施；

（五）提交事故调查报告。

**第二十六条**　事故调查组有权向有关单位和个人了解与事故有关的情况，并要求其提供相关文件、资料，有关单位和个人不得拒绝。

事故发生单位的负责人和有关人员在事故调查期间不得擅离职守，并应当随时接受事故调查组的询问，如实提供有关情况。

事故调查中发现涉嫌犯罪的，事故调查组应当及时将有关材料或者其复印件移交司法机关处理。

**第二十七条**　事故调查中需要进行技术鉴定的，事故调查组应当委托具有国家规定资质的单位进行技术鉴定。必要时，事故调查组可以直接组织专家进行技术鉴定。技术鉴定所需时间不计入事故调查期限。

**第二十八条**　事故调查组成员在事故调查工作中应当诚信公正、恪尽职守，遵守事故调查组的纪律，保守事故调查的秘密。

未经事故调查组组长允许，事故调查组成员不得擅自发布有关事故的信息。

**第二十九条**　事故调查组应当自事故发生之日起60日内提交事故调查报告；特殊情况下，经负责事故调查的人民政府批准，提交事故调查报告的期限可以适当延长，但延长的期限最长不超过60日。

**第三十条**　事故调查报告应当包括下列内容：

（一）事故发生单位概况；

（二）事故发生经过和事故救援情况；

（三）事故造成的人员伤亡和直接经济损失；

（四）事故发生的原因和事故性质；

（五）事故责任的认定以及对事故责任者的处理建议；

（六）事故防范和整改措施。

事故调查报告应当附具有关证据材料。事故调查组成员应当在事故调查报告上签名。

**第三十一条**　事故调查报告报送负责事故调查的人民政府后，事故调查工作即告结束。事故调查的有关资料应当归档保存。

## 第四章　事故处理

**第三十二条**　重大事故、较大事故、一般事故，负责事故调查的人民政府应当自收到事故调查报告之日起15日内做出批复；特别重大事故，30日内做出批复，特殊情况下，批复时间可以适当延长，但延长的时间最长不超过30日。

有关机关应当按照人民政府的批复，依照法律、行政法规规定的权限和程序，对事故发生单位和有关人员进行行政处罚，对负有事故责任的国家工作人员进行处分。

事故发生单位应当按照负责事故调查的人民政府的批复，对本单位负有事故责任的人员进行处理。

负有事故责任的人员涉嫌犯罪的，依法追究刑事责任。

**第三十三条** 事故发生单位应当认真吸取事故教训，落实防范和整改措施，防止事故再次发生。防范和整改措施的落实情况应当接受工会和职工的监督。

安全生产监督管理部门和负有安全生产监督管理职责的有关部门应当对事故发生单位落实防范和整改措施的情况进行监督检查。

**第三十四条** 事故处理的情况由负责事故调查的人民政府或者其授权的有关部门、机构向社会公布，依法应当保密的除外。

## 第五章 法律责任

**第三十五条** 事故发生单位主要负责人有下列行为之一的，处上一年年收入40%至80%的罚款；属于国家工作人员的，并依法给予处分；构成犯罪的，依法追究刑事责任：

（一）不立即组织事故抢救的；

（二）迟报或者漏报事故的；

（三）在事故调查处理期间擅离职守的。

**第三十六条** 事故发生单位及其有关人员有下列行为之一的，对事故发生单位处100万元以上500万元以下的罚款；对主要负责人、直接负责的主管人员和其他直接责任人员处上一年年收入60%至100%的罚款；属于国家工作人员的，并依法给予处分；构成违反治安管理行为的，由公安机关依法给予治安管理处罚；构成犯罪的，依法追究刑事责任：

（一）谎报或者瞒报事故的；

（二）伪造或者故意破坏事故现场的；

（三）转移、隐匿资金、财产，或者销毁有关证据、资料的；

（四）拒绝接受调查或者拒绝提供有关情况和资料的；

（五）在事故调查中作伪证或者指使他人作伪证的；

（六）事故发生后逃匿的。

**第三十七条** 事故发生单位对事故发生负有责任的，依照下列规定处以罚款：

（一）发生一般事故的，处10万元以上20万元以下的罚款；

（二）发生较大事故的，处20万元以上50万元以下的罚款；

（三）发生重大事故的，处50万元以上200万元以下的罚款；

（四）发生特别重大事故的，处200万元以上500万元以下的罚款。

**第三十八条** 事故发生单位主要负责人未依法履行安全生产管理职责，导致事故发生的，依照下列规定处以罚款；属于国家工作人员的，并依法给予处分；构成犯罪的，依法追究刑事责任：

（一）发生一般事故的，处上一年年收入30%的罚款；

（二）发生较大事故的，处上一年年收入40%的罚款；

（三）发生重大事故的，处上一年年收入60%的罚款；

（四）发生特别重大事故的，处上一年年收入80%的罚款。

**第三十九条** 有关地方人民政府、安全生产监督管理部门和负有安全生产监督管理职责的有关部门有下列行为之一的，对直接负责的主管人员和其他直接责任人员依法给予处分；构

成犯罪的,依法追究刑事责任:

(一)不立即组织事故抢救的;

(二)迟报、漏报、谎报或者瞒报事故的;

(三)阻碍、干涉事故调查工作的;

(四)在事故调查中作伪证或者指使他人作伪证的。

**第四十条** 事故发生单位对事故发生负有责任的,由有关部门依法暂扣或者吊销其有关证照;对事故发生单位负有事故责任的有关人员,依法暂停或者撤销其与安全生产有关的执业资格、岗位证书;事故发生单位主要负责人受到刑事处罚或者撤职处分的,自刑罚执行完毕或者受处分之日起,5 年内不得担任任何生产经营单位的主要负责人。

为发生事故的单位提供虚假证明的中介机构,由有关部门依法暂扣或者吊销其有关证照及其相关人员的执业资格;构成犯罪的,依法追究刑事责任。

**第四十一条** 参与事故调查的人员在事故调查中有下列行为之一的,依法给予处分;构成犯罪的,依法追究刑事责任:

(一)对事故调查工作不负责任,致使事故调查工作有重大疏漏的;

(二)包庇、袒护负有事故责任的人员或者借机打击报复的。

**第四十二条** 违反本条例规定,有关地方人民政府或者有关部门故意拖延或者拒绝落实经批复的对事故责任人的处理意见的,由监察机关对有关责任人员依法给予处分。

**第四十三条** 本条例规定的罚款的行政处罚,由安全生产监督管理部门决定。

法律、行政法规对行政处罚的种类、幅度和决定机关另有规定的,依照其规定。

## 第六章 附 则

**第四十四条** 没有造成人员伤亡,但是社会影响恶劣的事故,国务院或者有关地方人民政府认为需要调查处理的,依照本条例的有关规定执行。

国家机关、事业单位、人民团体发生的事故的报告和调查处理,参照本条例的规定执行。

**第四十五条** 特别重大事故以下等级事故的报告和调查处理,有关法律、行政法规或者国务院另有规定的,依照其规定。

**第四十六条** 本条例自 2007 年 6 月 1 日起施行。国务院 1989 年 3 月 29 日公布的《特别重大事故调查程序暂行规定》和 1991 年 2 月 22 日公布的《企业职工伤亡事故报告和处理规定》同时废止。

# 17. 生产安全事故应急条例

(2019年2月17日　国务院令第708号)

## 第一章　总　　则

**第一条**　为了规范生产安全事故应急工作,保障人民群众生命和财产安全,根据《中华人民共和国安全生产法》和《中华人民共和国突发事件应对法》,制定本条例。

**第二条**　本条例适用于生产安全事故应急工作;法律、行政法规另有规定的,适用其规定。

**第三条**　国务院统一领导全国的生产安全事故应急工作,县级以上地方人民政府统一领导本行政区域内的生产安全事故应急工作。生产安全事故应急工作涉及两个以上行政区域的,由有关行政区域共同的上一级人民政府负责,或者由各有关行政区域的上一级人民政府共同负责。

县级以上人民政府应急管理部门和其他对有关行业、领域的安全生产工作实施监督管理的部门(以下统称负有安全生产监督管理职责的部门)在各自职责范围内,做好有关行业、领域的生产安全事故应急工作。

县级以上人民政府应急管理部门指导、协调本级人民政府其他负有安全生产监督管理职责的部门和下级人民政府的生产安全事故应急工作。

乡、镇人民政府以及街道办事处等地方人民政府派出机关应当协助上级人民政府有关部门依法履行生产安全事故应急工作职责。

**第四条**　生产经营单位应当加强生产安全事故应急工作,建立、健全生产安全事故应急工作责任制,其主要负责人对本单位的生产安全事故应急工作全面负责。

## 第二章　应急准备

**第五条**　县级以上人民政府及其负有安全生产监督管理职责的部门和乡、镇人民政府以及街道办事处等地方人民政府派出机关,应当针对可能发生的生产安全事故的特点和危害,进行风险辨识和评估,制定相应的生产安全事故应急救援预案,并依法向社会公布。

生产经营单位应当针对本单位可能发生的生产安全事故的特点和危害,进行风险辨识和评估,制定相应的生产安全事故应急救援预案,并向本单位从业人员公布。

**第六条**　生产安全事故应急救援预案应当符合有关法律、法规、规章和标准的规定,具有科学性、针对性和可操作性,明确规定应急组织体系、职责分工以及应急救援程序和措施。

有下列情形之一的,生产安全事故应急救援预案制定单位应当及时修订相关预案:

(一)制定预案所依据的法律、法规、规章、标准发生重大变化;

(二)应急指挥机构及其职责发生调整;

（三）安全生产面临的风险发生重大变化；

（四）重要应急资源发生重大变化；

（五）在预案演练或者应急救援中发现需要修订预案的重大问题；

（六）其他应当修订的情形。

**第七条** 县级以上人民政府负有安全生产监督管理职责的部门应当将其制定的生产安全事故应急救援预案报送本级人民政府备案；易燃易爆物品、危险化学品等危险物品的生产、经营、储存、运输单位，矿山、金属冶炼、城市轨道交通运营、建筑施工单位，以及宾馆、商场、娱乐场所、旅游景区等人员密集场所经营单位，应当将其制定的生产安全事故应急救援预案按照国家有关规定报送县级以上人民政府负有安全生产监督管理职责的部门备案，并依法向社会公布。

**第八条** 县级以上地方人民政府以及县级以上人民政府负有安全生产监督管理职责的部门，乡、镇人民政府以及街道办事处等地方人民政府派出机关，应当至少每2年组织1次生产安全事故应急救援预案演练。

易燃易爆物品、危险化学品等危险物品的生产、经营、储存、运输单位，矿山、金属冶炼、城市轨道交通运营、建筑施工单位，以及宾馆、商场、娱乐场所、旅游景区等人员密集场所经营单位，应当至少每半年组织1次生产安全事故应急救援预案演练，并将演练情况报送所在地县级以上地方人民政府负有安全生产监督管理职责的部门。

县级以上地方人民政府负有安全生产监督管理职责的部门应当对本行政区域内前款规定的重点生产经营单位的生产安全事故应急救援预案演练进行抽查；发现演练不符合要求的，应当责令限期改正。

**第九条** 县级以上人民政府应当加强对生产安全事故应急救援队伍建设的统一规划、组织和指导。

县级以上人民政府负有安全生产监督管理职责的部门根据生产安全事故应急工作的实际需要，在重点行业、领域单独建立或者依托有条件的生产经营单位、社会组织共同建立应急救援队伍。

国家鼓励和支持生产经营单位和其他社会力量建立提供社会化应急救援服务的应急救援队伍。

**第十条** 易燃易爆物品、危险化学品等危险物品的生产、经营、储存、运输单位，矿山、金属冶炼、城市轨道交通运营、建筑施工单位，以及宾馆、商场、娱乐场所、旅游景区等人员密集场所经营单位，应当建立应急救援队伍；其中，小型企业或者微型企业等规模较小的生产经营单位，可以不建立应急救援队伍，但应当指定兼职的应急救援人员，并且可以与邻近的应急救援队伍签订应急救援协议。

工业园区、开发区等产业聚集区域内的生产经营单位，可以联合建立应急救援队伍。

**第十一条** 应急救援队伍的应急救援人员应当具备必要的专业知识、技能、身体素质和心理素质。

应急救援队伍建立单位或者兼职应急救援人员所在单位应当按照国家有关规定对应急救援人员进行培训；应急救援人员经培训合格后，方可参加应急救援工作。

应急救援队伍应当配备必要的应急救援装备和物资，并定期组织训练。

**第十二条** 生产经营单位应当及时将本单位应急救援队伍建立情况按照国家有关规定报送县级以上人民政府负有安全生产监督管理职责的部门,并依法向社会公布。

县级以上人民政府负有安全生产监督管理职责的部门应当定期将本行业、本领域的应急救援队伍建立情况报送本级人民政府,并依法向社会公布。

**第十三条** 县级以上地方人民政府应当根据本行政区域内可能发生的生产安全事故的特点和危害,储备必要的应急救援装备和物资,并及时更新和补充。

易燃易爆物品、危险化学品等危险物品的生产、经营、储存、运输单位,矿山、金属冶炼、城市轨道交通运营、建筑施工单位,以及宾馆、商场、娱乐场所、旅游景区等人员密集场所经营单位,应当根据本单位可能发生的生产安全事故的特点和危害,配备必要的灭火、排水、通风以及危险物品稀释、掩埋、收集等应急救援器材、设备和物资,并进行经常性维护、保养,保证正常运转。

**第十四条** 下列单位应当建立应急值班制度,配备应急值班人员:

(一)县级以上人民政府及其负有安全生产监督管理职责的部门;

(二)危险物品的生产、经营、储存、运输单位以及矿山、金属冶炼、城市轨道交通运营、建筑施工单位;

(三)应急救援队伍。

规模较大、危险性较高的易燃易爆物品、危险化学品等危险物品的生产、经营、储存、运输单位应当成立应急处置技术组,实行24小时应急值班。

**第十五条** 生产经营单位应当对从业人员进行应急教育和培训,保证从业人员具备必要的应急知识,掌握风险防范技能和事故应急措施。

**第十六条** 国务院负有安全生产监督管理职责的部门应当按照国家有关规定建立生产安全事故应急救援信息系统,并采取有效措施,实现数据互联互通、信息共享。

生产经营单位可以通过生产安全事故应急救援信息系统办理生产安全事故应急救援预案备案手续,报送应急救援预案演练情况和应急救援队伍建设情况;但依法需要保密的除外。

## 第三章　应急救援

**第十七条** 发生生产安全事故后,生产经营单位应当立即启动生产安全事故应急救援预案,采取下列一项或者多项应急救援措施,并按照国家有关规定报告事故情况:

(一)迅速控制危险源,组织抢救遇险人员;

(二)根据事故危害程度,组织现场人员撤离或者采取可能的应急措施后撤离;

(三)及时通知可能受到事故影响的单位和人员;

(四)采取必要措施,防止事故危害扩大和次生、衍生灾害发生;

(五)根据需要请求邻近的应急救援队伍参加救援,并向参加救援的应急救援队伍提供相关技术资料、信息和处置方法;

(六)维护事故现场秩序,保护事故现场和相关证据;

(七)法律、法规规定的其他应急救援措施。

**第十八条** 有关地方人民政府及其部门接到生产安全事故报告后,应当按照国家有关规定上报事故情况,启动相应的生产安全事故应急救援预案,并按照应急救援预案的规定采取下列一项或者多项应急救援措施：

（一）组织抢救遇险人员，救治受伤人员，研判事故发展趋势以及可能造成的危害；

（二）通知可能受到事故影响的单位和人员，隔离事故现场，划定警戒区域，疏散受到威胁的人员，实施交通管制；

（三）采取必要措施，防止事故危害扩大和次生、衍生灾害发生，避免或者减少事故对环境造成的危害；

（四）依法发布调用和征用应急资源的决定；

（五）依法向应急救援队伍下达救援命令；

（六）维护事故现场秩序，组织安抚遇险人员和遇险遇难人员亲属；

（七）依法发布有关事故情况和应急救援工作的信息；

（八）法律、法规规定的其他应急救援措施。

有关地方人民政府不能有效控制生产安全事故的，应当及时向上级人民政府报告。上级人民政府应当及时采取措施，统一指挥应急救援。

**第十九条**　应急救援队伍接到有关人民政府及其部门的救援命令或者签有应急救援协议的生产经营单位的救援请求后，应当立即参加生产安全事故应急救援。

应急救援队伍根据救援命令参加生产安全事故应急救援所耗费用，由事故责任单位承担；事故责任单位无力承担的，由有关人民政府协调解决。

**第二十条**　发生生产安全事故后，有关人民政府认为有必要的，可以设立由本级人民政府及其有关部门负责人、应急救援专家、应急救援队伍负责人、事故发生单位负责人等人员组成的应急救援现场指挥部，并指定现场指挥部总指挥。

**第二十一条**　现场指挥部实行总指挥负责制，按照本级人民政府的授权组织制定并实施生产安全事故现场应急救援方案，协调、指挥有关单位和个人参加现场应急救援。

参加生产安全事故现场应急救援的单位和个人应当服从现场指挥部的统一指挥。

**第二十二条**　在生产安全事故应急救援过程中，发现可能直接危及应急救援人员生命安全的紧急情况时，现场指挥部或者统一指挥应急救援的人民政府应当立即采取相应措施消除隐患，降低或者化解风险，必要时可以暂时撤离应急救援人员。

**第二十三条**　生产安全事故发生地人民政府应当为应急救援人员提供必需的后勤保障，并组织通信、交通运输、医疗卫生、气象、水文、地质、电力、供水等单位协助应急救援。

**第二十四条**　现场指挥部或者统一指挥生产安全事故应急救援的人民政府及其有关部门应当完整、准确地记录应急救援的重要事项，妥善保存相关原始资料和证据。

**第二十五条**　生产安全事故的威胁和危害得到控制或者消除后，有关人民政府应当决定停止执行依照本条例和有关法律、法规采取的全部或者部分应急救援措施。

**第二十六条**　有关人民政府及其部门根据生产安全事故应急救援需要依法调用和征用的财产，在使用完毕或者应急救援结束后，应当及时归还。财产被调用、征用或者调用、征用后毁损、灭失的，有关人民政府及其部门应当按照国家有关规定给予补偿。

**第二十七条**　按照国家有关规定成立的生产安全事故调查组应当对应急救援工作进行评估，并在事故调查报告中作出评估结论。

**第二十八条**　县级以上地方人民政府应当按照国家有关规定，对在生产安全事故应急救援中伤亡的人员及时给予救治和抚恤;符合烈士评定条件的,按照国家有关规定评定为烈士。

## 第四章 法律责任

**第二十九条** 地方各级人民政府和街道办事处等地方人民政府派出机关以及县级以上人民政府有关部门违反本条例规定的,由其上级行政机关责令改正;情节严重的,对直接负责的主管人员和其他直接责任人员依法给予处分。

**第三十条** 生产经营单位未制定生产安全事故应急救援预案、未定期组织应急救援预案演练、未对从业人员进行应急教育和培训,生产经营单位的主要负责人在本单位发生生产安全事故时不立即组织抢救的,由县级以上人民政府负有安全生产监督管理职责的部门依照《中华人民共和国安全生产法》有关规定追究法律责任。

**第三十一条** 生产经营单位未对应急救援器材、设备和物资进行经常性维护、保养,导致发生严重生产安全事故或者生产安全事故危害扩大,或者在本单位发生生产安全事故后未立即采取相应的应急救援措施,造成严重后果的,由县级以上人民政府负有安全生产监督管理职责的部门依照《中华人民共和国突发事件应对法》有关规定追究法律责任。

**第三十二条** 生产经营单位未将生产安全事故应急救援预案报送备案、未建立应急值班制度或者配备应急值班人员的,由县级以上人民政府负有安全生产监督管理职责的部门责令限期改正;逾期未改正的,处 3 万元以上 5 万元以下的罚款,对直接负责的主管人员和其他直接责任人员处 1 万元以上 2 万元以下的罚款。

**第三十三条** 违反本条例规定,构成违反治安管理行为的,由公安机关依法给予处罚;构成犯罪的,依法追究刑事责任。

## 第五章 附 则

**第三十四条** 储存、使用易燃易爆物品、危险化学品等危险物品的科研机构、学校、医院等单位的安全事故应急工作,参照本条例有关规定执行。

**第三十五条** 本条例自 2019 年 4 月 1 日起施行。

# 18. 安全生产许可证条例

(2004 年 1 月 13 日国务院令第 397 号公布。根据 2014 年 7 月 29 日国务院令第 653 号《国务院关于修改部分行政法规的决定》修订)

**第一条**　为了严格规范安全生产条件,进一步加强安全生产监督管理,防止和减少生产安全事故,根据《中华人民共和国安全生产法》的有关规定,制定本条例。

**第二条**　国家对矿山企业、建筑施工企业和危险化学品、烟花爆竹、民用爆炸物品生产企业(以下统称企业)实行安全生产许可制度。

企业未取得安全生产许可证的,不得从事生产活动。

**第三条**　国务院安全生产监督管理部门负责中央管理的非煤矿矿山企业和危险化学品、烟花爆竹生产企业安全生产许可证的颁发和管理。

省、自治区、直辖市人民政府安全生产监督管理部门负责前款规定以外的非煤矿矿山企业和危险化学品、烟花爆竹生产企业安全生产许可证的颁发和管理,并接受国务院安全生产监督管理部门的指导和监督。

国家煤矿安全监察机构负责中央管理的煤矿企业安全生产许可证的颁发和管理。

在省、自治区、直辖市设立的煤矿安全监察机构负责前款规定以外的其他煤矿企业安全生产许可证的颁发和管理,并接受国家煤矿安全监察机构的指导和监督。

**第四条**　省、自治区、直辖市人民政府建设主管部门负责建筑施工企业安全生产许可证的颁发和管理,并接受国务院建设主管部门的指导和监督。

**第五条**　省、自治区、直辖市人民政府民用爆炸物品行业主管部门负责民用爆炸物品生产企业安全生产许可证的颁发和管理,并接受国务院民用爆炸物品行业主管部门的指导和监督。

**第六条**　企业取得安全生产许可证,应当具备下列安全生产条件:

(一)建立、健全安全生产责任制,制定完备的安全生产规章制度和操作规程;

(二)安全投入符合安全生产要求;

(三)设置安全生产管理机构,配备专职安全生产管理人员;

(四)主要负责人和安全生产管理人员经考核合格;

(五)特种作业人员经有关业务主管部门考核合格,取得特种作业操作资格证书;

(六)从业人员经安全生产教育和培训合格;

(七)依法参加工伤保险,为从业人员缴纳保险费;

(八)厂房、作业场所和安全设施、设备、工艺符合有关安全生产法律、法规、标准和规程的要求;

(九)有职业危害防治措施,并为从业人员配备符合国家标准或者行业标准的劳动防护用品;

（十）依法进行安全评价；

（十一）有重大危险源检测、评估、监控措施和应急预案；

（十二）有生产安全事故应急救援预案、应急救援组织或者应急救援人员，配备必要的应急救援器材、设备；

（十三）法律、法规规定的其他条件。

**第七条** 企业进行生产前，应当依照本条例的规定向安全生产许可证颁发管理机关申请领取安全生产许可证，并提供本条例第六条规定的相关文件、资料。安全生产许可证颁发管理机关应当自收到申请之日起45日内审查完毕，经审查符合本条例规定的安全生产条件的，颁发安全生产许可证；不符合本条例规定的安全生产条件的，不予颁发安全生产许可证，书面通知企业并说明理由。

煤矿企业应当以矿（井）为单位，依照本条例的规定取得安全生产许可证。

**第八条** 安全生产许可证由国务院安全生产监督管理部门规定统一的式样。

**第九条** 安全生产许可证的有效期为3年。安全生产许可证有效期满需要延期的，企业应当于期满前3个月向原安全生产许可证颁发管理机关办理延期手续。

企业在安全生产许可证有效期内，严格遵守有关安全生产的法律法规，未发生死亡事故的，安全生产许可证有效期届满时，经原安全生产许可证颁发管理机关同意，不再审查，安全生产许可证有效期延期3年。

**第十条** 安全生产许可证颁发管理机关应当建立、健全安全生产许可证档案管理制度，并定期向社会公布企业取得安全生产许可证的情况。

**第十一条** 煤矿企业安全生产许可证颁发管理机关、建筑施工企业安全生产许可证颁发管理机关、民用爆炸物品生产企业安全生产许可证颁发管理机关，应当每年向同级安全生产监督管理部门通报其安全生产许可证颁发和管理情况。

**第十二条** 国务院安全生产监督管理部门和省、自治区、直辖市人民政府安全生产监督管理部门对建筑施工企业、民用爆炸物品生产企业、煤矿企业取得安全生产许可证的情况进行监督。

**第十三条** 企业不得转让、冒用安全生产许可证或者使用伪造的安全生产许可证。

**第十四条** 企业取得安全生产许可证后，不得降低安全生产条件，并应当加强日常安全生产管理，接受安全生产许可证颁发管理机关的监督检查。

安全生产许可证颁发管理机关应当加强对取得安全生产许可证的企业的监督检查，发现其不再具备本条例规定的安全生产条件的，应当暂扣或者吊销安全生产许可证。

**第十五条** 安全生产许可证颁发管理机关工作人员在安全生产许可证颁发、管理和监督检查工作中，不得索取或者接受企业的财物，不得谋取其他利益。

**第十六条** 监察机关依照《中华人民共和国行政监察法》的规定，对安全生产许可证颁发管理机关及其工作人员履行本条例规定的职责实施监察。

**第十七条** 任何单位或者个人对违反本条例规定的行为，有权向安全生产许可证颁发管理机关或者监察机关等有关部门举报。

**第十八条** 安全生产许可证颁发管理机关工作人员有下列行为之一的，给予降级或者撤职的行政处分；构成犯罪的，依法追究刑事责任：

（一）向不符合本条例规定的安全生产条件的企业颁发安全生产许可证的；

（二）发现企业未依法取得安全生产许可证擅自从事生产活动，不依法处理的；

（三）发现取得安全生产许可证的企业不再具备本条例规定的安全生产条件，不依法处理的；

（四）接到对违反本条例规定行为的举报后，不及时处理的；

（五）在安全生产许可证颁发、管理和监督检查工作中，索取或者接受企业的财物，或者谋取其他利益的。

**第十九条**　违反本条例规定，未取得安全生产许可证擅自进行生产的，责令停止生产，没收违法所得，并处10万元以上50万元以下的罚款；造成重大事故或者其他严重后果，构成犯罪的，依法追究刑事责任。

**第二十条**　违反本条例规定，安全生产许可证有效期满未办理延期手续，继续进行生产的，责令停止生产，限期补办延期手续，没收违法所得，并处5万元以上10万元以下的罚款；逾期仍不办理延期手续，继续进行生产的，依照本条例第十九条的规定处罚。

**第二十一条**　违反本条例规定，转让安全生产许可证的，没收违法所得，处10万元以上50万元以下的罚款，并吊销其安全生产许可证；构成犯罪的，依法追究刑事责任；接受转让的，依照本条例第十九条的规定处罚。

冒用安全生产许可证或者使用伪造的安全生产许可证的，依照本条例第十九条的规定处罚。

**第二十二条**　本条例施行前已经进行生产的企业，应当自本条例施行之日起1年内，依照本条例的规定向安全生产许可证颁发管理机关申请办理安全生产许可证；逾期不办理安全生产许可证，或者经审查不符合本条例规定的安全生产条件，未取得安全生产许可证，继续进行生产的，依照本条例第十九条的规定处罚。

**第二十三条**　本条例规定的行政处罚，由安全生产许可证颁发管理机关决定。

**第二十四条**　本条例自公布之日起施行。

# 19. 特种设备安全监察条例

（2003 年 3 月 11 日国务院令第 373 号公布。根据 2009 年 1 月 24 日《国务院关于修改〈特种设备安全监察条例〉的决定》修订）

## 第一章　总　　则

**第一条**　为了加强特种设备的安全监察，防止和减少事故，保障人民群众生命和财产安全，促进经济发展，制定本条例。

**第二条**　本条例所称特种设备是指涉及生命安全、危险性较大的锅炉、压力容器（含气瓶，下同）、压力管道、电梯、起重机械、客运索道、大型游乐设施和场（厂）内专用机动车辆。

前款特种设备的目录由国务院负责特种设备安全监督管理的部门（以下简称国务院特种设备安全监督管理部门）制订，报国务院批准后执行。

**第三条**　特种设备的生产（含设计、制造、安装、改造、维修，下同）、使用、检验检测及其监督检查，应当遵守本条例，但本条例另有规定的除外。

军事装备、核设施、航空航天器、铁路机车、海上设施和船舶以及矿山井下使用的特种设备、民用机场专用设备的安全监察不适用本条例。

房屋建筑工地和市政工程工地用起重机械、场（厂）内专用机动车辆的安装、使用的监督管理，由建设行政主管部门依照有关法律、法规的规定执行。

**第四条**　国务院特种设备安全监督管理部门负责全国特种设备的安全监察工作，县以上地方负责特种设备安全监督管理的部门对本行政区域内特种设备实施安全监察（以下统称特种设备安全监督管理部门）。

**第五条**　特种设备生产、使用单位应当建立健全特种设备安全、节能管理制度和岗位安全、节能责任制度。

特种设备生产、使用单位的主要负责人应当对本单位特种设备的安全和节能全面负责。

特种设备生产、使用单位和特种设备检验检测机构，应当接受特种设备安全监督管理部门依法进行的特种设备安全监察。

**第六条**　特种设备检验检测机构，应当依照本条例规定，进行检验检测工作，对其检验检测结果、鉴定结论承担法律责任。

**第七条**　县级以上地方人民政府应当督促、支持特种设备安全监督管理部门依法履行安全监察职责，对特种设备安全监察中存在的重大问题及时予以协调、解决。

**第八条**　国家鼓励推行科学的管理方法，采用先进技术，提高特种设备安全性能和管理水平，增强特种设备生产、使用单位防范事故的能力，对取得显著成绩的单位和个人，给予奖励。

国家鼓励特种设备节能技术的研究、开发、示范和推广，促进特种设备节能技术创新和应用。

特种设备生产、使用单位和特种设备检验检测机构，应当保证必要的安全和节能投入。

国家鼓励实行特种设备责任保险制度，提高事故赔付能力。

**第九条**　任何单位和个人对违反本条例规定的行为，有权向特种设备安全监督管理部门和行政监察等有关部门举报。

特种设备安全监督管理部门应当建立特种设备安全监察举报制度，公布举报电话、信箱或者电子邮件地址，受理对特种设备生产、使用和检验检测违法行为的举报，并及时予以处理。

特种设备安全监督管理部门和行政监察等有关部门应当为举报人保密，并按照国家有关规定给予奖励。

## 第二章　特种设备的生产

**第十条**　特种设备生产单位，应当依照本条例规定以及国务院特种设备安全监督管理部门制订并公布的安全技术规范（以下简称安全技术规范）的要求，进行生产活动。

特种设备生产单位对其生产的特种设备的安全性能和能效指标负责，不得生产不符合安全性能要求和能效指标的特种设备，不得生产国家产业政策明令淘汰的特种设备。

**第十一条**　压力容器的设计单位应当经国务院特种设备安全监督管理部门许可，方可从事压力容器的设计活动。

压力容器的设计单位应当具备下列条件：

（一）有与压力容器设计相适应的设计人员、设计审核人员；

（二）有与压力容器设计相适应的场所和设备；

（三）有与压力容器设计相适应的健全的管理制度和责任制度。

**第十二条**　锅炉、压力容器中的气瓶（以下简称气瓶）、氧舱和客运索道、大型游乐设施以及高耗能特种设备的设计文件，应当经国务院特种设备安全监督管理部门核准的检验检测机构鉴定，方可用于制造。

**第十三条**　按照安全技术规范的要求，应当进行型式试验的特种设备产品、部件或者试制特种设备新产品、新部件、新材料，必须进行型式试验和能效测试。

**第十四条**　锅炉、压力容器、电梯、起重机械、客运索道、大型游乐设施及其安全附件、安全保护装置的制造、安装、改造单位，以及压力管道用管子、管件、阀门、法兰、补偿器、安全保护装置等（以下简称压力管道元件）的制造单位和场（厂）内专用机动车辆的制造、改造单位，应当经国务院特种设备安全监督管理部门许可，方可从事相应的活动。

前款特种设备的制造、安装、改造单位应当具备下列条件：

（一）有与特种设备制造、安装、改造相适应的专业技术人员和技术工人；

（二）有与特种设备制造、安装、改造相适应的生产条件和检测手段；

（三）有健全的质量管理制度和责任制度。

**第十五条**　特种设备出厂时，应当附有安全技术规范要求的设计文件、产品质量合格证明、安装及使用维修说明、监督检验证明等文件。

**第十六条**　锅炉、压力容器、电梯、起重机械、客运索道、大型游乐设施、场（厂）内专用机动车辆的维修单位，应当有与特种设备维修相适应的专业技术人员和技术工人以及必要的检测手段，并经省、自治区、直辖市特种设备安全监督管理部门许可，方可从事相应的维修活动。

**第十七条**　锅炉、压力容器、起重机械、客运索道、大型游乐设施的安装、改造、维修以及场（厂）内专用机动车辆的改造、维修，必须由依照本条例取得许可的单位进行。

电梯的安装、改造、维修，必须由电梯制造单位或者其通过合同委托、同意的依照本条例取得许可的单位进行。电梯制造单位对电梯质量以及安全运行涉及的质量问题负责。

特种设备安装、改造、维修的施工单位应当在施工前将拟进行的特种设备安装、改造、维修情况书面告知直辖市或者设区的市的特种设备安全监督管理部门，告知后即可施工。

**第十八条**　电梯井道的土建工程必须符合建筑工程质量要求。电梯安装施工过程中，电梯安装单位应当遵守施工现场的安全生产要求，落实现场安全防护措施。电梯安装施工过程中，施工现场的安全生产监督，由有关部门依照有关法律、行政法规的规定执行。

电梯安装施工过程中，电梯安装单位应当服从建筑施工总承包单位对施工现场的安全生产管理，并订立合同，明确各自的安全责任。

**第十九条**　电梯的制造、安装、改造和维修活动，必须严格遵守安全技术规范的要求。电梯制造单位委托或者同意其他单位进行电梯安装、改造、维修活动的，应当对其安装、改造、维修活动进行安全指导和监控。电梯的安装、改造、维修活动结束后，电梯制造单位应当按照安全技术规范的要求对电梯进行校验和调试，并对校验和调试的结果负责。

**第二十条**　锅炉、压力容器、电梯、起重机械、客运索道、大型游乐设施的安装、改造、维修以及场（厂）内专用机动车辆的改造、维修竣工后，安装、改造、维修的施工单位应当在验收后30日内将有关技术资料移交使用单位，高耗能特种设备还应当按照安全技术规范的要求提交能效测试报告。使用单位应当将其存入该特种设备的安全技术档案。

**第二十一条**　锅炉、压力容器、压力管道元件、起重机械、大型游乐设施的制造过程和锅炉、压力容器、电梯、起重机械、客运索道、大型游乐设施的安装、改造、重大维修过程，必须经国务院特种设备安全监督管理部门核准的检验检测机构按照安全技术规范的要求进行监督检验；未经监督检验合格的不得出厂或者交付使用。

**第二十二条**　移动式压力容器、气瓶充装单位应当经省、自治区、直辖市的特种设备安全监督管理部门许可，方可从事充装活动。

充装单位应当具备下列条件：

（一）有与充装和管理相适应的管理人员和技术人员；

（二）有与充装和管理相适应的充装设备、检测手段、场地厂房、器具、安全设施；

（三）有健全的充装管理制度、责任制度、紧急处理措施。

气瓶充装单位应当向气体使用者提供符合安全技术规范要求的气瓶，对使用者进行气瓶安全使用指导，并按照安全技术规范的要求办理气瓶使用登记，提出气瓶的定期检验要求。

## 第三章　特种设备的使用

**第二十三条**　特种设备使用单位，应当严格执行本条例和有关安全生产的法律、行政法规的规定，保证特种设备的安全使用。

**第二十四条**　特种设备使用单位应当使用符合安全技术规范要求的特种设备。特种设备投入使用前，使用单位应当核对其是否附有本条例第十五条规定的相关文件。

**第二十五条**　特种设备在投入使用前或者投入使用后30日内，特种设备使用单位应当向直辖市或者设区的市的特种设备安全监督管理部门登记。登记标志应当置于或者附着于该特种设备的显著位置。

**第二十六条**　特种设备使用单位应当建立特种设备安全技术档案。安全技术档案应当包括以下内容：

（一）特种设备的设计文件、制造单位、产品质量合格证明、使用维护说明等文件以及安装技术文件和资料；

（二）特种设备的定期检验和定期自行检查的记录；

（三）特种设备的日常使用状况记录；

（四）特种设备及其安全附件、安全保护装置、测量调控装置及有关附属仪器仪表的日常维护保养记录；

（五）特种设备运行故障和事故记录；

（六）高耗能特种设备的能效测试报告、能耗状况记录以及节能改造技术资料。

**第二十七条**　特种设备使用单位应当对在用特种设备进行经常性日常维护保养，并定期自行检查。

特种设备使用单位对在用特种设备应当至少每月进行一次自行检查，并作出记录。特种设备使用单位在对在用特种设备进行自行检查和日常维护保养时发现异常情况的，应当及时处理。

特种设备使用单位应当对在用特种设备的安全附件、安全保护装置、测量调控装置及有关附属仪器仪表进行定期校验、检修，并作出记录。

锅炉使用单位应当按照安全技术规范的要求进行锅炉水（介）质处理，并接受特种设备检验检测机构实施的水（介）质处理定期检验。

从事锅炉清洗的单位，应当按照安全技术规范的要求进行锅炉清洗，并接受特种设备检验检测机构实施的锅炉清洗过程监督检验。

**第二十八条**　特种设备使用单位应当按照安全技术规范的定期检验要求，在安全检验合格有效期届满前 1 个月向特种设备检验检测机构提出定期检验要求。

检验检测机构接到定期检验要求后，应当按照安全技术规范的要求及时进行安全性能检验和能效测试。

未经定期检验或者检验不合格的特种设备，不得继续使用。

**第二十九条**　特种设备出现故障或者发生异常情况，使用单位应当对其进行全面检查，消除事故隐患后，方可重新投入使用。

特种设备不符合能效指标的，特种设备使用单位应当采取相应措施进行整改。

**第三十条**　特种设备存在严重事故隐患，无改造、维修价值，或者超过安全技术规范规定使用年限，特种设备使用单位应当及时予以报废，并应当向原登记的特种设备安全监督管理部门办理注销。

**第三十一条**　电梯的日常维护保养必须由依照本条例取得许可的安装、改造、维修单位或者电梯制造单位进行。

电梯应当至少每 15 日进行一次清洁、润滑、调整和检查。

**第三十二条**　电梯的日常维护保养单位应当在维护保养中严格执行国家安全技术规范的

要求,保证其维护保养的电梯的安全技术性能,并负责落实现场安全防护措施,保证施工安全。

电梯的日常维护保养单位,应当对其维护保养的电梯的安全性能负责。接到故障通知后,应当立即赶赴现场,并采取必要的应急救援措施。

**第三十三条** 电梯、客运索道、大型游乐设施等为公众提供服务的特种设备运营使用单位,应当设置特种设备安全管理机构或者配备专职的安全管理人员;其他特种设备使用单位,应当根据情况设置特种设备安全管理机构或者配备专职、兼职的安全管理人员。

特种设备的安全管理人员应当对特种设备使用状况进行经常性检查,发现问题的应当立即处理;情况紧急时,可以决定停止使用特种设备并及时报告本单位有关负责人。

**第三十四条** 客运索道、大型游乐设施的运营使用单位在客运索道、大型游乐设施每日投入使用前,应当进行试运行和例行安全检查,并对安全装置进行检查确认。

电梯、客运索道、大型游乐设施的运营使用单位应当将电梯、客运索道、大型游乐设施的安全注意事项和警示标志置于易于为乘客注意的显著位置。

**第三十五条** 客运索道、大型游乐设施的运营使用单位的主要负责人应当熟悉客运索道、大型游乐设施的相关安全知识,并全面负责客运索道、大型游乐设施的安全使用。

客运索道、大型游乐设施的运营使用单位的主要负责人至少应当每月召开一次会议,督促、检查客运索道、大型游乐设施的安全使用工作。

客运索道、大型游乐设施的运营使用单位,应当结合本单位的实际情况,配备相应数量的营救装备和急救物品。

**第三十六条** 电梯、客运索道、大型游乐设施的乘客应当遵守使用安全注意事项的要求,服从有关工作人员的指挥。

**第三十七条** 电梯投入使用后,电梯制造单位应当对其制造的电梯的安全运行情况进行跟踪调查和了解,对电梯的日常维护保养单位或者电梯的使用单位在安全运行方面存在的问题,提出改进建议,并提供必要的技术帮助。发现电梯存在严重事故隐患的,应当及时向特种设备安全监督管理部门报告。电梯制造单位对调查和了解的情况,应当作出记录。

**第三十八条** 锅炉、压力容器、电梯、起重机械、客运索道、大型游乐设施、场(厂)内专用机动车辆的作业人员及其相关管理人员(以下统称特种设备作业人员),应当按照国家有关规定经特种设备安全监督管理部门考核合格,取得国家统一格式的特种作业人员证书,方可从事相应的作业或者管理工作。

**第三十九条** 特种设备使用单位应当对特种设备作业人员进行特种设备安全、节能教育和培训,保证特种设备作业人员具备必要的特种设备安全、节能知识。

特种设备作业人员在作业中应当严格执行特种设备的操作规程和有关的安全规章制度。

**第四十条** 特种设备作业人员在作业过程中发现事故隐患或者其他不安全因素,应当立即向现场安全管理人员和单位有关负责人报告。

## 第四章 检验检测

**第四十一条** 从事本条例规定的监督检验、定期检验、型式试验以及专门为特种设备生产、使用、检验检测提供无损检测服务的特种设备检验检测机构,应当经国务院特种设备安全监督管理部门核准。

特种设备使用单位设立的特种设备检验检测机构，经国务院特种设备安全监督管理部门核准，负责本单位核准范围内的特种设备定期检验工作。

**第四十二条**　特种设备检验检测机构，应当具备下列条件：

（一）有与所从事的检验检测工作相适应的检验检测人员；

（二）有与所从事的检验检测工作相适应的检验检测仪器和设备；

（三）有健全的检验检测管理制度、检验检测责任制度。

**第四十三条**　特种设备的监督检验、定期检验、型式试验和无损检测应当由依照本条例经核准的特种设备检验检测机构进行。

特种设备检验检测工作应当符合安全技术规范的要求。

**第四十四条**　从事本条例规定的监督检验、定期检验、型式试验和无损检测的特种设备检验检测人员应当经国务院特种设备安全监督管理部门组织考核合格，取得检验检测人员证书，方可从事检验检测工作。

检验检测人员从事检验检测工作，必须在特种设备检验检测机构执业，但不得同时在两个以上检验检测机构中执业。

**第四十五条**　特种设备检验检测机构和检验检测人员进行特种设备检验检测，应当遵循诚信原则和方便企业的原则，为特种设备生产、使用单位提供可靠、便捷的检验检测服务。

特种设备检验检测机构和检验检测人员对涉及的被检验检测单位的商业秘密，负有保密义务。

**第四十六条**　特种设备检验检测机构和检验检测人员应当客观、公正、及时地出具检验检测结果、鉴定结论。检验检测结果、鉴定结论经检验检测人员签字后，由检验检测机构负责人签署。

特种设备检验检测机构和检验检测人员对检验检测结果、鉴定结论负责。

国务院特种设备安全监督管理部门应当组织对特种设备检验检测机构的检验检测结果、鉴定结论进行监督抽查。县以上地方负责特种设备安全监督管理的部门在本行政区域内也可以组织监督抽查，但是要防止重复抽查。监督抽查结果应当向社会公布。

**第四十七条**　特种设备检验检测机构和检验检测人员不得从事特种设备的生产、销售，不得以其名义推荐或者监制、监销特种设备。

**第四十八条**　特种设备检验检测机构进行特种设备检验检测，发现严重事故隐患或者能耗严重超标的，应当及时告知特种设备使用单位，并立即向特种设备安全监督管理部门报告。

**第四十九条**　特种设备检验检测机构和检验检测人员利用检验检测工作故意刁难特种设备生产、使用单位，特种设备生产、使用单位有权向特种设备安全监督管理部门投诉，接到投诉的特种设备安全监督管理部门应当及时进行调查处理。

## 第五章　监督检查

**第五十条**　特种设备安全监督管理部门依照本条例规定，对特种设备生产、使用单位和检验检测机构实施安全监察。

对学校、幼儿园以及车站、客运码头、商场、体育场馆、展览馆、公园等公众聚集场所的特种设备，特种设备安全监督管理部门应当实施重点安全监察。

**第五十一条** 特种设备安全监督管理部门根据举报或者取得的涉嫌违法证据，对涉嫌违反本条例规定的行为进行查处时，可以行使下列职权：

（一）向特种设备生产、使用单位和检验检测机构的法定代表人、主要负责人和其他有关人员调查、了解与涉嫌从事违反本条例的生产、使用、检验检测有关的情况；

（二）查阅、复制特种设备生产、使用单位和检验检测机构的有关合同、发票、账簿以及其他有关资料；

（三）对有证据表明不符合安全技术规范要求的或者有其他严重事故隐患、能耗严重超标的特种设备，予以查封或者扣押。

**第五十二条** 依照本条例规定实施许可、核准、登记的特种设备安全监督管理部门，应当严格依照本条例规定条件和安全技术规范要求对有关事项进行审查；不符合本条例规定条件和安全技术规范要求的，不得许可、核准、登记；在申请办理许可、核准期间，特种设备安全监督管理部门发现申请人未经许可从事特种设备相应活动或者伪造许可、核准证书的，不予受理或者不予许可、核准，并在1年内不再受理其新的许可、核准申请。

未依法取得许可、核准、登记的单位擅自从事特种设备的生产、使用或者检验检测活动的，特种设备安全监督管理部门应当依法予以处理。

违反本条例规定，被依法撤销许可的，自撤销许可之日起3年内，特种设备安全监督管理部门不予受理其新的许可申请。

**第五十三条** 特种设备安全监督管理部门在办理本条例规定的有关行政审批事项时，其受理、审查、许可、核准的程序必须公开，并应当自受理申请之日起30日内，作出许可、核准或者不予许可、核准的决定；不予许可、核准的，应当书面向申请人说明理由。

**第五十四条** 地方各级特种设备安全监督管理部门不得以任何形式进行地方保护和地区封锁，不得对已经依照本条例规定在其他地方取得许可的特种设备生产单位重复进行许可，也不得要求对依照本条例规定在其他地方检验检测合格的特种设备，重复进行检验检测。

**第五十五条** 特种设备安全监督管理部门的安全监察人员（以下简称特种设备安全监察人员）应当熟悉相关法律、法规、规章和安全技术规范，具有相应的专业知识和工作经验，并经国务院特种设备安全监督管理部门考核，取得特种设备安全监察人员证书。

特种设备安全监察人员应当忠于职守、坚持原则、秉公执法。

**第五十六条** 特种设备安全监督管理部门对特种设备生产、使用单位和检验检测机构实施安全监察时，应当有两名以上特种设备安全监察人员参加，并出示有效的特种设备安全监察人员证件。

**第五十七条** 特种设备安全监督管理部门对特种设备生产、使用单位和检验检测机构实施安全监察，应当对每次安全监察的内容、发现的问题及处理情况，作出记录，并由参加安全监察的特种设备安全监察人员和被检查单位的有关负责人签字后归档。被检查单位的有关负责人拒绝签字的，特种设备安全监察人员应当将情况记录在案。

**第五十八条** 特种设备安全监督管理部门对特种设备生产、使用单位和检验检测机构进行安全监察时，发现有违反本条例规定和安全技术规范要求的行为或者在用的特种设备存在事故隐患、不符合能效指标的，应当以书面形式发出特种设备安全监察指令，责令有关单位及时采取措施，予以改正或者消除事故隐患。紧急情况下需要采取紧急处置措施的，应当随后补发书面通知。

**第五十九条** 特种设备安全监督管理部门对特种设备生产、使用单位和检验检测机构进行安全监察,发现重大违法行为或者严重事故隐患时,应当在采取必要措施的同时,及时向上级特种设备安全监督管理部门报告。接到报告的特种设备安全监督管理部门应当采取必要措施,及时予以处理。

对违法行为、严重事故隐患或者不符合能效指标的处理需要当地人民政府和有关部门的支持、配合时,特种设备安全监督管理部门应当报告当地人民政府,并通知其他有关部门。当地人民政府和其他有关部门应当采取必要措施,及时予以处理。

**第六十条** 国务院特种设备安全监督管理部门和省、自治区、直辖市特种设备安全监督管理部门应当定期向社会公布特种设备安全以及能效状况。

公布特种设备安全以及能效状况,应当包括下列内容:

(一)特种设备质量安全状况;

(二)特种设备事故的情况、特点、原因分析、防范对策;

(三)特种设备能效状况;

(四)其他需要公布的情况。

## 第六章　事故预防和调查处理

**第六十一条** 有下列情形之一的,为特别重大事故:

(一)特种设备事故造成30人以上死亡,或者100人以上重伤(包括急性工业中毒,下同),或者1亿元以上直接经济损失的;

(二)600兆瓦以上锅炉爆炸的;

(三)压力容器、压力管道有毒介质泄漏,造成15万人以上转移的;

(四)客运索道、大型游乐设施高空滞留100人以上并且时间在48小时以上的。

**第六十二条** 有下列情形之一的,为重大事故:

(一)特种设备事故造成10人以上30人以下死亡,或者50人以上100人以下重伤,或者5000万元以上1亿元以下直接经济损失的;

(二)600兆瓦以上锅炉因安全故障中断运行240小时以上的;

(三)压力容器、压力管道有毒介质泄漏,造成5万人以上15万人以下转移的;

(四)客运索道、大型游乐设施高空滞留100人以上并且时间在24小时以上48小时以下的。

**第六十三条** 有下列情形之一的,为较大事故:

(一)特种设备事故造成3人以上10人以下死亡,或者10人以上50人以下重伤,或者1000万元以上5000万元以下直接经济损失的;

(二)锅炉、压力容器、压力管道爆炸的;

(三)压力容器、压力管道有毒介质泄漏,造成1万人以上5万人以下转移的;

(四)起重机械整体倾覆的;

(五)客运索道、大型游乐设施高空滞留人员12小时以上的。

**第六十四条** 有下列情形之一的,为一般事故:

（一）特种设备事故造成3人以下死亡，或者10人以下重伤，或者1万元以上1000万元以下直接经济损失的；

（二）压力容器、压力管道有毒介质泄漏，造成500人以上1万人以下转移的；

（三）电梯轿厢滞留人员2小时以上的；

（四）起重机械主要受力结构件折断或者起升机构坠落的；

（五）客运索道高空滞留人员3.5小时以上12小时以下的；

（六）大型游乐设施高空滞留人员1小时以上12小时以下的。

除前款规定外，国务院特种设备安全监督管理部门可以对一般事故的其他情形做出补充规定。

**第六十五条** 特种设备安全监督管理部门应当制定特种设备应急预案。特种设备使用单位应当制定事故应急专项预案，并定期进行事故应急演练。

压力容器、压力管道发生爆炸或者泄漏，在抢险救援时应当区分介质特性，严格按照相关预案规定程序处理，防止二次爆炸。

**第六十六条** 特种设备事故发生后，事故发生单位应当立即启动事故应急预案，组织抢救，防止事故扩大，减少人员伤亡和财产损失，并及时向事故发生地县以上特种设备安全监督管理部门和有关部门报告。

县以上特种设备安全监督管理部门接到事故报告，应当尽快核实有关情况，立即向所在地人民政府报告，并逐级上报事故情况。必要时，特种设备安全监督管理部门可以越级上报事故情况。对特别重大事故、重大事故，国务院特种设备安全监督管理部门应当立即报告国务院并通报国务院安全生产监督管理部门等有关部门。

**第六十七条** 特别重大事故由国务院或者国务院授权有关部门组织事故调查组进行调查。

重大事故由国务院特种设备安全监督管理部门会同有关部门组织事故调查组进行调查。

较大事故由省、自治区、直辖市特种设备安全监督管理部门会同有关部门组织事故调查组进行调查。

一般事故由设区的市的特种设备安全监督管理部门会同有关部门组织事故调查组进行调查。

**第六十八条** 事故调查报告应当由负责组织事故调查的特种设备安全监督管理部门的所在地人民政府批复，并报上一级特种设备安全监督管理部门备案。

有关机关应当按照批复，依照法律、行政法规规定的权限和程序，对事故责任单位和有关人员进行行政处罚，对负有事故责任的国家工作人员进行处分。

**第六十九条** 特种设备安全监督管理部门应当在有关地方人民政府的领导下，组织开展特种设备事故调查处理工作。

有关地方人民政府应当支持、配合上级人民政府或者特种设备安全监督管理部门的事故调查处理工作，并提供必要的便利条件。

**第七十条** 特种设备安全监督管理部门应当对发生事故的原因进行分析，并根据特种设备的管理和技术特点、事故情况对相关安全技术规范进行评估；需要制定或者修订相关安全技术规范的，应当及时制定或者修订。

**第七十一条**　本章所称的“以上”包括本数，所称的“以下”不包括本数。

## 第七章　法律责任

**第七十二条**　未经许可，擅自从事压力容器设计活动的，由特种设备安全监督管理部门予以取缔，处5万元以上20万元以下罚款；有违法所得的，没收违法所得；触犯刑律的，对负有责任的主管人员和其他直接责任人员依照刑法关于非法经营罪或者其他罪的规定，依法追究刑事责任。

**第七十三条**　锅炉、气瓶、氧舱和客运索道、大型游乐设施以及高耗能特种设备的设计文件，未经国务院特种设备安全监督管理部门核准的检验检测机构鉴定，擅自用于制造的，由特种设备安全监督管理部门责令改正，没收非法制造的产品，处5万元以上20万元以下罚款；触犯刑律的，对负有责任的主管人员和其他直接责任人员依照刑法关于生产、销售伪劣产品罪、非法经营罪或者其他罪的规定，依法追究刑事责任。

**第七十四条**　按照安全技术规范的要求应当进行型式试验的特种设备产品、部件或者试制特种设备新产品、新部件，未进行整机或者部件型式试验的，由特种设备安全监督管理部门责令限期改正；逾期未改正的，处2万元以上10万元以下罚款。

**第七十五条**　未经许可，擅自从事锅炉、压力容器、电梯、起重机械、客运索道、大型游乐设施、场(厂)内专用机动车辆及其安全附件、安全保护装置的制造、安装、改造以及压力管道元件的制造活动的，由特种设备安全监督管理部门予以取缔，没收非法制造的产品，已经实施安装、改造的，责令恢复原状或者责令限期由取得许可的单位重新安装、改造，处10万元以上50万元以下罚款；触犯刑律的，对负有责任的主管人员和其他直接责任人员依照刑法关于生产、销售伪劣产品罪、非法经营罪、重大责任事故罪或者其他罪的规定，依法追究刑事责任。

**第七十六条**　特种设备出厂时，未按照安全技术规范的要求附有设计文件、产品质量合格证明、安装及使用维修说明、监督检验证明等文件的，由特种设备安全监督管理部门责令改正；情节严重的，责令停止生产、销售，处违法生产、销售货值金额30%以下罚款；有违法所得的，没收违法所得。

**第七十七条**　未经许可，擅自从事锅炉、压力容器、电梯、起重机械、客运索道、大型游乐设施、场(厂)内专用机动车辆的维修或者日常维护保养的，由特种设备安全监督管理部门予以取缔，处1万元以上5万元以下罚款；有违法所得的，没收违法所得；触犯刑律的，对负有责任的主管人员和其他直接责任人员依照刑法关于非法经营罪、重大责任事故罪或者其他罪的规定，依法追究刑事责任。

**第七十八条**　锅炉、压力容器、电梯、起重机械、客运索道、大型游乐设施的安装、改造、维修的施工单位以及场(厂)内专用机动车辆的改造、维修单位，在施工前未将拟进行的特种设备安装、改造、维修情况书面告知直辖市或者设区的市的特种设备安全监督管理部门即行施工的，或者在验收后30日内未将有关技术资料移交锅炉、压力容器、电梯、起重机械、客运索道、大型游乐设施的使用单位的，由特种设备安全监督管理部门责令限期改正；逾期未改正的，处2000元以上1万元以下罚款。

**第七十九条**　锅炉、压力容器、压力管道元件、起重机械、大型游乐设施的制造过程和锅炉、压力容器、电梯、起重机械、客运索道、大型游乐设施的安装、改造、重大维修过程，以及锅炉清洗过程，未经国务院特种设备安全监督管理部门核准的检验检测机构按照安全技术规范的要求进行监督检验的，由特种设备安全监督管理部门责令改正，已经出厂的，没收违法生产、销售的产品，已经实施安装、改造、重大维修或者清洗的，责令限期进行监督检验，处5万元以上20万元以下罚款；有违法所得的，没收违法所得；情节严重的，撤销制造、安装、改造或者维修单位已经取得的许可，并由工商行政管理部门吊销其营业执照；触犯刑律的，对负有责任的主管人员和其他直接责任人员依照刑法关于生产、销售伪劣产品罪或者其他罪的规定，依法追究刑事责任。

**第八十条** 未经许可，擅自从事移动式压力容器或者气瓶充装活动的，由特种设备安全监督管理部门予以取缔，没收违法充装的气瓶，处10万元以上50万元以下罚款；有违法所得的，没收违法所得；触犯刑律的，对负有责任的主管人员和其他直接责任人员依照刑法关于非法经营罪或者其他罪的规定，依法追究刑事责任。

移动式压力容器、气瓶充装单位未按照安全技术规范的要求进行充装活动的，由特种设备安全监督管理部门责令改正，处2万元以上10万元以下罚款；情节严重的，撤销其充装资格。

**第八十一条** 电梯制造单位有下列情形之一的，由特种设备安全监督管理部门责令限期改正；逾期未改正的，予以通报批评：

（一）未依照本条例第十九条的规定对电梯进行校验、调试的；

（二）对电梯的安全运行情况进行跟踪调查和了解时，发现存在严重事故隐患，未及时向特种设备安全监督管理部门报告的。

**第八十二条** 已经取得许可、核准的特种设备生产单位、检验检测机构有下列行为之一的，由特种设备安全监督管理部门责令改正，处2万元以上10万元以下罚款；情节严重的，撤销其相应资格：

（一）未按照安全技术规范的要求办理许可证变更手续的；

（二）不再符合本条例规定或者安全技术规范要求的条件，继续从事特种设备生产、检验检测的；

（三）未依照本条例规定或者安全技术规范要求进行特种设备生产、检验检测的；

（四）伪造、变造、出租、出借、转让许可证书或者监督检验报告的。

**第八十三条** 特种设备使用单位有下列情形之一的，由特种设备安全监督管理部门责令限期改正；逾期未改正的，处2000元以上2万元以下罚款；情节严重的，责令停止使用或者停产停业整顿：

（一）特种设备投入使用前或者投入使用后30日内，未向特种设备安全监督管理部门登记，擅自将其投入使用的；

（二）未依照本条例第二十六条的规定，建立特种设备安全技术档案的；

（三）未依照本条例第二十七条的规定，对在用特种设备进行经常性日常维护保养和定期自行检查的，或者对在用特种设备的安全附件、安全保护装置、测量调控装置及有关附属仪器仪表进行定期校验、检修，并作出记录的；

（四）未按照安全技术规范的定期检验要求，在安全检验合格有效期届满前1个月向特种设备检验检测机构提出定期检验要求的；

（五）使用未经定期检验或者检验不合格的特种设备的；

（六）特种设备出现故障或者发生异常情况，未对其进行全面检查、消除事故隐患，继续投入使用的；

（七）未制定特种设备事故应急专项预案的；

（八）未依照本条例第三十一条第二款的规定，对电梯进行清洁、润滑、调整和检查的；

（九）未按照安全技术规范要求进行锅炉水（介）质处理的；

（十）特种设备不符合能效指标，未及时采取相应措施进行整改的。

特种设备使用单位使用未取得生产许可的单位生产的特种设备或者将非承压锅炉、非压力容器作为承压锅炉、压力容器使用的，由特种设备安全监督管理部门责令停止使用，予以没收，处 2 万元以上 10 万元以下罚款。

**第八十四条** 特种设备存在严重事故隐患，无改造、维修价值，或者超过安全技术规范规定的使用年限，特种设备使用单位未予以报废，并向原登记的特种设备安全监督管理部门办理注销的，由特种设备安全监督管理部门责令限期改正；逾期未改正的，处 5 万元以上 20 万元以下罚款。

**第八十五条** 电梯、客运索道、大型游乐设施的运营使用单位有下列情形之一的，由特种设备安全监督管理部门责令限期改正；逾期未改正的，责令停止使用或者停产停业整顿，处 1 万元以上 5 万元以下罚款：

（一）客运索道、大型游乐设施每日投入使用前，未进行试运行和例行安全检查，并对安全装置进行检查确认的；

（二）未将电梯、客运索道、大型游乐设施的安全注意事项和警示标志置于易于为乘客注意的显著位置的。

**第八十六条** 特种设备使用单位有下列情形之一的，由特种设备安全监督管理部门责令限期改正；逾期未改正的，责令停止使用或者停产停业整顿，处 2000 元以上 2 万元以下罚款：

（一）未依照本条例规定设置特种设备安全管理机构或者配备专职、兼职的安全管理人员的；

（二）从事特种设备作业的人员，未取得相应特种作业人员证书，上岗作业的；

（三）未对特种设备作业人员进行特种设备安全教育和培训的。

**第八十七条** 发生特种设备事故，有下列情形之一的，对单位，由特种设备安全监督管理部门处 5 万元以上 20 万元以下罚款；对主要负责人，由特种设备安全监督管理部门处 4000 元以上 2 万元以下罚款；属于国家工作人员的，依法给予处分；触犯刑律的，依照刑法关于重大责任事故罪或者其他罪的规定，依法追究刑事责任：

（一）特种设备使用单位的主要负责人在本单位发生特种设备事故时，不立即组织抢救或者在事故调查处理期间擅离职守或者逃匿的；

（二）特种设备使用单位的主要负责人对特种设备事故隐瞒不报、谎报或者拖延不报的。

**第八十八条** 对事故发生负有责任的单位，由特种设备安全监督管理部门依照下列规定处以罚款：

（一）发生一般事故的，处 10 万元以上 20 万元以下罚款；

（二）发生较大事故的，处 20 万元以上 50 万元以下罚款；

（三）发生重大事故的，处 50 万元以上 200 万元以下罚款。

**第八十九条** 对事故发生负有责任的单位的主要负责人未依法履行职责，导致事故发生的，由特种设备安全监督管理部门依照下列规定处以罚款；属于国家工作人员的，并依法给予处分；触犯刑律的，依照刑法关于重大责任事故罪或者其他罪的规定，依法追究刑事责任：

（一）发生一般事故的，处上一年年收入30%的罚款；

（二）发生较大事故的，处上一年年收入40%的罚款；

（三）发生重大事故的，处上一年年收入60%的罚款。

**第九十条** 特种设备作业人员违反特种设备的操作规程和有关的安全规章制度操作，或者在作业过程中发现事故隐患或者其他不安全因素，未立即向现场安全管理人员和单位有关负责人报告的，由特种设备使用单位给予批评教育、处分；情节严重的，撤销特种设备作业人员资格；触犯刑律的，依照刑法关于重大责任事故罪或者其他罪的规定，依法追究刑事责任。

**第九十一条** 未经核准，擅自从事本条例所规定的监督检验、定期检验、型式试验以及无损检测等检验检测活动的，由特种设备安全监督管理部门予以取缔，处5万元以上20万元以下罚款；有违法所得的，没收违法所得；触犯刑律的，对负有责任的主管人员和其他直接责任人员依照刑法关于非法经营罪或者其他罪的规定，依法追究刑事责任。

**第九十二条** 特种设备检验检测机构，有下列情形之一的，由特种设备安全监督管理部门处2万元以上10万元以下罚款；情节严重的，撤销其检验检测资格：

（一）聘用未经特种设备安全监督管理部门组织考核合格并取得检验检测人员证书的人员，从事相关检验检测工作的；

（二）在进行特种设备检验检测中，发现严重事故隐患或者能耗严重超标，未及时告知特种设备使用单位，并立即向特种设备安全监督管理部门报告的。

**第九十三条** 特种设备检验检测机构和检验检测人员，出具虚假的检验检测结果、鉴定结论或者检验检测结果、鉴定结论严重失实的，由特种设备安全监督管理部门对检验检测机构没收违法所得，处5万元以上20万元以下罚款，情节严重的，撤销其检验检测资格；对检验检测人员处5000元以上5万元以下罚款，情节严重的，撤销其检验检测资格，触犯刑律的，依照刑法关于中介组织人员提供虚假证明文件罪、中介组织人员出具证明文件重大失实罪或者其他罪的规定，依法追究刑事责任。

特种设备检验检测机构和检验检测人员，出具虚假的检验检测结果、鉴定结论或者检验检测结果、鉴定结论严重失实，造成损害的，应当承担赔偿责任。

**第九十四条** 特种设备检验检测机构或者检验检测人员从事特种设备的生产、销售，或者以其名义推荐或者监制、监销特种设备的，由特种设备安全监督管理部门撤销特种设备检验检测机构和检验检测人员的资格，处5万元以上20万元以下罚款；有违法所得的，没收违法所得。

**第九十五条** 特种设备检验检测机构和检验检测人员利用检验检测工作故意刁难特种设备生产、使用单位，由特种设备安全监督管理部门责令改正；拒不改正的，撤销其检验检测资格。

**第九十六条** 检验检测人员，从事检验检测工作，不在特种设备检验检测机构执业或者同时在两个以上检验检测机构中执业的，由特种设备安全监督管理部门责令改正，情节严重的，给予停止执业6个月以上2年以下的处罚；有违法所得的，没收违法所得。

**第九十七条** 特种设备安全监督管理部门及其特种设备安全监察人员，有下列违法行为之一的，对直接负责的主管人员和其他直接责任人员，依法给予降级或者撤职的处分；触犯刑律的，依照刑法关于受贿罪、滥用职权罪、玩忽职守罪或者其他罪的规定，依法追究刑事责任：

（一）不按照本条例规定的条件和安全技术规范要求，实施许可、核准、登记的；

（二）发现未经许可、核准、登记擅自从事特种设备的生产、使用或者检验检测活动不予取缔或者不依法予以处理的；

（三）发现特种设备生产、使用单位不再具备本条例规定的条件而不撤销其原许可，或者发现特种设备生产、使用违法行为不予查处的；

（四）发现特种设备检验检测机构不再具备本条例规定的条件而不撤销其原核准，或者对其出具虚假的检验检测结果、鉴定结论或者检验检测结果、鉴定结论严重失实的行为不予查处的；

（五）对依照本条例规定在其他地方取得许可的特种设备生产单位重复进行许可，或者对依照本条例规定在其他地方检验检测合格的特种设备，重复进行检验检测的；

（六）发现有违反本条例和安全技术规范的行为或者在用的特种设备存在严重事故隐患，不立即处理的；

（七）发现重大的违法行为或者严重事故隐患，未及时向上级特种设备安全监督管理部门报告，或者接到报告的特种设备安全监督管理部门不立即处理的；

（八）迟报、漏报、瞒报或者谎报事故的；

（九）妨碍事故救援或者事故调查处理的。

**第九十八条** 特种设备的生产、使用单位或者检验检测机构，拒不接受特种设备安全监督管理部门依法实施的安全监察的，由特种设备安全监督管理部门责令限期改正；逾期未改正的，责令停产停业整顿，处 2 万元以上 10 万元以下罚款；触犯刑律的，依照刑法关于妨害公务罪或者其他罪的规定，依法追究刑事责任。

特种设备生产、使用单位擅自动用、调换、转移、损毁被查封、扣押的特种设备或者其主要部件的，由特种设备安全监督管理部门责令改正，处 5 万元以上 20 万元以下罚款；情节严重的，撤销其相应资格。

## 第八章　附　　则

**第九十九条** 本条例下列用语的含义是：

（一）锅炉，是指利用各种燃料、电或者其他能源，将所盛装的液体加热到一定的参数，并对外输出热能的设备，其范围规定为容积大于或者等于 30L 的承压蒸汽锅炉；出口水压大于或者等于 0.1MPa（表压），且额定功率大于或者等于 0.1MW 的承压热水锅炉；有机热载体锅炉。

（二）压力容器，是指盛装气体或者液体，承载一定压力的密闭设备，其范围规定为最高工作压力大于或者等于 0.1MPa（表压），且压力与容积的乘积大于或者等于 2.5MPa · L 的气体、液化气体和最高工作温度高于或者等于标准沸点的液体的固定式容器和移动式容器；盛装公称工作压力大于或者等于 0.2MPa（表压），且压力与容积的乘积大于或者等于 1.0MPa · L 的气体、液化气体和标准沸点等于或者低于 60℃液体的气瓶；氧舱等。

（三）压力管道，是指利用一定的压力，用于输送气体或者液体的管状设备，其范围规定为最高工作压力大于或者等于0.1MPa(表压)的气体、液化气体、蒸汽介质或者可燃、易爆、有毒、有腐蚀性、最高工作温度高于或者等于标准沸点的液体介质，且公称直径大于25mm的管道。

(四)电梯，是指动力驱动，利用沿刚性导轨运行的箱体或者沿固定线路运行的梯级(踏步)，进行升降或者平行运送人、货物的机电设备，包括载人(货)电梯、自动扶梯、自动人行道等。

(五)起重机械，是指用于垂直升降或者垂直升降并水平移动重物的机电设备，其范围规定为额定起重量大于或者等于0.5t的升降机；额定起重量大于或者等于1t，且提升高度大于或者等于2m的起重机和承重形式固定的电动葫芦等。

(六)客运索道，是指动力驱动，利用柔性绳索牵引箱体等运载工具运送人员的机电设备，包括客运架空索道、客运缆车、客运拖牵索道等。

(七)大型游乐设施，是指用于经营目的，承载乘客游乐的设施，其范围规定为设计最大运行线速度大于或者等于2m/s，或者运行高度距地面高于或者等于2m的载人大型游乐设施。

(八)场(厂)内专用机动车辆，是指除道路交通、农用车辆以外仅在工厂厂区、旅游景区、游乐场所等特定区域使用的专用机动车辆。

特种设备包括其所用的材料、附属的安全附件、安全保护装置和与安全保护装置相关的设施。

**第一百条** 压力管道设计、安装、使用的安全监督管理办法由国务院另行制定。

**第一百零一条** 国务院特种设备安全监督管理部门可以授权省、自治区、直辖市特种设备安全监督管理部门负责本条例规定的特种设备行政许可工作，具体办法由国务院特种设备安全监督管理部门制定。

**第一百零二条** 特种设备行政许可、检验检测，应当按照国家有关规定收取费用。

**第一百零三条** 本条例自2003年6月1日起施行。1982年2月6日国务院发布的《锅炉压力容器安全监察暂行条例》同时废止。

# 20. 危险化学品安全管理条例

（2002 年 1 月 26 日国务院令第 344 号公布。
2011 年 2 月 16 日国务院第 144 次常务会议修订通过。
根据 2013 年 12 月 7 日《国务院关于修改部分行政法规的决定》修订）

## 第一章 总 则

**第一条** 为了加强危险化学品的安全管理，预防和减少危险化学品事故，保障人民群众生命财产安全，保护环境，制定本条例。

**第二条** 危险化学品生产、储存、使用、经营和运输的安全管理，适用本条例。

废弃危险化学品的处置，依照有关环境保护的法律、行政法规和国家有关规定执行。

**第三条** 本条例所称危险化学品，是指具有毒害、腐蚀、爆炸、燃烧、助燃等性质，对人体、设施、环境具有危害的剧毒化学品和其他化学品。

危险化学品目录，由国务院安全生产监督管理部门会同国务院工业和信息化、公安、环境保护、卫生、质量监督检验检疫、交通运输、铁路、民用航空、农业主管部门，根据化学品危险特性的鉴别和分类标准确定、公布，并适时调整。

**第四条** 危险化学品安全管理，应当坚持安全第一、预防为主、综合治理的方针，强化和落实企业的主体责任。

生产、储存、使用、经营、运输危险化学品的单位（以下统称危险化学品单位）的主要负责人对本单位的危险化学品安全管理工作全面负责。

危险化学品单位应当具备法律、行政法规规定和国家标准、行业标准要求的安全条件，建立、健全安全管理规章制度和岗位安全责任制度，对从业人员进行安全教育、法制教育和岗位技术培训。从业人员应当接受教育和培训，考核合格后上岗作业；对有资格要求的岗位，应当配备依法取得相应资格的人员。

**第五条** 任何单位和个人不得生产、经营、使用国家禁止生产、经营、使用的危险化学品。

国家对危险化学品的使用有限制性规定的，任何单位和个人不得违反限制性规定使用危险化学品。

**第六条** 对危险化学品的生产、储存、使用、经营、运输实施安全监督管理的有关部门（以下统称负有危险化学品安全监督管理职责的部门），依照下列规定履行职责：

（一）安全生产监督管理部门负责危险化学品安全监督管理综合工作，组织确定、公布、调整危险化学品目录，对新建、改建、扩建生产、储存危险化学品（包括使用长输管道输送危险化学品，下同）的建设项目进行安全条件审查，核发危险化学品安全生产许可证、危险化学品安全使用许可证和危险化学品经营许可证，并负责危险化学品登记工作。

（二）公安机关负责危险化学品的公共安全管理，核发剧毒化学品购买许可证、剧毒化学品道路运输通行证，并负责危险化学品运输车辆的道路交通安全管理。

（三）质量监督检验检疫部门负责核发危险化学品及其包装物、容器（不包括储存危险化学品的固定式大型储罐，下同）生产企业的工业产品生产许可证，并依法对其产品质量实施监督，负责对进出口危险化学品及其包装实施检验。

（四）环境保护主管部门负责废弃危险化学品处置的监督管理，组织危险化学品的环境危害性鉴定和环境风险程度评估，确定实施重点环境管理的危险化学品，负责危险化学品环境管理登记和新化学物质环境管理登记；依照职责分工调查相关危险化学品环境污染事故和生态破坏事件，负责危险化学品事故现场的应急环境监测。

（五）交通运输主管部门负责危险化学品道路运输、水路运输的许可以及运输工具的安全管理，对危险化学品水路运输安全实施监督，负责危险化学品道路运输企业、水路运输企业驾驶人员、船员、装卸管理人员、押运人员、申报人员、集装箱装箱现场检查员的资格认定。铁路监管部门负责危险化学品铁路运输及其运输工具的安全管理。民用航空主管部门负责危险化学品航空运输以及航空运输企业及其运输工具的安全管理。

（六）卫生主管部门负责危险化学品毒性鉴定的管理，负责组织、协调危险化学品事故受伤人员的医疗卫生救援工作。

（七）工商行政管理部门依据有关部门的许可证件，核发危险化学品生产、储存、经营、运输企业营业执照，查处危险化学品经营企业违法采购危险化学品的行为。

（八）邮政管理部门负责依法查处寄递危险化学品的行为。

**第七条** 负有危险化学品安全监督管理职责的部门依法进行监督检查，可以采取下列措施：

（一）进入危险化学品作业场所实施现场检查，向有关单位和人员了解情况，查阅、复制有关文件、资料；

（二）发现危险化学品事故隐患，责令立即消除或者限期消除；

（三）对不符合法律、行政法规、规章规定或者国家标准、行业标准要求的设施、设备、装置、器材、运输工具，责令立即停止使用；

（四）经本部门主要负责人批准，查封违法生产、储存、使用、经营危险化学品的场所，扣押违法生产、储存、使用、经营、运输的危险化学品以及用于违法生产、使用、运输危险化学品的原材料、设备、运输工具；

（五）发现影响危险化学品安全的违法行为，当场予以纠正或者责令限期改正。

负有危险化学品安全监督管理职责的部门依法进行监督检查，监督检查人员不得少于2人，并应当出示执法证件；有关单位和个人对依法进行的监督检查应当予以配合，不得拒绝、阻碍。

**第八条** 县级以上人民政府应当建立危险化学品安全监督管理工作协调机制，支持、督促负有危险化学品安全监督管理职责的部门依法履行职责，协调、解决危险化学品安全监督管理工作中的重大问题。

负有危险化学品安全监督管理职责的部门应当相互配合、密切协作，依法加强对危险化学品的安全监督管理。

**第九条** 任何单位和个人对违反本条例规定的行为，有权向负有危险化学品安全监督管理职责的部门举报。负有危险化学品安全监督管理职责的部门接到举报，应当及时依法处理；对不属于本部门职责的，应当及时移送有关部门处理。

**第十条**　国家鼓励危险化学品生产企业和使用危险化学品从事生产的企业采用有利于提高安全保障水平的先进技术、工艺、设备以及自动控制系统，鼓励对危险化学品实行专门储存、统一配送、集中销售。

## 第二章　生产、储存安全

**第十一条**　国家对危险化学品的生产、储存实行统筹规划、合理布局。

国务院工业和信息化主管部门以及国务院其他有关部门依据各自职责，负责危险化学品生产、储存的行业规划和布局。

地方人民政府组织编制城乡规划，应当根据本地区的实际情况，按照确保安全的原则，规划适当区域专门用于危险化学品的生产、储存。

**第十二条**　新建、改建、扩建生产、储存危险化学品的建设项目（以下简称建设项目），应当由安全生产监督管理部门进行安全条件审查。

建设单位应当对建设项目进行安全条件论证，委托具备国家规定的资质条件的机构对建设项目进行安全评价，并将安全条件论证和安全评价的情况报告报建设项目所在地设区的市级以上人民政府安全生产监督管理部门；安全生产监督管理部门应当自收到报告之日起 45 日内作出审查决定，并书面通知建设单位。具体办法由国务院安全生产监督管理部门制定。

新建、改建、扩建储存、装卸危险化学品的港口建设项目，由港口行政管理部门按照国务院交通运输主管部门的规定进行安全条件审查。

**第十三条**　生产、储存危险化学品的单位，应当对其铺设的危险化学品管道设置明显标志，并对危险化学品管道定期检查、检测。

进行可能危及危险化学品管道安全的施工作业，施工单位应当在开工的 7 日前书面通知管道所属单位，并与管道所属单位共同制定应急预案，采取相应的安全防护措施。管道所属单位应当指派专门人员到现场进行管道安全保护指导。

**第十四条**　危险化学品生产企业进行生产前，应当依照《安全生产许可证条例》的规定，取得危险化学品安全生产许可证。

生产列入国家实行生产许可证制度的工业产品目录的危险化学品的企业，应当依照《中华人民共和国工业产品生产许可证管理条例》的规定，取得工业产品生产许可证。

负责颁发危险化学品安全生产许可证、工业产品生产许可证的部门，应当将其颁发许可证的情况及时向同级工业和信息化主管部门、环境保护主管部门和公安机关通报。

**第十五条**　危险化学品生产企业应当提供与其生产的危险化学品相符的化学品安全技术说明书，并在危险化学品包装（包括外包装件）上粘贴或者拴挂与包装内危险化学品相符的化学品安全标签。化学品安全技术说明书和化学品安全标签所载明的内容应当符合国家标准的要求。

危险化学品生产企业发现其生产的危险化学品有新的危险特性的，应当立即公告，并及时修订其化学品安全技术说明书和化学品安全标签。

**第十六条**　生产实施重点环境管理的危险化学品的企业，应当按照国务院环境保护主管部门的规定，将该危险化学品向环境中释放等相关信息向环境保护主管部门报告。环境保护主管部门可以根据情况采取相应的环境风险控制措施。

**第十七条** 危险化学品的包装应当符合法律、行政法规、规章的规定以及国家标准、行业标准的要求。

危险化学品包装物、容器的材质以及危险化学品包装的型式、规格、方法和单件质量（重量），应当与所包装的危险化学品的性质和用途相适应。

**第十八条** 生产列入国家实行生产许可证制度的工业产品目录的危险化学品包装物、容器的企业，应当依照《中华人民共和国工业产品生产许可证管理条例》的规定，取得工业产品生产许可证；其生产的危险化学品包装物、容器经国务院质量监督检验检疫部门认定的检验机构检验合格，方可出厂销售。

运输危险化学品的船舶及其配载的容器，应当按照国家船舶检验规范进行生产，并经海事管理机构认定的船舶检验机构检验合格，方可投入使用。

对重复使用的危险化学品包装物、容器，使用单位在重复使用前应当进行检查；发现存在安全隐患的，应当维修或者更换。使用单位应当对检查情况作出记录，记录的保存期限不得少于2年。

**第十九条** 危险化学品生产装置或者储存数量构成重大危险源的危险化学品储存设施（运输工具加油站、加气站除外），与下列场所、设施、区域的距离应当符合国家有关规定：

（一）居住区以及商业中心、公园等人员密集场所；

（二）学校、医院、影剧院、体育场（馆）等公共设施；

（三）饮用水源、水厂以及水源保护区；

（四）车站、码头（依法经许可从事危险化学品装卸作业的除外）、机场以及通信干线、通信枢纽、铁路线路、道路交通干线、水路交通干线、地铁风亭以及地铁站出入口；

（五）基本农田保护区、基本草原、畜禽遗传资源保护区、畜禽规模化养殖场（养殖小区）、渔业水域以及种子、种畜禽、水产苗种生产基地；

（六）河流、湖泊、风景名胜区、自然保护区；

（七）军事禁区、军事管理区；

（八）法律、行政法规规定的其他场所、设施、区域。

已建的危险化学品生产装置或者储存数量构成重大危险源的危险化学品储存设施不符合前款规定的，由所在地设区的市级人民政府安全生产监督管理部门会同有关部门监督其所属单位在规定期限内进行整改；需要转产、停产、搬迁、关闭的，由本级人民政府决定并组织实施。

储存数量构成重大危险源的危险化学品储存设施的选址，应当避开地震活动断层和容易发生洪灾、地质灾害的区域。

本条例所称重大危险源，是指生产、储存、使用或者搬运危险化学品，且危险化学品的数量等于或者超过临界量的单元（包括场所和设施）。

**第二十条** 生产、储存危险化学品的单位，应当根据其生产、储存的危险化学品的种类和危险特性，在作业场所设置相应的监测、监控、通风、防晒、调温、防火、灭火、防爆、泄压、防毒、中和、防潮、防雷、防静电、防腐、防泄漏以及防护围堤或者隔离操作等安全设施、设备，并按照国家标准、行业标准或者国家有关规定对安全设施、设备进行经常性维护、保养，保证安全设施、设备的正常使用。

生产、储存危险化学品的单位，应当在其作业场所和安全设施、设备上设置明显的安全警示标志。

**第二十一条**　生产、储存危险化学品的单位，应当在其作业场所设置通信、报警装置，并保证处于适用状态。

**第二十二条**　生产、储存危险化学品的企业，应当委托具备国家规定的资质条件的机构，对本企业的安全生产条件每3年进行一次安全评价，提出安全评价报告。安全评价报告的内容应当包括对安全生产条件存在的问题进行整改的方案。

生产、储存危险化学品的企业，应当将安全评价报告以及整改方案的落实情况报所在地县级人民政府安全生产监督管理部门备案。在港区内储存危险化学品的企业，应当将安全评价报告以及整改方案的落实情况报港口行政管理部门备案。

**第二十三条**　生产、储存剧毒化学品或者国务院公安部门规定的可用于制造爆炸物品的危险化学品（以下简称易制爆危险化学品）的单位，应当如实记录其生产、储存的剧毒化学品、易制爆危险化学品的数量、流向，并采取必要的安全防范措施，防止剧毒化学品、易制爆危险化学品丢失或者被盗；发现剧毒化学品、易制爆危险化学品丢失或者被盗的，应当立即向当地公安机关报告。

生产、储存剧毒化学品、易制爆危险化学品的单位，应当设置治安保卫机构，配备专职治安保卫人员。

**第二十四条**　危险化学品应当储存在专用仓库、专用场地或者专用储存室（以下统称专用仓库）内，并由专人负责管理；剧毒化学品以及储存数量构成重大危险源的其他危险化学品，应当在专用仓库内单独存放，并实行双人收发、双人保管制度。

危险化学品的储存方式、方法以及储存数量应当符合国家标准或者国家有关规定。

**第二十五条**　储存危险化学品的单位应当建立危险化学品出入库核查、登记制度。

对剧毒化学品以及储存数量构成重大危险源的其他危险化学品，储存单位应当将其储存数量、储存地点以及管理人员的情况，报所在地县级人民政府安全生产监督管理部门（在港区内储存的，报港口行政管理部门）和公安机关备案。

**第二十六条**　危险化学品专用仓库应当符合国家标准、行业标准的要求，并设置明显的标志。储存剧毒化学品、易制爆危险化学品的专用仓库，应当按照国家有关规定设置相应的技术防范设施。

储存危险化学品的单位应当对其危险化学品专用仓库的安全设施、设备定期进行检测、检验。

**第二十七条**　生产、储存危险化学品的单位转产、停产、停业或者解散的，应当采取有效措施，及时、妥善处置其危险化学品生产装置、储存设施以及库存的危险化学品，不得丢弃危险化学品；处置方案应当报所在地县级人民政府安全生产监督管理部门、工业和信息化主管部门、环境保护主管部门和公安机关备案。安全生产监督管理部门应当会同环境保护主管部门和公安机关对处置情况进行监督检查，发现未依照规定处置的，应当责令其立即处置。

## 第三章 使用安全

**第二十八条** 使用危险化学品的单位，其使用条件（包括工艺）应当符合法律、行政法规的规定和国家标准、行业标准的要求，并根据所使用的危险化学品的种类、危险特性以及使用量和使用方式，建立、健全使用危险化学品的安全管理规章制度和安全操作规程，保证危险化学品的安全使用。

**第二十九条** 使用危险化学品从事生产并且使用量达到规定数量的化工企业（属于危险化学品生产企业的除外，下同），应当依照本条例的规定取得危险化学品安全使用许可证。

前款规定的危险化学品使用量的数量标准，由国务院安全生产监督管理部门会同国务院公安部门、农业主管部门确定并公布。

**第三十条** 申请危险化学品安全使用许可证的化工企业，除应当符合本条例第二十八条的规定外，还应当具备下列条件：

（一）有与所使用的危险化学品相适应的专业技术人员；

（二）有安全管理机构和专职安全管理人员；

（三）有符合国家规定的危险化学品事故应急预案和必要的应急救援器材、设备；

（四）依法进行了安全评价。

**第三十一条** 申请危险化学品安全使用许可证的化工企业，应当向所在地设区的市级人民政府安全生产监督管理部门提出申请，并提交其符合本条例第三十条规定条件的证明材料。设区的市级人民政府安全生产监督管理部门应当依法进行审查，自收到证明材料之日起45日内作出批准或者不予批准的决定。予以批准的，颁发危险化学品安全使用许可证；不予批准的，书面通知申请人并说明理由。

安全生产监督管理部门应当将其颁发危险化学品安全使用许可证的情况及时向同级环境保护主管部门和公安机关通报。

**第三十二条** 本条例第十六条关于生产实施重点环境管理的危险化学品的企业的规定，适用于使用实施重点环境管理的危险化学品从事生产的企业；第二十条、第二十一条、第二十三条第一款、第二十七条关于生产、储存危险化学品的单位的规定，适用于使用危险化学品的单位；第二十二条关于生产、储存危险化学品的企业的规定，适用于使用危险化学品从事生产的企业。

## 第四章 经营安全

**第三十三条** 国家对危险化学品经营（包括仓储经营，下同）实行许可制度。未经许可，任何单位和个人不得经营危险化学品。

依法设立的危险化学品生产企业在其厂区范围内销售本企业生产的危险化学品，不需要取得危险化学品经营许可。

依照《中华人民共和国港口法》的规定取得港口经营许可证的港口经营人，在港区内从事危险化学品仓储经营，不需要取得危险化学品经营许可。

**第三十四条** 从事危险化学品经营的企业应当具备下列条件：

（一）有符合国家标准、行业标准的经营场所，储存危险化学品的，还应当有符合国家标准、行业标准的储存设施；

（二）从业人员经过专业技术培训并经考核合格；

（三）有健全的安全管理规章制度；

（四）有专职安全管理人员；

（五）有符合国家规定的危险化学品事故应急预案和必要的应急救援器材、设备；

（六）法律、法规规定的其他条件。

**第三十五条** 从事剧毒化学品、易制爆危险化学品经营的企业，应当向所在地设区的市级人民政府安全生产监督管理部门提出申请，从事其他危险化学品经营的企业，应当向所在地县级人民政府安全生产监督管理部门提出申请（有储存设施的，应当向所在地设区的市级人民政府安全生产监督管理部门提出申请）。申请人应当提交其符合本条例第三十四条规定条件的证明材料。设区的市级人民政府安全生产监督管理部门或者县级人民政府安全生产监督管理部门应当依法进行审查，并对申请人的经营场所、储存设施进行现场核查，自收到证明材料之日起30日内作出批准或者不予批准的决定。予以批准的，颁发危险化学品经营许可证；不予批准的，书面通知申请人并说明理由。

设区的市级人民政府安全生产监督管理部门和县级人民政府安全生产监督管理部门应当将其颁发危险化学品经营许可证的情况及时向同级环境保护主管部门和公安机关通报。

申请人持危险化学品经营许可证向工商行政管理部门办理登记手续后，方可从事危险化学品经营活动。法律、行政法规或者国务院规定经营危险化学品还需要经其他有关部门许可的，申请人向工商行政管理部门办理登记手续时还应当持相应的许可证件。

**第三十六条** 危险化学品经营企业储存危险化学品的，应当遵守本条例第二章关于储存危险化学品的规定。危险化学品商店内只能存放民用小包装的危险化学品。

**第三十七条** 危险化学品经营企业不得向未经许可从事危险化学品生产、经营活动的企业采购危险化学品，不得经营没有化学品安全技术说明书或者化学品安全标签的危险化学品。

**第三十八条** 依法取得危险化学品安全生产许可证、危险化学品安全使用许可证、危险化学品经营许可证的企业，凭相应的许可证件购买剧毒化学品、易制爆危险化学品。民用爆炸物品生产企业凭民用爆炸物品生产许可证购买易制爆危险化学品。

前款规定以外的单位购买剧毒化学品的，应当向所在地县级人民政府公安机关申请取得剧毒化学品购买许可证；购买易制爆危险化学品的，应当持本单位出具的合法用途说明。

个人不得购买剧毒化学品（属于剧毒化学品的农药除外）和易制爆危险化学品。

**第三十九条** 申请取得剧毒化学品购买许可证，申请人应当向所在地县级人民政府公安机关提交下列材料：

（一）营业执照或者法人证书（登记证书）的复印件；

（二）拟购买的剧毒化学品品种、数量的说明；

（三）购买剧毒化学品用途的说明；

（四）经办人的身份证明。

县级人民政府公安机关应当自收到前款规定的材料之日起3日内，作出批准或者不予批准的决定。予以批准的，颁发剧毒化学品购买许可证；不予批准的，书面通知申请人并说明理由。

剧毒化学品购买许可证管理办法由国务院公安部门制定。

**第四十条** 危险化学品生产企业、经营企业销售剧毒化学品、易制爆危险化学品,应当查验本条例第三十八条第一款、第二款规定的相关许可证件或者证明文件,不得向不具有相关许可证件或者证明文件的单位销售剧毒化学品、易制爆危险化学品。对持剧毒化学品购买许可证购买剧毒化学品的,应当按照许可证载明的品种、数量销售。

禁止向个人销售剧毒化学品(属于剧毒化学品的农药除外)和易制爆危险化学品。

**第四十一条** 危险化学品生产企业、经营企业销售剧毒化学品、易制爆危险化学品,应当如实记录购买单位的名称、地址、经办人的姓名、身份证号码以及所购买的剧毒化学品、易制爆危险化学品的品种、数量、用途。销售记录以及经办人的身份证明复印件、相关许可证件复印件或者证明文件的保存期限不得少于1年。

剧毒化学品、易制爆危险化学品的销售企业、购买单位应当在销售、购买后5日内,将所销售、购买的剧毒化学品、易制爆危险化学品的品种、数量以及流向信息报所在地县级人民政府公安机关备案,并输入计算机系统。

**第四十二条** 使用剧毒化学品、易制爆危险化学品的单位不得出借、转让其购买的剧毒化学品、易制爆危险化学品;因转产、停产、搬迁、关闭等确需转让的,应当向具有本条例第三十八条第一款、第二款规定的相关许可证件或者证明文件的单位转让,并在转让后将有关情况及时向所在地县级人民政府公安机关报告。

## 第五章 运输安全

**第四十三条** 从事危险化学品道路运输、水路运输的,应当分别依照有关道路运输、水路运输的法律、行政法规的规定,取得危险货物道路运输许可、危险货物水路运输许可,并向工商行政管理部门办理登记手续。

危险化学品道路运输企业、水路运输企业应当配备专职安全管理人员。

**第四十四条** 危险化学品道路运输企业、水路运输企业的驾驶人员、船员、装卸管理人员、押运人员、申报人员、集装箱装箱现场检查员应当经交通运输主管部门考核合格,取得从业资格。具体办法由国务院交通运输主管部门制定。

危险化学品的装卸作业应当遵守安全作业标准、规程和制度,并在装卸管理人员的现场指挥或者监控下进行。水路运输危险化学品的集装箱装箱作业应当在集装箱装箱现场检查员的指挥或者监控下进行,并符合积载、隔离的规范和要求;装箱作业完毕后,集装箱装箱现场检查员应当签署装箱证明书。

**第四十五条** 运输危险化学品,应当根据危险化学品的危险特性采取相应的安全防护措施,并配备必要的防护用品和应急救援器材。

用于运输危险化学品的槽罐以及其他容器应当封口严密,能够防止危险化学品在运输过程中因温度、湿度或者压力的变化发生渗漏、洒漏;槽罐以及其他容器的溢流和泄压装置应当设置准确、起闭灵活。

运输危险化学品的驾驶人员、船员、装卸管理人员、押运人员、申报人员、集装箱装箱现场检查员,应当了解所运输的危险化学品的危险特性及其包装物、容器的使用要求和出现危险情况时的应急处置方法。

**第四十六条**　通过道路运输危险化学品的,托运人应当委托依法取得危险货物道路运输许可的企业承运。

**第四十七条**　通过道路运输危险化学品的,应当按照运输车辆的核定载质量装载危险化学品,不得超载。

危险化学品运输车辆应当符合国家标准要求的安全技术条件,并按照国家有关规定定期进行安全技术检验。

危险化学品运输车辆应当悬挂或者喷涂符合国家标准要求的警示标志。

**第四十八条**　通过道路运输危险化学品的,应当配备押运人员,并保证所运输的危险化学品处于押运人员的监控之下。

运输危险化学品途中因住宿或者发生影响正常运输的情况,需要较长时间停车的,驾驶人员、押运人员应当采取相应的安全防范措施;运输剧毒化学品或者易制爆危险化学品的,还应当向当地公安机关报告。

**第四十九条**　未经公安机关批准,运输危险化学品的车辆不得进入危险化学品运输车辆限制通行的区域。危险化学品运输车辆限制通行的区域由县级人民政府公安机关划定,并设置明显的标志。

**第五十条**　通过道路运输剧毒化学品的,托运人应当向运输始发地或者目的地县级人民政府公安机关申请剧毒化学品道路运输通行证。

申请剧毒化学品道路运输通行证,托运人应当向县级人民政府公安机关提交下列材料:

(一)拟运输的剧毒化学品品种、数量的说明;

(二)运输始发地、目的地、运输时间和运输路线的说明;

(三)承运人取得危险货物道路运输许可、运输车辆取得营运证以及驾驶人员、押运人员取得上岗资格的证明文件;

(四)本条例第三十八条第一款、第二款规定的购买剧毒化学品的相关许可证件,或者海关出具的进出口证明文件。

县级人民政府公安机关应当自收到前款规定的材料之日起 7 日内,作出批准或者不予批准的决定。予以批准的,颁发剧毒化学品道路运输通行证;不予批准的,书面通知申请人并说明理由。

剧毒化学品道路运输通行证管理办法由国务院公安部门制定。

**第五十一条**　剧毒化学品、易制爆危险化学品在道路运输途中丢失、被盗、被抢或者出现流散、泄漏等情况的,驾驶人员、押运人员应当立即采取相应的警示措施和安全措施,并向当地公安机关报告。公安机关接到报告后,应当根据实际情况立即向安全生产监督管理部门、环境保护主管部门、卫生主管部门通报。有关部门应当采取必要的应急处置措施。

**第五十二条**　通过水路运输危险化学品的,应当遵守法律、行政法规以及国务院交通运输主管部门关于危险货物水路运输安全的规定。

**第五十三条**　海事管理机构应当根据危险化学品的种类和危险特性,确定船舶运输危险化学品的相关安全运输条件。

拟交付船舶运输的化学品的相关安全运输条件不明确的,货物所有人或者代理人应当委托相关技术机构进行评估,明确相关安全运输条件并经海事管理机构确认后,方可交付船舶运输。

**第五十四条** 禁止通过内河封闭水域运输剧毒化学品以及国家规定禁止通过内河运输的其他危险化学品。

前款规定以外的内河水域,禁止运输国家规定禁止通过内河运输的剧毒化学品以及其他危险化学品。

禁止通过内河运输的剧毒化学品以及其他危险化学品的范围,由国务院交通运输主管部门会同国务院环境保护主管部门、工业和信息化主管部门、安全生产监督管理部门,根据危险化学品的危险特性、危险化学品对人体和水环境的危害程度以及消除危害后果的难易程度等因素规定并公布。

**第五十五条** 国务院交通运输主管部门应当根据危险化学品的危险特性,对通过内河运输本条例第五十四条规定以外的危险化学品(以下简称通过内河运输危险化学品)实行分类管理,对各类危险化学品的运输方式、包装规范和安全防护措施等分别作出规定并监督实施。

**第五十六条** 通过内河运输危险化学品,应当由依法取得危险货物水路运输许可的水路运输企业承运,其他单位和个人不得承运。托运人应当委托依法取得危险货物水路运输许可的水路运输企业承运,不得委托其他单位和个人承运。

**第五十七条** 通过内河运输危险化学品,应当使用依法取得危险货物适装证书的运输船舶。水路运输企业应当针对所运输的危险化学品的危险特性,制定运输船舶危险化学品事故应急救援预案,并为运输船舶配备充足、有效的应急救援器材和设备。

通过内河运输危险化学品的船舶,其所有人或者经营人应当取得船舶污染损害责任保险证书或者财务担保证明。船舶污染损害责任保险证书或者财务担保证明的副本应当随船携带。

**第五十八条** 通过内河运输危险化学品,危险化学品包装物的材质、型式、强度以及包装方法应当符合水路运输危险化学品包装规范的要求。国务院交通运输主管部门对单船运输的危险化学品数量有限制性规定的,承运人应当按照规定安排运输数量。

**第五十九条** 用于危险化学品运输作业的内河码头、泊位应当符合国家有关安全规范,与饮用水取水口保持国家规定的距离。有关管理单位应当制定码头、泊位危险化学品事故应急预案,并为码头、泊位配备充足、有效的应急救援器材和设备。

用于危险化学品运输作业的内河码头、泊位,经交通运输主管部门按照国家有关规定验收合格后方可投入使用。

**第六十条** 船舶载运危险化学品进出内河港口,应当将危险化学品的名称、危险特性、包装以及进出港时间等事项,事先报告海事管理机构。海事管理机构接到报告后,应当在国务院交通运输主管部门规定的时间内作出是否同意的决定,通知报告人,同时通报港口行政管理部门。定船舶、定航线、定货种的船舶可以定期报告。

在内河港口内进行危险化学品的装卸、过驳作业,应当将危险化学品的名称、危险特性、包装和作业的时间、地点等事项报告港口行政管理部门。港口行政管理部门接到报告后,应当在国务院交通运输主管部门规定的时间内作出是否同意的决定,通知报告人,同时通报海事管理机构。

载运危险化学品的船舶在内河航行，通过过船建筑物的，应当提前向交通运输主管部门申报，并接受交通运输主管部门的管理。

**第六十一条** 载运危险化学品的船舶在内河航行、装卸或者停泊，应当悬挂专用的警示标志，按照规定显示专用信号。

载运危险化学品的船舶在内河航行，按照国务院交通运输主管部门的规定需要引航的，应当申请引航。

**第六十二条** 载运危险化学品的船舶在内河航行，应当遵守法律、行政法规和国家其他有关饮用水水源保护的规定。内河航道发展规划应当与依法经批准的饮用水水源保护区划定方案相协调。

**第六十三条** 托运危险化学品的，托运人应当向承运人说明所托运的危险化学品的种类、数量、危险特性以及发生危险情况的应急处置措施，并按照国家有关规定对所托运的危险化学品妥善包装，在外包装上设置相应的标志。

运输危险化学品需要添加抑制剂或者稳定剂的，托运人应当添加，并将有关情况告知承运人。

**第六十四条** 托运人不得在托运的普通货物中夹带危险化学品，不得将危险化学品匿报或者谎报为普通货物托运。

任何单位和个人不得交寄危险化学品或者在邮件、快件内夹带危险化学品，不得将危险化学品匿报或者谎报为普通物品交寄。邮政企业、快递企业不得收寄危险化学品。

对涉嫌违反本条第一款、第二款规定的，交通运输主管部门、邮政管理部门可以依法开拆查验。

**第六十五条** 通过铁路、航空运输危险化学品的安全管理，依照有关铁路、航空运输的法律、行政法规、规章的规定执行。

## 第六章 危险化学品登记与事故应急救援

**第六十六条** 国家实行危险化学品登记制度，为危险化学品安全管理以及危险化学品事故预防和应急救援提供技术、信息支持。

**第六十七条** 危险化学品生产企业、进口企业，应当向国务院安全生产监督管理部门负责危险化学品登记的机构（以下简称危险化学品登记机构）办理危险化学品登记。

危险化学品登记包括下列内容：

（一）分类和标签信息；

（二）物理、化学性质；

（三）主要用途；

（四）危险特性；

（五）储存、使用、运输的安全要求；

（六）出现危险情况的应急处置措施。

对同一企业生产、进口的同一品种的危险化学品，不进行重复登记。危险化学品生产企业、进口企业发现其生产、进口的危险化学品有新的危险特性的，应当及时向危险化学品登记机构办理登记内容变更手续。

危险化学品登记的具体办法由国务院安全生产监督管理部门制定。

**第六十八条** 危险化学品登记机构应当定期向工业和信息化、环境保护、公安、卫生、交通运输、铁路、质量监督检验检疫等部门提供危险化学品登记的有关信息和资料。

**第六十九条** 县级以上地方人民政府安全生产监督管理部门应当会同工业和信息化、环境保护、公安、卫生、交通运输、铁路、质量监督检验检疫等部门，根据本地区实际情况，制定危险化学品事故应急预案，报本级人民政府批准。

**第七十条** 危险化学品单位应当制定本单位危险化学品事故应急预案，配备应急救援人员和必要的应急救援器材、设备，并定期组织应急救援演练。

危险化学品单位应当将其危险化学品事故应急预案报所在地设区的市级人民政府安全生产监督管理部门备案。

**第七十一条** 发生危险化学品事故，事故单位主要负责人应当立即按照本单位危险化学品应急预案组织救援，并向当地安全生产监督管理部门和环境保护、公安、卫生主管部门报告；道路运输、水路运输过程中发生危险化学品事故的，驾驶人员、船员或者押运人员还应当向事故发生地交通运输主管部门报告。

**第七十二条** 发生危险化学品事故，有关地方人民政府应当立即组织安全生产监督管理、环境保护、公安、卫生、交通运输等有关部门，按照本地区危险化学品事故应急预案组织实施救援，不得拖延、推诿。

有关地方人民政府及其有关部门应当按照下列规定，采取必要的应急处置措施，减少事故损失，防止事故蔓延、扩大：

（一）立即组织营救和救治受害人员，疏散、撤离或者采取其他措施保护危害区域内的其他人员；

（二）迅速控制危害源，测定危险化学品的性质、事故的危害区域及危害程度；

（三）针对事故对人体、动植物、土壤、水源、大气造成的现实危害和可能产生的危害，迅速采取封闭、隔离、洗消等措施；

（四）对危险化学品事故造成的环境污染和生态破坏状况进行监测、评估，并采取相应的环境污染治理和生态修复措施。

**第七十三条** 有关危险化学品单位应当为危险化学品事故应急救援提供技术指导和必要的协助。

**第七十四条** 危险化学品事故造成环境污染的，由设区的市级以上人民政府环境保护主管部门统一发布有关信息。

## 第七章 法律责任

**第七十五条** 生产、经营、使用国家禁止生产、经营、使用的危险化学品的，由安全生产监督管理部门责令停止生产、经营、使用活动，处20万元以上50万元以下的罚款，有违法所得的，没收违法所得；构成犯罪的，依法追究刑事责任。

有前款规定行为的，安全生产监督管理部门还应当责令其对所生产、经营、使用的危险化学品进行无害化处理。

违反国家关于危险化学品使用的限制性规定使用危险化学品的，依照本条第一款的规定处理。

**第七十六条** 未经安全条件审查,新建、改建、扩建生产、储存危险化学品的建设项目的,由安全生产监督管理部门责令停止建设,限期改正;逾期不改正的,处50万元以上100万元以下的罚款;构成犯罪的,依法追究刑事责任。

未经安全条件审查,新建、改建、扩建储存、装卸危险化学品的港口建设项目的,由港口行政管理部门依照前款规定予以处罚。

**第七十七条** 未依法取得危险化学品安全生产许可证从事危险化学品生产,或者未依法取得工业产品生产许可证从事危险化学品及其包装物、容器生产的,分别依照《安全生产许可证条例》、《中华人民共和国工业产品生产许可证管理条例》的规定处罚。

违反本条例规定,化工企业未取得危险化学品安全使用许可证,使用危险化学品从事生产的,由安全生产监督管理部门责令限期改正,处10万元以上20万元以下的罚款;逾期不改正的,责令停产整顿。

违反本条例规定,未取得危险化学品经营许可证从事危险化学品经营的,由安全生产监督管理部门责令停止经营活动,没收违法经营的危险化学品以及违法所得,并处10万元以上20万元以下的罚款;构成犯罪的,依法追究刑事责任。

**第七十八条** 有下列情形之一的,由安全生产监督管理部门责令改正,可以处5万元以下的罚款;拒不改正的,处5万元以上10万元以下的罚款;情节严重的,责令停产停业整顿:

(一)生产、储存危险化学品的单位未对其铺设的危险化学品管道设置明显的标志,或者未对危险化学品管道定期检查、检测的;

(二)进行可能危及危险化学品管道安全的施工作业,施工单位未按照规定书面通知管道所属单位,或者未与管道所属单位共同制定应急预案、采取相应的安全防护措施,或者管道所属单位未指派专门人员到现场进行管道安全保护指导的;

(三)危险化学品生产企业未提供化学品安全技术说明书,或者未在包装(包括外包装件)上粘贴、拴挂化学品安全标签的;

(四)危险化学品生产企业提供的化学品安全技术说明书与其生产的危险化学品不相符,或者在包装(包括外包装件)粘贴、拴挂的化学品安全标签与包装内危险化学品不相符,或者化学品安全技术说明书、化学品安全标签所载明的内容不符合国家标准要求的;

(五)危险化学品生产企业发现其生产的危险化学品有新的危险特性不立即公告,或者不及时修订其化学品安全技术说明书和化学品安全标签的;

(六)危险化学品经营企业经营没有化学品安全技术说明书和化学品安全标签的危险化学品的;

(七)危险化学品包装物、容器的材质以及包装的型式、规格、方法和单件质量(重量)与所包装的危险化学品的性质和用途不相适应的;

(八)生产、储存危险化学品的单位未在作业场所和安全设施、设备上设置明显的安全警示标志,或者未在作业场所设置通信、报警装置的;

(九)危险化学品专用仓库未设专人负责管理,或者对储存的剧毒化学品以及储存数量构成重大危险源的其他危险化学品未实行双人收发、双人保管制度的;

(十)储存危险化学品的单位未建立危险化学品出入库核查、登记制度的;

（十一）危险化学品专用仓库未设置明显标志的；

（十二）危险化学品生产企业、进口企业不办理危险化学品登记，或者发现其生产、进口的危险化学品有新的危险特性不办理危险化学品登记内容变更手续的。

从事危险化学品仓储经营的港口经营人有前款规定情形的，由港口行政管理部门依照前款规定予以处罚。储存剧毒化学品、易制爆危险化学品的专用仓库未按照国家有关规定设置相应的技术防范设施的，由公安机关依照前款规定予以处罚。

生产、储存剧毒化学品、易制爆危险化学品的单位未设置治安保卫机构、配备专职治安保卫人员的，依照《企业事业单位内部治安保卫条例》的规定处罚。

**第七十九条** 危险化学品包装物、容器生产企业销售未经检验或者经检验不合格的危险化学品包装物、容器的，由质量监督检验检疫部门责令改正，处10万元以上20万元以下的罚款，有违法所得的，没收违法所得；拒不改正的，责令停产停业整顿；构成犯罪的，依法追究刑事责任。

将未经检验合格的运输危险化学品的船舶及其配载的容器投入使用的，由海事管理机构依照前款规定予以处罚。

**第八十条** 生产、储存、使用危险化学品的单位有下列情形之一的，由安全生产监督管理部门责令改正，处5万元以上10万元以下的罚款；拒不改正的，责令停产停业整顿直至由原发证机关吊销其相关许可证件，并由工商行政管理部门责令其办理经营范围变更登记或者吊销其营业执照；有关责任人员构成犯罪的，依法追究刑事责任：

（一）对重复使用的危险化学品包装物、容器，在重复使用前不进行检查的；

（二）未根据其生产、储存的危险化学品的种类和危险特性，在作业场所设置相关安全设施、设备，或者未按照国家标准、行业标准或者国家有关规定对安全设施、设备进行经常性维护、保养的；

（三）未依照本条例规定对其安全生产条件定期进行安全评价的；

（四）未将危险化学品储存在专用仓库内，或者未将剧毒化学品以及储存数量构成重大危险源的其他危险化学品在专用仓库内单独存放的；

（五）危险化学品的储存方式、方法或者储存数量不符合国家标准或者国家有关规定的；

（六）危险化学品专用仓库不符合国家标准、行业标准的要求的；

（七）未对危险化学品专用仓库的安全设施、设备定期进行检测、检验的。

从事危险化学品仓储经营的港口经营人有前款规定情形的，由港口行政管理部门依照前款规定予以处罚。

**第八十一条** 有下列情形之一的，由公安机关责令改正，可以处1万元以下的罚款；拒不改正的，处1万元以上5万元以下的罚款：

（一）生产、储存、使用剧毒化学品、易制爆危险化学品的单位不如实记录生产、储存、使用的剧毒化学品、易制爆危险化学品的数量、流向的；

（二）生产、储存、使用剧毒化学品、易制爆危险化学品的单位发现剧毒化学品、易制爆危险化学品丢失或者被盗，不立即向公安机关报告的；

（三）储存剧毒化学品的单位未将剧毒化学品的储存数量、储存地点以及管理人员的情况报所在地县级人民政府公安机关备案的；

（四）危险化学品生产企业、经营企业不如实记录剧毒化学品、易制爆危险化学品购买单位的名称、地址、经办人的姓名、身份证号码以及所购买的剧毒化学品、易制爆危险化学品的品种、数量、用途，或者保存销售记录和相关材料的时间少于1年的；

（五）剧毒化学品、易制爆危险化学品的销售企业、购买单位未在规定的时限内将所销售、购买的剧毒化学品、易制爆危险化学品的品种、数量以及流向信息报所在地县级人民政府公安机关备案的；

（六）使用剧毒化学品、易制爆危险化学品的单位依照本条例规定转让其购买的剧毒化学品、易制爆危险化学品，未将有关情况向所在地县级人民政府公安机关报告的。

生产、储存危险化学品的企业或者使用危险化学品从事生产的企业未按照本条例规定将安全评价报告以及整改方案的落实情况报安全生产监督管理部门或者港口行政管理部门备案，或者储存危险化学品的单位未将其剧毒化学品以及储存数量构成重大危险源的其他危险化学品的储存数量、储存地点以及管理人员的情况报安全生产监督管理部门或者港口行政管理部门备案的，分别由安全生产监督管理部门或者港口行政管理部门依照前款规定予以处罚。

生产实施重点环境管理的危险化学品的企业或者使用实施重点环境管理的危险化学品从事生产的企业未按照规定将相关信息向环境保护主管部门报告的，由环境保护主管部门依照本条第一款的规定予以处罚。

**第八十二条** 生产、储存、使用危险化学品的单位转产、停产、停业或者解散，未采取有效措施及时、妥善处置其危险化学品生产装置、储存设施以及库存的危险化学品，或者丢弃危险化学品的，由安全生产监督管理部门责令改正，处5万元以上10万元以下的罚款；构成犯罪的，依法追究刑事责任。

生产、储存、使用危险化学品的单位转产、停产、停业或者解散，未依照本条例规定将其危险化学品生产装置、储存设施以及库存危险化学品的处置方案报有关部门备案的，分别由有关部门责令改正，可以处1万元以下的罚款；拒不改正的，处1万元以上5万元以下的罚款。

**第八十三条** 危险化学品经营企业向未经许可违法从事危险化学品生产、经营活动的企业采购危险化学品的，由工商行政管理部门责令改正，处10万元以上20万元以下的罚款；拒不改正的，责令停业整顿直至由原发证机关吊销其危险化学品经营许可证，并由工商行政管理部门责令其办理经营范围变更登记或者吊销其营业执照。

**第八十四条** 危险化学品生产企业、经营企业有下列情形之一的，由安全生产监督管理部门责令改正，没收违法所得，并处10万元以上20万元以下的罚款；拒不改正的，责令停产停业整顿直至吊销其危险化学品安全生产许可证、危险化学品经营许可证，并由工商行政管理部门责令其办理经营范围变更登记或者吊销其营业执照：

（一）向不具有本条例第三十八条第一款、第二款规定的相关许可证件或者证明文件的单位销售剧毒化学品、易制爆危险化学品的；

（二）不按照剧毒化学品购买许可证载明的品种、数量销售剧毒化学品的；

（三）向个人销售剧毒化学品（属于剧毒化学品的农药除外）、易制爆危险化学品的。

不具有本条例第三十八条第一款、第二款规定的相关许可证件或者证明文件的单位购买剧毒化学品、易制爆危险化学品，或者个人购买剧毒化学品（属于剧毒化学品的农药除外）、易制爆危险化学品的，由公安机关没收所购买的剧毒化学品、易制爆危险化学品，可以并处5000

元以下的罚款。

使用剧毒化学品、易制爆危险化学品的单位出借或者向不具有本条例第三十八条第一款、第二款规定的相关许可证件的单位转让其购买的剧毒化学品、易制爆危险化学品，或者向个人转让其购买的剧毒化学品（属于剧毒化学品的农药除外）、易制爆危险化学品的，由公安机关责令改正，处10万元以上20万元以下的罚款；拒不改正的，责令停产停业整顿。

**第八十五条** 未依法取得危险货物道路运输许可、危险货物水路运输许可，从事危险化学品道路运输、水路运输的，分别依照有关道路运输、水路运输的法律、行政法规的规定处罚。

**第八十六条** 有下列情形之一的，由交通运输主管部门责令改正，处5万元以上10万元以下的罚款；拒不改正的，责令停产停业整顿；构成犯罪的，依法追究刑事责任：

（一）危险化学品道路运输企业、水路运输企业的驾驶人员、船员、装卸管理人员、押运人员、申报人员、集装箱装箱现场检查员未取得从业资格上岗作业的；

（二）运输危险化学品，未根据危险化学品的危险特性采取相应的安全防护措施，或者未配备必要的防护用品和应急救援器材的；

（三）使用未依法取得危险货物适装证书的船舶，通过内河运输危险化学品的；

（四）通过内河运输危险化学品的承运人违反国务院交通运输主管部门对单船运输的危险化学品数量的限制性规定运输危险化学品的；

（五）用于危险化学品运输作业的内河码头、泊位不符合国家有关安全规范，或者未与饮用水取水口保持国家规定的安全距离，或者未经交通运输主管部门验收合格投入使用的；

（六）托运人不向承运人说明所托运的危险化学品的种类、数量、危险特性以及发生危险情况的应急处置措施，或者未按照国家有关规定对所托运的危险化学品妥善包装并在外包装上设置相应标志的；

（七）运输危险化学品需要添加抑制剂或者稳定剂，托运人未添加或者未将有关情况告知承运人的。

**第八十七条** 有下列情形之一的，由交通运输主管部门责令改正，处10万元以上20万元以下的罚款，有违法所得的，没收违法所得；拒不改正的，责令停产停业整顿；构成犯罪的，依法追究刑事责任：

（一）委托未依法取得危险货物道路运输许可、危险货物水路运输许可的企业承运危险化学品的；

（二）通过内河封闭水域运输剧毒化学品以及国家规定禁止通过内河运输的其他危险化学品的；

（三）通过内河运输国家规定禁止通过内河运输的剧毒化学品以及其他危险化学品的；

（四）在托运的普通货物中夹带危险化学品，或者将危险化学品谎报或者匿报为普通货物托运的。

在邮件、快件内夹带危险化学品，或者将危险化学品谎报为普通物品交寄的，依法给予治安管理处罚；构成犯罪的，依法追究刑事责任。

邮政企业、快递企业收寄危险化学品的，依照《中华人民共和国邮政法》的规定处罚。

**第八十八条** 有下列情形之一的，由公安机关责令改正，处5万元以上10万元以下的罚款；构成违反治安管理行为的，依法给予治安管理处罚；构成犯罪的，依法追究刑事责任：

(一)超过运输车辆的核定载质量装载危险化学品的;

(二)使用安全技术条件不符合国家标准要求的车辆运输危险化学品的;

(三)运输危险化学品的车辆未经公安机关批准进入危险化学品运输车辆限制通行的区域的;

(四)未取得剧毒化学品道路运输通行证,通过道路运输剧毒化学品的。

**第八十九条** 有下列情形之一的,由公安机关责令改正,处1万元以上5万元以下的罚款;构成违反治安管理行为的,依法给予治安管理处罚:

(一)危险化学品运输车辆未悬挂或者喷涂警示标志,或者悬挂或者喷涂的警示标志不符合国家标准要求的;

(二)通过道路运输危险化学品,不配备押运人员的;

(三)运输剧毒化学品或者易制爆危险化学品途中需要较长时间停车,驾驶人员、押运人员不向当地公安机关报告的;

(四)剧毒化学品、易制爆危险化学品在道路运输途中丢失、被盗、被抢或者发生流散、泄露等情况,驾驶人员、押运人员不采取必要的警示措施和安全措施,或者不向当地公安机关报告的。

**第九十条** 对发生交通事故负有全部责任或者主要责任的危险化学品道路运输企业,由公安机关责令消除安全隐患,未消除安全隐患的危险化学品运输车辆,禁止上道路行驶。

**第九十一条** 有下列情形之一的,由交通运输主管部门责令改正,可以处1万元以下的罚款;拒不改正的,处1万元以上5万元以下的罚款:

(一)危险化学品道路运输企业、水路运输企业未配备专职安全管理人员的;

(二)用于危险化学品运输作业的内河码头、泊位的管理单位未制定码头、泊位危险化学品事故应急救援预案,或者未为码头、泊位配备充足、有效的应急救援器材和设备的。

**第九十二条** 有下列情形之一的,依照《中华人民共和国内河交通安全管理条例》的规定处罚:

(一)通过内河运输危险化学品的水路运输企业未制定运输船舶危险化学品事故应急救援预案,或者未为运输船舶配备充足、有效的应急救援器材和设备的;

(二)通过内河运输危险化学品的船舶的所有人或者经营人未取得船舶污染损害责任保险证书或者财务担保证明的;

(三)船舶载运危险化学品进出内河港口,未将有关事项事先报告海事管理机构并经其同意的;

(四)载运危险化学品的船舶在内河航行、装卸或者停泊,未悬挂专用的警示标志,或者未按照规定显示专用信号,或者未按照规定申请引航的。

未向港口行政管理部门报告并经其同意,在港口内进行危险化学品的装卸、过驳作业的,依照《中华人民共和国港口法》的规定处罚。

**第九十三条** 伪造、变造或者出租、出借、转让危险化学品安全生产许可证、工业产品生产许可证,或者使用伪造、变造的危险化学品安全生产许可证、工业产品生产许可证的,分别依照《安全生产许可证条例》、《中华人民共和国工业产品生产许可证管理条例》的规定处罚。

伪造、变造或者出租、出借、转让本条例规定的其他许可证,或者使用伪造、变造的本条例规定的其他许可证的，分别由相关许可证的颁发管理机关处10万元以上20万元以下的罚款，有违法所得的，没收违法所得；构成违反治安管理行为的，依法给予治安管理处罚；构成犯罪的，依法追究刑事责任。

**第九十四条** 危险化学品单位发生危险化学品事故，其主要负责人不立即组织救援或者不立即向有关部门报告的，依照《生产安全事故报告和调查处理条例》的规定处罚。

危险化学品单位发生危险化学品事故，造成他人人身伤害或者财产损失的，依法承担赔偿责任。

**第九十五条** 发生危险化学品事故，有关地方人民政府及其有关部门不立即组织实施救援，或者不采取必要的应急处置措施减少事故损失，防止事故蔓延、扩大的，对直接负责的主管人员和其他直接责任人员依法给予处分；构成犯罪的，依法追究刑事责任。

**第九十六条** 负有危险化学品安全监督管理职责的部门的工作人员，在危险化学品安全监督管理工作中滥用职权、玩忽职守、徇私舞弊，构成犯罪的，依法追究刑事责任；尚不构成犯罪的，依法给予处分。

## 第八章 附 则

**第九十七条** 监控化学品、属于危险化学品的药品和农药的安全管理，依照本条例的规定执行；法律、行政法规另有规定的，依照其规定。

民用爆炸物品、烟花爆竹、放射性物品、核能物质以及用于国防科研生产的危险化学品的安全管理，不适用本条例。

法律、行政法规对燃气的安全管理另有规定的，依照其规定。

危险化学品容器属于特种设备的，其安全管理依照有关特种设备安全的法律、行政法规的规定执行。

**第九十八条** 危险化学品的进出口管理，依照有关对外贸易的法律、行政法规、规章的规定执行；进口的危险化学品的储存、使用、经营、运输的安全管理，依照本条例的规定执行。

危险化学品环境管理登记和新化学物质环境管理登记，依照有关环境保护的法律、行政法规、规章的规定执行。危险化学品环境管理登记，按照国家有关规定收取费用。

**第九十九条** 公众发现、捡拾的无主危险化学品，由公安机关接收。公安机关接收或者有关部门依法没收的危险化学品，需要进行无害化处理的，交由环境保护主管部门组织其认定的专业单位进行处理，或者交由有关危险化学品生产企业进行处理。处理所需费用由国家财政负担。

**第一百条** 化学品的危险特性尚未确定的，由国务院安全生产监督管理部门、国务院环境保护主管部门、国务院卫生主管部门分别负责组织对该化学品的物理危险性、环境危害性、毒理特性进行鉴定。根据鉴定结果，需要调整危险化学品目录的，依照本条例第三条第二款的规定办理。

**第一百零一条** 本条例施行前已经使用危险化学品从事生产的化工企业，依照本条例规定需要取得危险化学品安全使用许可证的，应当在国务院安全生产监督管理部门规定的期限内，申请取得危险化学品安全使用许可证。

**第一百零二条** 本条例自2011年12月1日起施行。

# 第三部分

# 部门规章

# 21. 公路建设监督管理办法

（2006年6月8日交通部令2006年第6号发布。根据2021年8月11日交通运输部《关于修改〈公路建设监督管理办法〉的决定》修正）

## 第一章　总　　则

**第一条**　为促进公路事业持续、快速、健康发展，加强公路建设监督管理，维护公路建设市场秩序，根据《中华人民共和国公路法》、《建设工程质量管理条例》和国家有关法律、法规，制定本办法。

**第二条**　在中华人民共和国境内从事公路建设的单位和人员必须遵守本办法。

本办法所称公路建设是指公路、桥梁、隧道、交通工程及沿线设施和公路渡口的项目建议书、可行性研究、勘察、设计、施工、竣（交）工验收和后评价全过程的活动。

**第三条**　公路建设监督管理实行统一领导，分级管理。

交通部主管全国公路建设监督管理；县级以上地方人民政府交通主管部门主管本行政区域内公路建设监督管理。

**第四条**　县级以上人民政府交通主管部门必须依照法律、法规及本办法的规定对公路建设实施监督管理。

有关单位和个人应当接受县级以上人民政府交通主管部门依法进行的公路建设监督检查，并给予支持与配合，不得拒绝或阻碍。

## 第二章　监督部门的职责与权限

**第五条**　公路建设监督管理的职责包括：

（一）监督国家有关公路建设工作方针、政策和法律、法规、规章、强制性技术标准的执行；

（二）监督公路建设项目建设程序的履行；

（三）监督公路建设市场秩序；

（四）监督公路工程质量和工程安全；

（五）监督公路建设资金的使用；

（六）指导、检查下级人民政府交通主管部门的监督管理工作；

（七）依法查处公路建设违法行为。

**第六条**　交通部对全国公路建设项目进行监督管理，依据职责负责国家高速公路网建设项目和交通部确定的其他重点公路建设项目前期工作、施工许可、招标投标、工程质量、工程进度、资金、安全管理的监督和竣工验收工作。

除应当由交通部实施的监督管理职责外，省级人民政府交通主管部门依据职责负责本行政区域内公路建设项目的监督管理，具体负责本行政区域内的国家高速公路网建设项目、交通部和省级人民政府确定的其他重点公路建设项目的监督管理。

设区的市和县级人民政府交通主管部门按照有关规定负责本行政区域内公路建设项目的监督管理。

**第七条**　县级以上人民政府交通主管部门在履行公路建设监督管理职责时，有权要求：

（一）被检查单位提供有关公路建设的文件和资料；

（二）进入被检查单位的工作现场进行检查；

（三）对发现的工程质量和安全问题以及其他违法行为依法处理。

## 第三章　建设程序的监督管理

**第八条**　公路建设应当按照国家规定的建设程序和有关规定进行。

政府投资公路建设项目实行审批制，企业投资公路建设项目实行核准制。县级以上人民政府交通主管部门应当按职责权限审批或核准公路建设项目，不得越权审批、核准项目或擅自简化建设程序。

**第九条**　政府投资公路建设项目的实施，应当按照下列程序进行：

（一）根据规划，编制项目建议书；

（二）根据批准的项目建议书，进行工程可行性研究，编制可行性研究报告；

（三）根据批准的可行性研究报告，编制初步设计文件；

（四）根据批准的初步设计文件，编制施工图设计文件；

（五）根据批准的施工图设计文件，组织项目招标；

（六）根据国家有关规定，进行征地拆迁等施工前准备工作，并向交通主管部门申报施工许可；

（七）根据批准的项目施工许可，组织项目实施；

（八）项目完工后，编制竣工图表、工程决算和竣工财务决算，办理项目交、竣工验收和财产移交手续；

（九）竣工验收合格后，组织项目后评价。

国务院对政府投资公路建设项目建设程序另有简化规定的，依照其规定执行。

**第十条**　企业投资公路建设项目的实施，应当按照下列程序进行：

（一）根据规划，编制工程可行性研究报告；

（二）组织投资人招标工作，依法确定投资人；

（三）投资人编制项目申请报告，按规定报项目审批部门核准；

（四）根据核准的项目申请报告，编制初步设计文件，其中涉及公共利益、公众安全、工程建设强制性标准的内容应当按项目隶属关系报交通主管部门审查；

（五）根据初步设计文件编制施工图设计文件；

（六）根据批准的施工图设计文件组织项目招标；

（七）根据国家有关规定，进行征地拆迁等施工前准备工作，并向交通主管部门申报施工许可；

（八）根据批准的项目施工许可，组织项目实施；

(九)项目完工后,编制竣工图表、工程决算和竣工财务决算,办理项目交、竣工验收;

(十)竣工验收合格后,组织项目后评价。

**第十一条**　县级以上人民政府交通主管部门根据国家有关规定,按照职责权限负责组织公路建设项目的项目建议书、工程可行性研究工作、编制设计文件、经营性项目的投资人招标、竣工验收和项目后评价工作。

公路建设项目的项目建议书、工程可行性研究报告、设计文件、招标文件、项目申请报告等应按照国家颁发的编制办法或有关规定编制,并符合国家规定的工作质量和深度要求。

**第十二条**　公路建设项目法人应当依法选择勘察、设计、施工、咨询、监理单位,采购与工程建设有关的重要设备、材料,办理施工许可,组织项目实施,组织项目交工验收,准备项目竣工验收和后评价。

**第十三条**　公路建设项目应当按照国家有关规定实行项目法人责任制度、招标投标制度、工程监理制度和合同管理制度。

**第十四条**　公路建设项目必须符合公路工程技术标准。施工单位必须按批准的设计文件施工,任何单位和人员不得擅自修改工程设计。

已批准的公路工程设计,原则上不得变更。确需设计变更的,应当按照交通部制定的《公路工程设计变更管理办法》的规定履行审批手续。

**第十五条**　公路建设项目验收分为交工验收和竣工验收两个阶段。项目法人负责组织对各合同段进行交工验收,并完成项目交工验收报告报交通主管部门备案。交通主管部门在15天内没有对备案项目的交工验收报告提出异议,项目法人可开放交通进入试运营期。试运营期不得超过3年。

通车试运营2年后,交通主管部门应组织竣工验收,经竣工验收合格的项目可转为正式运营。对未进行交工验收、交工验收不合格或没有备案的工程开放交通进行试运营的,由交通主管部门责令停止试运营。

公路建设项目验收工作应当符合交通部制定的《公路工程竣(交)工验收办法》的规定。

## 第四章　建设市场的监督管理

**第十六条**　县级以上人民政府交通主管部门依据职责,负责对公路建设市场的监督管理,查处建设市场中的违法行为。对经营性公路建设项目投资人、公路建设从业单位和主要从业人员的信用情况应进行记录并及时向社会公布。

**第十七条**　公路建设市场依法实行准入管理。公路建设项目法人或其委托的项目建设管理单位的项目建设管理机构、主要负责人的技术和管理能力应当满足拟建项目的管理需要,符合交通部有关规定的要求。公路工程勘察、设计、施工、监理、试验检测等从业单位应当依法取得有关部门许可的相应资质后,方可进入公路建设市场。

公路建设市场必须开放,任何单位和个人不得对公路建设市场实行地方保护,不得限制符合市场准入条件的从业单位和从业人员依法进入公路建设市场。

**第十八条**　公路建设从业单位从事公路建设活动,必须遵守国家有关法律、法规、规章和公路工程技术标准,不得损害社会公共利益和他人合法权益。

**第十九条**　公路建设项目法人应当承担公路建设相关责任和义务,对建设项目质量、投资和工期负责。

公路建设项目法人必须依法开展招标活动，不得接受投标人低于成本价的投标，不得随意压缩建设工期，禁止指定分包和指定采购。

**第二十条** 公路建设从业单位应当依法取得公路工程资质证书并按照资质管理有关规定，在其核定的业务范围内承揽工程，禁止无证或越级承揽工程。

公路建设从业单位必须按合同规定履行其义务，禁止转包或违法分包。

## 第五章 质量与安全的监督管理

**第二十一条** 县级以上人民政府交通主管部门应当加强对公路建设从业单位的质量与安全生产管理机构的建立、规章制度落实情况的监督检查。

**第二十二条** 公路建设实行工程质量监督管理制度。公路工程质量监督机构应当根据交通主管部门的委托依法实施工程质量监督，并对监督工作质量负责。

**第二十三条** 公路建设项目实施过程中，监理单位应当依照法律、法规、规章以及有关技术标准、设计文件、合同文件和监理规范的要求，采用旁站、巡视和平行检验形式对工程实施监理，对不符合工程质量与安全要求的工程应当责令施工单位返工。

未经监理工程师签认，施工单位不得将建筑材料、构件和设备在工程上使用或安装，不得进行下一道工序施工。

**第二十四条** 公路工程质量监督机构应当具备与质量监督工作相适应的试验检测条件，根据国家有关工程质量的法律、法规、规章和交通部制定的技术标准、规范、规程以及质量检验评定标准等，对工程质量进行监督、检查和鉴定。任何单位和个人不得干预或阻挠质量监督机构的质量鉴定工作。

**第二十五条** 公路建设从业单位应当对工程质量和安全负责。工程实施中应当加强对职工的教育与培训，按照国家有关规定建立健全质量和安全保证体系，落实质量和安全生产责任制，保证工程质量和工程安全。

**第二十六条** 公路建设项目发生工程质量事故，项目法人应在24小时内按项目管理隶属关系向交通主管部门报告，工程质量事故同时报公路工程质量监督机构。

省级人民政府交通主管部门或受委托的公路工程质量监督机构负责调查处理一般工程质量事故；交通部会同省级人民政府交通主管部门负责调查处理重大工程质量事故；特别重大工程质量事故和安全事故的调查处理按照国家有关规定办理。

## 第六章 建设资金的监督管理

**第二十七条** 对于使用财政性资金安排的公路建设项目，县级以上人民政府交通主管部门必须对公路建设资金的筹集、使用和管理实行全过程监督检查，确保建设资金的安全。

公路建设项目法人必须按照国家有关法律、法规、规章的规定，合理安排和使用公路建设资金。

**第二十八条** 对于企业投资公路建设项目，县级以上人民政府交通主管部门要依法对资金到位情况、使用情况进行监督检查。

**第二十九条**　公路建设资金监督管理的主要内容：

（一）是否严格执行建设资金专款专用、专户存储、不准侵占、挪用等有关管理规定；

（二）是否严格执行概预算管理规定，有无将建设资金用于计划外工程；

（三）资金来源是否符合国家有关规定，配套资金是否落实、及时到位；

（四）是否按合同规定拨付工程进度款，有无高估冒算，虚报冒领情况，工程预备费使用是否符合有关规定；

（五）是否在控制额度内按规定使用建设管理费，按规定的比例预留工程质量保证金，有无非法扩大建设成本的问题；

（六）是否按规定编制项目竣工财务决算，办理财产移交手续，形成的资产是否及时登记入账管理；

（七）财会机构是否建立健全，并配备相适应的财会人员。各项原始记录、统计台账、凭证账册、会计核算、财务报告、内部控制制度等基础性工作是否健全、规范。

**第三十条**　县级以上人民政府交通主管部门对公路建设资金监督管理的主要职责：

（一）制定公路建设资金管理制度；

（二）按规定审核、汇总、编报、批复年度公路建设支出预算、财务决算和竣工财务决算；

（三）合理安排资金，及时调度、拨付和使用公路建设资金；

（四）监督管理建设项目工程概预算、年度投资计划安排与调整、财务决算；

（五）监督检查公路建设项目资金筹集、使用和管理，及时纠正违法问题，对重大问题提出意见报上级交通主管部门；

（六）收集、汇总、报送公路建设资金管理信息，审查、编报公路建设项目投资效益分析报告；

（七）督促项目法人及时编报工程财务决算，做好竣工验收准备工作；

（八）督促项目法人及时按规定办理财产移交手续，规范资产管理。

## 第七章　社会监督

**第三十一条**　县级以上人民政府交通主管部门应定期向社会公开发布公路建设市场管理、工程进展、工程质量情况、工程质量和安全事故处理等信息，接受社会监督。

**第三十二条**　公路建设施工现场实行标示牌管理。标示牌应当标明该项工程的作业内容，项目法人、勘察、设计、施工、监理单位名称和主要负责人姓名，接受社会监督。

**第三十三条**　公路建设实行工程质量举报制度，任何单位和个人对公路建设中违反国家法律、法规的行为，工程质量事故和质量缺陷都有权向县级以上人民政府交通主管部门或质量监督机构检举和投诉。

**第三十四条**　县级以上人民政府交通主管部门可聘请社会监督员对公路建设活动和工程质量进行监督。

**第三十五条**　对举报内容属实的单位和个人，县级以上人民政府交通主管部门可予以表彰或奖励。

## 第八章　罚　　则

**第三十六条**　违反本办法第四条规定，拒绝或阻碍依法进行公路建设监督检查工作的，责令改正，构成犯罪的，依法追究刑事责任。

**第三十七条** 违反本办法第八条规定，越权审批、核准或擅自简化基本建设程序的，责令限期补办手续，可给予警告处罚；造成严重后果的，对全部或部分使用财政性资金的项目，可暂停项目执行或暂缓资金拨付，对直接责任人依法给予行政处分。

**第三十八条** 违反本办法第十二条规定，项目法人将工程发包给不具有相应资质等级的勘察、设计、施工和监理单位的，责令改正，处50万元以上100万元以下的罚款；未按规定办理施工许可擅自施工的，责令停止施工、限期改正，视情节可处工程合同价款1%以上2%以下罚款。

**第三十九条** 违反本办法第十四条规定，未经批准擅自修改工程设计，责令限期改正，可给予警告处罚；情节严重的，对全部或部分使用财政性资金的项目，可暂停项目执行或暂缓资金拨付。

**第四十条** 违反本办法第十五条规定，未组织项目交工验收或验收不合格擅自交付使用的，责令改正并停止使用，处工程合同价款2%以上4%以下的罚款；对收费公路项目应当停止收费。

**第四十一条** 违反本办法第十九条规定，项目法人随意压缩工期，侵犯他人合法权益的，责令限期改正，可处20万元以上50万元以下的罚款；造成严重后果的，对全部或部分使用财政性资金的项目，可暂停项目执行或暂缓资金拨付。

**第四十二条** 违反本办法第二十条规定，承包单位弄虚作假、无证或越级承揽工程任务的，责令停止违法行为，对勘察、设计单位或工程监理单位处合同约定的勘察费、设计费或监理酬金1倍以上2倍以下的罚款；对施工单位处工程合同价款2%以上4%以下的罚款，可以责令停业整顿，降低资质等级；情节严重的，吊销资质证书；有违法所得的，予以没收。承包单位转包或违法分包工程的，责令改正，没收违法所得，对勘察、设计、监理单位处合同约定的勘察费、设计费、监理酬金的25%以上50%以下的罚款；对施工单位处工程合同价款0.5%以上1%以下的罚款。

**第四十三条** 违反本办法第二十二条规定，公路工程质量监督机构不履行公路工程质量监督职责、不承担质量监督责任的，由交通主管部门视情节轻重，责令整改或者给予警告。公路工程质量监督机构工作人员在公路工程质量监督管理工作中玩忽职守、滥用职权、徇私舞弊的，由交通主管部门或者公路工程质量监督机构依法给予行政处分；构成犯罪的，依法追究刑事责任。

**第四十四条** 违反本办法第二十三条规定，监理单位将不合格的工程、建筑材料、构件和设备按合格予以签认的，责令改正，可给予警告处罚，情节严重的，处50万元以上100万元以下的罚款；施工单位在工程上使用或安装未经监理签认的建筑材料、构件和设备的，责令改正，可给予警告处罚，情节严重的，处工程合同价款2%以上4%以下的罚款。

**第四十五条** 违反本办法第二十五条规定，公路建设从业单位忽视工程质量和安全管理，造成质量或安全事故的，对项目法人给予警告、限期整改，情节严重的，暂停资金拨付；对勘察、设计、施工和监理等单位给予警告；对情节严重的监理单位，还可给予责令停业整顿、降低资质等级和吊销资质证书的处罚。

**第四十六条** 违反本办法第二十六条规定，项目法人对工程质量事故隐瞒不报、谎报或拖延报告期限的，给予警告处罚，对直接责任人依法给予行政处分。

**第四十七条**　违反本办法第二十九条规定，项目法人侵占、挪用公路建设资金，非法扩大建设成本，责令限期整改，可给予警告处罚；情节严重的，对全部或部分使用财政性资金的项目，可暂停项目执行或暂缓资金拨付，对直接责任人依法给予行政处分。

**第四十八条**　公路建设从业单位有关人员，具有行贿、索贿、受贿行为，损害国家、单位合法权益，构成犯罪的，依法追究刑事责任。

**第四十九条**　政府交通主管部门工作人员玩忽职守、滥用职权、徇私舞弊的，依法给予行政处分；构成犯罪的，依法追究刑事责任。

## 第九章　附　　则

**第五十条**　本办法由交通部负责解释。

**第五十一条**　本办法自2006年8月1日起施行。交通部2000年8月28日公布的《公路建设监督管理办法》(交通部令2000年第8号)同时废止。

# 22. 公路建设市场管理办法

（2004年12月21日交通部令2004年第14号发布。根据2015年6月26日交通运输部令2015年第11号《关于修改〈公路建设市场管理办法〉的决定》第二次修正）

## 第一章 总 则

**第一条** 为加强公路建设市场管理，规范公路建设市场秩序，保证公路工程质量，促进公路建设市场健康发展，根据《中华人民共和国公路法》、《中华人民共和国招标投标法》、《建设工程质量管理条例》，制定本办法。

**第二条** 本办法适用于各级交通运输主管部门对公路建设市场的监督管理活动。

**第三条** 公路建设市场遵循公平、公正、公开、诚信的原则。

**第四条** 国家建立和完善统一、开放、竞争、有序的公路建设市场，禁止任何形式的地区封锁。

**第五条** 本办法中下列用语的含义是指：

公路建设市场主体是指公路建设的从业单位和从业人员。

从业单位是指从事公路建设的项目法人，项目建设管理单位，咨询、勘察、设计、施工、监理、试验检测单位，提供相关服务的社会中介机构以及设备和材料的供应单位。

从业人员是指从事公路建设活动的人员。

## 第二章 管理职责

**第六条** 公路建设市场管理实行统一管理、分级负责。

**第七条** 国务院交通运输主管部门负责全国公路建设市场的监督管理工作，主要职责是：

（一）贯彻执行国家有关法律、法规，制定全国公路建设市场管理的规章制度；

（二）组织制定和监督执行公路建设的技术标准、规范和规程；

（三）依法实施公路建设市场准入管理、市场动态管理，并依法对全国公路建设市场进行监督检查；

（四）建立公路建设行业评标专家库，加强评标专家管理；

（五）发布全国公路建设市场信息；

（六）指导和监督省级地方人民政府交通运输主管部门的公路建设市场管理工作；

（七）依法受理举报和投诉，依法查处公路建设市场违法行为；

（八）法律、行政法规规定的其他职责。

**第八条** 省级人民政府交通运输主管部门负责本行政区域内公路建设市场的监督管理工作，主要职责是：

（一）贯彻执行国家有关法律、法规、规章和公路建设技术标准、规范和规程，结合本行政区域内的实际情况，制定具体的管理制度；

（二）依法实施公路建设市场准入管理，对本行政区域内公路建设市场实施动态管理和监督检查；

（三）建立本地区公路建设招标评标专家库，加强评标专家管理；

（四）发布本行政区域公路建设市场信息，并按规定向国务院交通运输主管部门报送本行政区域公路建设市场的信息；

（五）指导和监督下级交通运输主管部门的公路建设市场管理工作；

（六）依法受理举报和投诉，依法查处本行政区域内公路建设市场违法行为；

（七）法律、法规、规章规定的其他职责。

**第九条**　省级以下地方人民政府交通运输主管部门负责本行政区域内公路建设市场的监督管理工作，主要职责是：

（一）贯彻执行国家有关法律、法规、规章和公路建设技术标准、规范和规程；

（二）配合省级地方人民政府交通运输主管部门进行公路建设市场准入管理和动态管理；

（三）对本行政区域内公路建设市场进行监督检查；

（四）依法受理举报和投诉，依法查处本行政区域内公路建设市场违法行为；

（五）法律、法规、规章规定的其他职责。

## 第三章　市场准入管理

**第十条**　凡符合法律、法规规定的市场准入条件的从业单位和从业人员均可进入公路建设市场，任何单位和个人不得对公路建设市场实行地方保护，不得对符合市场准入条件的从业单位和从业人员实行歧视待遇。

**第十一条**　公路建设项目依法实行项目法人负责制。项目法人可自行管理公路建设项目，也可委托具备法人资格的项目建设管理单位进行项目管理。

项目法人或者其委托的项目建设管理单位的组织机构、主要负责人的技术和管理能力应当满足拟建项目的管理需要，符合国务院交通运输主管部门有关规定的要求。

**第十二条**　收费公路建设项目法人和项目建设管理单位进入公路建设市场实行备案制度。

收费公路建设项目可行性研究报告批准或依法核准后，项目投资主体应当成立或者明确项目法人。项目法人应当按照项目管理的隶属关系将其或者其委托的项目建设管理单位的有关情况报交通运输主管部门备案。

对不符合规定要求的项目法人或者项目建设管理单位，交通运输主管部门应当提出整改要求。

**第十三条**　公路工程勘察、设计、施工、监理、试验检测等从业单位应当按照法律、法规的规定，取得有关管理部门颁发的相应资质后，方可进入公路建设市场。

**第十四条**　法律、法规对公路建设从业人员的执业资格作出规定的，从业人员应当依法取得相应的执业资格后，方可进入公路建设市场。

## 第四章　市场主体行为管理

**第十五条**　公路建设从业单位和从业人员在公路建设市场中必须严格遵守国家有关法律、法规和规章，严格执行公路建设行业的强制性标准、各类技术规范及规程的要求。

**第十六条**　公路建设项目法人必须严格执行国家规定的基本建设程序，不得违反或者擅自简化基本建设程序。

**第十七条**　公路建设项目法人负责组织有关专家或者委托有相应工程咨询或者设计资质的单位，对施工图设计文件进行审查。施工图设计文件审查的主要内容包括：

（一）是否采纳工程可行性研究报告、初步设计批复意见；

（二）是否符合公路工程强制性标准、有关技术规范和规程要求；

（三）施工图设计文件是否齐全，是否达到规定的技术深度要求；

（四）工程结构设计是否符合安全和稳定性要求。

**第十八条**　公路建设项目法人应当按照项目管理隶属关系将施工图设计文件报交通运输主管部门审批。施工图设计文件未经审批的，不得使用。

**第十九条**　申请施工图设计文件审批应当向相关的交通运输主管部门提交以下材料：

（一）施工图设计的全套文件；

（二）专家或者委托的审查单位对施工图设计文件的审查意见；

（三）项目法人认为需要提交的其他说明材料。

**第二十条**　交通运输主管部门应当自收到完整齐备的申请材料之日起20日内审查完毕。经审查合格的，批准使用，并将许可决定及时通知申请人。审查不合格的，不予批准使用，应当书面通知申请人并说明理由。

**第二十一条**　公路建设项目法人应当按照公开、公平、公正的原则，依法组织公路建设项目的招标投标工作。不得规避招标，不得对潜在投标人和投标人实行歧视政策，不得实行地方保护和暗箱操作。

**第二十二条**　公路工程的勘察、设计、施工、监理单位和设备、材料供应单位应当依法投标，不得弄虚作假，不得串通投标，不得以行贿等不合法手段谋取中标。

**第二十三条**　公路建设项目法人与中标人应当根据招标文件和投标文件签订合同，不得附加不合理、不公正条款，不得签订虚假合同。

国家投资的公路建设项目，项目法人与施工、监理单位应当按照国务院交通运输主管部门的规定，签订廉政合同。

**第二十四条**　公路建设项目依法实行施工许可制度。国家和国务院交通运输主管部门确定的重点公路建设项目的施工许可由省级人民政府交通运输主管部门实施，其他公路建设项目的施工许可按照项目管理权限由县级以上地方人民政府交通运输主管部门实施。

**第二十五条**　项目施工应当具备以下条件：

（一）项目已列入公路建设年度计划；

（二）施工图设计文件已经完成并经审批同意；

（三）建设资金已经落实，并经交通运输主管部门审计；

（四）征地手续已办理，拆迁基本完成；

（五）施工、监理单位已依法确定；

（六）已办理质量监督手续，已落实保证质量和安全的措施。

**第二十六条** 项目法人在申请施工许可时应当向相关的交通运输主管部门提交以下材料：

（一）施工图设计文件批复；

（二）交通运输主管部门对建设资金落实情况的审计意见；

（三）国土资源部门关于征地的批复或者控制性用地的批复；

（四）建设项目各合同段的施工单位和监理单位名单、合同价情况；

（五）应当报备的资格预审报告、招标文件和评标报告；

（六）已办理的质量监督手续材料；

（七）保证工程质量和安全措施的材料。

**第二十七条** 交通运输主管部门应当自收到完整齐备的申请材料之日起20日内作出行政许可决定。予以许可的，应当将许可决定及时通知申请人；不予许可的，应当书面通知申请人并说明理由。

**第二十八条** 公路建设从业单位应当按照合同约定全面履行义务：

（一）项目法人应当按照合同约定履行相应的职责，为项目实施创造良好的条件；

（二）勘察、设计单位应当按照合同约定，按期提供勘察设计资料和设计文件。工程实施过程中，应当按照合同约定派驻设计代表，提供设计后续服务；

（三）施工单位应当按照合同约定组织施工，管理和技术人员及施工设备应当及时到位，以满足工程需要。要均衡组织生产，加强现场管理，确保工程质量和进度，做到文明施工和安全生产；

（四）监理单位应当按照合同约定配备人员和设备，建立相应的现场监理机构，健全监理管理制度，保持监理人员稳定，确保对工程的有效监理；

（五）设备和材料供应单位应当按照合同约定，确保供货质量和时间，做好售后服务工作；

（六）试验检测单位应当按照试验规程和合同约定进行取样、试验和检测，提供真实、完整的试验检测资料。

**第二十九条** 公路工程实行政府监督、法人管理、社会监理、企业自检的质量保证体系。交通运输主管部门及其所属的质量监督机构对工程质量负监督责任，项目法人对工程质量负管理责任，勘察设计单位对勘察设计质量负责，施工单位对施工质量负责，监理单位对工程质量负现场管理责任，试验检测单位对试验检测结果负责，其他从业单位和从业人员按照有关规定对其产品或者服务质量负相应责任。

**第三十条** 各级交通运输主管部门及其所属的质量监督机构对工程建设项目进行监督检查时，公路建设从业单位和从业人员应当积极配合，不得拒绝和阻挠。

**第三十一条** 公路建设从业单位和从业人员应当严格执行国家有关安全生产的法律、法规、国家标准及行业标准，建立健全安全生产的各项规章制度，明确安全责任，落实安全措施，履行安全管理的职责。

**第三十二条** 发生工程质量、安全事故后，从业单位应当按照有关规定及时报有关主管部门，不得拖延和隐瞒。

**第三十三条** 公路建设项目法人应当合理确定建设工期，严格按照合同工期组织项目建设。项目法人不得随意要求更改合同工期。如遇特殊情况，确需缩短合同工期的，经合同双方协商一致，可以缩短合同工期，但应当采取措施，确保工程质量，并按照合同规定给予经济补偿。

**第三十四条** 公路建设项目法人应当按照国家有关规定管理和使用公路建设资金，做到专款专用，专户储存；按照工程进度，及时支付工程款；按照规定的期限及时退还保证金、办理工程结算。不得拖欠工程款和征地拆迁款，不得挤占挪用建设资金。

施工单位应当加强工程款管理，做到专款专用，不得拖欠分包人的工程款和农民工工资；项目法人对工程款使用情况进行监督检查时，施工单位应当积极配合，不得阻挠和拒绝。

**第三十五条** 公路建设从业单位和从业人员应当严格执行国家和地方有关环境保护和土地管理的规定，采取有效措施保护环境和节约用地。

**第三十六条** 公路建设项目法人、监理单位和施工单位对勘察设计中存在的问题应当及时提出设计变更的意见，并依法履行审批手续。设计变更应当符合国家制定的技术标准和设计规范要求。

任何单位和个人不得借设计变更虚报工程量或者提高单价。

重大工程变更设计应当按有关规定报原初步设计审批部门批准。

**第三十七条** 勘察、设计单位经项目法人批准，可以将工程设计中跨专业或者有特殊要求的勘察、设计工作委托给有相应资质条件的单位，但不得转包或者二次分包。

监理工作不得分包或者转包。

**第三十八条** 施工单位可以将非关键性工程或者适合专业化队伍施工的工程分包给具有相应资格条件的单位，并对分包工程负连带责任。允许分包的工程范围应当在招标文件中规定。分包工程不得再次分包，严禁转包。

任何单位和个人不得违反规定指定分包、指定采购或者分割工程。

项目法人应当加强对施工单位工程分包的管理，所有分包合同须经监理审查，并报项目法人备案。

**第三十九条** 施工单位可以直接招用农民工或者将劳务作业发包给具有劳务分包资质的劳务分包人。施工单位招用农民工的，应当依法签订劳动合同，并将劳动合同报项目监理工程师和项目法人备案。

施工单位和劳务分包人应当按照合同按时支付劳务工资，落实各项劳动保护措施，确保农民工安全。

劳务分包人应当接受施工单位的管理，按照技术规范要求进行劳务作业。劳务分包人不得将其分包的劳务作业再次分包。

**第四十条** 项目法人和监理单位应当加强对施工单位使用农民工的管理，对不签订劳动合同、非法使用农民工的，或者拖延和克扣农民工工资的，要予以纠正。拒不纠正的，项目法人要及时将有关情况报交通运输主管部门调查处理。

**第四十一条** 项目法人应当按照交通部《公路工程竣（交）工验收办法》的规定及时组织项目的交工验收，并报请交通运输主管部门进行竣工验收。

## 第五章 动态管理

**第四十二条** 各级交通运输主管部门应当加强对公路建设从业单位和从业人员的市场行为的动态管理。应当建立举报投诉制度,查处违法行为,对有关责任单位和责任人依法进行处理。

**第四十三条** 国务院交通运输主管部门和省级地方人民政府交通运输主管部门应当建立公路建设市场的信用管理体系,对进入公路建设市场的从业单位和主要从业人员在招投标活动、签订合同和履行合同中的信用情况进行记录并向社会公布。

**第四十四条** 公路工程勘察、设计、施工、监理等从业单位应当按照项目管理的隶属关系,向交通运输主管部门提供本单位的基本情况、承接任务情况和其他动态信息,并对所提供信息的真实性、准确性和完整性负责。项目法人应当将其他从业单位在建设项目中的履约情况,按照项目管理的隶属关系报交通运输主管部门,由交通运输主管部门核实后记入从业单位信用记录中。

**第四十五条** 从业单位和主要从业人员的信用记录应当作为公路建设项目招标资格审查和评标工作的重要依据。

## 第六章 法律责任

**第四十六条** 对公路建设从业单位和从业人员违反本办法规定进行的处罚,国家有关法律、法规和交通运输部规章已有规定的,适用其规定;没有规定的,由交通运输主管部门根据各自的职责按照本办法规定进行处罚。

**第四十七条** 项目法人违反本办法规定,实行地方保护的或者对公路建设从业单位和从业人员实行歧视待遇的,由交通运输主管部门责令改正。

**第四十八条** 从业单位违反本办法规定,在申请公路建设从业许可时,隐瞒有关情况或者提供虚假材料的,行政机关不予受理或者不予行政许可,并给予警告;行政许可申请人在1年内不得再次申请该行政许可。

被许可人以欺骗、贿赂等不正当手段取得从业许可的,行政机关应当依照法律、法规给予行政处罚;申请人在3年内不得再次申请该行政许可;构成犯罪的,依法追究刑事责任。

**第四十九条** 投标人相互串通投标或者与招标人串通投标的,投标人以向招标人或者评标委员会成员行贿的手段谋取中标的,中标无效,处中标项目金额5‰以上10‰以下的罚款,对单位直接负责的主管人员和其他直接责任人员处单位罚款数额5%以上10%以下的罚款;有违法所得的,并处没收违法所得;情节严重的,取消其1年至2年内参加依法必须进行招标的项目的投标资格并予以公告;构成犯罪的,依法追究刑事责任。给他人造成损失的,依法承担赔偿责任。

**第五十条** 投标人以他人名义投标或者以其他方式弄虚作假,骗取中标的,中标无效,给招标人造成损失的,依法承担赔偿责任;构成犯罪的,依法追究刑事责任。

依法必须进行招标的项目的投标人有前款所列行为尚未构成犯罪的,处中标项目金额5‰以上10‰以下的罚款,对单位直接负责的主管人员和其他直接责任人员处单位罚款数额

5% 以上 10% 以下的罚款；有违法所得的，并处没收违法所得；情节严重的，取消其 1 年至 3 年内参加依法必须进行招标的项目的投标资格并予以公告。

**第五十一条** 项目法人违反本办法规定，拖欠工程款和征地拆迁款的，由交通运输主管部门责令改正，并由有关部门依法对有关责任人员给予行政处分。

**第五十二条** 除因不可抗力不能履行合同的，中标人不按照与招标人订立的合同履行施工质量、施工工期等义务，造成重大或者特大质量和安全事故，或者造成工期延误的，取消其 2 年至 5 年内参加依法必须进行招标的项目的投标资格并予以公告。

**第五十三条** 施工单位有以下违法违规行为的，由交通运输主管部门责令改正，并由有关部门依法对有关责任人员给予行政处分。

（一）违反本办法规定，拖欠分包人工程款和农民工工资的；

（二）违反本办法规定，造成生态环境破坏和乱占土地的；

（三）违反本办法规定，在变更设计中弄虚作假的；

（四）违反本办法规定，不按规定签订劳动合同的。

**第五十四条** 违反本办法规定，承包单位将承包的工程转包或者违法分包的，责令改正，没收违法所得，对勘察、设计单位处合同约定的勘察费、设计费 25% 以上 50% 以下的罚款；对施工单位处工程合同价款 5‰以上 10‰以下的罚款；可以责令停业整顿，降低资质等级；情节严重的，吊销资质证书。

工程监理单位转让工程监理业务的，责令改正，没收违法所得，处合同约定的监理酬金 25% 以上 50% 以下的罚款；可以责令停业整顿，降低资质等级；情节严重的，吊销资质证书。

**第五十五条** 公路建设从业单位违反本办法规定，在向交通运输主管部门填报有关市场信息时弄虚作假的，由交通运输主管部门责令改正。

**第五十六条** 各级交通运输主管部门和其所属的质量监督机构的工作人员违反本办法规定，在建设市场管理中徇私舞弊、滥用职权或者玩忽职守的，按照国家有关规定处理。构成犯罪的，由司法部门依法追究刑事责任。

## 第七章　附　　则

**第五十七条** 本办法由交通运输部负责解释。

**第五十八条** 本办法自 2005 年 3 月 1 日起施行。交通部 1996 年 7 月 11 日公布的《公路建设市场管理办法》同时废止。

# 23. 公路工程建设项目招标投标管理办法

(2015 年 12 月 8 日　交通运输部令 2015 年第 24 号)

## 第一章　总　　则

**第一条**　为规范公路工程建设项目招标投标活动,完善公路工程建设市场管理体系,根据《中华人民共和国公路法》《中华人民共和国招标投标法》《中华人民共和国招标投标法实施条例》等法律、行政法规,制定本办法。

**第二条**　在中华人民共和国境内从事公路工程建设项目勘察设计、施工、施工监理等的招标投标活动,适用本办法。

**第三条**　交通运输部负责全国公路工程建设项目招标投标活动的监督管理工作。

省级人民政府交通运输主管部门负责本行政区域内公路工程建设项目招标投标活动的监督管理工作。

**第四条**　各级交通运输主管部门应当按照国家有关规定,推进公路工程建设项目招标投标活动进入统一的公共资源交易平台进行。

**第五条**　各级交通运输主管部门应当按照国家有关规定,推进公路工程建设项目电子招标投标工作。招标投标活动信息应当公开,接受社会公众监督。

**第六条**　公路工程建设项目的招标人或者其指定机构应当对资格审查、开标、评标等过程录音录像并存档备查。

## 第二章　招　　标

**第七条**　公路工程建设项目招标人是提出招标项目、进行招标的项目法人或者其他组织。

**第八条**　对于按照国家有关规定需要履行项目审批、核准手续的依法必须进行招标的公路工程建设项目,招标人应当按照项目审批、核准部门确定的招标范围、招标方式、招标组织形式开展招标。

公路工程建设项目履行项目审批或者核准手续后,方可开展勘察设计招标;初步设计文件批准后,方可开展施工监理、设计施工总承包招标;施工图设计文件批准后,方可开展施工招标。

施工招标采用资格预审方式的,在初步设计文件批准后,可以进行资格预审。

**第九条**　有下列情形之一的公路工程建设项目,可以不进行招标:

(一)涉及国家安全、国家秘密、抢险救灾或者属于利用扶贫资金实行以工代赈、需要使用农民工等特殊情况;

（二）需要采用不可替代的专利或者专有技术；

（三）采购人自身具有工程施工或者提供服务的资格和能力，且符合法定要求；

（四）已通过招标方式选定的特许经营项目投资人依法能够自行施工或者提供服务；

（五）需要向原中标人采购工程或者服务，否则将影响施工或者功能配套要求；

（六）国家规定的其他特殊情形。

招标人不得为适用前款规定弄虚作假，规避招标。

**第十条** 公路工程建设项目采用公开招标方式的，原则上采用资格后审办法对投标人进行资格审查。

**第十一条** 公路工程建设项目采用资格预审方式公开招标的，应当按照下列程序进行：

（一）编制资格预审文件；

（二）发布资格预审公告，发售资格预审文件，公开资格预审文件关键内容；

（三）接收资格预审申请文件；

（四）组建资格审查委员会对资格预审申请人进行资格审查，资格审查委员会编写资格审查报告；

（五）根据资格审查结果，向通过资格预审的申请人发出投标邀请书；向未通过资格预审的申请人发出资格预审结果通知书，告知未通过的依据和原因；

（六）编制招标文件；

（七）发售招标文件，公开招标文件的关键内容；

（八）需要时，组织潜在投标人踏勘项目现场，召开投标预备会；

（九）接收投标文件，公开开标；

（十）组建评标委员会评标，评标委员会编写评标报告、推荐中标候选人；

（十一）公示中标候选人相关信息；

（十二）确定中标人；

（十三）编制招标投标情况的书面报告；

（十四）向中标人发出中标通知书，同时将中标结果通知所有未中标的投标人；

（十五）与中标人订立合同。

采用资格后审方式公开招标的，在完成招标文件编制并发布招标公告后，按照前款程序第（七）项至第（十五）项进行。

采用邀请招标的，在完成招标文件编制并发出投标邀请书后，按照前款程序第（七）项至第（十五）项进行。

**第十二条** 国有资金占控股或者主导地位的依法必须进行招标的公路工程建设项目，采用资格预审的，招标人应当按照有关规定组建资格审查委员会审查资格预审申请文件。资格审查委员会的专家抽取以及资格审查工作要求，应当适用本办法关于评标委员会的规定。

**第十三条** 资格预审审查办法原则上采用合格制。

资格预审审查办法采用合格制的，符合资格预审文件规定审查标准的申请人均应当通过资格预审。

**第十四条** 资格预审审查工作结束后，资格审查委员会应当编制资格审查报告。资格审查报告应当载明下列内容：

（一）招标项目基本情况；

（二）资格审查委员会成员名单；

（三）监督人员名单；

（四）资格预审申请文件递交情况；

（五）通过资格审查的申请人名单；

（六）未通过资格审查的申请人名单以及未通过审查的理由；

（七）评分情况；

（八）澄清、说明事项纪要；

（九）需要说明的其他事项；

（十）资格审查附表。

除前款规定的第（一）、（三）、（四）项内容外，资格审查委员会所有成员应当在资格审查报告上逐页签字。

**第十五条**　资格预审申请人对资格预审审查结果有异议的，应当自收到资格预审结果通知书后3日内提出。招标人应当自收到异议之日起3日内作出答复；作出答复前，应当暂停招标投标活动。

招标人未收到异议或者收到异议并已作出答复的，应当及时向通过资格预审的申请人发出投标邀请书。未通过资格预审的申请人不具有投标资格。

**第十六条**　对依法必须进行招标的公路工程建设项目，招标人应当根据交通运输部制定的标准文本，结合招标项目具体特点和实际需要，编制资格预审文件和招标文件。

资格预审文件和招标文件应当载明详细的评审程序、标准和方法，招标人不得另行制定评审细则。

**第十七条**　招标人应当按照省级人民政府交通运输主管部门的规定，将资格预审文件及其澄清、修改，招标文件及其澄清、修改报相应的交通运输主管部门备案。

**第十八条**　招标人应当自资格预审文件或者招标文件开始发售之日起，将其关键内容上传至具有招标监督职责的交通运输主管部门政府网站或者其指定的其他网站上进行公开，公开内容包括项目概况、对申请人或者投标人的资格条件要求、资格审查办法、评标办法、招标人联系方式等，公开时间至提交资格预审申请文件截止时间2日前或者投标截止时间10日前结束。

招标人发出的资格预审文件或者招标文件的澄清或者修改涉及前款规定的公开内容的，招标人应当在向交通运输主管部门备案的同时，将澄清或者修改的内容上传至前款规定的网站。

**第十九条**　潜在投标人或者其他利害关系人可以按照国家有关规定对资格预审文件或者招标文件提出异议。招标人应当对异议作出书面答复。未在规定时间内作出书面答复的，应当顺延提交资格预审申请文件截止时间或者投标截止时间。

招标人书面答复内容涉及影响资格预审申请文件或者投标文件编制的，应当按照有关澄清或者修改的规定，调整提交资格预审申请文件截止时间或者投标截止时间，并以书面形式通知所有获取资格预审文件或者招标文件的潜在投标人。

**第二十条** 招标人应当合理划分标段、确定工期,提出质量、安全目标要求,并在招标文件中载明。标段的划分应当有利于项目组织和施工管理、各专业的衔接与配合,不得利用划分标段规避招标、限制或者排斥潜在投标人。

招标人可以实行设计施工总承包招标、施工总承包招标或者分专业招标。

**第二十一条** 招标人结合招标项目的具体特点和实际需要,设定潜在投标人或者投标人的资质、业绩、主要人员、财务能力、履约信誉等资格条件,不得以不合理的条件限制、排斥潜在投标人或者投标人。

除《中华人民共和国招标投标法实施条例》第三十二条规定的情形外,招标人有下列行为之一的,属于以不合理的条件限制、排斥潜在投标人或者投标人:

(一)设定的资质、业绩、主要人员、财务能力、履约信誉等资格、技术、商务条件与招标项目的具体特点和实际需要不相适应或者与合同履行无关;

(二)强制要求潜在投标人或者投标人的法定代表人、企业负责人、技术负责人等特定人员亲自购买资格预审文件、招标文件或者参与开标活动;

(三)通过设置备案、登记、注册、设立分支机构等无法律、行政法规依据的不合理条件,限制潜在投标人或者投标人进入项目所在地进行投标。

**第二十二条** 招标人应当根据国家有关规定,结合招标项目的具体特点和实际需要,合理确定对投标人主要人员以及其他管理和技术人员的数量和资格要求。投标人拟投入的主要人员应当在投标文件中进行填报,其他管理和技术人员的具体人选由招标人和中标人在合同谈判阶段确定。对于特别复杂的特大桥梁和特长隧道项目主体工程和其他有特殊要求的工程,招标人可以要求投标人在投标文件中填报其他管理和技术人员。

本办法所称主要人员是指设计负责人、总监理工程师、项目经理和项目总工程师等项目管理和技术负责人。

**第二十三条** 招标人可以自行决定是否编制标底或者设置最高投标限价。招标人不得规定最低投标限价。

接受委托编制标底或者最高投标限价的中介机构不得参加该项目的投标,也不得为该项目的投标人编制投标文件或者提供咨询。

**第二十四条** 招标人应当严格遵守有关法律、行政法规关于各类保证金收取的规定,在招标文件中载明保证金收取的形式、金额以及返还时间。

招标人不得以任何名义增设或者变相增设保证金或者随意更改招标文件载明的保证金收取形式、金额以及返还时间。招标人不得在资格预审期间收取任何形式的保证金。

**第二十五条** 招标人在招标文件中要求投标人提交投标保证金的,投标保证金不得超过招标标段估算价的2%。投标保证金有效期应当与投标有效期一致。

依法必须进行招标的公路工程建设项目的投标人,以现金或者支票形式提交投标保证金的,应当从其基本账户转出。投标人提交的投标保证金不符合招标文件要求的,应当否决其投标。

招标人不得挪用投标保证金。

**第二十六条** 招标人应当按照国家有关法律法规规定,在招标文件中明确允许分包的或者不得分包的工程和服务,分包人应当满足的资格条件以及对分包实施的管理要求。

招标人不得在招标文件中设置对分包的歧视性条款。

招标人有下列行为之一的，属于前款所称的歧视性条款：

（一）以分包的工作量规模作为否决投标的条件；

（二）对投标人符合法律法规以及招标文件规定的分包计划设定扣分条款；

（三）按照分包的工作量规模对投标人进行区别评分；

（四）以其他不合理条件限制投标人进行分包的行为。

**第二十七条**　招标人应当在招标文件中合理划分双方风险，不得设置将应由招标人承担的风险转嫁给勘察设计、施工、监理等投标人的不合理条款。招标文件应当设置合理的价格调整条款，明确约定合同价款支付期限、利息计付标准和日期，确保双方主体地位平等。

**第二十八条**　招标人应当根据招标项目的具体特点以及本办法的相关规定，在招标文件中合理设定评标标准和方法。评标标准和方法中不得含有倾向或者排斥潜在投标人的内容，不得妨碍或者限制投标人之间的竞争。禁止采用抽签、摇号等博彩性方式直接确定中标候选人。

**第二十九条**　以暂估价形式包括在招标项目范围内的工程、货物、服务，属于依法必须进行招标的项目范围且达到国家规定规模标准的，应当依法进行招标。招标项目的合同条款中应当约定负责实施暂估价项目招标的主体以及相应的招标程序。

## 第三章　投　　标

**第三十条**　投标人是响应招标、参加投标竞争的法人或者其他组织。

投标人应当具备招标文件规定的资格条件，具有承担所投标项目的相应能力。

**第三十一条**　投标人在投标文件中填报的资质、业绩、主要人员资历和目前在岗情况、信用等级等信息，应当与其在交通运输主管部门公路建设市场信用信息管理系统上填报并发布的相关信息一致。

**第三十二条**　投标人应当按照招标文件要求装订、密封投标文件，并按照招标文件规定的时间、地点和方式将投标文件送达招标人。

公路工程勘察设计和施工监理招标的投标文件应当以双信封形式密封，第一信封内为商务文件和技术文件，第二信封内为报价文件。

对公路工程施工招标，招标人采用资格预审方式进行招标且评标方法为技术评分最低标价法的，或者采用资格后审方式进行招标的，投标文件应当以双信封形式密封，第一信封内为商务文件和技术文件，第二信封内为报价文件。

**第三十三条**　投标文件按照要求送达后，在招标文件规定的投标截止时间前，投标人修改或者撤回投标文件的，应当以书面函件形式通知招标人。

修改投标文件的函件是投标文件的组成部分，其编制形式、密封方式、送达时间等，适用对投标文件的规定。

投标人在投标截止时间前撤回投标文件且招标人已收取投标保证金的，招标人应当自收到投标人书面撤回通知之日起5日内退还其投标保证金。

投标截止后投标人撤销投标文件的，招标人可以不退还投标保证金。

**第三十四条**　投标人根据招标文件有关分包的规定，拟在中标后将中标项目的部分工作进行分包的，应当在投标文件中载明。

投标人在投标文件中未列入分包计划的工程或者服务，中标后不得分包，法律法规或者招标文件另有规定的除外。

## 第四章　开标、评标和中标

**第三十五条**　开标应当在招标文件确定的提交投标文件截止时间的同一时间公开进行；开标地点应当为招标文件中预先确定的地点。

投标人少于3个的，不得开标，投标文件应当当场退还给投标人；招标人应当重新招标。

**第三十六条**　开标由招标人主持，邀请所有投标人参加。开标过程应当记录，并存档备查。投标人对开标有异议的，应当在开标现场提出，招标人应当当场作出答复，并制作记录。未参加开标的投标人，视为对开标过程无异议。

**第三十七条**　投标文件按照招标文件规定采用双信封形式密封的，开标分两个步骤公开进行：

第一步骤对第一信封内的商务文件和技术文件进行开标，对第二信封不予拆封并由招标人予以封存；

第二步骤宣布通过商务文件和技术文件评审的投标人名单，对其第二信封内的报价文件进行开标，宣读投标报价。未通过商务文件和技术文件评审的，对其第二信封不予拆封，并当场退还给投标人；投标人未参加第二信封开标的，招标人应当在评标结束后及时将第二信封原封退还投标人。

**第三十八条**　招标人应当按照国家有关规定组建评标委员会负责评标工作。

国家审批或者核准的高速公路、一级公路、独立桥梁和独立隧道项目，评标委员会专家应当由招标人从国家重点公路工程建设项目评标专家库相关专业中随机抽取；其他公路工程建设项目的评标委员会专家可以从省级公路工程建设项目评标专家库相关专业中随机抽取，也可以从国家重点公路工程建设项目评标专家库相关专业中随机抽取。

对于技术复杂、专业性强或者国家有特殊要求，采取随机抽取方式确定的评标专家难以保证胜任评标工作的特殊招标项目，可以由招标人直接确定。

**第三十九条**　交通运输部负责国家重点公路工程建设项目评标专家库的管理工作。

省级人民政府交通运输主管部门负责本行政区域公路工程建设项目评标专家库的管理工作。

**第四十条**　评标委员会应当民主推荐一名主任委员，负责组织评标委员会成员开展评标工作。评标委员会主任委员与评标委员会的其他成员享有同等权利与义务。

**第四十一条**　招标人应当向评标委员会提供评标所必需的信息，但不得明示或者暗示其倾向或者排斥特定投标人。

评标所必需的信息主要包括招标文件、招标文件的澄清或者修改、开标记录、投标文件、资格预审文件。招标人可以协助评标委员会开展下列工作并提供相关信息：

（一）根据招标文件，编制评标使用的相应表格；

（二）对投标报价进行算术性校核；

（三）以评标标准和方法为依据，列出投标文件相对于招标文件的所有偏差，并进行归类汇总；

（四）查询公路建设市场信用信息管理系统，对投标人的资质、业绩、主要人员资历和目前在岗情况、信用等级进行核实。

招标人不得对投标文件作出任何评价，不得故意遗漏或者片面摘录，不得在评标委员会对所有偏差定性之前透露存有偏差的投标人名称。

评标委员会应当根据招标文件规定，全面、独立评审所有投标文件，并对招标人提供的上述相关信息进行核查，发现错误或者遗漏的，应当进行修正。

**第四十二条** 评标委员会应当按照招标文件确定的评标标准和方法进行评标。招标文件没有规定的评标标准和方法不得作为评标的依据。

**第四十三条** 公路工程勘察设计和施工监理招标，应当采用综合评估法进行评标，对投标人的商务文件、技术文件和报价文件进行评分，按照综合得分由高到低排序，推荐中标候选人。评标价的评分权重不宜超过10%，评标价得分应当根据评标价与评标基准价的偏离程度进行计算。

**第四十四条** 公路工程施工招标，评标采用综合评估法或者经评审的最低投标价法。综合评估法包括合理低价法、技术评分最低标价法和综合评分法。

合理低价法，是指对通过初步评审的投标人，不再对其施工组织设计、项目管理机构、技术能力等因素进行评分，仅依据评标基准价对评标价进行评分，按照得分由高到低排序，推荐中标候选人的评标方法。

技术评分最低标价法，是指对通过初步评审的投标人的施工组织设计、项目管理机构、技术能力等因素进行评分，按照得分由高到低排序，对排名在招标文件规定数量以内的投标人的报价文件进行评审，按照评标价由低到高的顺序推荐中标候选人的评标方法。招标人在招标文件中规定的参与报价文件评审的投标人数量不得少于3个。

综合评分法，是指对通过初步评审的投标人的评标价、施工组织设计、项目管理机构、技术能力等因素进行评分，按照综合得分由高到低排序，推荐中标候选人的评标方法。其中评标价的评分权重不得低于50%。

经评审的最低投标价法，是指对通过初步评审的投标人，按照评标价由低到高排序，推荐中标候选人的评标方法。

公路工程施工招标评标，一般采用合理低价法或者技术评分最低标价法。技术特别复杂的特大桥梁和特长隧道项目主体工程，可以采用综合评分法。工程规模较小、技术含量较低的工程，可以采用经评审的最低投标价法。

**第四十五条** 实行设计施工总承包招标的，招标人应当根据工程地质条件、技术特点和施工难度确定评标办法。

设计施工总承包招标的评标采用综合评分法的，评分因素包括评标价、项目管理机构、技术能力、设计文件的优化建议、设计施工总承包管理方案、施工组织设计等因素，评标价的评分权重不得低于50%。

**第四十六条** 评标委员会成员应当客观、公正、审慎地履行职责，遵守职业道德。评标委员会成员应当依据评标办法规定的评审顺序和内容逐项完成评标工作，对本人提出的评审意见以及评分的公正性、客观性、准确性负责。

除评标价和履约信誉评分项外，评标委员会成员对投标人商务和技术各项因素的评分一般不得低于招标文件规定该因素满分值的60%；评分低于满分值60%的，评标委员会成员应当在评标报告中作出说明。

招标人应当对评标委员会成员在评标活动中的职责履行情况予以记录，并在招标投标情况的书面报告中载明。

**第四十七条** 招标人应当根据项目规模、技术复杂程度、投标文件数量和评标方法等因素合理确定评标时间。超过三分之一的评标委员会成员认为评标时间不够的，招标人应当适当延长。

评标过程中，评标委员会成员有回避事由、擅离职守或者因健康等原因不能继续评标的，应当及时更换。被更换的评标委员会成员作出的评审结论无效，由更换后的评标委员会成员重新进行评审。

根据前款规定被更换的评标委员会成员如为评标专家库专家，招标人应当从原评标专家库中按照原方式抽取更换后的评标委员会成员，或者在符合法律规定的前提下相应减少评标委员会中招标人代表数量。

**第四十八条** 评标委员会应当查询交通运输主管部门的公路建设市场信用信息管理系统，对投标人的资质、业绩、主要人员资历和目前在岗情况、信用等级等信息进行核实。若投标文件载明的信息与公路建设市场信用信息管理系统发布的信息不符，使得投标人的资格条件不符合招标文件规定的，评标委员会应当否决其投标。

**第四十九条** 评标委员会发现投标人的投标报价明显低于其他投标人报价或者在设有标底时明显低于标底的，应当要求该投标人对相应投标报价作出书面说明，并提供相关证明材料。

投标人不能证明可以按照其报价以及招标文件规定的质量标准和履行期限完成招标项目的，评标委员会应当认定该投标人以低于成本价竞标，并否决其投标。

**第五十条** 评标委员会应当根据《中华人民共和国招标投标法实施条例》第三十九条、第四十条、第四十一条的有关规定，对在评标过程中发现的投标人与投标人之间、投标人与招标人之间存在的串通投标的情形进行评审和认定。

**第五十一条** 评标委员会对投标文件进行评审后，因有效投标不足3个使得投标明显缺乏竞争的，可以否决全部投标。未否决全部投标的，评标委员会应当在评标报告中阐明理由并推荐中标候选人。

投标文件按照招标文件规定采用双信封形式密封的，通过第一信封商务文件和技术文件评审的投标人在3个以上的，招标人应当按照本办法第三十七条规定的程序进行第二信封报价文件开标；在对报价文件进行评审后，有效投标不足3个的，评标委员会应当按照本条第一款规定执行。

通过第一信封商务文件和技术文件评审的投标人少于3个的，评标委员会可以否决全部投标；未否决全部投标的，评标委员会应当在评标报告中阐明理由，招标人应当按照本办法第三十七条规定的程序进行第二信封报价文件开标，但评标委员会在进行报价文件评审时仍有权否决全部投标；评标委员会未在报价文件评审时否决全部投标的，应当在评标报告中阐明理由并推荐中标候选人。

**第五十二条**　评标完成后，评标委员会应当向招标人提交书面评标报告。评标报告中推荐的中标候选人应当不超过3个，并标明排序。

评标报告应当载明下列内容：

（一）招标项目基本情况；

（二）评标委员会成员名单；

（三）监督人员名单；

（四）开标记录；

（五）符合要求的投标人名单；

（六）否决的投标人名单以及否决理由；

（七）串通投标情形的评审情况说明；

（八）评分情况；

（九）经评审的投标人排序；

（十）中标候选人名单；

（十一）澄清、说明事项纪要；

（十二）需要说明的其他事项；

（十三）评标附表。

对评标监督人员或者招标人代表干预正常评标活动，以及对招标投标活动的其他不正当言行，评标委员会应当在评标报告第（十二）项内容中如实记录。

除第二款规定的第（一）、（三）、（四）项内容外，评标委员会所有成员应当在评标报告上逐页签字。对评标结果有不同意见的评标委员会成员应当以书面形式说明其不同意见和理由，评标报告应当注明该不同意见。评标委员会成员拒绝在评标报告上签字又不书面说明其不同意见和理由的，视为同意评标结果。

**第五十三条**　依法必须进行招标的公路工程建设项目，招标人应当自收到评标报告之日起3日内，在对该项目具有招标监督职责的交通运输主管部门政府网站或者其指定的其他网站上公示中标候选人，公示期不得少于3日，公示内容包括：

（一）中标候选人排序、名称、投标报价；

（二）中标候选人在投标文件中承诺的主要人员姓名、个人业绩、相关证书编号；

（三）中标候选人在投标文件中填报的项目业绩；

（四）被否决投标的投标人名称、否决依据和原因；

（五）招标文件规定公示的其他内容。

投标人或者其他利害关系人对依法必须进行招标的公路工程建设项目的评标结果有异议的，应当在中标候选人公示期间提出。招标人应当自收到异议之日起3日内作出答复；作出答复前，应当暂停招标投标活动。

**第五十四条**　除招标人授权评标委员会直接确定中标人外，招标人应当根据评标委员会提出的书面评标报告和推荐的中标候选人确定中标人。国有资金占控股或者主导地位的依法必须进行招标的公路工程建设项目，招标人应当确定排名第一的中标候选人为中标人。排名第一的中标候选人放弃中标、因不可抗力不能履行合同、不按照招标文件要求提交履约保证金，或者被查实存在影响中标结果的违法行为等情形，不符合中标条件的，招标人可以按照评标委员会提出的中标候选人名单排序依次确定其他中标候选人为中标人，也可以重新招标。

**第五十五条** 依法必须进行招标的公路工程建设项目，招标人应当自确定中标人之日起15日内，将招标投标情况的书面报告报对该项目具有招标监督职责的交通运输主管部门备案。

前款所称书面报告至少应当包括下列内容：

（一）招标项目基本情况；

（二）招标过程简述；

（三）评标情况说明；

（四）中标候选人公示情况；

（五）中标结果；

（六）附件，包括评标报告、评标委员会成员履职情况说明等。

有资格预审情况说明、异议及投诉处理情况和资格审查报告的，也应当包括在书面报告中。

**第五十六条** 招标人应当及时向中标人发出中标通知书，同时将中标结果通知所有未中标的投标人。

**第五十七条** 招标人和中标人应当自中标通知书发出之日起30日内，按照招标文件和中标人的投标文件订立书面合同，合同的标的、价格、质量、安全、履行期限、主要人员等主要条款应当与上述文件的内容一致。招标人和中标人不得再行订立背离合同实质性内容的其他协议。

招标人最迟应当在中标通知书发出后5日内向中标候选人以外的其他投标人退还投标保证金，与中标人签订书面合同后5日内向中标人和其他中标候选人退还投标保证金。以现金或者支票形式提交的投标保证金，招标人应当同时退还投标保证金的银行同期活期存款利息，且退还至投标人的基本账户。

**第五十八条** 招标文件要求中标人提交履约保证金的，中标人应当按照招标文件的要求提交。履约保证金不得超过中标合同金额的10%。招标人不得指定或者变相指定履约保证金的支付形式，由中标人自主选择银行保函或者现金、支票等支付形式。

**第五十九条** 招标人应当加强对合同履行的管理，建立对中标人主要人员的到位率考核制度。

省级人民政府交通运输主管部门应当定期组织开展合同履约评价工作的监督检查，将检查情况向社会公示，同时将检查结果记入中标人单位以及主要人员个人的信用档案。

**第六十条** 依法必须进行招标的公路工程建设项目，有下列情形之一的，招标人在分析招标失败的原因并采取相应措施后，应当依照本办法重新招标：

（一）通过资格预审的申请人少于3个的；

（二）投标人少于3个的；

（三）所有投标均被否决的；

（四）中标候选人均未与招标人订立书面合同的。

重新招标的，资格预审文件、招标文件和招标投标情况的书面报告应当按照本办法的规定重新报交通运输主管部门备案。

重新招标后投标人仍少于3个的，属于按照国家有关规定需要履行项目审批、核准手续的依法必须进行招标的公路工程建设项目，报经项目审批、核准部门批准后可以不再进行招标；其他项目可由招标人自行决定不再进行招标。

依照本条规定不再进行招标的，招标人可以邀请已提交资格预审申请文件的申请人或者已提交投标文件的投标人进行谈判，确定项目承担单位，并将谈判报告报对该项目具有招标监督职责的交通运输主管部门备案。

## 第五章　监督管理

**第六十一条**　各级交通运输主管部门应当按照《中华人民共和国招标投标法》《中华人民共和国招标投标法实施条例》等法律法规、规章以及招标投标活动行政监督职责分工，加强对公路工程建设项目招标投标活动的监督管理。

**第六十二条**　各级交通运输主管部门应当建立健全公路工程建设项目招标投标信用体系，加强信用评价工作的监督管理，维护公平公正的市场竞争秩序。

招标人应当将交通运输主管部门的信用评价结果应用于公路工程建设项目招标。鼓励和支持招标人优先选择信用等级高的从业企业。

招标人对信用等级高的资格预审申请人、投标人或者中标人，可以给予增加参与投标的标段数量，减免投标保证金，减少履约保证金、质量保证金等优惠措施。优惠措施以及信用评价结果的认定条件应当在资格预审文件和招标文件中载明。

资格预审申请人或者投标人的信用评价结果可以作为资格审查或者评标中履约信誉项的评分因素，各信用评价等级的对应得分应当符合省级人民政府交通运输主管部门有关规定，并在资格预审文件或者招标文件中载明。

**第六十三条**　投标人或者其他利害关系人认为招标投标活动不符合法律、行政法规规定的，可以自知道或者应当知道之日起10日内向交通运输主管部门投诉。

就本办法第十五条、第十九条、第三十六条、第五十三条规定事项投诉的，应当先向招标人提出异议，异议答复期间不计算在前款规定的期限内。

**第六十四条**　投诉人投诉时，应当提交投诉书。投诉书应当包括下列内容：

（一）投诉人的名称、地址及有效联系方式；

（二）被投诉人的名称、地址及有效联系方式；

（三）投诉事项的基本事实；

（四）异议的提出及招标人答复情况；

（五）相关请求及主张；

（六）有效线索和相关证明材料。

对本办法规定应先提出异议的事项进行投诉的，应当提交已提出异议的证明文件。未按规定提出异议或者未提交已提出异议的证明文件的投诉，交通运输主管部门可以不予受理。

**第六十五条**　投诉人就同一事项向两个以上交通运输主管部门投诉的，由具体承担该项目招标投标活动监督管理职责的交通运输主管部门负责处理。

交通运输主管部门应当自收到投诉之日起3个工作日内决定是否受理投诉，并自受理投诉之日起30个工作日内作出书面处理决定；需要检验、检测、鉴定、专家评审的，所需时间不计算在内。

投诉人缺乏事实根据或者法律依据进行投诉的，或者有证据表明投诉人捏造事实、伪造材料的，或者投诉人以非法手段取得证明材料进行投诉的，交通运输主管部门应当予以驳回，并对恶意投诉按照有关规定追究投诉人责任。

**第六十六条** 交通运输主管部门处理投诉，有权查阅、复制有关文件、资料，调查有关情况，相关单位和人员应当予以配合。必要时，交通运输主管部门可以责令暂停招标投标活动。

交通运输主管部门的工作人员对监督检查过程中知悉的国家秘密、商业秘密，应当依法予以保密。

**第六十七条** 交通运输主管部门对投诉事项作出的处理决定，应当在对该项目具有招标监督职责的交通运输主管部门政府网站上进行公告，包括投诉的事由、调查结果、处理决定、处罚依据以及处罚意见等内容。

## 第六章 法律责任

**第六十八条** 招标人有下列情形之一的，由交通运输主管部门责令改正，可以处三万元以下的罚款：

（一）不满足本办法第八条规定的条件而进行招标的；

（二）不按照本办法规定将资格预审文件、招标文件和招标投标情况的书面报告备案的；

（三）邀请招标不依法发出投标邀请书的；

（四）不按照项目审批、核准部门确定的招标范围、招标方式、招标组织形式进行招标的；

（五）不按照本办法规定编制资格预审文件或者招标文件的；

（六）由于招标人原因导致资格审查报告存在重大偏差且影响资格预审结果的；

（七）挪用投标保证金，增设或者变相增设保证金的；

（八）投标人数量不符合法定要求不重新招标的；

（九）向评标委员会提供的评标信息不符合本办法规定的；

（十）不按照本办法规定公示中标候选人的；

（十一）招标文件中规定的履约保证金的金额、支付形式不符合本办法规定的。

**第六十九条** 投标人在投标过程中存在弄虚作假、与招标人或者其他投标人串通投标、以行贿谋取中标、无正当理由放弃中标以及进行恶意投诉等投标不良行为的，除依照有关法律、法规进行处罚外，省级交通运输主管部门还可以扣减其年度信用评价分数或者降低年度信用评价等级。

**第七十条** 评标委员会成员未对招标人根据本办法第四十一条第二款（一）至（四）项规定提供的相关信息进行认真核查，导致评标出现疏漏或者错误的，由交通运输主管部门责令改正。

**第七十一条** 交通运输主管部门应当依法公告对公路工程建设项目招标投标活动中招标人、招标代理机构、投标人以及评标委员会成员等的违法违规或者恶意投诉等行为的行政处理决定，并将其作为招标投标不良行为信息记入相应当事人的信用档案。

## 第七章　附　　则

**第七十二条**　使用国际组织或者外国政府贷款、援助资金的项目进行招标，贷款方、资金提供方对招标投标的具体条件和程序有不同规定的，可以适用其规定，但违背中华人民共和国的社会公共利益的除外。

**第七十三条**　采用电子招标投标的，应当按照本办法和国家有关电子招标投标的规定执行。

**第七十四条**　本办法自2016年2月1日起施行。《公路工程施工招标投标管理办法》（交通部令2006年第7号）、《公路工程施工监理招标投标管理办法》（交通部令2006年第5号）、《公路工程勘察设计招标投标管理办法》（交通部令2001年第6号）和《关于修改〈公路工程勘察设计招标投标管理办法〉的决定》（交通运输部令2013年第3号）、《关于贯彻国务院办公厅关于进一步规范招投标活动的若干意见的通知》（交公路发〔2004〕688号）、《关于公路建设项目货物招标严禁指定材料产地的通知》（厅公路字〔2007〕224号）、《公路工程施工招标资格预审办法》（交公路发〔2006〕57号）、《关于加强公路工程评标专家管理工作的通知》（交公路发〔2003〕464号）、《关于进一步加强公路工程施工招标评标管理工作的通知》（交公路发〔2008〕261号）、《关于进一步加强公路工程施工招标资格审查工作的通知》（交公路发〔2009〕123号）、《关于改革使用国际金融组织或者外国政府贷款公路建设项目施工招标管理制度的通知》（厅公路字〔2008〕40号）、《公路工程勘察设计招标评标办法》（交公路发〔2001〕582号）、《关于认真贯彻执行公路工程勘察设计招标投标管理办法的通知》（交公路发〔2002〕303号）同时废止。

# 24. 公路工程设计变更管理办法

(2005 年 5 月 9 日　交通部令 2005 年第 5 号)

**第一条**　为加强公路工程建设管理,规范公路工程设计变更行为,保证公路工程质量,保护人民生命及财产安全,根据《中华人民共和国公路法》、《建设工程质量管理条例》、《建设工程勘察设计管理条例》等相关法律和行政法规,制定本办法。

**第二条**　对交通部批准初步设计的新建、改建公路工程的设计变更,应当遵守本规定。

本办法所称设计变更,是指自公路工程初步设计批准之日起至通过竣工验收正式交付使用之日止,对已批准的初步设计文件、技术设计文件或施工图设计文件所进行的修改、完善等活动。

**第三条**　各级交通主管部门应当加强对公路工程设计变更活动的监督管理。

**第四条**　公路工程设计变更应当符合国家有关公路工程强制性标准和技术规范的要求,符合公路工程质量和使用功能的要求,符合环境保护的要求。

**第五条**　公路工程设计变更分为重大设计变更、较大设计变更和一般设计变更。

有下列情形之一的属于重大设计变更:

(一)连续长度 10 公里以上的路线方案调整的;

(二)特大桥的数量或结构形式发生变化的;

(三)特长隧道的数量或通风方案发生变化的;

(四)互通式立交的数量发生变化的;

(五)收费方式及站点位置、规模发生变化的;

(六)超过初步设计批准概算的。

有下列情形之一的属于较大设计变更:

(一)连续长度 2 公里以上的路线方案调整的;

(二)连接线的标准和规模发生变化的;

(三)特殊不良地质路段处置方案发生变化的;

(四)路面结构类型、宽度和厚度发生变化的;

(五)大中桥的数量或结构形式发生变化的;

(六)隧道的数量或方案发生变化的;

(七)互通式立交的位置或方案发生变化的;

(八)分离式立交的数量发生变化的;

(九)监控、通信系统总体方案发生变化的;

(十)管理、养护和服务设施的数量和规模发生变化的;

(十一)其他单项工程费用变化超过 500 万元的;

（十二）超过施工图设计批准预算的。

一般设计变更是指除重大设计变更和较大设计变更以外的其他设计变更。

**第六条**　公路工程重大、较大设计变更实行审批制。

公路工程重大、较大设计变更，属于对设计文件内容作重大修改，应当按照本办法规定的程序进行审批。未经审查批准的设计变更不得实施。

任何单位或者个人不得违反本办法规定擅自变更已经批准的公路工程初步设计、技术设计和施工图设计文件。不得肢解设计变更规避审批。

经批准的设计变更一般不得再次变更。

**第七条**　重大设计变更由交通部负责审批。较大设计变更由省级交通主管部门负责审批。

**第八条**　项目法人负责对一般设计变更进行审查，并应当加强对公路工程设计变更实施的管理。

**第九条**　公路工程勘察设计、施工及监理等单位可以向项目法人提出公路工程设计变更的建议。

设计变更的建议应当以书面形式提出，并应当注明变更理由。

项目法人也可以直接提出公路工程设计变更的建议。

**第十条**　项目法人对设计变更的建议及理由应当进行审查核实。必要时，项目法人可以组织勘察设计、施工、监理等单位及有关专家对设计变更建议进行经济、技术论证。

**第十一条**　对一般设计变更建议，由项目法人根据审查核实情况或者论证结果决定是否开展设计变更的勘察设计工作。

对较大设计变更和重大设计变更建议，项目法人经审查论证确认后，向省级交通主管部门提出公路工程设计变更的申请，并提交以下材料：

（一）设计变更申请书。包括拟变更设计的公路工程名称、公路工程的基本情况、原设计单位、设计变更的类别、变更的主要内容、变更的主要理由等；

（二）对设计变更申请的调查核实情况、合理性论证情况；

（三）省级交通主管部门要求提交的其他相关材料。

省级交通主管部门自受理申请之日起15日内作出是否同意开展设计变更的勘察设计工作的决定，并书面通知申请人。

**第十二条**　设计变更的勘察设计应当由公路工程的原勘察设计单位承担。经原勘察设计单位书面同意，项目法人也可以选择其他具有相应资质的勘察设计单位承担。设计变更勘察设计单位应当及时完成勘察设计，形成设计变更文件，并对设计变更文件承担相应责任。

**第十三条**　设计变更文件完成后，项目法人应当组织对设计变更文件进行审查。

一般设计变更文件由项目法人审查确认后决定是否实施。项目法人应当在15日内完成审查确认工作。

重大及较大设计变更文件经项目法人审查确认后报省级交通主管部门审查。其中，重大设计变更文件由省级交通主管部门审查后报交通部批准；较大设计变更文件由省级交通主管部门批准，并报交通部备案。若设计变更与可行性研究报告批复内容不一致，应征得原可行性研究报告批复部门的同意。

**第十四条** 项目法人在报审设计变更文件时，应当提交以下材料：

（一）设计变更说明；

（二）设计变更的勘察设计图纸及原设计相应图纸；

（三）工程量、投资变化对照清单和分项概、预算文件。

**第十五条** 设计变更文件的审批应当在20日内完成。无正当理由，超过审批时间未对设计变更文件的审查予以答复的，视为同意。

需要专家评审的，所需时间不计算在上述期限内。审批机关应当将所需时间书面告知申请人。

**第十六条** 对需要进行紧急抢险的公路工程设计变更，项目法人可先进行紧急抢险处理，同时按照规定的程序办理设计变更审批手续，并附相关的影像资料说明紧急抢险的情形。

**第十七条** 公路工程设计变更工程的施工原则上由原施工单位承担。原施工单位不具备承担设计变更工程的资质等级时，项目法人应通过招标选择施工单位。

**第十八条** 项目法人应当建立公路工程设计变更管理台账，定期对设计变更情况进行汇总，并应当每半年将汇总情况报省级交通主管部门备案。

省级交通主管部门可以对管理台账随时进行检查。

**第十九条** 交通主管部门审查批准公路工程设计变更文件时，工程费用按《公路基本建设工程概算、预算编制办法》核定。

**第二十条** 由于公路工程勘察设计、施工等有关单位的过失引起公路工程设计变更并造成损失的，有关单位应当承担相应的费用和相关责任。

由于公路工程设计变更发生的建筑安装工程费、勘察设计费和监理费等费用的变化，按照有关合同约定执行。

由于公路工程设计变更发生的工程建设单位管理费、征地拆迁费等费用的变化，按照国家有关规定执行。

**第二十一条** 按照本办法规定经过审查批准的公路工程设计变更，其费用变化纳入决算。未经批准的设计变更，其费用变化不得进入决算。

**第二十二条** 设计变更审批部门违反本办法规定，不按照规定权限、条件和程序审查批准公路工程设计变更文件的，上级交通主管部门或者监察部门责令改正；造成严重后果的，对直接负责的主管人员和其他直接责任人员依法给予行政处分；构成犯罪的，依法追究刑事责任。

较大设计变更审批部门违反本办法规定，情节严重的，对全部或者部分使用国有资金的项目，可以暂停项目执行。

**第二十三条** 交通主管部门工作人员在设计变更审查批准过程中滥用职权、玩忽职守、谋取不正当利益的，由主管部门或者监察部门给予行政处分；构成犯罪的，依法追究刑事责任。

**第二十四条** 项目法人有以下行为之一的，交通主管部门责令改正；情节严重的，对全部或者部分使用国有资金的项目，暂停项目执行。构成犯罪的，依法追究刑事责任：

（一）不按照规定权限、条件和程序审查、报批公路工程设计变更文件的；

（二）将公路工程设计变更肢解规避审批的；

（三）未经审查批准或者审查不合格，擅自实施设计变更的。

**第二十五条** 施工单位不按照批准的设计变更文件施工的，交通主管部门责令改正；造成建设工程质量不符合规定的质量标准的，负责返工、修理，并赔偿因此造成的损失；情节严重的，责令停业整顿，降低资质等级或者吊销资质证书。

**第二十六条** 交通部批准初步设计以外的新建、改建公路工程的设计变更，参照本办法执行。

**第二十七条** 本办法自2005年7月1日起施行。

# 25. 公路工程竣(交)工验收办法

(2004年3月31日 交通部令2004年第3号)

## 第一章 总 则

**第一条** 为规范公路工程竣(交)工验收工作,保障公路安全有效运营,根据《中华人民共和国公路法》,制定本办法。

**第二条** 本办法适用于中华人民共和国境内新建和改建的公路工程竣(交)工验收活动。

**第三条** 公路工程应按本办法进行竣(交)工验收,未经验收或者验收不合格的,不得交付使用。

**第四条** 公路工程验收分为交工验收和竣工验收两个阶段。

交工验收是检查施工合同的执行情况,评价工程质量是否符合技术标准及设计要求,是否可以移交下一阶段施工或是否满足通车要求,对各参建单位工作进行初步评价。

竣工验收是综合评价工程建设成果,对工程质量、参建单位和建设项目进行综合评价。

**第五条** 公路工程竣(交)工验收的依据是:

(一)批准的工程可行性研究报告;

(二)批准的工程初步设计、施工图设计及变更设计文件;

(三)批准的招标文件及合同文本;

(四)行政主管部门的有关批复、批示文件;

(五)交通部颁布的公路工程技术标准、规范、规程及国家有关部门的相关规定。

**第六条** 交工验收由项目法人负责。

竣工验收由交通主管部门按项目管理权限负责。交通部负责国家、部重点公路工程项目中100公里以上的高速公路、独立特大型桥梁和特长隧道工程的竣工验收工作;其他公路工程建设项目,由省级人民政府交通主管部门确定的相应交通主管部门负责竣工验收工作。

**第七条** 公路工程竣(交)工验收工作应当做到公正、真实和科学。

## 第二章 交工验收

**第八条** 公路工程(合同段)进行交工验收应具备以下条件:

(一)合同约定的各项内容已完成;

(二)施工单位按交通部制定的《公路工程质量检验评定标准》及相关规定的要求对工程质量自检合格;

(三)监理工程师对工程质量的评定合格;

(四)质量监督机构按交通部规定的公路工程质量鉴定办法对工程质量进行检测(必要时

可委托有相应资质的检测机构承担检测任务),并出具检测意见;

(五)竣工文件已按交通部规定的内容编制完成;

(六)施工单位、监理单位已完成本合同段的工作总结。

**第九条**　公路工程各合同段符合交工验收条件后,经监理工程师同意,由施工单位向项目法人提出申请,项目法人应及时组织对该合同段进行交工验收。

**第十条**　交工验收的主要工作内容是:

(一)检查合同执行情况;

(二)检查施工自检报告、施工总结报告及施工资料;

(三)检查监理单位独立抽检资料、监理工作报告及质量评定资料;

(四)检查工程实体,审查有关资料,包括主要产品质量的抽(检)测报告;

(五)核查工程完工数量是否与批准的设计文件相符,是否与工程计量数量一致;

(六)对合同是否全面执行、工程质量是否合格作出结论,按交通主管部门规定的格式签署合同段交工验收证书;

(七)按交通部规定的办法对设计单位、监理单位、施工单位的工作进行初步评价。

**第十一条**　项目法人负责组织公路工程各合同段的设计、监理、施工等单位参加交工验收。拟交付使用的工程,应邀请运营、养护管理单位参加。参加验收单位的主要职责是:

项目法人负责组织各合同段参建单位完成交工验收工作的各项内容,总结合同执行过程中的经验,对工程质量是否合格作出结论;

设计单位负责检查已完成的工程是否与设计相符,是否满足设计要求;

监理单位负责完成监理资料的汇总、整理,协助项目法人检查施工单位的合同执行情况,核对工程数量,科学公正地对工程质量进行评定;

施工单位负责提交竣工资料,完成交工验收准备工作。

**第十二条**　项目法人组织监理单位按《公路工程质量检验评定标准》的要求对各合同段的工程质量进行评定。

监理单位根据独立抽检资料对工程质量进行评定,当监理按规定完成的独立抽检资料不能满足评定要求时,可以采用经监理确认的施工自检资料。

项目法人根据对工程质量的检查及平时掌握的情况,对监理单位所做的工程质量评定进行审定。

**第十三条**　各合同段工程质量评分采用所含各单位工程质量评分的加权平均值。即:

工程各合同段交工验收结束后,由项目法人对整个工程项目进行工程质量评定,工程质量评分采用各合同段工程质量评分的加权平均值。即:

工程质量等级评定分为合格和不合格,工程质量评分值大于等于75分的为合格,小于75分的为不合格。

**第十四条**　公路工程各合同段验收合格后,项目法人应按交通部规定的要求及时完成项目交工验收报告,并向交通主管部门备案。国家、部重点公路工程项目中100公里以上的高速公路、独立特大型桥梁和特长隧道工程向省级人民政府交通主管部门备案,其他公路工程按省级人民政府交通主管部门的规定向相应的交通主管部门备案。

公路工程各合同段验收合格后,质量监督机构应向交通主管部门提交项目的检测报告。

交通主管部门在15天内未对备案的项目交工验收报告提出异议,项目法人可开放交通进入试运营期。试运营期不得超过3年。

**第十五条** 交工验收提出的工程质量缺陷等遗留问题,由施工单位限期完成。

## 第三章 竣工验收

**第十六条** 公路工程进行竣工验收应具备以下条件:

(一)通车试运营2年后;

(二)交工验收提出的工程质量缺陷等遗留问题已处理完毕,并经项目法人验收合格;

(三)工程决算已按交通部规定的办法编制完成,竣工决算已经审计,并经交通主管部门或其授权单位认定;

(四)竣工文件已按交通部规定的内容完成;

(五)对需进行档案、环保等单项验收的项目,已经有关部门验收合格;

(六)各参建单位已按交通部规定的内容完成各自的工作报告;

(七)质量监督机构已按交通部规定的公路工程质量鉴定办法对工程质量检测鉴定合格,并形成工程质量鉴定报告。

**第十七条** 公路工程符合竣工验收条件后,项目法人应按照项目管理权限及时向交通主管部门申请验收。交通主管部门应当自收到申请之日起30日内,对申请人递交的材料进行审查,对于不符合竣工验收条件的,应当及时退回并告知理由;对于符合验收条件的,应自收到申请文件之日起3个月内组织竣工验收。

**第十八条** 竣工验收的主要工作内容是:

(一)成立竣工验收委员会;

(二)听取项目法人、设计单位、施工单位、监理单位的工作报告;

(三)听取质量监督机构的工作报告及工程质量鉴定报告;

(四)检查工程实体质量、审查有关资料;

(五)按交通部规定的办法对工程质量进行评分,并确定工程质量等级;

(六)按交通部规定的办法对参建单位进行综合评价;

(七)对建设项目进行综合评价;

(八)形成并通过竣工验收鉴定书。

**第十九条** 竣工验收委员会由交通主管部门、公路管理机构、质量监督机构、造价管理机构等单位代表组成。大中型项目及技术复杂工程,应邀请有关专家参加。国防公路应邀请军队代表参加。

项目法人、设计单位、监理单位、施工单位、接管养护等单位参加竣工验收工作。

**第二十条** 参加竣工验收工作各方的主要职责是:

竣工验收委员会负责对工程实体质量及建设情况进行全面检查。按交通部规定的办法对工程质量进行评分,对各参建单位进行综合评价,对建设项目进行综合评价,确定工程质量和建设项目等级,形成工程竣工验收鉴定书。

项目法人负责提交项目执行报告及验收所需资料,协助竣工验收委员会开展工作;

设计单位负责提交设计工作报告,配合竣工验收检查工作;

监理单位负责提交监理工作报告，提供工程监理资料，配合竣工验收检查工作；

施工单位负责提交施工总结报告，提供各种资料，配合竣工验收检查工作。

**第二十一条**　竣工验收工程质量评分采取加权平均法计算，其中交工验收工程质量得分权值为0.2，质量监督机构工程质量鉴定得分权值为0.6，竣工验收委员会对工程质量评定得分权值为0.2。

工程质量评定得分大于等于90分为优良，小于90分且大于等于75分为合格，小于75分为不合格。

**第二十二条**　竣工验收委员会按交通部规定的办法对参建单位的工作进行综合评价。

评定得分大于等于90分且工程质量等级优良的为好，大于等于75分为中，小于75分为差。

**第二十三条**　竣工验收建设项目综合评分采取加权平均法计算，其中竣工验收工程质量得分权值为0.7，参建单位工作评价得分权值为0.3（项目法人占0.15，设计、施工、监理各占0.05）。

评定得分大于等于90分且工程质量等级优良的为优良，大于等于75分为合格，小于75分为不合格。

**第二十四条**　负责组织竣工验收的交通主管部门对通过验收的建设项目按交通部规定的要求签发《公路工程竣工验收鉴定书》。

通过竣工验收的工程，由质量监督机构依据竣工验收结论，按照交通部规定的格式对各参建单位签发工作综合评价等级证书。

## 第四章　罚　　则

**第二十五条**　项目法人违反本办法规定，对不具备交工验收条件的公路工程组织交工验收，交工验收无效，由交通主管部门责令改正。

**第二十六条**　项目法人违反本办法规定，对未进行交工验收、交工验收不合格或未备案的工程开放交通进行试运营的，由交通主管部门责令停止试运营，并予以警告处罚。

**第二十七条**　项目法人对试运营期超过3年的公路工程不申请组织竣工验收的，由交通主管部门责令改正。对责令改正后仍不申请组织竣工验收的，由交通主管部门责令停止试运营。

**第二十八条**　质量监督机构人员在验收工作中滥用职权、玩忽职守、徇私舞弊的，依法给予行政处分，构成犯罪的，依法追究刑事责任。

## 第五章　附　　则

**第二十九条**　公路工程建设项目建成后，施工单位、监理单位、项目法人应负责编制工程竣工文件、图表、资料，并装订成册，其编制费用分别由施工单位、监理单位、项目法人承担。

各合同段交工验收工作所需的费用由施工单位承担。整个建设项目竣（交）工验收期间质量监督机构进行工程质量检测所需的费用由项目法人承担。

**第三十条**　对通过验收的工程，由项目法人按照国家规定，分别向档案管理部门和公路管理机构、接管养护单位办理有关档案资料和资产移交手续。

**第三十一条** 对于规模较小、等级较低的小型项目，可将交工验收和竣工验收合并进行。规模较小、等级较低的小型项目的具体标准由省级人民政府交通主管部门结合本地区的具体情况制订。

**第三十二条** 本办法由交通部负责解释。

**第三十三条** 本办法自 2004 年 10 月 1 日起施行。交通部颁布的《公路工程竣工验收办法》（交公路发〔1995〕1081 号）同时废止。

# 26. 公路水运工程质量监督管理规定

(2017 年 9 月 4 日 交通运输部令 2017 年第 28 号)

## 第一章 总 则

**第一条** 为了加强公路水运工程质量监督管理,保证工程质量,根据《中华人民共和国公路法》《中华人民共和国港口法》《中华人民共和国航道法》《建设工程质量管理条例》等法律、行政法规,制定本规定。

**第二条** 公路水运工程质量监督管理,适用本规定。

**第三条** 本规定所称公路水运工程,是指经依法审批、核准或者备案的公路、水运基础设施的新建、改建、扩建等建设项目。

本规定所称公路水运工程质量,是指有关公路水运工程建设的法律、法规、规章、技术标准、经批准的设计文件以及工程合同对建设公路水运工程的安全、适用、经济、美观等特性的综合要求。

本规定所称从业单位,是指从事公路、水运工程建设、勘察、设计、施工、监理、试验检测等业务活动的单位。

**第四条** 交通运输部负责全国公路水运工程质量监督管理工作。交通运输部长江航务管理局按照规定的职责对长江干线航道工程质量监督管理。

县级以上地方人民政府交通运输主管部门按照规定的职责负责本行政区域内的公路水运工程质量监督管理工作。

公路水运工程质量监督管理,可以由交通运输主管部门委托的建设工程质量监督机构具体实施。

**第五条** 交通运输主管部门应当制定完善公路水运工程质量监督管理制度、政策措施,依法加强质量监督管理,提高质量监督管理水平。

**第六条** 公路水运工程建设领域鼓励和支持质量管理新理念、新技术、新方法的推广应用。

## 第二章 质量管理责任和义务

**第七条** 从业单位应当建立健全工程质量保证体系,制定质量管理制度,强化工程质量管理措施,完善工程质量目标保障机制。

公路水运工程施行质量责任终身制。建设、勘察、设计、施工、监理等单位应当书面明确相应的项目负责人和质量负责人。从业单位的相关人员按照国家法律法规和有关规定在工程合理使用年限内承担相应的质量责任。

**第八条** 建设单位对工程质量负管理责任，应当科学组织管理，落实国家法律、法规、工程建设强制性标准的规定，严格执行国家有关工程建设管理程序，建立健全项目管理责任机制，完善工程项目管理制度，严格落实质量责任制。

**第九条** 建设单位应当与勘察、设计、施工、监理等单位在合同中明确工程质量目标、质量管理责任和要求，加强对涉及质量的关键人员、施工设备等方面的合同履约管理，组织开展质量检查，督促有关单位及时整改质量问题。

**第十条** 勘察、设计单位对勘察、设计质量负责，应当按照有关规定、强制性标准进行勘察、设计，保证勘察、设计工作深度和质量。勘察单位提供的勘察成果文件应当满足工程设计的需要。设计单位应当根据勘察成果文件进行工程设计。

**第十一条** 设计单位应当按照相关规定，做好设计交底、设计变更和后续服务工作，保障设计意图在施工中得以贯彻落实，及时处理施工中与设计相关的质量技术问题。

**第十二条** 公路水运工程交工验收前，设计单位应当对工程建设内容是否满足设计要求、是否达到使用功能等方面进行综合检查和分析评价，向建设单位出具工程设计符合性评价意见。

**第十三条** 施工单位对工程施工质量负责，应当按合同约定设立现场质量管理机构、配备工程技术人员和质量管理人员，落实工程施工质量责任制。

**第十四条** 施工单位应当严格按照工程设计图纸、施工技术标准和合同约定施工，对原材料、混合料、构配件、工程实体、机电设备等进行检验；按规定施行班组自检、工序交接检、专职质检员检验的质量控制程序；对分项工程、分部工程和单位工程进行质量自评。检验或者自评不合格的，不得进入下道工序或者投入使用。

**第十五条** 施工单位应当加强施工过程质量控制，并形成完整、可追溯的施工质量管理资料，主体工程的隐蔽部位施工还应当保留影像资料。对施工中出现的质量问题或者验收不合格的工程，应当负责返工处理；对在保修范围和保修期限内发生质量问题的工程，应当履行保修义务。

**第十六条** 勘察、设计、施工单位应当依法规范分包行为，并对各自承担的工程质量负总责，分包单位对分包合同范围内的工程质量负责。

**第十七条** 监理单位对施工质量负监理责任，应当按合同约定设立现场监理机构，按规定程序和标准进行工程质量检查、检测和验收，对发现的质量问题及时督促整改，不得降低工程质量标准。

公路水运工程交工验收前，监理单位应当根据有关标准和规范要求对工程质量进行检查验证，编制工程质量评定或者评估报告，并提交建设单位。

**第十八条** 施工、监理单位应当按照合同约定设立工地临时试验室，严格按照工程技术标准、检测规范和规程，在核定的试验检测参数范围内开展试验检测活动。

施工、监理单位应当对其设立的工地临时试验室所出具的试验检测数据和报告的真实性、客观性、准确性负责。

**第十九条** 材料和设备的供应单位应当按照有关规定和合同约定对其产品或者服务质量负责。

## 第三章　监督管理

**第二十条**　公路水运工程实行质量监督管理制度。

交通运输主管部门及其委托的建设工程质量监督机构应当依据法律、法规和强制性标准等，科学、规范、公正地开展公路水运工程质量监督管理工作。任何单位和个人不得非法干预或者阻挠质量监督管理工作。

**第二十一条**　交通运输主管部门委托的建设工程质量监督机构应当满足以下基本条件：

（一）从事质量监督管理工作的专业技术人员数量不少于本单位职工总数的70%，且专业结构配置合理，满足质量监督管理工作需要，从事现场执法的人员应当按规定取得行政执法证件；

（二）具备开展质量监督管理的工作条件，按照有关装备标准配备质量监督检查所必要的检测设备、执法装备等；

（三）建立健全质量监督管理制度和工作机制，落实监督管理工作责任，加强业务培训。

质量监督管理工作经费应当由交通运输主管部门按照国家规定协调有关部门纳入同级财政预算予以保障。

**第二十二条**　交通运输主管部门或者其委托的建设工程质量监督机构依法要求建设单位按规定办理质量监督手续。

建设单位应当按照国家规定向交通运输主管部门或者其委托的建设工程质量监督机构提交以下材料，办理工程质量监督手续：

（一）公路水运工程质量监督管理登记表；

（二）交通运输主管部门批复的施工图设计文件；

（三）施工、监理合同及招投标文件；

（四）建设单位现场管理机构、人员、质量保证体系等文件；

（五）本单位以及勘察、设计、施工、监理、试验检测等单位对其项目负责人、质量负责人的书面授权委托书、质量保证体系等文件；

（六）依法要求提供的其他相关材料。

**第二十三条**　建设单位提交的材料符合规定的，交通运输主管部门或者其委托的建设工程质量监督机构应当在15个工作日内为其办理工程质量监督手续，出具公路水运工程质量监督管理受理通知书。

公路水运工程质量监督管理受理通知书中应当明确监督人员、内容和方式等。

**第二十四条**　建设单位在办理工程质量监督手续后、工程开工前，应当按照国家有关规定办理施工许可或者开工备案手续。

交通运输主管部门或者其委托的建设工程质量监督机构应当自建设单位办理完成施工许可或者开工备案手续之日起，至工程竣工验收完成之日止，依法开展公路水运工程建设的质量监督管理工作。

**第二十五条**　公路水运工程交工验收前，建设单位应当组织对工程质量是否合格进行检测，出具交工验收质量检测报告，连同设计单位出具的工程设计符合性评价意见、监理单位提交的工程质量评定或者评估报告一并提交交通运输主管部门委托的建设工程质量监督机构。

交通运输主管部门委托的建设工程质量监督机构应当对建设单位提交的报告材料进行审核，并对工程质量进行验证性检测，出具工程交工质量核验意见。

工程交工质量核验意见应当包括交工验收质量检测工作组织、质量评定或者评估程序执行、监督管理过程中发现的质量问题整改以及工程质量验证性检测结果等情况。

**第二十六条** 公路水运工程竣工验收前，交通运输主管部门委托的建设工程质量监督机构应当根据交通运输主管部门拟定的验收工作计划，组织对工程质量进行复测，并出具项目工程质量鉴定报告，明确工程质量水平；同时出具项目工程质量监督管理工作报告，对项目建设期质量监督管理工作进行全面总结。

工程质量鉴定报告应当以工程交工质量核验意见为参考，包括交工遗留问题和试运行期间出现的质量问题及整改、是否存在影响工程正常使用的质量缺陷、工程质量用户满意度调查及工程质量复测和鉴定结论等情况。

交通运输主管部门委托的建设工程质量监督机构应当将项目工程质量鉴定报告和项目工程质量监督管理工作报告提交负责组织竣工验收的交通运输主管部门。

**第二十七条** 交通运输主管部门委托的建设工程质量监督机构具备相应检测能力的，可以自行对工程质量进行检测；不具备相应检测能力的，可以委托具有相应能力等级的第三方试验检测机构负责相应检测工作。委托试验检测机构开展检测工作的，应当遵守政府采购有关法律法规的要求。

**第二十八条** 交通运输主管部门或者其委托的建设工程质量监督机构可以采取随机抽查、备案核查、专项督查等方式对从业单位实施监督检查。

公路水运工程质量监督管理工作实行项目监督责任制，可以明确专人或者设立工程项目质量监督组，实施项目质量监督管理工作。

**第二十九条** 交通运输主管部门或者其委托的建设工程质量监督机构应当制定年度工程质量监督检查计划，确定检查内容、方式、频次以及有关要求等。监督检查的内容主要包括：

（一）从业单位对工程质量法律、法规的执行情况；

（二）从业单位对公路水运工程建设强制性标准的执行情况；

（三）从业单位质量责任落实及质量保证体系运行情况；

（四）主要工程材料、构配件的质量情况；

（五）主体结构工程实体质量等情况。

**第三十条** 实施监督检查时，应当有2名以上人员参加，并出示有效执法证件。检查人员对涉及被检查单位的技术秘密和商业秘密，应当为其保密。

**第三十一条** 监督检查过程中，检查人员发现质量问题的，应当当场提出检查意见并做好记录。质量问题较为严重的，检查人员应当将检查时间、地点、内容、主要问题及处理意见形成书面记录，并由检查人员和被检查单位现场负责人签字。被检查单位现场负责人拒绝签字的，检查人员应当将情况记录在案。

**第三十二条** 交通运输主管部门或者其委托的建设工程质量监督机构履行监督检查职责时，有权采取下列措施：

（一）进入被检查单位和施工现场进行检查；

（二）询问被检查单位工作人员，要求其说明有关情况；

（三）要求被检查单位提供有关工程质量的文件和材料；

（四）对工程材料、构配件、工程实体质量进行抽样检测；

（五）对发现的质量问题，责令改正，视情节依法对责任单位采取通报批评、罚款、停工整顿等处理措施。

**第三十三条** 从业单位及其工作人员应当主动接受、配合交通运输主管部门或者其委托的建设工程质量监督机构的监督检查，不得拒绝或者阻碍。

**第三十四条** 公路水运工程发生质量事故，建设、施工单位应当按照交通运输部制定的公路水运建设工程质量事故等级划分和报告制度，及时、如实报告。交通运输主管部门或者其委托的建设工程质量监督机构接到事故报告后，应当按有关规定上报事故情况，并及时组织事故抢救，组织或者参与事故调查。

**第三十五条** 任何单位和个人都有权如实向交通运输主管部门及其委托的建设工程质量监督机构举报、投诉工程质量事故和质量问题。

**第三十六条** 交通运输主管部门应当加强对工程质量数据的统计分析，建立健全质量动态信息发布和质量问题预警机制。

**第三十七条** 交通运输主管部门应当完善公路水运工程质量信用档案，健全质量信用评价体系，加强对公路水运工程质量的信用评价管理，并按规定将有关信用信息纳入交通运输和相关统一信用信息共享平台。

**第三十八条** 交通运输主管部门应当健全违法违规信息公开制度，将从业单位及其人员的失信行为、举报投诉并被查实的质量问题、发生的质量事故、监督检查结果等情况，依法向社会公开。

## 第四章 法律责任

**第三十九条** 违反本规定第十条规定，勘察、设计单位未按照工程建设强制性标准进行勘察、设计的，设计单位未根据勘察成果文件进行工程设计的，依照《建设工程质量管理条例》第六十三条规定，责令改正，按以下标准处以罚款；造成质量事故的，责令停工整顿：

（一）工程尚未开工建设的，处10万元以上20万元以下的罚款；

（二）工程已开工建设的，处20万元以上30万元以下的罚款。

**第四十条** 违反本规定第十四条规定，施工单位不按照工程设计图纸或者施工技术标准施工的，依照《建设工程质量管理条例》第六十四条规定，责令改正，按以下标准处以罚款；情节严重的，责令停工整顿：

（一）未造成工程质量事故的，处所涉及单位工程合同价款2%的罚款；

（二）造成工程质量一般事故的，处所涉及单位工程合同价款2%以上3%以下的罚款；

（三）造成工程质量较大及以上等级事故的，处所涉及单位工程合同价款3%以上4%以下的罚款。

**第四十一条** 违反本规定第十四条规定，施工单位未按规定对原材料、混合料、构配件等进行检验的，依照《建设工程质量管理条例》第六十五条规定，责令改正，按以下标准处以罚款；情节严重的，责令停工整顿：

（一）未造成工程质量事故的，处10万元以上15万元以下的罚款；

(二)造成工程质量事故的,处15万元以上20万元以下的罚款。

**第四十二条** 违反本规定第十五条规定,施工单位对施工中出现的质量问题或者验收不合格的工程,未进行返工处理或者拖延返工处理的,责令改正,处1万元以上3万元以下的罚款。

施工单位对保修范围和保修期限内发生质量问题的工程,不履行保修义务或者拖延履行保修义务的,依照《建设工程质量管理条例》第六十六条规定,责令改正,按以下标准处以罚款:

(一)未造成工程质量事故的,处10万元以上15万元以下的罚款;

(二)造成工程质量事故的,处15万元以上20万元以下的罚款。

**第四十三条** 违反本规定第十七条规定,监理单位在监理工作中弄虚作假、降低工程质量的,或者将不合格的建设工程、建筑材料、建筑构配件和设备按照合格签字的,依照《建设工程质量管理条例》第六十七条规定,责令改正,按以下标准处以罚款,降低资质等级或者吊销资质证书;有违法所得的,予以没收:

(一)未造成工程质量事故的,处50万元以上60万元以下的罚款;

(二)造成工程质量一般事故的,处60万元以上70万元以下的罚款;

(三)造成工程质量较大事故的,处70万元以上80万元以下的罚款;

(四)造成工程质量重大及以上等级事故的,处80万元以上100万元以下的罚款。

**第四十四条** 违反本规定第十八条规定,设立工地临时实验室的单位弄虚作假、出具虚假数据报告的,责令改正,处1万元以上3万元以下的罚款。

**第四十五条** 违反本规定第二十二条规定,建设单位未按照规定办理工程质量监督手续的,依照《建设工程质量管理条例》第五十六条规定,责令改正,按以下标准处以罚款:

(一)未造成工程质量事故的,处20万元以上30万元以下的罚款;

(二)造成工程质量一般事故的,处30万元以上40万元以下的罚款;

(三)造成工程质量较大及以上等级事故的,处40万元以上50万元以下的罚款。

**第四十六条** 依照《建设工程质量管理条例》规定给予单位罚款处罚的,对单位直接负责的主管人员和其他直接责任人员处单位罚款数额5%以上10%以下的罚款。

**第四十七条** 交通运输主管部门及其委托的建设工程质量监督机构的工作人员在监督管理工作中玩忽职守、滥用职权、徇私舞弊的,依法给予处分;构成犯罪的,依法追究刑事责任。

## 第五章 附 则

**第四十八条** 乡道、村道工程建设的质量监督管理参照本规定执行。

**第四十九条** 本规定自2017年12月1日起施行。交通部于1999年2月24日发布的《公路工程质量管理办法》(交公路发〔1999〕90号)、2000年6月7日发布的《水运工程质量监督规定》(交通部令2000年第3号)和2005年5月8日发布的《公路工程质量监督规定》(交通部令2005年第4号)同时废止。

# 27. 公路水运工程安全生产监督管理办法

（2017年6月12日　交通运输部令2017年第25号）

## 第一章　总　　则

**第一条**　为了加强公路水运工程安全生产监督管理，防止和减少生产安全事故，保障人民群众生命和财产安全，根据《中华人民共和国安全生产法》《建设工程安全生产管理条例》《生产安全事故报告和调查处理条例》等法律、行政法规，制定本办法。

**第二条**　公路水运工程建设活动的安全生产行为及对其实施监督管理，应当遵守本办法。

**第三条**　本办法所称公路水运工程，是指经依法审批、核准或者备案的公路、水运基础设施的新建、改建、扩建等建设项目。

本办法所称从业单位，是指从事公路、水运工程建设、勘察、设计、施工、监理、试验检测、安全服务等工作的单位。

**第四条**　公路水运工程安全生产工作应当以人民为中心，坚持安全第一、预防为主、综合治理的方针，强化和落实从业单位的主体责任，建立从业单位负责、职工参与、政府监管、行业自律和社会监督的机制。

**第五条**　交通运输部负责全国公路水运工程安全生产的监督管理工作。

长江航务管理局承担长江干线航道工程安全生产的监督管理工作。

县级以上地方人民政府交通运输主管部门按照规定的职责负责本行政区域内的公路水运工程安全生产监督管理工作。

**第六条**　交通运输主管部门应当按照保障安全生产的要求，依法制修订公路水运工程安全应急标准体系。

**第七条**　交通运输主管部门应当建立公路水运工程从业单位和从业人员安全生产违法违规行为信息库，实行安全生产失信黑名单制度，并按规定将有关信用信息及时纳入交通运输和相关统一信用信息共享平台，依法向社会公开。

**第八条**　有关行业协会依照法律、法规、规章和协会章程，为从业单位提供有关安全生产信息、培训等服务，发挥行业自律作用，促进从业单位加强安全生产管理。

**第九条**　国家鼓励和支持公路水运工程安全生产科学技术研究成果和先进技术的推广应用，鼓励从业单位运用科技和信息化等手段对存在重大安全风险的施工部位加强监控。

**第十条**　在改善项目安全生产条件、防止生产安全事故、参加抢险救援等方面取得显著成绩的单位和个人，交通运输主管部门依法给予奖励。

## 第二章　安全生产条件

**第十一条**　从业单位从事公路水运工程建设活动，应当具备法律、法规、规章和工程建设强制性标准规定的安全生产条件。任何单位和个人不得降低安全生产条件。

**第十二条** 公路水运工程应当坚持先勘察后设计再施工的程序。施工图设计文件依法经审批后方可使用。

**第十三条** 公路水运工程施工招标文件及施工合同中应当载明项目安全管理目标、安全生产职责、安全生产条件、安全生产信用情况及专职安全生产管理人员配备的标准等要求。

**第十四条** 施工单位从事公路水运工程建设活动，应当取得安全生产许可证及相应等级的资质证书。施工单位的主要负责人和安全生产管理人员应当经交通运输主管部门对其安全生产知识和管理能力考核合格。

施工单位应当设置安全生产管理机构或者配备专职安全生产管理人员。施工单位应当根据工程施工作业特点、安全风险以及施工组织难度，按照年度施工产值配备专职安全生产管理人员，不足5000万元的至少配备1名；5000万元以上不足2亿元的按每5000万元不少于1名的比例配备；2亿元以上的不少于5名，且按专业配备。

**第十五条** 从业单位应当依法对从业人员进行安全生产教育和培训。未经安全生产教育和培训合格的从业人员，不得上岗作业。

**第十六条** 公路水运工程从业人员中的特种作业人员应当按照国家有关规定取得相应资格，方可上岗作业。

**第十七条** 施工中使用的施工机械、设施、机具以及安全防护用品、用具和配件等应当具有生产（制造）许可证、产品合格证或者法定检验检测合格证明，并设立专人查验、定期检查和更新，建立相应的资料档案。无查验合格记录的不得投入使用。

**第十八条** 特种设备使用单位应当依法取得特种设备使用登记证书，建立特种设备安全技术档案，并将登记标志置于该特种设备的显著位置。

**第十九条** 翻模、滑（爬）模等自升式架设设施，以及自行设计、组装或者改装的施工挂（吊）篮、移动模架等设施在投入使用前，施工单位应当组织有关单位进行验收，或者委托具有相应资质的检验检测机构进行验收。验收合格后方可使用。

**第二十条** 对严重危及公路水运工程生产安全的工艺、设备和材料，应当依法予以淘汰。交通运输主管部门可以会同安全生产监督管理部门联合制定严重危及公路水运工程施工安全的工艺、设备和材料的淘汰目录并对外公布。

从业单位不得使用已淘汰的危及生产安全的工艺、设备和材料。

**第二十一条** 从业单位应当保证本单位所应具备的安全生产条件必需的资金投入。

建设单位在编制工程招标文件及项目概预算时，应当确定保障安全作业环境及安全施工措施所需的安全生产费用，并不得低于国家规定的标准。

施工单位在工程投标报价中应当包含安全生产费用并单独计提，不得作为竞争性报价。

安全生产费用应当经监理工程师审核签认，并经建设单位同意后，在项目建设成本中据实列支，严禁挪用。

**第二十二条** 公路水运工程施工现场的办公、生活区与作业区应当分开设置，并保持安全距离。办公、生活区的选址应当符合安全性要求，严禁在已发现的泥石流影响区、滑坡体等危险区域设置施工驻地。

施工作业区应当根据施工安全风险辨识结果，确定不同风险等级的管理要求，合理布设。

在风险等级较高的区域应当设置警戒区和风险告知牌。

施工作业点应当设置明显的安全警示标志，按规定设置安全防护设施。施工便道便桥、临时码头应当满足通行和安全作业要求，施工便桥和临时码头还应当提供临边防护和水上救生等设施。

**第二十三条** 施工单位与从业人员订立的劳动合同，应当载明有关保障从业人员劳动安全、防止职业危害等事项。施工单位还应当向从业人员书面告知危险岗位的操作规程。

施工单位应当向作业人员提供符合标准的安全防护用品，监督、教育从业人员按照使用规则佩戴、使用。

**第二十四条** 公路水运工程建设应当实施安全生产风险管理，按规定开展设计、施工安全风险评估。

设计单位应当依据风险评估结论，对设计方案进行修改完善。

施工单位应当依据风险评估结论，对风险等级较高的分部分项工程编制专项施工方案，并附安全验算结果，经施工单位技术负责人签字后报监理工程师批准执行。

必要时，施工单位应当组织专家对专项施工方案进行论证、审核。

**第二十五条** 建设、施工等单位应当针对工程项目特点和风险评估情况分别制定项目综合应急预案、合同段施工专项应急预案和现场处置方案，告知相关人员紧急避险措施，并定期组织演练。

施工单位应当依法建立应急救援组织或者指定工程现场兼职的、具有一定专业能力的应急救援人员，配备必要的应急救援器材、设备和物资，并进行经常性维护、保养。

**第二十六条** 从业单位应当依法参加工伤保险，为从业人员缴纳保险费。

鼓励从业单位投保安全生产责任保险和意外伤害保险。

## 第三章 安全生产责任

**第二十七条** 从业单位应当建立健全安全生产责任制，明确各岗位的责任人员、责任范围和考核标准等内容。从业单位应当建立相应的机制，加强对安全生产责任制落实情况的监督考核。

**第二十八条** 建设单位对公路水运工程安全生产负管理责任。依法开展项目安全生产条件审核，按规定组织风险评估和安全生产检查。根据项目风险评估等级，在工程沿线受影响区域作出相应风险提示。

建设单位不得对勘察、设计、监理、施工、设备租赁、材料供应、试验检测、安全服务等单位提出不符合安全生产法律、法规和工程建设强制性标准规定的要求。不得违反或者擅自简化基本建设程序。不得随意压缩工期。工期确需调整的，应当对影响安全的风险进行论证和评估，经合同双方协商一致，提出相应的施工组织和安全保障措施。

**第二十九条** 勘察单位应当按照法律、法规、规章、工程建设强制性标准和合同文件进行实地勘察，针对不良地质、特殊性岩土、有毒有害气体等不良情形或者其他可能引发工程生产安全事故的情形加以说明并提出防治建议。

勘察单位提交的勘察文件必须真实、准确，满足公路水运工程安全生产的需要。

勘察单位及勘察人员对勘察结论负责。

**第三十条** 设计单位应当按照法律、法规、规章、工程建设强制性标准和合同文件进行设计,防止因设计不合理导致生产安全事故的发生。

设计单位应当考虑施工安全操作和防护的需要,对涉及施工安全的重点部位和环节在设计文件中加以注明,提出安全防范意见。依据设计风险评估结论,对存在较高安全风险的工程部位还应当增加专项设计,并组织专家进行论证。

采用新结构、新工艺、新材料的工程和特殊结构工程,设计单位应当在设计文件中提出保障施工作业人员安全和预防生产安全事故的措施建议。

设计单位和设计人员应当对其设计负责,并按合同要求做好安全技术交底和现场服务。

**第三十一条** 监理单位应当按照法律、法规、规章、工程建设强制性标准和合同文件进行监理,对工程安全生产承担监理责任。

监理单位应当审核施工项目安全生产条件,审查施工组织设计中安全措施和专项施工方案。在实施监理过程中,发现存在安全事故隐患的,应当要求施工单位整改;情节严重的,应当下达工程暂停令,并及时报告建设单位。施工单位拒不整改或者不停止施工的,监理单位应当及时向有关主管部门书面报告,并有权拒绝计量支付审核。

监理单位应当如实记录安全事故隐患和整改验收情况,对有关文字、影像资料应当妥善保存。

**第三十二条** 依合同承担试验检测或者施工监测的单位应当按照法律、法规、规章、工程建设强制性标准和合同文件开展工作。所提交的试验检测或者施工监测数据应当真实、准确,数据出现异常时应当及时向合同委托方报告。

**第三十三条** 依法设立的为安全生产提供技术、管理服务的机构,依照法律、法规、规章和执业准则,接受从业单位的委托为其安全生产工作提供技术、管理服务。

从业单位委托前款规定的机构提供安全生产技术、管理服务的,保障安全生产的责任仍由本单位负责。

**第三十四条** 施工单位应当按照法律、法规、规章、工程建设强制性标准和合同文件组织施工,保障项目施工安全生产条件,对施工现场的安全生产负主体责任。施工单位主要负责人依法对项目安全生产工作全面负责。

建设工程实行施工总承包的,由总承包单位对施工现场的安全生产负总责。分包单位应当服从总承包单位的安全生产管理,分包单位不服从管理导致生产安全事故的,由分包单位承担主要责任。

**第三十五条** 施工单位应当书面明确本单位的项目负责人,代表本单位组织实施项目施工生产。

项目负责人对项目安全生产工作负有下列职责:

(一)建立项目安全生产责任制,实施相应的考核与奖惩;

(二)按规定配足项目专职安全生产管理人员;

(三)结合项目特点,组织制定项目安全生产规章制度和操作规程;

(四)组织制定项目安全生产教育和培训计划;

(五)督促项目安全生产费用的规范使用;

(六)依据风险评估结论,完善施工组织设计和专项施工方案;

（七）建立安全预防控制体系和隐患排查治理体系，督促、检查项目安全生产工作，确认重大事故隐患整改情况；

（八）组织制定本合同段施工专项应急预案和现场处置方案，并定期组织演练；

（九）及时、如实报告生产安全事故并组织自救。

**第三十六条**　施工单位的专职安全生产管理人员履行下列职责：

（一）组织或者参与拟订本单位安全生产规章制度、操作规程，以及合同段施工专项应急预案和现场处置方案；

（二）组织或者参与本单位安全生产教育和培训，如实记录安全生产教育和培训情况；

（三）督促落实本单位施工安全风险管控措施；

（四）组织或者参与本合同段施工应急救援演练；

（五）检查施工现场安全生产状况，做好检查记录，提出改进安全生产标准化建设的建议；

（六）及时排查、报告安全事故隐患，并督促落实事故隐患治理措施；

（七）制止和纠正违章指挥、违章操作和违反劳动纪律的行为。

**第三十七条**　施工单位应当推进本企业承接项目的施工场地布置、现场安全防护、施工工艺操作、施工安全管理活动记录等方面的安全生产标准化建设，并加强对安全生产标准化实施情况的自查自纠。

**第三十八条**　施工单位应当根据施工规模和现场消防重点建立施工现场消防安全责任制度，确定消防安全责任人，制定消防管理制度和操作规程，设置消防通道，配备相应的消防设施、物资和器材。

施工单位对施工现场临时用火、用电的重点部位及爆破作业各环节应当加强消防安全检查。

**第三十九条**　施工单位应当将专业分包单位、劳务合作单位的作业人员及实习人员纳入本单位统一管理。

新进人员和作业人员进入新的施工现场或者转入新的岗位前，施工单位应当对其进行安全生产培训考核。

施工单位采用新技术、新工艺、新设备、新材料的，应当对作业人员进行相应的安全生产教育培训，生产作业前还应当开展岗位风险提示。

**第四十条**　施工单位应当建立健全安全生产技术分级交底制度，明确安全技术分级交底的原则、内容、方法及确认手续。

分项工程实施前，施工单位负责项目管理的技术人员应当按规定对有关安全施工的技术要求向施工作业班组、作业人员详细说明，并由双方签字确认。

**第四十一条**　施工单位应当按规定开展安全事故隐患排查治理，建立职工参与的工作机制，对隐患排查、登记、治理等全过程闭合管理情况予以记录。事故隐患排查治理情况应当向从业人员通报，重大事故隐患还应当按规定上报和专项治理。

**第四十二条**　事故发生单位应当依法如实向项目建设单位和负有安全生产监督管理职责的有关部门报告。不得隐瞒不报、谎报或者迟报。

发生生产安全事故，施工单位负责人接到事故报告后，应当迅速组织抢救，减少人员伤亡，防止事故扩大。组织抢救时，应当妥善保护现场，不得故意破坏事故现场、毁灭有关证据。

事故调查处置期间，事故发生单位的负责人、项目主要负责人和有关人员应当配合事故调查，不得擅离职守。

**第四十三条** 作业人员应当遵守安全施工的规章制度和操作规程，正确使用安全防护用具、机械设备。发现安全事故隐患或者其他不安全因素，应当向现场专（兼）职安全生产管理人员或者本单位项目负责人报告。

作业人员有权了解其作业场所和工作岗位存在的风险因素、防范措施及事故应急措施，有权对施工现场存在的安全问题提出检举和控告，有权拒绝违章指挥和强令冒险作业。

在施工中发生可能危及人身安全的紧急情况时，作业人员有权立即停止作业或者在采取可能的应急措施后撤离危险区域。

## 第四章 监督管理

**第四十四条** 交通运输主管部门应当对公路水运工程安全生产行为和下级交通运输主管部门履行安全生产监督管理职责情况进行监督检查。

交通运输主管部门应当依照安全生产法律、法规、规章及工程建设强制性标准，制定年度监督检查计划，确定检查重点、内容、方式和频次。加强与其他安全生产监管部门的合作，推进联合检查执法。

**第四十五条** 交通运输主管部门对公路水运工程安全生产行为的监督检查主要包括下列内容：

（一）被检查单位执行法律、法规、规章及工程建设强制性标准情况；

（二）本办法规定的项目安全生产条件落实情况；

（三）施工单位在施工场地布置、现场安全防护、施工工艺操作、施工安全管理活动记录等方面的安全生产标准化建设推进情况。

**第四十六条** 交通运输主管部门在职责范围内开展安全生产监督检查时，有权采取下列措施：

（一）进入被检查单位进行检查，调阅有关工程安全管理的文件和相关照片、录像及电子文本等资料，向有关单位和人员了解情况；

（二）进入被检查单位施工现场进行监督抽查；

（三）责令相关单位立即或者限期停止、改正违法行为；

（四）法律、行政法规规定的其他措施。

**第四十七条** 交通运输主管部门对监督检查中发现的安全问题或者安全事故隐患，应当根据情况作出如下处理：

（一）被检查单位存在安全管理问题需要整改的，以书面方式通知存在问题的单位限期整改；

（二）发现严重安全生产违法行为的，予以通报，并按规定依法实施行政处罚或者移交有关部门处理；

（三）被检查单位存在安全事故隐患的，责令立即排除；重大事故隐患排除前或者排除过程中无法保证安全的，责令其从危险区域撤出作业人员，暂时停止施工，并按规定专项治理，纳入重点监管的失信黑名单；

（四）被检查单位拒不执行交通运输主管部门依法作出的相关行政决定，有发生生产安全事故的现实危险的，在保证安全的前提下，经本部门负责人批准，可以提前24小时以书面方式通知有关单位和被检查单位，采取停止供电、停止供应民用爆炸物品等措施，强制被检查单位履行决定；

（五）因建设单位违规造成重大生产安全事故的，对全部或者部分使用财政性资金的项目，可以建议相关职能部门暂停项目执行或者暂缓资金拨付；

（六）督促负有直接监督管理职责的交通运输主管部门，对存在安全事故隐患整改不到位的被检查单位主要负责人约谈警示；

（七）对违反本办法有关规定的行为实行相应的安全生产信用记录，对列入失信黑名单的单位及主要责任人按规定向社会公布；

（八）法律、行政法规规定的其他措施。

**第四十八条**　交通运输主管部门执行监督检查任务时，应当将检查的时间、地点、内容、发现的问题及其处理情况作出书面记录，并由检查人员和被检查单位的负责人签字。被检查单位负责人拒绝签字的，检查人员应当将情况记录在案，向本单位领导报告，并抄告被检查单位所在的企业法人。

**第四十九条**　交通运输主管部门对有下列情形之一的从业单位及其直接负责的主管人员和其他直接责任人员给予违法违规行为失信记录并对外公开，公开期限一般自公布之日起12个月：

（一）因违法违规行为导致工程建设项目发生一般及以上等级的生产安全责任事故并承担主要责任的；

（二）交通运输主管部门在监督检查中，发现因从业单位违法违规行为导致工程建设项目存在安全事故隐患的；

（三）存在重大事故隐患，经交通运输主管部门指出或者责令限期消除，但从业单位拒不采取措施或者未按要求消除隐患的；

（四）对举报或者新闻媒体报道的违法违规行为，经交通运输主管部门查实的；

（五）交通运输主管部门依法认定的其他违反安全生产相关法律法规的行为。

对违法违规行为情节严重的从业单位及主要责任人员，应当列入安全生产失信黑名单，将具体情节抄送相关行业主管部门。

**第五十条**　交通运输主管部门在专业性较强的监督检查中，可以委托具备相应资质能力的机构或者专家开展检查、检测和评估，所需费用按照本级政府购买服务的相关程序要求进行申请。

**第五十一条**　交通运输主管部门应当健全工程建设安全监管制度，协调有关部门依法保障监督执法经费和装备，加强对监督管理人员的教育培训，提高执法水平。

监督管理人员应当忠于职守，秉公执法，坚持原则。

**第五十二条**　交通运输主管部门在进行安全生产责任追究时，被问责部门及其工作人员按照法律、法规、规章和工程建设强制性标准规定的方式、程序、计划已经履行安全生产督查职责，但仍有下列情形之一的，可不承担责任：

（一）对发现的安全生产违法行为和安全事故隐患已经依法查处，因从业单位及其从业人员拒不执行导致生产安全责任事故的；

（二）从业单位非法生产或者经责令停工整顿后仍不具备安全生产条件，已经依法提请县级以上地方人民政府决定中止或者取缔施工的；

（三）对拒不执行行政处罚决定的从业单位，已经依法申请人民法院强制执行的；

（四）工程项目中止施工后发生生产安全责任事故的；

（五）因自然灾害等不可抗力导致生产安全事故的；

（六）依法不承担责任的其他情形。

**第五十三条** 交通运输主管部门应当建立举报制度，及时受理对公路水运工程生产安全事故、事故隐患以及监督检查人员违法行为的检举、控告和投诉。

任何单位或者个人对安全事故隐患、安全生产违法行为或者事故险情等，均有权向交通运输主管部门报告或者举报。

## 第五章 法律责任

**第五十四条** 从业单位及相关责任人违反本办法规定，国家有关法律、行政法规对其法律责任有规定的，适用其规定；没有规定的，由交通运输主管部门根据各自的职责按照本办法规定进行处罚。

**第五十五条** 从业单位及相关责任人违反本办法规定，有下列行为之一的，责令限期改正；逾期未改正的，对从业单位处1万元以上3万元以下的罚款；构成犯罪的，依法移送司法部门追究刑事责任：

（一）从业单位未全面履行安全生产责任，导致重大事故隐患的；

（二）未按规定开展设计、施工安全风险评估，或者风险评估结论与实际情况严重不符，导致重大事故隐患未被及时发现的；

（三）未按批准的专项施工方案进行施工，导致重大事故隐患的；

（四）在已发现的泥石流影响区、滑坡体等危险区域设置施工驻地，导致重大事故隐患的。

**第五十六条** 施工单位有下列行为之一的，责令限期改正，可以处5万元以下的罚款；逾期未改正的，责令停产停业整顿，并处5万元以上10万元以下的罚款，对其直接负责的主管人员和其他直接责任人员处1万元以上2万元以下的罚款：

（一）未按照规定设置安全生产管理机构或者配备安全生产管理人员的；

（二）主要负责人和安全生产管理人员未按照规定经考核合格的。

**第五十七条** 交通运输主管部门及其工作人员违反本办法规定，有下列情形之一的，对直接负责的主管人员和其他直接责任人员依法给予行政处分；构成犯罪的，依法移送司法部门追究刑事责任：

（一）发现公路水运工程重大事故隐患、生产安全事故不予查处的；

（二）对涉及施工安全的重大检举、投诉不依法及时处理的；

（三）在监督检查过程中索取或者接受他人财物，或者谋取其他利益的。

## 第六章 附 则

**第五十八条** 地方人民政府对农村公路建设的安全生产另有规定的，适用其规定。

**第五十九条**　本办法自2017年8月1日起施行。交通部于2007年2月14日以交通部令2007年第1号发布、交通运输部于2016年3月7日以交通运输部令2016年第9号修改的《公路水运工程安全生产监督管理办法》同时废止。

# 28. 公路水运工程监理企业资质管理规定

（2022 年 4 月 3 日　交通运输部令 2022 年第 12 号）

## 第一章　总　　则

**第一条**　为加强公路、水运工程监理企业的资质管理，规范公路、水运建设市场秩序，保证公路、水运工程建设质量，根据《建设工程质量管理条例》，制定本规定。

**第二条**　公路、水运工程监理企业资质的取得及监督管理，适用本规定。

**第三条**　从事公路、水运工程监理活动，应当按照本规定取得相应的公路工程监理企业资质、水运工程监理企业资质，并在业务范围内开展监理业务。

**第四条**　交通运输部负责全国公路、水运工程监理企业资质监督管理工作。

县级以上地方人民政府交通运输主管部门根据职责负责本行政区域内公路、水运工程监理企业资质监督管理工作。

## 第二章　资质等级分类、业务范围和申请条件

**第五条**　公路、水运工程监理企业资质均分为甲级、乙级和机电专项。

**第六条**　公路工程监理企业资质的业务范围分为：

（一）甲级资质可在全国范围内从事一、二、三类公路工程的监理业务；

（二）乙级资质可在全国范围内从事二、三类公路工程的监理业务；

（三）机电专项资质可在全国范围内从事各类型公路机电工程的监理业务。

水运工程监理企业资质的业务范围分为：

（一）甲级资质可在全国范围内从事大、中、小型水运工程的监理业务；

（二）乙级资质可在全国范围内从事中、小型水运工程的监理业务；

（三）机电专项资质可在全国范围内从事各类型水运机电工程的监理业务。

公路、水运工程监理业务的分类标准见附件 1。

**第七条**　申请公路、水运工程监理企业资质的单位，应当是经依法登记注册的企业法人，并具备第八条至第十三条规定的相应资质条件。

申请人作为工程质量安全事故当事人的，应当经有关主管部门认定无责任，或者虽受相关行政处罚但已履行完毕。

**第八条**　申请公路工程甲级监理企业资质的单位，应当具备下列条件：

（一）人员同时满足下列要求：

1. 企业负责人中不少于 1 人具备 10 年及以上公路工程建设经历，具备监理工程师资格；技术负责人中不少于 1 人具备 15 年及以上公路工程建设经历，具备一类公路工程监理业绩的

总监理工程师经历，具备公路或者相关专业高级技术职称和监理工程师资格。上述人员与企业签订的劳动合同期限均不少于3年。

2.企业拥有中级及以上技术职称专业技术人员不少于50人，其中持监理工程师资格证书的人员不少于30人，工程系列高级技术职称人员不少于10人，经济师、会计师或者造价工程师不少于3人。上述各类人员中，与企业签订3年及以上劳动合同的人数均不低于70%。

（二）业绩满足下列要求之一：

1.企业具备不少于5项二类公路工程监理业绩，其中桥梁、隧道工程监理业绩不超过2项。持监理工程师资格证书的人员中，不少于10人具备2项一类公路工程监理业绩，不少于3人具备一类公路工程监理业绩的总监理工程师或者驻地监理工程师经历，上述人员与企业签订的劳动合同期限均不少于3年。

2.企业具备1项一类和不少于2项二类公路工程监理业绩。

3.企业具备不少于2项一类公路工程监理业绩。

（三）拥有与业务范围相适应的试验检测仪器设备（见附件2）。

（四）企业信誉良好。有两期及以上公路建设市场全国综合信用评价结果的，最近两期评价等级均不低于B级且其中一期不低于A级；只有一期评价结果的，评价等级不低于B级且申请前一年内未发现存在严重不良行为；无评价结果的，申请前一年内未发现存在严重不良行为。

**第九条**　申请公路工程乙级监理企业资质的单位，应当具备下列条件：

（一）人员同时满足下列要求：

1.企业负责人中不少于1人具备5年及以上公路工程建设经历，具备监理工程师资格；技术负责人中不少于1人具备8年及以上公路工程建设经历，具备公路工程监理业绩的总监理工程师经历，具备监理工程师资格。上述人员与企业签订的劳动合同期限均不少于3年。

2.企业拥有中级及以上技术职称专业技术人员不少于20人，其中持监理工程师资格证书的人员不少于10人，工程系列高级技术职称人员不少于3人，经济师、会计师或者造价工程师不少于1人。上述各类人员中，与企业签订3年及以上劳动合同的人数均不低于70%。

（二）业绩满足下列要求之一：

1.持监理工程师资格证书的人员中，不少于4人具备2项公路工程监理业绩，且与企业签订的劳动合同期限不少于3年。

2.企业具备不少于1项二类公路工程监理业绩或者不少于2项三类公路工程监理业绩。

（三）拥有与业务范围相适应的试验检测仪器设备（见附件2）。

（四）企业信誉良好。有两期及以上公路建设市场全国综合信用评价结果的，最近两期评价等级均不低于B级；只有一期评价结果的，评价等级不低于B级且申请前一年内未发现存在严重不良行为；无评价结果的，申请前一年内或者企业成立至申请前未发现存在严重不良行为。

**第十条**　申请公路工程机电专项监理企业资质的单位，应当具备下列条件：

（一）人员同时满足下列要求：

1.企业负责人中不少于1人具备10年及以上公路机电工程建设经历，具备监理工程师资格；技术负责人中不少于1人具备15年及以上公路机电工程建设经历，具备公路机电工程监理业绩的总监理工程师经历,具备机电专业高级技术职称和监理工程师资格。上述人员与企业签订的劳动合同期限均不少于3年。

2.企业拥有中级及以上技术职称专业技术人员不少于30人,其中持监理工程师资格证书的人员不少于12人,工程系列高级技术职称人员不少于10人,经济师、会计师或者造价工程师不少于2人。上述各类人员中,与企业签订3年及以上劳动合同的人数均不低于70%。

(二)业绩满足下列要求之一:

1.持监理工程师资格证书的人员中,不少于6人具备公路机电工程监理业绩,不少于3人具备公路机电工程监理业绩的总监理工程师或者驻地监理工程师经历,上述人员与企业签订的劳动合同期限均不少于3年。

2.企业具备不少于2项公路机电工程监理业绩。

(三)拥有与业务范围相适应的试验检测仪器设备(见附件2)。

(四)企业信誉良好。有两期及以上公路建设市场全国综合信用评价结果的,最近两期评价等级均不低于B级;只有一期评价结果的,评价等级不低于B级且申请前一年内未发现存在严重不良行为;无评价结果的,申请前一年内或者企业成立至申请前未发现存在严重不良行为。

**第十一条** 申请水运工程甲级监理企业资质的单位,应当具备下列条件:

(一)人员同时满足下列要求:

1.企业负责人中不少于1人具备10年及以上水运工程建设经历,具备监理工程师资格;技术负责人中不少于1人具备15年及以上水运工程建设经历,具备大型水运工程监理业绩的总监理工程师经历,具备水运或者相关专业高级技术职称和监理工程师资格。上述人员与企业签订的劳动合同期限均不少于3年。

2.企业拥有中级及以上技术职称专业技术人员不少于40人,其中持监理工程师资格证书的人员不少于25人,工程系列高级技术职称人员不少于10人,经济师、会计师或者造价工程师不少于2人。上述各类人员中,与企业签订3年及以上劳动合同的人数均不低于70%。

(二)业绩满足下列要求之一:

1.企业具备不少于5项中型水运工程监理业绩。持监理工程师资格证书的人员中,不少于9人具备大型水运工程监理业绩,不少于3人具备大型水运工程监理业绩的总监理工程师或者总监理工程师代表经历,上述人员与企业签订的劳动合同期限均不少于3年。

2.企业具备1项大型和不少于2项中型水运工程监理业绩。

3.企业具备不少于2项大型水运工程监理业绩。

(三)拥有与业务范围相适应的试验检测仪器设备(见附件2)。

(四)企业信誉良好。有两期及以上水运建设市场全国综合信用评价结果的,最近两期评价等级均不低于B级且其中一期不低于A级;只有一期评价结果的,评价等级不低于B级且申请前一年内未发现存在严重不良行为;无评价结果的,申请前一年内未发现存在严重不良行为。

**第十二条** 申请水运工程乙级监理企业资质的单位,应当具备下列条件:

(一)人员同时满足下列要求:

1.企业负责人中不少于1人具备5年及以上水运工程建设经历,具备监理工程师资格;技

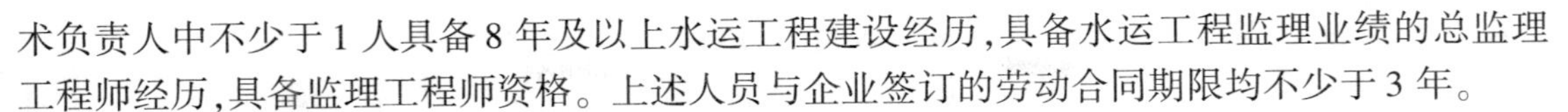

术负责人中不少于1人具备8年及以上水运工程建设经历，具备水运工程监理业绩的总监理工程师经历，具备监理工程师资格。上述人员与企业签订的劳动合同期限均不少于3年。

2. 企业拥有中级及以上技术职称专业技术人员不少于20人，其中持监理工程师资格证书的人员不少于10人，工程系列高级技术职称人员不少于3人，经济师、会计师或者造价工程师不少于1人。上述各类人员中，与企业签订3年及以上劳动合同的人数均不低于70%。

（二）业绩满足下列要求之一：

1. 持监理工程师资格证书的人员中，不少于4人具备水运工程监理业绩，不少于2人具备水运工程监理业绩的总监理工程师或者总监理工程师代表经历，不少于1人具备中型及以上水运工程监理业绩的总监理工程师或者总监理工程师代表经历。上述人员与企业签订的劳动合同期限均不少于3年。

2. 企业具备不少于1项中型水运工程监理业绩或者不少于2项小型水运工程监理业绩。

（三）拥有与业务范围相适应的试验检测仪器设备（见附件2）。

（四）企业信誉良好。有两期及以上水运建设市场全国综合信用评价结果的，最近两期评价等级均不低于B级；只有一期评价结果的，评价等级不低于B级且申请前一年内未发现存在严重不良行为；无评价结果的，申请前一年内或者企业成立至申请前未发现存在严重不良行为。

**第十三条**　申请水运工程机电专项监理企业资质的单位，应当具备下列条件：

（一）人员同时满足下列要求：

1. 企业负责人中不少于1人具备10年及以上水运机电工程建设经历，具备监理工程师资格；技术负责人中不少于1人具备15年及以上水运机电工程建设经历，具备水运机电工程监理业绩的总监理工程师经历，具备机电专业高级技术职称和监理工程师资格。上述人员与企业签订的劳动合同期限均不少于3年。

2. 企业拥有中级及以上技术职称专业技术人员不少于25人，其中持监理工程师资格证书的人员不少于12人，工程系列高级技术职称人员不少于10人，经济师、会计师或者造价工程师不少于2人。上述各类人员中，与企业签订3年及以上劳动合同的人数均不低于70%。

（二）业绩满足下列要求之一：

1. 持监理工程师资格证书的人员中，不少于6人具备水运机电工程监理业绩，不少于3人具备水运机电工程监理业绩的总监理工程师或者总监理工程师代表经历，上述人员与企业签订的劳动合同期限均不少于3年。

2. 企业具备不少于2项水运机电工程监理业绩。

（三）拥有与业务范围相适应的试验检测仪器设备（见附件2）。

（四）企业信誉良好。有两期及以上水运建设市场全国综合信用评价结果的，最近两期评价等级均不低于B级；只有一期评价结果的，评价等级不低于B级且申请前一年内未发现存在严重不良行为；无评价结果的，申请前一年内或者企业成立至申请前未发现存在严重不良行为。

## 第三章　申请与许可

**第十四条**　交通运输部负责公路工程甲级和机电专项监理企业资质的行政许可工作。申请人注册地的省级人民政府交通运输主管部门负责公路工程乙级监理企业资质，水运工程甲级、乙级和机电专项监理企业资质的行政许可工作。

**第十五条** 申请人申请公路、水运工程监理企业资质，应当向第十四条规定的许可机关提交下列申请材料或者信息：

（一）公路水运工程监理企业资质申请表；

（二）企业统一社会信用代码；

（三）相关的企业负责人、技术负责人以及专业技术人员名单；

（四）企业、人员从业业绩清单；

（五）试验检测仪器设备清单。

申请人应当通过全国公路、水运相关管理系统在线申请，将前款规定的材料或者信息相应录入系统，并对其提交材料或者信息的真实性负责。

全国公路、水运相关管理系统应当向社会公开，接受社会监督。

**第十六条** 许可机关应当按照《交通行政许可实施程序规定》开展许可工作。准予许可的，颁发相应的公路、水运工程监理企业资质纸质证书和电子证书。

电子证书与纸质证书全国通用，具有同等法律效力。

**第十七条** 许可机关在作出行政许可决定的过程中可以聘请专家对申请材料进行评审，并且将评审结果向社会公示。

专家评审的时间不计算在许可期限内，但应当将专家评审需要的时间告知申请人。专家评审的时间最长不得超过三十日。

**第十八条** 许可机关应当组建资质评审专家库，做好专家库的维护、使用和监督管理工作。

许可机关聘请的评审专家应当从其建立的资质评审专家库中选定，并符合回避要求。因回避等原因资质评审专家库难以满足需要的，许可机关可以从其他资质评审专家库中确定评审专家。

参与评审的专家应当履行公正评审、保守企业商业秘密的义务。

**第十九条** 许可机关作出的准予许可决定，应当向社会公开，公众有权查阅。

**第二十条** 资质证书有效期为五年。

资质证书有效期届满，企业拟继续从事监理业务的，应当在资质证书有效期届满六十日前，向许可机关提出延续申请。

**第二十一条** 许可机关对提出资质证书延续申请企业的各项条件进行审查，自收到申请之日起二十个工作日内作出是否准予延续的决定。符合资质条件的，许可机关准予资质证书延续五年。

**第二十二条** 监理企业在领取新的资质证书时，应当将原资质证书交回许可机关。

**第二十三条** 公路工程乙级监理企业资质、水运工程乙级监理企业资质、水运工程机电专项监理企业资质实行告知承诺制，许可机关制作并公布告知承诺书格式文本，申请人可自主选择是否采用告知承诺制方式办理。

申请人自愿承诺符合资质条件并按要求提交材料的，许可机关应当当场作出许可决定。

申请人不愿承诺或者无法承诺的，按照本章规定的一般程序办理。

**第二十四条** 许可机关以告知承诺方式作出许可决定的，应当及时组织对申请人履行承诺情况进行检查。

发现申请人违反承诺的，许可机关应当责令限期整改。逾期不整改或者整改后仍不符合承诺的资质条件的，应当依照《中华人民共和国行政许可法》撤销其资质许可。

## 第四章　监 督 检 查

**第二十五条**　各级人民政府交通运输主管部门根据职责对监理企业实施监督检查，强化动态核查，原则上采取随机抽取检查对象、检查人员的方式，通过信息化手段加强事中事后监管，监督检查结果及时向社会公布。

交通运输主管部门进行监督检查时，相关单位和个人应当配合。

**第二十六条**　已取得资质许可的监理企业不再符合相应资质条件的，许可机关应当责令其限期整改，并将整改要求、整改结果等相关情况向社会公布。

**第二十七条**　有下列情形之一的，监理企业应当及时将纸质证书交回许可机关，许可机关应当一并注销纸质证书和电子证书，并向社会公开：

（一）未按照规定期限申请延续或者延续申请未获批准的；

（二）企业依法终止的；

（三）资质许可依法被撤销、撤回或者资质证书依法被吊销的；

（四）法律、法规规定的应当注销资质许可的其他情形。

**第二十八条**　监理企业遗失资质证书，应当在公开媒体和许可机关指定的网站上声明作废，并向许可机关申请办理补证手续。

**第二十九条**　监理企业的名称、住所、法定代表人等一般事项发生变更的，应当在变更事项发生后十日内向许可机关申请签注变更。

监理企业发生合并、分立、重组、改制等情形需要承继原资质证书的，应当在十日内向许可机关申请重大事项变更。许可机关受理申请后，应当对申请人是否符合原资质条件进行核定，符合原资质条件的，可以承继原资质证书，但不得超过注明的有效期；不符合原资质条件的，应当重新提交资质申请。不再承继原资质证书的，应当及时办理注销手续。

**第三十条**　监理企业违反本规定，由交通运输主管部门依据《建设工程质量管理条例》及有关规定给予相应处罚。申请人在资质申请过程中的违法违规行为，纳入信用管理。

**第三十一条**　交通运输主管部门工作人员在资质许可和监督管理工作中玩忽职守、滥用职权、徇私舞弊等严重失职的，由所在单位或者其上级机关依照国家有关规定给予行政处分；构成犯罪的，依法追究刑事责任。

## 第五章　附　　则

**第三十二条**　纸质证书由许可机关按照交通运输部规定的统一格式制作，电子证书的制作、使用和管理按照交通运输部有关规定执行。

**第三十三条**　本规定自 2022 年 6 月 1 日起施行。2018 年 5 月 17 日以交通运输部令 2018 年第 7 号发布的《公路水运工程监理企业资质管理规定》、2019 年 11 月 28 日以交通运输部令 2019 年第 37 号发布的《关于修改〈公路水运工程监理企业资质管理规定〉的决定》同时废止。

附件1

## 一、公路工程监理业务分类标准

| 分　类 | 一　类 | 二　类 | 三　类 |
|---|---|---|---|
| 1. 路基路面工程 | 高速公路 | 一级公路 | 除高速公路、一级公路外的其他公路 |
| 2. 桥梁工程 | 特大桥 | 大桥、中桥 | 小桥、涵洞 |
| 3. 隧道工程 | 特长隧道、长隧道 | 中隧道 | 短隧道 |

注：1. 本标准使用术语含义与交通运输部《公路工程技术标准》（JTG B01—2014）规定一致。

2. 分类标准中的工程，包含配套的交通安全设施、服务设施和管理养护设施，但不包含公路机电工程的内容。

## 二、水运工程监理业务分类标准

| 序号 | 建设项目 | | | 单　位 | 大　型 | 中　型 | 小　型 |
|---|---|---|---|---|---|---|---|
| 1 | 港口工程 | 集装箱码头 | 沿海 | 吨级 | ≥100000 | 10000～100000 | <10000 |
| | | | 内河 | 吨级 | ≥1000 | <1000 | — |
| | | 散货码头 | 沿海 | 吨级 | ≥50000 | 10000～50000 | <10000 |
| | | | 内河 | 吨级 | ≥1000 | 500～1000 | <500 |
| | | 件杂货、滚装、客运等多用途码头 | 沿海 | 吨级 | ≥10000 | 3000～10000 | <3000 |
| | | | 内河 | 吨级 | ≥1000 | 500～1000 | <500 |
| | | 原油码头 | 沿海 | 吨级 | ≥50000 | 10000～50000 | <10000 |
| | | | 内河 | 吨级 | ≥1000 | <1000 | — |
| | | 化学品、成品油、气等危险品码头 | | 吨级 | ≥3000 | <3000 | — |
| | | 舾装码头 | | 吨级 | ≥50000 | 10000～50000 | <10000 |
| | | 防波堤、导流堤、海上人工岛等水上建筑 | | 最大水深（米） | ≥6 | <6 | — |
| | | 护岸、引堤、海墙等建筑防护 | | 最大水深（米） | ≥5 | 3～5 | <3 |
| | | 船坞 | | 船舶吨位 | ≥50000 | 10000～50000 | <10000 |
| | | 船台、滑道 | | 船体重量（吨） | ≥5000 | 1000～5000 | <1000 |
| | | 港区堆场 | 沿海 | 万平方米 | ≥20 | 10～20 | <10 |
| | | | 内河 | 万平方米 | ≥10 | 5～10 | <5 |
| | | 港口装卸工艺 | | 港口项目规模 | 大型港口工程中相应装卸工艺 | 中型港口工程中相应装卸工艺 | 小型港口工程中相应装卸工艺 |
| 2 | 航道工程 | 沿海 | | 通航吨级 | ≥100000 | 10000～100000 | <10000 |
| | | 内河整治 | | 通航吨级 | ≥1000 | 500～1000 | <500 |
| | | 疏浚与吹填 | | 工程量（万方） | ≥200 | 50～200 | <50 |

续上表

| 序号 | 建设项目 | | 单　位 | 大　型 | 中　型 | 小　型 |
| --- | --- | --- | --- | --- | --- | --- |
| 2 | 航道工程 | 渠化枢纽、船闸 | 通航吨级 | ≥1000 | 500～1000 | <500 |
| | | 升船机 | 通航吨级 | ≥1000 | 500～1000 | <500 |
| | | 航标工程 | 投资(万元) | ≥1000 | <1000 | — |
| | | 船舶交通管理系统工程 | 投资(万元) | ≥3000 | <3000 | — |

注:1. 天然河流港口与航道工程中,潮汐河口的河口潮流段和口外海滨段的工程为沿海工程。

2. 分类标准中的工程不包含水运机电工程的内容。

附件2

# 公路水运工程监理企业资质试验检测仪器设备配备要求

## 一、公路工程

### （一）甲级监理企业资质：

1. 土工试验：烘箱、天平、电子秤、标准筛、摇筛机、液塑限联合测定仪、标准击实仪；
2. 水泥混凝土、砂浆试验：坍落度仪、压力试验机（2000kN、300kN 各1台）；
3. 沥青试验：针入度仪、延度仪、软化点试验仪、恒温水槽（控温精度0.1℃）；
4. 无机结合料稳定材料试验：滴定设备、路面材料强度试验仪、标准养护箱；
5. 混凝土强度检测：回弹仪；
6. 路基路面检测：灌砂仪、路面取芯钻机、连续式平整度仪、贝克曼梁（含百分表）；
7. 钢材与连接接头试验：伺服万能试验机、弯曲装置（含弯头）、反向弯曲装置（含弯头）；
8. 测量设备：水准仪、全站仪。

### （二）乙级监理企业资质：

1. 土工试验：烘箱、天平、电子秤、标准筛、摇筛机、液塑限联合测定仪、标准击实仪；
2. 水泥混凝土、砂浆试验：坍落度仪、压力试验机（2000kN、300kN 各1台）；
3. 沥青试验：针入度仪、延度仪、软化点试验仪、恒温水槽（控温精度0.1℃）；
4. 石灰试验：滴定设备；
5. 混凝土强度检测：回弹仪；
6. 路基路面检测：灌砂仪、路面取芯钻机、连续式平整度仪；
7. 测量设备：经纬仪、水准仪。

### （三）机电专项监理企业资质：

1. 光功率计/光源；
2. 光时域反射计；
3. 数字式地阻仪；
4. 钳形电流表；
5. 照度计；
6. 数字万用表；
7. 数显卡尺；
8. RCL 测试仪；
9. 涂镀层测厚仪（磁性、电涡流）；
10. 超声波测厚仪。

## 二、水运工程

### (一)甲级监理企业资质:

1. 土工试验:烘箱、天平、电子秤、标准筛、摇筛机、液塑限联合测定仪、标准击实仪;
2. 水泥混凝土、砂浆试验:坍落度仪、压力试验机(2000kN、300kN 各 1 台);
3. 集料试验:压碎指标测定仪;
4. 混凝土强度检测:回弹仪;
5. 钢材与连接接头试验:伺服万能试验机、弯曲装置(含弯头)、反向弯曲装置(含弯头);
6. 测量设备:水准仪、全站仪。

### (二)乙级监理企业资质:

1. 土工试验:烘箱、天平、电子秤、标准筛、摇筛机、液塑限联合测定仪、标准击实仪;
2. 水泥混凝土、砂浆试验:坍落度仪、压力试验机(2000kN、300kN 各 1 台);
3. 集料试验:压碎指标测定仪;
4. 混凝土强度检测:回弹仪;
5. 测量设备:水准仪、全站仪。

### (三)机电专项监理企业资质:

1. 经纬仪、水准仪、测距仪;
2. 拉压力传感器、荷重传感器;
3. 手持数字转速表;
4. 数字万用表、数字钳形电流表;
5. 绝缘电阻测试仪、接地电阻测试仪;
6. 照度计;
7. 超声波测厚仪、超声波探测仪、超声波涂层测厚仪;
8. 红外式温度计;
9. 噪声计、水平仪、风速仪;
10. 焊缝检验尺、厚薄规、螺纹量规、游标卡尺。

# 29. 交通运输工程监理工程师注册管理办法

（2024年1月8日　交通运输部令2024年第3号）

**第一条**　为了加强和规范交通运输工程监理工程师注册管理，维护交通运输工程建设市场秩序，根据《中华人民共和国建筑法》《建设工程质量管理条例》等法律、行政法规，制定本办法。

**第二条**　交通运输工程监理工程师的注册及监督管理，适用本办法。

前款所称交通运输工程监理工程师，是指通过交通运输工程监理工程师职业资格考试，经依法注册后从事交通运输工程相关监理活动的专业技术人员。

**第三条**　交通运输部负责全国交通运输工程监理工程师注册的实施与监督管理工作。

**第四条**　本办法所称交通运输工程监理工程师分为公路、水运工程两个类别。

交通运输工程监理工程师执业范围包括：

（一）编制监理计划和监理细则，审核施工组织设计、总体进度计划及施工方案，审验进场材料、设备及构配件，签发工程开工令、停工令等；

（二）监督检查施工单位管理制度建设和运行情况，以及施工质量、安全、环保、费用和进度等；

（三）监督检查项目竣（交）工验收、单位工程验收、分部分项工程验收、维修保养、资料归档等。

**第五条**　交通运输工程监理工程师实行执业注册管理制度。通过交通运输工程监理工程师职业资格考试且经注册后，方可以交通运输工程监理工程师名义执业。

**第六条**　申请注册交通运输工程监理工程师的人员，应当具备下列条件：

（一）通过相应类别的监理工程师职业资格考试；

（二）受聘于一家从事工程监理的企业或者从事交通运输工程相关业务的企业、事业单位；

（三）未受刑事处罚，或者刑事处罚已执行完毕；

（四）在工程质量安全事故中，经有关主管部门认定无责任，或者虽受相关行政处罚但已执行完毕。

**第七条**　申请人应当自取得交通运输工程监理工程师职业资格考试合格证明之日起1年内，向交通运输部申请注册。逾期未申请的，应当在符合本办法规定的继续教育要求后方可申请。

申请人在申请注册时，应当提交下列材料或者信息：

（一）申请人身份证明；

（二）注册申请表；

（三）职业资格考试合格证明；

（四）与聘用单位签订的劳动合同或者确立劳务关系的合同；

（五）逾期申请的，还应当提供符合继续教育要求的相关材料。

**第八条**　交通运输部应当通过全国交通运输工程监理工程师相关注册管理系统，在线办理监理工程师注册申请、受理、审批等相关工作。

申请人通过全国交通运输工程监理工程师相关注册管理系统在线申请监理工程师注册的，应当将第七条规定的材料或者信息录入系统，并对提交材料或者信息的真实性负责。

**第九条**　许可机关应当按照《交通行政许可实施程序规定》开展许可工作。准予许可的，颁发电子或者纸质监理工程师注册证书。电子证书与纸质证书具有同等法律效力，式样由交通运输部统一规定。

注册证书有效期为4年，在全国范围内适用。

**第十条**　交通运输工程监理工程师可以在注册证书有效期届满30日前，向许可机关提交延续申请，并提交以下材料：

（一）延续申请；

（二）与聘用单位签订的劳动合同或者确立劳务关系的合同；

（三）符合本办法规定的继续教育相关材料。

**第十一条**　许可机关收到延续申请后，应当在交通运输工程监理工程师注册许可有效期届满前，对监理工程师是否符合本办法规定的资格条件进行审查。符合条件的，许可机关应当作出准予延续的决定；不符合条件的，应当责令限期整改，整改后仍不符合条件的，许可机关应当作出不予延续的决定。

**第十二条**　交通运输工程监理工程师的执业单位发生变更的，应当自变更之日起60日内向许可机关申请变更注册。

**第十三条**　交通运输工程监理工程师申请注销注册证书或者有《中华人民共和国行政许可法》第七十条规定情形的，许可机关应当依法办理注销手续并予以公告。

**第十四条**　交通运输工程监理工程师应当在注册证书明确的执业类别内进行执业。

交通运输工程监理工程师应当具备执业所需的身体条件，聘用单位应当对其身体健康状况进行核实。

**第十五条**　交通运输工程监理工程师应当在本人形成的工程监理文件上签字和加盖执业印章。

执业印章由交通运输工程监理工程师按照国家有关规定自行制作。

**第十六条**　注册证书和执业印章是交通运输工程监理工程师的执业凭证，应当由本人保管和使用。交通运输工程监理工程师遗失注册证书或者执业印章，应当在公开媒体和许可机关指定的网站上声明作废；遗失注册证书的，还应当及时向许可机关申请办理补证手续。

**第十七条**　交通运输工程监理工程师不得同时受聘于两个或者两个以上单位执业，不得允许他人以本人名义执业，不得在执业中存在弄虚作假行为。

**第十八条**　交通运输工程监理工程师在执业期间，应当按照人力资源和社会保障部门关于专业技术人员继续教育的有关规定接受继续教育，更新专业知识，提高业务水平。

**第十九条**　县级以上人民政府交通运输主管部门应当依照职责对交通运输工程监理工程

师的执业情况和业绩情况实施监督检查，监督检查结果及时向社会公布。

交通运输主管部门进行监督检查时，相关交通运输工程监理工程师以及聘用单位应当配合。

**第二十条** 县级以上人民政府交通运输主管部门应当对交通运输工程监理工程师实施信用管理，并按照规定将有关信息纳入信用信息共享平台。

**第二十一条** 在铁路、民航领域从事工程监理活动的监理工程师，应当符合国家关于监理工程师管理有关规定。

**第二十二条** 本办法自2024年5月1日起施行。

# 30. 公路水运工程质量检测管理办法

(2023 年 8 月 31 日 交通运输部令 2023 年第 9 号)

## 第一章 总 则

**第一条** 为了加强公路水运工程质量检测管理,保证公路水运工程质量及人民生命和财产安全,根据《建设工程质量管理条例》,制定本办法。

**第二条** 公路水运工程质量检测机构、质量检测活动及监督管理,适用本办法。

**第三条** 本办法所称公路水运工程质量检测,是指按照本办法规定取得公路水运工程质量检测机构资质的公路水运工程质量检测机构(以下简称检测机构),根据国家有关法律、法规的规定,依据相关技术标准、规范、规程,对公路水运工程所用材料、构件、工程制品、工程实体等进行的质量检测活动。

**第四条** 公路水运工程质量检测活动应当遵循科学、客观、严谨、公正的原则。

**第五条** 交通运输部负责全国公路水运工程质量检测活动的监督管理。

县级以上地方人民政府交通运输主管部门按照职责负责本行政区域内的公路水运工程质量检测活动的监督管理。

## 第二章 检测机构资质管理

**第六条** 检测机构从事公路水运工程质量检测(以下简称质量检测)活动,应当按照资质等级对应的许可范围承担相应的质量检测业务。

**第七条** 检测机构资质分为公路工程和水运工程专业。

公路工程专业设甲级、乙级、丙级资质和交通工程专项、桥梁隧道工程专项资质。

水运工程专业分为材料类和结构类。水运工程材料类设甲级、乙级、丙级资质。水运工程结构类设甲级、乙级资质。

**第八条** 申请公路工程甲级、交通工程专项,水运工程材料类甲级、结构类甲级检测机构资质的,应当按照本办法规定向交通运输部提交申请。

申请公路工程乙级和丙级、桥梁隧道工程专项,水运工程材料类乙级和丙级、结构类乙级检测机构资质的,应当按照本办法规定向注册地的省级人民政府交通运输主管部门提交申请。

**第九条** 申请检测机构资质的检测机构(以下简称申请人)应当具备以下条件:

(一)依法成立的法人;

(二)具有一定数量的具备公路水运工程试验检测专业技术能力的人员(以下简称检测人员);

(三)拥有与申请资质相适应的质量检测仪器设备和设施;

（四）具备固定的质量检测场所，且环境条件满足质量检测要求；

（五）具有有效运行的质量保证体系。

**第十条** 申请人可以同时申请不同专业、不同等级的检测机构资质。

**第十一条** 申请人应当按照本办法规定向许可机关提交以下申请材料：

（一）检测机构资质申请书；

（二）检测人员、仪器设备和设施、质量检测场所证明材料；

（三）质量保证体系文件。

申请人应当通过公路水运工程质量检测管理信息系统提交申请材料，并对其申请材料实质内容的真实性负责。许可机关不得要求申请人提交与其申请资质无关的技术资料和其他材料。

**第十二条** 许可机关受理申请后，应当组织开展专家技术评审。

专家技术评审由技术评审专家组（以下简称专家组）承担，实行专家组组长负责制。

参与评审的专家应当由许可机关从其建立的质量检测专家库中随机抽取，并符合回避要求。

专家应当客观、独立、公正开展评审，保守申请人商业秘密。

**第十三条** 专家技术评审包括书面审查和现场核查两个阶段，所用时间不计算在行政许可期限内，但许可机关应当将专家技术评审时间安排书面告知申请人。专家技术评审的时间最长不得超过60个工作日。

**第十四条** 专家技术评审应当对申请人提交的全部材料进行书面审查，并对实际状况与申请材料的符合性、申请人完成质量检测项目的实际能力、质量保证体系运行等情况进行现场核查。

**第十五条** 专家组应当在专家技术评审时限内向许可机关报送专家技术评审报告。

专家技术评审报告应当包括对申请人资质条件等事项的核查抽查情况和存在问题，是否存在实际状况与申请材料严重不符、伪造质量检测报告、出具虚假数据等严重违法违规问题，以及评审总体意见等。

许可机关可以将专家技术评审情况向社会公示。

**第十六条** 许可机关应当自受理申请之日起20个工作日内作出是否准予行政许可的决定。

许可机关准予行政许可的，应当向申请人颁发检测机构资质证书；不予行政许可的，应当作出书面决定并说明理由。

**第十七条** 检测机构资质证书由正本和副本组成。

正本上应当注明机构名称，发证机关，资质专业、类别、等级，发证日期，有效期，证书编号，检测资质标识等；副本上还应当注明注册地址、检测场所地址、机构性质、法定代表人、行政负责人、技术负责人、质量负责人、检测项目及参数、资质延续记录、变更记录等。

检测机构资质证书分为纸质证书和电子证书。纸质证书与电子证书全国通用，具有同等效力。

**第十八条** 检测机构资质证书有效期为5年。

有效期满拟继续从事质量检测业务的，检测机构应当提前90个工作日向许可机关提出资质延续申请。

**第十九条**　申请人申请资质延续审批的，应当符合第九条规定的条件。

**第二十条**　申请人应当按照本办法第十一条规定，提交资质延续审批申请材料。

**第二十一条**　许可机关应当对申请资质延续审批的申请人进行专家技术评审，并在检测机构资质证书有效期满前，作出是否准予延续的决定。

符合资质条件的，许可机关准予检测机构资质证书延续5年。

**第二十二条**　资质延续审批中的专家技术评审以专家组书面审查为主，但申请人存在本办法第四十八条第三项、第五十二条、第五十三条第五项和第五十五条规定的违法行为，以及许可机关认为需要核查的情形的，应当进行现场核查。

**第二十三条**　检测机构的名称、注册地址、检测场所地址、法定代表人、行政负责人、技术负责人和质量负责人等事项发生变更的，检测机构应当在完成变更后10个工作日内向原许可机关申请变更。

发生检测场所地址变更的，许可机关应当选派2名以上专家进行现场核查，并在15个工作日内办理完毕；其他变更事项许可机关应当在5个工作日内办理完毕。

检测机构发生合并、分立、重组、改制等情形的，应当按照本办法的规定重新提交资质申请。

**第二十四条**　检测机构需要终止经营的，应当在终止经营之日15日前告知许可机关，并按照规定办理有关注销手续。

**第二十五条**　许可机关开展检测机构资质行政许可和专家技术评审不得收费。

**第二十六条**　检测机构资质证书遗失或者污损的，可以向许可机关申请补发。

## 第三章　检测活动管理

**第二十七条**　取得资质的检测机构应当根据需要设立公路水运工程质量检测工地试验室（以下简称工地试验室）。

工地试验室是检测机构设置在公路水运工程施工现场，提供设备、派驻人员，承担相应质量检测业务的临时工作场所。

负有工程建设项目质量监督管理责任的交通运输主管部门应当对工地试验室进行监督管理。

**第二十八条**　检测机构和检测人员应当独立开展检测工作，不受任何干扰和影响，保证检测数据客观、公正、准确。

**第二十九条**　检测机构应当保证质量保证体系有效运行。

检测机构应当按照有关规定对仪器设备进行正常维护，定期检定与校准。

**第三十条**　检测机构应当建立样品管理制度，提倡盲样管理。

**第三十一条**　检测机构应当建立健全档案制度，原始记录和质量检测报告内容必须清晰、完整、规范，保证档案齐备和检测数据可追溯。

**第三十二条**　检测机构应当重视科技进步，及时更新质量检测仪器设备和设施。

检测机构应当加强公路水运工程质量检测信息化建设，不断提升质量检测信息化水平。

**第三十三条**　检测机构出具的质量检测报告应当符合规范要求，包括检测项目、参数数量

(批次)、检测依据、检测场所地址、检测数据、检测结果等相关信息。

检测机构不得出具虚假检测报告,不得篡改或者伪造检测报告。

**第三十四条**　检测机构在同一公路水运工程项目标段中不得同时接受建设、监理、施工等多方的质量检测委托。

**第三十五条**　检测机构依据合同承担公路水运工程质量检测业务,不得转包、违规分包。

**第三十六条**　在检测过程中发现检测项目不合格且涉及工程主体结构安全的,检测机构应当及时向负有工程建设项目质量监督管理责任的交通运输主管部门报告。

**第三十七条**　检测机构的技术负责人和质量负责人应当由公路水运工程试验检测师担任。

质量检测报告应当由公路水运工程试验检测师审核、签发。

**第三十八条**　检测机构应当加强检测人员培训,不断提高质量检测业务水平。

**第三十九条**　检测人员不得同时在两家或者两家以上检测机构从事检测活动,不得借工作之便推销建设材料、构配件和设备。

**第四十条**　检测机构资质证书不得转让、出租。

## 第四章　监督管理

**第四十一条**　县级以上人民政府交通运输主管部门(以下简称交通运输主管部门)应当加强对质量检测工作的监督检查,及时纠正、查处违反本办法的行为。

**第四十二条**　交通运输主管部门开展监督检查工作,主要包括下列内容:

(一)检测机构资质证书使用的规范性,有无转包、违规分包、超许可范围承揽业务、涂改和租借资质证书等行为;

(二)检测机构能力的符合性,工地试验室设立和施工现场检测情况;

(三)原始记录、质量检测报告的真实性、规范性和完整性;

(四)采用的技术标准、规范和规程是否合法有效,样品的管理是否符合要求;

(五)仪器设备的运行、检定和校准情况;

(六)质量保证体系运行的有效性;

(七)检测机构和检测人员质量检测活动的规范性、合法性和真实性;

(八)依据职责应当监督检查的其他内容。

**第四十三条**　交通运输主管部门实施监督检查时,有权采取以下措施:

(一)要求被检查的检测机构或者有关单位提供相关文件和资料;

(二)查阅、记录、录音、录像、照相和复制与检查相关的事项和资料;

(三)进入检测机构的检测工作场地进行抽查;

(四)发现有不符合有关标准、规范、规程和本办法的质量检测行为,责令立即改正或者限期整改。

检测机构应当予以配合,如实说明情况和提供相关资料。

**第四十四条**　交通运输部、省级人民政府交通运输主管部门应当组织比对试验,验证检测机构的能力,比对试验情况录入公路水运工程质量检测管理信息系统。

检测机构应当按照前款规定参加比对试验并按照要求提供相关资料。

**第四十五条** 任何单位和个人都有权向交通运输主管部门投诉或者举报违法违规的质量检测行为。

交通运输主管部门收到投诉或者举报后,应当及时核实处理。

**第四十六条** 交通运输部建立健全质量检测信用管理制度。

质量检测信用管理实行统一领导,分级负责。各级交通运输主管部门依据职责定期对检测机构和检测人员的从业行为开展信用管理,并向社会公开。

**第四十七条** 检测机构取得资质后,不再符合相应资质条件的,许可机关应当责令其限期整改并向社会公开。检测机构完成整改后,应当向许可机关提出资质重新核定申请。

## 第五章 法律责任

**第四十八条** 检测机构违反本办法规定,有下列行为之一的,其检测报告无效,由交通运输主管部门处1万元以上3万元以下罚款;造成危害后果的,处3万元以上10万元以下罚款;构成犯罪的,依法追究刑事责任:

(一)未取得相应资质从事质量检测活动的;

(二)资质证书已过有效期从事质量检测活动的;

(三)超出资质许可范围从事质量检测活动的。

**第四十九条** 检测机构隐瞒有关情况或者提供虚假材料申请资质的,许可机关不予受理或者不予行政许可,并给予警告;检测机构1年内不得再次申请该资质。

**第五十条** 检测机构以欺骗、贿赂等不正当手段取得资质证书的,由许可机关予以撤销;检测机构3年内不得再次申请该资质;构成犯罪的,依法追究刑事责任。

**第五十一条** 检测机构未按照本办法第二十三条规定申请变更的,由交通运输主管部门责令限期办理;逾期未办理的,给予警告或者通报批评。

**第五十二条** 检测机构违反本办法规定,有下列行为之一的,由交通运输主管部门责令改正,处1万元以上3万元以下罚款;造成危害后果的,处3万元以上10万元以下罚款;构成犯罪的,依法追究刑事责任:

(一)出具虚假检测报告,篡改、伪造检测报告的;

(二)将检测业务转包、违规分包的。

**第五十三条** 检测机构违反本办法规定,有下列行为之一的,由交通运输主管部门责令改正,处5000元以上1万元以下罚款:

(一)质量保证体系未有效运行的,或者未按照有关规定对仪器设备进行正常维护的;

(二)未按规定进行档案管理,造成检测数据无法追溯的;

(三)在同一工程项目标段中同时接受建设、监理、施工等多方的质量检测委托的;

(四)未按规定报告在检测过程中发现检测项目不合格且涉及工程主体结构安全的;

(五)接受监督检查时不如实提供有关资料,或者拒绝、阻碍监督检查的。

**第五十四条** 检测机构或者检测人员违反本办法规定,有下列行为之一的,由交通运输主管部门责令改正,给予警告或者通报批评:

(一)未按规定进行样品管理的;

(二)同时在两家或者两家以上检测机构从事检测活动的;

（三）借工作之便推销建设材料、构配件和设备的；

（四）不按照要求参加比对试验的。

**第五十五条** 检测机构违反本办法规定，转让、出租检测机构资质证书的，由交通运输主管部门责令停止违法行为，收缴有关证件，处5000元以下罚款。

**第五十六条** 交通运输主管部门工作人员在质量检测管理工作中，有下列情形之一的，依法给予处分；构成犯罪的，依法追究刑事责任：

（一）对不符合法定条件的申请人颁发资质证书的；

（二）对符合法定条件的申请人不予颁发资质证书的；

（三）对符合法定条件的申请人未在法定期限内颁发资质证书的；

（四）利用职务上的便利，索取、收受他人财物或者谋取其他利益的；

（五）不依法履行监督职责或者监督不力，造成严重后果的。

## 第六章 附 则

**第五十七条** 检测机构资质等级条件、专家技术评审工作程序由交通运输部另行制定。

**第五十八条** 检测机构资质证书由许可机关按照交通运输部规定的统一格式制作。

**第五十九条** 本办法自2023年10月1日起施行。交通部2005年10月19日公布的《公路水运工程试验检测管理办法》（交通部令2005年第12号），交通运输部2016年12月10日公布的《交通运输部关于修改〈公路水运工程试验检测管理办法〉的决定》（交通运输部令2016年第80号），2019年11月28日公布的《交通运输部关于修改〈公路水运工程试验检测管理办法〉的决定》（交通运输部令2019年第38号）同时废止。

# 31. 生产安全事故应急预案管理办法

（2009 年 4 月 1 日国家安全生产监督管理总局令第 17 号公布。根据 2019 年 7 月 11 日应急管理部令第 2 号《应急管理部关于修改〈生产安全事故应急预案管理办法〉的决定》修正）

## 第一章　总　　则

**第一条**　为规范生产安全事故应急预案管理工作，迅速有效处置生产安全事故，依据《中华人民共和国突发事件应对法》《中华人民共和国安全生产法》《生产安全事故应急条例》等法律、行政法规和《突发事件应急预案管理办法》（国办发〔2013〕101 号），制定本办法。

**第二条**　生产安全事故应急预案（以下简称应急预案）的编制、评审、公布、备案、实施及监督管理工作，适用本办法。

**第三条**　应急预案的管理实行属地为主、分级负责、分类指导、综合协调、动态管理的原则。

**第四条**　应急管理部负责全国应急预案的综合协调管理工作。国务院其他负有安全生产监督管理职责的部门在各自职责范围内，负责相关行业、领域应急预案的管理工作。

县级以上地方各级人民政府应急管理部门负责本行政区域内应急预案的综合协调管理工作。县级以上地方各级人民政府其他负有安全生产监督管理职责的部门按照各自的职责负责有关行业、领域应急预案的管理工作。

**第五条**　生产经营单位主要负责人负责组织编制和实施本单位的应急预案，并对应急预案的真实性和实用性负责；各分管负责人应当按照职责分工落实应急预案规定的职责。

**第六条**　生产经营单位应急预案分为综合应急预案、专项应急预案和现场处置方案。

综合应急预案，是指生产经营单位为应对各种生产安全事故而制定的综合性工作方案，是本单位应对生产安全事故的总体工作程序、措施和应急预案体系的总纲。

专项应急预案，是指生产经营单位为应对某一种或者多种类型生产安全事故，或者针对重要生产设施、重大危险源、重大活动防止生产安全事故而制定的专项性工作方案。

现场处置方案，是指生产经营单位根据不同生产安全事故类型，针对具体场所、装置或者设施所制定的应急处置措施。

## 第二章　应急预案的编制

**第七条**　应急预案的编制应当遵循以人为本、依法依规、符合实际、注重实效的原则，以应急处置为核心，明确应急职责、规范应急程序、细化保障措施。

**第八条**　应急预案的编制应当符合下列基本要求：

（一）有关法律、法规、规章和标准的规定；

（二）本地区、本部门、本单位的安全生产实际情况；

（三）本地区、本部门、本单位的危险性分析情况；

（四）应急组织和人员的职责分工明确，并有具体的落实措施；

（五）有明确、具体的应急程序和处置措施，并与其应急能力相适应；

（六）有明确的应急保障措施，满足本地区、本部门、本单位的应急工作需要；

（七）应急预案基本要素齐全、完整，应急预案附件提供的信息准确；

（八）应急预案内容与相关应急预案相互衔接。

**第九条**　编制应急预案应当成立编制工作小组，由本单位有关负责人任组长，吸收与应急预案有关的职能部门和单位的人员，以及有现场处置经验的人员参加。

**第十条**　编制应急预案前，编制单位应当进行事故风险辨识、评估和应急资源调查。

事故风险辨识、评估，是指针对不同事故种类及特点，识别存在的危险危害因素，分析事故可能产生的直接后果以及次生、衍生后果，评估各种后果的危害程度和影响范围，提出防范和控制事故风险措施的过程。

应急资源调查，是指全面调查本地区、本单位第一时间可以调用的应急资源状况和合作区域内可以请求援助的应急资源状况，并结合事故风险辨识评估结论制定应急措施的过程。

**第十一条**　地方各级人民政府应急管理部门和其他负有安全生产监督管理职责的部门应当根据法律、法规、规章和同级人民政府以及上一级人民政府应急管理部门和其他负有安全生产监督管理职责的部门的应急预案，结合工作实际，组织编制相应的部门应急预案。

部门应急预案应当根据本地区、本部门的实际情况，明确信息报告、响应分级、指挥权移交、警戒疏散等内容。

**第十二条**　生产经营单位应当根据有关法律、法规、规章和相关标准，结合本单位组织管理体系、生产规模和可能发生的事故特点，与相关预案保持衔接，确立本单位的应急预案体系，编制相应的应急预案，并体现自救互救和先期处置等特点。

**第十三条**　生产经营单位风险种类多、可能发生多种类型事故的，应当组织编制综合应急预案。

综合应急预案应当规定应急组织机构及其职责、应急预案体系、事故风险描述、预警及信息报告、应急响应、保障措施、应急预案管理等内容。

**第十四条**　对于某一种或者多种类型的事故风险，生产经营单位可以编制相应的专项应急预案，或将专项应急预案并入综合应急预案。

专项应急预案应当规定应急指挥机构与职责、处置程序和措施等内容。

**第十五条**　对于危险性较大的场所、装置或者设施，生产经营单位应当编制现场处置方案。

现场处置方案应当规定应急工作职责、应急处置措施和注意事项等内容。

事故风险单一、危险性小的生产经营单位，可以只编制现场处置方案。

**第十六条**　生产经营单位应急预案应当包括向上级应急管理机构报告的内容、应急组织机构和人员的联系方式、应急物资储备清单等附件信息。附件信息发生变化时，应当及时更新，确保准确有效。

**第十七条**　生产经营单位组织应急预案编制过程中，应当根据法律、法规、规章的规定或者实际需要，征求相关应急救援队伍、公民、法人或者其他组织的意见。

**第十八条**　生产经营单位编制的各类应急预案之间应当相互衔接，并与相关人民政府及其部门、应急救援队伍和涉及的其他单位的应急预案相衔接。

**第十九条**　生产经营单位应当在编制应急预案的基础上，针对工作场所、岗位的特点，编制简明、实用、有效的应急处置卡。

应急处置卡应当规定重点岗位、人员的应急处置程序和措施，以及相关联络人员和联系方式，便于从业人员携带。

## 第三章　应急预案的评审、公布和备案

**第二十条**　地方各级人民政府应急管理部门应当组织有关专家对本部门编制的部门应急预案进行审定；必要时，可以召开听证会，听取社会有关方面的意见。

**第二十一条**　矿山、金属冶炼企业和易燃易爆物品、危险化学品的生产、经营（带储存设施的，下同）、储存、运输企业，以及使用危险化学品达到国家规定数量的化工企业、烟花爆竹生产、批发经营企业和中型规模以上的其他生产经营单位，应当对本单位编制的应急预案进行评审，并形成书面评审纪要。

前款规定以外的其他生产经营单位可以根据自身需要，对本单位编制的应急预案进行论证。

**第二十二条**　参加应急预案评审的人员应当包括有关安全生产及应急管理方面的专家。

评审人员与所评审应急预案的生产经营单位有利害关系的，应当回避。

**第二十三条**　应急预案的评审或者论证应当注重基本要素的完整性、组织体系的合理性、应急处置程序和措施的针对性、应急保障措施的可行性、应急预案的衔接性等内容。

**第二十四条**　生产经营单位的应急预案经评审或者论证后，由本单位主要负责人签署，向本单位从业人员公布，并及时发放到本单位有关部门、岗位和相关应急救援队伍。

事故风险可能影响周边其他单位、人员的，生产经营单位应当将有关事故风险的性质、影响范围和应急防范措施告知周边的其他单位和人员。

**第二十五条**　地方各级人民政府应急管理部门的应急预案，应当报同级人民政府备案，同时抄送上一级人民政府应急管理部门，并依法向社会公布。

地方各级人民政府其他负有安全生产监督管理职责的部门的应急预案，应当抄送同级人民政府应急管理部门。

**第二十六条**　易燃易爆物品、危险化学品等危险物品的生产、经营、储存、运输单位，矿山、金属冶炼、城市轨道交通运营、建筑施工单位，以及宾馆、商场、娱乐场所、旅游景区等人员密集场所经营单位，应当在应急预案公布之日起20个工作日内，按照分级属地原则，向县级以上人民政府应急管理部门和其他负有安全生产监督管理职责的部门进行备案，并依法向社会公布。

前款所列单位属于中央企业的，其总部（上市公司）的应急预案，报国务院主管的负有安全生产监督管理职责的部门备案，并抄送应急管理部；其所属单位的应急预案报所在地的省、自治区、直辖市或者设区的市级人民政府主管的负有安全生产监督管理职责的部门备案，并抄送同级人民政府应急管理部门。

本条第一款所列单位不属于中央企业的，其中非煤矿山、金属冶炼和危险化学品生产、经

营、储存、运输企业，以及使用危险化学品达到国家规定数量的化工企业、烟花爆竹生产、批发经营企业的应急预案，按照隶属关系报所在地县级以上地方人民政府应急管理部门备案；本款前述单位以外的其他生产经营单位应急预案的备案，由省、自治区、直辖市人民政府负有安全生产监督管理职责的部门确定。

油气输送管道运营单位的应急预案，除按照本条第一款、第二款的规定备案外，还应当抄送所经行政区域的县级人民政府应急管理部门。

海洋石油开采企业的应急预案，除按照本条第一款、第二款的规定备案外，还应当抄送所经行政区域的县级人民政府应急管理部门和海洋石油安全监管机构。

煤矿企业的应急预案除按照本条第一款、第二款的规定备案外，还应当抄送所在地的煤矿安全监察机构。

**第二十七条** 生产经营单位申报应急预案备案，应当提交下列材料：

（一）应急预案备案申报表；

（二）本办法第二十一条所列单位，应当提供应急预案评审意见；

（三）应急预案电子文档；

（四）风险评估结果和应急资源调查清单。

**第二十八条** 受理备案登记的负有安全生产监督管理职责的部门应当在5个工作日内对应急预案材料进行核对，材料齐全的，应当予以备案并出具应急预案备案登记表；材料不齐全的，不予备案并一次性告知需要补齐的材料。逾期不予备案又不说明理由的，视为已经备案。

对于实行安全生产许可的生产经营单位，已经进行应急预案备案的，在申请安全生产许可证时，可以不提供相应的应急预案，仅提供应急预案备案登记表。

**第二十九条** 各级人民政府负有安全生产监督管理职责的部门应当建立应急预案备案登记建档制度，指导、督促生产经营单位做好应急预案的备案登记工作。

## 第四章 应急预案的实施

**第三十条** 各级人民政府应急管理部门、各类生产经营单位应当采取多种形式开展应急预案的宣传教育，普及生产安全事故避险、自救和互救知识，提高从业人员和社会公众的安全意识与应急处置技能。

**第三十一条** 各级人民政府应急管理部门应当将本部门应急预案的培训纳入安全生产培训工作计划，并组织实施本行政区域内重点生产经营单位的应急预案培训工作。

生产经营单位应当组织开展本单位的应急预案、应急知识、自救互救和避险逃生技能的培训活动，使有关人员了解应急预案内容，熟悉应急职责、应急处置程序和措施。

应急培训的时间、地点、内容、师资、参加人员和考核结果等情况应当如实记入本单位的安全生产教育和培训档案。

**第三十二条** 各级人民政府应急管理部门应当至少每两年组织一次应急预案演练，提高本部门、本地区生产安全事故应急处置能力。

**第三十三条** 生产经营单位应当制定本单位的应急预案演练计划，根据本单位的事故风险特点，每年至少组织一次综合应急预案演练或者专项应急预案演练，每半年至少组织一次现场处置方案演练。

易燃易爆物品、危险化学品等危险物品的生产、经营、储存、运输单位，矿山、金属冶炼、城市轨道交通运营、建筑施工单位，以及宾馆、商场、娱乐场所、旅游景区等人员密集场所经营单位，应当至少每半年组织一次生产安全事故应急预案演练，并将演练情况报送所在地县级以上地方人民政府负有安全生产监督管理职责的部门。

县级以上地方人民政府负有安全生产监督管理职责的部门应当对本行政区域内前款规定的重点生产经营单位的生产安全事故应急救援预案演练进行抽查；发现演练不符合要求的，应当责令限期改正。

**第三十四条** 应急预案演练结束后，应急预案演练组织单位应当对应急预案演练效果进行评估，撰写应急预案演练评估报告，分析存在的问题，并对应急预案提出修订意见。

**第三十五条** 应急预案编制单位应当建立应急预案定期评估制度，对预案内容的针对性和实用性进行分析，并对应急预案是否需要修订作出结论。

矿山、金属冶炼、建筑施工企业和易燃易爆物品、危险化学品等危险物品的生产、经营、储存、运输企业、使用危险化学品达到国家规定数量的化工企业、烟花爆竹生产、批发经营企业和中型规模以上的其他生产经营单位，应当每三年进行一次应急预案评估。

应急预案评估可以邀请相关专业机构或者有关专家、有实际应急救援工作经验的人员参加，必要时可以委托安全生产技术服务机构实施。

**第三十六条** 有下列情形之一的，应急预案应当及时修订并归档：

（一）依据的法律、法规、规章、标准及上位预案中的有关规定发生重大变化的；

（二）应急指挥机构及其职责发生调整的；

（三）安全生产面临的风险发生重大变化的；

（四）重要应急资源发生重大变化的；

（五）在应急演练和事故应急救援中发现需要修订预案的重大问题的；

（六）编制单位认为应当修订的其他情况。

**第三十七条** 应急预案修订涉及组织指挥体系与职责、应急处置程序、主要处置措施、应急响应分级等内容变更的，修订工作应当参照本办法规定的应急预案编制程序进行，并按照有关应急预案报备程序重新备案。

**第三十八条** 生产经营单位应当按照应急预案的规定，落实应急指挥体系、应急救援队伍、应急物资及装备，建立应急物资、装备配备及其使用档案，并对应急物资、装备进行定期检测和维护，使其处于适用状态。

**第三十九条** 生产经营单位发生事故时，应当第一时间启动应急响应，组织有关力量进行救援，并按照规定将事故信息及应急响应启动情况报告事故发生地县级以上人民政府应急管理部门和其他负有安全生产监督管理职责的部门。

**第四十条** 生产安全事故应急处置和应急救援结束后，事故发生单位应当对应急预案实施情况进行总结评估。

## 第五章 监督管理

**第四十一条** 各级人民政府应急管理部门和煤矿安全监察机构应当将生产经营单位应急

预案工作纳入年度监督检查计划，明确检查的重点内容和标准，并严格按照计划开展执法检查。

**第四十二条** 地方各级人民政府应急管理部门应当每年对应急预案的监督管理工作情况进行总结，并报上一级人民政府应急管理部门。

**第四十三条** 对于在应急预案管理工作中做出显著成绩的单位和人员，各级人民政府应急管理部门、生产经营单位可以给予表彰和奖励。

## 第六章 法律责任

**第四十四条** 生产经营单位有下列情形之一的，由县级以上人民政府应急管理等部门依照《中华人民共和国安全生产法》第九十四条的规定，责令限期改正，可以处 5 万元以下罚款；逾期未改正的，责令停产停业整顿，并处 5 万元以上 10 万元以下的罚款，对直接负责的主管人员和其他直接责任人员处 1 万元以上 2 万元以下的罚款：

（一）未按照规定编制应急预案的；

（二）未按照规定定期组织应急预案演练的。

**第四十五条** 生产经营单位有下列情形之一的，由县级以上人民政府应急管理部门责令限期改正，可以处 1 万元以上 3 万元以下的罚款：

（一）在应急预案编制前未按照规定开展风险辨识、评估和应急资源调查的；

（二）未按照规定开展应急预案评审的；

（三）事故风险可能影响周边单位、人员的，未将事故风险的性质、影响范围和应急防范措施告知周边单位和人员的；

（四）未按照规定开展应急预案评估的；

（五）未按照规定进行应急预案修订的；

（六）未落实应急预案规定的应急物资及装备的。

生产经营单位未按照规定进行应急预案备案的，由县级以上人民政府应急管理等部门依照职责责令限期改正；逾期未改正的，处 3 万元以上 5 万元以下的罚款，对直接负责的主管人员和其他直接责任人员处 1 万元以上 2 万元以下的罚款。

## 第七章 附 则

**第四十六条** 《生产经营单位生产安全事故应急预案备案申报表》和《生产经营单位生产安全事故应急预案备案登记表》由应急管理部统一制定。

**第四十七条** 各省、自治区、直辖市应急管理部门可以依据本办法的规定，结合本地区实际制定实施细则。

**第四十八条** 对储存、使用易燃易爆物品、危险化学品等危险物品的科研机构、学校、医院等单位的安全事故应急预案的管理，参照本办法的有关规定执行。

**第四十九条** 本办法自 2016 年 7 月 1 日起施行。

# 32. 交通运输工程施工单位主要负责人、项目负责人和专职安全生产管理人员安全生产考核管理办法

(2024 年 1 月 8 日　交通运输部令 2024 年第 2 号)

## 第一章　总　　则

**第一条**　为了规范交通运输工程施工单位主要负责人、项目负责人和专职安全生产管理人员安全生产考核管理工作,根据《中华人民共和国安全生产法》《建设工程安全生产管理条例》等有关法律、行政法规,制定本办法。

**第二条**　交通运输工程施工单位主要负责人、项目负责人和专职安全生产管理人员(以下统称安管人员)安全生产考核及监督管理,适用本办法。

交通运输工程施工单位安管人员应当具备从事交通运输工程施工活动相应的安全生产知识和管理能力,通过安全生产考核后方可任职。

**第三条**　本办法所称主要负责人,是指对施工单位生产经营活动具有决策权、全面负责安全生产工作的人员,主要包括董事长、经理。

本办法所称项目负责人,是指取得相应执业资格、由施工单位书面确定、对建设工程项目的安全施工负责的人员,主要包括项目经理。

本办法所称专职安全生产管理人员,是指在施工单位专职从事安全生产管理的人员。

**第四条**　交通运输部主管全国交通运输工程施工单位安管人员安全生产考核工作。

省级人民政府交通运输主管部门(以下称为考核部门)负责具体实施本行政区域内交通运输工程施工单位安管人员安全生产考核工作。

## 第二章　安全生产考核

**第五条**　交通运输工程安管人员安全生产考核分为公路工程和水运工程两个领域,每个领域按照岗位类型均分为主要负责人考核、项目负责人考核和专职安全生产管理人员考核。

安管人员应当按照考核合格证书明确的工程领域、岗位类型从事相应的安全生产工作,依法履行安全生产管理职责。

**第六条**　申请安管人员安全生产考核的人员,应当符合以下条件:

(一)与公路工程或者水运工程施工单位已建立劳动关系;

(二)安全生产考试成绩合格;

(三)申请项目负责人安全生产考核的,还应当具备公路工程或者水运工程相关专业建造

师执业资格。

**第七条** 交通运输部制定并公布安全生产考试大纲,考试内容包括安全生产知识和管理能力。

安全生产考试由考核部门负责组织实施。考核部门应当在每年第一季度向社会公布安全生产考试年度计划,并在考试举办30日前公告考试时间等考务内容。

**第八条** 安全生产考试成绩合格人员应当自取得考试成绩之日起1年内申请安管人员安全生产考核。逾期未申请的,应当在符合本办法规定的继续教育学时要求后方可申请。

**第九条** 有下列情形之一的,不得申请安管人员安全生产考核:

(一)因对生产安全事故负有责任受到相关刑事、行政处罚且未履行完毕;

(二)申请主要负责人安全生产考核的,被依法终身取消担任本行业生产经营单位主要负责人资格;

(三)申请项目负责人安全生产考核的,年龄超过建造师执业年龄;

(四)申请专职安全生产管理人员安全生产考核的,年龄超过法定退休年龄。

**第十条** 申请人可以自行或者由受聘的施工单位,通过安管人员安全生产考核相关信息系统,向施工单位注册地考核部门申请安全生产考核,在线提交下列材料或者信息,并对材料或者信息的真实性负责:

(一)安全生产考核申请表;

(二)申请人身份证明;

(三)申请人与施工单位建立劳动关系的证明文件;

(四)申请项目负责人安全生产考核的,还应当提交建造师执业资格证书。

**第十一条** 考核部门应当按照《交通行政许可实施程序规定》开展许可工作。符合本办法第六条规定条件且不存在本办法第九条规定情形的,考核部门应当准予许可,颁发相应的考核合格证书。

考核合格证书在全国范围内有效,有效期3年,证书式样及编号规则由交通运输部统一规定。

**第十二条** 安管人员在考核合格证书有效期内,应当参加交通运输主管部门组织的继续教育,每年度不少于12学时。

**第十三条** 考核合格证书有效期届满需要延续的,应当提前3个月向原考核部门提交延续申请。

申请人符合下列条件的,原考核部门应当在有效期届满前作出准予延续的决定,证书有效期延续3年:

(一)符合本办法第六条规定的条件且不存在本办法第九条规定的情形;

(二)完成继续教育规定的学时。

不符合前款规定条件的,原考核部门应当责令限期整改,逾期不整改或者整改后仍不符合条件的,应当作出不予延续的决定。

**第十四条** 安管人员受聘的施工单位发生变化的,应当在30日内向原考核部门申请办理考核合格证书变更手续。

安管人员的岗位类型或者从事的工程领域发生变化的,应当依据本办法的规定重新申请安全生产考核。

**第十五条**　安管人员申请注销考核合格证书或者有《中华人民共和国行政许可法》第七十条规定情形的，原考核部门应当依法办理注销手续。

**第十六条**　安管人员安全生产考核和继续教育不得收费。

**第十七条**　任何单位和个人不得涂改、倒卖、出租、出借或者以其他形式非法转让考核合格证书。

## 第三章　监督检查与法律责任

**第十八条**　交通运输主管部门应当依法对安管人员持证上岗、履行职责等情况进行监督检查，监督检查不得影响被检查单位的正常生产经营活动。

有关单位和个人对依法进行的监督检查应当予以配合，不得拒绝、阻挠。

**第十九条**　交通运输主管部门发现安管人员存在违法违规行为的，应当依法进行查处，并将违法事实、处理结果告知考核部门。

**第二十条**　交通运输主管部门应当建立健全安管人员信用管理制度，依法对安管人员实施信用监管。

**第二十一条**　安管人员以欺骗、贿赂等不正当手段取得考核合格证书的，应当予以撤销，并在3年内不得再次申请该安全生产考核。

**第二十二条**　主要负责人未依法履行安全生产管理职责的，责令限期改正，处2万元以上5万元以下的罚款；逾期未改正的，处5万元以上10万元以下的罚款，责令施工单位停产停业整顿。

有前款违法行为，导致发生生产安全事故的，给予撤职处分；构成犯罪的，依照刑法有关规定追究刑事责任。

主要负责人依照前款规定受刑事处罚或者撤职处分的，自刑罚执行完毕或者受处分之日起，5年内不得担任任何生产经营单位的主要负责人；对重大、特别重大生产安全事故负有责任的，终身不得担任本行业生产经营单位的主要负责人。

**第二十三条**　项目负责人未依法履行安全生产管理职责的，责令限期改正，处1万元以上3万元以下的罚款。

有前款违法行为，导致发生一般生产安全事故的，暂停考核合格证书6个月至12个月，并处上一年年收入20%以上30%以下的罚款；导致发生较大及以上生产安全事故的，吊销考核合格证书，并处上一年年收入30%以上50%以下的罚款。构成犯罪的，依照刑法有关规定追究刑事责任。

**第二十四条**　专职安全生产管理人员未依法履行安全生产管理职责的，责令限期改正，处1万元以上3万元以下的罚款。

有前款违法行为，导致发生一般生产安全事故的，暂停考核合格证书3个月至6个月，并处上一年年收入20%以上30%以下的罚款；导致发生较大生产安全事故的，暂停考核合格证书6个月至12个月，并处上一年年收入30%以上40%以下的罚款；导致发生重大、特别重大生产安全事故的，吊销考核合格证书，并处上一年年收入40%以上50%以下的罚款。构成犯罪的，依照刑法有关规定追究刑事责任。

**第二十五条** 交通运输主管部门工作人员在安全生产考核和监督管理工作中玩忽职守、滥用职权、徇私舞弊的，由所在单位或者其上级机关依照国家有关规定给予行政处分；构成犯罪的，依法追究刑事责任。

## 第四章 附 则

**第二十六条** 铁路、民航工程施工单位主要负责人、项目负责人和专职安全生产管理人员安全生产考核及监督管理，应当符合国家有关规定。

**第二十七条** 本办法自 2024 年 3 月 1 日起施行。

# 第四部分

# 规范性文件

# 33. 国务院安全生产委员会关于《安全生产治本攻坚三年行动方案（2024—2026）》的通知

各省、自治区、直辖市人民政府及新疆生产建设兵团，国务院安委会各成员单位，有关中央企业：

《安全生产治本攻坚三年行动方案（2024—2026 年）》已经国务院领导同志同意，现印发给你们，请结合实际认真贯彻落实。各省级安委会要加强工作统筹，及时将重点工作完成情况和阶段性工作进展报送国务院安委会办公室。

国务院安全生产委员会

2024 年 1 月 21 日

为认真贯彻落实习近平总书记关于安全生产系列重要指示精神，进一步夯实安全生产工作基础，从根本上消除事故隐患，有效防范遏制重特大生产安全事故，制定安全生产治本攻坚三年行动方案（2024—2026 年）。

## 一、总体要求

（一）指导思想。以习近平新时代中国特色社会主义思想为指导，全面贯彻党的二十大精神，坚持人民至上、生命至上，坚持安全第一、预防为主，坚持标本兼治、重在治本，将遏制重特大事故的关口前移到管控重点行业、重点领域容易导致群死群伤的重大风险，着力消减重大风险，着力消除由于重大风险管控措施缺失或执行不到位而形成的重大事故隐患，着力整治群众身边突出安全隐患开展安全生产治本攻坚“八大行动”，落细落实安全生产十五条硬措施，在安全理念、安全责任、安全规划、安全法治、安全标准、安全科技、安全工程、安全素质等方面补短板、强弱项，切实提高风险隐患排查整改质量、切实提升发现问题和解决问题的强烈意愿和能力水平，推动重大事故隐患动态清零，不断提升本质安全水平，加快推进安全生产治理体系和治理能力现代化，努力推进高质量发展和高水平安全良性互动。

（二）主要目标。通过三年治本攻坚，地方党委和政府、部门和生产经营单位统筹发展和安全的理念进一步强化，坚守安全红线的意识更加强烈，消减重大安全风险、消除重大事故隐患的积极性主动性显著增强；重点行业领域建立健全“一件事”由牵头部门组织推动、各相关部门齐抓共管，全链条排查整治重大事故隐患的责任体系，安全监管能力显著提升；2024 年底前基本消除 2023 年及以前排查发现的重大事故隐患存量，2025 年底前有效遏制重大事故隐患增量，2026 年底前形成重大事故隐患动态清零的常态化机制；针对重大安全风险的一批“人防、技防、工程防、管理防”措施落地见效，本质安全水平大幅提升；全国安全生产形势持续稳定向好，重特大生产安全事故多发势头得到有效遏制。

## 二、任务分工

国务院安委会统筹做好全国安全生产治本攻坚三年行动的组织推动。各省级安委会负责制定并实施辖区的安全生产治本攻坚三年行动方案。国务院安委会有关成员单位按照“管行业必须管安全”原则，依据《国务院安全生产委员会成员单位安全生产工作任务分工》，针对行业领域的重大事故隐患判定标准或重点检查事项，分别制定本部门单位的治本攻坚三年行动子方案。其中：负有安全生产监督管理职责的部门，要在方案中进一步细化安全生产治本攻坚的具体措施要求，从技术设备、人员素质等方面强化安全生产行政许可和准入管理，加大安全生产落后工艺、材料、设备等淘汰退出力度，建立健全重大事故隐患排查治理体系和督办制度，组织开展安全生产专项整治，聚焦重点环节、重点事项精准实施安全监管执法，严厉打击各类违法违规行为，依法关闭取缔不符合安全条件的企业单位；其他负有安全生产管理责任的行业领域主管部门，要在方案中将行业领域安全生产的督促指导职责明确细化为若干条具体措施，从行业规划、产业政策、法规标准、行政许可等方面加强本行业领域安全生产治本攻坚工作，建立健全定期会同负有安全生产监督管理职责的有关部门开展联合督导检查、重大事故隐患排查整治等工作的常态化机制，结合行业领域特点针对性强化安全培训和警示教育。国务院安委会其他成员单位要在职责范围内为安全生产治本攻坚提供支持保障，共同推进安全发展党中央、国务院已部署开展的安全整治行动，按照原有安排继续推进。

## 三、主要任务

（一）开展生产经营单位主要负责人安全教育培训行动。

1. 会同中央党校集中开展重点行业领域生产经营单位主要负责人专题安全教育培训，固化完善“中央党校主课堂＋各地区分课堂”同步的模式，推动相关重点行业领域生产经营单位主要负责人教育培训全覆盖，其中：2024 年，重点开展矿山企业主要负责人和二级三级医院消防安全责任人集中培训；2025 年，重点开展金属冶炼生产经营单位主要负责人、重点文物保护等单位消防安全责任人集中培训；2026 年，重点开展大型商业综合体消防安全责任人集中培训。各地区及国务院安委会有关成员单位要结合实际，组织对未覆盖到的有关重点行业领域生产经营单位主要负责人开展安全教育培训。

（二）开展重大事故隐患判定标准体系提升行动。

2. 总结重大事故隐患专项排查整治 2023 行动经验做法，修订一批、提升一批重大事故隐患判定标准，形成覆盖各行业领域的较为完备的标准体系。对于已经出台重大事故隐患判定标准的行业领域，要及时修订完善，增强操作性和实用性，并针对新问题、新风险补充完善标准要求；对于以推荐性标准或以试行、暂行办法等文件出台的，2024 年底前要积极总结提升为部门规章、强制性国家标准等，增强权威性。结合行业领域实际情况，针对性制修订重大事故隐患判定标准解读、检查指引指南等配套文件、制作有关视频，规范事故隐患排查工作流程、提升排查整改质量。

（三）开展重大事故隐患动态清零行动。

3. 因地制宜建立完善各类发展规划的安全风险评估会商机制，有效衔接国土空间规划和全国自然灾害综合风险普查成果等；结合地区实际制定开发区、高新区、工业园区、化工园区等重点区域安全生产禁止和限制类产业目录，严格准入，强化重大安全风险源头管控。

4. 健全完善生产经营单位重大事故隐患自查自改常态化机制，生产经营单位主要负责人要每季度带队对本单位重大事故隐患排查整治情况至少开展1次检查（高危行业领域每月至少1次），完善并落实生产经营单位全员安全生产岗位责任制。完善行业领域专家、企业退休技安人员以及专业技术服务机构参与排查整治工作的长效机制，加大支撑保障力度，提高排查整治专业性。对于未开展排查、明明有问题却查不出或者查出后拒不整改等导致重大事故隐患长期存在的，参照事故调查处理，查清问题并依法依规严肃责任追究。

5. 完善地方政府对于重大事故隐患治理的督办制度，建立政府负有安全监管职责有关部门审核把关销号机制，加大专业指导力度，确保重大隐患闭环整改到位。2024年底前建立健全分区域、分行业重大事故隐患统计分析机制，对进展缓慢的及时采取函告、通报、约谈、曝光等措施。修订《安全生产事故隐患排查治理暂行规定》，进一步加强事故隐患排查治理的监督管理。

6. 健全重大事故隐患数据库，2024年底前完善数据库运行管理机制，实现企业自查上报、督导检查发现、群众举报查实等各渠道排查的重大事故隐患全量汇总，推动重大事故隐患信息共享集中。及时将重大事故隐患信息通知到相关生产经营单位的主要负责人、实际控制人，实行清单制管理并动态更新整改落实情况，推动照单逐条整改销号。

（四）开展安全科技支撑和工程治理行动。

7. 加快推动安全生产监管模式向事前预防数字化转型，推进人工智能、大数据、物联网等技术与安全生产融合发展，持续加大危化品重大危险源、矿山、尾矿库、建筑施工、交通运输、水利、能源、消防、钢铁、铝加工（深井铸造）、粉尘涉爆、烟花爆竹、油气储存、石油天然气开采等行业领域安全风险监测预警系统建设应用和升级改造力度，2024年底前建设完善危化品、矿山等高危企业安全生产电力监测分析系统，2025年底前实现危化品重大危险源、煤矿、钢铁、铝加工（深井铸造）、重点粉尘涉爆等企业安全风险监测预警全覆盖，2026年底前安全生产风险智能化管控能力显著增强。分级建成一批安全发展示范城市，带动提升城市安全风险监测预警能力。

8. 及时更新先进适用技术装备推广及淘汰落后安全生产工艺技术设备目录，明确在用设备报废标准，加大危化品、矿山、尾矿库、工贸、烟花爆竹、建设施工、交通运输、燃气等行业领域淘汰更新力度。依法加快推进"小散乱"企业有序关闭、尾矿库闭库销号、老旧直流内燃机车报废、老旧渔船更新改造、老旧化工生产装置改造提升、"大吨小标"货车违规生产销售治理，2025年底前推动变型拖拉机全部淘汰退出。聚焦突出重大风险隐患，加大安全生产科技项目攻关力度，加快突破重要安全生产装备关键核心技术大力推进"机械化换人、自动化减人"，提升矿山、危化品、烟花爆竹、军工、民爆、隧道施工等行业领域自动化、智能化水平。推进小型生产经营场所、经营性自建房、老旧住宅小区安装早期火灾报警和灭火装置。研究制定强制性标准推进道路运输车辆主动安全装置安装应用。

9. 深入开展老旧场所消防设施升级改造、公路安全生命防护工程建设、水库除险加固、电梯安全筑底、铁路平交道口改造、应急逃生出口和消防车通道打通等工程治理行动。组织开展建设工程消防设计审查验收违法违规专项治理。2025年底前基本实现城镇建成区消防供水全覆盖、存在安全隐患自建房整治全覆盖,持续推动安全基础设施提质增效,强化本质安全。

(五)开展生产经营单位从业人员安全素质能力提升行动。

10.推动危化品、石油天然气开采、矿山、金属冶炼、烟花爆竹等高危行业生产经营单位从业人员安全技能培训深化提升,严格高危行业生产经营单位主要负责人、安全生产管理人员安全生产知识和管理能力考核以及特种作业人员安全技术培训考核,将重大事故隐患排查整治有关要求作为培训考核的重要内容。出台《安全生产培训机构基本条件》标准,加强设备配备和设施建设,对安全生产培训机构进行一轮全覆盖条件复核,2024年底前清退一批不符合条件的机构。优化特种作业考试和许可管理,2025年底前建成国家层面统一的"互联网+特种作业人员综合管理服务"系统,推动特种作业人员持证上岗,督促生产经营单位严格电气焊作业等特种作业人员管理,严格遵守消防安全、生产安全等操作规程。

11.结合各行业领域实际情况,2024年底前全面细化完善生产经营单位各类从业人员安全生产教育培训的频次、内容、范围:时间等规定要求,健全教育培训效果督导检查机制,切实强化教育培训动态管理。明确有关从业人员的安全准入机制以及不符合安全条件要求的退出机制,提升从业人员整体能力水平。推动生产经营单位加强对外包外租等关联单位的安全生产指导、监督,将接受其作业指令的劳务派遣、灵活用工等人员纳入本单位安全生产管理体系,严格安全培训和管理,切实提升有关从业人员的安全素质和能力。

12.聚焦从业人员疏散逃生避险意识能力提升,推动生产经营单位每年至少组织开展1次疏散逃生演练(高危行业领域每半年至少1次),让全体从业人员熟知逃生通道、安全出口及应急处置要求,形成常态化机制。推动高危行业生产经营单位全面依法建设安全生产应急救援队伍,满足安全风险防范和事故抢险救援需要。

(六)开展生产经营单位安全管理体系建设行动。

13.结合国际通用的安全管理体系经验做法,2024年试点建设中国特色的安全生产管理体系标准,2025年聚焦大中型企业修订完成企业安全生产标准化管理体系基本规范,研究制定小微企业安全生产标准化管理体系基本规范,适时更新相关行业安全生产标准化定级标准。

14.探索实行安全生产标准化管理体系定级制度,积极推动引导有关行业领域各类企业单位创建安全生产标准化管理体系大力选树各行业安全生产标准化建设标杆企业单位,落实安全生产标准化达标企业在减少检查频次、复产验收优先、优化安全生产责任保险和工伤保险费率、信贷信用等级评定等方面的激励政策2025年底前,打造一批安全生产标准化标杆企业单位,推广安全管理体系先进经验。

(七)开展安全生产精准执法和帮扶行动。

15.建立健全各行业领域安全生产举报制度机制,落实奖励资金、完善保密制度,充分发动社会公众和从业人员举报或报告生产经营单位存在的重大事故隐患,及时发现生产经营单位的各类违法违规行为。推动生产经营单位建立健全事故隐患报告奖励机制,完善物质和精神双重奖励措施,对报告重大事故隐患等突出问题的予以重奖,激励从业人员积极向生产经营单位报告身边的事故隐患、提出整改的合理化建议,提升从业人员爱企如家的强烈安全意识。

16.综合运用"四不两直"明查暗访、异地交叉执法等方式,聚焦重大事故隐患排查整治,深入推进精准执法,集中挂牌、公布、曝光、处理一批重大事故隐患,对"零处罚"、"只检查不处罚”等执法“宽松软虚”的地区进行约谈通报。对无需审批备案但具有较大安全风险的生产经营活动，加大现场执法检查力度，完善“双随机”抽查检查工作机制，严防小施工、小作业惹大事。对严重违法行为依法采取停产整顿、关闭取缔、上限处罚、联合惩戒“一案双罚”等手段，落实行刑衔接机制，严厉打击各类非法违法行为。对发生重特大事故负有责任的生产经营单位的主要负责人，明确终身不得担任本行业生产经营单位的主要负责人。2024 年底前，建立健全各行业领域安全生产监管监察执法统计、执法考评和典型案例报送制度，完善行政裁量权基准，组织开展执法练兵和比武竞赛。加大“互联网 + 执法”推广应用力度，推动现场执法检查和线上巡查执法有机结合，持续提高执法效能。

17. 综合统筹乡镇(街道)安全生产监管、消防工作、防灾减灾救灾、应急救援等人员力量，强化责任落实，共同做好安全检查、安全宣传、应急救援等工作，推动安全生产监管服务向基层末梢延伸。加强各级安全生产行政执法人员执法装备配备，推动执法队伍规范化建设。落实好国家安全生产专业应急救援队伍动态管理机制，根据安全生产应急救援工作需要合理确定队伍规模，强化地方骨干专业安全生产救援队伍建设，全面提升技术装备现代化水平，强化专业应急救援支撑保障。

18. 聚焦重大事故隐患排查整治，强化基层安全监管执法人员能力培训。三年内，结合中央党校企业主要负责人培训班，对全国安全监管执法人员开展跟班集中培训。组织编制执法培训教材，推动各地开展形式多样的执法业务培训，不断提高培训系统化规范化水平。2024 年底前，省市有关部门统筹建立安全生产专家库，充分利用外部专业力量提高执法检查质效。组织对高危行业领域生产经营单位分级开展安全执法指导帮扶。大力选聘执法技术检查员参与安全生产监管执法，完善通过政府购买服务辅助开展监督检查的工作机制，切实提升基层安全监管能力。推动保险机构积极参与高危行业领域企业重大事故隐患排查整治工作。

(八)开展全民安全素质提升行动。

19. 加强全民安全生产宣传教育，培育公众安全意识，聚焦“人人讲安全、个个会应急”这个主题和目标，持续开展全国安全生产月、消防宣传月、安全宣传咨询日等活动，将安全教育纳入国民教育体系，引导公众践行安全的生产生活方式，推动安全宣传进企业、进农村、进社区、进学校、进家庭。落实“谁执法谁普法”普法责任制，深入开展安全生产法治宣传教育。推动在省市县三级电视等媒体设置安全生产专题栏目，定期讲解安全生产知识、介绍安全生产典型经验做法、曝光存在的突出问题，制作播放安全警示宣传片强化典型事故教训吸取。因地制宜加快建设安全科普宣传教育和安全体验基地。

20. 深化公路水运建设“平安工程”“平安农机”“平安渔业”“安康杯”竞赛、青年安全生产示范岗、安全文化示范企业等示范创建工作，在全国评选一批安全生产工作先进的企业、单位和个人，强化示范引领作用。

## 四、保障措施

(一)加强组织领导。各省级安委会、国务院安委会各有关成员单位、有关中央企业要召开专题会议进行动员部署，建立完善信息汇总、动态研判、晾晒通报、督导检查等机制，切实加大督促推动力度。各省级安委会主要负责同志要定期组织研究安全生产治本攻坚有关工作，听取进展情况汇报，协调解决跨地区、跨部门安全生产突出问题；有关成员单位要加强本行业领域安全生产治本攻坚工作的跟踪分析，及时研究新情况、解决新问题，定期向分管负责同志汇报安全生产治本攻坚情况并提供工作建议。国务院安委会各有关成员单位要加强督促指导，推动落实属地安全责任。全面规范并建立省市县三级地方党政领导干部安全生产职责清单和年度任务清单，明确治本攻坚责任分工和工作目标，按程序报上级安委会办公室备案。将安全生产、消防安全教育培训列入党政领导干部的必修课程，突出重大事故隐患排查整治方面的内容，加强经常性教育培训。国务院安委会办公室将成立工作专班，加大统筹协调和督促推动力度，各地区也要加强工作统筹，协调推动本地区治本攻坚工作。

（二）加强安全投入。各地区要强化安全生产相关工作投入，科学合理安排预算，确保重大事故风险隐患治理资金，切实做好安全生产治本攻坚各项任务措施的支撑保障。各有关部门单位要聚焦制约安全生产的重点难点问题加强统筹规划、落实整治资金，张蓝图绘到底，以久久为功的劲头持续推进"人防、技防、工程防、管理防"等治本之策，不断提升本质安全水平。各地区、各有关部门要督促企业单位加大安全生产投入力度，严格执行《企业安全生产费用提取和使用管理办法》，在企业绩效考核中把安全投入作为重要考核内容，严防低价中标影响企业正常安全投入。

（三）完善法规制度。各地区、各有关部门和单位要进一步强化法治思维，加强宏观调控和配套政策供给，增强安全生产综合能力。要加快推进危险化学品安全法、生产安全事故报告和调查处理条例等安全生产法律法规制修订，聚焦安全生产重点难点问题推动不断完善有关工作规定要求，健全常态化工作机制，切实提升安全生产依法治理能力和水平。要推动一批涉及安全生产的推荐性标准转化为强制性标准，加强重点行业领域强制性标准监督落实，积极培育发展安全生产团体标准和企业标准，从源头上提升安全防范能力。要积极推动设区的市制定完善安全生产地方性法规标准，因地制宜加强安全生产法制化建设。

（四）强化正向激励。各地区、各有关部门和单位要用好正向激励手段，在党政领导干部考察、评优评先等工作中注意了解治本攻坚三年行动开展情况，按照党和国家有关规定对治本攻坚工作中成绩突出的集体和个人进行表彰奖励，相关领导干部在同等条件下可按规定注意提拔晋升。要加大治本攻坚工作中成绩先进单位的通报表扬力度，强化正面典型引导和示范引路，以点带面推动整体工作水平提升。

（五）强化考核巡查。国务院安委会将把治本攻坚三年行动作为安全生产和消防工作考核巡查重点，拉开考核梯次并如实向党中央报告，将考核结果作为地方党政领导班子和领导干部政绩考核评价的重要参考；优化考核巡查方式方法，将"多通报、多发督促函、多暗访"作为安全督查长效机制，建立完善安委会督办交办制度，对重大事故隐患排查整治不力等突出问题及时约谈、通报、曝光。各地区、各有关部门和单位也要结合实际，分级建立健全考核巡查、督导督办、责任倒查等各项工作机制，紧盯重点行业，突出重点地区，紧抓与群众密切相关的区域和点位开展督导检查，严格问责问效，推动安全生产治本攻坚三年行动落实落地。

# 34. 公路工程竣(交)工验收办法实施细则

(2010 年 04 月 30 日　交通运输部　交公路发〔2010〕65 号)

## 第一章　总　　则

**第一条**　为进一步规范和完善公路工程竣(交)工验收工作,根据《公路工程竣(交)工验收办法》(交通部令 2004 年第 3 号),制定本细则。

**第二条**　公路工程验收分为交工验收和竣工验收两个阶段。

交工验收阶段,其主要工作是:检查施工合同的执行情况,评价工程质量,对各参建单位工作进行初步评价。

竣工验收阶段,其主要工作是:对工程质量、参建单位和建设项目进行综合评价,并对工程建设项目作出整体性综合评价。

**第三条**　公路工程竣(交)工验收的依据是:

(一)批准的项目建议书、工程可行性研究报告。

(二)批准的工程初步设计、施工图设计及设计变更文件。

(三)施工许可。

(四)招标文件及合同文本。

(五)行政主管部门的有关批复、批示文件。

(六)公路工程技术标准、规范、规程及国家有关部门的相关规定。

## 第二章　交工验收

**第四条**　公路工程交工验收工作一般按合同段进行,并应具备以下条件:

(一)合同约定的各项内容已全部完成。各方就合同变更的内容达成书面一致意见。

(二)施工单位按《公路工程质量检验评定标准》及相关规定对工程质量自检合格。

(三)监理单位对工程质量评定合格。

(四)质量监督机构按"公路工程质量鉴定办法"(见附件 1)对工程质量进行检测,并出具检测意见。检测意见中需整改的问题已经处理完毕。

(五)竣工文件按公路工程档案管理的有关要求,完成"公路工程项目文件归档范围"(附件 2)第三、四、五部分(不含缺陷责任期资料)内容的收集、整理及归档工作。

(六) 施工单位、监理单位完成本合同段的工作总结报告。

**第五条**　交工验收程序:

(一)施工单位完成合同约定的全部工程内容,且经施工自检和监理检验评定均合格后,提出合同段交工验收申请报监理单位审查。交工验收申请应附自检评定资料和施工总结报告。

(二)监理单位根据工程实际情况、抽检资料以及对合同段工程质量评定结果,对施工单位交工验收申请及其所附资料进行审查并签署意见。监理单位审查同意后,应同时向项目法人提交独立抽检资料、质量评定资料和监理工作报告。

(三)项目法人对施工单位的交工验收申请、监理单位的质量评定资料进行核查,必要时可委托有相应资质的检测机构进行重点抽查检测,认为合同段满足交工验收条件时应及时组织交工验收。

(四)对若干合同段完工时间相近的,项目法人可合并组织交工验收。对分段通车的项目,项目法人可按合同约定分段组织交工验收。

(五)通过交工验收的合同段,项目法人应及时颁发"公路工程交工验收证书"(见附件3)。

(六)各合同段全部验收合格后,项目法人应及时完成"公路工程交工验收报告"(见附件4)。

**第六条** 交工验收的主要工作内容:

(一)检查合同执行情况。

(二)检查施工自检报告、施工总结报告及施工资料。

(三)检查监理单位独立抽检资料、监理工作报告及质量评定资料。

(四)检查工程实体,审查有关资料,包括主要产品的质量抽(检)测报告。

(五)核查工程完工数量是否与批准的设计文件相符,是否与工程计量数量一致。

(六)对合同是否全面执行、工程质量是否合格做出结论。

(七)按合同段分别对设计、监理、施工等单位进行初步评价(评价表见附件6-2~6-4)。

**第七条** 各合同段的设计、施工、监理等单位参加交工验收工作,由项目法人负责组织。路基工程作为单独合同段进行交工验收时,应邀请路面施工单位参加。拟交付使用的工程,应邀请运营、养护管理等相关单位参加。交通运输主管部门、公路管理机构、质量监督机构视情况参加交工验收。

**第八条** 合同段工程质量评分采用所含各单位工程质量评分的加权平均值。即:

$$\text{合同段工程质量评分值}=\frac{\sum(\text{单位工程质量评分值}\times\text{该单位工程投资额})}{\sum\text{单位工程投资额}}$$

工程各合同段交工验收结束后,由项目法人对整个工程项目进行工程质量评定,工程质量评分采用各合同段工程质量评分的加权平均值。即:

$$\text{工程项目质量评分值}=\frac{\sum(\text{合同段工程质量评分值}\times\text{该合同段投资额})}{\sum\text{合同段投资额}}$$

投资额原则使用结算价,当结算价暂时未确定时,可使用招标合同价,但在评分计算时应统一。

**第九条** 交工验收工程质量等级评定分为合格和不合格,工程质量评分值大于等于75分的为合格,小于75分的为不合格。

**第十条** 交工验收不合格的工程应返工整改,直至合格。

交工验收提出的工程质量缺陷等遗留问题,由项目法人责成施工单位限期完成整改。

**第十一条** 对通过交工验收的工程,应及时安排养护管理。

## 第三章　竣 工 验 收

**第十二条**　按照公路工程管理权限,各级交通运输主管部门应于年初制定年度竣工验收计划,并按计划组织竣工验收工作。列入竣工验收计划的项目,项目法人应提前完成竣工验收前的准备工作。

**第十三条**　公路工程竣工验收应具备以下条件:

(一)通车试运营 2 年以上。

(二)交工验收提出的工程质量缺陷等遗留问题已全部处理完毕,并经项目法人验收合格。

(三)工程决算编制完成,竣工决算已经审计,并经交通运输主管部门或其授权单位认定。

(四)竣工文件已完成"公路工程项目文件归档范围"的全部内容。

(五)档案、环保等单项验收合格,土地使用手续已办理。

(六)各参建单位完成工作总结报告。

(七)质量监督机构对工程质量检测鉴定合格,并形成工程质量鉴定报告。

**第十四条**　竣工验收准备工作程序:

(一)公路工程符合竣工验收条件后,项目法人应按照公路工程管理权限及时向相关交通运输主管部门提出验收申请,其主要内容包括:

1. 交工验收报告。
2. 项目执行报告、设计工作报告、施工总结报告和监理工作报告。
3. 项目基本建设程序的有关批复文件。
4. 档案、环保等单项验收意见。
5. 土地使用证或建设用地批复文件。
6. 竣工决算的核备意见、审计报告及认定意见。

(二)相关交通运输主管部门对验收申请进行审查,必要时可组织现场核查。审查同意后报负责竣工验收的交通运输主管部门。

(三)以上文件齐全且符合条件的项目,由负责竣工验收的交通运输主管部门通知所属的质量监督机构开展质量鉴定工作。

(四)质量监督机构按要求完成质量鉴定工作,出具工程质量鉴定报告,并审核交工验收对设计、施工、监理初步评价结果,报送交通运输主管部门。

(五)工程质量鉴定等级为合格及以上的项目,负责竣工验收的交通运输主管部门及时组织竣工验收。

**第十五条**　竣工验收主要工作内容:

(一)成立竣工验收委员会。

(二)听取公路工程项目执行报告、设计工作报告、施工总结报告、监理工作报告及接管养护单位项目使用情况报告(见附件 5"公路工程参建单位工作总结报告")。

(三)听取公路工程质量监督报告及工程质量鉴定报告。

(四)竣工验收委员会成立专业检查组检查工程实体质量,审阅有关资料,形成书面检查意见。

（五）对项目法人建设管理工作进行综合评价。审定交工验收对设计单位、施工单位、监理单位的初步评价（见附件6“公路工程参建单位工作综合评价表”）。

（六）对工程质量进行评分，确定工程质量等级，并综合评价建设项目（见附件7“公路工程竣工验收评价表”）。

（七）形成并通过《公路工程竣工验收鉴定书》（见附件8）。

（八）负责竣工验收的交通运输主管部门印发《公路工程竣工验收鉴定书》。

（九）质量监督机构依据竣工验收结论，对各参建单位签发“公路工程参建单位工作综合评价等级证书”（见附件9）。

**第十六条** 竣工验收委员会由交通运输主管部门、公路管理机构、质量监督机构、造价管理机构等单位代表组成。国防公路应邀请军队代表参加。大中型项目及技术复杂工程，应邀请有关专家参加。

项目法人、设计、施工、监理、接管养护等单位代表参加竣工验收工作，但不作为竣工验收委员会成员。

**第十七条** 参加竣工验收工作各方的主要职责是：

竣工验收委员会负责对工程实体质量及建设情况进行全面检查。对工程质量进行评分，对各参建单位及建设项目进行综合评价，确定工程质量和建设项目等级，形成工程竣工验收鉴定书。

项目法人负责提交项目执行报告及验收工作所需资料，协助竣工验收委员会开展工作。

设计单位负责提交设计工作报告，配合竣工验收检查工作。

施工单位负责提交施工总结报告，提供各种资料，配合竣工验收检查工作。

监理单位负责提交监理工作报告，提供工程监理资料，配合竣工验收检查工作。

接管养护单位负责提交项目使用情况报告，配合竣工验收检查工作。

公路建设项目设计、施工、监理、接管养护等有多家单位的，项目法人应组织汇总设计工作报告、施工总结报告、监理工作报告、项目使用情况报告。竣工验收时选派代表向竣工验收委员会汇报。

**第十八条** 竣工验收工程质量评分采取加权平均法计算，其中交工验收工程质量得分权值为0.2，质量监督机构工程质量鉴定得分权值为0.6，竣工验收委员会对工程质量的评分权值为0.2。

对于交工验收和竣工验收合并进行的小型项目，质量监督机构工程质量鉴定得分权值为0.6，监理单位对工程质量评定得分权值为0.1，竣工验收委员会对工程质量的评分权值为0.3。

工程质量评分大于等于90分为优良，小于90分且大于等于75分为合格，小于75分为不合格。

**第十九条** 对建设项目出现以下特别严重问题的合同段，整改合格后，合同段工程质量不得评为优良，质量鉴定得分按照整改前的鉴定得分，超出75分的按75分，不足75分的按原得分；建设项目竣工验收工程质量等级和综合评定等级直接确定为合格。

（一）路基工程的大段落路基沉陷、大面积高边坡失稳。

（二）路面工程车辙深度大于10mm的路段累计长度超过该合同段车道总长度的5%。

(三)特大桥梁主要受力结构需要或进行过加固、补强。

(四)隧道工程渗漏水经处治效果不明显,衬砌出现影响结构安全裂缝,衬砌厚度合格率小于90%或有小于设计厚度二分之一的部位,空洞累计长度超过隧道长度的3%或单个空洞面积大于$3m^2$。

(五)重大质量事故或严重质量缺陷,造成历史性缺陷的工程。

**第二十条** 对建设项目出现以下严重问题的合同段,整改合格后,合同段工程质量不得评为优良,质量鉴定得分按75分计算;并视对建设项目的影响,由竣工验收委员会决定建设项目工程质量是否评为优良。

(一)路基工程的重要支挡工程严重变形。

(二)路面工程出现修补、唧浆、推移、网裂等病害路段累计长度超过路线的3%或累计面积大于总面积的1.5%;竣工验收复测路面弯沉合格率小于90%。

(三)大桥、中桥主要受力结构需要或进行过加固、补强。

**第二十一条** 竣工验收委员会对项目法人及设计、施工、监理单位工作进行综合评价。评定得分大于等于90分且工程质量等级优良的为好,小于90分且大于等于75分为中,小于75分为差。

**第二十二条** 竣工验收建设项目综合评分采取加权平均法计算,其中竣工验收工程质量得分权值为0.7,参建单位工作评价得分权值为0.3(项目法人占0.15,设计、施工、监理各占0.05)。

评定得分大于等于90分且工程质量等级优良的为优良,小于90分且大于等于75分为合格,小于75分为不合格。

**第二十三条** 发生过重大及以上生产安全事故的建设项目综合评定等级不得评为优良。

**第二十四条** 根据《国务院关于促进节约用地的通知》(国发〔2008〕3号)要求,竣工验收时需要核验建设项目依法用地和履行土地出让合同、划拨等情况。

## 第四章 附 则

**第二十五条** 各合同段交工验收工作所需的费用由施工单位承担。整个建设项目竣(交)工验收期间质量监督机构进行工程质量检测所需的费用由项目法人承担。

质量监督机构可委托有相应资质的检测机构承担竣(交)工验收的检测工作。

**第二十六条** 本细则自2010年5月1日起施行。《关于贯彻执行公路工程竣交工验收办法有关事宜的通知》(交公路发〔2004〕第446号)同时废止。

附件略。

# 35. 交通运输部办公厅关于公路工程验收执行新版公路工程质量检验评定标准有关事宜的通知

(2018 年 10 月 31 日　交通运输部　交办公路〔2018〕136 号)

《公路工程质量检验评定标准　第一册　土建工程》(JTG F80/1—2017)(简称新标准)自 2018 年 5 月 1 日起施行。为加强公路工程质量管理,做好公路工程验收与新标准的衔接过渡,经交通运输部同意,现就有关事宜通知如下:

## 一、关于执行时间

2018 年 5 月 1 日起开展公路工程施工招标的项目按照新标准执行。此前已开展施工招标的项目,可按招标文件或合同约定,执行《公路工程质量检验评定标准　第一册　土建工程》(JTG F80/1—2004)(简称原标准),也可重新约定执行新标准。

## 二、关于交工验收质量评定

执行新标准的工程项目,在各分项工程评定合格后,按照以下方法进行工程交工验收质量评定。

(一)分部工程。

采用以检查项目合格率为基础、加权平均计算的评分法,满分为 100 分,存在外观缺陷或资料不全等问题时应予扣分。

$$分部工程实测得分 = \frac{\Sigma(检查项目合格率 \times 检查项目权值)}{\Sigma 检查项权值} \times 100$$

检查项目为分部工程中所有分项工程的实测项,其中关键检查项目权值为 2,一般检查项目权值为 1。分部工程计算示例详见附件 1。

$$分部工程评分 = 分部工程实测得分 - 外观缺陷扣分 - 资料扣分$$

外观缺陷扣分:工程外观质量应符合新标准要求,外观质量存在问题时应予扣分,外观检查内容及扣分标准参照《公路工程竣(交)工验收办法实施细则》(交公路发〔2010〕65 号,简称《实施细则》)所附《公路工程质量鉴定办法》执行,累计扣分不超过 15 分。

资料扣分:按照新标准第 3.2.7 规定,对质量保证资料进行检查,资料不符合真实、准确、齐全、完整的要求时应予扣分,新标准 3.2.7 中每项内容对应扣分不超过 3 分,累计扣分不超过 10 分。施工资料和图表残缺,缺乏最基本的数据,或有伪造涂改的,不予检验和评定,应进行整改。

（二）单位工程。

单位工程评分由相应分部工程评分和分部工程权值加权平均计算，各分部工程权值见附件2和附件3。

$$单位工程评分=\frac{\sum(分部工程评分\times分部工程权值)}{\sum分部工程权值}$$

（三）合同段。

公路工程交工验收时，由项目法人组织监理单位依据新标准对各合同段的工程质量进行评定。合同段评分由单位工程评分和投资额加权平均计算。

$$合同段评分=\frac{\sum(单位工程评分\times单位工程投资额)}{\sum单位工程投资额}$$

（四）工程项目。

工程各合同段交工验收结束后，项目法人对整个工程项目进行质量评定，由合同段评分和合同段投资额加权平均计算。

$$建设项目工程评分=\frac{\sum(合同段评分\times合同段投资额)}{\sum合同段投资额}$$

单位工程、合同段投资额原则上使用结算价，当结算价暂时无法确定时，可使用招标合同价，但各合同段均应统一。

## 三、关于质量要求

加强公路建设项目质量管控，工程原材料品种、规格、质量，以及混合料配合比、成品、半成品，均应符合技术标准规定和设计文件要求。土建工程关键检查项目的合格率不得低于95%，一般检查项目的合格率不得低于80%，有规定极值或限制缺陷的检查项目，任一单个检测结果不得突破规定极值或限制缺陷，否则评定为不合格。不合格的工程应返工整改处理，直至合格，其质量检验原始资料应作为工程档案组成部分存档备查。

执行新标准的公路建设项目除符合新标准的有关规定外，其分项工程、分部工程、单位工程、合同段、建设项目质量评定合格标准应同时满足《公路工程竣（交）工验收办法》（交通部令2004年第3号）、《实施细则》的规定。

下一步，部将研究修订《公路工程竣（交）工验收办法》（交通部令2004年第3号）和实施细则。请地方各级交通运输主管部门加强行业管理，督促相关单位严格执行公路建设质量管理有关法律、法规和制度，做好新、老标准衔接，确保公路工程建设质量。

交通运输部办公厅

2018年10月31日

附件 1

# 交工验收质量评定中分部工程计算示例

分部工程 A1 中包含的分项工程、实测项目及合格率等相关信息如下所示。

| 分部工程 | 分项工程 | 实测项目 | 合格率(%) | 权值 |
|---|---|---|---|---|
| A1 | B1 | C1△ | d1 | 2 |
| | | C2 | d2 | 1 |
| | | C3 | d3 | 1 |
| | B2 | C4△ | d4 | 2 |
| | | C5 | d5 | 1 |
| | B3 | C6△ | d6 | 2 |
| | … | … | … | … |
| … | … | … | … | … |

注：△为关键检查项目。

分部工程 A1 的实测得分为：

$$\text{A1 实测得分} = \frac{d1\times2+d2\times1+d3\times1+d4\times2+d5\times1+d6\times2+\cdots\cdots}{2+1+2+1+2+1+\cdots\cdots}\times100$$

以某高速公路项目中路面分部工程为例：

| 分部工程 | 分项工程 | 序号 | 实测项目 | 实测合格率(%) | 权值 |
|---|---|---|---|---|---|
| K0+000—K1+000 路面工程 | 沥青混凝土面层 | 1 | 压实度 | 100 | 2 |
| | | 2 | 厚度 | 95 | 2 |
| | | 3 | 宽度 | 90 | 1 |
| | | 4 | 矿料级配 | 100 | 2 |
| | | 5 | 沥青含量 | 100 | 2 |
| | 水稳基层 | 6 | 压实度 | 100 | 2 |
| | | 7 | 厚度 | 100 | 2 |
| | | 8 | 强度 | 100 | 2 |

该分部工程实测得分为：

$$\frac{100\%\times2+95\%\times2+90\%\times1+100\%\times2+100\%\times2+100\%\times2+100\%\times2+100\%\times2}{2+2+1+2+2+2+2+2}\times100$$

$=98.67$

附件 2

# 一般公路建设项目分部工程权值

| 单位工程 | 分部工程 | 权值 |
| --- | --- | --- |
| 路基工程（每10km或每标段） | 路基土石方工程(1～3km路段)① | 2 |
| | 排水工程(1～3km路段)① | 1 |
| | 小桥及符合小桥标准的通道 | 2 |
| | 人行天桥，渡槽(每座) | 1 |
| | 涵洞、通道(1～3km路段)① | 1 |
| | 防护支挡工程(1～3km路段)① | 1 |
| | 大型挡土墙、组合挡土墙(每处) | 2 |
| 路面工程（每10km或每标段） | 路面工程(1～3km路段)① | 2 |
| 桥梁工程②（每座或每合同段） | 基础及下部构造(1～3墩台)③ | 2 |
| | 上部构造预制和安装(1～3跨)③ | 2 |
| | 上部构造现场浇筑(1～3跨)③ | 2 |
| | 桥面系、附属工程及桥梁总体 | 1 |
| | 防护工程 | 1 |
| | 引道工程 | 1 |
| 隧道工程④（每座或每合同段） | 总体及装饰装修(每座或每合同段) | 1 |
| | 洞口工程(每个洞口) | 1 |
| | 洞身开挖(100延米) | 2 |
| | 洞身衬砌(100延米) | 2 |
| | 防排水(100延米) | 1 |
| | 路面(1～3km路段)① | 2 |
| | 辅助通道⑤(100延米) | 1 |
| 绿化工程（每合同段） | 分隔带绿地、边坡绿地、护坡道绿地、碎落台绿地、平台绿地(每2km路段)<br>互通立交区与环岛绿地、管理养护设施区绿地、服务设施区绿地及取、弃土场绿地(每处) | 1 |
| 声屏障工程（每合同段） | 声屏障工程(每处) | 1 |
| 交通安全设施（每20km或每标段） | 标志、标线、突起路标、轮廓标(5～10km路段) | 1 |
| | 护栏(5～10km路段)① | 2 |
| | 防眩设施、隔离栅、防落网(5～10km路段)① | 1 |
| | 里程碑和百米桩(5km路段) | 1 |
| | 避险车道(每处) | 1 |

续上表

| 单位工程 | 分部工程 | 权值 |
| --- | --- | --- |
| 交通机电工程 | 其分部、分项工程划分见《公路工程质量检验评定标准　第二册　机电工程》 | |
| 附属设施 | 管理中心、服务区、房屋建筑、收费站、养护工区等设施 | 按其专业工程质量检验评定标准评定 |

注：①按路段长度划分的分部工程，高速公路、一级公路宜取低值，二级及二级以下公路可取高值。

②分幅桥梁按照单幅划分，特大斜拉桥和悬索桥按照附表 2 进行划分，其他斜拉桥和悬索桥可作为一个单位工程参照附表 2 进行划分。

③按单孔跨径确定的特大桥取 1，其余根据规模取 2 或 3。

④每座双洞隧道每单洞作为一个单位工程，划分为多个合同段的同一座特长隧道、长隧道每个合同段划分为一个单位工程。

⑤辅助通道包括竖井、斜井、平行导坑、横通道、风道、地下风机房等。

附件 3

# 斜拉桥、悬索桥分部工程权值

| 单 位 工 程 | 分 部 工 程 | 权 值 |
|---|---|---|
| 塔及辅助、过渡墩(每个) | 塔基础 | 2 |
| | 塔承台 | 2 |
| | 索塔 | 2 |
| | 辅助墩 | 1 |
| | 过渡墩 | 1 |
| 锚碇(每个) | 锚碇基础 | 2 |
| | 锚体 | 2 |
| 上部钢结构制作与防护 | 主缆 | 2 |
| | 索鞍 | 2 |
| | 索夹 | 1 |
| | 吊索 | 1 |
| | 加劲梁 | 2 |
| 上部结构浇筑与安装 | 加劲梁浇筑 | 2 |
| | 安装 | 2 |
| 桥面系、附属工程及桥梁总体 | 桥面系 | 1 |
| | 附属工程及桥梁总体 | 1 |

# 36. 公路工程建设标准管理办法

（2020年5月27日　交通运输部　交公路规〔2020〕8号）

## 第一章　总　　则

**第一条**　为贯彻落实《交通强国建设纲要》，进一步推进公路工程建设标准化工作，规范公路工程标准管理，保障人身健康和生命财产安全，促进公路工程技术进步和创新，提升技术和服务质量，根据《中华人民共和国公路法》、《中华人民共和国标准化法》、《交通运输标准化管理办法》等法律法规，以及国家工程建设标准化改革发展等要求，制定本办法。

**第二条**　公路工程建设标准是指以科学、技术和工程实践经验为基础，对公路工程建设、管理、养护和运营提出的技术要求。

**第三条**　本办法适用于公路工程建设标准的制定、实施与监督管理。

**第四条**　公路工程建设标准分为强制性标准和推荐性标准。

下列标准属于强制性标准：

（一）涉及工程质量安全、人身健康和生命财产安全、环境生态安全和可持续发展的技术要求；

（二）材料性能、构造物几何尺寸等统一的技术指标；

（三）重要的试验、检验、评定、信息技术标准；

（四）保障公路网安全运行的统一技术标准；

（五）行业需要统一控制的其他公路工程建设标准。

强制性标准以外的标准是推荐性标准。

**第五条**　交通运输部按照职责依法管理公路工程建设标准，组织制定公路工程建设强制性标准和公路工程建设行业规范、细则、规程、手册、指南、标准图等推荐性标准，引领行业技术进步和高质量发展。

县级以上地方人民政府交通运输主管部门分工管理本行政区域内公路工程建设标准的相关工作。

**第六条**　鼓励积极参与国际标准化活动，推进公路工程建设标准外文翻译和出版工作，开展对外合作交流，制定双边、多边国家互认的国际通用标准，推进国内外公路工程建设标准的转化和运用。

**第七条**　为满足地方自然条件、地形地质等特殊要求，省级交通运输主管部门可在特定行政区域内提出统一的公路工程技术要求，按有关规定和程序要求编制地方标准。

鼓励社会团体和企业制定高于推荐性标准相关技术要求的公路工程团体标准和企业标准。

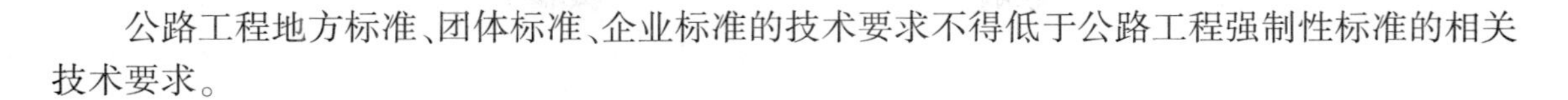

公路工程地方标准、团体标准、企业标准的技术要求不得低于公路工程强制性标准的相关技术要求。

## 第二章 标准制定

**第八条** 交通运输部根据行业发展、公路工程建设标准化实际需要、社会资源及行业经济状况，制定公路工程建设行业标准体系，根据社会经济和工程技术发展及时进行调整，实行动态管理。公路工程建设标准按照国家有关编号规则进行编号。

**第九条** 按照国家财务预算管理、政府采购等规定及公路工程建设行业标准立项程序要求，有关单位可提出标准项目立项申请。经专家评审和交通运输部审核等程序，确定公路工程建设行业标准项目年度计划。

**第十条** 公路工程建设行业标准制修订工作实行主编单位负责制。年度计划下达后，主编单位组织编写组承担相关标准的起草、编制工作。制修订工作按照编制大纲、征求意见稿、送审稿、报批稿等阶段程序进行。

**第十一条** 公路工程建设行业标准编制大纲、送审稿的审查由公路工程建设标准归口管理部门组织，由主审专家等组成的专家组或公路工程建设行业标准技术委员会承担具体审查工作。征求意见工作由主编单位负责组织。报批稿由公路工程建设标准归口管理部门审核发布。

**第十二条** 公路工程建设标准的制修订应符合下列要求：

（一）贯彻执行国家有关法律、法规和技术政策，遵循安全可靠、耐久适用、技术先进、节能环保和经济合理的原则，适应公路工程技术发展要求；

（二）公路工程建设标准涉及的关键技术应根据实际情况，进行专题研究和测试验证；

（三）积极采用新技术、新工艺、新材料和新设备等科技创新成果，推动大数据、物联网、人工智能、智慧公路等先进技术的应用；

（四）与国家及行业现行有关强制性标准协调一致，避免矛盾；

（五）标准的条文应严谨明确、文字简练，标准编写的格式和用语应符合相关规定。

**第十三条** 公路工程建设标准的主要内容应当采取多种方式征求协会、企业以及相关生产、使用、管理、科研和检测等单位的意见。公路工程建设强制性行业标准应征求省级交通运输主管部门及有关部门意见。

**第十四条** 公路工程建设标准编制的经费使用和管理应符合国家和行业相关规定。

**第十五条** 公路工程建设行业标准由交通运输部根据出版管理的有关规定确定出版单位。公路工程建设行业标准的版权归交通运输部所有。

**第十六条** 公路工程建设标准发布后，标准归口管理部门、标准编制单位、标准化协会等单位，应当依法组织开展标准的宣传培训等工作。

**第十七条** 公路工程建设强制性标准应当免费向社会公开。推动公路工程建设推荐性标准免费向社会公开。鼓励公路工程建设团体标准、企业标准通过标准信息公开服务平台向社会公开。

**第十八条** 公路工程建设地方标准、团体标准、企业标准的制定按照有关工程建设标准的规定执行。

## 第三章　标准实施

**第十九条**　各有关单位在公路工程建设、管理、养护和运营过程中应严格执行公路工程建设强制性标准有关规定，鼓励采用公路工程建设推荐性标准。

**第二十条**　企业应当依法公开其执行的公路工程建设标准的编号和名称；企业执行自行制定的企业标准，还应当公开其主要功能和性能指标。

**第二十一条**　标准实施后，应根据技术进步、实际需求等因素，适时对标准的适用性进行复审。标准复审周期一般不超过5年。

**第二十二条**　对于公路工程建设、管理、养护、运营中违反公路工程强制性标准的行为，任何单位和个人有权向交通运输主管部门、标准化行政主管部门或有关部门检举、投诉。

**第二十三条**　公路工程建设标准的使用单位和个人可将标准使用过程中发现的问题和意见反馈至标准归口管理部门或标准主编单位。

## 第四章　监督管理

**第二十四条**　县级以上地方人民政府交通运输主管部门应开展对本行政区域内公路工程建设标准实施情况的监督检查。对发现的违法违规行为，应依法处理。

**第二十五条**　县级以上地方人民政府交通运输主管部门应当建立社会监督机制，公开举报投诉方式。接到举报投诉的，应依法处理。

**第二十六条**　鼓励将公路工程建设标准编制与科技奖励评审、信用管理等工作挂钩。

## 第五章　附　　则

**第二十七条**　本办法由交通运输部公路局具体解释。

**第二十八条**　本办法自2020年7月1日起施行，有效期5年。

# 37. 公路工程施工分包管理办法

（2024年2月18日　交通运输部　交公路规〔2024〕2号）

## 第一章　总　　则

**第一条**　为规范公路工程施工分包活动，加强公路建设市场管理，保证工程质量，保障施工安全，根据《中华人民共和国公路法》《中华人民共和国招标投标法》《建设工程质量管理条例》《建设工程安全生产管理条例》等法律、法规，结合公路工程建设实际情况，制定本办法。

**第二条**　在中华人民共和国境内从事新建、改（扩）建的公路工程施工分包活动，适用本办法。公路工程养护项目施工分包管理规定另行制定。

**第三条**　鼓励公路工程进行专业化施工分包，但必须依法进行。承包人可依法进行劳务合作，但禁止以劳务合作的名义进行施工分包。

## 第二章　管理职责

**第四条**　国务院交通运输主管部门负责制定全国公路工程施工分包管理的制度规定，对省级人民政府交通运输主管部门的公路工程施工分包管理行为进行指导和监督检查。

**第五条**　省级人民政府交通运输主管部门负责本行政区域内公路工程施工分包活动的监督与管理工作；制定本行政区域公路工程施工分包管理的实施细则、分包合同和劳务合作合同的示范格式文本等。

**第六条**　发包人应当按照本办法规定和合同约定加强对施工分包活动的管理，建立健全本项目分包管理制度，负责对分包的合同签订与履行、质量与安全管理、计量支付等活动监督检查，并建立台账，及时制止承包人的转包或违法分包行为。

**第七条**　除承包人设定的现场管理机构外，分包人也应当分别设立现场管理机构，对所承包或者分包工程的施工活动实施管理。

现场管理机构应当具有与承包或者分包工程的规模、技术复杂程度相适应的技术、经济管理人员，其中项目负责人和技术、财务、计量、质量、安全等主要管理人员必须是本单位人员。

## 第三章　分包条件

**第八条**　承包人按照合同约定或者经发包人书面同意，可以将中标项目中负面清单以外的部分单位工程、分部工程或者分项工程分包给满足相应条件的其他专业施工单位完成。其中，单位工程设有资质要求的，单位工程及所含分部工程、分项工程的分包人应当具备国家规定的相应专业承包资质条件；其他单位工程及所含分部工程、分项工程的分包人应当具备的条件由发包人根据工程实际情况确定，但不得违反法律法规等相关规定。

发包人不得在招标文件中设置对分包的歧视性条款。

**第九条** 公路工程施工分包负面清单所列主体和关键性工作不得进行施工分包，负面清单由国务院交通运输主管部门另行制定发布并动态更新。省级人民政府交通运输主管部门可根据本行政区域内公路工程建设实际情况对负面清单内容进行增补，增补后的负面清单应及时报国务院交通运输主管部门。

分包人不得将承接的分包工程再进行分包和转包，但可将劳务作业分包给具有施工劳务资质的劳务合作企业。

**第十条** 分包人应当具备如下条件：

（一）具有经依法登记的法人资格；

（二）具有从事类似工程经验的管理与技术人员；

（三）具有（自有或租赁）分包工程所需的施工设备和辅助设施；

（四）单位工程设有资质要求的，单位工程及所含分部工程、分项工程的分包人应当具备国家规定的相应专业承包资质条件。

## 第四章 合同管理

**第十一条** 承包人有权依据承包合同自主选择符合条件的分包人。任何单位和个人不得违规指定分包。

**第十二条** 承包人和分包人可参照交通运输主管部门制定的示范格式文本依法签订分包合同，并履行合同约定的义务。分包合同必须遵循承包合同的各项原则，满足承包合同中的质量、安全、进度、环保、农民工工资管理以及其他技术、经济等要求。承包人应在分包工程实施前，将经监理人审查同意后的分包合同内容报发包人书面同意，监理人、发包人应及时认真审查分包合同内容。

**第十三条** 承包人应当建立健全相关分包管理制度和台账，对分包工程的质量、安全、进度、资金使用和分包人的行为等实施全过程管理，按照本办法规定和合同约定对分包工程的实施向发包人负责，并承担赔偿责任。分包合同不免除承包合同中规定的承包人的责任或者义务。

**第十四条** 分包人应当自行编制分包工程的施工方案，经承包人审查同意后报监理人书面同意。分包人应当依据分包合同的约定，自行组织分包工程的施工，并对分包工程的质量、安全和进度等实施有效控制。分包人对其分包的工程向承包人负责，并就所分包的工程向发包人承担连带责任。

## 第五章 行为管理

**第十五条** 禁止将承包的公路工程进行转包。

有下列情形之一的，属于转包：

（一）承包人将承包的全部工程发包给他人的（包括母公司承接公路工程后将所承接全部工程交由具有独立法人资格的子公司施工的情形）；

（二）承包人将承包的全部工程肢解后以分包的名义分别发包给他人的；

(三)合同明确约定由承包人负责采购的主要建筑材料、构配件及工程设备或租赁的施工机械设备,全部由其他单位或个人采购、租赁,或承包人不能提供有关采购、租赁合同及发票等证明,又不能进行合理解释并提供相应证明的;

(四)承包人未在施工现场设立现场管理机构和派驻相应人员对全部工程的施工活动实施有效管理,或者派驻的项目负责人和其他主要管理人员中一人及以上与承包人没有订立劳动合同且没有建立劳动工资和社会养老保险关系,或者派驻的项目负责人未对全部工程的施工活动进行组织管理,又不能进行合理解释并提供相应证明的;

(五)劳务合作企业承包的范围是承包人承包的全部工程,劳务合作企业计取的是除上缴给承包人"管理费"之外的全部工程价款的;

(六)承包人通过采取合作、联营、个人承包等形式或名义,直接或变相将其承包的全部工程转给他人的;

(七)施工分包发包单位不是承包人且不属于违法分包的;

(八)发包人与承包人之间没有工程款收付关系,或者承包人收到款项扣除"管理费"后将剩余全部款项转拨给其他单位或个人的;

(九)两个以上的单位组成联合体承包人,在联合体分工协议中约定或者在项目实际实施过程中,联合体一方不进行施工也未对施工活动进行组织管理的,并且向联合体其他方收取"管理费"或者其他类似费用的,视为联合体一方将承包的工程转包给联合体其他方;

(十)法律、法规规定的其他转包行为。

**第十六条** 禁止下列公路工程违法分包行为:

(一)承包人将工程分包给个人或者不具备相应条件企业的;

(二)承包人将公路工程施工分包负面清单所列主体和关键性工作分包的;

(三)承包人将合同文件中明确不得分包的工程(后期报经发包人书面同意的除外)进行分包的;

(四)分包人以他人名义承揽分包工程的;

(五)以劳务合作名义进行施工分包的;

(六)分包人将分包工程再进行分包的;

(七)法律、法规规定的其他违法分包行为。

有下列情形之一的,视为施工分包违法:

(一)分包合同内容未经监理人审查或者未报发包人书面同意的;

(二)承包人未与分包人依法签订分包合同或者分包合同未遵循承包合同的各项原则,不满足承包合同中相应要求的;

(三)承包人(分包人)未在施工现场设立现场管理机构和派驻相应人员对分包工程的施工活动实施有效管理的;

(四)法律、法规规定的其他情形。

**第十七条** 有下列行为之一的,属第十六条规定的以劳务合作名义进行施工分包:

(一)劳务合作企业除计取劳务作业费用外,还计取主要建筑材料款;

(二)承包人(分包人)未对其发包的劳务作业进行技术、质量、安全等指导培训和有效管理,由劳务合作企业自行负责施工方案编制以及相关试验检测、工程控制测量、工程档案资料编制、质量安全管理等组织实施工作；

（三）法律、法规规定的其他以劳务合作名义进行施工分包的行为。

**第十八条** 交通运输主管部门、发包人应当建立承包人和分包人信用管理台账，及时、客观、公正地对承包人和分包人进行信用评价。

**第十九条** 发包人应当在招标文件中明确统一采购的主要材料及构、配件等的采购方式。

**第二十条** 承包人与分包人应当依法纳税。承包人因为税收抵扣向发包人申请出具相关手续的，发包人应当予以办理。

**第二十一条** 分包人有权与承包人共同享有分包工程业绩。分包人业绩证明由承包人与发包人共同出具。

分包人以分包业绩证明承接工程的，发包人应当予以认可。分包人以分包业绩证明申报资质的，相关交通运输主管部门应当予以认可。

劳务合作不属于施工分包。劳务合作企业以分包人名义申请施工分包业绩证明的，承包人与发包人不得出具。

## 第六章 附 则

**第二十二条** 发包人、承包人或者分包人违反本办法有关条款规定的，依照有关法律、行政法规、部门规章的规定执行。

**第二十三条** 本办法所称施工分包，是指承包人将其所承包工程中的部分单位工程、分部工程或者分项工程发包给其他专业施工企业，整体结算，由分包人自行编制施工方案和组织完成全部施工作业并能独立控制分包工程质量、施工进度、生产安全等的施工活动。本办法所称发包人，是指公路工程建设的项目法人或者受其委托的建设管理单位。本办法所称监理人，是指受发包人委托对发包工程实施监理的法人或者其他组织。本办法所称承包人，是指由发包人通过招标等形式确定，并与发包人签署正式合同的施工总承包企业。本办法所称分包人，是指从承包人处分包部分单位工程、分部工程或者分项工程的专业施工企业。本办法所称本单位人员，是指本单位与其签订了合法的劳动合同，并为其办理了人事、工资及社会保险关系的人员。本办法所称单位工程、分部工程、分项工程的划分依据公路工程质量检验评定标准确定。

**第二十四条** 除施工分包以外，承包人（分包人）与他人合作完成的其他以劳务活动为主，由劳务企业提供劳务作业人员及所需机具（不限制规模），由承包人（分包人）负责施工方案编制和组织实施并统一控制工程质量、施工进度、主要材料采购、生产安全等的施工活动统称为劳务合作。

**第二十五条** 承包人（分包人）应当按照合同约定对劳务合作企业的劳务作业人员进行管理。劳务作业人员应当经培训后上岗，特殊工种人员应持证上岗。

**第二十六条** 本办法由交通运输部负责解释。

**第二十七条** 本办法自发布之日起施行。《交通运输部关于修订〈公路工程施工分包管理办法〉的通知》（交公路规〔2021〕5 号）同时废止。

# 38. 公路水运工程监理信用评价办法

（2012 年 12 月 25 日 交通运输部 交质监发〔2012〕774 号）

## 第一章 总 则

**第一条** 为加强公路水运工程监理市场管理，维护公平有序竞争的市场秩序，增强监理企业和监理工程师诚信意识，推动诚信体系的建设，根据《中华人民共和国招标投标法》《中华人民共和国安全生产法》《建设工程质量管理条例》《建设工程安全生产管理条例》等法律法规，制定本办法。

**第二条** 本办法所称信用评价是指交通运输主管部门依据有关法律法规和合同文件等，对监理企业和监理工程师从业承诺履行状况的评定。

监理企业和监理工程师在工程项目监理过程中的行为，监理企业在资质许可、定期检验、资质复查、资质变更、投标活动以及履行监理合同等过程中的行为，监理工程师在岗位登记、业绩填报、履行合同等过程中的行为，属于从业承诺履行行为。

**第三条** 本办法所称监理企业是指依法取得交通运输部颁发的甲、乙级及专项监理资质证书的企业。

本办法所称监理工程师是指具有交通运输部核准的监理工程师或专业监理工程师资格的人员。

**第四条** 本办法第二条第二款中的工程项目，是指列入交通运输质量监督机构监督范围、监理合同额 50 万元（含）以上的公路水运工程项目。其中公路工程项目还应满足以下条件：合同工期大于等于 3 个月的二级（含）以上项目。

**第五条** 不属于第四条规定的工程项目范围，但属于下列情形之一的，纳入信用评价范围：

（一）在交通运输主管部门或其质量监督机构受理的举报事件中查实存在违法违规问题的监理企业和监理工程师；

（二）在重大质量事故中涉及的监理企业和监理工程师；

（三）在较大及以上等级安全生产责任事故中涉及的监理企业和监理工程师；

（四）从业过程中有本办法附件 1 中“直接定为 D 级”行为的监理企业。

**第六条** 信用评价应遵循公开、公平、公正的原则。

**第七条** 信用评价工作实行评价人签认负责制度和评价结果公示、公告制度。

**第八条** 信用评价工作实行统一管理、分级负责。

交通运输部负责全国范围内从业的监理企业和监理工程师的信用评价管理工作，交通运输部质量监督机构负责对具体信用评价工作进行指导并负责综合信用评价。

省级交通运输主管部门负责在本地区从业的监理企业和监理工程师的信用评价管理工作，省级交通运输质量监督机构负责本地区信用评价的具体工作。

项目业主负责本项目监理企业和监理工程师的信用评价初评工作。

监理企业负责本企业信用评价申报以及相关基本信息录入工作。

**第九条** 下列资料可以作为信用评价采信的基础资料：

（一）交通运输主管部门及其质量监督机构文件（含督查、检查、通报文件）和执法文书；

（二）质量监督机构发出的监督意见通知书、停工通知书、质量安全问题整改通知单；

（三）工程其他监管部门稽查、督查（察）、检查等活动中形成的检查文件；

（四）举报投诉调查处理的相关文件和专家鉴定意见；

（五）质量、安全事故调查处理及责任认定相关文件；

（六）项目业主有关现场监理机构和监理人员履约、质量和安全问题的处理意见；

（七）总监办、项目监理部、驻地办有关质量安全问题的处理意见；

（八）项目业主向质量监督机构提供的项目监理人员履约情况（包括合同规定监理人员、实际到位人员及人员变更情况等内容）。

**第十条** 项目业主、项目交通运输质量监督机构、省级交通运输质量监督机构及省级交通运输主管部门应对收集的基础资料进行分析、确认，对有疑问或证据不充足的资料应查证后作为评价依据。

项目交通运输质量监督机构应对纳入信用评价范围的工程项目每年不少于1次进行现场检查评价。

**第十一条** 监理企业信用评价周期为1年，从每年1月1日起，至当年12月31日止。

监理工程师信用评价周期为3年，从第一年1月1日起，至第三年12月31日止。

**第十二条** 监理企业负责组织项目监理机构于每年1月10日前将上一年度项目监理情况向项目业主提出信用评价申报，并将项目监理机构和扣分监理工程师的相关信用自评信息录入部信用信息数据库。项目业主应于每年1月底前将上一年度对监理企业和监理工程师的初评结果、扣分依据等相关资料报项目交通运输质量监督机构，同时将初评结果抄送相关监理企业。监理企业如有异议可于收到初评结果后5个工作日内向项目交通运输质量监督机构申诉。项目交通运输质量监督机构根据现场检查评价情况、申诉调查结论等对项目业主的初评结果进行核实，将核实后的初评结果报省级交通运输质量监督机构。

省级交通运输质量监督机构根据项目交通运输质量监督机构核实后的初评结果，并结合收集的其他资料进行审核和综合评分后，将评价结论报省级交通运输主管部门审定。

**第十三条** 省级交通运输主管部门应于每年3月底前将审定后的评价结果委托省级交通运输质量监督机构录入部信用信息数据库，并同时将书面文件报部。

交通运输部质量监督机构在汇总各省评分的基础上，结合掌握的相关企业和个人的信用情况，对监理企业和监理工程师进行综合评价。

## 第二章 监理企业信用评价

**第十四条** 监理企业信用评价实行信用综合评分制。监理企业信用评分的基准分为100

分,以每个单独签订合同的公路水运工程监理合同段为一评价单元进行扣分,具体扣分标准按照附件 1 执行。对有多个监理合同段的企业,按照监理合同额进行加权,计算其综合评分。

联合体在工程监理过程中的失信行为,对联合体各方均按照扣分标准进行扣分或确定信用等级。合同额不进行拆分。

**第十五条**　项目业主对监理企业的初评评分按附件 3 中的公式(四)计算。

监理企业在从业省份及全国范围内的信用综合评分按附件 3 中的公式(一)、(二)分别计算。

**第十六条**　对于评价当年交工验收的工程项目,除按照本办法规定对监理企业当年的从业承诺履行状况进行评价外,还应对监理企业在该工程项目建设期间的从业承诺履行状况进行总体评价。

监理企业在工程项目建设期间的信用总体评价的评分按附件 3 中的公式(三)计算。

**第十七条**　监理企业信用评价分为 AA、A、B、C、D 五个等级。评分对应的信用等级分别为:

AA 级:95 分 < 评分≤100 分,信用好;

A 级:85 分 < 评分≤95 分,信用较好;

B 级:70 分 < 评分≤85 分,信用一般;

C 级:60 分≤评分≤70 分,信用较差;

D 级:评分 < 60 分,信用很差。

**第十八条**　监理企业首次参与监理信用评价的,当年全国信用评价等级最高为 A 级。任一年内,水运工程监理企业仅在 1 个省从业的,当年全国信用评价等级最高为 A 级。

**第十九条**　对信用行为“直接定为 D 级”的监理企业实行动态评价,自省级交通运输主管部门认定之日起,企业在该省和全国范围内当年的信用等级定为 D 级,且定为 D 级的时间为一年。

**第二十条**　监理企业在工程项目建设期间,任一年在该工程项目上发生“直接定为 D 级”行为之一的,其在该项目上的总体信用评价等级最高为 B 级。

**第二十一条**　监理企业有本办法附件 1 中第 35 项行为的,在任一年内每发生一次,其在全国当年的信用等级降低一级,直至降到 D 级。

## 第三章　监理工程师信用评价

**第二十二条**　监理工程师信用评价实行累计扣分制,具体扣分标准按照附件 2 执行。

**第二十三条**　评价周期内,对监理工程师失信行为扣分进行累加。

**第二十四条**　对评价周期内累计扣分分值大于等于 12 分、但小于 24 分的监理工程师,在其数据库资料中标注“评价周期内从业承诺履行状况较差”。

对评价周期内累计扣分分值大于等于 24 分的监理工程师,在其数据库资料中标注“评价周期内从业承诺履行状况很差”。

## 第四章　信用评价管理

**第二十五条**　交通运输主管部门应将评价结果公示,公示时间不应少于 10 个工作日。交通运输主管部门应将最终确定的评价结果向社会公告。

**第二十六条** 监理企业的信用评价结果自正式公告之日起4年内,向社会提供公开查询。

“评价周期内从业承诺履行状况较差”和“评价周期内从业承诺履行状况很差”监理工程师的扣分情况,向社会提供公开查询。

**第二十七条** 交通运输主管部门应将信用评价等级为D级的企业、累计扣分大于等于24分的监理工程师列入“信用不良的重点监管对象”加强管理。

**第二十八条** 省级交通运输质量监督机构应指定专人负责信用评价资料的整理和归档等工作。录入交通运输部数据库的信用数据资料应经省级交通运输质量监督机构负责人签认。

**第二十九条** 交通运输部质量监督机构负责信用评价数据库的管理和维护。省级交通运输质量监督机构负责本地区监理企业和监理工程师信用评价资料的管理。

监理企业信用评价纸质资料及信用评(扣)分、信用等级等的电子数据资料保存期限应不少于5年。监理工程师的信用评价资料应不少于6年。

**第三十条** 监理企业或监理工程师对省级交通运输主管部门的信用评价公示结果有异议的,应按时向省级交通运输主管部门申诉;如对省级交通运输主管部门申诉处理结果有异议的,可向上一级交通运输主管部门再次申诉。

**第三十一条** 交通运输部不定期组织对全国信用评价情况进行监督检查。

## 第五章 附 则

**第三十二条** 在本办法第四条规定范围以外的其他项目上从业的甲、乙级及专项监理资质企业和监理工程师的信用评价工作,由省级交通运输主管部门参照本办法制定评价办法。

**第三十三条** 本办法自印发之日起施行。

**第三十四条** 本办法由交通运输部负责解释。

附件略。

# 39. 公路建设市场督查工作规则

（2015年4月20日　交通运输部　交公路发〔2015〕59号）

## 第一章　总　　则

**第一条**　为加强公路建设市场管理，建设统一开放、竞争有序的公路建设市场环境，维护公平、公正、诚信的公路建设市场，保护国家、社会公共利益和从业者合法权益，根据《中华人民共和国公路法》、《公路建设市场管理办法》等法律、规章，制定本规则。

**第二条**　本规则适用于交通运输部及各省级交通运输主管部门依法组织的公路建设市场监督检查活动。

公路建设、设计、施工、监理、咨询和检测等市场从业单位和有关人员应依法接受监督检查。

**第三条**　督查工作实行统一组织、分级管理、部省联动、专家参与的工作方式。

交通运输部负责制定全国公路建设市场督查工作制度，建立部级督查专家库，编制督查工作计划，组织实施全国公路建设市场重点督查，指导省级交通运输主管部门开展公路建设市场督查工作。

省级交通运输主管部门负责制定本辖区公路建设市场督查工作规则，建立省级督查专家库，编制年度督查计划并组织实施，组织本辖区公路建设市场督查工作；根据交通运输部制定的全国公路建设市场督查计划，配合部督查工作组开展督查工作。

**第四条**　督查依据和标准：

（一）公路建设管理相关法律、法规、规章；

（二）国家及行业的技术标准和规范；

（三）工程项目的相关批复文件、设计文件、招标投标文件及合同文件；

（四）国家及行业其他相关规定。

**第五条**　督查工作应遵循公平公正、科学规范、严肃认真、廉洁高效的原则。

## 第二章　督查内容与方式

**第六条**　督查包括以下专项内容。

（一）市场准入管理；

（二）建设程序执行；

（三）招标投标管理；

（四）信用体系建设；

（五）合同履约管理；

（六）其他相关工作。

（具体内容见附件1公路建设市场督查考评表及评分方法）

**第七条** 督查工作采取综合督查与专项督查相结合的方式进行。

综合督查是对所有督查专项内容和相关项目执行情况进行的全面督查。

专项督查是对部分督查专项内容和相关项目执行情况进行的详细督查。

**第八条** 督查工作实行督查工作组负责制，由交通运输主管部门根据督查内容和项目特点，在督查专家库中选调相关方面专家组成工作组，组长由交通运输主管部门选派，或委托下级交通运输主管部门作为组长单位派出。

**第九条** 督查工作一般按照下达督查通知、组成督查工作组、听取工作介绍、现场督查、交换督查意见、提交督查报告的工作程序组织进行（具体工作流程见附件2）。必要时，也可采取随机抽查、暗访、委托取样试验等辅助形式。

## 第三章　督查工作要求

**第十条** 交通运输部根据全国公路建设市场总体情况，在每年第一季度制订年度督查工作计划，明确督查省份和相关要求，统一部署全国公路建设市场督查工作。

省级交通运输主管部门根据本地情况，确定年度督查地区、重点项目和具体要求，制定督查计划并组织实施。

**第十一条** 督查项目由督查工作组根据督查内容在赴现场前确定。

交通运输部重点督查国家高速公路网等重点建设项目，也可选择其他高速公路或国、省干线公路项目。原则上每省（区、市）选取2个项目，每个项目抽查的合同段一般不少于3个，合同段总数少于3个时选取全部合同段。

**第十二条** 省级交通运输主管部门应建立督查专家库，并实行动态管理。综合督查工作组专家不宜少于5名；专项督查工作组专家不宜少于3名。对督查专家的选择实行回避制度。督查专家应严格遵守有关规定，执行督查标准，对督查工作负责。

**第十三条** 督查工作组完成现场督查后，应按照《公路建设市场督查考评表》（详见附件1）对督查内容进行督查评价，督查评价包括行业管理和项目管理两部分内容。

综合督查以被督查地区行业管理和项目管理为评价对象，分别对每个单项工作进行评分，再进行加权综合评价。

专项督查以单项工作为评价对象，分别对行业管理和项目管理进行评价，再进行加权综合评价。

**第十四条** 督查结束后一周内形成督查报告，交通运输主管部门根据督查报告，形成督查意见书。督查意见书应指出督查中发现的问题，提出问题处理意见及整改要求；对存在重大问题的，应进一步调查核实，依法处理。

**第十五条** 督查人员应严格遵守中央八项规定、廉政准则和工作纪律，认真执行督查程序和标准。

被督查地区和单位应严格遵守有关规定，不得以任何名义超标准接待，严格控制会议规模和陪检人员、车辆数量等。

## 第四章　结果处理

**第十六条**　被督查地区交通运输主管部门负责组织相关单位按督查意见书(或通报)提出的整改要求,在接到督查通报后一个月内,向组织督查的交通运输主管部门提交书面报告。组织督查的交通运输主管部门根据整改情况可适时组织复查,直至达到整改要求。

**第十七条**　根据督查结果,对管理严格、市场秩序规范、项目实施良好的可给予表扬;对发现的严重违法违规行为,按管理权限依法给予相应处罚。

**第十八条**　交通运输主管部门应将市场督查所涉及从业单位和人员的相关信息纳入信用管理,在公路建设市场信用信息管理系统中予以记录,并纳入年度信用评价。

**第十九条**　交通运输主管部门应建立公路建设市场督查情况通报制度,将全年公路建设市场各类督查情况进行通报,对行业管理和项目管理好的经验和做法予以推广,对督查中发现问题多、性质严重的地区、项目和有关从业单位给予通报批评。各省级交通运输主管部门应将年度督查工作情况报交通运输部。

**第二十条**　交通运输主管部门将年度督查情况,以及在督查中发现的违法违规行为和处理结果等相关信息,通过信用信息平台或媒体向社会公开。

## 第五章　附　　则

**第二十一条**　各省级交通运输主管部门应根据督查工作需要,落实责任单位、人员和工作经费,确保督查工作效果。

**第二十二条**　各省级交通运输主管部门可依照本规则,制定本地区公路建设市场督查工作规则。

**第二十三条**　本规则由交通运输部负责解释。

**第二十四条**　本规则自发布之日起施行,原《公路建设市场督查工作规则》(交公路发〔2012〕210号)同时废止。

附件略。

# 40. 公路水运建设工程质量安全督查办法

（2016年5月10日　交通运输部　交安监发〔2016〕86号）

## 第一章　总　　则

**第一条**　为进一步规范公路水运建设工程质量与安全监督抽查工作，提高督查的科学性，促进行业质量与安全管理水平提升，根据《建设工程质量管理条例》《建设工程安全生产管理条例》以及有关公路水运建设工程质量和安全生产管理规章，制定本办法。

**第二条**　本办法适用于交通运输部组织对省级交通运输主管部门公路水运建设工程质量安全监管工作情况和列入国家基本建设计划的公路水运工程建设项目开展的质量安全监督抽查活动。

**第三条**　部通过开展质量安全督查工作，旨在指导和督促省级交通运输主管部门掌握公路水运建设工程质量和安全生产管理状况，加强工程质量安全监督管理，促进工程质量安全管理水平不断提升。

**第四条**　质量安全督查工作依据：

（一）国家和行业有关公路水运建设工程质量安全政策、法律法规、部门规章和规范性文件；

（二）国家和行业公路水运建设工程有关技术标准及强制性条文。

**第五条**　质量安全督查工作由部安全与质量监督管理部门组织实施。具体督查工作实行督查组负责制，督查组由部组织行业有关专家组成。督查组成员对督查意见和评分负责，并在督查记录表上签注。

**第六条**　质量安全督查工作应坚持依法、科学、客观、公正、廉洁的原则。督查组成员应自觉遵守各项廉政规定。

## 第二章　督查分类和内容

**第七条**　质量安全督查分为综合督查和专项督查两类，通过查看现场、查阅资料、询问核查、对单检查、随机抽检等方式开展。

**第八条**　综合督查是指对省级交通运输主管部门落实国家公路水运建设工程质量安全政策、法律法规，开展工程质量安全监管和相关专项工作等情况的抽查，以及对工程项目建设和监理、设计、施工等主要参建单位的工程质量安全管理行为、施工工艺、现场安全生产状况、工程实体质量情况等的抽查。

督查内容、抽检指标等见附件1～6，督查项目工程建设质量安全督查计分方法见附件7。

**第九条**　专项督查是指根据国家统一部署或行业监管重点，对公路水运工程建设存在的突出质量安全问题所采取的针对性抽查。

## 第三章　督查程序和要求

**第十条**　部根据各省、自治区、直辖市公路水运工程建设规模和质量安全总体情况，制订年度督查省份计划。每年督查省份一般不少于10个。

**第十一条**　对于每个督查省份，可根据其工程类别、建设规模、工程进度等情况，抽查1至2个督查项目。

公路工程每个综合督查项目宜抽查不少于3个合同段或在建工程的30%；每个专项督查项目宜抽查不少于2个合同段或具体结构物。

水运工程综合督查项目抽查应以水工主体结构物为主，专项督查项目宜抽查不少于1个主要合同段或具体结构物。

**第十二条**　督查工作按下列程序进行：

（一）根据督查省份的年度公路或水运工程在建项目情况，确定督查项目；

（二）针对督查项目的工程专业内容，从专家库中抽取督查专家，组成督查组；

（三）印发督查通知，督查组赴督查省份开展督查工作；

（四）召开预备会，督查组专家分工，随机确定抽查合同段或结构物；

（五）督查组了解督查省份工程建设质量安全监管状况以及督查项目工程质量安全管理情况，抽查省级交通运输主管部门有关资料；

（六）督查组抽查工程项目有关资料、施工工艺、工地现场安全、工程实体质量；

（七）督查组汇总评议，形成督查意见；

（八）督查组反馈督查意见；

（九）印发督查意见书。

**第十三条**　采取突击检查、随机抽查方式开展督查的，应从督查省份的年度公路水运工程在建项目汇总表中随机抽取工程项目和标段，针对督查项目的工程专业内容，从专家库中随机抽取督查专家，组成督查组。督查情况由被检查单位负责人签字确认。

**第十四条**　部安全与质量监督管理部门按照就近、回避、专业能力适应的原则，根据部有关政府购买服务的规定，委托具有甲级检测能力等级且信用优良的检测机构承担相应工程实体抽检任务。

检测机构根据确定的检测内容，对督查项目工程实体进行随机抽检，按规定时限提交检测数据和报告。

**第十五条**　检测机构应按照诚信、科学、客观、严谨的原则，依据公路水运工程试验检测相关规程开展抽检工作，提交正式的检测报告，并对所提交的检测数据、报告的真实性、准确性负责。

**第十六条**　督查项目确定后，项目建设单位应向督查组提交下列资料：

（一）项目基本情况；

（二）项目施工平面布置（示意）图。图中应标注主体工程施工与监理合同段划分（里程桩号）及主要结构物、施工项目部、监理驻地、拌和站、预制场、试验室位置等；

（三）交通运输主管部门、项目质量监督机构组织的监督抽查发现的工程质量安全主要问题清单及整改落实情况。

## 第四章　督查结果处理

**第十七条**　督查完成后，督查组及时向督查省份交通运输主管部门反馈督查意见，提出整改要求。部督查意见一般于督查组工作结束后10个工作日内印发。

**第十八条**　省级交通运输主管部门根据督查组反馈意见提出整改方案，于督查反馈会后15个工作日内书面报部，并负责督促相关单位按方案确定的时限和内容逐一整改落实，结果及时报部；对一时难以整改的问题应书面说明，采取保证工程质量和安全的必要措施，并负责督促落实到位。

**第十九条**　对督查发现的重大质量缺陷问题或重大事故隐患，督查组应将该问题移交省级交通运输主管部门负责及时处理。

**第二十条**　对督查发现的违法违规行为，省级交通运输主管部门应确认，并依法对相关单位给予相应的行政处罚并曝光，按规定进行信用评价。

**第二十一条**　对督查中发现省级交通运输主管部门或工程建设项目存在突出问题的，按规定约谈省级交通主管部门相关负责人，并可视情况将督查意见抄告相应的省级人民政府。

**第二十二条**　部对年度建设工程质量安全督查情况进行汇总分析，对于共性问题、存在重大事故隐患，或质量安全督查评分排名靠后的项目或参建单位，部将在行业内进行通报。

**第二十三条**　督查专家现场记录、评价资料等应交由部安全与质量监督管理部门统一保存，一般保存3年。

检测数据、报告由检测机构交督查项目的质量监督机构存档。

## 第五章　附　　则

**第二十四条**　本办法由交通运输部安全与质量监督管理司负责解释。

**第二十五条**　本办法自2016年5月10日起施行，有效期5年，《交通运输部关于印发〈公路水运工程质量安全督查办法〉的通知》（交安监发〔2014〕122）号，同时废止。

附件略。

# 41. 国务院办公厅关于促进建筑业持续健康发展的意见

（2017 年 2 月 21 日　国务院办公厅　国办发〔2017〕19 号）

各省、自治区、直辖市人民政府，国务院各部委、各直属机构：

建筑业是国民经济的支柱产业。改革开放以来，我国建筑业快速发展，建造能力不断增强，产业规模不断扩大，吸纳了大量农村转移劳动力，带动了大量关联产业，对经济社会发展、城乡建设和民生改善作出了重要贡献。但也要看到，建筑业仍然大而不强，监管体制机制不健全、工程建设组织方式落后、建筑设计水平有待提高、质量安全事故时有发生、市场违法违规行为较多、企业核心竞争力不强、工人技能素质偏低等问题较为突出。为贯彻落实《中共中央 国务院关于进一步加强城市规划建设管理工作的若干意见》，进一步深化建筑业"放管服"改革，加快产业升级，促进建筑业持续健康发展，为新型城镇化提供支撑，经国务院同意，现提出以下意见：

## 一、总体要求

全面贯彻党的十八大和十八届二中、三中、四中、五中、六中全会以及中央经济工作会议、中央城镇化工作会议、中央城市工作会议精神，深入贯彻习近平总书记系列重要讲话精神和治国理政新理念新思想新战略，认真落实党中央、国务院决策部署，统筹推进"五位一体"总体布局和协调推进"四个全面"战略布局，牢固树立和贯彻落实创新、协调、绿色、开放、共享的发展理念，坚持以推进供给侧结构性改革为主线，按照适用、经济、安全、绿色、美观的要求，深化建筑业"放管服"改革，完善监管体制机制，优化市场环境，提升工程质量安全水平，强化队伍建设，增强企业核心竞争力，促进建筑业持续健康发展，打造"中国建造"品牌。

## 二、深化建筑业简政放权改革

（一）优化资质资格管理。进一步简化工程建设企业资质类别和等级设置，减少不必要的资质认定。选择部分地区开展试点，对信用良好、具有相关专业技术能力、能够提供足额担保的企业，在其资质类别内放宽承揽业务范围限制，同时，加快完善信用体系、工程担保及个人执业资格等相关配套制度，加强事中事后监管。强化个人执业资格管理，明晰注册执业人员的权利、义务和责任，加大执业责任追究力度。有序发展个人执业事务所，推动建立个人执业保险制度。大力推行"互联网 + 政务服务"，实行"一站式"网上审批，进一步提高建筑领域行政审批效率。

（二）完善招标投标制度。加快修订《工程建设项目招标范围和规模标准规定》，缩小并严格界定必须进行招标的工程建设项目范围，放宽有关规模标准，防止工程建设项目实行招标

“一刀切”。在民间投资的房屋建筑工程中，探索由建设单位自主决定发包方式。将依法必须招标的工程建设项目纳入统一的公共资源交易平台，遵循公平、公正、公开和诚信的原则，规范招标投标行为。进一步简化招标投标程序，尽快实现招标投标交易全过程电子化，推行网上异地评标。对依法通过竞争性谈判或单一来源方式确定供应商的政府采购工程建设项目，符合相应条件的应当颁发施工许可证。

## 三、完善工程建设组织模式

（三）加快推行工程总承包。装配式建筑原则上应采用工程总承包模式。政府投资工程应完善建设管理模式，带头推行工程总承包。加快完善工程总承包相关的招标投标、施工许可、竣工验收等制度规定。按照总承包负总责的原则，落实工程总承包单位在工程质量安全、进度控制、成本管理等方面的责任。除以暂估价形式包括在工程总承包范围内且依法必须进行招标的项目外，工程总承包单位可以直接发包总承包合同中涵盖的其他专业业务。

（四）培育全过程工程咨询。鼓励投资咨询、勘察、设计、监理、招标代理、造价等企业采取联合经营、并购重组等方式发展全过程工程咨询，培育一批具有国际水平的全过程工程咨询企业。制定全过程工程咨询服务技术标准和合同范本。政府投资工程应带头推行全过程工程咨询，鼓励非政府投资工程委托全过程工程咨询服务。在民用建筑项目中，充分发挥建筑师的主导作用，鼓励提供全过程工程咨询服务。

## 四、加强工程质量安全管理

（五）严格落实工程质量责任。全面落实各方主体的工程质量责任，特别要强化建设单位的首要责任和勘察、设计、施工单位的主体责任。严格执行工程质量终身责任制，在建筑物明显部位设置永久性标牌，公示质量责任主体和主要责任人。对违反有关规定、造成工程质量事故的，依法给予责任单位停业整顿、降低资质等级、吊销资质证书等行政处罚并通过国家企业信用信息公示系统予以公示，给予注册执业人员暂停执业、吊销资格证书、一定时间直至终身不得进入行业等处罚。对发生工程质量事故造成损失的，要依法追究经济赔偿责任，情节严重的要追究有关单位和人员的法律责任。参与房地产开发的建筑业企业应依法合规经营，提高住宅品质。

（六）加强安全生产管理。全面落实安全生产责任，加强施工现场安全防护，特别要强化对深基坑、高支模、起重机械等危险性较大的分部分项工程的管理，以及对不良地质地区重大工程项目的风险评估或论证。推进信息技术与安全生产深度融合，加快建设建筑施工安全监管信息系统，通过信息化手段加强安全生产管理。建立健全全覆盖、多层次、经常性的安全生产培训制度，提升从业人员安全素质以及各方主体的本质安全水平。

（七）全面提高监管水平。完善工程质量安全法律法规和管理制度，健全企业负责、政府监管、社会监督的工程质量安全保障体系。强化政府对工程质量的监管，明确监管范围，落实监管责任，加大抽查抽测力度，重点加强对涉及公共安全的工程地基基础、主体结构等部位和竣工验收等环节的监督检查。加强工程质量监督队伍建设，监督机构履行职能所需经费由同级财政预算全额保障。政府可采取购买服务的方式，委托具备条件的社会力量进行工程质量监督检查。推进工程质量安全标准化管理，督促各方主体健全质量安全管控机制。强化对工程监理的监管，选择部分地区开展监理单位向政府报告质量监理情况的试点。加强工程质量检测机构管理，严厉打击出具虚假报告等行为。推动发展工程质量保险。

## 五、优化建筑市场环境

（八）建立统一开放市场。打破区域市场准入壁垒，取消各地区、各行业在法律、行政法规和国务院规定外对建筑业企业设置的不合理准入条件；严禁擅自设立或变相设立审批、备案事项，为建筑业企业提供公平市场环境。完善全国建筑市场监管公共服务平台，加快实现与全国信用信息共享平台和国家企业信用信息公示系统的数据共享交换。建立建筑市场主体黑名单制度，依法依规全面公开企业和个人信用记录，接受社会监督。

（九）加强承包履约管理。引导承包企业以银行保函或担保公司保函的形式，向建设单位提供履约担保。对采用常规通用技术标准的政府投资工程，在原则上实行最低价中标的同时，有效发挥履约担保的作用，防止恶意低价中标，确保工程投资不超预算。严厉查处转包和违法分包等行为。完善工程量清单计价体系和工程造价信息发布机制，形成统一的工程造价计价规则，合理确定和有效控制工程造价。

（十）规范工程价款结算。审计机关应依法加强对以政府投资为主的公共工程建设项目的审计监督，建设单位不得将未完成审计作为延期工程结算、拖欠工程款的理由。未完成竣工结算的项目，有关部门不予办理产权登记。对长期拖欠工程款的单位不得批准新项目开工。严格执行工程预付款制度，及时按合同约定足额向承包单位支付预付款。通过工程款支付担保等经济、法律手段约束建设单位履约行为，预防拖欠工程款。

## 六、提高从业人员素质

（十一）加快培养建筑人才。积极培育既有国际视野又有民族自信的建筑师队伍。加快培养熟悉国际规则的建筑业高级管理人才。大力推进校企合作，培养建筑业专业人才。加强工程现场管理人员和建筑工人的教育培训。健全建筑业职业技能标准体系，全面实施建筑业技术工人职业技能鉴定制度。发展一批建筑工人技能鉴定机构，开展建筑工人技能评价工作。通过制定施工现场技能工人基本配备标准、发布各个技能等级和工种的人工成本信息等方式，引导企业将工资分配向关键技术技能岗位倾斜。大力弘扬工匠精神，培养高素质建筑工人，到2020年建筑业中级工技能水平以上的建筑工人数量达到300万，2025年达到1000万。

（十二）改革建筑用工制度。推动建筑业劳务企业转型，大力发展木工、电工、砌筑、钢筋制作等以作业为主的专业企业。以专业企业为建筑工人的主要载体，逐步实现建筑工人公司化、专业化管理。鼓励现有专业企业进一步做专做精，增强竞争力，推动形成一批以作业为主的建筑业专业企业。促进建筑业农民工向技术工人转型，着力稳定和扩大建筑业农民工就业创业。建立全国建筑工人管理服务信息平台，开展建筑工人实名制管理，记录建筑工人的身份信息、培训情况、职业技能、从业记录等信息，逐步实现全覆盖。

（十三）保护工人合法权益。全面落实劳动合同制度，加大监察力度，督促施工单位与招用的建筑工人依法签订劳动合同，到2020年基本实现劳动合同全覆盖。健全工资支付保障制度，按照谁用工谁负责和总承包负总责的原则，落实企业工资支付责任，依法按月足额发放工人工资。将存在拖欠工资行为的企业列入黑名单，对其采取限制市场准入等惩戒措施，情节严重的降低资质等级。建立健全与建筑业相适应的社会保险参保缴费方式，大力推进建筑施工单位参加工伤保险。施工单位应履行社会责任，不断改善建筑工人的工作环境，提升职业健康水平，促进建筑工人稳定就业。

## 七、推进建筑产业现代化

（十四）推广智能和装配式建筑。坚持标准化设计、工厂化生产、装配化施工、一体化装修、信息化管理、智能化应用，推动建造方式创新，大力发展装配式混凝土和钢结构建筑，在具备条件的地方倡导发展现代木结构建筑，不断提高装配式建筑在新建建筑中的比例。力争用10年左右的时间，使装配式建筑占新建建筑面积的比例达到30%。在新建建筑和既有建筑改造中推广普及智能化应用，完善智能化系统运行维护机制，实现建筑舒适安全、节能高效。

（十五）提升建筑设计水平。建筑设计应体现地域特征、民族特点和时代风貌，突出建筑使用功能及节能、节水、节地、节材和环保等要求，提供功能适用、经济合理、安全可靠、技术先进、环境协调的建筑设计产品。健全适应建筑设计特点的招标投标制度，推行设计团队招标、设计方案招标等方式。促进国内外建筑设计企业公平竞争，培育有国际竞争力的建筑设计队伍。倡导开展建筑评论，促进建筑设计理念的融合和升华。

（十六）加强技术研发应用。加快先进建造设备、智能设备的研发、制造和推广应用，提升各类施工机具的性能和效率，提高机械化施工程度。限制和淘汰落后、危险工艺工法，保障生产施工安全。积极支持建筑业科研工作，大幅提高技术创新对产业发展的贡献率。加快推进建筑信息模型（BIM）技术在规划、勘察、设计、施工和运营维护全过程的集成应用，实现工程建设项目全生命周期数据共享和信息化管理，为项目方案优化和科学决策提供依据，促进建筑业提质增效。

（十七）完善工程建设标准。整合精简强制性标准，适度提高安全、质量、性能、健康、节能等强制性指标要求，逐步提高标准水平。积极培育团体标准，鼓励具备相应能力的行业协会、产业联盟等主体共同制定满足市场和创新需要的标准，建立强制性标准与团体标准相结合的标准供给体制，增加标准有效供给。及时开展标准复审，加快标准修订，提高标准的时效性。加强科技研发与标准制定的信息沟通，建立全国工程建设标准专家委员会，为工程建设标准化工作提供技术支撑，提高标准的质量和水平。

## 八、加快建筑业企业“走出去”

（十八）加强中外标准衔接。积极开展中外标准对比研究，适应国际通行的标准内容结构、要素指标和相关术语，缩小中国标准与国外先进标准的技术差距。加大中国标准外文版翻译和宣传推广力度，以“一带一路”倡议为引领，优先在对外投资、技术输出和援建工程项目中推广应用。积极参加国际标准认证、交流等活动，开展工程技术标准的双边合作。到2025年，实现工程建设国家标准全部有外文版。

（十九）提高对外承包能力。统筹协调建筑业“走出去”，充分发挥我国建筑业企业在高铁、公路、电力、港口、机场、油气长输管道、高层建筑等工程建设方面的比较优势,有目标、有重点、有组织地对外承包工程,参与"一带一路"建设。建筑业企业要加大对国际标准的研究力度,积极适应国际标准,加强对外承包工程质量、履约等方面管理,在援外住房等民生项目中发挥积极作用。鼓励大企业带动中小企业、沿海沿边地区企业合作"出海",积极有序开拓国际市场,避免恶性竞争。引导对外承包工程企业向项目融资、设计咨询、后续运营维护管理等高附加值的领域有序拓展。推动企业提高属地化经营水平,实现与所在国家和地区互利共赢。

(二十)加大政策扶持力度。加强建筑业"走出去"相关主管部门间的沟通协调和信息共享。到2025年,与大部分"一带一路"沿线国家和地区签订双边工程建设合作备忘录,同时争取在双边自贸协定中纳入相关内容,推进建设领域执业资格国际互认。综合发挥各类金融工具的作用,重点支持对外经济合作中建筑领域的重大战略项目。借鉴国际通行的项目融资模式,按照风险可控、商业可持续原则,加大对建筑业"走出去"的金融支持力度。

各地区、各部门要高度重视深化建筑业改革工作,健全工作机制,明确任务分工,及时研究解决建筑业改革发展中的重大问题,完善相关政策,确保按期完成各项改革任务。加快推动修订建筑法、招标投标法等法律,完善相关法律法规。充分发挥协会商会熟悉行业、贴近企业的优势,及时反映企业诉求,反馈政策落实情况,发挥好规范行业秩序、建立从业人员行为准则、促进企业诚信经营等方面的自律作用。

国务院办公厅

2017年2月21日

# 42. 住房和城乡建设部　交通运输部　水利部　人力资源社会保障部关于印发《监理工程师职业资格制度规定》《监理工程师职业资格考试实施办法》的通知

（2020 年 2 月 28 日　住房和城乡建设部　交通运输部　水利部
人力资源和社会保障部　建人规〔2020〕3 号）

各省、自治区、直辖市及新疆生产建设兵团住房和城乡建设厅（委、局）、交通运输厅（委、局）、水利（水务）厅（局）、人力资源社会保障厅（委、局），有关单位：

根据《国家职业资格目录》，为统一、规范监理工程师职业资格设置和管理，现将《监理工程师职业资格制度规定》《监理工程师职业资格考试实施办法》印发给你们，请遵照执行。原建设部、人事部《关于全国监理工程师执业资格考试工作的通知》（建监〔1996〕462 号）同时废止。

中华人民共和国住房和城乡建设部
中华人民共和国交通运输部
中华人民共和国水利部
中华人民共和国人力资源和社会保障部
2020 年 2 月 28 日

## 监理工程师职业资格制度规定

### 第一章　总　　则

**第一条**　为确保建设工程质量，保护人民生命和财产安全，充分发挥监理工程师对施工质量、建设工期和建设资金使用等方面的监督作用，根据《中华人民共和国建筑法》《建设工程质量管理条例》等有关法律法规和国家职业资格制度有关规定，制定本规定。

**第二条**　本规定所称监理工程师，是指通过职业资格考试取得中华人民共和国监理工程师职业资格证书，并经注册后从事建设工程监理及相关业务活动的专业技术人员。

**第三条**　国家设置监理工程师准入类职业资格，纳入国家职业资格目录。

凡从事工程监理活动的单位，应当配备监理工程师。

监理工程师英文译为 Supervising Engineer。

**第四条**　住房和城乡建设部、交通运输部、水利部、人力资源社会保障部共同制定监理工程师职业资格制度，并按照职责分工分别负责监理工程师职业资格制度的实施与监管。

各省、自治区、直辖市住房和城乡建设、交通运输、水利、人力资源社会保障行政主管部门，按照职责分工负责本行政区域内监理工程师职业资格制度的实施与监管。

## 第二章　考　　试

**第五条**　监理工程师职业资格考试全国统一大纲、统一命题、统一组织。

**第六条**　监理工程师职业资格考试设置基础科目和专业科目。

**第七条**　住房和城乡建设部牵头组织，交通运输部、水利部参与，拟定监理工程师职业资格考试基础科目的考试大纲，组织监理工程师基础科目命审题工作。

住房和城乡建设部、交通运输部、水利部按照职责分工分别负责拟定监理工程师职业资格考试专业科目的考试大纲，组织监理工程师专业科目命审题工作。

**第八条**　人力资源社会保障部负责审定监理工程师职业资格考试科目和考试大纲，负责监理工程师职业资格考试考务工作，并会同住房和城乡建设部、交通运输部、水利部对监理工程师职业资格考试工作进行指导、监督、检查。

**第九条**　人力资源社会保障部会同住房和城乡建设部、交通运输部、水利部确定监理工程师职业资格考试合格标准。

**第十条**　凡遵守中华人民共和国宪法、法律、法规，具有良好的业务素质和道德品行，具备下列条件之一者，可以申请参加监理工程师职业资格考试：

（一）具有各工程大类专业大学专科学历（或高等职业教育），从事工程施工、监理、设计等业务工作满6年；

（二）具有工学、管理科学与工程类专业大学本科学历或学位，从事工程施工、监理、设计等业务工作满4年；

（三）具有工学、管理科学与工程一级学科硕士学位或专业学位，从事工程施工、监理、设计等业务工作满2年；

（四）具有工学、管理科学与工程一级学科博士学位。

经批准同意开展试点的地区，申请参加监理工程师职业资格考试的，应当具有大学本科及以上学历或学位。

**第十一条**　监理工程师职业资格考试合格者，由各省、自治区、直辖市人力资源社会保障行政主管部门颁发中华人民共和国监理工程师职业资格证书（或电子证书）。该证书由人力资源社会保障部统一印制，住房和城乡建设部、交通运输部、水利部按专业类别分别与人力资源社会保障部用印，在全国范围内有效。

**第十二条**　各省、自治区、直辖市人力资源社会保障行政主管部门会同住房和城乡建设、交通运输、水利行政主管部门应加强学历、从业经历等监理工程师职业资格考试资格条件的审核。对以贿赂、欺骗等不正当手段取得监理工程师职业资格证书的，按照国家专业技术人员资格考试违纪违规行为处理规定进行处理。

## 第三章　注　　册

**第十三条**　国家对监理工程师职业资格实行执业注册管理制度。取得监理工程师职业资格证书且从事工程监理及相关业务活动的人员，经注册方可以监理工程师名义执业。

**第十四条**　住房和城乡建设部、交通运输部、水利部按照职责分工，制定相应监理工程师注册管理办法并监督执行。

住房和城乡建设部、交通运输部、水利部按专业类别分别负责监理工程师注册及相关工作。

**第十五条**　经批准注册的申请人，由住房和城乡建设部、交通运输部、水利部分别核发《中华人民共和国监理工程师注册证》（或电子证书）。

**第十六条**　监理工程师执业时应持注册证书和执业印章。注册证书、执业印章样式以及注册证书编号规则由住房和城乡建设部会同交通运输部、水利部统一制定。执业印章由监理工程师按照统一规定自行制作。注册证书和执业印章由监理工程师本人保管和使用。

**第十七条**　住房和城乡建设部、交通运输部、水利部按照职责分工建立监理工程师注册管理信息平台，保持通用数据标准统一。住房和城乡建设部负责归集全国监理工程师注册信息，促进监理工程师注册、执业和信用信息互通共享。

**第十八条**　住房和城乡建设部、交通运输部、水利部负责建立完善监理工程师的注册和退出机制，对以不正当手段取得注册证书等违法违规行为，依照注册管理的有关规定撤销其注册证书。

## 第四章　执　　业

**第十九条**　监理工程师在工作中，必须遵纪守法，恪守职业道德和从业规范，诚信执业，主动接受有关部门的监督检查，加强行业自律。

**第二十条**　住房和城乡建设部、交通运输部、水利部按照职责分工建立健全监理工程师诚信体系，制定相关规章制度或从业标准规范，并指导监督信用评价工作。

**第二十一条**　监理工程师不得同时受聘于两个或两个以上单位执业，不得允许他人以本人名义执业，严禁“证书挂靠”。出租出借注册证书的，依据相关法律法规进行处罚；构成犯罪的，依法追究刑事责任。

**第二十二条**　监理工程师依据职责开展工作，在本人执业活动中形成的工程监理文件上签章，并承担相应责任。监理工程师的具体执业范围由住房和城乡建设部、交通运输部、水利部按照职责另行制定。

**第二十三条**　监理工程师未执行法律、法规和工程建设强制性标准实施监理，造成质量安全事故的，依据相关法律法规进行处罚；构成犯罪的，依法追究刑事责任。

**第二十四条**　取得监理工程师注册证书的人员，应当按照国家专业技术人员继续教育的有关规定接受继续教育，更新专业知识，提高业务水平。

## 第五章　附　　则

**第二十五条**　本规定施行之前取得的公路水运工程监理工程师资格证书以及水利工程建设监理工程师资格证书,效用不变;按有关规定,通过人力资源社会保障部、住房和城乡建设部组织的全国统一考试,取得的监理工程师执业资格证书与本规定中监理工程师职业资格证书效用等同。

**第二十六条**　专业技术人员取得监理工程师职业资格,可认定其具备工程师职称,并可作为申报高一级职称的条件。

**第二十七条**　本规定自印发之日起施行。

# 监理工程师职业资格考试实施办法

**第一条**　住房和城乡建设部、交通运输部、水利部、人力资源社会保障部共同委托人力资源社会保障部人事考试中心承担监理工程师职业资格考试的具体考务工作。住房和城乡建设部、交通运输部、水利部可分别委托具备相应能力的单位承担监理工程师职业资格考试工作的命题、审题和主观试题阅卷等具体工作。

各省、自治区、直辖市住房和城乡建设、交通运输、水利、人力资源社会保障行政主管部门共同负责本地区监理工程师职业资格考试组织工作,具体职责分工由各地协商确定。

**第二条**　监理工程师职业资格考试设《建设工程监理基本理论和相关法规》《建设工程合同管理》《建设工程目标控制》《建设工程监理案例分析》4 个科目。其中《建设工程监理基本理论和相关法规》《建设工程合同管理》为基础科目,《建设工程目标控制》《建设工程监理案例分析》为专业科目。

**第三条**　监理工程师职业资格考试专业科目分为土木建筑工程、交通运输工程、水利工程 3 个专业类别,考生在报名时可根据实际工作需要选择。其中,土木建筑工程专业由住房和城乡建设部负责;交通运输工程专业由交通运输部负责;水利工程专业由水利部负责。

**第四条**　监理工程师职业资格考试分 4 个半天进行。

**第五条**　监理工程师职业资格考试成绩实行 4 年为一个周期的滚动管理办法,在连续的 4 个考试年度内通过全部考试科目,方可取得监理工程师职业资格证书。

**第六条**　已取得监理工程师一种专业职业资格证书的人员,报名参加其他专业科目考试的,可免考基础科目。考试合格后,核发人力资源社会保障部门统一印制的相应专业考试合格证明。该证明作为注册时增加执业专业类别的依据。免考基础科目和增加专业类别的人员,专业科目成绩按照 2 年为一个周期滚动管理。

**第七条**　具备以下条件之一的,参加监理工程师职业资格考试可免考基础科目:

(一)已取得公路水运工程监理工程师资格证书;

(二)已取得水利工程建设监理工程师资格证书。

申请免考部分科目的人员在报名时应提供相应材料。

**第八条**　符合监理工程师职业资格考试报名条件的报考人员,按当地人事考试机构规定的程序和要求完成报名。参加考试人员凭准考证和有效证件在指定的日期、时间和地点参加考试。

中央和国务院各部门所属单位、中央管理企业的人员按属地原则报名参加考试。

**第九条** 考点原则上设在直辖市、自治区首府和省会城市的大、中专院校或者高考定点学校。

监理工程师职业资格考试原则上每年一次。

**第十条** 坚持考试与培训分开的原则。凡参与考试工作(包括命题、审题与组织管理等)的人员,不得参加考试,也不得参加或者举办与考试内容相关的培训工作。应考人员参加培训坚持自愿原则。

**第十一条** 考试实施机构及其工作人员,应当严格执行国家人事考试工作人员纪律规定和考试工作的各项规章制度,遵守考试工作纪律,切实做好从考试试题的命制到使用等各环节的安全保密工作,严防泄密。

**第十二条** 对违反考试工作纪律和有关规定的人员,按照国家专业技术人员资格考试违纪违规行为处理规定处理。

**第十三条** 参加原监理工程师执业资格考试并在有效期内的合格成绩有效期顺延,按照4年为一个周期管理。《建设工程监理基本理论和相关法规》《建设工程合同管理》《建设工程质量、投资、进度控制》《建设工程监理案例分析》科目合格成绩分别对应《建设工程监理基本理论和相关法规》《建设工程合同管理》《建设工程目标控制》《建设工程监理案例分析》科目。

**第十四条** 本办法自印发之日起施行。

# 43. 公路水运工程平安工地建设管理办法

（2018 年 4 月 16 日　交通运输部　交安监发〔2018〕43 号）

## 第一章　总　　则

**第一条**　为加强公路水运工程平安工地建设，引导和激励从业单位加强安全生产工作，落实安全生产责任，提升安全管理水平，根据《中华人民共和国安全生产法》《建设工程安全生产管理条例》《公路水运工程安全生产监督管理办法》等法律法规和规章，制定本办法。

**第二条**　经依法审批、核准或者备案的公路水运基础设施的新建、改建、扩建工程在施工期间开展平安工地建设活动，适用本办法。

**第三条**　本办法所称平安工地是指项目从业单位以落实安全生产主体责任为核心，施工过程以风险防控无死角、事故隐患零容忍、安全防护全方位为目标，推进施工现场安全文明与施工作业规范有序的有机统一，是不断深化平安交通发展的重要载体。

本办法所称从业单位，是指从事公路水运工程建设、施工、监理等工作的单位。

**第四条**　平安工地建设管理主要包括工程开工前的安全生产条件审核，施工过程中的平安工地建设、考核评价等。

**第五条**　交通运输部指导全国公路水运工程平安工地建设监督管理工作，负责组织制定《公路水运工程平安工地建设考核评价指导性标准》（以下简称《标准》，见附件）。

交通运输部长江航务管理局具体负责长江干线航道工程平安工地建设监督管理工作。

省级交通运输主管部门指导本地区公路水运工程平安工地建设监督管理工作，组织制定本行政区域内的公路水运工程平安工地建设监督管理制度和考核评价标准。

属地负有安全生产监督管理职责的交通运输主管部门（以下简称直接监管的交通运输主管部门），根据职责分工具体负责管辖范围内公路水运工程平安工地建设监督管理工作。

## 第二章　建设内容

**第六条**　公路水运工程建设项目应当保障安全生产条件，落实安全生产责任，建立项目安全生产管理体系，实现安全管理程序化、现场防护标准化、风险管控科学化、隐患治理常态化、应急救援规范化，并持续改进。

**第七条**　公路水运工程项目应当具备法律、法规、规章和工程建设强制性标准规定的安全生产条件，并在项目招（投）标文件、合同文本，以及施工组织设计和专项施工方案中予以明确。从业单位应当保证本单位所应具备的安全生产条件必需的资金投入，任何单位和个人不得降低安全生产条件。

**第八条**　公路水运工程项目从业单位应当依法依规制定完善全员安全生产责任制，明确各岗位的责任人员、责任范围和考核标准等内容，并进行公示。施工、监理单位项目负责人安全生产责任考核结果应作为合同履约考核内容，每年定期向建设单位报送。

**第九条** 公路水运工程项目从业单位应当贯彻执行安全生产法律法规和标准规范，以施工现场和施工班组为重点，加强施工场地布设、现场安全防护、施工方法与工艺、应急处置措施、施工安全管理活动记录等方面的安全生产标准化建设。

**第十条** 公路水运工程实施安全风险分级管控。项目从业单位应当全面开展风险辨识，按规定开展设计、施工安全风险评估，依据评估结论完善设计方案、施工组织设计、专项施工方案及应急预案。

施工作业区应当根据施工安全风险辨识、评估结果，确定不同风险等级的管理要求，合理布设。在风险较高的区域应当设置安全警戒和风险告知牌，做好风险提示或采取隔离措施。施工过程中，应当建立风险动态监控机制，按要求进行监测、评估、预警，及时掌握风险的状态和变化趋势。重大风险应当及时登记备案，制定专项管控和应急措施，并严格落实。

**第十一条** 安全生产事故隐患排查治理实行常态化、闭合管理。项目从业单位应当建立健全事故隐患排查治理制度，明确事故隐患排查、告知（预警）、整改、评估验收、报备、奖惩考核、建档等内容，逐级明确事故隐患治理责任，落实到具体岗位和人员。按规定对隐患排查、登记、治理、销号等全过程予以记录，并向从业人员通报。

重大事故隐患应当在确定后5个工作日内向直接监管的交通运输主管部门报备，其中涉及民爆物品、危险化学品及特种设备等重大事故隐患的，还应向相应的主管部门报备。

重大事故隐患整改应当制定专项方案，确保责任、措施、资金、时限、预案到位。整改完成后应当由施工单位成立事故隐患整改验收组进行专项验收，可组织专家对重大事故隐患治理情况进行评估。整改验收通过的，施工单位应将验收结论向直接监管的交通运输主管部门报备，并申请销号。

**第十二条** 公路水运工程从业单位应当按要求制定相应的项目综合应急预案、施工合同段的专项应急预案和现场处置方案，并定期组织演练。依法建立项目应急救援组织或者指定工程现场兼职的、具有一定专业能力的应急救援人员，定期开展专业培训。结合工程实际编制应急资源清单，配备必要的应急救援器材、设备和物资，进行经常性维护、保养和更新。

## 第三章 考核评价

**第十三条** 施工单位是平安工地建设的实施主体，应当确保项目安全生产条件满足《标准》要求，当项目安全生产条件发生变化时，应当及时向监理单位提出复核申请。

合同段开工后到交工验收前，施工单位应当按照《标准》要求，每月至少开展一次平安工地建设情况自查自纠，及时改进安全管理中的薄弱环节；每季度至少开展一次自我评价，对扣分较多的指标及反复出现的突出问题，应当采取针对性措施加以完善。施工单位自我评价报告应报监理单位。

**第十四条** 监理单位应当将平安工地建设作为安全监理的主要内容，危险性较大的分部分项工程开工前按照《标准》要求及时开展安全生产条件审核，并将审核结果报建设单位。

施工过程中，监理单位应当按照《标准》要求，每季度对监理范围内的合同段平安工地建设管理情况进行监督检查，发现问题及时督促整改，整改后仍不符合要求的合同段应当责令停工,并向建设单位报告;情节严重的还应当向直接监管的交通运输主管部门书面报告。

**第十五条** 建设单位是施工、监理合同段平安工地建设考核评价的主体,应当建立平安工地建设、考核、奖惩等制度,将平安工地建设情况纳入合同履约管理,加强过程督促检查,对项目平安工地建设负总责。

建设单位应当按照《标准》要求,在项目开工前组织安全生产条件审核,每半年对项目所有施工、监理合同段组织一次平安工地建设考核评价,对自身安全管理行为进行自评,建立相应考核评价记录并及时存档;开工前安全生产条件审核结果以及施工过程中的平安工地建设考核评价结果,应当及时通过平安工地建设管理系统,向直接监管的交通运输主管部门报送。

**第十六条** 省级交通运输主管部门应当明确本地区各等级公路、水运工程平安工地建设监督管理责任主体;结合本地区实际,制定相应的考核评价标准体系。

**第十七条** 地方各级交通运输主管部门应当根据职责分工,在制定年度安全督查计划时,应当将本地区公路水运工程平安工地建设情况作为重点内容,每年对辖区内公路水运工程项目建设单位的平安工地建设管理情况至少组织一次监督抽查,同时根据建设单位报送的平安工地建设考核评价情况,抽查一定比例的施工、监理合同段。具体抽查比例由省级交通运输主管部门确定,但最低不少于10%。对施工期限不足一年的项目,直接监管的交通运输主管部门应当在施工期间至少抽查一次。对发现存在重大事故隐患的项目要加大抽查频率。监督抽查重点应当包括项目建设单位考核评价工作的规范性、安全风险防控与事故隐患排查治理的实施情况等。

**第十八条** 平安工地建设考核评价按照百分制计算得分,考核结果在70分及以上的评定为合格,低于70分的评定为不合格。项目年度考核结果按照建设单位在本年度考核周期内考核结果累计的平均值计算。

施工、监理合同段首次考核不合格的应当及时整改,建设单位应组织复评,复评仍不合格的施工、监理合同段应当全部停工整改,并及时向直接监管的交通运输主管部门报告。对已经发生重特大生产安全责任事故、经查实存在重大事故隐患、被列入安全生产黑名单的合同段直接评为不合格。

年度考核结果由省级交通运输主管部门统一对外公示。

**第十九条** 直接监管的交通运输主管部门应当加大平安工地建设管理的督导力度,对存在平安工地建设流于形式、考核弄虚作假、评价结果不合格等情况的,应当要求项目建设单位组织整改、重新考核,并在信息系统中予以记录,情节严重的应当通报批评,约谈建设单位负责人、施工和监理企业法定代表人;对存在重大安全风险未有效管控、重大事故隐患未及时整改的施工作业,应当责令停工整改、挂牌督办;对存在违法违规行为的从业单位和人员,应当给予安全生产信用不良记录,依法实施行政处罚。

**第二十条** 省级交通运输主管部门应定期总结分析本地区平安工地建设管理情况,并将平安工地建设成效显著的项目树为典型,及时推广经验,加大宣传力度,通过信用加分等方式予以鼓励。

## 第四章 附 则

**第二十一条** 交通运输部建立统一的公路水运工程平安工地建设管理系统。各级交通运输主管部门对公路水运工程建设项目平安工地建设监督抽查结果、项目建设单位考核评价以及公示公布等均应通过本系统运行。每年一季度末，省级交通运输主管部门通过平安工地建设管理系统填报上一年度本地区高速公路和大型水运工程建设项目平安工地建设监督抽查情况以及考核结果。

交通运输部于每年二季度对外公布上一年度高速公路和大型水运工程建设项目平安工地建设监督抽查情况。

**第二十二条** 本办法自 2018 年 5 月 1 日起施行，有效期 5 年。原《交通运输部关于开展公路水运工程“平安工地”考核评价工作的通知》（交质监发〔2012〕679 号）同时废止。

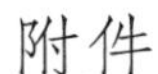
附件

# 公路水运工程平安工地建设考核评价指导性标准

## 一、总则

(一)为强化公路水运工程安全生产管理,规范从业行为,落实安全责任,深入推进平安工地建设管理,确保平安工地考核评价工作有序开展,制定本标准。

(二)本标准主要适用于高速公路和大型水运工程平安工地建设考核评价及监督检查工作。省级交通运输主管部门可根据本地区工程特点和监管重点,在本标准基础上,制定相应的考核评价标准体系,在不改变相对权重的前提下,可对不带"*"的考核内容适当增减或细化。

(三)省级交通运输主管部门可参照本标准体例,结合本地区职责分工和考核要求,制定其他技术等级公路水运工程平安工地建设考核评价标准。

(四)公路水运工程建设、监理和施工单位应参照本标准组织开展平安工地建设以及自查自评、考核评价。公路工程中交安、机电、绿化、房建等合同段以及水运工程中的道路、堆场、房建等合同段可参照本标准,由各省级交通运输主管部门自行确定相应的考核内容。

## 二、考核评价程序

(一)项目施工单位负责组织平安工地建设,在合同段开工后、交工验收前,每月应当按照本标准至少开展一次自查自纠,每季度至少开展一次自我评价,自评结果经监理单位审核后报建设单位。

工程项目开工、危险性较大的分部分项工程开工前,施工单位应当将合同约定的安全生产条件落实情况向监理、建设单位申报。

(二)项目建设单位负责施工、监理合同段平安工地建设情况的考核评价工作,每半年应当按照本标准对项目全部的施工、监理合同段平安工地建设情况进行考核评价,并对自身安全管理行为进行自我评价。

工程项目开工前,建设单位应按照本标准要求组织开展安全生产条件审核,对审核记录及结论负责,同时将审核结果报直接监管的交通运输主管部门。

危险性较大的分部分项工程开工前,监理单位按照本标准要求及时开展安全生产条件审核,并将审核结果报建设单位。

(三)直接监管的交通运输主管部门按照本标准,结合年度安全督查计划,每年对辖区内高速公路和大型水运工程平安工地建设管理情况至少组织一次监督抽查,同时根据建设单位报送的平安工地建设考核评价情况,抽查一定比例的施工、监理合同段。具体抽查比例由省级交通运输主管部门确定,但最低不少于10%。

## 三、考核评价方法

(一)平安工地建设考核评价,包括安全生产条件核查(附表1)、施工、监理、建设等从业单位考核评价(附表2至附表5)两方面。

安全生产条件核查,包括工程项目开工前安全生产条件核查表(附表1.1)、危险性较大的分部分项工程施工前安全生产条件核查表(附表1.2)两部分。

施工单位考核评价,包括施工单位基础管理考核评价表(附表2)、施工单位施工现场考核评价表(附表3)两部分。其中施工现场考核评价,由通用部分(附表3.1)、专业部分(公路工程为附表3.2,水运工程为附表3.3)两部分组成。

(二)考核评价采取扣分制,扣分上限为各考核项总赋分值。其中,标记"*"的考核项目为必须考核的指标项。

(三)安全生产条件符合率=符合项/(符合项+基本符合项)。

安全生产条件是公路水运工程项目开工应当具备法律法规和技术标准规定、满足合同约定的基础条件,不得有不符合项。安全生产条件符合项,是指安全生产条件满足合同约定,符合法律法规和技术标准要求;基本符合项,是指该项安全生产条件总体满足,但在满足程度上还需要提升。

安全生产条件,由工程项目开工前安全生产条件、危险性较大的分部分项工程施工前安全生产条件两部分组成,其中,危险性较大的分部分项工程施工前安全生产条件,需按施工进度分阶段经监理单位审核、建设单位确认;这部分的安全生产条件是动态的,在计算这部分安全生产条件时,要结合施工单位进场报验单情况予以逐项确认统计,在监理、建设单位批复意见中明确要求修改、完善的,应视为基本符合项。

根据考核期内安全生产条件的符合程度,在当期施工单位考核评价总分的基础上扣除相应分数(内插法)。当安全生产条件符合率在60%以下,视情节扣除10-30分;当安全生产条件符合率在60%(含)-85%之间,视情节扣除5-10分;当安全生产条件符合率超过85%(含)以上的,则不扣分。

(四)施工单位考核评价分数=(施工单位基础管理考核评价分数×0.4+施工单位施工现场考核评价分数×0.6)-安全生产条件符合程度的扣分值。

1.施工单位基础管理考核评价分数=(考核项目实得分/考核项目应得分)×100。

2.施工单位施工现场考核评价分数=(考核项目实得分/考核项目应得分)×100。

3.施工单位施工现场考核评价内容为:公路工程为表3.1和表3.2,水运工程为表3.1和表3.3。

(五)监理单位考核评价分数=(考核项目实得分/考核项目应得分)×100。

(六)建设单位考核评价分数=(考核项目实得分/考核项目应得分)×100。

(七)工程项目考核评价分数=[建设单位考核评价分数×0.2+Σ监理单位考核评价分数/监理单位个数×0.2+Σ(施工单位考核评价分数×合同价)/Σ施工单位合同价×0.6]。

公路水运工程项目年度考核结果按照建设单位在本年度考核周期内考核结果累计的平均值计算。

各级交通运输主管部门抽查发现平安工地建设流于形式、考核弄虚作假、评价结果不合格等情况,应当要求项目建设单位组织整改、重新考核,并在信息系统予以记录;情节严重的应当通报批评,约谈建设单位负责人、施工和监理企业法定代表人;对存在重大安全风险未有效管控、重大事故隐患未及时整改的施工作业,应当责令停工整改、挂牌督办;对存在违法违规行为

的从业单位和人员，应当给予安全生产信用不良记录，依法实施行政处罚。

## 四、考核评价结果

（一）平安工地建设考核评价按照百分制计算得分，计算得分精确到小数点后1位。考核评价结果分为合格、不合格两类。考核评价分数70分及以上的为合格，70分以下为不合格。

（二）施工单位考核评价结果即为施工合同段考核评价结果，监理单位考核评价结果即为监理合同段考核评价结果。

以施工总承包、PPP模式等方式组织项目建设、施工、监理工作的，按照项目管理机构内部岗位定位及分工，开展平安工地建设管理考核评价。

（三）所有的施工、监理合同段考核评价结果均合格，工程项目总体考核评价结果方为合格。

（四）施工、监理合同段考核评价结果不合格的，该施工、监理合同段应当立即整改，整改完成后由建设单位组织复评，复评仍不合格的施工、监理合同段应当全部停工整改，并及时向直接监管的交通运输主管部门报告。

对已经发生重特大生产安全责任事故、存在未及时整改的重大事故隐患、被列入安全生产黑名单的合同段，直接评为不合格。

（五）发生1起一般及以上生产安全责任事故，负有主要责任的施工合同段直接评为不合格，负有直接责任的监理合同段在考核评价得分基础上直接扣10分。

发生2起一般或1起较大生产安全责任事故，负有直接责任的监理合同段在考核评价得分基础上直接扣15分，建设单位在考核评价得分基础上直接扣15分。

（六）项目因安全生产问题被停工整改2次以上，被主管部门通报批评、挂牌督办、行政处罚、约谈项目法人及企业法人、或逾期不落实书面整改要求的，或者在考核评价过程中，发现存在明显安全管理漏洞、事故隐患治理不力反复存在的，可根据实际情况在工程项目计算得分的基础上酌情扣5～15分。

附表略。

# 44. 交通运输部办公厅关于加强公路水运工程平安工地建设的指导意见

（2023 年 10 月 23 日　交通运输部　交办安监〔2023〕64 号）

各省、自治区、直辖市、新疆生产建设兵团交通运输厅（局、委），长江航务管理局：

为深入贯彻落实《中华人民共和国安全生产法》《建设工程安全生产管理条例》《公路水运工程安全生产监督管理办法》等法律法规和规章，加强公路水运工程平安工地建设，提升工程安全管理水平，现提出以下意见。

## 一、总体要求

（一）指导思想。以习近平新时代中国特色社会主义思想为指导，全面贯彻党的二十大精神，深入贯彻习近平总书记关于安全生产的重要指示批示精神，坚持“安全第一、预防为主、综合治理”的方针，更好统筹发展和安全，加快推动工程建设安全治理模式向事前预防转型，推行“零死亡”安全管理目标，推进平安工地建设全覆盖，落实全员安全生产责任制，改善安全生产条件，强化风险分级管控和隐患排查治理，确保公路水运工程建设领域安全生产形势持续稳定，为奋力加快建设交通强国、努力当好中国式现代化的开路先锋提供坚实的安全保障。

（二）工作原则。

坚持人民至上、生命至上。牢固树立以人民为中心的发展思想，始终把保障人民生命财产安全作为公路水运工程建设高质量发展的基础和前提，全面推行工程建设“零死亡”安全管理目标。

坚持问题导向和目标导向。坚持把隐患当事故，聚焦作业人员集中的施工场地和施工驻地，加强安全风险管控，完善应急机制。加强顶层设计和系统谋划，加快推进平安工地建设全覆盖。

强化责任落实和督导检查。严格落实参建单位责任，定期开展平安工地建设自查自纠、考核评价，保障安全生产条件落地落细，推动安全生产标准化。强化行业监管责任，加强监督检查和服务引导。

注重科技创新和精细管理。鼓励优先选用先进适用、安全可靠的技术工艺、设备设施，推进危险作业机械化换人、自动化减人，提升工程项目工厂化、装配化、智能化和精细化管理水平。

（三）主要目标。公路水运工程平安工地建设全覆盖加快实现，二级及以上公路和大中型水运工程等新改扩建重点工程项目全面开展平安工地建设工作，二级以下公路和小型水运工程等新改扩建项目逐步实施平安工地建设管理。平安工地建设取得积极成效，构建全员、全过程工程建设安全责任链条，健全现代化工程安全管理体系，保障安全生产条件，夯实安全生产

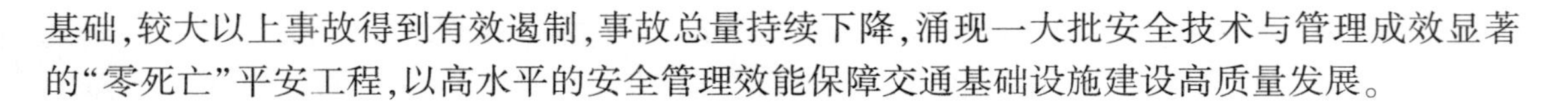

基础,较大以上事故得到有效遏制,事故总量持续下降,涌现一大批安全技术与管理成效显著的“零死亡”平安工程,以高水平的安全管理效能保障交通基础设施建设高质量发展。

## 二、重点任务

(一)深入推进施工安全标准化。各地交通运输主管部门要督促参建单位扎实推进施工场地布设、现场安全防护、施工方法与工艺、应急处置措施、岗位操作行为、施工安全管理活动记录等方面的安全生产标准化建设;科学合理布置施工现场,施工现场的办公、生活区与作业区应当分开设置,并保持安全距离;严格执行《公路水运工程淘汰危及生产安全施工工艺、设备和材料目录》有关规定,严禁使用“禁止”类施工工艺、设备和材料,不得在限制的条件和范围内使用“限制”类施工工艺、设备。引导参建单位积极推广工厂化生产、装配化施工,全面推动工程安全防护设施的定型化设计、规范化使用;加大先进工艺技术推广应用,推动施工现场安全管理可视化、数字化转型发展。

(二)加强施工安全风险分级管控。各地交通运输主管部门要督促建设、施工单位按规定开展施工安全风险评估,明确不同风险等级的防范措施及责任部门、责任人,并依据评估结论完善施工组织设计、专项施工方案及应急预案。较大及以上风险设置安全警戒和风险告知牌,做好风险提示和风险区域隔离措施,并指定专人进行安全检查。针对高大桥墩(柱、塔)、不良地质区段的隧道和高边坡工程、大型围堰、边通车(航)边施工路段(航道)等重点作业环节,积极采用远程监控和信息化管理技术手段,加强安全管控。

(三)严格专项施工方案编审执行。各地交通运输主管部门要督促参建单位加强专项施工方案编制内审,落实方案审批及专家论证流程,规范施工工序管理,按照方案开展安全技术交底、施工和验收工作;建立健全方案落实监督和纠正机制,强化关键工序作业许可管控和施工现场监督检查,督促作业班组严格执行方案,防止方案和现场施工“两张皮”;严格落实方案变更论证审查程序,严防通过以“设计优化”“工艺变更”等名义变相降低标准导致安全风险增大。

(四)深化事故隐患排查治理。各地交通运输主管部门要督促施工、监理和建设单位建立健全并落实事故隐患排查治理制度,明确事故隐患排查、告知(预警)、整改、评估验收等内容,实行常态化、闭环化、动态可追溯管理;加强施工现场排查治理,及时制止和纠正违章指挥、强令冒险作业、违反操作规程的行为。鼓励施工现场一线人员积极参与隐患排查治理,推进网格化安全治理。突出公路水运工程重大事故隐患治理,重大事故隐患整改应当制定专项方案,确保责任、措施、资金、时限、预案到位,重大事故隐患治理情况应当按规定向行业监管部门报告。

(五)强化施工驻地安全防范。各地交通运输主管部门要督促施工、监理和建设单位按规定开展施工驻地选址初筛及安全评估,将驻地设置在地质良好的地段,严禁在已发现的滑坡体、泥石流或山洪影响区等危险区域设置驻地;施工驻地使用前组织进行验收,鼓励有条件的实行打卡制度并远程监控,确保符合安全性要求。督促施工单位汛期以及台风等恶劣气候来临前,及时研判灾害发生趋势,在主汛期加强临灾预警“叫应”,对驻地附近的山体滑坡、上游水位等实施持续监测,收到撤离预警信息坚决撤离人员;加强燃气和临时用电安全管理,提高临建设施结构耐火等级,配备符合规定要求的消防设备设施。

(六)加强大型临时设施安装拆卸管理。各地交通运输主管部门要督促施工单位按规定在施工便桥和临时码头设置临边防护和水上救生等设施，安装、拆卸大型水上临时作业平台要编制施工方案、制定安全措施，并安排专业技术人员现场监督，同时开展定期观测、检查维护。钢筋加工棚、作业平台等大型临时设施采用钢结构进行建设的，由具有相应资质的设计单位进行设计和验算，明确地基承载力，并具有一定的防风、抗震能力。

（七）保障施工设备机具安全运行。各地交通运输主管部门要督促施工、监理和建设单位加强施工现场的施工设备机具的管理，安排专人负责，定期进行检查、维修和保养，建立相应的资料档案，并按规定及时报废。自有或租赁的施工设备机具，应当具有生产（制造）许可证、产品合格证或者法定检验检测合格证明。使用承租的机械设备和施工机具及配件的，由施工总承包单位、分包单位、出租单位和安装单位共同进行验收。特种设备应依法取得使用登记证书。承重支架、挂篮及未列入国家特种设备目录的非标设备应组织专项验收。架桥机、架梁起重设备转场作业，或架设梁片达到一定数量时，按规定进行架桥机使用状态安全评估。

（八）提高作业人员安全意识和技能水平。各地交通运输主管部门要督促施工单位制定年度安全教育培训计划，规范作业人员安全培训要求，新职工上岗前进行三级安全教育，转岗、复岗人员重新接受教育，采用新工艺、新技术前或使用新设备、新材料前对作业人员进行专门的安全培训；建立健全施工班组管理制度，严格班组人员实名制和档案记录管理；保障作业人员合法权益，按规定投保工伤保险，注重人文关怀，及时关注作业人员身体与心理健康状况。现场作业人员及时进行班前教育，结合季节特点、施工特点、安全形势等开展经常性教育和警示教育。

（九）规范安全生产费用使用管理。各地交通运输主管部门要督促建设单位在工程招标时做到所列安全生产费用不低于国家规定标准。督促施工、监理和建设单位严格依法依规、依合同管理，科学规范使用安全生产费用，不得挪用；制定安全生产费用使用计划，建立台账，严格管理，及时按程序计量核算。依法进行工程分包的，总包单位应当将安全生产费用按比例计列，并监督使用，分包单位不再重复提取。督促建设、监理单位加强安全生产费用使用审核把关，重点核查超范围使用、套取、虚支冒领等违规行为，规范防灾减灾费用使用。鼓励技术风险高、施工难度大的工程项目提高安全生产费用提取比例。

（十）提升防灾减灾和应急处置能力。各地交通运输主管部门要督促建设、施工单位按规定制定项目综合应急预案、合同段施工专项应急预案和现场处置方案，针对工作岗位特点编制应急处置卡；制定应急预案演练计划并定期组织演练，应急演练科目应覆盖危大工程可能发生的典型事故场景，根据演练情况及时健全完善应急预案，明确突发情况下紧急撤离的条件和要求；依法建立项目应急救援组织或者指定工程现场兼职的、具有一定专业能力的应急救援人员，定期开展专业培训；结合工程实际编制应急资源清单，配备必要的应急救援器材、设备和物资，进行经常性维护、保养和更新；注意接收工程所在地气象、水利、自然资源、应急等部门各类防灾减灾预警信息，完善施工现场临灾预警"叫应"机制，做好工程防灾减灾准备。

## 三、落实平安工地建设责任

（一）强化落实参建单位责任。各地交通运输主管部门要督促建设、施工和监理单位严格落实平安工地建设责任。建设单位要切实落实安全生产管理责任，按照《公路水运工程安全生产条件通用要求》（JT/T 1404—2022）建立健全平安工地建设、考核、奖惩等制度，将平安工地建设情况纳入工程合同履约管理，对项目平安工地建设负总责；施工单位要切实落实安全生产主体责任，将平安工地建设作为施工组织设计必要组成部分，明确建设内容、实施主体和工作要求，定期开展自查自纠、自我评价；监理单位要按规定将平安工地建设作为安全监理的主要内容，严格安全生产条件、专项施工方案和应急预案审核把关，对施工单位平安工地建设情况进行监督检查，督促问题整改落实。

（二）强化落实行业监管责任。各地交通运输主管部门应当明确公路水运工程建设安全监管责任主体、工作职责和工作程序，进一步厘清监管职责与综合行政执法机构的执法职责。强化安全监管顶层设计，不断完善安全生产责任体系，落实安全生产法规制度要求，针对辖区内公路水运工程投融资多元化模式和建设管理特点，消除“责任不实、职责不清”的空白点，研究制定务实管用的安全监管对策措施，精准施策、精细管理，层层压实企业安全生产主体责任和行业安全生产监管责任。对事故多发、影响恶劣的项目应作为平安工地建设考核评价不合格项目予以曝光和挂牌督办。

## 四、加强组织实施

（一）健全制度标准。交通运输部将组织制定《公路水运工程平安工地评价规范》行业指导标准。各省级交通运输主管部门应当定期总结分析本地区平安工地建设管理情况，3 年内制定出台本地区各类工程项目平安工地建设管理制度和建设标准，已出台制度标准的 2 年内完成修订。各地交通运输主管部门、项目参建单位可根据本地区、本项目特点，优化完善本地区、本项目平安工地建设考核评价机制。

（二）加强督导服务。各地交通运输主管部门应当根据职责分工，对本地区内公路水运工程项目建设单位考核评价工作的规范性、风险防控与隐患排查治理的实施效果进行常态化监督抽查，针对突出问题开展专项治理，视情况组织开展送专家、送技术、送服务到基层一线等公益活动，加快推进本地区平安工地建设全覆盖，不断提高平安工地建设管理水平。对存在平安工地建设流于形式、考核弄虚作假等情况的，责成建设单位立即组织整改，对存在违法违规行为的参建单位和人员，依法实施行政处理和信用惩戒。

（三）强化示范引导。各省级交通运输主管部门可通过交流研讨、现场观摩、示范创建等方式，总结推广经验，加强先进技术、装备、工艺、管理等宣传报道，树立本地区工程安全管理典型标杆。交通运输部联合相关部门将按程序组织对平安工地建设成效显著、实现建设期“零死亡”的公路水运建设项目冠名为平安工程，各省级交通运输主管部门要做好申报推荐工作。对获得平安工程冠名的项目可以在企业信用评价加分、评奖评优等方面予以政策激励。

交通运输部办公厅

2023 年 10 月 23 日

# 45. 交通运输部关于打造公路水运品质工程的指导意见

（2016年12月23日　交通运输部　交安监发〔2016〕216号）

为贯彻落实国务院《质量发展纲要（2011—2020）》，推进公路水运品质工程建设，提升公路水运工程质量，为人民群众安全便利出行和社会物资高效畅通运输提供更加可靠的保障，现就打造公路水运品质工程提出如下意见。

## 一、深刻认识打造品质工程的意义和内涵

打造品质工程是公路水运建设贯彻落实五大发展理念和建设“四个交通”的重要载体，是深化交通运输基础设施供给侧结构性改革的重要举措，是今后一个时期推动公路水运工程质量和安全水平全面提升的有效途径，是推进实施现代工程管理和技术创新升级的不竭动力，对进一步推动我国交通运输基础设施建设向强国迈进具有重要意义。

品质工程是践行现代工程管理发展的新要求，追求工程内在质量和外在品位的有机统一，以优质耐久、安全舒适、经济环保、社会认可为建设目标的公路水运工程建设成果。

品质工程具体内涵是建设理念体现以人为本、本质安全、全寿命周期管理、价值工程等理念；管理举措体现精益建造导向，突出责任落实和诚信塑造，深化人本化、专业化、标准化、信息化和精细化；技术进步展现科技创新与突破，先进技术理论和方法得以推广运用，包括先进适用的新技术、新工艺、新材料、新装备和新标准的探索与完善；质量管理以保障工程耐久性为基础，体现建设与运营维护相协调、工程与自然人文相和谐，工程实体质量、功能质量、外观质量和服务质量均衡发展；安全管理以追求工程本质安全和风险可控为目标，促进工程结构安全、施工安全和使用安全协调发展；工程建设坚持可持续发展，体现在生态环保、资源节约和节能减排等方面取得明显成效。

## 二、总体要求

（一）指导思想。

深入贯彻党的十八大和十八届三中、四中、五中、六中全会精神，践行创新、协调、绿色、开放、共享五大发展理念，落实“四个交通”发展要求，坚持管理和技术的传承与创新，深化现代工程管理，全面提升公路水运工程基础设施建设的质量安全水平，推动公路水运工程建设协调发展和转型升级，为建设开放共享、人民满意的交通奠定基础。

（二）基本原则。

1. 目标导向，创新驱动。把满足人民群众对高品质交通运输服务的需求作为目标，着力加强工程建设的理念创新、管理创新、技术创新，为打造品质工程注入动力。

2. 功能提升，注重效益。立足功能的完善与提升，科学处理打造品质工程过程中建设与造价、功能与成本的关系，既着力提升工程品质，又避免盲目高成本、高投入，实现全寿命周期成本最优，提高工程投资效益和社会效益。

3. 政府引领，企业创建。充分发挥政府政策引导作用，完善项目建设评价体系，健全激励和约束机制，营造良好发展环境，激发参建各方创建品质工程的内生动力。

4. 统筹推进，示范带动。坚持统筹规划，充分发挥示范带动作用，从实际需求出发，因地制宜、量力而行，注重专项攻关和重点突破，不盲目求高求全。及时总结经验，研究建立全面推进打造品质工程的管理机制。

（三）主要目标。

到2020年，公路水运品质工程理念深入人心，品质工程评价体系基本建立，建设一批品质工程示范项目，形成一批可复制可推广的经验，实现一批建设技术及管理制度的创新，推进相关标准规范更新升级，逐步形成品质工程标准体系和管理模式，带动全国公路水运工程质量水平明显提升。

## 三、主要措施

（一）提升工程设计水平。

1. 强化系统设计。以工程质量安全耐久为核心，强化工程全寿命周期设计，明确耐久性指标控制要求。坚持需求和目标引导设计，系统考虑工程建设施工和运营维护，加强可施工性、可维护性、可扩展性、环境保护、灾害防御、经济性等系统设计，实现工程建设可持续发展。加强设计效果跟踪评估，及时调整优化设计，提高设计服务水平。

2. 注重统筹设计。以推进模块化建设为方向，深入推广标准化设计，鼓励构件设计标准化和通用化。切实加强精细化设计，注重工程薄弱环节设计的协调统一，统筹考虑施工的可操作性和维护的便捷性。努力推行宽容设计，充分考虑工程使用状态的不利情形，对可能的风险做好防范设计。加强生态选线选址，推行生态环保设计和生态防护技术。

3. 倡导设计创作。以用户体验安全、舒适、便捷为目标，强化工程及配套服务设施的人性化设计，体现地域和人文特点及传统特色文化，追求自然朴实，融入工程美学和景观设计，体现工程与自然人文的和谐、融合与共享；坚持因地制宜，突出功能实效，避免刻意追求“新、奇、特”或盲目追求“之最”和“第一”。

（二）提升工程管理水平。

4. 推进建设管理专业化。深化工程建设管理模式改革，强化建设单位专业化管理能力建设。健全专业化分包管理制度，加强分包管理，着力提高专业化施工能力。鼓励应用质量健康安全环境四位一体管理体系（QHSE管理体系），推进管理标准化。

5. 推进工程施工标准化。立足于推进工程现代化组织管理模式，积极推广工厂化生产、装配化施工，着力推进施工工艺标准化，施工管理模式体系化，施工场站建设规范化，逐步推进工程建设向产业化方向发展。

6. 推进工程管理精细化。倡导工程全寿命周期集成化管理，强化主体结构与附属设施的施工精细化管理，推动实施精益建造，提升工程整体质量。建立“实施有标准、操作有程序、过程有控制、结果有考核”的标准化管理体系。

7. 推进工程管理信息化。探索“互联网＋交通基础设施”发展新思路，推进大数据与项目管理系统深度融合，逐步实现工程全寿命周期关键信息的互联共享。推进建筑信息模型（BIM）技术，积极推广工艺监测、安全预警、隐蔽工程数据采集、远程视频监控等设施设备在施工管理中的集成应用，推行“智慧工地”建设，提升项目管理信息化水平。

8. 推进班组管理规范化。建立健全施工班组管理制度，强化班组能力建设。加强施工技术交底，实行班前教育和工后总结制度。推行班组首次作业合格确认制，强化班组作业标准化、规范化和精细化。全面推行班组人员实名制管理，强化班组的考核与奖惩，夯实基层基础工作。

（三）提升工程科技创新能力。

9. 积极推广应用“四新技术”。强化科研与设计施工联动，开展集中攻关和“微创新”，大力推广性能可靠、先进适用的新技术、新材料、新设备、新工艺，淘汰影响工程质量安全的落后工艺工法和设施设备，推动工程技术提升。

10. 发挥技术标准先导作用。坚持品质工程目标导向，鼓励参建单位采用先进工艺标准，切实提升工程质量。鼓励社会团体、企业联盟开展技术创新，制定提升质量、提高效率的工艺标准。完善具有自主知识产权的先进技术标准，推进优势及特色标准国际化，实施工程标准“走出去”。

11. 探索建立全产业链继承与创新体系。总结特色有效的传统工艺和工法，针对工程设计、施工、管养、材料、装备等全产业链开展技术创新与集成创新，推进信息技术和工程建养技术深度融合，打造以信息化、智能化和绿色建造为特征的工程全产业链创新体系，实现资源共享、优势互补。

（四）提升工程质量水平。

12. 落实工程质量责任。健全工程质量责任体系，明确界定建设、勘察、设计、施工和监理单位等责任主体质量责任，推动企业建立关键人履职标准和各岗位工作规范，建立岗位责任人质量记录档案，强化考核和责任追究，实现质量责任可追溯，推动落实质量责任终身制。

13. 推进质量风险预防管理。工程项目应强化质量风险预控管理，加强质量风险分析与评估，完善质量风险控制措施和运行机制。健全施工组织设计编制、审查和执行落实体系，严格专项施工方案论证审查制度，强化技术方案分级分类审核责任，全面推行首件工程制，夯实工程质量管理基础。

14. 加强过程质量控制。工程项目建立质量目标导向管理机制，严格执行工序自检、交接检、专检“三检制”。加强设计符合性核查评价，深入实施质量通病治理，实施成品及半成品验收标识、隐蔽工程过程影像管理等措施，强化质量形成全过程闭环可追溯。积极应用先进检测技术和装备，建立工程质量信息化动态管理平台，加强过程质量管控。

15. 强化工程耐久性保障措施。加强工程耐久性基础研究工作，创新施工工艺，加强关键结构、隐蔽工程和重要材料的质量检验和控制，切实提高工程耐久性。

（五）提升工程安全保障水平。

16. 加强工程安全风险管理基础体系建设。推行工程安全生产风险管理，建立安全风险分级管控和隐患治理双重预防体系，推动重大安全风险管控和重大事故隐患治理清单化、信息化、闭环化动态可追溯管理，夯实安全管理基础。

17. 提升工程结构安全。树立本质安全理念,强化桥梁隧道、港口工程等的施工和运行安全风险评估工作,切实加强工程结构安全关键指标的实时监测与分析,积极探索智能预警技术,确保工程结构安全状态可知、可控。

18. 深化“平安工地”建设。加强施工安全标准化建设,推进危险作业“机械化换人、自动化减人”,提高机械化作业程度。推行安全防护设备设施工具化、定型化、装配化。落实安全生产责任,健全安全工作制度,强化安全管理和风险预控,加强隐患排查治理,提升针对性应急处置能力,确保施工安全。

19. 提升工程安全服务水平。加强公路交通安全评价,强化公路管理和服务设施的科学合理配置,加强道路、桥梁、隧道、港口等安全运行监测与预警系统建设,提高工程运行管理水平和应急服务能力。建立健全工程巡查排险机制,提升工程安全防护设施和管理服务设施的有效性。

(六)提升工程绿色环保水平。

20. 注重生态环保。严格落实生态保护和水土保持措施,加强生态脆弱区域的环境监测和生态修复,降低公路水运工程建设对陆域、水生动植物及其生存环境的影响。

21. 注重资源节约。节约利用土地资源,因地制宜采取有效措施减少耕地和基本农田占用。高效利用临时工程及临时设施,注重就地取材,积极应用节水、节材施工工艺,实现资源节约与高效利用。综合考虑工程性质、施工条件、旧料类型及材质等因素,推进废旧材料再生循环利用。

22. 注重节能减排。积极应用节能技术和清洁能源,使用符合国家标准的节能产品。加强设备使用管理,选用能耗低、工效高、工艺先进的施工机械设备,淘汰高能耗老旧设备。优化施工组织,合理安排工序,提高设备使用效率,降低施工能耗。

(七)提升打造品质工程的软实力。

23. 加强管理人员素质建设。从业单位加强人才培养制度建设,强化管理人员的岗位考核和继续教育,创新人才激励与保障机制,着力培养和锻炼一支具备现代工程管理能力、专业技能、良好职业道德的工程管理骨干队伍。

24. 提升一线工人队伍素质。从业单位应落实培训主体责任,按规定严格实行“上岗必考、合格方用”的培训考核制度。开展职业技能竞赛,建立优秀技工激励机制,推行师徒制模式,鼓励企业建立稳定的技术工人队伍。保障员工合法权益,注重人文关怀,提供体面工作的基本条件。

25. 培育品质工程文化。积极培育以提升质量、保障安全为核心,以人为本、精益求精、全心投入为主要特征的品质工程文化。大力弘扬工匠精神,广泛宣传、积极推动全员参与品质工程创建活动,形成人人关心品质、人人创造品质、人人分享品质的浓郁的文化氛围。

26. 实施品牌战略。将品质工程作为工程项目和企业创建品牌的重要载体,引导企业把品质工程作为自身信誉和荣誉的价值追求。通过打造品质工程,提升中国交通和企业品牌形象,增强企业核心竞争力。

## 四、保障要求

(一)加强组织领导。健全部、省交通运输主管部门联动机制,加强行业指导,建立工作协调机制和专家咨询机制,强化组织保障。加强与地方政府和有关部门沟通协调,加强与国内外质量管理先进机构交流合作，加强品质工程创建经验总结和宣传，凝聚社会共识，争取各方支持，促进品质工程建设深入人心。

（二）强化基本保障。坚持科学规划和设计，严格工程项目基本建设程序管理。建立健全工程项目合理工期的科学论证制度，加强工期调整、工程变更等的管理，保障合理的勘察设计周期和有效的施工工期。坚持合理标价，完善招投标管理机制，倡导优质优价，保障建设资金到位。

（三）加强示范引导。省级交通运输主管部门应坚持试点先行、示范引导，按照部开展品质工程示范创建的统一部署和要求，制定本地区创建工作实施方案，优先选择新开工和在建项目开展示范创建，加强技术咨询和经验总结，完善创建管理制度，探索建立本地区品质工程考核评价体系，推进品质工程深入实施。部将研究建立品质工程评价体系，开展品质工程示范评估，构建工程质量安全提升发展新机制。

（四）完善激励机制。部将研究建立品质工程创建工作激励机制，探索将品质工程与行业信用评价、工程招投标、工程质量奖项评选等挂钩。省级交通运输主管部门应建立本地区激励机制，落实并完善配套措施，对品质工程创建工作中成绩突出的单位和个人予以奖励或表扬。

交通运输部

2016 年 12 月 12 日

# 46. 交通运输部办公厅关于印发公路水运品质工程评价标准(试行)的通知

(2017年12月28日　交通运输部　交办安监〔2017〕199号)

各省、自治区、直辖市交通运输厅(委),长江航务管理局:

为深入推进公路水运品质工程创建工作,引领公路水运工程质量安全水平全面提升,根据《交通运输部关于公路水运品质工程的指导意见》(交安监发〔2016〕216号,以下简称《指导意见》)和《交通运输部办公厅关于开展品质工程示范创建工作的通知》(交办安监〔2016〕193号)要求,部组织编制了《公路水运品质工程评价标准(试行)》(以下简称《评价标准》),现予以发布。请认真贯彻执行,并按以下要求开展好相关工作:

## 一、充分认识品质工程评价标准和评价工作的重要意义

党中央、国务院高度重视质量建设。《中共中央国务院关于开展质量提升行动的指导意见》中明确指出,以提高发展质量和效益为中心,将质量强国战略放在更加突出的位置,开展质量提升行动,全面提升质量水平;开展高端品质认证,推动质量评价由追求"合格率"向追求"满意度"跃升。党的十九大报告明确指出,坚持质量第一、效益优先,以供给侧结构性改革为主线,推动经济发展质量变革、效率变更、动力变革;突出关键共性技术、现代工程技术创新,为建设质量强国、交通强国等提供有力支撑。这些要求,充分体现了党中央国务院对质量工作和交通运输工作的高度重视,从全局和战略高度指明了公路水运工程质量提升的主要目标和努力方向。

打造公路水运品质工程是交通运输行业贯彻落实党的十九大精神、党中央国务院质量提升行动决策部署和深化交通运输基础设施供给侧结构性改革的重要举措。开展品质工程评价,树立行业标杆和示范,不断总结和推广先进管理经验和技术创新成果,引领和推动工程质量安全水平全面提升,为建设具有国际先进水平的高品质公路水运基础设施网络,实现交通强国和质量强国战略目标奠定坚实基础。

各级交通运输主管部门要深刻认识品质工程评价工作的重要意义,本着对人民、对历史高度负责的态度,加强组织领导,严格按照评价标准和程序,科学组织、扎实有序地开展评价工作,真正选树一批经得起时间检验、引领行业进步的品质工程,推动公路水运工程质量安全水平全面提升。

## 二、品质工程评价范围与内容

列入国家和地方交通基本建设计划的在建和已交工或竣工验收的公路水运工程项目,均可参加品质工程评价,不局限工程建设规模和等级。

品质工程评价分为示范创建项目品质工程评价、交竣工品质工程示范项目评价、农村公路

(三四级)品质工程示范项目评价,评价对象为工程项目整体。

(一)示范创建项目品质工程评价。

示范创建项目品质工程评价是以在建的二级及以上公路工程项目(含独立桥梁和独立隧道)、水运工程项目(含港口、航道)为评价对象。评价以设计和施工阶段为主,主要对工程建设过程中落实打造品质工程主要措施及阶段性成果的综合评价。评价应在项目主体工程完成建安费的50%后且交工验收前进行。

(二)交竣工品质工程示范项目评价。

交竣工品质工程示范项目评价是指对工程管理或技术达到行业同时期同类工程的领先水平、示范引导作用显著的项目进行评价,以已交工验收的二级及以上公路工程项目(含独立桥梁和独立隧道)、已竣工验收水运工程项目(含港口、航道)为评价对象。评价包括设计、施工和运营阶段,主要对工程建设成果"优质耐久、安全舒适、经济环保、社会认可"等方面的综合评价。公路工程评价应在工程项目完成交工验收满2年且不超过5年进行,同时项目还应经过试运营且通过国家规定的专项验收;公路工程评价工作结合工程竣工验收质量鉴定工作一并进行。水运工程评价应在工程项目完成竣工验收后且不超过3年进行。

(三)农村公路(三四级)品质工程示范项目评价。

农村公路(三四级)品质工程示范项目评价是以已竣工验收的三、四级农村公路项目为评价对象,主要对工程建设成果"实、安、绿、美"等方面的综合评价。评价应在工程项目竣工验收后且不超过2年进行。

## 三、品质工程评价组织与程序

(一)评价组织。

品质工程评价结果分为部级品质工程项目和省级品质工程项目两个等级。交通运输部指导全国公路水运品质工程评价工作,负责制定评价标准,组织开展部级品质工程项目的评价工作。省级交通运输主管部门负责本省公路水运品质工程评价的组织实施,负责部级品质工程项目的组织推荐工作。

(二)部级品质工程项目评价程序。

1. 项目申报。根据部年度评价工作部署安排,按照自愿申报原则,项目建设单位根据《评价标准》开展自评,填写《申报表》,经项目主管部门审查同意后,报省级交通运输主管部门。其中,申报交竣工品质工程示范项目、农村公路(三四级)品质工程示范项目的,也可由项目主管部门组织申报。

2. 项目推荐。省级交通运输主管部门组织专家对申请项目进行现场考核和评价。评价为省级品质工程项目的,应在省级交通运输主管部门门户网站进行公示,公示时间不少于10个工作日,接受社会监督。经公示无异议或经核查异议不成立的,经省级交通运输主管部门审定后确定为省级品质工程项目,并予以公布。省级交通运输主管部门根据部年度评审要求,在省级品质工程项目中,择优提出推荐参评部级品质工程项目名单,并出具评价意见和推荐顺序报部。对于交工和竣工项目,省级交通运输部主管部门还应组织开展公众满意度调查。

3. 项目认定。部组织专家对各省推荐的品质工程项目进行评价,认定部级品质工程项目,必要时可组织专家进行现场考察。交通运输部应在其门户网站公示专家评价结果,公示时间不少于10个工作日,接受社会监督。经公示无异议或经核查异议不成立的,经部审定后确定为部级品质工程项目,并予以公布。

4.专家评审。省级及以上交通运输部主管部门组织专家评价时,应选择具有良好职业道德和丰富实践经验,并在业内有一定知名度的专家。专家评审组一般不少于7人,专业应涵盖设计、管理、施工、质量监督和安全生产、运营管理等方面。评价时实施专家回避原则。

## 四、有关工作要求

(一)夯实创建基础。省级交通运输主管部门要建立完善品质工程创建保障和评价机制,采取有效措施,切实落实建设单位首要责任,落实勘察、设计、施工单位主体责任,强化项目基本建设程序、建设资金、合理工期等基本要素的保障。进一步完善招投标管理机制,倡导优质优价,为项目打造品质工程创建良好市场环境。

(二)完善激励机制。各级交通运输主管部门应进一步完善品质工程激励机制,推进工程质量安全诚信体系建设,完善质量安全守信联合激励和失信联合惩戒制度,推动将打造品质工程作为企业信誉的价值追求。对评定为省级或部级品质工程项目的,可在信用评价、项目评优、从业人员技术职称评定等方面予以鼓励,对品质工程创建工作中成绩突出的单位和个人予以表扬。

(三)加强跟踪督导。各级交通运输主管部门应加强对评定为品质工程项目的监督检查和跟踪督导,出现以下情形的,应取消其评定结果并予以公布。一是项目申报资料存在弄虚作假的;二是示范创建项目在后续建设过程中出现不符合《评价标准》基本要求的;三是交竣工品质工程示范项目或农村公路品质工程示范项目,项目运营期间出现严重质量缺陷的(由于自然灾害导致质量问题的除外)。对于申报资料弄虚作假的从业单位,还应将相关不良行为纳入信用评价系统。

(四)加快成果推广。省级交通运输主管部门应积极引导项目管理创新和工艺、技术及装备创新,及时总结先进经验,努力促进创新成果转化应用与共享。不断完善落后工艺装备的淘汰机制,加快淘汰制约质量安全提升的落后工艺、装备,积极推广先进适用的"四新技术",提升公路水运工程建设管理与技术水平。

交通运输部办公厅

2017年12月28日

附件略。

# 47. 交通运输部关于做好平安百年品质工程创建示范 推动交通运输基础设施建设高质量发展的指导意见

(2024年1月24日 交通运输部 交安监发〔2024〕6号)

各省、自治区、直辖市、新疆生产建设兵团交通运输厅(局、委),部长江航务管理局、珠江航务管理局:

为深入贯彻习近平总书记关于全力打造"精品工程、样板工程、平安工程、廉洁工程"的重要指示精神,落实《交通强国建设纲要》《国家综合立体交通网规划纲要》《质量强国建设纲要》等有关部署,按照《加快建设交通强国五年行动计划(2023—2027年)》工作要求,做好平安百年品质工程创建示范,推动交通运输基础设施建设高质量发展,提出如下意见。

## 一、总体要求

(一)指导思想。

以习近平新时代中国特色社会主义思想为指导,深入贯彻党的二十大精神,以交通强国、质量强国建设为统领,深化全生命周期建设发展理念,加快构建现代化工程建设质量安全管理体系,推进高水平建造和精细化管理,打造"安全耐久、经济绿色、传承百年、人民满意"的平安百年品质工程,推动交通运输基础设施高质量建设、高水平安全、高品质服务、高品位文化,助力加快建设交通强国、质量强国。

(二)基本原则。

——优质安全,服务民生。坚持以人民为中心的发展思想,坚持人民至上、生命至上,把确保工程建设质量安全放在突出位置,推动交通运输基础设施建设高质量发展和高水平安全,助力实现"人享其行、物畅其流"的美好愿景。

——目标导向,注重质效。坚持目标导向,破解制约工程建设安全耐久的关键问题,实现工程质量更加可靠耐久、工程维护更加便捷高效,促进全生命周期成本最优,实现经济效益、社会效益、生态效益、安全效益相统一。

——系统谋划,因地制宜。坚持系统观念,加强全局性谋划、整体性推进、针对性实施。立足工程实际,统筹资源要素,推进高水平建造和精细化管理,不断提升交通运输基础设施工程质量和本质安全水平。

——创新引领,示范带动。坚持守正创新,科学选择安全可靠、经济适用、先进高效的技术和装备,推动建造技术传承与创新发展。坚持示范引导,总结推广创建成果,推动平安百年品质工程建设,打造一流交通基础设施。

(三)主要目标。

到 2027 年,平安百年品质工程创建示范工作有效推进。建成一批平安百年品质工程示范项目,交通运输基础设施全生命周期建设发展理念持续深化,工程建设质量安全管理体系不断完善,现代工程管理理念和要求得到不断落实,工程安全性、耐久性和服务品质得到明显提升,有力支撑加快建设交通强国五年行动计划目标实现。

到 2035 年,平安百年品质工程成为行业的普遍追求。交通运输基础设施建设工程质量安全管理和技术创新取得明显成效。全生命周期管理措施有效实施,现代化工程建设质量安全管理体系有效运行,高水平建造和精细化管理全面推进,工程技术国际竞争力和影响力显著提升,有力支撑交通强国、质量强国建设目标实现。

## 二、突出重点,开展平安百年品质工程创建示范

(一)桥梁工程。

推动长大桥梁结构设计理论及方法创新发展,提高长大桥梁结构耐久性能和设计使用寿命。完善长大桥梁冗余设计和韧性设计评估方法,提高桥梁结构抵御自然灾害与突发事件的能力。开展长大桥梁智能建造前瞻性技术研究,提升长大桥梁智能建造水平。推进钢结构桥梁建造技术研发应用,提高钢结构桥梁的可靠性、耐久性。

推进中小桥涵构件配件标准化设计,鼓励建立区域性中小桥涵预制部品部件标准化设计通用图集。开展中小桥涵防洪标准研究,适当提高特殊地区中小桥涵洪水频率设计参数,提高中小桥涵泄洪能力。探索中小桥涵和简支桥梁工业化建造模式应用,鼓励建立桥涵预制部品部件认证认可机制,推动部品部件商品化流通。推动先进可靠的桥涵结构拼装技术研发应用,提高中小桥涵安全性、耐久性。

(二)隧道工程。

推动隧道工程新型支护结构体系设计理论和方法创新发展。推动钻爆法施工隧道装配式衬砌结构设计理论创新应用,鼓励隧道衬砌(含仰拱)预制拼装技术研发应用。推动隧道工程综合地质勘察技术研发应用,推广使用先进可靠的地质勘察仪器装备,提升地质勘察深度和精度。加强隧道施工过程动态设计。推动隧道超前地质预报及监控量测技术迭代升级,提高围岩探测监测精确性。推进隧道机械化、智能化施工技术与装备研发应用,提高山岭隧道机械群组协同作业水平,提高隧道工程施工质量水平。提升软岩大变形、高地应力、突泥、涌水、岩溶、瓦斯等不良地质和黄土、膨胀岩土等特殊性岩土地段隧道施工技术水平。

推进盾构隧道施工装备掘进参数优化,提升掘进施工精度和效率,提高预制管片及预埋件产品质量,增强管片拼装控制水平。推进沉管隧道管节智能化生产技术应用,推动沉管基础处理、浮运安装和沉管对接等技术创新应用,提升沉管对接安装控制水平,提高隧道的安全性、稳定性。推动隧道监控、通风照明、消防、排水等各类保障系统创新发展,提高隧道工程安全保障能力和服务品质。

(三)路基及边坡防护工程。

推动路基设计理论体系和方法创新发展。不断完善各类地质条件下高性能路基设计参数,增强高性能路基模量和沉降控制能力,提高路基整体稳定性和综合抗灾能力。优化路基填料评价体系和选用方法,提升路基施工质量控制水平。推动软土路基、特殊土路基、旧路拼宽

路基等特殊路基处治技术创新应用。

推动高路堤及高边坡工程先进可靠的支挡防护技术研发应用，提高工程主动防护能力。推动路基小型预制构件工厂化生产、装配化施工。提升高边坡防护工程施工机械化水平和工程质量。推动智能监测预警技术和地质灾害防控技术创新应用，提高自然灾害防御能力。推进长效稳定支挡防护技术在高陡、高寒、易滑地层、特殊岩土等不良地质体处治工程的应用，提高特殊地质边坡工程可靠性、稳定性。

（四）路面工程。

推动长寿命路面设计理论和方法创新发展，不断完善区域性路面设计参数，提高路面结构耐久性能。推进长寿命沥青路面建造技术推广应用，延长路面结构设计使用寿命。推动改性沥青质量核心技术研究应用。推动基于红外光谱技术的沥青材料质量管控技术应用。探索推动智能化沥青路面摊铺碾压设备群组应用，提升路面施工质量水平。

（五）交通安全及机电设施。

鼓励结合设施功能、交通流特征、事故特征、路段环境、经济实用等因素合理确定设计目标，因地制宜开展交通安全设施精细化设计。推动新型防撞护栏或护栏组件应用，提高交通安全设施主动引导和被动防护功能。推动安全可靠、环保耐久的标志标线、视线诱导设施、隔离栅、防落网、防眩设施、声屏障等新型产品研发应用，提升产品使用年限。推动交通安全设施产品与信息技术组合应用，提升服务品质。选用先进智能施工设备，提高交通安全设施安装施工质量。提升穿越城镇、公路交叉节点、急弯陡坡、互通立交、长大桥隧等特殊路段交通安全设施设计施工水平，提升特殊路段安全保障能力。

推动机电设施产品创新发展，提高机电系统使用稳定性能和工作效率。推进机电设施的通用化和标准化，统一机电设施设计标准与数据接口。推进监测系统原位计量检测技术的研发应用，保障数据信息可靠性、准确性和稳定性。推广应用机电设施健康监测诊断技术，增强机电设备抵抗火灾、雷电、冰冻等灾害能力。提高长大桥隧、互通立交等监测监控设备可靠性和韧性，提升基础设施安全性和应急保障能力。

（六）港口工程。

推动码头工程工业化建造模式应用。推进码头工程海洋环境混凝土耐久性关键技术创新应用，研究提高码头结构设计使用年限。提高复杂环境条件下高桩码头桩基承载力和耐久性。加强重力式码头基床防冲刷、沉降位移控制技术研发应用。推动高大沉箱预制、出运、安装等成套技术研发应用。创新应用防波堤工程快速维修与加固技术。推进码头、防波堤结构健康监测系统研发应用。

（七）航道及船闸工程。

推动船闸工程耐久性设计理论和方法创新发展。推进闸室墙大体积混凝土裂缝防控、输水廊道裂缝防控及修复、墙后帷幕止水、机械构件预埋件磨损修复等技术创新应用。推动工程结构易更换钢构件耐久性技术研发应用。提升闸门机械控制系统安全性、可靠性。推进关键机械构件及水工结构的无损、快速检测监测技术研发应用。开展运河建养一体化设计，提升大型省水船闸、高效输水系统等工程质量。

推进航道整治工程精细化设计，推广使用新型护岸工程结构形式，提高护岸抗灾能力和韧性。推动预制构件智能建造技术研发应用。推动深水大流速复杂环境下铺排、抛石及基床整

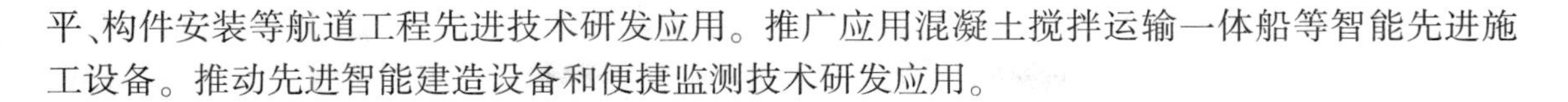
平、构件安装等航道工程先进技术研发应用。推广应用混凝土搅拌运输一体船等智能先进施工设备。推动先进智能建造设备和便捷监测技术研发应用。

## 三、深化举措，促进工程质量安全水平全面提升

（一）提升工程质量管控水平。

落实工程质量责任制。全面落实工程质量终身责任制。强化企业和现场项目管理机构的质量责任和义务，推动实施关键岗位工程质量责任制。按规定执行工程质量终身责任书面承诺制、永久性标牌制、质量信息档案、工程质量保修等制度，建立健全工程质量责任追究机制。

建全工程质量管理体系。持续推动工程建设质量管理体系创新发展。推行参建各方主体的质量行为标准化管理，制定质量管理标准化手册。完善工程实体质量控制体系，推行隐蔽工程及工艺工法影像标准化管理，建立健全工程质量问题和质量缺陷评价治理机制。

提升工程材料品质。推动高强度高耐久、可循环利用、绿色环保等新型材料研发应用。推进钢材、沥青、水泥等材料升级换代研究，建立完善原材料全流程信息溯源和质量问题责任追究机制，探索推动原材料商品化发展，提升原材料性能和使用品质。探索建立完善支座、伸缩缝、防水板材、吊杆拉索、阻尼器、锚夹具、电线电缆等重点工程类产品品质保期承诺书制度。规范关键结构可更换部件最低使用年限及质保期限。

提高工程质量检测工作水平。建立健全工程质量基础设施体系，提升试验检测量值计量保障能力，保障试验检测及监测系统的数据可靠性、准确性。推动基于现代科学技术的工程质量检测技术迭代升级。推进智能工地试验室建设，强化试验检测及监测数据实时上传和反馈应用。推动检测机器人等智能化检测设备创新应用。围绕工程结构承载力及耐久性能开展无损、快速检测技术及检测设备研发应用，不断提高工程质量检测能力。

（二）提升工程安全管理水平。

强化工程安全管理。推动工程建设安全管理体系创新发展，推动工程各阶段安全评价体系建设。推进特大桥隧、互通立交、大型港口、船闸等的临时辅助设施的专项设计。提升施工现场和施工驻地安全防范保障水平，提高施工相关人员的应急处置能力。推行危险作业岗位“机械化换人、自动化减人、智能化无人”现场改造，提高施工安全保障能力。加快淘汰落后工艺工法、设备和材料。

强化平安工地建设。树立“零死亡”安全管理目标，推动工程安全管理规范化、现场管理网格化、风险管控动态化、事故隐患清单化、工程防护标准化。落实从业单位各方安全责任，落实安全生产条件，规范安全管理行为，持续完善平安工地建设标准，不断提升工程建设安全管理水平。

（三）提升工程质量技术创新发展水平。

推动质量技术创新发展。从工程设计、建筑材料、施工装备、建造技术、工艺工法、检测技术及试验设备等方面开展基础共性和关键核心技术研发，着力解决制约工程质量提升的“卡脖子”技术难题。加强工程灾变机理与韧性提升方法研究，提高工程防灾减灾能力。积极应用“新技术、新工艺、新材料、新装备”，鼓励开展工艺工法、工具设备等微发明、微创新、微改造，提升工程质量技术水平。

推动工业化建造创新发展。推动标准化设计、工厂化生产、智能化建造、智慧化管理为主

要特征的工业化建造技术应用，提高工程质量水平。推动智能建造技术迭代升级，推进智能数控设备、工业机器人群组应用，发布先进适用的智能建造技术和设备典型案例。推进智能化拌合设备及施工机具迭代升级，实现数据实时传输和智能监控。探索推动智能感知传感器等监测设备与工程同步装配使用，提高交通运输基础设施安全防护监测数据可靠性、准确性。

推动数字化建设创新发展。融合勘察设计、施工等多源数据，推动各环节数字化流转，促进工程质量数字化管理。探索 BIM + GIS 技术在桥梁、隧道、港口、航道等工程建设中数字化集成应用。推广项目建设综合管理系统的应用，完善工程智能建造、数字分析、实时监控、智能预警等功能，提升施工质量、安全生产、数字档案、地质灾害监测等方面的智慧化管理水平。

（四）提升工程低碳环保建设水平。

推进工程环境保护技术应用。推动公路选线、水运工程选址等方法创新发展，科学合理的有效避让不良地质地段，增强工程本质安全水平。提高桥梁、隧道、高边坡、码头、航道、船闸等工程美学和景观设计水平，增强与地域文化、自然环境协调融合。提高公路收费站、服务区、码头堆场、航标工程等工程建设质量，保障工程服务品质。

推进工程绿色低碳技术示范。推动土地资源集约利用技术创新应用，科学合理综合利用工程弃土弃渣及土石方，保障原材料质量。推广应用结构工程及路基路面材料回收再生利用技术和设备。施工中鼓励使用低能耗机械设备，淘汰高能耗老旧设备，推广使用绿色清洁能源和可再生能源，推行工程机械设备“油转电”技术应用。推广扬尘、噪声、废水控制技术应用。

（五）提升品质文化建设水平。

推进技术人才和产业工人队伍建设。鼓励企业采取“传帮带”培养模式，培育一批具备工程管理、质量控制、安全生产、信息管理等综合素质的现代化专业技术人才。鼓励从业企业开展品牌施工班组培树活动，实施实名制登记，完善施工班组质量安全培训体系，健全班组及人员奖惩机制，推动施工班组标准化、规范化、专业化建设，造就一支新时代产业工人队伍。

推进工程质量文化建设。弘扬精益求精、匠心铸就、勇于创新、传承百年为主要特征的平安百年品质工程文化，培育“品质保障、追求卓越”的工程价值观，树立零缺陷质量管理理念，提高全员高品质建设意识，增强企业核心竞争力，打造中国建造品牌交通新名片。

（六）提升工程建设质量效益。

科学处理平安百年品质工程创建示范过程中的建设与造价、功能与成本的关系，提升工程质量耐久和安全水平的同时，避免盲目高成本、高投入，实现降本增效。推动工程价值分析方法创新应用，提升工程全生命周期综合效益最优评价能力。加快新技术、新工艺、新材料、新装备定额研究，为“四新技术”推广应用提供支撑。

## 四、保障措施

（一）加强组织领导。

各地交通运输主管部门要加强行业指导，从建管养运全过程和各方面引导相关单位落实平安百年品质工程创建示范工作要求。要充分发挥统筹协调作用，健全完善创建示范工作机制、专家咨询指导机制、创新成果转化机制，激发企业追求高质量发展的积极性、创造力。

（二）加强机制建设。

各地交通运输主管部门要严格工程项目基本建设程序，强化合理勘察设计周期和有效施工工期管理。坚持问题导向和目标导向,从建设成本、技术管理、市场管理等方面系统谋划,以激励和约束机制相结合,全面提升监管质效。推动落实"优质优价、优监优酬、优检优信"的奖惩制度。健全完善信用评价、工程招投标、评优评先等方面激励机制。对工作中成绩突出的示范项目、单位和个人给予表彰。

(三)加强示范引领。

各地交通运输主管部门要充分发挥平安百年品质工程创建示范带动作用,开展现场观摩、技术交流等活动,加强交流合作、经验互鉴。及时总结提炼创新成果和成熟经验,定期发布成果目录或典型案例,推动先进适用、成熟稳定的创新成果转化为技术标准规范。部将继续推进平安百年品质工程研究工作,开展创建示范项目跟踪指导,推动平安百年品质工程创建示范工作落地见效。

(四)加强宣传引导。

各地交通运输主管部门要结合实际,加强宣传引导,凝聚行业共识。积极引导有关重大工程项目加强质量安全文化建设和宣传,为交通运输基础设施建设高质量发展营造良好氛围。

国家铁路局、中国民用航空局、国家邮政局依据法律法规以及相关职责分工,在各自领域共同推动交通运输基础设施建设高质量发展。

交通运输部

2024 年 1 月 24 日

# 48. 交通运输部办公厅关于印发《公路水运平安百年品质工程创建示范工作管理办法》的通知

(2024 年 3 月 1 日　交通运输部　交办安监〔2024〕7 号)

各省、自治区、直辖市、新疆生产建设兵团交通运输厅(局、委),长江航务管理局:

经交通运输部同意,现将《公路水运平安百年品质工程创建示范工作管理办法》印发给你们,请结合工作实际,认真组织实施。

交通运输部办公厅
2024 年 3 月 1 日

## 公路水运平安百年品质工程创建示范工作管理办法

### 第一章　总　　则

**第一条**　为规范公路水运平安百年品质工程创建示范工作,推动公路水运工程建设安全发展、高质量发展,加快建设交通强国、质量强国,根据中共中央办公厅、国务院办公厅印发的《创建示范活动管理办法(试行)》,制定本办法。

**第二条**　公路水运工程建设领域开展平安百年品质工程创建示范工作及对其监督管理,适用本办法。

**第三条**　平安百年品质工程创建示范工作主要包括平安百年品质工程创建示范项目的申报审核、组织实施、平安工程冠名、创建示范验收、成果转化与经验推广等。

**第四条**　交通运输部负责组织全国公路水运平安百年品质工程创建示范工作。

省级交通运输主管部门、长江航务管理局(以下合称为创建主管部门)负责具体组织开展本行政区域、本领域的平安百年品质工程创建示范工作并对其监督管理。

**第五条**　平安百年品质工程创建示范工作坚持全生命周期建设发展理念,以有效管控施工质量安全风险、提高工程安全性和耐久性为目标,坚持经济合理原则,推动精品建造和精细管理,从工程设计、建造技术、材料产品、机具装备、工艺工法、检测方法、智能技术应用、组织管理等方面开展技术创新和管理创新,推进成果转化和经验推广,推动公路水运工程建设安全发展、高质量发展。

## 第二章 申报审核

**第六条** 申报创建示范项目的基本条件如下：

（一）通过依法审批、核准或备案，并批准开工建设的公路水运工程项目，原则上工程进度不超过30%或公路工程项目具备创建期限不少于2年，水运工程项目具备创建期限不少于1年；

（二）桥梁、隧道、码头、航道、通航建筑物、防波堤等具有独立代表性的工程，应满足以下条件：

1. 公路工程：斜拉桥、悬索桥、拱桥等结构复杂的特大型桥梁及大型枢纽互通，3000米以上特长隧道；

2. 水运工程：规模达到10万吨级以上集装箱码头或3万吨级以上其他沿海码头，1000吨级以上内河码头，沿海10万吨级以上或内河Ⅲ级及以上的航道、通航1000吨级以上船舶的通航建筑物，重要的防波堤、护岸等；

（三）创建示范工作内容符合国家政策和行业发展方向，有助于管控施工质量安全风险，提高工程安全性和耐久性，创建成果和经验做法具有应用推广价值；

（四）具备开展创建示范工作的人员、技术、装备、资金等保障条件；

（五）按规定开展平安工地建设工作，建设方案操作性强，具有明确具体平安工地建设内容和工作要求。

**第七条** 交通运输部安全质量监管部门（以下简称“部安全质量部门”）组织开展公路水运平安百年品质工程创建示范项目（以下简称“创建示范项目”）申报工作。

建设单位可自愿申报创建示范项目，向创建主管部门提交创建示范工作实施方案及《技术问题清单》《技术创新清单》《科研攻关清单》（以下简称“三个清单”），实施方案编制要点见附件1。

创建主管部门对创建示范工作实施方案等申报材料进行初审。初审通过的，择优排序向交通运输部推荐申报项目。

**第八条** 部安全质量部门将受理的申报项目有关信息向社会公示，公示时间不少于5个工作日。

部安全质量部门会同相关部门，组织评审专家组围绕有效管控施工质量安全风险、提高工程安全性和耐久性，从主攻方向符合性、创建内容科学性、实施路径可行性、创建措施经济性、实施计划合理性、预期成果实用性、保障措施有效性以及“三个清单”针对性等方面，对项目申报材料进行评审，形成评审意见。

评审专家组根据评审意见，形成《公路水运平安百年品质工程创建示范项目建议名单》。

**第九条** 部安全质量部门对《公路水运平安百年品质工程创建示范项目建议名单》进行审议。经审议同意的向社会公示，公示时间不少于5个工作日。无异议的，经部专题会议研究审议通过后，印发《公路水运平安百年品质工程创建示范项目名单》并向社会公布。

## 第三章 组织实施

**第十条** 创建示范项目建设单位应当协调设计、施工、监理、检测等具体承担单位按照实施方案及“三个清单”有序推进各项工作，组织对创建示范工作推进情况开展自查自评。

具体承担单位应当按照实施方案及“三个清单”要求，加强组织实施，开展技术创新和管理创新，推动创建成果和经验做法示范应用及总结推广，发挥示范引领作用。

**第十一条** 创建示范工作实施过程中，工程项目需进行重大调整的，建设单位可对实施方案进行相应调整完善，并经创建主管部门审核同意后抄送部安全质量部门。

**第十二条** 创建主管部门适时对创建示范项目开展调研督导，及时解决存在的问题，推动创建示范工作顺利实施。

**第十三条** 创建主管部门应将工程质量安全状况、创建示范工作开展、实施方案及“三个清单”落实、创建成果和经验做法示范应用、平安工地建设等纳入检查内容，对创建示范项目开展年度检查。

**第十四条** 部安全质量部门对各地开展创建示范工作适时开展督导调研，指导创建示范工作组织实施、创建示范项目推进、创建成果和经验做法示范应用及总结推广等。

**第十五条** 建设单位应对创建示范工作推进情况进行季度或半年度总结，并报创建主管部门和部安全质量部门。

**第十六条** 创建示范项目在建设实施期限内发生下列情形之一的，部或创建主管部门取消其创建示范项目资格：

（一）发生质量安全责任事故的；

（二）发现创建示范工作中存在严重弄虚作假行为的；

（三）保障措施无法达到创建示范工作要求的；

（四）由于不可抗力或工程项目发生重大变更等原因致使创建示范工作无法进行的；

（五）因质量安全问题导致舆情并经核查属实的；

（六）参建单位存在严重违法行为或造成重大不良社会影响的；

（七）其他不再具备开展创建示范工作的情形。

## 第四章 平安工程冠名

**第十七条** 符合以下条件的公路水运工程项目，由建设单位或工程总承包单位自愿向创建主管部门提出平安工程冠名申请。

（一）项目施工工艺复杂，作业安全风险高，项目施工期间积极推广采用先进技术、工艺和装备，有效管控施工安全风险，安全管理经验突出；

（二）平安工地建设规范有序，示范引导作用明显，项目施工期间平安工地建设年度考核均合格；

（三）项目已交工验收，项目施工期间未发生生产安全责任事故。

**第十八条** 创建主管部门对项目申报材料进行初审，征求同级有关部门意见后，形成推荐意见和项目排序报交通运输部。交通运输部会同有关部门按下列程序开展冠名工作。

（一）申报受理公示。创建主管部门推荐报送的项目受理完成后，交通运输部对申报项目有关信息公示不少于5个工作日。

（二）程序审查。结合公示有关情况，交通运输部组织对申报项目申报材料完整性和申报条件符合性进行审查，程序审查工作可委托相关专业机构开展。

（三）专家会审。交通运输部会同有关部门组成专家组围绕申报项目特点、建设难点、安全风险点、安全管理亮点等内容开展专家会审，对项目安全管理理念、新技术、标准化建设、信息化推广、平安工地建设等方面的典型性、代表性、可推广性提出书面意见，拟定专家评语和推荐意见。按照推广、借鉴、肯定三个档次对申报项目确定推荐排序及推荐意见。

（四）联合审定。交通运输部会同有关部门组成联合审定委员会，主要工作包括：听取程序审查和专家会审工作情况报告；抽查项目申报材料相关信息；对争议处理情况进行研究；对专家会审结果进行联合审定。

（五）发文公布。联合审定结果经公示5个工作日后，交通运输部会同有关部门联合发文对平安工程冠名项目名单进行公布。

## 第五章　创建示范验收

**第十九条**　平安百年品质工程创建示范工作验收由创建主管部门具体组织开展，包括创建示范项目验收和创建成果推广。

**第二十条**　创建示范项目验收应当具备以下条件：

（一）创建示范项目已完工并经交工验收合格，投入试运行1年以上；

（二）创建示范工作内容已按实施方案完成；

（三）涉及工程安全性和耐久性的工程实体质量和安全管理等有关创建成果基本达到预期目标；

（四）创建示范工作形成的创建成果和经验做法已进行了示范应用，具有转化推广价值。

**第二十一条**　创建示范项目符合验收条件的，建设单位可向创建主管部门提出验收申请，并提交创建示范工作总结报告（见附件2）。

**第二十二条**　创建主管部门组织验收专家组对创建示范项目开展验收。验收专家组形成《公路水运平安百年品质工程示范项目验收通过建议名单》。

**第二十三条**　创建主管部门应当对《公路水运平安百年品质工程示范项目验收通过建议名单》进行审定。通过审定的，应当向社会公示，公示时间不少于5个工作日。

经公示后无异议或有异议但核实通过的，印发《公路水运平安百年品质工程示范项目验收通过名单》并向社会公布，抄送部安全质量部门。

**第二十四条**　创建主管部门可将具有行业示范应用和转化推广价值的创建成果报部安全质量部门。创建成果经专家评审后，组织宣传推广。

**第二十五条**　已验收通过的平安百年品质工程示范项目或获得平安工程冠名的工程项目发生下列情形之一的，撤销示范项目验收或平安工程冠名，并向社会公布：

（一）工程施工期间存在瞒报质量安全责任事故的；

（二）工程质量安全相关数据信息、创建示范工作相关数据信息、创建方案、总结报告、创建成果等材料存在影响示范项目验收和成果认定结论或冠名结果的造假行为的；

（三）工程设计使用年限内运营期发生工程问题是由于建设期设计施工等原因直接造成的；

（四）部或创建主管部门判定撤销示范项目验收及创建成果结论或平安工程冠名的其他情形。

## 第六章　成果转化与经验推广

**第二十六条**　创建主管部门应建立平安百年品质工程创建示范工作激励机制，可将创建示范工作与信用管理、评优评先等方面工作挂钩。

**第二十七条**　创建主管部门应推动创建示范项目积极开展创建成果示范应用和经验做法转化推广。经济合理、成熟有效的创建成果和经验做法应及时转化为规章制度及标准规范。

**第二十八条**　创建主管部门应建立创建成果目录并定期更新，推动公路水运工程项目自主选择应用科学先进、经济适用的创建成果，有效控制建设成本，提高工程安全性和耐久性。

**第二十九条**　各级交通运输主管部门可适时通过现场观摩、经验交流、技术研讨等方式，推动创建成果和经验做法示范应用及总结推广。

**第三十条**　各级交通运输主管部门应加强平安百年品质工程建设宣传报道，充分运用新媒体等渠道宣传创建示范工作，营造良好创建示范工作氛围，有效提升平安百年品质工程的社会美誉度和公众认可度。

**第三十一条**　创建示范工作形成的知识产权，其归属、管理和使用按照国家和部有关知识产权管理规定执行。

## 第七章　附　　则

**第三十二条**　省级交通运输主管部门、长江航务管理局可参照本办法制定实施细则。

**第三十三条**　本办法自发布之日起施行。

附件 1

# 公路水运平安百年品质工程创建示范工作实施方案编制要点

## 一、概述

项目工程概况、建设规模、投资及审批情况、建设工期及进展情况、参建单位等。

## 二、建设理念及内容

项目建设理念和管理目标，建设内容及保障工程质量安全所采用科学先进、经济适用的工艺工法、机械设备、检测方法等。开展创建示范工作的必要性、可行性分析。

## 三、创建示范内容

（一）围绕行业发展现状、项目建设特点，分析工程质量安全关键问题。

（二）围绕全生命周期建设发展理念、实施精品建造和精细管理、管控施工质量安全风险、提高工程安全性和耐久性等方面提出主攻方向。

（三）从工程设计、建造技术、材料产品、机具装备、工艺工法、检测方法、智能技术应用、组织管理等方面明确创建内容、实施路径、创建措施和责任分工。

（四）围绕提高施工安全管控能力，提出拟采取的新理念、新技术、新设备，以及完善平安工地建设机制等内容。

（五）阐述项目开展平安百年品质工程创建示范工作实施计划，明确关键时间节点和任务。

## 四、预期目标

提出创建示范工作预期指标，应当列明预期指标现状值和创建完成后达到的预期目标值。

## 五、预期成果推广前景和效益分析

提出创建示范工作预期成果，评估推广应用前景，进行经济社会效益分析。

## 六、保障措施

明确创建示范工作保障措施，包括但不限于技术团队、组织人员、技术、装备、资金投入等方面具体措施。

## 七、附件

技术问题清单：旨在收集创建示范过程中，以提升工程安全性、耐久性为目标，探索想解决但没有解决的技术问题。主要包括所属类型、技术问题名称、内容简要描述等。

技术创新清单：旨在收集创建示范过程中，围绕精品建造和精细管理，开展技术创新和管理创新，能够在创建示范项目中解决并形成成果。主要包括所属类型、技术问题名称、创新技术成果描述等。

科研攻关清单：旨在收集创建示范过程中，针对提升工程全生命周期发展水平和工程质量安全，需要通过科学研究原创性技术，解决工程具体“卡脖子”问题。主要包括所属类型、科研攻关名称、攻关方向、解决具体内容、预期成果。

所属类型：工程设计、建造技术、材料产品、机具装备、工艺工法、检测方法、智能技术应用、组织管理等方面。

附件2

# 公路水运平安百年品质工程创建示范工作总结报告编制要点

## 一、创建示范工作总体情况

（一）创建示范工作完成情况。总结阐述创建示范工作总体完成情况、具体措施、经验做法等。对工程项目建设安全和实体质量情况进行评价（质量数据应以交工验收检测报告、交通运输主管部门监督抽检数据为准）。

（二）实施方案执行情况。评估分析实施方案确定的主攻方向和创建内容等完成情况、存在问题。

对实施方案变更调整及审批备案情况进行说明。

## 二、创建示范工作成果情况

创建示范工作成果简介，重点阐述创建成果研究及示范应用情况。

对照预期目标值评估完成情况，应当列明预期目标值、现状值及指标完成情况，进行技术性能分析对比。

对于提升较为显著的工程实体质量指标，应系统总结相关管控措施和经验做法；对于实体质量指标未达到要求的，应阐述存在的问题。

## 三、成果推广前景和效益分析

（一）成果推广情况。重点阐述创建成果已进行推广应用情况以及未来推广应用前景。

（二）经济社会效益分析。重点阐述创建成果对推动交通基础设施安全发展、高质量发展，行业发展进步产生的重要影响，对管控施工质量安全风险、提高工程安全性和耐久性的作用以及其他经济社会效益。

## 四、建议

提出推进平安百年品质工程创建示范工作的相关建议。

## 五、附件

《平安百年品质工程创建成果及经验做法汇编》（略）。

# 49. 公路水运建设工程质量事故等级划分和报告制度

（2016年11月8日　交通运输部　交办安监〔2016〕146号）

**第一条**　为加强公路水运建设工程质量管理，规范工程质量事故报告工作，根据《中华人民共和国公路法》《中华人民共和国港口法》《中华人民共和国航道法》和国务院《建设工程质量管理条例》，制定本制度。

**第二条**　交通运输部指导全国公路水运建设工程质量事故报告工作，地方各级交通运输主管部门负责管理本行政区域内公路水运建设工程质量事故报告工作，交通运输部长江航务管理局负责长江干线航运基础设施工程质量事故报告工作。各级交通运输主管部门可委托所属的工程质量监督机构负责具体实施。

**第三条**　本制度所称公路水运建设工程质量事故，是指公路水运建设工程项目在缺陷责任期结束前，由于施工或勘察设计等原因使工程不满足技术标准及设计要求，并造成结构损毁或一定直接经济损失的事故。

**第四条**　根据直接经济损失或工程结构损毁情况（自然灾害所致除外），公路水运建设工程质量事故分为特别重大质量事故、重大质量事故、较大质量事故和一般质量事故四个等级；直接经济损失在一般质量事故以下的为质量问题。

（一）特别重大质量事故，是指造成直接经济损失1亿元以上的事故。

（二）重大质量事故，是指造成直接经济损失5000万元以上1亿元以下，或者特大桥主体结构垮塌、特长隧道结构坍塌，或者大型水运工程主体结构垮塌、报废的事故。

（三）较大质量事故，是指造成直接经济损失1000万元以上5000万元以下，或者高速公路项目中桥或大桥主体结构垮塌、中隧道或长隧道结构坍塌、路基（行车道宽度）整体滑移，或者中型水运工程主体结构垮塌、报废的事故。

（四）一般质量事故，是指造成直接经济损失100万元以上1000万元以下，或者除高速公路以外的公路项目中桥或大桥主体结构垮塌、中隧道或长隧道结构坍塌，或者小型水运工程主体结构垮塌、报废的事故。

本条所称的“以上”包括本数，“以下”不包括本数。

水运工程的大、中、小型分类参照《公路水运工程监理企业资质管理规定》（交通运输部令2015年第4号）执行。

**第五条**　工程项目交工验收前，施工单位为工程质量事故报告的责任单位；自通过交工验收至缺陷责任期结束，由负责项目交工验收管理的交通运输主管部门明确项目建设单位或管养单位作为工程质量事故报告的责任单位。

**第六条**　一般及以上工程质量事故均应报告。事故报告责任单位应在应急预案或有关制度中明确事故报告责任人。事故报告应及时、准确，任何单位和个人不得迟报、漏报、谎报或瞒报。

事故发生后，现场有关人员应立即向事故报告责任单位负责人报告。事故报告责任单位应在接报2小时内，核实、汇总并向负责项目监管的交通运输主管部门及其工程质量监督机构报告。接收事故报告的单位和人员及其联系电话应在应急预案或有关制度中予以明确。

重大及以上质量事故，省级交通运输主管部门应在接报2小时内进一步核实，并按工程质量事故快报（见附表1）统一报交通运输部应急办转部工程质量监督管理部门；出现新的经济损失、工程损毁扩大等情况的应及时续报。省级交通运输主管部门应在事故情况稳定后的10日内汇总、核查事故数据，形成质量事故情况报告，报交通运输部工程质量监督管理部门。

对特别重大质量事故，交通运输部将按《交通运输部突发事件应急工作暂行规范》由交通运输部应急办会同部工程质量监督管理部门及时向国务院应急办报告。

**第七条**　工程质量事故发生后，事故发生单位和相关单位应按照应急预案规定及时响应，采取有效措施防止事故扩大。同时，应妥善保护事故现场及相关证据，任何单位和个人不得破坏事故现场。因抢救人员、防止事故扩大及疏导交通等原因需要移动事故现场物件的，应做出标识，保留影像资料。

**第八条**　省级交通运输主管部门应每半年对一般及以上工程质量事故情况进行统计（见附表2），当年7月上旬和次年1月上旬前分别向交通运输部工程质量监督管理部门报送上、下半年的质量事故统计分析报告。

**第九条**　任何单位和个人均可向交通运输主管部门或其工程质量监督机构投诉、举报公路水运建设工程质量事故和问题。

**第十条**　交通运输主管部门对违反本制度，发生工程质量事故迟报、漏报、谎报或者瞒报的，按照《建设工程质量管理条例》相关规定进行处罚，并按交通运输行业信用管理相关规定予以记录。

**第十一条**　工程质量事故报告后的调查处理工作，按照有关法律法规的规定进行。

**第十二条**　本规定自发布之日起施行。《公路工程质量事故等级划分和报告制度》（交公路发〔1999〕90号文附件）和《关于印发〈水运工程质量事故等级划分和报告制度（试行）〉的通知》（水运质监字〔1999〕404号）同时废止。

附表 1

# 公路水运建设工程质量事故快报

填报单位:(盖章)　　　　　　　　　　　　　　　　　　　　填报日期:　　年　月　日

<table>
<tr><td>项目名称</td><td colspan="4"></td></tr>
<tr><td>事故地点</td><td colspan="2"></td><td>发生时间</td><td>年　月　日　　时</td></tr>
<tr><td rowspan="5">工程类别</td><td rowspan="2">公路工程</td><td colspan="3">□高速公路　□干线公路　□农村公路</td></tr>
<tr><td colspan="3">□特大桥　□大桥　□中桥<br>□特长隧道　□长隧道　□中隧道<br>□路基工程　□其他</td></tr>
<tr><td rowspan="3">水运工程</td><td colspan="3">□港口　□航道　□船闸　□其他</td></tr>
<tr><td colspan="3">□大型　□中型　□小型</td></tr>
<tr><td colspan="3">□沿海　□内河</td></tr>
<tr><td>估算直接经济损失</td><td colspan="2">（万元）</td><td>预判事故等级</td><td>□特别重大　□重大<br>□较大　□一般</td></tr>
<tr><td>建设单位</td><td colspan="4"></td></tr>
<tr><td>施工单位</td><td colspan="4"></td></tr>
<tr><td>设计单位</td><td colspan="4"></td></tr>
<tr><td>监理单位</td><td colspan="4"></td></tr>
<tr><td>管养单位</td><td colspan="4"></td></tr>
<tr><td>工程规模<br>事故经过<br>损毁情况<br>初步原因分析</td><td colspan="4"></td></tr>
<tr><td>采取的措施</td><td colspan="4"></td></tr>
</table>

注:对于重大和特别重大工程质量事故,应将本表报部应急办。

值班电话:010-65292218,传真:010-65292245

填表人:　　　　　　　　　　　审核人:　　　　　　　　　　　联系人及电话:

附表2

# 公路水运建设工程质量事故情况半年报表

填报单位：(盖章)　　　　____年__(上、下)半年　　　　填报日期：____年__月____日

| 序号 | 工程名称 | 工程类别及等级 | 事故等级 | 发生日期 | 上报日期 | 工程结构损毁情况 | 直接经济损失(万元) | 质量责任追究情况 | 建设单位 | 设计单位 | 监理单位 | 施工单位 | 备注 |
|---|---|---|---|---|---|---|---|---|---|---|---|---|---|
| 1 | | | | | | | | | | | | | |
| 2 | | | | | | | | | | | | | |
| 3 | | | | | | | | | | | | | |
| …… | | | | | | | | | | | | | |

注：1. 工程类别及等级应填写公路工程或水运工程及其技术等级；

2. 上报日期应填写责任单位向负责项目监管的交通运输主管部门或部长航局及其所属质量监督机构报告的时间；

3. 工程结构损毁情况应填写发生事故的工程部位及结构垮塌、坍塌、报废等情况。

填表人：　　　　　　　　审核人：　　　　　　　　联系人及电话：

# 50. 交通运输部　应急管理部关于发布《公路水运工程淘汰危及生产安全施工工艺、设备和材料目录》的公告

（2020年11月6日　交通运输部　应急管理部　2020年第89号）

为防范化解公路水运重大事故风险，推动相关行业淘汰落后工艺、设备和材料，提升本质安全生产水平，根据《中华人民共和国安全生产法》《公路水运工程安全生产监督管理办法》等法律法规，交通运输部会同应急管理部组织制定了《公路水运工程淘汰危及生产安全施工工艺、设备和材料目录》（以下简称《目录》），现予发布。

各公路水运工程从业单位要采取有力措施，在规定的实施期限后，全面停止使用本《目录》所列“禁止”类施工工艺、设备和材料，不得在限制的条件和范围内使用本《目录》所列“限制”类施工工艺、设备。负有安全生产监督管理职责的各级交通运输主管部门，依据《中华人民共和国安全生产法》有关规定，开展对本《目录》执行情况的监督检查工作。

特此公告。

交通运输部
应急管理部
2020年10月30日

# 公路水运工程淘汰危及生产安全施工工艺、设备和材料目录

| 序号 | 编码 | 名称 | 简要描述 | 淘汰类型 | 限制条件和范围 | 可替代的施工工艺、设备、材料(供参考) | 实施时间 |
|---|---|---|---|---|---|---|---|
| 一、通用(公路、水运)工程 | | | | | | | |
| 施工工艺 | | | | | | | |
| 1 | 1.1.1 | 卷扬机钢筋调直工艺 | 利用卷扬机拉直钢筋 | 禁止 | | 普通钢筋调直机、数控钢筋调直切断机的钢筋调直工艺等 | 发布之日起六个月后实施 |
| 2 | 1.1.2 | 现场简易制作钢筋保护层垫块工艺 | 在施工现场采用拌制砂浆,通过切割成型等方法制作钢筋保护层垫块 | 禁止 | | 专业化压制设备和标准模具生产垫块工艺等 | 发布之日起六个月后实施 |
| 3 | 1.1.3 | 空心板、箱型梁气囊内模工艺 | 用橡胶充气气囊作为空心梁板或箱型梁的内模 | 禁止 | | 空心板、箱型梁预制刚性(钢质、PVC、高密度泡沫等)内模工艺等 | 发布之日起九个月后新开工项目实施 |
| 4 | 1.1.4 | 人工挖孔桩手摇井架出渣工艺 | 采用人工手摇井架吊装出渣 | 禁止 | | 带防冲顶限位器、制动装置的卷扬机吊装出渣工艺等 | 发布之日起六个月后实施 |
| 5 | 1.1.5 | 基桩人工挖孔工艺 | 采用人工开挖进行基桩成孔 | 限制 | 存在下列条件之一的区域不得使用:1. 地下水丰富、孔内空气污染物超标准、软弱土层等不良地质条件的区域;2. 机械成孔设备可以到达的区域 | 冲击钻、回转钻、旋挖钻等机械成孔工艺 | 发布之日起九个月后新开工项目实施 |
| 6 | 1.1.6 | “直接凿除法”桩头处理工艺 | 在未对桩头凿除边线采用割刀等工具进行预先切割处理的情况下,直接由人工采用风镐或其他工具凿除基桩桩头混凝土 | 限制 | 在下列工程项目中,均不得使用:1. 二级及以上公路工程;2. 独立大桥,特大桥;3. 水运工程 | “预先切割法＋机械凿除”桩头处理工艺、“环切法”整体桩头处理工艺等 | 发布之日起六个月后实施 |
| 7 | 1.1.7 | 钢筋闪光对焊工艺 | 人工操作闪光对焊机进行钢筋焊接 | 限制 | 同时具备以下条件时不得使用:1. 在非固定的专业预制厂(场)或钢筋加工厂(场)内进行钢筋连接作业;2. 直径大于或等于22mm的钢筋连接 | 套筒冷挤压连接、滚压直螺纹套筒连接等机械连接工艺等 | 发布之日起六个月后实施 |

续上表

| 序号 | 编码 | 名称 | 简要描述 | 淘汰类型 | 限制条件和范围 | 可替代的施工工艺、设备、材料(供参考) | 实施时间 |
|---|---|---|---|---|---|---|---|
| 一、通用(公路、水运)工程 | | | | | | | |
| 施工工艺 | | | | | | | |
| 8 | 1.1.8 | 水泥稳定类基层、垫层拌合料“路拌法”施工工艺 | 采用人工辅以机械(如挖掘机)就地拌合水泥稳定混合料 | 限制 | 在下列工程项目中,均不得使用:1.二级及以上公路工程;2.大、中型水运工程 | 水泥稳定类拌合料“厂拌法”施工工艺等 | 发布之日起九个月后新开工项目实施 |
| 施工设备 | | | | | | | |
| 9 | 1.2.1 | 竹(木)脚手架 | 采用竹(木)材料搭设的脚手架 | 禁止 | | 承插型盘扣式钢管脚手架、扣件式非悬挑钢管脚手架等 | 发布之日起九个月后新开工项目实施 |
| 10 | 1.2.2 | 门式钢管满堂支撑架 | 采用门式钢管架搭设的满堂承重支撑架 | 禁止 | | 承插型盘扣式钢管支撑架、钢管柱梁式支架、移动模架等 | 发布之日起九个月后新开工项目实施 |
| 11 | 1.2.3 | 扣件式钢管满堂支撑架、普通碗扣式钢管满堂支撑架(立杆材质为Q235级钢,或构配件表面防腐处理采用涂刷防锈漆、冷镀锌) | 采用扣件式钢管架搭设的满堂承重支撑架。采用普通碗扣式钢管架搭设的满堂承重支撑架;普通碗扣式钢管架指的是具备以下任一条件的碗扣式钢管架:(1)立杆材质为Q235级钢;(2)构配件表面采用涂刷防锈漆或冷镀锌防腐处理 | 限制 | 具有以下任一情况的混凝土模板支撑工程不得使用:1.搭设高度5m及以上;2.搭设跨度10m及以上;3.施工总荷载(荷载效应基本组合的设计值,以下简称设计值)10kN/m$^2$及以上;4.集中线荷载(设计值)15kN/m及以上;5.高度大于支撑水平投影宽度且相对独立无联系构件的混凝土模板支撑工程 | Q355及以上等级材质并采用热浸镀锌表面处理工艺的碗扣式钢管脚手架、承插型盘扣式钢管支撑架、钢管柱梁式支架、移动模架等 | 发布之日起九个月后新开工项目实施 |
| 12 | 1.2.4 | 非数控预应力张拉设备 | 采用人工手动操作张拉油泵,从压力表读取张拉力,伸长量靠尺量测的张拉设备 | 限制 | 在下列工程项目预制场内进行后张法预应力构件施工时,均不得使用:1.二级及以上公路工程;2.独立大桥,特大桥;3.大、中型水运工程 | 数控预应力张拉设备等 | 发布之日起九个月后新开工项目实施 |

续上表

| 序号 | 编码 | 名称 | 简要描述 | 淘汰类型 | 限制条件和范围 | 可替代的施工工艺、设备、材料(供参考) | 实施时间 |
|---|---|---|---|---|---|---|---|
| 一、通用(公路、水运)工程 | | | | | | | |
| 施工设备 | | | | | | | |
| 13 | 1.2.5 | 非数控孔道压浆设备 | 采用人工手动操作进行孔道压浆的设备 | 限制 | 在下列工程项目预制场内进行后张法预应力构件施工时,均不得使用:1. 二级及以上公路工程;2. 独立大桥,特大桥;3. 大、中型水运工程 | 数控压浆设备等 | 发布之日起九个月后新开工项目实施 |
| 14 | 1.2.6 | 单轴水泥搅拌桩施工机械 | 采用单轴单方向搅拌土体、喷浆下沉、上提成桩的施工机械 | 限制 | 在下列工程项目中,均不得使用:1. 二级及以上公路工程;2. 大、中型水运工程 | 双轴多向(双向及以上)水泥搅拌桩施工机械、三轴及以上水泥搅拌桩施工机械、三轴及以上智能数控打印型水泥搅拌桩施工机械等 | 发布之日起九个月后新开工项目实施 |
| 15 | 1.2.7 | 碘钨灯 | 施工工地用于照明等的碘钨灯 | 限制 | 不得用于建设工地的生产、办公、生活等区域的照明 | 节能灯、LED 灯等 | 发布之日起六个月后实施 |
| 工程材料 | | | | | | | |
| 16 | 1.3.1 | 有碱速凝剂 | 氧化钠当量含量大于 1.0% 且小于生产厂控制值的速凝剂 | 禁止 | | 溶液型液体无碱速凝剂、悬浮液型液体无碱速凝剂等 | 发布之日起九个月后新开工项目实施 |
| 二、公路工程 | | | | | | | |
| 施工工艺 | | | | | | | |
| 17 | 2.1.1 | 盖梁(系梁)无漏油保险装置的液压千斤顶卸落模板工艺 | 盖梁或系梁施工时底模采用无保险装置液压千斤顶做支撑,通过液压千斤顶卸压脱模 | 禁止 | | 砂筒、自锁式液压千斤顶等卸落模板工艺等 | 发布之日起六个月后实施 |
| 18 | 2.1.2 | 高墩滑模施工工艺 | 采用滑升模板进行墩柱施工,模板沿着(直接接触)刚成型的墩柱混凝土表面进行滑动、提升 | 限制 | 不同时具备以下条件时不得使用:1. 专业施工班组(50% 及以上工人施工过类似工程);2. 施工单位具有三个项目以上施工及管理经验 | 翻模、爬模施工工艺等 | 发布之日起九个月后新开工项目实施 |

续上表

| 序号 | 编码 | 名称 | 简要描述 | 淘汰类型 | 限制条件和范围 | 可替代的施工工艺、设备、材料（供参考） | 实施时间 |
|---|---|---|---|---|---|---|---|
| 二、公路工程 | | | | | | | |
| 施工工艺 | | | | | | | |
| 19 | 2.1.3 | 隧道初期支护混凝土“潮喷”工艺 | 将骨料预加少量水，使之呈潮湿状，再加水泥拌和后喷射粘接到岩石或其他材料表面 | 限制 | 非富水围岩地质条件下不得使用 | 隧道初期支护喷射混凝土台车、机械手湿喷工艺等 | 发布之日起九个月后新开工项目实施 |
| 20 | 2.1.4 | 桥梁悬浇挂篮上部与底篮精轧螺纹钢吊杆连接工艺 | 采用精轧螺纹钢作为吊点吊杆，将挂篮上部与底篮连接 | 限制 | 在下列任一条件下不得使用：1.前吊点连接；2.其他吊点连接：(1)上下钢结构直接连接(未穿过混凝土结构)；(2)与底篮连接未采用活动铰；(3)吊杆未设外保护套 | 挂篮锰钢吊带连接工艺等 | 发布之日起六个月后实施 |
| 施工设备 | | | | | | | |
| 21 | 2.2.1 | 桥梁悬浇配重式挂篮设备 | 挂篮后锚处设置配重块平衡前方荷载，以防止挂篮倾覆 | 禁止 | | 自锚式挂篮设备等 | 发布之日起九个月后新开工项目实施 |
| 三、水运工程 | | | | | | | |
| 施工工艺 | | | | | | | |
| 22 | 3.1.1 | 沉箱气囊直接移运下水工艺 | 沉箱下水浮运前，通过延伸至水中一定深度的斜坡道，用充气气囊在水中移运直至将沉箱移运到满足浮运的水深 | 禁止 | | 起重船起吊、半潜驳或浮船坞下水、干浮船坞预制出坞、滑道下水工艺等 | 发布之日起九个月后新开工项目实施 |
| 23 | 3.1.2 | 沉箱、船闸闸墙混凝土木模板（普通胶合板）施工工艺 | 沉箱、船闸闸墙采用木模板（普通胶合板）浇筑混凝土 | 禁止 | | 钢模、新型材料模板工艺等 | 发布之日起九个月后新开工项目实施 |
| 24 | 3.1.3 | 沉箱预制“填砂底模+气囊顶升”工艺 | 沉箱预制时采用钢框架内填砂形成底模，沉箱移运前用人工掏出（或高压水冲）型钢间的砂，穿入气囊顶升沉箱 | 限制 | 单个沉箱重量超过300吨时不得使用 | 自升降可移动钢结构底模工艺、预留混凝土沟槽的千斤顶（自锁式或机械式）顶升工艺等 | 发布之日起九个月后新开工项目实施 |

续上表

| 序号 | 编码 | 名称 | 简要描述 | 淘汰类型 | 限制条件和范围 | 可替代的施工工艺、设备、材料（供参考） | 实施时间 |
|---|---|---|---|---|---|---|---|
| 三、水运工程 | | | | | | | |
| 施工工艺 | | | | | | | |
| 25 | 3.1.4 | 沉箱预制滑模施工工艺 | 采用滑升模板进行沉箱预制，模板沿着（直接接触）刚成型的混凝土表面滑动、提升 | 限制 | 不同时具备以下条件时不得使用：1. 正规或固定的沉箱预制场；2. 专业施工班组（50% 及以上工人施工过类似工程）；3. 施工单位具有三个项目以上施工及管理经验 | 整体模板、大模板分层预制工艺等 | 发布之日起九个月后新开工项目实施 |
| 26 | 3.1.5 | 纳泥区围堰埋管式和溢流堰式排水工艺 | 埋管式排水口工艺是指通过埋设不同标高的多组排水管，将堰内水直接排出的工艺；溢流堰式排水口工艺是指设置顶标高比围埝顶低的排水口，通过漫溢将堰内水直接排出 | 限制 | 在大、中型水运工程项目中均不得使用 | 设置防污帘的纳泥区薄壁堰式排水闸、闸管组合式排水工艺等 | 发布之日起六个月后实施 |
| 27 | 3.1.6 | 透水框架杆件组合焊接工艺 | 透水框架由多根杆件组合焊接而成 | 限制 | 在大、中型水运工程项目中均不得使用 | 透水框架一次整体成型工艺、透水框架非焊接式组合制作工艺等 | 发布之日起九个月后新开工项目实施 |
| 28 | 3.1.7 | 人工或挖掘机抛投透水框架施工工艺 | 采用人工或挖掘机逐个抛投透水框架 | 限制 | 在大、中型水运工程项目中均不得使用 | 透水框架群抛（一次性抛投不少于4个）工艺等 | 发布之日起六个月后实施 |
| 29 | 3.1.8 | 甲板驳双边抛枕施工工艺 | 采用甲板驳在船舶两侧同时进行抛枕施工 | 限制 | 在大、中型水运工程项目中均不得使用 | 滑枕施工工艺、专用抛枕船抛枕施工工艺等 | 发布之日起六个月后实施 |
| 备注 | （一）大、中型水运工程等级划分范围：<br>1. 港口工程：沿海1万吨级及以上，内河300吨级及以上；<br>2. 航道工程：沿海1万吨级及以上，内河航道等级Ⅴ级（300吨级）及以上；<br>3. 通航建筑：航道等级Ⅴ级（300吨级）及以上；<br>4. 防波堤、导流堤等水工工程 | | | | | | |
| | （二）可替代的工艺、设备、材料包括但不限于表格中所列名称 | | | | | | |
| | （三）《目录》中列出的工艺、设备、材料淘汰范围（禁止或限制使用），不包含除临时码头、临时围堰外的小型临时工程、养护工程 | | | | | | |

# 51. 公路工程建设项目评标工作细则

（2022 年 9 月 30 日　交通运输部　交公路规〔2022〕8 号）

## 第一章　总　　则

**第一条**　为规范公路工程建设项目评标工作，维护招标投标活动当事人的合法权益，依据《中华人民共和国招标投标法》《中华人民共和国招标投标法实施条例》、交通运输部《公路工程建设项目招标投标管理办法》及国家有关法律法规，制定本细则。

**第二条**　依法必须进行招标的公路工程建设项目，其评标活动适用本细则；国有资金占控股或者主导地位的依法必须进行招标的公路工程建设项目，采用资格预审的，其资格审查活动适用本细则；其他项目的评标及资格审查活动可参照本细则执行。

**第三条**　公路工程建设项目评标工作是指招标人依法组建的评标委员会根据国家有关法律、法规和招标文件，对投标文件进行评审，推荐中标候选人或者由招标人授权直接确定中标人的工作过程。

采用资格预审的公路工程建设项目，招标人应当按照有关规定组建资格审查委员会审查资格预审申请文件。资格审查委员会的专家抽取以及资格审查工作要求，应当适用本细则关于评标委员会以及评标工作的规定。

**第四条**　评标工作应当遵循公平、公正、科学、择优的原则。任何单位和个人不得非法干预或者影响评标过程和结果。

**第五条**　招标人应当采取必要措施，保证评标工作在严格保密的情况下进行，所有参与评标活动的人员均不得泄露评标的有关信息。

**第六条**　公路工程建设项目的招标人或者其指定机构应当对评标过程录音录像并存档备查。

## 第二章　职 责 分 工

**第七条**　招标人负责组织评标工作并履行下列职责：

（一）按照国家有关规定组建评标委员会；办理评标专家的抽取、通知等事宜；为参与评标工作的招标人代表提供授权函；

（二）向评标委员会提供评标所必需的工作环境、资料和信息以及必要的服务；

（三）向评标委员会成员发放合理的评标劳务报酬；

（四）在招标投标情况书面报告中载明评标委员会成员在评标活动中的履职情况；

（五）保障评标工作的安全性和保密性。

公路工程建设项目实行委托招标的，招标代理机构应当在招标人委托的范围内组织评标工作,且遵守本细则关于招标人的规定。

**第八条**　评标委员会负责评标工作并履行下列职责:

(一)审查、评价投标文件是否符合招标文件的实质性要求;

(二)要求投标人对投标文件有关事项作出澄清或者说明(如需要);

(三)对投标文件进行比较和评价;

(四)撰写评标报告,推荐中标候选人,或者根据招标人授权直接确定中标人;

(五)在评标报告中记录评标监督人员、招标人代表或者其他工作人员有无干预正常评标活动或者其他不正当言行;

(六)向交通运输主管部门报告评标过程中发现的其他违法违规行为。

**第九条**　交通运输主管部门负责监督评标工作并履行下列职责:

(一)按照规定的招标监督职责分工,对评标委员会成员的确定方式、评标专家的抽取和评标活动进行监督;

(二)对评标程序、评标委员会使用的评标标准和方法进行监督;

(三)对招标人代表、评标专家和其他参加评标活动工作人员的不当言论或者违法违规行为及时制止和纠正;

(四)对招标人、招标代理机构、投标人以及评标委员会成员等当事人在评标活动中的违法违规行为进行行政处理并依法公告,同时将上述违法违规行为记入相应当事人的信用档案。

## 第三章　评标工作的组织与准备

**第十条**　评标由招标人依法组建的评标委员会负责。

评标委员会由评标专家和招标人代表共同组成,人数为五人以上单数。其中,评标专家人数不得少于成员总数的三分之二。评标专家由招标人按照交通运输部有关规定从评标专家库相关专业中随机抽取。

对于技术复杂、专业性强或者国家有特殊要求,采取随机抽取方式确定的评标专家难以保证胜任评标工作的特殊招标项目,招标人可以直接确定相应专业领域的评标专家。

投标文件采用双信封形式密封的,招标人不得组建两个评标委员会分别负责第一信封(商务文件和技术文件)和第二信封(报价文件)的评标工作。

**第十一条**　在评标委员会开始评标工作之前,招标人应当准备评标所必需的信息,主要包括招标文件、招标文件的澄清或者修改、开标记录、投标文件、资格预审文件。

**第十二条**　招标人协助评标委员会评标的,应当选派熟悉招标工作、政治素质高的人员,具体数量由招标人视工作量确定。评标委员会成员和招标人选派的协助评标人员应当实行回避制度。

属于下列情况之一的人员,不得进入评标委员会或者协助评标:

(一)负责招标项目监督管理的交通运输主管部门的工作人员;

(二)与投标人法定代表人或者授权参与投标的代理人有近亲属关系的人员;

(三)投标人的工作人员或者退休人员;

(四)与投标人有其他利害关系,可能影响评标活动公正性的人员;

(五)在与招标投标有关的活动中有过违法违规行为、曾受过行政处罚或者刑事处罚的人员。

招标人及其子公司、招标人下属单位、招标人的上级主管部门或者控股公司、招标代理机构的工作人员或者退休人员不得以专家身份参与本单位招标或者招标代理项目的评标。

**第十三条** 招标人协助评标的，应当在评标委员会开始评标工作的同时或者之前进行评标的协助工作。协助评标工作应当以招标文件规定的评标标准和方法为依据，主要内容包括：

（一）编制评标使用的相应表格；

（二）对投标报价进行算术性校核；

（三）列出投标文件相对于招标文件的所有偏差，并进行归类汇总；

（四）查询公路建设市场信用信息管理系统，对投标人的资质、业绩、主要人员资历和目前在岗情况、信用等级进行核实；

（五）通过相关网站对各类注册资格证书、安全生产考核合格证等证件进行查询核实；

（六）在评标过程中，对评标委员会各成员的评分表进行复核，统计汇总；对评标过程资料进行整理。

**第十四条** 招标人协助评标工作应当客观、准确，如实反映投标文件对招标文件规定的响应情况；不得故意遗漏或者片面摘录，不得对投标文件作出任何评价，不得在评标委员会对所有偏差定性之前透露存有偏差的投标人名称；不得明示或者暗示其倾向或者排斥特定投标人。

## 第四章 评标工作的实施

**第十五条** 评标工作现场应当处于通讯屏蔽状态，或者将评标委员会成员及现场工作人员的手机、电脑、录音录像等电子设备统一集中保管。

**第十六条** 评标工作应当按照以下程序进行：

（一）招标人代表出示加盖招标人单位公章的授权函及身份证，向评标委员会其他成员表明身份；

（二）招标人代表核对评标委员会其他成员的身份证；

（三）招标人代表宣布评标纪律；

（四）招标人代表公布已开标的投标人名单，并询问评标委员会成员有否回避的情形；评标委员会成员存在应当回避情形的，应当主动提出回避；

（五）招标人代表与评标委员会其他成员共同推选主任委员；

（六）评标委员会主任委员主持会议，要求招标人介绍项目概况、招标文件中与评标相关的关键内容及协助评标工作（如有）相关情况；

（七）评标委员会评标，完成并签署评标报告，将评标报告提交给招标人代表；

（八）招标人代表对评标报告进行形式检查，有本细则第三十三条规定情形的，提请评标委员会进行修改完善；

（九）评标报告经形式检查无误后，评标委员会主任委员宣布评标工作结束。

**第十七条** 投标文件采用双信封形式密封的，招标人应当合理安排第二信封（报价文件）公开开标的时间和地点，保证与第一信封（商务文件和技术文件）的评审工作有序衔接，避免泄露评标工作信息。

**第十八条** 评标过程中，评标委员会成员有回避事由、擅离职守或者因健康等原因不能继续评标的,应当及时更换。被更换的评标委员会成员作出的评审结论无效,由更换后的评标委员会成员重新进行评审。更换评标委员会成员的情况应当在评标报告中予以记录。

被更换的评标委员会成员如为评标专家库专家,招标人应当从原评标专家库中按照原方式抽取更换后的评标委员会成员,或者在符合法律规定的前提下相应减少评标委员会中招标人代表数量。

无法及时更换评标委员会成员导致评标委员会构成不满足法定要求的,评标委员会应当停止评标活动,已作出的评审结论无效。招标人封存所有投标文件和开标、评标资料,依法重新组建评标委员会进行评标。招标人应当将重新组建评标委员会的情况在招标投标情况书面报告中予以说明。

**第十九条**　评标委员会应当民主推荐一名主任委员,负责组织评标委员会成员开展评标工作。评标委员会主任委员与评标委员会的其他成员享有同等权利与义务。评标委员会应当保证各成员对所有投标文件的全面、客观、独立评审,确保评标工作质量。

**第二十条**　评标委员会应当首先听取招标人关于招标项目概况的介绍和协助评标工作内容(如有)的说明,并认真阅读招标文件,获取评标所需的重要信息和数据,主要包括以下内容:

(一)招标项目建设规模、技术标准和工程特点;

(二)招标文件规定的评标标准和方法;

(三)其它与评标有关的内容。

**第二十一条**　招标人协助评标的,评标委员会应当根据招标文件规定,对投标文件相对于招标文件的所有偏差依法逐类进行定性,对招标人提供的评标工作用表和评标内容进行认真核对,对与招标文件不一致、存在错误或者遗漏的内容要进行修正。

评标委员会应当对全部投标文件进行认真审查,招标人提供的协助评标工作内容及信息仅作为评标的参考。评标委员会不得以招标人在协助评标过程中未发现投标文件存有偏差或者招标人协助评标工作存在疏忽为由规避评标责任。

**第二十二条**　评标委员会应当按照招标文件规定的评标标准和方法,对投标文件进行评审和比较。招标文件没有规定的评标标准和方法不得作为评标的依据。

对于招标文件规定的评标标准和方法,评标委员会认为其违反法律、行政法规的强制性规定,违反公开、公平、公正和诚实信用原则,影响潜在投标人投标的,评标委员会应当停止评标工作并向招标人书面说明情况,招标人应当修改招标文件后重新招标。

评标委员会发现招标文件规定的评标标准和方法存在明显文字错误,且修改后不会影响评标结果的,评标委员会可以对其进行修改,并在评标报告说明修改的内容和修改原因。除此之外,评标委员会不得以任何理由修改评标标准和方法。

**第二十三条**　对于投标文件存在的偏差,评标委员会应当根据招标文件规定的评标标准和方法进行评审,依法判定其属于重大偏差还是细微偏差。凡属于招标文件评标标准和方法中规定的重大偏差,或者招标文件评标标准和方法中未做强制性规定,但出现了法律、行政法规规定的否决投标情形的,评标委员会应当否决投标人的投标文件。

由于评标标准和方法前后内容不一致或者部分条款存在易引起歧义、模糊的文字,导致难以界定投标文件偏差的性质,评标委员会应当按照有利于投标人的原则进行处理。

**第二十四条** 评标委员会应当根据《中华人民共和国招标投标法实施条例》第三十九条、第四十条、第四十一条的有关规定,对在评标过程中发现的投标人与投标人之间、投标人与招标人之间存在的串通投标的情形进行评审和认定;存在串通投标情形的,评标委员会应当否决其投标。

投标人以他人名义投标、以行贿手段谋取中标,或者投标弄虚作假的,评标委员会应当否决其投标。

**第二十五条** 评标过程中,投标文件中存在下列情形之一且评标委员会认为需要投标人作出必要澄清、说明的,应当书面通知该投标人进行澄清或者说明:

(一)投标文件中有含义不明确的内容或者明显文字错误;

(二)投标报价有算术性错误;

(三)投标报价可能低于成本价;

(四)招标文件规定的细微偏差。

评标委员会应当给予投标人合理的澄清、说明时间。

投标人的澄清、说明应当采用书面形式,按照招标文件规定的格式签署盖章,且不得超出投标文件的范围或者改变投标文件的实质性内容。投标人的澄清或者说明内容将视为投标文件的组成部分。投标标的、投标函文字报价、质量标准、履行期限均视为投标文件的实质性内容,评标委员会不得要求投标人进行澄清。

评标委员会不得暗示或者诱导投标人作出澄清、说明,不得接受投标人主动提出的澄清、说明。

**第二十六条** 投标报价有算术性错误的,评标委员会应当按照招标文件规定的原则对投标报价进行修正。对算术性修正结果,评标委员会应当按照本细则第二十五条规定的程序要求投标人进行书面澄清。投标人对修正结果进行书面确认的,修正结果对投标人具有约束力,其投标文件可继续参加评审。

投标人对算术性修正结果存有不同意见或者未做书面确认的,评标委员会应当重新复核修正结果。如果确认修正结果无误且投标人拒不按照要求对修正结果进行确认的,应当否决该投标人的投标;如果发现修正结果存在差错,应当及时作出调整并重新进行书面澄清。

**第二十七条** 评标委员会发现投标人的投标报价明显低于其他投标人报价或者在设有标底时明显低于标底的,应当按照本细则第二十五条规定的程序要求该投标人对相应投标报价作出书面说明,并提供相关证明材料。

如果投标人不能提供相关证明材料,或者提交的相关材料无法证明投标人可以按照其报价以及招标文件规定的质量标准和履行期限完成招标项目的,评标委员会应当认定该投标人以低于成本价竞标,并否决其投标。

**第二十八条** 除评标价和履约信誉评分项外,评标委员会成员对投标人商务和技术各项因素的评分一般不得低于招标文件规定该因素满分值的60%;评分低于满分值60%的,评标委员会成员应当在评标报告中作出说明。投标文件各项评分因素得分应以评标委员会各成员的打分平均值确定,评标委员会成员总数为七人以上时,该平均值以去掉一个最高分和一个最低分后计算。

**第二十九条** 在评标过程中,如有效投标不足3个,评标委员会应当对有效投标是否仍具有竞争性进行评审。评标委员会一致认为有效投标仍具有竞争性的,应当继续推荐中标候选人,并在评标报告中予以说明。评标委员会对有效投标是否仍具有竞争性无法达成一致意见的,应当否决全部投标。

**第三十条** 评标委员会成员对需要共同认定的事项存在争议的,应当按照少数服从多数的原则作出结论。持不同意见的评标委员会成员应当在评标报告上以书面形式说明其不同意见和理由并签字确认。评标委员会成员拒绝在评标报告上签字又不书面说明其不同意见和理由的,视为同意评标结果。

**第三十一条** 评审完成后,评标委员会主任委员应当组织编写书面评标报告。评标报告中推荐的中标候选人应当不超过3个,并标明排序。

**第三十二条** 评标报告应当载明下列内容:

(一)招标项目基本情况;

(二)评标委员会成员名单;

(三)监督人员名单;

(四)开标记录;

(五)符合要求的投标人名单;

(六)否决的投标人名单以及否决理由;

(七)串通投标情形的评审情况说明;

(八)评分情况;

(九)经评审的投标人排序;

(十)中标候选人名单;

(十一)澄清、说明事项纪要;

(十二)需要说明的其他事项;

(十三)评标附表。

对评标监督人员、招标人代表或者其他工作人员干预正常评标活动,以及对招标投标活动的其他不正当言行,评标委员会应当在评标报告第(十二)项内容中如实记录。

除第一款规定的第(一)、(三)、(四)项内容外,评标委员会所有成员应当在评标报告上逐页签字。

**第三十三条** 招标人代表收到评标委员会完成的评标报告后,应当对评标报告内容进行形式检查,发现问题应当及时告知评标委员会进行必要的修改完善。形式检查仅限于以下内容:

(一)评标报告正文以及所附文件、表格是否完整、清晰;

(二)报告正文和附表等内容是否有涂改,涂改处是否有做出涂改的评标委员会成员签名;

(三)投标报价修正和评分计算是否有算术性错误;

(四)评标委员会成员对客观评审因素评分是否一致;

(五)投标文件各项评分因素得分是否符合本细则第二十八条相关要求;

(六)评标委员会成员签字是否齐全。

形式检查并不免除评标委员会对评标工作应负的责任。

**第三十四条** 评标报告经形式检查无误后，评标委员会主任委员宣布评标工作结束。

**第三十五条** 评标结束后，如招标人发现提供给评标委员会的信息、数据有误或者不完整，或者由于评标委员会的原因导致评标结果出现重大偏差，招标人应当及时邀请原评标委员会成员按照招标文件规定的评标标准和方法对评标报告内容进行审查确认，并形成书面审查确认报告。

投标人或者其他利害关系人对招标项目的评标结果提出异议或者投诉的，评标委员会成员有义务针对异议或者投诉的事项进行审查确认，并形成书面审查确认报告。

审查确认过程应当接受交通运输主管部门的监督。审查确认改变评标结果的，招标人应当公示评标委员会重新推荐的中标候选人，并将审查确认报告作为招标投标情况书面报告的组成部分，报具有招标监督职责的交通运输主管部门备案。

## 第五章　纪　　律

**第三十六条** 评标委员会成员应当客观、公正、审慎地履行职责，遵守职业道德；应当依据评标办法规定的评审顺序和内容逐项完成评标工作，对本人提出的评审意见以及评分的公正性、客观性、准确性负责。

评标委员会成员不得对主观评审因素协商评分。

招标人不得向评标委员会作倾向性、误导性的解释或者说明。

**第三十七条** 评标委员会成员有依法获取劳务报酬的权利，但不得向招标人索取或者报销与评标工作无关的其他费用。

**第三十八条** 评标委员会向招标人提交书面评标报告后自动解散。评标工作中使用的文件、表格以及其他资料应当同时归还招标人。评标委员会成员不得记录、复制或者从评标现场带离任何评标资料。

**第三十九条** 评标委员会成员和其他参加评标活动的工作人员不得与任何投标人或者与投标人有利害关系的人进行私下接触，不得收受投标人和其他与投标有利害关系的人的财物或者其他好处。

在评标期间，评标委员会成员和其他参加评标活动的工作人员不得发表有倾向性或者诱导、影响其他评审成员的言论，不得对不同投标人采取不同的审查标准。

**第四十条** 评标委员会成员和其他参加评标活动的工作人员，不得向他人透露对投标文件的评审、中标候选人的推荐情况以及与评标有关的其他情况，且对在评标过程中获悉的国家秘密、商业秘密负有保密责任。

**第四十一条** 省级以上人民政府交通运输主管部门应当对评标专家实行动态监管，建立评标专家准入、诫勉、清退制度，健全对评标专家的评价机制，对评标专家的工作态度、业务水平、职业道德等进行全面考核。

## 第六章　附　　则

**第四十二条** 本细则由交通运输部负责解释。

**第四十三条** 使用国际组织或者外国政府贷款、援助资金的项目，贷款方、资金提供方对评标工作和程序有不同规定的，可以适用其规定，但违背中华人民共和国的社会公共利益的除外。

**第四十四条**　在公共资源交易平台开展评标工作的，评标职责分工、评标工作的准备与实施等均应当遵守本细则规定。

采用电子评标的，应当按照本细则和国家有关电子评标的规定执行。

**第四十五条**　本细则自2022年10月1日起施行，有效期5年。《交通运输部关于发布〈公路工程建设项目评标工作细则〉的通知》（交公路发〔2017〕142号）同时废止。

# 52. 交通运输安全生产警示约谈和挂牌督办办法

（2023 年 12 月 8 日　交通运输部　交安监规〔2023〕6 号）

## 第一章　总　　则

**第一条**　为促进交通运输安全生产工作，强化责任落实，防范化解安全生产风险，排查治理安全生产隐患，防范和遏制重特大生产安全事故（生产安全事故以下简称事故），依据《中华人民共和国安全生产法》《中共中央 国务院关于推进安全生产领域改革发展的意见》等有关规定，结合交通运输行业实际，制定本办法。

**第二条**　本办法适用于交通运输行业安全生产警示、约谈和挂牌督办工作。

本办法所称警示，是指交通运输主管部门就交通运输安全生产有关问题，向行业发出提醒告诫。

本办法所称约谈，是指交通运输主管部门（以下统称约谈单位）对交通运输安全生产管理不力的下级交通运输主管部门有关负责人或交通运输生产经营单位主要负责人（以下统称被约谈单位），进行安全生产督促整改的谈话。

本办法所称挂牌督办，是指交通运输主管部门（以下统称挂牌督办单位）督促下级交通运输主管部门或交通运输生产经营单位（以下统称被挂牌督办单位）履行安全生产职责，对存在的安全生产风险或隐患进行管控或整改的行为。

**第三条**　交通运输部指导全国交通运输行业安全生产警示、约谈和挂牌督办工作。

各级交通运输主管部门根据职责，负责管辖范围内的交通运输安全生产警示、约谈和挂牌督办工作。

**第四条**　交通运输安全生产警示、约谈和挂牌督办遵循依法依规、分级负责、属地管理、注重实效的原则。

**第五条**　交通运输安全生产警示、约谈和挂牌督办，不替代或减轻政务处分、行政处罚、刑事处罚等责任追究。

## 第二章　警　　示

**第六条**　有下列情形之一的，由省级及以下交通运输主管部门实施警示：

（一）发生较大事故，或发生一般事故造成较大社会影响的；

（二）发生涉及 10 人及以上险情或突发事件的；

（三）连续发生事故，安全生产形势严峻的；

（四）其他需要警示的情形。

**第七条**　有下列情形之一的，由交通运输部实施警示：

（一）发生重大及以上事故的；

（二）发生性质严重、影响恶劣的较大事故、重大险情或突发事件的；

（三）经研判安全生产苗头性、趋势性问题突出，行业或领域安全生产形势趋于严峻的；

（四）其他需要警示的情形。

**第八条** 警示内容应包括基本情况、存在问题、有关工作要求等。

**第九条** 由交通运输部实施的警示，根据职责由部内相关司局负责起草，按程序报批后印发。需要以部安委会名义印发的，按程序报部安委会领导批准后印发。

## 第三章 约 谈

**第十条** 有下列情形之一的，由省级及以下交通运输主管部门对下级交通运输主管部门有关负责人或交通运输生产经营单位主要负责人实施约谈：

（一）落实安全生产工作重大决策部署和监管措施不力造成严重影响或后果的；

（二）发生较大及以上事故，或发生险情或突发事件造成较大社会影响的；

（三）安全监管责任不落实、不到位，导致安全风险分级管控不力，重大隐患排查整治不到位的；

（四）生产安全事故调查报告提出的防范和整改措施，或挂牌督办的事项，未按要求督促完成整改的；

（五）发生生产安全事故，存在谎报或瞒报的，或存在迟报、漏报且造成严重后果的；

（六）其他需要约谈的情形。

**第十一条** 有下列情形之一的，由交通运输部对省级交通运输主管部门有关负责人或交通运输行业中央企业有关负责人实施约谈：

（一）未贯彻落实党中央、国务院安全生产有关决策部署或部有关安全生产工作部署，或贯彻落实不到位造成严重影响或后果的；

（二）发生重大及以上事故，或6个月内在管辖范围内发生较大及以上事故累计死亡人数超过30人的；

（三）发生性质严重、影响恶劣的生产安全事故、重大险情或突发事件的，或谎报或瞒报生产安全事故造成重大社会影响的；

（四）部督办的重大事故隐患，未按要求督促完成整改的；

（五）交通运输相关领域事故多发频发，事故隐患排查整治不力，安全生产总体形势严峻的；

（六）其他需要约谈的情形。

本条有关事故统计，道路运输事故以车籍地进行统计，水上交通事故以船籍港进行统计，公路水运工程建设和港口作业事故以事发地进行统计。也可结合事故调查实际，以事故调查责任划分确定被约谈单位。

**第十二条** 交通运输主管部门应当书面通知被约谈单位，告知约谈事项、约谈时间、约谈地点和约谈要求。

**第十三条** 被约谈单位收到约谈通知后，应当准备书面约谈材料，包括基本情况、原因分析、教训汲取、整改措施等内容。

**第十四条**　约谈工作由约谈单位有关负责人或其授权人主持，约谈程序包括：

（一）约谈单位说明约谈事由和目的，通报存在的问题；

（二）被约谈单位就约谈事项进行陈述说明，提出采取的整改措施和工作计划等；

（三）约谈单位问询有关问题；

（四）约谈单位提出整改要求。

**第十五条**　约谈工作应当形成约谈纪要，经约谈单位有关负责人批准后印发被约谈单位。被约谈单位为交通运输生产经营单位的，必要时可将约谈纪要抄送被约谈单位的相关管理部门。

**第十六条**　被约谈单位应按照约谈纪要的要求完成问题整改，并将整改情况书面报约谈单位。

**第十七条**　约谈单位应了解被约谈单位整改进展情况，适时开展跟踪督导。

**第十八条**　交通运输部开展的约谈工作，由部内相关司局提出，报部领导批准后，以部名义实施。由部领导或授权相关司局主要领导主持约谈。

**第十九条**　因交通运输事故或交通运输安全生产工作不力，确需约谈地方人民政府的，交通运输部可依据《国务院安全生产委员会关于印发安全生产约谈实施办法（试行）的通知》（安委〔2018〕2号）有关规定，提请国务院安委办按照有关程序开展约谈。对涉及中央企业的，可商相关部门开展联合约谈。

## 第四章　挂牌督办

**第二十条**　有下列情形之一的，由省级及以下交通运输主管部门对下级交通运输主管部门或交通运输生产经营单位实施挂牌督办：

（一）存在重大事故隐患，需重点督促进行整改的；

（二）行业安全生产监管责任不落实或交通运输生产经营单位安全生产主体责任不落实，需重点督促进行整改的；

（三）生产安全事故整改评估中发现整改和防范措施落实不到位的；

（四）行业安全监管职责不明确或安全生产监管体制不健全，导致安全监管责任不清、相互推诿的；

（五）其他需要挂牌督办的情形。

**第二十一条**　有下列情形之一的，由交通运输部对省级交通运输主管部门或交通运输行业中央企业实施挂牌督办：

（一）党中央、国务院交办，需由部牵头督办整改的；

（二）发生重大及以上事故，需部督促进行整改的；

（三）安全监管和安全管理存在突出问题，需部督促进行整改的；

（四）对部安全生产检查发现问题未按要求整改或整改工作不力的；

（五）其他需要挂牌督办的情形。

**第二十二条**　挂牌督办单位应以书面形式告知被挂牌督办单位，通知应包括督办事项、督办内容、整改要求、办理期限等内容。

**第二十三条**　被挂牌督办单位应及时制定和完善整改方案，收到督办通知起30日内报挂

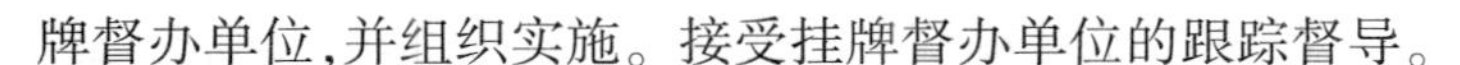



牌督办单位,并组织实施。接受挂牌督办单位的跟踪督导。

整改方案应包括目标和任务,责任部门和责任人,风险防控和隐患排查治理工作计划、整改措施、时间安排、应急预案和保障措施等内容。

**第二十四条** 挂牌督办单位应掌握整改落实进展情况,适时开展跟踪督导。

**第二十五条** 被挂牌督办单位按照要求完成整改后,应将整改情况进行公示,公示应不少于5个工作日。公示无异议的,经单位主要负责人审批后,将整改情况报挂牌督办单位,提出核销申请。交通运输生产经营单位涉及事故隐患排查治理情况应当向企业职工通报,接受职工监督。

**第二十六条** 挂牌督办单位收到核销申请后,应对督办事项的整改情况进行核实,提出核销意见。同意核销的,下发通知予以核销;不同意核销的,应说明理由,并责令继续整改。

**第二十七条** 被挂牌督办单位未在规定时限内完成整改的,应当说明原因,制定安全生产防范措施或应急预案,并报挂牌督办单位。

**第二十八条** 挂牌督办单位在跟踪督导或安全生产检查中,发现被挂牌督办单位未按要求整改或整改不力的,应依法依规予以处理或通报相关主管部门。

**第二十九条** 交通运输部挂牌督办的安全生产事项,由部内相关司局负责提出挂牌督办和核销建议,报部领导批准,以部办公厅名义印发。

## 第五章 附 则

**第三十条** 各级交通运输主管部门就安全生产有关问题实际情况,可分别或同时实施警示、约谈、挂牌督办。

**第三十一条** 部直属海事管理机构、长江航务管理局、珠江航务管理局可参照本办法开展安全生产警示、约谈和挂牌督办工作。

省级交通运输主管部门根据本办法制定完善本地区的安全生产警示、约谈和挂牌督办工作制度。

**第三十二条** 国家铁路局、中国民航局、国家邮政局依据法律法规以及相关职责分工,在各自领域完善安全生产警示、约谈和挂牌督办工作制度。

**第三十三条** 本办法由交通运输部安委办负责解释,自颁布之日起实施。《关于印发交通运输部安全生产约谈办法的通知》(交安监发〔2011〕777号)、《交通运输部关于印发〈交通运输安全生产挂牌督办办法〉的通知》(交安监〔2013〕470号)同时废止。

# 53. 交通运输部办公厅关于印发《公路水运工程施工安全治理能力提升行动方案》的通知

（2023 年 5 月 24 日　交通运输部　交办安监函〔2023〕698 号）

各省、自治区、直辖市、新疆生产建设兵团交通运输厅（局、委），长江航务管理局：

经交通运输部同意，现将《公路水运工程施工安全治理能力提升行动方案》印发给你们，请认真组织实施。

联系人及联系方式：冀超宇，010-65292703，邮箱：gongluchu@ mot. gov. cn。

交通运输部办公厅
2023 年 5 月 24 日

## 公路水运工程施工安全治理能力提升行动方案

为提升公路水运工程建设安全管理水平，有效防范和遏制生产安全事故，根据《国务院安全生产委员会关于印发〈全国重大事故隐患专项排查整治 2023 行动总体方案〉的通知》及 2023 年交通运输安全生产有关工作要求，决定在公路水运工程建设领域开展为期两年的工程施工安全治理能力提升行动（以下简称“提升行动”），特制订本方案。

### 一、总体要求

以习近平新时代中国特色社会主义思想为指导，全面贯彻党的二十大精神，认真落实习近平总书记有关交通运输和安全生产工作的重要指示精神，坚持人民至上、生命至上，坚持安全第一、预防为主，坚持统筹发展和安全，不断夯实公路水运工程建设安全生产工作基础，推动工程建设领域安全生产治理模式向事前预防转型，强化安全生产责任落实，提升工程建设安全治理能力，深入推进平安工地建设全覆盖，坚决遏制重特大安全事故发生，切实防范和降低安全事故，为加快建设交通强国提供坚实的安全保障。

## 二、重点任务

（一）提升工程建设安全监管效能。

1. 加强安全监管履职尽责能力。各地交通运输主管部门要严格依法履行工程建设领域行业监管职责，落实《交通运输部关于加强公路水运工程建设质量安全监督管理工作的意见》（交安监规〔2022〕7 号）相关监管工作要求。结合实际完善工作制度和措施，推动省市县三级监督执法队伍建设，配强监督执法专业人员及执法装备，提升监督执法人员素质，落实工程监督执法职责。创新省市县联合监督执法机制，实现工程项目监管全覆盖。

2. 强化工程现场监督执法能力。各地交通运输主管部门要采取“四不两直”、明察暗访等方式，加强工程现场监督执法力度，整治监督执法工作“宽松软虚”问题。推行“互联网 + 监管”工作模式，推进综合监管平台集成应用，提升监管工作信息化水平。通过调度提醒、专项督导、监督检查、重点约谈、挂牌督办、行政处罚等方式，加大红线问题治理力度。强化对参建单位项目负责人和相关管理人员在岗履职情况监督检查，加大对施工单位项目负责人、专职安全生产管理人员等安全生产有关的资格证件查验力度。在工程项目明显位置公开监督执法机构电话，接受安全生产举报，依法查处违法违规行为，对典型执法案例依法予以公开曝光。

3. 提高重大事故隐患排查整治能力。各地交通运输主管部门要严格落实国务院安委会及我部有关重大事故隐患专项排查整治行动方案要求，结合本地区工程建设实际，根据重大事故隐患基础清单（见附件 1 和附件 2），制定本地区重大事故隐患基础清单并动态更新。要对监督执法人员开展安全生产专题培训，重点学习重大事故隐患判定与执法检查相关内容。对工程项目开展重大事故隐患排查整治工作进行监督检查，对发现的重大事故隐患要紧盯不放，督促参建单位坚决整改落实到位。

4. 提升安全事故警示处置能力。各地交通运输主管部门要督促建设单位、施工单位项目负责人落实安全事故（险情）信息报送职责，提高信息报送的及时性、准确性，严肃查处瞒报谎报迟报漏报等行为。事故结案后，建设单位督促施工单位向交通运输主管部门提供事故调查报告或认定结论，对事故（险情）性质予以确认或销号。针对突出问题，组织开展安全生产事故教训汲取、举一反三、系统排查工作，按照“四不放过”原则督促相关单位落实整改。

（二）提升工程安全管理能力。

1. 加强安全管理规范化。建设单位要将“零死亡”作为工程项目安全管理基本目标，纳入招（投）标文件、合同、施工组织设计等文件。参建单位要完善工程建设安全管理制度及操作规程，严格执行危险性较大工程专项施工方案审批论证制度，加强施工安全内业资料管理，规范安全生产经费使用。施工单位要将专业分包单位和劳务分包队伍纳入管理体系统一管理，强化劳务用工人员实名制管理和安全培训，将安全管理作为加强施工班组规范化建设的主要内容。

2. 推动现场管理网格化。建设单位要完善工程项目安全生产管理体系，推行工程现场网格化安全管理模式，推动参建单位压实全员安全生产责任制。施工单位要将工程现场按照作业面分解为若干单元网格，明确单元网格管理员及岗位职责，配合现场施工负责人及专职安全管理人员落实重大事故隐患排查整治要求，发现安全问题，纠正违章行为。

3. 推进风险管控动态化。工程项目参建单位要健全风险管控责任体系，按要求开展施工安全风险评估，制定落实风险分级管控工作制度，确定管控人员和措施。施工单位要强化风险动态管理，及时调整重大风险清单和管控措施。重点加强长大桥隧、高边坡、深基坑等的风险管控，加大工程实际地质与勘察设计不符的风险排查力度，对存在重大风险的工程部位、作业环节、周边环境应当加强风险监测预警，强化安全管理防控措施。

4. 推进事故隐患清单化。建设单位要组织参建单位制定项目重大事故隐患清单，组织参建单位管理人员每年至少开展一次专题培训，严格落实重大事故隐患排查整治工作要求。施工单位、监理单位要将项目重大事故隐患清单纳入工作人员岗前教育培训，组织全员对标对表开展事故隐患自查自改。采取针对性措施防范事故隐患叠加，降低安全事故发生概率。发现重大事故隐患的，应立即停止相关作业并及时整治。需要一定时间整改的，项目建设单位和施工单位项目负责人应按规定向行业监管部门报告。施工单位要建立重大事故隐患整治台账，明确责任人、措施、资金、期限和应急预案，实行闭环管理。

5. 推进工程防护标准化。施工单位要对安全防护设施进行定型化设计、规范化使用、精细化管理，提高防护设施的可靠性，规范设置现场防护设施，加强检查验收，及时做好维护，确保安全防护有效，所需费用按规定列入安全生产费用予以保障。在高墩塔柱临时作业平台、落差2m以上结构物边沿、深基坑、孔洞等重点部位应采用标准化防护设施。

（三）深入推进平安工地建设全覆盖。

各地交通运输主管部门、项目参建单位要总结平安工地建设的管理经验，将全面推进平安工地建设作为安全生产治理模式向事前预防转型的重要载体，加强平安工地建设监督指导，以项目平安工地建设巩固安全治理能力提升效果。

1. 二级及以上公路和大中型水运工程项目应深化开展平安工地建设工作。制定平安工地建设实施方案，按照平安工地建设标准开展自查自纠，落实安全生产条件，创新安全管理理念，推广应用先进技术与设备，保障工程建设安全。积极参与平安工程创建示范活动，努力争创平安工程。

2. 二级以下公路和小型水运工程项目应全面开展平安工地建设工作。参照平安工地建设标准，结合本工程实际制定平安工地建设工作手册，进行平安工地建设自评价。开工前核查安全生产条件，按规定配备安全管理人员，保障安全生产费用投入，加强现场安全防护，提高施工安全管理水平。

## 三、工作安排

提升行动自2023年5月起至2024年12月止。各有关部门与参建单位要按照工作安排，压茬推进各重点任务。

（一）自查自改。工程项目建设单位要组织本项目开展提升行动，结合实际明确各项工作要求，全面开展自查自纠与整治提升，围绕安全管理规范化、现场管理网格化、风险管控动态化、事故隐患清单化、工程防护标准化，切实提升工程项目安全管理能力水平。

（二）监督检查。各地交通运输主管部门应落实方案要求，加强安全监管责任落实、加大监督执法力度、深化重大事故隐患排查整治、强化安全事故警示处置，全面提升安全监管效能。对本辖区提升行动开展情况进行监督检查和精准帮扶，深入推进平安工地建设全覆盖。部将适时对各地提升行动开展情况进行重点督查。

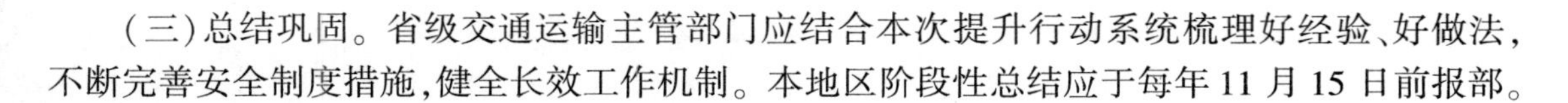

（三）总结巩固。省级交通运输主管部门应结合本次提升行动系统梳理好经验、好做法，不断完善安全制度措施，健全长效工作机制。本地区阶段性总结应于每年 11 月 15 日前报部。

## 四、工作要求

各地交通运输主管部门要加强组织领导，明确责任部门和人员、细化责任分工。加大提升行动检查力度，确保提升行动得到有效落实。要在项目安排计划、信用评价、评奖评优等方面对开展提升行动成绩突出的相关市县和项目参建单位给予激励，对落实提升行动工作突出的个人予以表扬，对发生生产安全事故的地区和项目参建单位予以通报。要积极宣传提升行动开展情况，总结推广好经验、好做法。不断提升公路水运工程建设领域安全治理能力，打造更多“零死亡”工程项目，保障工程建设领域安全生产持续向好发展。

# 54. 国务院安委会办公室关于实施遏制重特大事故工作指南构建双重预防机制的意见

（2016年10月9日　国务院安委会　安委办〔2016〕11号）

各省、自治区、直辖市及新疆生产建设兵团安全生产委员会，国务院安委会各成员单位，各中央企业：

国务院安委会办公室2016年4月印发《标本兼治遏制重特大事故工作指南》（安委办〔2016〕3号，以下简称《指南》）以来，各地区、各有关单位迅速贯彻、积极行动，结合实际大胆探索、扎实推进，初见成效。构建安全风险分级管控和隐患排查治理双重预防机制（以下简称双重预防机制），是遏制重特大事故的重要举措，根据《指南》的要求和各地区、各单位的探索实践，现就构建双重预防机制提出以下意见：

## 一、总体思路和工作目标

（一）总体思路。准确把握安全生产的特点和规律，坚持风险预控、关口前移，全面推行安全风险分级管控，进一步强化隐患排查治理，推进事故预防工作科学化、信息化、标准化，实现把风险控制在隐患形成之前、把隐患消灭在事故前面。

（二）工作目标。尽快建立健全安全风险分级管控和隐患排查治理的工作制度和规范，完善技术工程支撑、智能化管控、第三方专业化服务的保障措施，实现企业安全风险自辨自控、隐患自查自治，形成政府领导有力、部门监管有效、企业责任落实、社会参与有序的工作格局，提升安全生产整体预控能力，夯实遏制重特大事故的坚强基础。

## 二、着力构建企业双重预防机制

（一）全面开展安全风险辨识。各地区要指导推动各类企业按照有关制度和规范，针对本企业类型和特点，制定科学的安全风险辨识程序和方法，全面开展安全风险辨识。企业要组织专家和全体员工，采取安全绩效奖惩等有效措施，全方位、全过程辨识生产工艺、设备设施、作业环境、人员行为和管理体系等方面存在的安全风险，做到系统、全面、无遗漏，并持续更新完善。

（二）科学评定安全风险等级。企业要对辨识出的安全风险进行分类梳理，参照《企业职工伤亡事故分类》（GB 6441—1986），综合考虑起因物、引起事故的诱导性原因、致害物、伤害方式等，确定安全风险类别。对不同类别的安全风险，采用相应的风险评估方法确定安全风险等级。安全风险评估过程要突出遏制重特大事故，高度关注暴露人群，聚焦重大危险源、劳动密集型场所、高危作业工序和受影响的人群规模。安全风险等级从高到低划分为重大风险、较大风险、一般风险和低风险，分别用红、橙、黄、蓝四种颜色标示。其中，重大安全风险应填写清单、汇总造册，按照职责范围报告属地负有安全生产监督管理职责的部门。要依据安全风险类别和等级建立企业安全风险数据库，绘制企业“红橙黄蓝”四色安全风险空间分布图。

（三）有效管控安全风险。企业要根据风险评估的结果，针对安全风险特点，从组织、制度、技术、应急等方面对安全风险进行有效管控。要通过隔离危险源、采取技术手段、实施个体防护、设置监控设施等措施，达到回避、降低和监测风险的目的。要对安全风险分级、分层、分类、分专业进行管理，逐一落实企业、车间、班组和岗位的管控责任，尤其要强化对重大危险源和存在重大安全风险的生产经营系统、生产区域、岗位的重点管控。企业要高度关注运营状况和危险源变化后的风险状况，动态评估、调整风险等级和管控措施，确保安全风险始终处于受控范围内。

（四）实施安全风险公告警示。企业要建立完善安全风险公告制度，并加强风险教育和技能培训，确保管理层和每名员工都掌握安全风险的基本情况及防范、应急措施。要在醒目位置和重点区域分别设置安全风险公告栏，制作岗位安全风险告知卡，标明主要安全风险、可能引发事故隐患类别、事故后果、管控措施、应急措施及报告方式等内容。对存在重大安全风险的工作场所和岗位，要设置明显警示标志，并强化危险源监测和预警。

（五）建立完善隐患排查治理体系。风险管控措施失效或弱化极易形成隐患，酿成事故。企业要建立完善隐患排查治理制度，制定符合企业实际的隐患排查治理清单，明确和细化隐患排查的事项、内容和频次，并将责任逐一分解落实，推动全员参与自主排查隐患，尤其要强化对存在重大风险的场所、环节、部位的隐患排查。要通过与政府部门互联互通的隐患排查治理信息系统，全过程记录报告隐患排查治理情况。对于排查发现的重大事故隐患，应当在向负有安全生产监督管理职责的部门报告的同时，制定并实施严格的隐患治理方案，做到责任、措施、资金、时限和预案“五落实”，实现隐患排查治理的闭环管理。事故隐患整治过程中无法保证安全的，应停产停业或者停止使用相关设施设备，及时撤出相关作业人员，必要时向当地人民政府提出申请，配合疏散可能受到影响的周边人员。

## 三、健全完善双重预防机制的政府监管体系

（一）健全完善标准规范。国务院安全生产监督管理部门要协调有关部门制定完善安全风险分级管控和隐患排查治理的通用标准规范，其他负有安全生产监督管理职责的行业部门要根据本行业领域特点，按照通用标准规范，分行业制定安全风险分级管控和隐患排查治理的制度规范，明确安全风险类别、评估分级的方法和依据，明晰重大事故隐患判定依据。各省级安全生产委员会要结合本地区实际，在系统总结本地区行业标杆企业经验做法基础上，制定地方安全风险分级管控和隐患排查治理的实施细则；地方各有关部门要按照有关标准规范组织企业开展对标活动，进一步健全完善内部安全预防控制体系，推动建立统一、规范、高效的安全风险分级管控和隐患排查治理双重预防机制。

（二）实施分级分类安全监管。各地区、各有关部门要督促指导企业落实主体责任，认真开展安全风险分级管控和隐患排查治理双重预防工作。要结合企业风险辨识和评估结果以及隐患排查治理情况，组织对企业安全生产状况进行整体评估，确定企业整体安全风险等级，并根据企业安全风险变化情况及时调整；推行企业安全风险分级分类监管，按照分级属地管理原

则，针对不同风险等级的企业，确定不同的执法检查频次、重点内容等，实行差异化、精准化动态监管。对企业报告的重大安全风险和重大危险源、重大事故隐患，要通过实行“网格化”管理明确属地基层政府及有关主管部门、安全监管部门的监管责任，加强督促指导和综合协调，支持、推动企业加快实施管控整治措施，对安全风险管控不到位和隐患排查治理不到位的，要严格依法查处。要制定实施企业隐患自查自治的正向激励措施和职工群众举报隐患奖励制度，进一步加大重大事故隐患举报奖励力度。

（三）有效管控区域安全风险。各地区要组织对公共区域内的安全风险进行全面辨识和评估，根据风险分布情况和可能造成的危害程度，确定区域安全风险等级，并结合企业报告的重大安全风险情况，汇总建立区域安全风险数据库，绘制区域“红橙黄蓝”四色安全风险空间分布图。对不同等级的安全风险，要采取有针对性的管控措施，实行差异化管理；对高风险等级区域，要实施重点监控，加强监督检查。要加强城市运行安全风险辨识、评估和预警，建立完善覆盖城市运行各环节的城市安全风险分级管控体系。要加强应急能力建设，健全完善应急响应体制机制，优化应急资源配备，完善应急预案，提高城市运行应急保障水平。

（四）加强安全风险源头管控。各地区要把安全生产纳入地方经济社会和城镇发展总体规划，在城乡规划建设管理中充分考虑安全因素，尤其是城市地下公用基础设施如石油天然气管道、城镇燃气管线等的安全问题。加强城乡规划安全风险的前期分析，完善城乡规划和建设安全标准，严格高风险项目建设安全审核把关，严禁违反国家和行业标准规范在人口密集区建设高风险项目，或者在高风险项目周边设置人口密集区。制定重大政策、实施重大工程、举办重大活动时，要开展专项安全风险评估，根据评估结果制定有针对性的安全风险管控措施和应急预案。要明确高危行业企业最低生产经营规模标准，严禁新建不符合产业政策、不符合最低规模、采用国家明令禁止或淘汰的设备和工艺要求的项目，现有企业不符合相关要求的，要责令整改。要积极落实国家关于淘汰落后、化解过剩产能的政策，推进提升企业整体安全保障能力。

## 四、强化政策引导和技术支撑

（一）完善相关政策措施。各地区、各有关部门要加大政策引导力度，综合运用法律、经济和行政手段支持推动遏制重特大事故工作，以重点行业领域、高风险区域、生产经营关键环节为重点，支持、推动建设一批重大安全风险防控工程、保护生命重点工程和隐患治理示范工程，带动企业强化安全工程技术措施。要鼓励企业使用新工艺、新技术、新设备等，推动高危行业企业逐步实现“机械化换人、自动化减人”，有效降低安全风险。要大力推进实施安全生产责任保险制度，将保险费率与企业安全风险管控状况、安全生产标准化等级挂钩，并积极发挥保险机构在企业构建风险管控体系中的作用；加强企业安全生产诚信制度建设和部门联合惩戒，充分发挥市场机制作用，促进企业主动开展双重预防机制建设。

（二）深入推进企业安全生产标准化建设。要引导企业将安全生产标准化创建工作与安全风险辨识、评估、管控，以及隐患排查治理工作有机结合起来，在安全生产标准化体系的创建、运行过程中开展安全风险辨识、评估、管控和隐患排查治理。要督促企业强化安全生产标准化创建和年度自评，根据人员、设备、环境和管理等因素变化，持续进行风险辨识、评估、管控与更新完善，持续开展隐患排查治理，实现双重预防机制的持续改进。

（三）充分发挥第三方服务机构作用。要积极培育扶持一批风险管理、安全评价、安全培训、检验检测等专业服务机构，形成全链条服务能力，并为其参与企业安全管理和辅助政府监管创造条件。要加强对专业服务机构的日常监管，建立激励约束机制，保证专业服务机构从业行为的规范性、专业性、独立性和客观性。要支持建设检验检测公共服务平台，推动实施第三方检验检测认证结果采信制度。要加快安全技术标准研制与实施，推动标准研发、信息咨询等服务业态发展。政府、部门和企业在安全风险识别、管控措施制定、隐患排查治理、信息技术应用等方面可通过购买服务的方式，委托相关专家和第三方服务机构帮助实施。

（四）强化智能化、信息化技术的应用。各地区、各有关部门要抓紧建立功能齐全的安全生产监管综合智能化平台，实现政府、企业、部门及社会服务组织之间的互联互通、信息共享，为构建双重预防机制提供信息化支撑。要督促企业加强内部智能化、信息化管理平台建设，将所有辨识出的风险和排查出的隐患全部录入管理平台，逐步实现对企业风险管控和隐患排查治理情况的信息化管理。要针对可能引发重特大事故的重点区域、重点单位、重点部位和关键环节，加强远程监测、自动化控制、自动预警和紧急避险等设施设备的使用，强化技术安全防范措施，努力实现企业风险防控和隐患排查治理异常情况自动报警。

## 五、有关工作要求

（一）强化组织领导。各地区、各有关部门和单位要将构建双重预防机制摆上重要议事日程，切实加强组织领导，周密安排部署。要组织制定具体实施方案，明确工作内容、方法和步骤，落实责任部门，加强工作力量，保障工作经费，确保各项工作任务落到实处。要紧紧围绕遏制重特大事故，突出重点地区、重点企业、重点环节和重点岗位，抓住辨识管控重大风险、排查治理重大隐患两个关键，不断完善工作机制，深化安全专项整治，推动各项标准、制度和措施落实到位。

（二）强化示范带动。要加强对各级安全监管监察部门、行业管理部门以及企业管理人员、从业人员的教育培训，使其熟悉掌握企业风险类别、危险源辨识和风险评估办法、风险管控措施，以及隐患类别、隐患排查方法与治理措施、应急救援与处置措施等，提升安全风险管控和隐患排查治理能力。要大力推进遏制重特大事故试点城市和试点企业工作，积极探索总结有效做法，形成一套可复制、可推广的成功经验，强化示范带动。

（三）强化舆论引导。要充分利用报纸、广播、电视、网络等媒体，大力宣传构建双重预防机制的重要意义、重点任务、工作措施和具体要求，推广一批在风险分级管控、隐患排查治理方面取得良好效果的先进典型，曝光一批重大隐患突出、事故多发的地区和企业，为推进构建双重预防机制创造有利的舆论环境。

（四）强化督促检查。各地区要加强对企业构建双重预防机制情况的督促检查，积极协调和组织专家力量，帮助和指导企业开展安全风险分级管控和隐患排查治理。要把建立双重预防机制工作情况纳入地方政府及相关部门安全生产目标考核内容，加强检查指导、考核奖惩，对消极应付、工作落后的，要通报批评、督促整改。

国务院安委会办公室<br>2016年10月9日

# 第五部分

# 标准与标准招标文件

# 55. 交通运输部关于发布《公路工程施工监理规范》的公告

(2016 年 8 月 8 日　交通运输部　2016 年第 37 号)

现发布《公路工程施工监理规范》(JTG G10—2016),作为公路工程行业标准,自 2016 年 10 月 1 日起施行,原《公路工程施工监理规范》(JTG G10—2006)同时废止。

《公路工程施工监理规范》(JTG G10—2016)的管理权和解释权归交通运输部,日常解释和管理工作由主编单位北京市道路工程质量监督站负责。

请各有关单位注意在实践中总结经验,及时将发现的问题和修改建议函告北京市道路工程质量监督站(地址:北京市丰台区潘家庙 222 号,邮政编码:100076),以便修订时研用。

特此公告。

中华人民共和国交通运输部

2016 年 7 月 22 日

# 56. 交通运输部关于发布公路工程标准施工监理招标文件及公路工程标准施工监理招标资格预审文件2018年版的公告

(2018年2月14日　交通运输部　2018年第25号)

为加强公路工程施工监理招标管理，规范招标文件及资格预审文件编制工作，依照《中华人民共和国招标投标法》《中华人民共和国招标投标法实施条例》等法律法规，按照《公路工程建设项目招标投标管理办法》(交通运输部令2015年第24号)，在国家发展改革委牵头编制的《标准监理招标文件》(以下简称《标准文件》)基础上，结合公路工程施工监理招标特点和管理需要，交通运输部组织制定了《公路工程标准施工监理招标文件》(2018年版)及《公路工程标准施工监理招标资格预审文件》(2018年版)(以下简称《公路工程标准文件》)，现予发布。

《公路工程标准文件》(2018年版)自2018年5月1日起施行，《公路工程施工监理招标文件范本》(2008年版)同时废止，之前根据《公路工程施工监理招标文件范本》(2008年版)完成招标工作的项目仍按原合同执行。

自施行之日起，依法必须进行招标的公路工程应当使用《公路工程标准文件》(2018年版)，其他公路项目可参照执行。在具体项目招标过程中，招标人可根据项目实际情况，编制项目专用文件，与《公路工程标准文件》(2018年版)共同使用，但不得违反国家有关规定。

《公路工程标准文件》(2018年版)中“投标人须知”“评标办法”和“通用合同条款”等部分，与《标准文件》内容相同的只保留条目号，具体内容见《标准文件》。《公路工程标准文件》电子文本可在交通运输部网站(www.mot.gov.cn)“下载中心”下载。

请各省级交通运输主管部门加强对《公路工程标准文件》(2018年版)贯彻落实情况的监督检查，注意收集有关意见和建议，并及时反馈部公路局。

交通运输部

2018年2月14日

# 57. 交通运输部关于发布公路工程标准施工招标文件及公路工程标准施工招标资格预审文件 2018 年版的公告

(2018 年 2 月 27 日　交通运输部　2017 年第 51 号)

为加强公路工程施工招标管理,规范招标文件及资格预审文件编制工作,依照《中华人民共和国招标投标法》《中华人民共和国招标投标法实施条例》等法律法规,按照《公路工程建设项目招标投标管理办法》(交通运输部令 2015 年第 24 号),在国家发展改革委牵头编制的《标准施工招标文件》及《标准施工招标资格预审文件》(以下简称《标准文件》)基础上,结合公路工程施工招标特点和管理需要,交通运输部组织制定了《公路工程标准施工招标文件》(2018 年版)及《公路工程标准施工招标资格预审文件》(2018 年版)(以下简称《公路工程标准文件》),现予发布。

《公路工程标准文件》(2018 年版)自 2018 年 3 月 1 日起施行,原《公路工程标准文件》(交公路发〔2009〕221 号)同时废止,之前根据《公路工程标准文件》(2009 年版)完成招标工作的项目仍按原合同执行。

自施行之日起,依法必须进行招标的公路工程应当使用《公路工程标准文件》(2018 年版),其他公路项目可参照执行。在具体项目招标过程中,招标人可根据项目实际情况,编制项目专用文件,与《公路工程标准文件》(2018 年版)共同使用,但不得违反国家有关规定。

《公路工程标准文件》(2018 年版)中"申请人须知""资格审查办法""投标人须知""评标办法"和"通用合同条款"等部分,与《标准文件》内容相同的只保留条目号,具体内容见《标准文件》。《公路工程标准文件》电子文本可在交通运输部网站(www. mot. gov. cn)"下载中心"下载。

请各省级交通运输主管部门加强对《公路工程标准文件》(2018 年版)贯彻落实情况的监督检查,注意收集有关意见和建议,及时反馈。

交通运输部

2017 年 11 月 30 日

# 编后记

## 一、编写依据和编写分册情况

全国监理工程师(交通运输工程)职业资格考试参考用书(以下简称“本套参考书”)由交通运输部职业资格中心组织并依据《全国监理工程师职业资格考试交通运输工程专业科目考试大纲(2024年修订版)》编写而成,目前编写出版了以下6册:

(1)《交通运输工程目标控制(基础知识篇)》;

(2)《交通运输工程目标控制(公路工程专业知识篇)》;

(3)《交通运输工程目标控制(水运工程专业知识篇)》;

(4)《交通运输工程监理案例分析(公路工程专业篇)》;

(5)《交通运输工程监理案例分析(水运工程专业篇)》;

(6)《交通运输工程监理相关法规文件汇编(公路工程专业篇)》。

本套参考书可作为有志于从事交通运输工程(公路/水运)监理工作的技术人员的学习用书、备考应试参考书。有更高职业能力提升追求或应试预期的技术人员可进一步学习交通运输部颁发的公路/水运行业的工程施工技术规范(规程、指南)、监理规范,以及质量检验标准、部门规章和规范性文件等。

## 二、学习和备考的说明

(1)拟从事公路/水运工程监理工作、准备参加全国监理工程师(交通运输工程)职业资格考试的考生,应选择“基础知识篇”和“公路/水运工程专业知识篇”进行学习。进入考场、应试作答之前,应首先阅读考试注意事项,在答题卡/纸的相应位置明确涂选其中的一个专业,并按照涂选专业对应的试卷/题目在对应的答题区域作答。

(2)本套参考书中的《交通运输工程目标控制(基础知识篇)》,可供选择公路/水运工程专业的考生参考使用;《交通运输工程目标控制(公路工程专业知识篇)》《交通运输工程监理案例分析(公路工程专业篇)》《交通运输工程监理相关法规文件汇编(公路工程专业篇)》可供拟选公路工程专业的考生参考使用;《交通运输工程目标控制(水运工程专业知识篇)》《交通运输工程监理案例分析(水运工程专业篇)》可供拟选水运工程专业的考生参考使用。

(3)参加专业科目“目标控制”考试的考生,应学习《交通运输工程目标控制(基础知识篇)》;同时,拟选公路工程专业的考生还应学习《交通运输工程目标控制(公路工程专业知识篇)》《交通运输工程监理相关法规文件汇编(公路工程专业篇)》,拟选水运工程专业的考生还应学习《交通运输工程目标控制(水运工程专业知识篇)》。

(4)参加专业科目“监理案例分析”考试的考生,应学习《交通运输工程目标控制(基础知识篇)》;拟选公路工程专业的考生还应学习《交通运输工程目标控制(公路工程专业知识篇)》《交通运输工程监理案例分析(公路工程专业篇)》《交通运输工程监理相关法规文件汇

编(公路工程专业篇)》等专业知识;拟选水运工程专业的考生还应学习《交通运输工程目标控制(水运工程专业知识篇)》《交通运输工程监理案例分析(水运工程专业篇)》等专业知识。另外,还应掌握中国建设监理协会组织编写的《建设工程监理概论》《建设工程合同管理》中的基础知识。

## 三、其他说明

本套参考书的使用过程中,如发现错误或需要增减的内容,请将修订意见和建议告知交通运输部职业资格中心公路处,以便修订时研用。

**编写组**

**2025 年 1 月**